U0924217

本书是李兰英教授主持的国家社科重大项目“网络金融犯罪的综合治理研究”(编号：17ZDA148)阶段性成果，受到了南通市金融网络犯罪研究基地、南通市人民检察院、南通市崇川区人民检察院的大力支持。

新型网络金融犯罪问题研究

李兰英　孙　亚　著

厦门大学出版社
XIAMEN UNIVERSITY PRESS
国家一级出版社
全国百佳图书出版单位

图书在版编目(CIP)数据

新型网络金融犯罪问题研究/李兰英,孙亚编著.厦门:厦门大学出版社,2021.12
ISBN 978-7-5615-8398-2

Ⅰ.①新… Ⅱ.①李…②孙… Ⅲ.①金融犯罪—计算机犯罪—研究—中国
Ⅳ.①D924.334

中国版本图书馆 CIP 数据核字(2021)第 202616 号

出 版 人 郑文礼
责任编辑 甘世恒
美术编辑 李嘉彬
技术编辑 许克华

出版发行 厦门大学出版社
社　　址 厦门市软件园二期望海路 39 号
邮政编码 361008
总　　机 0592-2181111　0592-2181406(传真)
营销中心 0592-2184458　0592-2181365
网　　址 http://www.xmupress.com
邮　　箱 xmup@xmupress.com
印　　刷 厦门市明亮彩印有限公司

开本 787 mm×1 092 mm　1/16
印张 29
插页 2
字数 620 千字
版次 2021 年 12 月第 1 版
印次 2021 年 12 月第 1 次印刷
定价 98.00 元

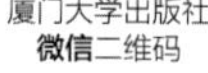

厦门大学出版社
微博二维码

序 一

重大项目研究的追踪印记

李兰英*

众所周知，普通铁路钢轨难以承载高铁行驶的速度，磁悬浮列车使车体完全脱离轨道，又让高铁望尘莫及，用这一现象来比喻现有的网络金融犯罪的治理策略要不断调整，对应新型网络金融犯罪的类型和手段的不断翻新，似乎比较恰当。所不同的是，铁路发展的奇迹给人类带来惊喜，而网络金融犯罪的类型变异给实务和理论界带来蹙眉叹息。

毋庸置疑，网络金融产业已成为我国经济发展的重要增长点，但网络空间的发展不平衡、规则不健全、秩序不合理，导致风险的不断集聚以及网络金融犯罪的大幅增长也是不争的事实。网络金融犯罪主要可分为两大类，一类是网络诈骗犯罪，另一类是网络集资类犯罪。值得注意的是，近些年来，伴随金融监管的逐渐加强，刑法规制的有效治理，网络借贷专项治理工作初现成效，占据网络金融犯罪比例最高的“网络非法集资犯罪案件”（非法吸收公众存款罪、集资诈骗罪）已呈下降趋势，甚至2020年底P2P网贷平台被彻底清零，2021年5月即将正式实施的《防范和处置非法集资条例》，为审理这类案件的追赃挽损等问题提供了比较清晰的原则和步骤。然而，随着大数据、云计算、区块链、人工智能等技术的快速发展，金融科技（fintech）在全球范围内迅速兴起，金融违法犯罪行为的手段呈现多样化、智能化、科技化的特征，行为类型不断翻新，危害不断加剧，出现了一些新型网络金融犯罪行为，即“假借金融创新实施网络犯罪、搭建网络平台非法经营金融业务以及通过第三方、第四方支付，以及运用区块链、资金盘等新型技术领域实施的犯罪”，诸如，网络赌博、网络传销犯罪、虚拟货币、数字货币洗钱犯罪、第三方支付/第四方支付平台洗钱犯罪、侵犯财产犯罪、网络股权众筹等，科技与金融产业深度融合，在引领经济的高速蓬勃发展的同时，新型网络金融犯罪日益现出狰狞面目，网络空间的安全隐患和威胁逐渐显现，成为危害金融管理秩序、危及系统性金融风险的新魔。新类型网络金融案件层出不穷，犯罪形式更趋多样化、复杂化和隐蔽性，并且因为犯罪链条太多、各个环节分工太细致、新型技术的运用等客观现实，不仅给法律适用、证据审查固定带来难题，更给刑事规制、社会治理不断带来挑战。

这本论文集，就是在这一背景之下，荟萃了几次研讨会中理论和实务的专家学者的智谋与经验，针对新型网络金融犯罪的现状趋势、类型特点，提出了“打造治

* 李兰英（1966— ），厦门大学法学院教授、博士生导师。厦门大学经济犯罪研究中心主任。

理新型网络金融犯罪治理生态，切实维护网络金融安全，积极预防犯罪的发生，推动网络金融的创新与发展”的主张。这些观点不仅仅体现刑事规制的完善，更多的是运用综合治理的思路，通过“硬法”与“软法”相结合，宽严相济的刑事政策回应新型网络金融犯罪带来的挑战。

整体来看，论文集可分为三部分，六个专题。第一部分可谓“互联网金融犯罪新类型”，收录的论文来自2020年8月，与南通检察院合作，共同举办的“网络犯罪与第三方支付的研讨会”，收集到的论文多达60多篇，且论文作者大都是来自检察第一线的实务专家，他们围绕互联网金融检察实务问题，对互联网金融犯罪现今态势、司法实务办案中的困惑、总结出的经验和解决办法进行了学理上的分析，形成了生动、深刻、有实践和理论价值、可以借鉴推广的文章。我们根据评奖的结果以及契合项目的主题，遴选出了30篇优秀论文，经过后期再修改完善，成为论文集的主要部分。第二部分可视为“互联网金融犯罪新问题”，主要以国家社科重大项目“网络金融犯罪的综合治理研究（17ZDA148）”的部分研究成果为源泉，论文作者来自厦门大学经济犯罪研究中心的教师和硕博研究生，他们针对历次研讨会的研究主题撰写会议论文，研究内容涉及“网络集资诈骗罪与非罪的认定”“涉众型金融犯罪的追赃挽损”“网络金融犯罪中的民刑交叉问题”“网络金融犯罪中单位犯罪”“网络金融犯罪中共同犯罪”“互联网金融合规”等新的前沿问题。第三部分可称之“互联网金融犯罪新思考”，是主要由四个有影响的会议综述组成的专题，这几次研讨会上提交的论文，基本上都在会后由作者公开发表了，所以当时没有正式出版论文集。但是，很多核心观点以及精华内容都是尚未发表，但却在研讨会的发言和演讲中表达出来的，正是因为有感而发、即兴表达，其观点还没有成为系统的文章，但是，更值得仔细品味。因为，专家们前瞻且精辟的“只言片语”，都是闪闪发光的思想火花，每一句都可以带来研究的灵感，所以，我们有责任采集归纳，使之绽放出来。

值论文集即将出版之际，笔者也借此阐明出版论文集的原始初衷，以便深入解读这些论文的来龙去脉。笔者自2017年底作为首席专家承担国家社科基金重大项目“网络金融犯罪的综合治理”以来，课题组成员开展了对网络金融犯罪的一系列深入研究。“综合治理”是课题的关键词，它强调对网络金融犯罪的治理不应该局限于刑法，还应该关注犯罪学、刑事诉讼法学、刑事政策学，结合社会学、金融学等交叉学科，重点探讨金融监管、刑事监控、刑事政策、社会防卫、情景预防、效果评估等几个方面。课题组注重理论研究和实证研究相结合，从2018年至今，实证调研足迹遍及北京、上海、杭州、深圳、泉州及厦门等地；在阿里巴巴集团、蚂蚁金服、腾讯集团、财付通、京东金融研究院以及检察院、法院、金融办等十几家机构或部门都留下采访学习的身影；课题组实时关注互联网金融犯罪的鲜活案例，积极跟进相关的前沿理论。在研究过程中，以“网络金融犯罪综合治理中的疑难问题”为主题，陆续举办了几场专题研讨会，不断汇集理论及实务专家的各方智慧。譬如，与厦门市金融办共同举行的“网络金融犯罪的刑事政策问题研究”（2018），与郑州厦门两地实务专家顺利举行的"打击和防范非法集资犯罪实务专题研讨会"(2018),与温州检察院共同举办的"非法吸收公众存款罪司法认定疑难问题研讨会"(2019),与来自全国各地的学者专家举行的"互联网金融刑行衔接、刑法前置化研讨会"(2019)、"互联网金融民刑交叉问题、刑事合规问题研讨会"(2019)、"互联网金融单位犯罪与共同犯罪问题研讨会"(2020)。这些研讨会涉及的主题前沿聚焦且紧贴实务,研讨内容非常精彩深刻。回顾2018年1月召开的"重大项目开题报告会",当时邀请了国内研究网络金融犯罪最为权威的学者和实务专家,他们对P2P借贷平台未来命运的预测相当准确,他们对项目后期可能要调整和增加的研究方向也贡献了真知灼见,现在阅读综述仍然拍案叫绝,很有启发。略有遗憾的是,没有哪个刊物会一下刊登这么多论文,尤其是系列的会议综述。只有集中出版一本论文集,才可以将研究成果荟萃升华,展示一个跳跃无声的"百家争鸣"论坛。

虽然,出版论文集需要时间,一些研究内容可能因此失去了时效性,但是,相信这些论文中所涉及的疑难困惑和经验分享,对于不断涌现出来的网络金融犯罪新类型的治理有着重要的参考价值。即使是传统的网络金融犯罪,如P2P借贷平台被宣布"清零",形式上的消亡也并不意味着这类案件的问题就彻底解决了,而是不可避免地面临遗留问题及新的困惑。现阶段,P2P爆雷之后的案件,已经进入了法院审理阶段,如何"追赃挽损"?如何"确认被害人"?如何"依据宽严相济的刑事政策定罪量刑"?如何解决网络金融犯罪中的民刑交叉、单位犯罪、共同犯罪、互联网金融刑事合规等新的问题?这将在很长一段时间内值得继续探讨和研究。

行文至此,突然联想到传说中的"道和魔",所谓魔,是指恶魔,代表困难、麻烦和挑战;所谓道,是克魔的法术、方法,代表维护正义的保障和力量,他们应该是对立统一的矛盾体。但究竟是"魔高一尺,道高一丈",还是"道高一尺,魔高一丈"?我认为都有道理。前者意味着邪不压正,总会有解决问题的办法和策略,这是一种乐观自信的态度;后者则说明邪恶势力也随正道不断进步,而且是困难巨大难以克服,这也是一种积极的警示。因此,面对网络金融犯罪手法不断变异而出现的新类型、新困惑,我们需要不断学习和了解新技术,寻找破解的方法。倘若有人相信"上帝与撒旦并存",那么,我们该回应"问题与解决共生"。纵然我们承担的重大项目形式上可以结项,但实质上永远不会结题,我们对网络金融犯罪问题的研究依然会继续。

序 二

网络犯罪治理的崇川实践

——以支付安全为切入点

孙 亚*

随着长三角区域一体化发展国家战略落地转化，南通区位优势更加明显，经济活跃度明显提升，2020 年南通市委、市政府定下了决战经济总量“过万亿”，夺取疫情防控和经济社会发展“双胜利”的目标。

随着南通经济社会的发展，网络犯罪也呈现高发态势，崇川区作为唯一的主城区，地理区位优势也让其面对网络犯罪首当其冲。

同时，作为侦破刑事案件的先头部队，我们南通公安是一支特别能战斗的队伍，网安的互联网情报信息工作更是连续 10 年保持全国地级市第一，公安部先后 8 次在南通召开过现场会。多起全国首例的案件都是南通制造、崇川制造。

形势逼人强。我院积极作为，先后成功办理了多起新类型网络犯罪案件。当然，办案中，也产生了很多困惑。

2015 年，油财宝、造股坊虚假理财平台诈骗案，揭开了我院专业化打击网络犯罪的序曲。办案中，如何将线上虚拟用户与线下嫌疑人一一对应？无法查实全部被害人，能否依据在案其他证据认定犯罪金额？这在当时困惑着我们。

2016 年，一起虚假刷信誉诈骗案，经我院介入后，办成了全国著名的天猫积分诈骗案。办案中，对利用规则虚假交易套取积分并变现的行为是不当得利还是刑事犯罪？构成刑事犯罪的话，机器能否被骗？是构成诈骗罪还是盗窃罪？对多人共同甚至是交义结伙实施犯罪的，犯罪金额如何认定？本案是否存在刑法意义上的被害人过错？等等。这是我们当时所面临的难题。

2017、2018 年，移动互联网飞速发展、网络支付方式普及，给百姓的生活带来便利的同时，移动支付类刑事案件高发，传统侵财类犯罪从线下转到线上，曾有戏谑的话说，犯罪不想下岗就要上网。余额宝、花呗、借呗、白条等开始进入我们刑事办案的视野，机器能否被骗已不再是难题。但第三方支付平台属于金融机构吗？相关的产品是第三方支付平台的吗？不同的侵害对象，相同的侵害手法，行为定性一样吗？介入了第三方支付平台的侵财案件应当如何适用法律？等等！相信阅读本书的读者都曾为偷换二维码的行为定性思考过、苦恼过，这些问题当时也困

* 孙亚（1971— ），男，江苏如东人，江苏省南通市崇川区人民检察院党组书记、检察长。

惑着我们。

2019年，非法从事资金支付结算业务类刑事案件接踵而至。第四方支付、聚合支付，一清、二清、清分、支付、结算、清算等专业术语，让我们这些法律专业出身的人一头雾水。是否从事上述所有业务均需取得支付许可证？还是只有支付业务需要？第四方支付的合规路径在哪里？非法从事资金支付结算的违法边界有多宽？所谓的大商户模式是否存在排除刑事法律适用的可能？仅有部分资金是通过南通流入的，我们是否可以据此管辖？等等。这些问题当时也困惑着我们。

2020年，疫情也没能挡住网络犯罪更新的脚步。支付安全领域，买卖实名注册的手机卡、银行卡、支付账户等情形时有发生，跑分平台屡屡见诸报端。一套银行卡四件套，出租的价格已达到1500元每月。这些网络黑灰产，是否只能以帮助信息网络犯罪活动罪处罚？是否可以考虑收买、非法提供信用卡信息罪？信用卡信息和信用卡是什么关系？对买卖实名注册的手机卡，刑法是否真的束手无策？这些问题，有些依然困惑着我们。

魔高一尺，道高一丈。针对个案，我们积极、审慎应对，补短板、请外援，大胆尝试、小心求证。面对网络科技、金融等专业领域知识，一方面强化自学，通过自学提升专业化水平；另一方面借助外脑，我们先后走进浙大、阿里巴巴集团，邀请《人民检察》杂志社等开展个案研讨。面对新类型网络犯罪案件，在明确其刑事违法性的前提下，依据立法精神，大胆尝试。比如，油财宝案件，我们依据银行流水等电子数据全额认定犯罪数额，与次年最高人民法院、最高人民检察院、公安部联合颁布的《关于办理电信网络诈骗等刑事案件适用法律若干问题的意见（二）》相关规定相契合；天猫积分案件，我们与技术专家探讨具体行为流程，与法学专家研讨行为定性；案件判决后，骗取滴滴打车、支付宝补贴等案件也均是以诈骗罪定罪处罚；在处理西安日间公司非法支付结算案件过程中，我们先后到市金融监管局、中国人民银行南通中心支行寻求帮助、解决疑惑。

一个个困惑推动着我们一步步向前。打击网络犯罪、维护支付安全，我们是认真的。

2016年初，我院基于网络犯罪的特性与网络安全的需要，启动职能与机构重组，开始组建涉众型金融犯罪及网络犯罪案件办案组，开启专业化办案之路；2017年内设机构改革试点，正式设立金融网络犯罪案件专业化办案组；2018年内设机构改革，成立金融网络犯罪检察部；2019年5月，更名为第三检察部。我院办理的多起网络犯罪案件先后获评江苏省检察机关保障民生典型案例、江苏省检察机关法律监督典型案例、江苏省检察机关保障民营经济典型案例，获评互联网十大司法创新案例、互联网法律大会十大案例。金融网络办案团队被江苏省人民检察院评选为“十佳办案团队”，一名同志获评江苏省新时代优秀检察官。

2020年，在总结提炼近几年办案经验基础上，我们通过细化金融网络犯罪案件的侦查、提前介入、审查、出庭、追赃挽损、释法说理等阶段核心问题，制定《涉众型金融网络犯罪办案指引》，形成以提前介入为常态、以电子数据为中心、以跟踪监督为保障、以追赃挽损为根本、以社会稳定为前提、以普法宣传为责任的一整套涉众型案件全链条封闭式办案机制，获评南通市2019年度"政法工作十大创新成果"。

外脑永远是检察机关办案的有利辅助。如何将外脑与检察机关办案贴合得更为紧密，是崇川区检察院近年来思考的问题。在市检察院的领导下，南通市金融网络犯罪研究基地应运而生。56家成员单位，3个专业委员会，常态化的"外脑团队"助力，对于检察官来说，就像拥有了一本行走的"百科全书"，办案效率事半功倍。近年来，我们先后邀请学术委员会、技术委员会教授、专家，举办"网络犯罪现状、难点与对策""互联网金融犯罪司法实务前沿问题""《民法典》与金融秩序的维护与治理"等专题讲座9次，组织成员单位代表赴北大、浙大以及阿里巴巴集团、杭州滨江区检察院等开展研讨12次，苏州园区、连云港、安徽蚌埠、湖南郴州等地多次来院调研，形成了良好的研讨、调研机制。

与此同时，我们也在积极拓展参与社会治理职能，念好"后半篇"文章。办案中，强化风险研判，将办案与化解风险、维护社会稳定结合起来，做好释法说理稳控工作；同时，在金融机构集中聚集区开辟金融网络风险防范服务"试验田"，联合市金融监管局及相关政府部门开展非法金融整治活动；深入街道社区开展"防范金融网络犯罪"系列法制宣讲，定期召开新闻发布会发布金融网络犯罪白皮书及典型案例，提高广大居民甄别网络犯罪能力。

网络犯罪具有类型新、变异快、适用法律难等特点，仅就案办案，不结合案件进行系统思考，就永远办不好网络犯罪案件。为此，在市委政法委、市法学会的大力支持下，我们同步筹建市法学会金融网络犯罪研究会，集结力量开展专业化研究，充分发挥理论研究对检察业务的指导作用。2019年以来，先后组织编撰多本法规及案例汇编，承担国家级、省级、市级课题6项，每年均有相关调研文章在互联网法律大会、省级法学年会等活动中获奖。我院撰写的《金融网络犯罪案件新型办理机制探析》，获评2019年互联网法律大会优秀论文一等奖。开发的定制式培训课程互联网支付类案件的办理先后在省、市院授课，直接指导一线办案，取得较好的效果。

法律永远是鲜活的。案件也不会完全相同，网络犯罪案件更是如此。网络犯罪案件的办理过程就是产生新困惑、解决新困惑的过程。大到网络黑灰产的刑事规制，小到出售实名制手机卡的法律适用，恶意注册、虚假认证等情形的入罪情形，盗骗交织类案件的认定，电子数据的有效提取和认定等都还有待于论坛的研讨和今后的共同努力。

目录

第一专题　网络金融犯罪治理策略

第二专题　新型网络犯罪的惩治与预防

第三专题　网络共同犯罪和单位犯罪问题研究

第四专题　网络金融平台集资行为的法律规制

第五专题 新型支付方式下网络侵财犯罪的行为定性

第六专题 网络金融犯罪研讨会专题

第一专题

网络金融犯罪治理策略

金融网络犯罪案件办理长三角一体化联动协作机制探讨

江苏省南通市崇川区人民检察院课题组*

长三角地区作为中国经济最具活力、开放程度最高、创新能力最强的区域之一，在全国经济中具有举足轻重的地位。习近平总书记提出，支持长江三角洲区域一体化发展并上升为国家战略。2019年12月1日，中共中央、国务院印发的《长江三角洲区域一体化发展规划纲要》①(以下简称《纲要》),更为长江三角洲区域金融网络犯罪治理提供了制度支持。

探索金融网络犯罪案件办理长三角一体化联动协作机制，在长三角区域内统一办案理念、统一办案协作、统一打击思路、协同打击力度、协同涉法涉诉矛盾化解，有效解决涉众型金融网络犯罪跨地域性打击难题，避免同一案件在多地多次诉讼的窘境，为长三角提供统一法治保障，具有现实意义。

一、金融、网络犯罪案件特点及趋势

习近平总书记指出："没有网络安全就没有国家安全，就没有经济社会稳定运行，广大人民群众利益也难以得到保障。"近年来，随着我国经济社会高速发展，通信、金融、网络现代化水平不断提高，各种传统犯罪日益向互联网迁移，金融、网络犯罪呈高发多发等新态势，严重危害国家安全、社会秩序和人民群众合法权益。

(一)金融犯罪案件的主要特点与发展趋势

1. 涉案犯罪金额大、信访维稳压力大

近年来，金融犯罪案件数量和涉案人数大幅上升的同时，涉案金额也屡破新高。2019年，崇川区院受理的金融犯罪公诉案件中，超亿元的案件占金融犯罪的28.13%。特别是近年来跨区域性案件高发，追赃挽损难度加大。由于资金去向难

---

* 课题负责人章建生，南通市崇川区人民检察院党组副书记、副检察长；课题组成员：任留存、申莲凤，南通市崇川区人民检察院一级检察官；姜依菲、陈宝红、王美霞、鞠丽，南通市崇川区人民检察院检察官助理。

① 《纲要》第七章第四节指出：推进社会治理共建共治共享。加强和创新社会治理，提高社会化、法治化、智能化、专业化水平，共同建设平安长三角。制定出台区域社会治理地方性法规和政府规章，建立覆盖全体居民的公共法律服务体系。加强城市管理和社会治安防控体系建设，建立城市公共安全风险防控标准体系和规划体系。健全区域性重大灾害事故联防联控机制，完善总体应急预案及相关专项预案。加强跨地区跨部门的业务协同、信息共享、应急演练，推进重点城市和都市圈防灾减灾救灾一体化、同城化。建立健全基层社会治理网络，全域推广网格化服务管理。建立健全安全生产责任体系和联动长效机制，有效防范和坚决遏制重特大安全生产事故发生。深化文明城市、文明乡镇、文明村庄创建，倡导文明礼仪新风，共同提升区域文明程度。

以查清、募集资金无法追回等原因造成损失难以挽回，极易引起集体信访事件，造成极大信访压力。崇川区院办理的金融犯罪案件信访率达 90% 以上，甚至出现围堵检察机关大门，影响正常办公秩序的现象。

2. 犯罪主体集团化、精英化

近年来，金融领域犯罪多以公司名义实施，有较为完善的公司管理制度、部门划分、考评机制、职工待遇等，公司依法获得营业执照，公司名称大都冠以“投资管理”“投资咨询”等字眼，各员工分工明确、各司其职，按照规定晋升、获取工资提成。这类案件模式往往是总公司掌控财权、人权、物权等，集团化运作明显。同时，这些公司招聘的人员也呈现出高学历、经营化趋势。本科及研究生文化程度上涨，部分犯罪分子有在银行、保险、证券等机构的从业经历，持有基金从业资格证，具有基础的金融从业知识。

3. 犯罪方式翻新快速化、隐秘化

一是宣传内容翻新快。从投资家具、钢铁、农林牧副渔等实体类项目占据主要地位到投资股权交易、养老服务、文化艺术品交易、期货项目、P2P、PPP、商城积分抵现、承兑汇票等名义层出不穷。二是宣传方式隐蔽化。由原来的发传单、口口相传等方式，变为盲打电话、投放宣传广告、微信公众号推送等不易被主管部门察觉的方式，投资途径由原来的线下门店投资逐步转移到线上运营，并引入第三方支付平台，增强资金流向查处难度。三是公司资质真假难辨。部分公司或犯罪分子具备基金从业资格，借着基金名义，从事非法募集资金的行为。

4. 犯罪覆盖范围呈现延伸性、跨区域性

随着社会经济水平的不断提升，互联网金融的发展，非法募集资金的行为逐渐辐射到南通地区其他县市区以及邻近城市，呈现出地理上的延伸性、跨区域性，有的甚至蔓延至全国。2019 年崇川区院办理跨区域性金融犯罪案件共有 22 件 87 人，占全部金融犯罪案件的 70.97%、87%。司法机关办理此类跨区域性非法集资案件面临定罪立案管辖、量刑标准、打击范围、单位犯罪认定、主从犯认定、取证困难、追赃挽损等诸多难题。

（二）网络犯罪案件的主要特点与趋势

1. 黑灰产业链形成，网络犯罪产业化

网络犯罪表现出跨部门、跨行业色彩，网络将从事不同类型违法行为的人联络起来，形成了盘根错节的网络犯罪黑灰产业链，分工日趋精细，各种网络技术、程序、个人信息等在网络空间有着庞大且隐秘的销售市场。上下游人员不必面对面进行联系，完全通过网络进行交易，行为人之间突破传统的犯意联络，发展为产业经营按“需”交易。

2. 犯罪主体反侦查意识强，证据认定难度大

网络犯罪的现场是数字的、虚拟的，犯罪人在网络上所登录注册的姓名、年龄、性别、职业和地址都可能是虚假的，犯罪的时间、地点和手段也很难确定。网络犯罪行为人不仅具备一定的网络知识和计算机应用能力，还具有较强的反侦查

意识、逃避管控和打击的能力。犯罪集团内往往设专人负责管理犯罪工具（手机、电脑、银行卡等），并限制用途和使用时间，定期更换虚拟身份、删除数据、设置密码、人机不一等，导致证据采集困难。

3. 荐股类、涉二手平台类诈骗案呈上升趋势

2019年崇川区院受理的网络犯罪案件61件269人中，诈骗罪共计43件214人，其中又以荐股诈骗、涉二手平台类诈骗最为突出。一方面，荐股诈骗案件中犯罪嫌疑人从非法平台开发者（上线）处获得代理权限后组织人员在各类即时聊天工具上虚构身份、包装身份，之后根据非法获取的个人信息并按照固定的“话术”加好友、拉群、推荐投资平台，诱导受害人在犯罪嫌疑人掌握的平台上投资，最终非法占有被害人的财产。另一方面，涉二手平台类诈骗案呈现上升趋势，此类案件中，犯罪嫌疑人在闲鱼、转转等二手交易平台发布销售二手物品或者代购物品等信息，吸引被害人浏览网站，犯罪嫌疑人通过二手平台内置的聊天软件与被害人联系后，说服被害人跳过二手平台，私下微信或者QQ详谈议价等，被害人受骗后点击虚假链接付款，由专门人员负责收款、洗钱。

4. 作案地域跨度大、犯罪隐蔽性强

网络的虚拟性、非接触性让犯罪分子可以通过异地操作实施跨地域甚至跨境犯罪活动，网络犯罪突破了地域限制，向全国乃至全球扩散。犯罪嫌疑人利用网络虚拟定位技术等伪装自己，隐蔽性强。如新冠肺炎疫情期间，口罩诈骗案呈现井喷式增长。本院办理的陈某口罩诈骗案，陈某通过微信朋友圈、微信群等工具，发布销售口罩的虚假信息，被其做微商的好友韦某看到，韦某信以为真，从陈某处大量订货，并在自己的微信朋友圈发布销售口罩广告，韦某的微商代理看到后也在自己朋友圈发布广告，这样层层下去，最终导致涉及江苏、云南、上海、北京等多处被害人被骗340余万元。

二、金融网络犯罪案件机制化办理介绍

崇川区检察院牵头南通地区公、检、法、金融、保险、证券、通信等56家单位、部门以及阿里巴巴成立了全省第一家金融网络犯罪研究基地；经南通市法学会批准，基地还成立了南通市法学会金融网络犯罪研究会，发展了南通各界106名会员，汇聚了全国各界金融网络精英，为联合开展金融网络犯罪预防、化解疑难复杂案件提供了强有力的智力、技术支撑。

基于金融网络犯罪案件的现状、特点，依托基地、研究会，针对性地构建打击金融网络犯罪的专业化办理体系，从提前介入、案件受理、证据审查、追赃挽损、信访接待及释法宣传等方面探索案件办理新模式，从而做好防范化解金融网络风险攻坚战的检察保障工作。

（一）以提前介入为常态的对接机制

一是明确提前介入、听取意见的案件类型。包括：有较大影响的涉众型经济犯罪案件；作案手法新颖，法律、司法解释未做明确规定的案件，涉及食品药品、金融

秩序、个人信息、网络安全、非法集资、公共秩序等方面的重大犯罪案件；涉及民营企业的案件等。二是明确提前介入、听取意见的时间节点。一般应在立案后邀请检察机关提前介入、听取意见。但对于存在较大争议的案件，可以在立案前听取检察机关的意见。三是规范提前介入、听取意见的程序及方式。采用侦查机关和检察机关双向启动模式，检察官可以采取听取侦查机关汇报和查阅侦查卷宗、电子数据等形式；也可以根据案件需要，旁听侦查人员的讯问、询问过程，参与现场勘验等。检察官对犯罪事实、侦查方向、案件定性、法律适用等问题发表初步意见，并将意见记录在案。

（二）以跟踪监督为保障的制约机制

金融网络案件类型新颖、涉嫌罪名众多、涉案人员情况复杂，为此，崇川区检察院完善案件移送机制，同时构建以跟踪监督为保障的制约机制。

1. 完善案件移送机制

根据《刑法》及《关于办理网络犯罪案件适用刑事诉讼程序若干问题的意见》的相关规定，明确金融类、网络类案件的范围，确定专门办案部门，并与辖区公安机关商定在特定案件卷宗封面加盖金融类或网络类印章，确保专案专办。依托金融网络犯罪研究基地平台，与阿里巴巴协作，对于网络犯罪案件线索，及时移交公安机关开展侦查，精准打击网络犯罪。

2. 构建跟踪监督制约机制

为了避免系列案件处理期间司法政策变化可能导致的同案异判，针对性地建立了跟踪监督制约机制，共享公安机关“另案处理”人员信息数据库，建立同步审查制度，依法定期开展侦查监督，防止另案处理久拖不决。

（三）以电子数据为中心的审查机制

随着科技的进步，越来越多的犯罪案件通过网络实施，涉众型金融网络犯罪案件往往因客观条件的限制，无法逐一收集被害人的言词证据、转账凭证等书证，所以涉案主体自身整理或第三方服务器上存储的聊天记录、交易记录、业务记录等电子数据往往成为定案的主要依据。因此，电子数据的取证、审查工作直接影响犯罪事实的认定及各犯罪嫌疑人的定罪量刑。

1. 引导公安机关规范收集电子数据

针对电子数据存在的问题及时向公安机关发出检察建议，建议公安机关高度重视电子数据提取程序的合法性、数据的完整性、技术标准的专业性等，引导公安机关重视原始存储介质的扣押、封存，及时、全面取证；重视收集、提取笔录，合法、规范取证；建立证据链保管制度，确保电子数据在各环节均处于连续保管状态，确保电子数据的真实性、同一性，切实消除电子数据真实性的疑虑，有效化解取证不全、认定不准风险。

2. 强化对电子数据的审查工作

由于电子数据的特殊性及重要性，在引导公安机关规范收集证据的同时，构建以电子数据为中心的审查机制，重点审查电子证据是否全面、及时收集，是否规范收集、使用，确保电子数据的真实性、同一性、完整性。同时，通过强化对电子数据的审查，引导侦查，明确犯罪事实。

（四）以追赃挽损为根本的协调机制

为最大限度地提高损失清偿率，在侦查、审查、执行等阶段，用好各项检察机制，构建以追赃挽损为根本的协调机制，有效化解案件风险。

1. 提前介入，把握追赃挽损时效性

在侦查阶段，检察机关通过提前介入等方式，引导公安机关全面取证，抽丝剥茧地明晰资金走向。第一时间督促公安机关及时扣押、查封涉案资产，做好权属甄别工作，努力增加可用于退赔集资参与人的财产份额，为后续有效开展追赃工作提供保障。

2. 多种举措，加大追赃挽损范围

检察机关将财产追缴作为非法集资类案件办理重点之一，运用认罪认罚机制，取保候审、逮捕强制措施，及时开展羁押必要性审查工作，最大程度追缴赃款。通过认罪认罚制度及拟变更强制措施，促使认罪认罚但不愿退赔的犯罪嫌疑人全额上缴违法所得。通过调动检察职能，加强追赃挽损，有效防范了“宁可获刑、拒不退赃”罪责背离现象的发生。

3. 协作配合，提高追赃挽损社会效果

公安机关、检察院、法院等部门均充分发挥自身的作用，齐心做好非法集资刑事案件追缴和处置工作，有效提升追赃挽损工作的整体水平和社会综合效果。检察机关强化与“处非办”、法院、公安等部门的联动，推动问题解决，共同做好追赃挽损工作。初步探索退赃退赔由公安机关扎口负责、检察机关全程参与、法院统一处置的模式。

（五）以社会稳定为前提的接访机制

涉众型金融网络案件，特别是非法集资类刑事案件引发的信访具有来访频率高、来访人次多、来访诉求明确、来访人情绪激动等特点，多为集体访，易转化为告急访和缠闹访，为有效应对涉众型金融网络案件信访工作，应构建以社会稳定为前提的接访机制。

1. 完善信访风险评估，做好信访预警工作

针对金融网络犯罪案件信访特点和严峻形势，专门制定《关于办理涉众型金融网络犯罪案件风险防控的意见》《关于涉众型金融网络犯罪案件信访接待工作的意见》等制度，明确案件承办人、控申检察部门、司法警察、院领导信访维稳工作职责。同时，依托大统一业务应用系统，对非法集资类案件按照“一案一评估”的原则，根据隐患程度采取不同的预防措施，对有信访苗头的，由办案部门和控申部门共同做好疏导和预防工作，制定集体访预警预案，从源头预防和减少涉检信访的发生。

2. 强化内外分工协助，构建多方协作机制

对内强化控申、刑检等部门的协作配合，建立分工明确、配合有力、流转顺畅的衔接机制，树立“全局一盘棋”的大局意识，将稳控化解工作贯穿办案始终。对

外建立公检法联合接访制度，及时向公安、法院书面反馈信访诉求，引入律师作为第三方参与接访，强化法律文书释法说理。如启动政法联席机制，主动加强与法院、公安机关沟通，确保投资人在资产处理中的分配权利得到保障，妥善地处置了一起非法集资案异地被害人“两会”期间群访事件。

三、金融网络犯罪案件办理联动协作机制探讨

随着我国司法改革的推进，地方司法自主权的加强，司法协作不再局限于诉讼法规定的范围，而是根据各地自主协商确定。例如，2016 年大别山革命老区四地法院协作模式①、2016 年京津冀三地检察机关协作机制②、2008 年 10 月以来长三角省级检察院签订的合作协议 15 项③等等，涵盖信息共享、案件通报、取证协作、追逃追赃、未检、刑执、民行、生态环境司法保护等多维度的司法协作，但在金融网络犯罪方面未有涉及。

结合金融网络犯罪案件办案实践以及崇川区检察院此类案件办理机制，由点及面地辐射到长三角区域，探讨如何依托长三角一体化，从诉讼服务、办案协作、犯罪惩治、涉法涉诉矛盾化解、助企服务等方面加强区域协作，形成工作合力，有效应对涉众型金融网络犯罪跨地域性打击难题，构建一体化金融网络生态安全屏障。

（一）“一体化”诉讼服务

1.“一站式”网上诉讼服务平台

探索打造长三角城市群区域内检察院“一站式”网上诉讼服务平台，集诉讼服务、案件受理、远程调阅等多项功能，基本实现跨区域受理案件。一是建立跨区域受理案件机制，协作案件的检察院和管辖检察院可以依托信息平台，完成案件受理工作。二是建立跨区域远程阅卷机制，在区域内实现律师在协作检察院可以远程阅卷管辖检察院的案件。三是逐步实现区域内检察院系统视频衔接，实现远程查阅、远程开庭等，提高诉讼质效，为公正高效服务长三角一体化建设提供法治保障。④

2. 管辖协作及案件移送制度

区域内金融网络刑事案件的管辖范围，坚持以各自地域管辖为主、共同区域管辖为辅的原则。通过信息共享平台，确立案件线索发现制度和案件移送制度。协作检察院发现相关案件线索的，应当及时移送给有管辖权的检察院进行办理；区域内检察院发现应当由其他检察院管辖的案件应当及时移送至管辖检察院，而非退回侦查机关另外移送。

---

① 王兆忠、孙晨：《长江中游城市群司法协作模式选择与构建》，载《长江论坛》2018 年第 3 期。

② 天津市武清区人民检察院课题组：《京津冀协同发展中的司法合作问题研究——以检察机关开展司法合作为研究视角》，载《中国检察官》2016 年第 11 期。

③ 上海市人民检察院法律政策研究室调研组：《上海市检察机关深化长三角社会治理区域合作情况调研报告》，载《检察调研与指导》2019 年第 1 期。

④ 王兆忠、孙晨：《长江中游城市群司法协作模式选择与构建》，载《长江论坛》2018 年第 3 期。

3. 信息互通共享制度

依托信息共享平台，通过“线下通报、线上共享”的方式将在日常工作中涉及的重大舆情以及其他检察机关需要及时获知并采取措施的有关情况告知相关检察院。应定期对重要信息进行通报，依托信息共享平台，强化大数据运用，探索“互联网+”新模式，实现跨区域检务协作需求信息采集、案件线索分析和智能研判，为加强检务协作和办理跨区域金融网络刑事案件提供有效辅助。[①]

（二）“多元化”办案协作

1. 协作联席会议制度

根据检察协作开展情况，各协作单位检察长均可动议召开检察长联席会议，定期对检察协作机制运行中的重大问题进行沟通协调，探讨组织重大专项联合行动等，推动检察协作工作可持续发展。

部门联席会议由从事金融网络犯罪检察工作的部门人员参加，定期通报工作情况，相互征询意见和建议；总结共建工作的成效和经验，研究工作存在的困难、问题等。同时可以根据工作需要，不定期召开部门联席会议，协调具体业务问题，制定详细的协作协议和实施意见。

2. 案件协作绿色通道

区域内检察院需要跨区域办理案件的，管辖检察院可以请求当地检察机关协助办理，协作检察院应主动在调查取证、异地讯问（询问）、委托调查取证、查办漏罪漏犯、异地羁押、追捕逃犯、异地交付执行以及办案场所、技术装备、交通、通信等方面，最大限度地给予协助支持，实现资源的最大整合，提高金融网络刑事案件的办理效率，提升办案法律效果和社会效果。

3. 重大案件会商、联办制度

建立、健全重大金融网络犯罪案件会商和联合办理机制，及时联合介入跨区域重大金融网络刑事案件调查。按照案件管辖原则，管辖地检察机关依法办理案件，适时听取其他跨区域受侵害地检察机关意见、反馈办案情况。对重大疑难案件，可邀请其他跨区域受侵害地检察机关提供法律意见或列席检察委员会讨论案件。同时，可以借助金融网络研究基地平台聘请的北京大学、华东政法大学等高校多名法学专家和阿里巴巴集团的技术专家，组建专家咨询委员会和技术委员会，借助“外脑”为互联网金融等新型犯罪的办理提供智力支持。

（三）长三角区域社会治理协同合作

长三角区域社会治理协同合作具有深厚的基础。新形势下，在防范化解金融网络风险、共同促进社会治理方面，长三角区域可以从以下方面进行积极尝试。

1. 建立快速办理绿色通道，加强在跨区域案件办理上的协作配合

在案件办理、调查取证等方面建立长三角区域快速办理绿色通道，完善犯罪管

① 万诗雄、杨昊：《长江经济带检务协作的价值定位与实现路径》，载《贵阳市委党校学报》2019 年第 5 期。

辖、线索移送、跨区追诉等工作机制。一方面，加强区域内的联动机制，针对跨地域疑难复杂案件，抽调各地精英力量组成专案组，形成办案合力；另一方面，加强各地检察机关之间协作配合，包括但不限于协助核查案件事实、调查取证、采取强制措施等内容，在办理互联网金融刑事案件时，需在办案检察机关所在地以外的区域开展的，可以请求当地检察机关协助办理。

2. 打破信息壁垒，深化资源和信息共享，优化检察协作效能

推进长三角金融网络犯罪案件相关数据交换与共享，是长三角区域合作的内在要求。建议以金融网络类犯罪开展试点，通过搭建政法系统内部信息的整体交换平台，循序渐进实现长三角地区政法机关信息互通互惠。沪苏浙皖四地检察机关对内要打通区域内检察内网信息壁垒，相互开放数据权限；对外要探索“两法衔接平台”的信息交互功能，开发检察机关和行政机关、检察机关和金融监管机构涉罪数据信息自动交换平台。

3. 凝聚社会治理合力

金融网络类犯罪具有明显的跨地域性，且在长三角区域内特点和趋势高度相似，因此针对跨地域的涉金融网络社会治理工作，可通过专项活动、联合执法等形式加强执法协同性，如推进案件流程信息互联网自主查询，建立金融犯罪、网络犯罪案件信息通报，涉案企业和人员刑事处罚信息共享机制，构建长三角区域行业“黑名单”，促进区域社会信用合作体系建设。

（四）涉法涉诉矛盾化解

大多数金融网络犯罪案件因案情复杂、地域广泛、涉案数额巨大、投资参与人众多、涉案时间长，呈现出办案周期长、追赃挽损难度大、参与人抱团集体信访等特点，各自为战的工作方法已经不能应对当前集体信访高发的状况，矛盾化解需要长三角区域各方的共同努力。

1. 构建一套行之有效的风险沟通协调体系

首先，依托现代科技建立各方参与的日常信息交流和沟通平台，建立长三角检察协作线上办公室，负责各方联络员的沟通协作问题、交流日常工作情况等。其次，应当重视发挥政法机关指导作用，建议省市政法委牵头建立覆盖辖区政法机关的涉法涉诉信访案件的协调工作机制，建立四地检察机关高层领导互访和重要事务的会商机制，通过上级院之间的沟通，有效地解决下级院之间跨区划办案的具体问题。

2. 构建跨区域涉法涉诉信访首办负责制

对涉及多地域案件实行“首办负责制”，由首办检察院牵头涉案地检察院联合制定风险处置应对预案，形成涉法涉诉信访案件联动处置工作机制，并及时通报案情、跟踪案件进展、通报社会舆情，协同处理好跨区域案件，确保跨区域案件办理的力度和成效。

3. 建立完善的跨区域案件追赃挽损工作争议处理机制

追赃挽损是涉众型金融网络犯罪案件信访人的核心诉求，也是办理该类案件

的重点和难点。首先，长三角地区检察院应当建立跨区域案件追赃挽损工作争议处理机制，涉众型金融网络犯罪案件中涉案财物的处置要坚持统一资产处置原则，涉及多地区的案件应当集中统一处置，协同做好跨区域追赃挽损工作；其次，完善协作机制，涉案地检察院发现嫌疑人在外地有可处理资产的，可向当地检察院请求协助办理，当地检察院应积极予以支持。

建立金融网络犯罪长三角一体化联动协作机制具有重要意义，有利于长三角范围内合理配置司法资源，降低司法成本，深化分工与合作，提高司法效率，更加充分地共享外部性。有利于统一网络金融犯罪司法尺度和证据认定标准，促进区域间法律适用的一致性和协调性。有利于加强人才交流、资源共享、治理融合等，共同维护区域平安，营造良好营商环境，形成高质量发展的区域集群，为构筑高质量“长江经济防线”保驾护航。

互联网金融经济学逻辑和监管路径

李皓兰*

2020 年 10 月 24 日马云在上海外滩金融峰会的演讲内容，惊世骇俗，他在现场呼吁要面向未来的监管："真正的创新，一定是没有人带路的，一定需要有人担当。做没有风险的创新，就是扼杀创新，很多时候，把风险控制为零才是最大的风险。好的创新不怕监管，但是怕昨天的监管，我们不能用管理火车站的办法来管机场，不能用昨天的办法来管未来。"

马云的这次演讲对于互联网金融的未来发展意义深远，它不仅触动了如何进行金融监管的思考，而且直逼核心问题：要不要对互联网金融进行监管。众所周知，金融监管①寻求的是"服务实体经济与保护投资者的平衡"。这意味着，如果因噎废食，只专注于控制风险，当然不利于服务实体经济，但如果政府不顾甚至放任风险，就会导致投资者利益受到损害，更行不通。

不可否认，我国金融行业的发展与金融监管体制不相匹配，新一轮的金融监管体制改革充分体现了我国金融监管体制从分业监管转变为功能监管，同时以金融业的安全与稳定发展为目标，努力克服市场失灵和监管失效。那么，这个目标如何才可以实现呢？

互联网融资因为有了互联网的特性，相比于传统商业银行，不仅在功能上发生了异化，而且还产生了意想不到的风险。本文并非讨论刑法作为最后的保障手段需要介入的理由，而是针对网络融资中不同于传统融资的网络属性，合理界定刑法手段与市场机制、私人执法、行政监管之间的边界，主张构建有效的多层次、多元化的监管体系，尤其是在保护互联网金融创新的同时维护金融市场秩序与投资者资金安全。笔者试图通过经济学视角论证互联网金融需要的监管理由、监管理念与监管路径。

一、基本思考：法律应该如何对待"枉行"？

（一）所有的"枉行"并非都需要法律规制

法学学人在看到社会出现一个新问题时，下意识的思路是首先考虑如何用法

---

* 李皓兰（1991—），河北石家庄人，财税法博士，现在厦门市中级人民法院工作，国家社科重大项目"网络金融犯罪综合治理研究"（编号 17ZDA148）课题组成员。本文是研究成果之一。

① 金融监管是金融监督管理的简称，指代金融监管主体（政府特定的机构，如中央银行、证券交易委员会）为了达到监管的目的（促进金融机构依法稳健地经营和发展），依法对被监管对象实施的领导、组织、协调和控制等主动的干预与管理的一系列的活动。

律对其进行规制，但这一思考路径很容易落入法治浪漫主义的窠臼。极端的法治浪漫主义的表现形式是认为任何社会问题都应该成为法律问题，都应该收入法律的治理疆域之下。但是，这一思考路径忽略了问题的复杂性，有时会无端增加社会成本，同时也无法达到预期的目标。如果用一种更为完整的视角来看，我们会发现，社会治理是一个光谱，法律规制只是诸多社会治理方式之一；在法律规制视野内，刑法也只是诸多法律规制手段之一。这一思考路径提示我们重新反思一个"元命题"——法律应该如何对待"枉行"？这一问题对于很多讨论来说是难以绕开的前设性问题。

首先，"枉行"（wrong doings）无处不在，但并不总是需要法律的干预。不能用法律惩罚丑恶的思想，除非以言论的形式表现出来；说谎既非侵权也非犯罪，除非有约定在先；慈善也不是法律义务；法律对大多数失信都不予理睬[①]；某些国家甚至放弃了对卖淫和赌博的处罚；禁酒法在美国仅做过短暂（当然也是失败）的尝试（1917 年颁布，1933 年废止）；生产或贩卖烟草则从来都是合法的（尽管有研究表明，烟草的危害性甚于大麻）。[②] 其次，昂贵而笨拙的法律武器经常是派不上用场的，但我们无须担心，因为在法律的不入之地，还有大量隐蔽的非正式社会规范，私人执法可以利用分散的信息替代公共执法来实现社会治理。在霍布斯所说的"一切人对一切人的战争"状态中[③]，没有任何力量阻止任何侵犯行为，但这种所谓的"霍布斯丛林"只是一个理论上的假设，真实的人类历史上不可能出现过这种状态。[④] 当每个人都是侵犯者的时候，每个人就同时成为阻止侵犯的执法者，因而"全民皆盗"会遭遇全民的预警、监控和惩罚。如果整个社会抵抗枉行的力量被激发出来，公共执法者只需面对那些不能被社会力量拦截的"枉行"就可以有效地实现社会治理。再次，即使在法律控制的范围之内，许多轻微的违法行为也不会受到任何法律制裁。《刑法》第十三条之所以把"情节显著轻微"作为出罪的条件就是在计算了法律实施的性价比之后做出了"不用大炮打蚊子"的选择。

综上，我们发现法律不会回应所有的枉行，并且从制度发生史的角度来看，私人之间的规训和惩罚的产生要远远早于法律。秩序的提供者不是只有国家，还有社会。那么，法律和其他社会治理方式之间如何协调？边界在哪里？进而，法律

---

① 参见[美]理查德·A. 波斯纳:《道德与法律理论的疑问》，苏力译，中国政法大学出版社 2001 年版。

② 倘若进而考虑到禁烟的社会成本必须在当下支付，其社会收益却要在未来兑现，则即使后者能够绰绰有余地补偿前者，国家也不会心甘情愿地将"向烟草宣战"落实在刑事司法的制度和实践中。美国社会学家尹恩·罗伯逊发现，大麻就没有烟草的运气好，但最重要的原因也许不是大麻造成的危害比烟草更大，而是因为生产和销售大麻的企业远不具备可与烟草公司比拟的强大势力。参见尹恩·罗伯逊:《现代西方社会学》，赵明华译，河南人民出版社 1988 年版。

③ 霍布斯描述了这种"自然状态"："在这种状况下，产业是无法存在的，因为其成果极不稳定。这样一来，举凡土地栽培、航海、外洋进口商品的运用、舒适的建筑、移动与卸除须费巨大力量的物体的工具、地貌的知识、时间的记载、文艺、文学、社会等等都将不存在。最糟糕的是人们不断处于暴力死亡的恐惧和危险中，人的生活孤独、贫困、卑污、残忍而短寿。"参见[英]霍布斯:《利维坦》，黎思复、黎廷弼译，商务印书馆 1985 年版。

④ 罗伯特·阿克塞尔罗德论证了社会秩序何以能够形成于一个没有公共权力的环境中。See Robert Axelrod, *The Evolution of Cooperation*, New York: Basic Books,Inc., 1984.

内部公法和私法划分的依据是什么？具体到商事经济领域，哪些事情应该交给监管？哪些事情应该交给市场？这些问题都是法律背后更为深刻的问题。

（二）法律内部公法和私法划分的依据

1. 私人执法与公共执法相互补充

波斯纳在《正义/司法的经济学》一书中，有这样的阐述：在公共权力尚未产生或已经瓦解的社会中，在初民社会或世界其他偏僻的角落里，也完全可能维持一种初级的社会秩序或促成小规模的社会合作，产权制度、婚姻制度、契约制度以及一些简单的市场交易规则并非文明社会所特有的。[①] 根据在公共权力起源之前人类就已经建立了比较初级的社会秩序，就可以断定，私人执法的历史比公共执法的历史更加久远，尽管那些构成初级秩序的社会规则还没有被赋予法律的名义。伴随着国家的起源，既有的社会规则被制定为法律，由国家负责（投资）的公共执法才开始发挥社会控制的功能。但私人执法却并未（实际上是从未）彻底退出，而是仍然“辅助”公共执法来维护社会秩序和市场秩序。这里的“辅助”二字之所以打上了引号，是因为至今没有人搞清楚维持某种秩序的主要力量究竟来自国家还是来自社会。

相对于私人执法，公共执法的优势十分明显。国家有能力组织一种规模化、集约化的执法力量，有利于发挥执法人员的协同作业、管理者的专门知识以及组织化的规模经济。[②] 公共执法在实现规模经济上的一个重要表现是创造威慑，充足的威慑水平可以在不实际消耗执法资源的条件下打消潜在违法者的机会主义动机，从而将违法行为防患于未然。而创造威慑需要国家保持查处和惩罚违法行为的信用，这是追求远期回报的国家投资行为，因而需要执法者在特定执法活动中“不计成本”，做到“违法必究、执法必严”；而私人执法者很难做到这一点，也因此，私人执法表现出更强的机会主义倾向[③]，并且很难避免集体行动中的搭便车问题。

尽管公共执法有如此多的优势，却也并非法力无边，相对于公共执法，私人执法仍有其比较优势。市场约束机制（包括信誉机制）本质上就是一种私人执法，来自消费者“用脚投票”以及生意伙伴断绝生意往来的压力，都可以迫使商家诚信经

① 休谟、波斯纳以及罗塞尔·哈丁从理论层面论述了这种观念，参见［英］休谟：《人性论》（下册），关文运译，商务印书馆 1980 年版；［美］理查德·A. 波斯纳：《正义/司法的经济学》，苏力译，中国政法大学出版社 2002 年版，第 6、7、8 章；Russell Hardin, *Collective Action*, Baltimore and London: The Johns Hopkins University Press, 1982。

② See A. Alchian and H. Demsetz, Production, Information Costs, and Economic Organization, *American Economic Review*, 1972, Vol.62, No.5, p.777. M. Jensen and W. Meckling, *Theory of the Firm: Managerial Behaviour, Agency Costs and Ownership Structure*, Springer Netherlands, 1979, 3(4), pp.305–360; E. Fama and M. Jensen, Agency Problems and Residual Claims, *Journal of Law & Economics*, 1983, Vol. 26, No.2, pp.327–349.

③ 阿克塞尔罗德指出，政府经常在调查和指控偷税者上的花费高于罚金本身。当然，政府的目的是维持一种抓获和指控偷税者的声誉以震慑未来潜在的偷税者。征税者的逻辑同样适用于警察：使公众保持顺从的关键是政府必须有能力并有意愿投入与解决目前问题不成比例的大量资源以维持政府“违法必纠”的声誉。See Robert Axelrod, *The Evolution of Cooperation*, New York: Basic Books, Inc., 1984, p.155.

营。这个机制之所以如此有效，是因为它利用了分散的信息并且发动了全社会的潜能。社会的深层结构仍是一个丛林，每一个潜在的违法者都有其受害人，而潜在的受害人也是潜在的“执法者”，即使不能亲自上阵，也可以通过检举的方式贡献或出售自己掌握的违法信息。除了一些传统的制度设计，例如民法上的“占有人自助”、刑法上正当防卫以及各种有奖举报。诸如，在刑事诉讼中，由于私人往往能够比警察更方便地获得某些犯罪证据，所以警察经常利用私人掌握的犯罪信息来侦破案件。这里涉及金融监管的一个基本命题：有了良好的公司治理为什么还需要外部监管？换言之，如果互联网金融达到合规，也具备了行业自律，是否必须还要有政府的监管？

2. 建立激励相容的监管机制

Hurwiez 在创立的机制设计理论中将“激励相容”表述为：在市场经济中，每个理性经济人都会有自利的一面，其个人行为会按自利的规则行为行动；如果能有一种制度安排，使行为人追求个人利益的行为，正好与企业实现集体价值最大化的目标相吻合，这一制度安排就是“激励相容”。[①]

引入政府监管以来，社会公众与政府之间、政府与监管机构之间、监管机构与金融机构之间组成了金融市场中的多重委托代理关系[②]，信息不对称的金融业态环境下委托代理关系中存在强烈的激励冲突问题，导致金融市场失灵与监管失灵。即，一方面，社会公众与监管当局之间存在激励冲突。目前我国监管者的薪酬趋于一定，监管者希望通过最少的努力实现自身利益的最大化，而监管当局尚未制定针对监管者的监督检查制度及其绩效激励考核体系，因此监管当局的有效监管激励不足，也因此引起监管低效。另一方面，监管当局与金融机构之间存在激励冲突。政府监管的金融体系下除四大国有银行和少数几个股份制银行外，大多数的金融机构对社会或消费者披露的信息都非常有限。金融机构对于消费者及监管当局来说都具有极强的优势，因此金融监管滞后性及被动性严重。信息不对称问题导致监管当局无法根据金融市场的真实情况制定服从监管的激励制度及计算出违规成本以便对金融机构的合法经营进行规范。[③]

社会治理的一个有效思路是激励私人执法者采取行动对付违法行为。国家执法机关未必需要赤膊上阵，为违法者的“天敌”开辟道路、清除障碍或提供保护，通常可以事半功倍。其中，最重要的措施是强制披露信息。信息不对称是执法的常态，而在解决信息不对称的问题上，私人执法和公共执法可以相互借力。有奖举报是公共执法借助私人执法者披露违法信息，而强制潜在违法者披露信息则是为私人执法

---

① 王蕊、李宗航：《金融科技助推我国互联网金融监管模式转型研究》，载《西华大学学报（哲学社会科学版）》2020 年第 3 期；另见，蒋海、萧松华、齐洁：《金融监管效率的基石：激励相容的监管机制》，载《当代经济科学》2004 年 7 月第 4 期。

② 蒋海、刘少波：《信息结构与金融监管激励：理论与政策含义》，载《财经研究》2004 年 7 月第 30 卷第 7 期。

③ 王蕊、李宗航：《金融科技助推我国互联网金融监管模式转型研究》，载《西华大学学报（哲学社会科学版）》2020 年第 3 期。

清除障碍的做法。实际上，在显性市场领域，只要保证信息渠道通畅，公共执法者甚至可以袖手旁观，这或许就是老子所希望的“无为而治”。

要激励私人执法者像商人那样促进社会利益，就必须采用模拟市场的制度设计，其基本思路应该是使私人执法者通过提高执法效率来追逐私利。马克·科汉（Mark A. Cohen）和保尔·罗宾（Paul H. Rubin）用“私人可执行”的概念来描述这一思路：如果一个法律制度包含可以协调私人利益和公共利益的机制，即当私人执法者为实现私人最优而执行法律同时也能满足社会最优时，这个法律制度就是“私人可执行”的。“私人可执行”是法律制度设计的一个操作性目标，当执法者的私人利益与社会利益完全协调的时候，对执法者的监控就不太重要了。[①] 中国当前金融监管中的主要问题也正是监管者及金融市场的透明度较低而缺乏监管激励所致。因此，金融部门及其监管机构的信息披露和透明度建设在降低监管成本和金融风险、增强监管激励、提高社会福利水平方面发挥着至关重要的作用。换言之，有效金融监管的必然选择就是激励相容的监管机制的建立。[②]

公共执法与私人执法之间的互动，甚至决定了法律的形态、结构以及法律控制的范围。经济学中的法律规制遵循这样一个逻辑：从非正式规范到合同法、侵权法等私法，再从私法到行政法、刑法等公法，就是一个公共执法含量从少到多、私人执法含量从多到少的“光谱”。在这个光谱的一端，非正式规范完全依靠私人的力量来实施，国家不投入公共执法资源；而在光谱的另一端，刑法的实施几乎是由国家完全包办的，立案、侦查、起诉以及刑罚的执行几乎完全依靠国家的力量；在光谱的中间地段，私法以及刑事诉讼中自诉案件则更像是“公私合营”的项目，受害人承担了取证和起诉的全部任务，国家的职责是负责提供一个用于审判和强制执行的法院。[③]

针对一个加害行为，是该仅仅归入侵权法的范畴，还是应该额外设定刑事责任？法律经济学上，民刑分界也是个比较复杂的问题，虽不精确却十分简单的判断标准是看这种加害行为的“破案率”。违约的“破案率”可以达到 100%，侵权的“破案率”接近 100%，但几乎所有犯罪行为的破案率都远远达不到 100%。如果这种加害行为的破案率接近 100%，就意味着仅靠私人执法就足以侦破案件，无须动用警察的力量，因而对于这种违法行为，适用侵权法就足够了，“损一赔一”的民事赔偿规则也足以内化加害人所造成的损失。但若这种加害行为具有很强的隐蔽性，仅靠受害人自身的力量难以“侦破”案件，公共执法力量的介入就不可或缺，“损一赔一”的民事赔偿规则也阻止不了这种加害行为，这意味着必须设定刑事责任才能

① See Mark A. Cohen and Paul H. Rubin, Private Enforcement of Public Policy,Yale Journal on Regulation, 1985, Vol.3, No.1, pp.167-193.

② 蒋海、萧松华、齐洁：《金融监管效率的基石：激励相容的监管机制》，载《当代经济科学》2004 年 7 月第 4 期。

③ 参见[美]大卫·弗里德曼：《经济学语境下的法律规则》，杨欣欣译，法律出版社 2004 年版；William M. Landes, Richard A. Posner, The Private Enforcement of Law,Journal of Legal Studies, 1974, Vol.4,No.1:p.1.

构成有效的威慑。[①]

总之，公法和私法的分界以及任何一种法律制度中公共执法和私人执法的比例分配，都要尽力发挥两种执法方式各自的比较优势，其最终目的是最小化社会控制总成本。换言之，用最小的成本换取最大的效益。

（三）法律规制需谨慎应对网络融资中的“枉行”

1. 市场失灵和规制失灵之间需要权衡

通过上述分析，我们知道，法律规制只是众多社会治理方式之一，除此之外，市场机制、社会规范、声誉机制等，也是工具箱中的内容。其实，20 世纪 70 年代之后，对政府规制的批评性和反思性讨论越来越多。学者们发现，政府规制基本上得不偿失，其收益经常只是假象，而成本却是实实在在的。在执法过程中，执法者和被执法者都要付出高昂的代价。[②] 市场失灵是需要规制的前提，但不可否认，政府和市场一样都会失灵，而市场的缺陷并不比政府的缺陷更为严重。正确的思考路径是在市场失灵和规制失灵之间进行权衡比较。由于执法机关和执法人员的效用函数并不总是指向社会总体福利，很容易被执法对象“俘获”，从而导致规制失灵。这最终提醒我们还是要尊重和挖掘市场机制的潜能，谨慎地进行法律干预，面对不当的法律干预，市场会给出相应的校正。有时法律想要保护某方当事人的权利，可是收到的结果却是恰恰损害了其利益。法律解决利益分配问题的限度是十分有限的，“两害相权取其轻”，当决策者发现规制失灵带来的效率损失甚至比市场失灵的效率损失更大的时候，宁可忍受市场失灵也要放弃规制就成了第一选择。不过，有时决策者不会从一个极端走向另一个极端，而是在规制和市场之间寻求妥协和折中，这意味着要在市场失灵和规制失灵之间寻求效率损失最低的均衡点。换言之，市场失灵和规制失灵之间需要进行权衡。

从经济学的“交易成本”的理论来分析，互联网金融既有普惠、广泛、便捷、虚拟等优点，其特性所带来的监管成本显然成倍增长，直接导致互联网金融监管的显性成本与隐性成本两方面都要提升。因此，有些学者通过论证政府监管可能付出的代价以及取得的成效，来质疑政府积极加强监管可能带来的巨大成本的投入是否值得。但也有学者认为，这不能一概而论，要看是什么样的监管能带来怎样的效率。

2. 互联网金融的显著特征与潜在风险

2012 年以来，互联网金融这一新兴金融服务在我国进入高速发展时期，政府也对互联网金融采取了积极的态度，国务院明确提出“推动互联网金融创新，规范互联网金融服务”的发展要求，并将其写入两个重要文件中。关于互联网金融，学

① ［美］理查德·A. 波斯纳：《法律的经济分析》（第七版），蒋兆康译，法律出版社 2012 年版。

② 市场失灵是规制的前提，在欧文（B. M. Owen）和布劳第根（R. R. Braeutigam）看来，规制是为服从公共需要而提供的一种减弱市场运作风险的方式。See B. M. Owen, R. R. Braeutigam, The Regulation Game : Strategic Use of the Administrative Process, *Southern Economic Journal,* 1978, Vol.46,No,2., 1978. 波斯纳（R.A.Posner）认为，那种将希望寄托于规制的观点，实际上忽略了规制成本的问题。See R.A. Posner, Theories of Economic Regulation, *The Bell Journal of Economics & Management Science*, 1974, Vol.5, No.2, pp.335-358.

者们的界定有不同的视角[①]，结合各个学者的观点，笔者认为：互联网金融是指传统金融机构与互联网企业利用互联网技术和信息通信技术实现资金融通、支付、投资和信息中介服务的新型金融业务模式，主要包括互联网支付、网络借贷、股权众筹融资、互联网基金销售、互联网保险、互联网信托和互联网消费金融等方式。[②]总之，互联网金融由“互联网技术形态+金融功能”两个要素组成，它属于第三种金融融资模式，与商业银行间接融资的模式以及资本市场的直接融资截然不同。从互联网成长的逻辑我们看到：“互联网最基础的功能在于对信息的整合，从而形成价值无尽的信息流。当众多信息被一种机制进行有序的整合而形成巨大且结构清晰的信息流时，人与人之间的关系就不再被物理空间所制约。”[③]这同时意味着互联网通过巨大的黏合作用和信息整合能力，开创了一个无边界的社会，这个新型的社会样态会彻底改变人的生存状态和生活方式，同时也滋生了巨大的潜力和风险。上述学者们的界定说明，首先承认了其商业模式的合法性，即承认其未经许可更有效率地使用资源的优先性和创造力，同时也预示着其由于脱离物理世界而不可避免地会和传统生产组织形态发生冲突，会产生种种法律上的新问题，诸如互联网金融平台在网络安全、数据安全、隐私保护等方面的安全保护问题。

正如专家们的预测，本文重点关注的互联网融资，就是一种在互联网技术推动下产生的新型商业模式，其中网贷平台（P2P）从2013年飞速发展到2015年陷入困境，直至2018年，P2P大范围地爆雷，甚至构成集资诈骗，严重冲击了既有资本市场的法律秩序，危及投资者资产安全。总之，对网络融资行为是否具有法律规制的必要性？如果有，如何对其进行合理规制，选择怎样的监管路径和方式就成为后续研究的重点。

二、互联网融资行为背后的经济学逻辑

（一）互联网融资较传统融资优势明显

在经济学语境下，金融的核心问题是信息不对称问题，互联网这一技术条件的更新换代为解决这一难题提供了巨大的潜力。互联网凭借技术和数据处理优势而逐渐涉足金融业务领域的现实，也证明了这一现实变量的影响力。具体到中国目前特定的条件下，我们也会发现，中小微企业长期以来的融资难、融资贵的现状，又为互联网金融的发展提供了成长土壤，这一巨大的现实需求，结合互联网本身的技术优势，共同为互联网金融发展创造了广阔的发展空间。

从经济学的视角来看，“委托—代理”理论、信息不对称理论以及交易费用理

① 一种认为，互联网金融是一种新的金融模式和运行结构，能够大幅提高金融运行效率；另一种认为，互联网金融是通过互联网来运作的金融业务，互联网只是一种技术手段。也有学者则从金融模式角度出发，认为互联网金融是把互联网作为资源，以大数据、云计算为基础的新金融模式，其核心资源是大数据，核心技术是云计算。还有学者从互联网金融的层次出发，把互联网金融的不同业态区分为交易技术、交易结构和权利契约者三个自下而上递进与支撑关系的层次。

② 尹振涛：《互联网金融监管的法治化思考：必要性、路径及实施》，载《社会科学家》2019年第10期。

③ 参见吴晓求：《互联网金融：成长的逻辑》，载《财贸经济》2015年第2期。

论是用来解释融资双方之间关系的经典理论，其同样也可以用来解释“互联网融资”。那么我们首先需要做的工作是厘清互联网融资这一新型融资方式的特有性质，即其与传统融资方式之间的差异，然后再透过理论的棱镜深化我们对这一现象的把握，进而帮助我们从监管的角度对其进行深入的分析和研究，以达成更好的和更有效的监管效果。相比于传统融资方式，互联网融资的特点主要概括为：

其一，互联网融资降低了出资方的参与门槛。传统融资方式受成本限制，很难有广泛的出资方参与；而互联网融资交易成本低廉，削弱了空间距离阻碍，项目资源更开放。其二，互联网融资市场的有效性更高。随着参与者数量增长，原先具备较高议价能力的参与者主导市场行为越发困难，普通市场参与者根据自身偏好选择交易决策则越发容易。其三，互联网融资以互联网作为其平台，效率远优于传统融资。这主要体现在：第一，融资信息传播高效率。融资方的项目资源信息以几何级速度广泛传播，出资方可迅速获取项目信息。第二，业务办理及交易达成高效率。融资双方不受地点限制，可迅速办理相关业务。第三，融资款划转高效率。融资款划转到账的时间由以“日”为单位变为以“分钟”为单位。[①] 互联网融资这一新模式客观上缓解了中小企业融资难的现状。而互联网融资由于其交易成本上的优势，可以有效整合碎片化的金融资源，通过吸纳个人金融资源来作为新的融资渠道，并有效匹配中小企业的融资需求，而这些是传统融资方式下很难做到的。另外，互联网金融除了上述满足个人资金需求、提高社会闲散资金利用率等融资方面的意义之外，还有另外的社会价值，例如，帮助发展个人信用体系，进而帮助建立完善的市场机制和声誉机制，而这些都是社会治理和社会良性运作的重要元素之一。

综上，互联网金融在实现金融普惠性、拓展金融服务边界、提高资源配置效率、帮助发展个人信用体系等方面有着不可比拟的优点。

（二）互联网融资对金融监管挑战巨大

存在不一定合理，但存在一定有理由。不可否认，互联网这一技术手段向金融领域渗透，互联网金融已在我国蓬勃兴起，先后出现了传统金融业务的网络化、第三方支付、P2P 网络借贷、大数据金融、众筹和第三方金融服务平台等六种模式。其中,P2P 网络借贷更是如同雨后春笋，蓬勃发展，最旺盛时达到 6000 多家。然而，几年过去，互联网金融所带来的新问题已经开始出现，与之相关的风险也逐渐暴露和凸显。到了 2018 年 7 至 8 月,P2P 网贷平台连续爆雷，其中大量涉及非法集资，涉案金额少则几千万，多则几十、几百亿，投资者或者受害人高达上百万，造成了社会极大的不稳定。总的来说，互联网金融在近几年的迅猛发展为社会经济做出了一定的贡献，但是其“野蛮生长”的态势也同时滋生出许多融资风险，成为监管的“不能承受之重”。

---

① 郭经纬、高祥晓、王秀等:《不对称信息条件下我国互联网融资监管问题分析——以“e 租宝”事件为例》，载《中国商论》2017 年第 1 期。

互联网金融的风险有：第一，网络虚拟性风险。互联网文化广泛而丰富，具有极大诱惑性，加之精美广告、名人站台，完美引导消费者心理；互联网金融的互动性、虚拟性、开放性和交易成本低廉等优势，使普通用户难以掌控线上金融产品的风险以及对金融消费者维权的赔偿，无法对风险做出有力的回应。第二，信息不对称风险。消费者在线上交易最容易被误导，难以掌握真实信息。金融消费者往往仅凭广告、网站、实力和行业地位等有限信息来判断交易的可行性。第三，存在信用风险。金融基于信用而存在，信用风险也是当前中国金融业最主要的风险。一些互联网金融企业对互联网平台进行包装却缺失相应的资金信用担保机制。信用判断的迷失，会让人们轻信巨额经济利益获得的迅捷性而忽视风险。[①] 也有学者认为，互联网金融不仅存在经营主体风险和法律合规风险、技术操作风险，还存在资金安全风险、流动性风险和货币政策风险、道德风险等等。[②] 总之，互联网金融是"互联网+金融活动"的各类平台，其本质仍然是便利资金供需双方的资源配置渠道。互联网金融因为插上了互联网这一高科技翅膀，虽然具有高效率的优势，但是它的"不透明、不确定"会埋下诸如"其间存在关联交易、虚构项目等违约和欺诈等大量机会主义行为滋生"的隐患，即使每个网贷平台都有内部的风险管理，但其实如同防范风险的堤坝仍然处于"每家各管一段，整体无监管的状态"，甚至会导致系统性金融风险。因此，从诞生那天起，其监管问题就引发重视，其监管必要性的论证从未中止。

从经济学角度看，这些风险的本质是信息的问题，即经济学中"信息不对称"导致的负外部性问题。譬如，借贷人与银行之间存在严重的"信息不对称"现象，就会引起逆向选择和道德风险。与传统的金融监管模式相比，互联网金融的"信息不对称"问题虽然有了较大改善，但由于"互联网"与"金融"的相互融合，实现了交易双方非面对面的交易，其虚拟性也加剧了金融监管的"信息不对称"问题[③]。而"信息不对称"必将导致信用和网络安全风险，同时法律监管机制的有效性也难以保证，更加剧了这一风险变现的可能性。除此之外，面临日益复杂的互联网金融的发展，我国在法律层面上对互联网金融的规制相对落后，欠缺长效和系统的配套法规。因此，互联网金融模式对传统金融监管带来巨大的挑战，金融监管的必要性比任何时期都要强烈。

互联网金融风险客观存在背后的原理是，任何企业的经营状况、融资项目以及采购商等都有可能因为各种原因而面临危机，所以互联网金融公司在融资时需要采取事前、事中和事后等各种资金保全措施，即进行风险管理。譬如，互联网金融公司最基本的做法就是利用互联网大数据优势通过各种渠道了解需要融资的中小微企业的财务状况、各类信用信息等对该企业进行信用评级。对于有资产抵押的，

---

① 尹振涛：《互联网金融监管的法治化思考：必要性、路径及实施》，载《社会科学家》2019 年第 10 期。

② 魏鹏：《中国互联网金融的风险与监管研究》，载《金融论坛》2014 年第 7 期。

③ 王蕊、李宗航：《金融科技助推我国互联网金融监管模式转型研究》，载《西华大学学报（哲学社会科学版）》2020 年第 3 期。

需要采取一定的监管措施确保抵押资产在期限内不被转移；对于供应链金融融资的资金出现问题的，可以协助公司进行追缴……[①]

综上分析，互联网金融在为金融业发展注入活力的同时，也对我们的金融管理带来了新的挑战，金融创新并非意味着要打破原有的一切监管，而是在保护互联网金融市场创新的同时维护金融市场秩序与投资者资金安全，从而使互联网金融企业健康可持续发展。

三、互联网融资行为的监管现状透视

（一）互联网融资监管机制尚不完善

从经济学视角，回答为什么要采取金融监管的措施进行国家干预，首先是因为出现了市场失灵。斯蒂格利茨的监管理论认为，一国政府具有对经济监管实行强制的权力。当“特殊利益”和“整体利益”碰撞时，即利益之间出现整体性矛盾的情况下，国家监管部门必须确保：需要迅速改善社会处境，保证利益集团的现实利益，必须及时利用强制手段进行干预和调整。[②] 上述剖析都是经典的关于亟须金融监管的理论透视。然而面向我国的实际情况，不可否认的另一个重要因素就是“现有监管法律法规无以应对当下的一些不正当行为”。诸如，出现的校园贷、洗钱行为等已经造成巨大社会危害性，消费者在金融业务交易过程中财产信息安全也没有得到有效的保障等新问题。虽然政府一直在努力出台有关政策法规对行业的不正当行为进行约束，保障消费者的合法权益，但监管机制滞后于整个互联网金融行业的发展趋势。

（二）互联网融资监管的举措逐渐加强

笔者通过梳理历次的监管文件和政策，逐渐感受到“金融监管原则越发明确、监管力度和范围逐渐加大、从业合规的要求越发强烈”。例如，2013 年，国务院办公厅向相关部委和各省级政府下发了《关于加强影子银行监管有关问题的通知》（107 号文）将新型网络金融公司列入影子银行的范畴。[③] 该 107 号文着力完善监管制度和办法，按照“分业经营、分业监管”的原则，加强市场主体监管，依法制定公布相关监督管理办法、经营管理规则和风险管理制度，严格监管超范围经营和监管套利行为。按照“业务规模与风险承担能力相适应”的原则，督促相关机构建立内部控制、风险处置制度和风险隔离机制。紧接着，2015 年，中国人民银行等十部委发布了《关于促进互联网金融健康发展的指导意见》（银发〔2015〕221 号）（以下简称《指导意见》），该《指导意见》按照“依法监管、适度监管、分类监管、协同监管、创新监管”的原则，确立了互联网支付、网络借贷、股权众筹融资、互联网基金销售、互联网保险、互联网信托和互联网消费金融等互联网金融主要业态的监管职

① 参见刘凤娟、司言武：《互联网融资模式及风险管理剖析——第一产业中小微企业创新视角》，载《财会月刊》2017 年第 9 期。

② 转引自张曼：《我国金融监管主体模式的比较选择》，载《企业导报》2016 年第 19 期。

③ 苏鹏飞：《107 号文开启互联网金融合理监管序幕》，载《中华工商时报》2014 年 1 月 15 日第 5 版。

责分工，落实监管责任，明确业务边界。2016年《国务院办公厅关于印发互联网金融风险专项整治工作实施方案的通知》(国办发〔2016〕21号)体现了政府监管政策的延续性，展示了行业治理的决心，对责任主体、监管红线、资金存管、业务范围、广告营销等方面都有明确要求，延续了2015年《关于促进互联网金融健康发展的指导意见》及今年8月25日正式发布的《网络借贷信息中介机构业务活动管理暂行办法》的相关规定，再次明确了国家的监管底线。直至2017年11月17日，中国人民银行官网发布《中国人民银行、银监会、证监会、保监会、外汇局关于规范金融机构资产管理业务的指导意见(征求意见稿)》，新规旨在规范金融机构资产管理业务，统一同类资管业务一致性的监管标准，实行公平的市场准入和监管，最大限度地消除监管套利空间。同一年(2017年)，国务院金融稳定发展委员会成立，为了防止规避监管的行为，整合银监会和保监会，成立中国银行保险监督管理委员会(银保监会)，同时明确将银监会和保监会拟定重要法律法规草案以及审慎监管基本制度的职责划入中国人民银行。至此，央行负责宏观审慎监管、银保监会负责功能监管、行为监管、机构监管已是大势所趋，中国式双峰监管模式雏形初显。①

基于对以上事实和新闻的关注，可以看到，从2015年至今，互联网金融监管逐步进入新一轮的变革、规范和发展阶段。特点可以概括为：监管原则越来越明确，监管手段越来越多元化，监管目标越来越清晰，监管范围越来越扩展，监管越来越督促行业自律与从业合规。那么，今后金融监管体制进一步完善，其突破点在什么地方？通过以下的分析，或许能够回答这一问题。

首先，必须承认，我国出现了多层次资本市场，互联网金融更加显示了其具有金融创新的重要特征，在整个金融体系中越发显得重要。因此，有的专家认为，按照法律与金融理论，针对互联网金融的监管就需要强调监管规则的灵活性。② 他们担心，倘若监管部门发现在互联网金融领域，存在许多监管空白，这种监管框架容易产生监管短板，因为这样就会出现一些交叉领域和模糊地带，监管职责很难清晰划分。而不可否认的是，当下监管主体模糊以及重复监管或者出现监管漏洞等不良情况也客观存在。为此，2018年的金融监管改革，中国人民银行设立了金融科技委员会，该委员会有两大主要职责，一方面是加强金融科技的研究和规划，另一方面是强化监管科技的应用和实践。仅就网贷平台而言，从野蛮生长到并入轨道运行，并且明确了监管分工，提出备案制的监管理念③。这一举措被认为是监管方式的创新体现。2020年11月2日，中国银保监会会同中国人民银行等部门起草并通过官方网站发布《网络小额贷款业务管理暂行办法(征求意见稿)》(以下简称《办

① 中国经济周刊：《关于银、保监会合并 李克强的这句回答有什么深意？》，载中国财经网，http://www.finance.china.cn/news/2018032/1457608/.shtml，2021年7月5日最后访问。

② 沈伟、于涛：《互联网金融监管规则的内生逻辑及外部进路：以互联网金融仲裁为切入点》，载《当代法学》2017年第1期。

③ 转引自尹航：《我国金融监管体制改革中的法律问题研究》，华中科技大学2019年硕士学位论文。

法》）[①]，该《办法》从厘清定义和监管体制、明确资质条件、规范业务经营规则、督促加强经营管理等四个方面对互联网小贷牌照的功能和定位做了全方位的重塑，使从业合规的内容进一步清晰明确。

（三）互联网金融监管的主要思路

习近平总书记强调，“金融要回归本源，为实体经济服务”。这是今后金融监管改革的顶层思路，“实质重于形式、穿透式监管是统一要求”。现实倒逼下，对金融风险的防控，减少监管真空，预防监管套利，避免风险的互相影响，保障不发生系统性金融风险的底线，成为金融监管改革的现实逻辑。多数学者都认为，目前对于互联网融资行为的监管状态可形容为：“行政取缔和刑事惩罚”双管齐下。但即使如此，对各种融资形式的行政和刑事双重规制模式下，仍然存在“监管真空”或者“监管漏洞”。更何况，集资诈骗罪中的“非法占有目的”在司法认定中存在困惑，现行司法解释对集资犯罪的定量与定性存在偏差，因此，对互联网金融监管还需要完善思路。就此问题，中国银行业监督管理委员会政策研究局副局长龚明华认为当务之急是在金融企业的内外建立“三道防线”，第一，对内加强风险管理，提高互联网金融企业的风险控制能力；第二，对外加强行业自律与合作，依法开展各项金融活动；第三，借鉴传统金融企业的监管规则，完善监管空白地带的相关政策。[②]

笔者认为，既然维持金融市场的稳定秩序是监管的首要目标，就应当考量以下的因素：其一，应该将监管的标准和内容规定得更加合理、明确。[③] 正如学者分析：互联网金融监管内容区分内部和外部，内部核心风险更多地表现于透明度风险，外置风险则更多地表现于技术和系统安全性，风险的叠加性相对明显。其二，监管不仅是“行政、刑事”的双管齐下，而且应该是多元化路径的监管过程。从近几年来看，从中央到地方、从国务院到地方金融办，形成了一个全国布局，横向、纵向的一个监管网络。“中央统筹、行业自律、专项整治”三方面各自发力，显示出互联网金融行业监管日渐趋严。但有学者也有些担心，监管举措太过于频繁和过于细密，也会导致行业动荡，忐忑不安。回顾过去 2018 年、2019 年、2020 年，互联网金融作为国家普惠金融战略的重要决策，一路跌宕起伏。但不可否认，从《关于促进互联网金融健康发展的指导意见》，到《网络借贷信息中介机构业务活动管理暂行办法（征求意见稿）》《互联网金融风险专项整治工作实施方案》等一系列的监管政策出台，已经产生了重要影响，为互联网金融行业发展定下了基调：从业合规是大势所趋，平台唯有合规，才能长期发展。在监管趋严的情况下，一些不合规的平台将因不符合监管要求而被市场淘汰出局。其三，相关经济行政、法律法规的前置协力合作，才是保障互联网金融的可持续健康发展的重要举措。刑法是各个部门法的最后保障法，金融风险的防范，仅凭刑法一臂之力不足以抵制，需要其他各个部门法，

① 参见国务院网站：http://www.gov.cn/xinwen/2020-11/03/content_5556884.htm，2021 年 1 月 13 日最后访问。

② 参见张小明：《互联网金融的运作模式与发展策略研究》，山西财经大学 2015 年博士学位论文。

③ 参见吴晓求：《互联网金融：成长的逻辑》，载《财贸经济》2015 年第 2 期。

尤其是经济法规共同协力合作，逐层过滤，形成一道道保护屏障。大浪淘沙，优胜劣汰，网络融资平台经过 2017 年整改过渡期，2018 年的连续爆雷，2019 年的清退整改，平台的归宿各不相同：有的选择主动退出互联网金融行业或者选择转型，有的平台相继倒闭，尽管惨不忍睹，但毕竟避免了“涉嫌非法集资犯罪”而遭受牢狱之灾。[①]

四、金融监管体制的完善路径

（一）金融监管的目标和方向

观察总结金融监管现状，感悟有三：其一，我国金融行业的发展与金融监管体制不相匹配；其二，新一轮的改革方向充分体现了“金融监管体制从分业监管转变为功能监管”；其三，金融监管的目标就是“以金融安全与稳定发展为目标”的同时，“努力克服市场失灵和监管失效”。

值得反思的是，市场失灵就意味着一定需要引入监管吗？这一问题来自“如同市场会失灵，监管同样也会失灵”的命题。显然，正确的思考路径应该是在市场失灵和监管失灵之间权衡利弊得失，在充分发挥市场在资源配置中的核心作用之后，审慎地考量监管与市场的边界。换言之，在市场失灵和规制失灵之间寻求效率损失的最低均衡点，能够充分发挥市场作为资源配置主要方式的作用，同时能够让监管采取最为有效的方式。当然，要实现这一理想目标，必须做到清晰认识市场的逻辑。加强金融监管，并非处处有掌声，监管越多也不是越好，因此，与其说倡导拥抱监管，不如说行业“需要更好的监管”。

有了宏观的金融监管的态度和理念之后，还要从经济学的角度来解构互联网金融的复杂性，下沉到微观的互联网金融模式的分析。其中网络借贷平台是最新型、覆盖面最广的新型融资模式。网络借贷平台的工作模式是通过具备一定资格的网络平台作为中介服务，借款人在网络空间内获取贷款。网络借贷平台具有贷款条件低、信息交流快、融资能力强以及客户范围广等特点。分析近年来对网络借贷平台的整治情况可以发现，网贷监管经历了从无到有、从碎片再到体系化的过程。对于新事物，“包容审慎监管”曾一度成为共识。监管部门面对网贷这样的新金融科技业态，早期的前瞻性不够，甚至是采取“摸着石头过河”的观望状态，运用科技进行监管的速度和力度更是没有意识到，没有跟上去，加之国内主流媒体是鼓励宣传支持的态度，监管呈现出放任的状态。为此，国内学者如谢平教授早在 2014 年就呼吁：对互联网金融，不能因为发展不成熟就采取自由放任的监管理念，应该坚守底线，在一定的负面清单和监管红线下，以监管促发展，鼓励互联网金融创新。[②]

众所周知，自 2015 年开始，互联网金融进入后续的整治中，尤其是互联网金融

① 《互联网金融发展前景》，https://www.360kuai.com/pc/911e1eaaaa9293ac4?cota=4&kuai_so=1&tj_url=so_rec&sig，2021 年 1 月 10 日最后访问。

② 谢平、邹传伟、刘海二：《互联网金融手册》，中国人民大学出版社 2014 年版。

风险专项整治启动后，“一个办法三个指引”正式出台，从机构定位、信息披露、业务边界、投资者保护及行业管理体制等多个角度确立了网贷行业规则，不仅防控了后续的风险，而且其监管路径和方法也越加科学合理，有了比较明确的参照性和操作性。从各地成立互联网金融协会，到中国互联网金融协会成立，行业自律也逐渐发挥一些作用。不幸中的万幸，尽管2018年出现的“爆雷潮”让人们看到了网贷行业整改的难度，但因为自2015年以来的监管体系实际上已经搭建完成，无论是网贷机构，还是投资参与人，都对行业的发展有了较为充分的心理准备，发挥了及时止损的作用。即使2020年11月28日，P2P网贷平台彻底清零的结局出现，多少让专家和学者们发出一声叹息，但行业经过一段时间的整改，如同“不治之症的必要治疗”，大家对于死亡结果的接受，心理上有了一定的缓冲期。

（二）互联网金融监管的路径和方法

建立具有中国特色的互联网金融监管框架是我们共同努力的目标。国内学者李勇坚教授结合国际互联网金融的发展趋势及中国发展互联网金融的特殊性，提出我国的互联网金融监管应考虑降低监管成本，主张“以功能监管为主，机构监管（行业监管）为辅”。并认为，要充分运用大数据，使互联网金融监管更到位，成本更低。[①] 除了金融监管的顶层设计理念之外，应该研究建构一个互联网金融法律监管的框架。对此问题，毛玲玲教授很早就提出过一些构想，如其中的“以信用为核心完善互联网金融法律体系，包括完善互联网金融征信体系的数据监测与分析、建立对应的强制信息披露制度、加快互联网金融技术标准制定……”[②]。而另一位学者刘英教授呼吁：互联网金融的监管应该跟传统的金融监管一样，建立包括市场准入监管、运行过程监管和退出监管的三种机制。并且介绍了“对于P2P的监管，英国的行业自律起到了重要的监管作用”[③]。这些建设性的意见时至今日，仍然落地有声，具有重要参考意义。网贷平台P2P就是在这三种监管机制还没有健全的时候就兴起、繁荣起来，使之在信用体系缺乏完善的背景下，不断透支着信用向投资人们打造“安全投资”的形象。[④] 具体而言，典型的P2P平台是纯粹的信息中介，但P2P模式出现了严重的“异化”现象，设立资金池、拆东墙补西墙，最大的困扰就是触及非法集资犯罪的红线。[⑤] 从2016年开始，监管层终于出手，接连出台了一系列的文件、政策，行业从高光时刻走向黯淡。尽管行业历经整顿，亡羊补牢，不仅成立了“互联网金融协会”，加强了行业自律，而且监管部门陆续出台了“清退”“退出”

① 李勇坚：《互联网金融监管政策发展的国际比较及对我国的启示》，载《全球化》2015年第8期。

② 毛玲玲：《发展中的互联网金融法律监管》，载《华东政法大学学报》2014年第5期；毛玲玲：《金融领域刑事司法状况的实证考察与启示》，载《法学》2014年第2期；毛玲玲：《集资行为的刑事管制——金融危机背景下的考察》，载《政治与法律》2009年第9期；毛玲玲：《金融犯罪的新态势及刑法应对》，载《法学》2009年第7期；毛玲玲：《近年金融领域刑事司法状态的因果》，载《法学》2011年第6期。

③ 刘英、罗明雄：《互联网金融模式及风险监管思考》，载《中国市场》第43期。

④ 据网贷之家的不完全统计，截至2019年9月，P2P网贷行业正常运营平台数量下降至646家，全国停业及问题平台数量高达5971家，其中“跑路”“提现困难”等问题占比最高。截至2020年11月，网贷平台全部清零。

⑤ 肖怡：《我国P2P网贷平台触及非法集资犯罪红线的研究》，载《法学杂志》2019年第1期。

等过程的政策指引，但是，终归逃脱不了“能退尽退，应关尽关”的互联网金融风险专项整治以来的主方向。最终，在2020年11月底，被宣布“彻底清零”，这也代表着“网贷机构”“互联网的融资”彻底进入了严厉监管的冰封时刻。

然而，正如学者中肯客观的评价：“网贷机构归零”是一面镜子，既映照出了金融科技发展的复杂性，也对金融监管做了压力测试。[①]“网贷机构的归零”并非监管终点，表明了国家加强力度、持续监管的立场：今后要在鼓励创新和审慎监管中找准平衡点，坚持市场化、法治化、国际化的原则，提高监管透明度，构建良性的市场规则，推动各项金融创新更好地服务实体经济。

余 论

就在本文即将画上句号的时候，2021年1月20日，央行发布《非银行支付机构条例（征求意见稿）》（以下简称《条例》）。该《条例》目标清晰，就是为进一步规范支付服务市场，防范支付风险。正如专家分析，近年来，我国支付市场发展迅速，银行支付和非银行支付齐头并进，一些非银行支付机构互联、直连，通过银行违规进行跨行清算；部分机构“无照驾驶”，未经许可非法从事支付业务；违规经营、挪用客户备付金等风险事件也时有发生。这些违法违规行为，扰乱了金融秩序，集聚了金融风险，侵害了金融消费者合法权益。为适应市场发展、对外开放和强化监管需要，迫切需要加快推动出台《条例》，提升支付机构监管法律层级，进一步规范支付机构合规经营，维护支付服务市场健康发展。

《条例》按照业务实质将非银行支付机构的支付业务重新划分为“储值账户运营业务”和“支付交易处理业务”两类，分类确定业务监管要求。对支付机构按照“先证后照”原则，强化公司治理要求，实施全方位、全流程监管。[②]在起草思路方面，一是坚持功能监管的理念，强调同样的业务遵守相同的规则，避免监管套利和监管空白。二是坚持机构监管与业务监管相结合。三是坚持穿透式监管。

总之，2017年以来，央行和相关机构密集出台文件，全方位出击，“严监管”和“强服务”结合，打出了清理整治支付市场的组合拳。[③]“让子弹飞一会儿”的时代已经过去，“强监管之狼”终于来了。

---

① 经济时报：《P2P爆雷带来风险冲击 媒体：网贷机构“归零”并非监管终点》，载重庆晨报网，https://www.cqcb.com/wealth/2020-12-24/3468406-pc.html，2021年1月13日最后访问。

② 十年之后：《非银行支付机构条例（征求意见稿）要点评述》，https://www.sohu.com/a/446187347-530597,2021年7月5日最后访问。

③ 21世纪经济报道：《央行起草非银行支付机构条例征求意见稿 强化支付领域反垄断》，载新浪财经网，https://finance.sina.com.cn/roll/2021-01-20/doc-ikftpnnx9830853.shtml，2021年1月25日最后访问。

互联网金融犯罪案件中电子证据相关问题研究

刘合臻*

诉讼证据的形态与社会发展紧密相关，随着信息技术的飞跃发展，电子证据的应用日益普遍。互联网金融是传统金融活动结合电子网络信息技术而形成的一种新型金融活动形态，其主体、客体特征信息数字化、交易场所广域性以及交易行为虚拟性、及时性等特点，使在发生风险、产生矛盾纠纷时，如何固定、认证和采信电子证据成为司法办案中至关重要的问题。① 检察机关在办理互联网金融犯罪案件过程中，对电子证据的引导取证、鉴定、审查工作，必须认真分析研究。

一、互联网金融电子证据的特点与形式

（一）互联网金融电子证据的特点

1. 复杂性

电子证据一般是无形的物质，它所包含的数据信息仅凭人们自己的感官往往难以直接获得，但这种无形的物质一旦被保存下来，可通过运用科技手段加以展示，电子证据中的数据信息就可以文字、图像或声音等方式显现出来，其中的文字信息还可以用书面的形式打印出来，几乎涵盖了所有的传统证据类型。

2. 数字性与非直接获取性

互联网金融信息在存储、传递过程中，都是以二进制码的形式存在，以数字形式进行数据交流，有的通过加密的形式储存起来或者隐匿在其他文件中，必须通过技术手段进行获取及通过相应的软件解码，否则无法进行识别、阅读和应用。

3. 易损性

互联网金融电子证据在存储和传输中的特性使其很容易受到人为故意或者其他对电子证据的截收、剪接、篡改、删除等损害且不易被发觉，同时，涉案计算机受到病毒侵害、存储介质损坏等客观技术环境等原因影响，也可能使电子证据无法完全反映互联网金融交易的真实情况。

4. 海量性

互联网金融活动中，交易双方通常使用电子支付方式完成资金的转移。相比于传统金融活动，互联网金融活动的交易规模、交易频率和参与交易人数等均有显

---

* 刘合臻（1989—　），男，山东青岛人，江苏省海安市人民检察院检察官助理。

① 参见王畅、范志勇：《互联网金融案件中电子证据制度的适用》，载《法律适用》2018 年第 7 期。

著增加，需要从海量信息中寻找到与案件相关联的证据。从查扣的服务器、电脑硬盘、手机等来看，其中蕴含着行为人所有网络活动的痕迹，既有犯罪行为信息，也包括正常交易行为或无关的操作信息。要从这些海量信息中挖掘出能够证明案件事实的证据，无异于大海捞针。[①] 在互联网金融活动中，由于通常涉及人数众多，资金交易频次高，且有多方人员参与，数据量极大。交易记录信息海量，若要一一核实，则工作量极大。假如未能确认真实，将承担事实证明不力的不利后果，其中包括相应证据不被采纳，或对数额作出相应扣减。

5. 依托性

电子证据是经由电子手段、电磁手段、光学手段等产生、储存、传递的数据或者信息，因此电子证据必须依托一定的电子设备才能产生、存储、复制、转移、读取等，如果没有一定的电子设备，便无法获知其中的数据信息。

（二）互联网金融电子证据的主要形式

1. 电子合同

电子合同是当事人通过信息网络以数据电文形式传达的设立、变更、终止民事权利和义务的协议。在互联网金融业务中，电子合同多以网络服务提供商发布要约、网络用户“点击”行为确认承诺的方式存在。[②]

2. 电子签名与电子签章

电子签名是在互联网金融业务中，用来识别双方交易人的真实身份、保证交易的安全性和真实性、起到与手写同等作用的电子技术手段。电子签章是在互联网金融业务中，人们以传统的实务印章为原型，通过数字技术在电子文件上模拟实物印章盖章后的效果使其管理、使用方式符合实务印章的习惯和体验。电子签章是电子签名的一种形式。《电子签名法》是我国首部真正意义上的电子商务性法律，它规范了电子签名行为，确认了电子签名的法律效力。电子签名法确立了电子签名的证据规则、援引了电子签名的功能等同原则，明确了可靠的电子签名与手写签名具有同等的法律效力等，但囿于立法的局限性与电信科技的专业技术性，该法对电子签名的司法适用问题尚未作出系统的指导性规范。且在现实操作中，电子签名技术仅限于金融与电子政务等有限领域，电子签名的使用率相对偏低。司法鉴定成本与专业性存在适用壁垒，而法律又缺乏直接适用性，这在一定程度上削减了其执行力。[③]

3. 电子资金划拨信息

网贷平台与借款人、出借人之间的信息传输、协议交换、数据加密通过支付网关进行处理后进入银行内部的结算系统。以上证据材料，无论其输出形式为打印文件或是视听资料，均归属于互联网金融电子证据，依电子证据的认证规则进行审

① 参见刘品新、唐超琰：《互联网金融犯罪案件证据海量问题应对》，载《人民检察》2018 年第 20 期。

② 参见邹龙妹：《网络金融电子证据问题研究》，载《金融论坛》2012 年第 2 期。

③ 参见浙江省宁波市中级人民法院课题组：《互联网金融背景下电子证据的司法认定——以金融借贷合同为视角》，载《人民司法（应用）》2017 年第 4 期。

查判断。[①]

二、关于互联网金融犯罪案件中电子证据引导取证问题

（一）电子证据的采集方式及过程

1. 打印

对于可以直接反映或证明案件事实的电子证据，可以直接将有关内容打印在纸张上进行取证。打印后，可以按照提取书证的方法予以保管、固定，并注明打印的时间、取证人员等。因此，提供金融借贷合同的打印件或者网页截屏，应当视为提供了原件。

2. 鉴定

鉴定是专业人员就取证中的专门问题进行的认定，也是一种固定证据的方式。司法鉴定是权威部门对特定事实进行认定的证据，具有专门性和特定性的特点，具备较高的证明力。

3. 公证

电子数据公证可以分为取证行为公证和电子数据真实性公证。取证行为公证用于确认取证行为是否真实；电子证据真实性公证则直接确认电子数据是否真实。[②] 首先，如公证取证环境中立、公证文书记载完整反映取证过程，可认定电子数据取证行为真实。其次，如取证行为真实，在犯罪嫌疑人、被告人未提出相反证据或电子数据真实性得到其他证据间接印证的情况下，可推定电子数据真实。尽管此种推定不能排除利用技术手段伪造电子数据的可能，但犯罪嫌疑人、被告人仍有充分的救济途径，包括直接举证证明电子数据不真实，举证证明取证行为存在瑕疵且瑕疵足以影响数据真实等。

（二）侦查人员收集电子证据存在的困难

在刑事诉讼中，电子证据作为网络犯罪的产物，侦查人员对其加以收集存在的困难和障碍主要表现在三个方面：

1. 电子证据的复杂性

犯罪分子利用计算机在互联网中把一条信息从一地传到另一地，其中间经过成千上万台计算机和许多不同的环节，以增加犯罪的智能度和复杂度，这使得行动本已十分滞后的侦查人员寻找确切证据如大海捞针。

2. 电子证据的隐匿性和易灭失性

电子证据一方面本身不可以直接读取，另一方面可以通过加密的形式储存起来或者隐匿在其他文件中。这使得取证过程中，犯罪分子以猝不及防的速度传输并毁灭这些数据和信息，以及侦查人员稍有疏忽便丧失有效证据的情况屡见不鲜。

① 参见王畅、范志勇：《互联网金融案件中电子证据制度的适用》，载《法律适用》2018 年第 7 期。

② 参见刘品新：《中国电子证据立法研究》，中国人民大学出版社 2005 年版。

3. 部分侦查人员缺乏专业知识和技能

由于电子证据的技术性很强，需要具有专业技能的人员才能对电子证据进行破解。实践中，部分侦查人员缺乏计算机网络、电子金融方面的专业知识，也不具备利用信息化手段提取电子证据的技能，因此往往导致电子证据取证工作不到位、不及时、不规范。

（三）检察机关对电子证据收集工作的引导

“两高一部”在《关于办理刑事案件收集提取和审查判断电子数据若干问题的规定》中规定了保护电子证据完整性的几种方法，包括扣押、封存、计算完整性校验值、冻结以及录像等。检察机关办案人员需针对案件侦查阶段的电子证据收集工作加以引导，重点提醒侦查人员做好以下几个方面的工作：

（1）严格按照《计算机犯罪现场勘验与电子证据检查规则》，密切关注电子数据的收集过程。如侦查人员在收集电子证据时，是否取得并出示了搜查证，搜查范围或对象是否超出了搜查证所确定的界限；侦查人员在扣押涉案的电子设备或电子证据时，是否取得扣押令，并具备相应的扣押手续；在提取电子证据时，是否按照法定的程序，由两名办案人员在场并办理合法手续；等等。

（2）对电子证据除制作详细的取证录外，还要通过技术手段确保电子数据的唯一性。由于一个案件的多种或多个证据之间存在着横向与纵向的复杂联系，所以必须将电子证据纳入本案的整个证明体系中去，分析电子证据与其他证据之间、多个电子证据之间是否一致，与案件发生的原因、结果、时间、地点有无矛盾。如果证据之间是一致而不是相互矛盾的，各个证据应当共同形成一个逻辑上环环相扣的证据链条；如果证据之间不能相互印证并相互矛盾，必须用合理的方法排除矛盾，若矛盾不能排除，就必然存在虚假的一方。这就需要结合案情进行综合分析，慎重而准确地予以处理。

（3）在犯罪嫌疑人在场的情况下，现场登录网站并打印出会员的详细信息、下线会员信息、返利记录等关键数据，由犯罪嫌疑人当场签字确认，将电子证据转化为书面证据。

（4）对整个后台数据库和程序进行专门鉴定后，再对个人涉案部分进行电子数据检验、分析，精确认定犯罪金额和非法获利情况：一方面，对技术设备的质量与性能进行检查；另一方面对电子证据的技术形成过程进行技术检查。检验需要在计算机专业技术人员的配合下才能进行，否则极易使检材受到损毁。

（5）制作笔录时，加入电子数据的分析结果、现场检查记录等相关内容，使讯问、询问笔录与其他证据相互印证，确保关联性。相比于传统犯罪，互联网金融犯罪案件办理中获得关联证据的难度大，同时海量信息中也不可避免地包含无关信息，对案件侦办、查清事实没有价值甚至具有误导作用，因此必须确保证据的关联性。

三、互联网金融犯罪案件中电子证据的司法鉴定

电子证据高效便捷易修改，是其作为沟通媒介的重要优势，但亦是其作为证据形式的最大劣势，表现为易丢失、易篡改、易删除，导致真实性较难确认，必要时应当进行司法鉴定。电子证据司法鉴定，包括但不限于电子合同真实性鉴定、电子签章真实性鉴定、电子邮件真实性鉴定、网页真实性鉴定、数据库数据真实性鉴定等。电子证据的认定存在很高的技术门槛，受制于目前的技术水平，往往会存在证据真伪不明的司法困境，难以从正面直接去认定电子证据的真实与否。实务操作中，可以采用的主要鉴定方法有以下几种。

（一）理论分析法

通过理论分析发现电子证据在生成、处理、传输、存储、接收等过程中是否有异常信息，当发现异常信息以后，还需要利用计算机科学原理和形成过程中人工操作情况分析异常信息产生的原因，进而判断其形成过程和结果是否合理。

（二）实验分析法

通过实验进行情景重现和穿行测试，追根溯源、顺藤摸瓜，对电子证据的形成过程进行分析和研究，并找出形成规律。在掌握规律的基础上，进行验证分析，从而对电子证据在某一方面的特征是否具有真实性进行判断。

（三）伪造痕迹搜索法

如利用数据恢复法找到伪造前的真实数据，通过在系统备份中找到伪造前的真实数据等手法直接找到原始数据，从而对电子证据的真实性予以判断。① 例如，在一个电子邮件真实性鉴定案例中，原告、被告双方提交了同一封邮件的收件和发件，有完全一致的时间信息和邮件ID，但正文内容有部分不同、是否有附件不同。鉴定机构经一系列检验发现，原告提交的邮件经过篡改，并非真实邮件。由此可见，电子证据的司法鉴定对于互联网金融纠纷的解决具有至关重要的作用。

四、互联网金融犯罪案件中电子证据的审查

证据必须具备真实性、合法性、关联性“三性”要求，证据审查就是围绕这三个方面来展开。实务中，相比于传统证据，审查电子证据难度更大、要求更高，应当在“三性”要求基础上，对电子证据能否达到所需求的证据标准进行综合考量。

（一）真实性审查

互联网金融犯罪中的证据困境，首先体现为对证据真实性的核对困难。真实性的核对，是确认证据是否具备还原案件事实的能力。真实性对证据资格的认定起到了关键作用。一个不具备真实性的证据，不论其蕴含着多少信息量，都将作为

① 参见廖根为:《电子数据真实性司法鉴定研究》，法律出版社 2015 年版。

一个谎言出现在法官面前，一经核对其并非真实，便不能起到相应的证明作用，证据资格将丧失。确认电子证据的真实性，即对其是否符合案件的实际情况进行审查，以确定该证据是否被篡改过，是否具有证据的能力，这是电子证据认证过程中最重要的环节。电子证据往往以磁盘、光碟等光电材料为载体，并借助于一定的多媒体设备才能显示出来。鉴于此，对电子数据所依托的技术器材设备的性能和可靠性审查就很有必要。要保证电子数据的质量，就必须适用具有较高灵敏度、高分辨率以及高清晰度的专用电子设备，否则，获取的电子证据可能失真、模糊或者不完好，会大大降低其证明力和可靠性。因此，必须审查这些设备的性能、提取时是否正常运作、有无人为破坏或者感染病毒等，要做好这项工作，可以邀请信息技术领域的专业人士进行。

（二）合法性审查

合法性审查应当从至少两个方面进行，一是主体审查，二是程序审查。主体审查，即审查取证主体是否符合法律规定。根据《国家安全法》和《人民警察法》的有关规定，只有国家安全机关因侦查危害国家安全行为的需要以及公安机关因侦查犯罪的需要，才可以采取技术侦查措施。因此，在刑事诉讼中，合法的电子证据收集主体仅限于国家安全机关和公安机关的技术侦查部门。同时，鉴于电子证据智能性的本质要求，审查电子证据时还必须考查收集人员本身对计算机信息技术的掌握能力，以免在收集过程中对证据造成人为的损害和疏失。程序审查，即仅以合法方式收集的电子证据才具有证明力，而对通过非法途径获取的电子证据不予采信，如利用网络黑客技术非法侵入互联网金融平台服务器而获取的电子证据应依法排除其证明力，以此来保障其他主体的商业秘密、个人隐私等合法权益。此外，有必要借助计算机专家对电子证据是否被修改、收集手段是否正确等提出意见。

（三）关联性审查

在真实的基础上，与案件有关联的证据，在事实和法律适用之间架起了一座桥梁，能够影响到案件的定性及定罪量刑。而与定罪量刑事实无关的证据，因其无法对明晰案件争议起到作用，不具备证据所应有的证明价值，故应当排除在外。因此，在确定证据过程中，应当明确其与案件之间的关联性。关于电子证据的关联性，即电子证据与待证事实之间具有一定的客观联系，也就是说，电子证据能够在一定程度上对能否证明案件事实产生实质性影响的，则可以认定其具有关联性。证据必须与案件有关联才具有证明效力，否则会失去证据意义。

综上所述，经审查后，可以排除的电子证据情形主要有：一是一般公民或个人及未经授权机构或不具有法律资质的专业机构非法侵入他人计算机系统以秘密方式获得的电子证据。二是侦查机关没有按法定程序取得法定证件（如搜查证、扣押通知书等），就公然侵入他人计算机系统以非法方式获取的电子证据。三是因刑讯逼供而取得的电子证据。通过对电子证据三性的全面分析，再综合当事人提供的其他证据，以及案件的具体情况，必要时通过司法鉴定，对电子证据的可信度进行科学、合理的判断，在精准认定电子证据证明力的基础上，全面查清案件事实，准确适用法律，依法保护互联网金融纠纷中各方当事人的合法权益。

五、完善互联网金融犯罪案件中电子数据收集审查工作

（一）提升取证过程规范化水平

针对电子证据形态易变化，难以固定和保全，进而影响证据可获得性和真实性的问题，应当首先保证证据的及时有效留存。电子证据因其本身的特殊属性，其自我验真的空间尚十分广阔。比如根据EXCEL表格的附属信息（而非内容信息），获取表格内具体数据输入或变动的时点、设备、具体变化情况等，结合其他案件相关信息，确认是否真实；通过运用区块链等技术保障信息的不可更改，通过证据保管链条确保从取证到示证环节的证据真实性。对取证过程进行详细记录。电子数据取证过程中不仅要严格依照刑诉法制作扣押证、笔录等文书，有条件时还应当对相关活动进行录像。设置专门人员从事电子数据取证工作，涉及网络犯罪中电子数据的取证，应当由司法机关内部的专业技术人员协同办案人员一起进行。设置专门机构保全电子数据。基于电子数据易灭失、污染等特性，司法机关在取得后亦应当及时移送专门的技术部门予以专门保管，并建立严格的存取、移送制度。为了办案需要，在办案部门可以留存副本以供使用。同时，在各个司法机关进行电子数据移送时，亦应当做好保全工作，并做好相关记录，确保电子数据的完好无损。

（二）借助鉴定机构解决专业难题

（1）针对互联网金融犯罪活动受众分布广泛，跨行业、跨部门、跨地域等特点，为及时获取相关证据，应当建立健全协作取证制度，降低因物理距离与文化隔阂带来的不确定性，从而保障证据的时效性。同时，可以通过网络平台公开发布信息，为知情人员搭建便捷的渠道以提供线索和证据。如公安部设立了非法集资案件投资人信息登记平台，目前针对昆明“泛亚有色”案件、“e租宝”案件和天津“蓝天格锐”案件发布了登记公告，投资人可以通过该平台登记个人基本身份信息及投资的具体信息，以便案件侦办及后续资金清退。此时，互联网金融犯罪案件中，相当数量的网上证人，都可以成为证据的提供者。

（2）委托鉴定机构对电子数据内容作出说明。很多情况下，电子数据的内容并非为我们所直接理解的文字，而是各类程序代码、命令行等等，抑或需要通过特定操作才能显示出我们所需要的与犯罪事实相关联的内容。因此，借助鉴定机构对漏洞的存在，以及可加以利用的动态行为作出说明是最好的选择。

（3）对恢复被删除电子数据作出说明。司法实践中，大量的行为人为了掩饰犯罪痕迹，会主动将记录行为痕迹的电子数据删除。很多情况下，鉴定机构的专业技术人员均有能力将这些被删除的数据导出恢复。但是，由于此类电子数据并非直接从原始存储介质获得，而需经过复杂的恢复步骤，这需要非常专业的计算机、网络知识，应当借助鉴定机构对这个电子数据的收集过程作出详细、有效的说明。

（三）综合全案证据进行分析认定

电子数据的证明力并不能单纯地从其本身去考量。对于电子数据的最后认定，不仅在于将各个电子数据综合认定，还要与在案的其他证据一起做综合判断。电子数据所证明的事实会与在案其他证据证实的事实相互交叉，如果其相互之间能够互相一致、互相印证，那么电子数据的证明力就大大提升了。也就是说在案证据之间相互提升了其证实事实的证明力。因此，我们在审查电子数据关联性的时候，关键在于把握电子数据与事实的“连接点”。电子数据的信息量非常大，除了主体文字、图像、视频、录音外，还要注意附属信息，注重从这些信息中，寻找与案件事实相交叉的联系点，这样就能很明确地将在案的电子数据与案件相互印证地关联起来。

互联网金融犯罪若干疑难问题研究

——从一起互联网集资诈骗案说起

渠国伟　米　丹*

数字经济时代下，具有便捷性、交互性特点的互联网金融与市场主体追求效率、降低交易成本的需求相契合，并与传统金融市场相结合对经济的发展起到了良好的推动作用。P2P网络借贷、第三方支付、众筹等互联网金融消费产品拥有庞大的市场和利润，但一些不法分子利用此时机从事非法互联网金融活动。互联网犯罪出现新情况、呈现新特点，如何准确认定刑民交叉视野下互联网金融犯罪成为法律适用难题。应积极应对该类案件，保护和鼓励互联网金融创新，最大限度保护人民群众的合法财产利益，进一步净化互联网金融投资消费环境，维护社会和谐稳定。本文将通过实证研究并结合相关案例分析，对课题作出一点探索与思考。

一、问题的引出

（一）基本案情

江苏省丰县人民检察院指控，2011年5月至2012年2月间，被告人蒋某、印某、张某、林某、石某、段某伙同陈某（另案处理）等人以投资开采麦饭石矿产为由，许诺高回报为诱饵，以“阳诚国际管理有限公司”名义，创建网站（网址：cfs.Yccee.com）骗取近100人次缴纳会员费，涉案资金200余万元。

江苏省丰县人民检察院以上述各被告人犯集资诈骗罪于2012年9月29日向江苏省丰县人民法院提起公诉。

江苏省丰县人民法院经公开审理查明，被告人蒋某、印某、张某、林某、石某、段某伙同陈某（另案处理）等人以投资开采麦饭石矿产为由，许诺高回报为诱饵，以“阳诚国际资本管理有限公司”名义创建网站（网址：cfs.Yccee.com）骗取会员入股款，涉案资金98余万元。

江苏省丰县人民法院于2012年12月27日作出（2012）丰刑初字第0420号刑事判决书，认为被告人蒋某、印某、张某、林某、石某、段某伙同陈某（另案处理）等人以投资开采麦饭石矿产为由，许诺高回报为诱饵，以非法占有为目的，使用诈骗的方法非法集资，数额巨大，应处五年以上十年以下有期徒刑，并处五万元以上五十万元以下罚金；赃款予以追缴，发还各被害人。被告人蒋某、印某、张某在集

* 渠国伟（1983— ），男，江苏徐州人，江苏省丰县纪委监委第二纪检监察室主任；米丹（1985— ），女，湖南怀化人，江苏省丰县人民法院顺河法庭副庭长。

资诈骗犯罪过程中策划集资诈骗的方案，并实施集资诈骗的行为，在集资诈骗过程中做虚假宣传骗取被害人投资，在共同犯罪中系主犯，但被告人印某、张某所起作用相对较小，被告人林某在集资诈骗过程中为被害人拨付虚拟币和发放奖金，被告人石某在集资诈骗过程中参与前期筹划，被告人段某在集资诈骗过程中负责网络后台的维护，被告人林某、石某、段某在共同犯罪过程中起次要或辅助作用，依法应当减轻处罚，被告人蒋某曾因犯罪被判刑，有前科，酌情从重处罚；被告人印某曾因犯妨害公务罪被判处有期徒刑六个月，刑罚执行完毕后，五年内再犯应当判处有期徒刑以上刑罚之罪，系累犯，依法应当从重处罚。被告人林某、石某、段某犯罪情节较轻，有悔罪表现，没有再犯罪的危险，宣告缓刑对所居住社区亦没有重大不良影响，均可以宣告缓刑。依照《中华人民共和国刑法》以集资诈骗罪判处被告人蒋某犯集资诈骗罪，判处有期徒刑九年，并处罚金人民币三十万元，被告人印某犯集资诈骗罪，判处有期徒刑六年，并处罚金人民币二十万元；被告人张某犯集资诈骗罪，判处有期徒刑五年，并处罚金人民币十五万元；被告人林某犯集资诈骗罪，判处有期徒刑三年，缓刑四年，并处罚金人民币八万元；被告人石某犯集资诈骗罪，判处有期徒刑三年，缓刑三年，并处罚金人民币五万元；被告人段某犯集资诈骗罪，判处有期徒刑三年，缓刑三年，并处罚金人民币五万元。该判决已生效。

（二）问题提出

该判决指出了部分不法分子利用互联网金融实施相关犯罪，破坏了互联网金融的秩序稳定。随着网络金融的迅速发展，P2P 网络借贷、第三方支付、众筹等互联网金融迅速发展，在数字经济时代下，处于经济活动中的个人、企业、政府部门等市场经济主体的身影出现在各种互联网金融活动之中并频繁地参与互联网金融活动。如何判断行为人的行为系金融犯罪还是普通互联网金融民事纠纷？如何认定行为人行为涉及的互联网金融犯罪的性质？要回答这两个问题，首先要了解何为互联网金融。

二、互联网金融基本情况

目前各大银行及相关的保险等企业均已实现提供网上金融服务，但是这类网上金融活动仅仅是线下金融活动的延伸，并非大众意识内的互联网金融活动。互联网金融（ITFIN）是指传统金融机构与互联网企业利用互联网技术和信息通信技术实现资金融通、支付、投资和信息中介服务的新型金融业务模式。互联网金融不是互联网和金融业的简单结合，而是在实现安全、移动等网络技术水平上，被用户熟悉接受后（尤其是对电子商务的接受），自然而然地为适应新的需求而产生的新模式及新业务，是传统金融行业与互联网技术相结合的新兴领域。[①] 而 P2P 网络借贷、第三方支付、众筹等互联网金融活动因其快捷、便利、普众的特性成为大众认

---

① “互联网金融”，https://baike.so.com/doc/5536051-5755137.html，2020 年 10 月 30 日。在本文中，互联网金融的内涵仅系抛砖引玉，不是讨论的重点，故本文对其内涵不做学理上的研究。

可的互联网金融活动模式，故本文所指的互联网金融特指P2P、A2P、第三方支付等因互联网而兴起的金融活动模式。此类互联网金融业态出现的历程主要为2005年支付宝上线；2007年首家P2P平台在上海上线；2013年6月，余额宝上线，至2013年11月14日，余额宝最新规模已突破1000亿元，成为中国基金史上首只规模突破千亿的基金，故2013年被称为互联网金融元年；2013年，国务院办公厅《关于加强影子银行监管有关问题的通知》首次提出对互联网金融进行监管；2015年，李克强总理在政府工作报告中首次提出“制定‘互联网+’行动计划”，推动移动互联网、云计算、大数据、物联网等与现代制造业结合，促进电子商务、工业互联网和互联网金融健康发展，引导互联网企业拓展国际市场，[①] 标志着互联网金融从民间认同到官方认可。2015年e租宝平台爆雷，涉案金额500多亿元，影响全国30多个省市，2016年10月13日，国务院办公厅发布《互联网金融风险专项整治工作实施方案的通知》。2018年10月10日，由中国人民银行、中国银行保险监督管理委员会、中国证券监督管理委员会制定的《互联网金融从业机构反洗钱和反恐怖融资管理办法（试行）》文件出台并公布。[②] 互联网金融发展时间轴如下图所示：

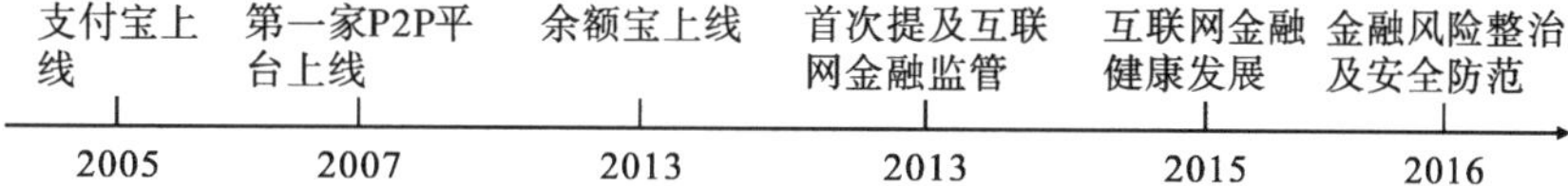

从互联网金融的发展历程看，互联网金融是伴随互联网发展和金融业发展创新而产生的一种新兴的金融活动，其本质是一种民商事活动。根据时间轴，互联网金融在我国兴起的时间是2005年，直至2014年国家才首次提出对互联网金融实施监管。2005年至2014年近十年的监管空白，致使互联网金融游离在法律的边缘，引发了很多诸如资金链条断裂风险、破坏金融秩序稳定等风险，后果最严重的风险就是互联网金融平台违反规定自行融资后导致资金链条断裂引发平台倒闭、相关负责人跑路，消费者投资者的资金受损后引发群体性事件的风险。资金链条断裂的后果必然会引发互联网金融纠纷，轻者承担民事责任，重者承担刑事责任，基于同一个事实会承担民事或者刑事责任，必然会产生刑民交叉认定问题。典型案件如2015年e租宝平台爆雷，相关的新闻报道提及该平台交易金额为700多亿元，但是侦查机关最后认定其涉犯罪的金额为500多亿元，两者相减之下有200多亿元的资金并没有被考虑到犯罪的数额中，是不是从另一方面说明，该200多亿的资金被认定为合法的经营数额？那么行为人在从事互联网金融活动中的行为被认定为犯罪的时间节点在哪里？如何对利用互联网金融实施犯罪活动的人准确定罪量刑？司法机关要回答这些问题，就需要基于立法现状与司法实务进行研究和思考。

① “互联网金融”，https://baike.so.com/doc/5536051-5755137.html，访问日期：2020年11月15日。

② 《制定“互联网+”行动计划》，http://news.sohu.com/20150305/n409356442.shtml，访问日期：2020年11月15日。

三、现状研究及司法实务

（一）立法现状

通过对法律条文的搜索，目前我国尚未有专门的《互联网金融法》，只有相关部门机构出台的规章制度，如《国务院办公厅关于加强影子银行监管有关问题的通知》，如国务院办公厅发布《互联网金融风险专项整治工作实施方案的通知》《关于促进互联网金融健康发展的指导意见》《网络借贷信息中介机构业务活动管理暂行办法》等，以及《银行法》《证券法》《票据法》《公司法》《刑法》及相关的司法解释等法律法规。

（二）司法审判现状

基于文章研究需要，选取 2013 年至 2018 年度中国裁判文书网涉及互联网金融犯罪案件，从中国裁判文书网上单独输入互联网金融犯罪，无法查询到相关裁判文书。输入诈骗罪、互联网、金融查询条件，文书网显示有 10 个案件，经查看多为电信诈骗案件，并非本文讨论的互联网金融犯罪类型。故笔者尝试输入非法吸收公众存款罪、互联网两个查询条件，文书网上显示基层法院一审案件有 547 件，其中 2018 年 160 件、2017 年 198 件、2016 年 114 件、2015 年 36 件、2014 年 31 件、2013 年 8 件。从文书网上输入非法吸收公众存款罪、e 租宝两个查询条件，文书网上显示基层法院一审刑事判决书有 107 份。输入集资诈骗罪、互联网两个查询条件，文书网上显示基层法院一审案件有 169 件，其中 2018 年 35 件、2017 年 63 件、2016 年 44 件、2015 年 13 件、2014 年 14 件，输入洗钱罪、互联网两个查询条件，文书上显示基层法院一审案件有 6 件，其中 2018 年 2 件、2015 年 1 件、2014 年 2 件、2013 年 1 件。输入组织、领导传销活动罪、互联网两个查询条件，文书网上显示基层法院一审刑事案件有 70 件，其中 2018 年 23 件、2017 年 15 件、2016 年 13 件、2015 年 12 件、2014 年 5 件、2013 年 2 件。[①] 如图 1 所示：

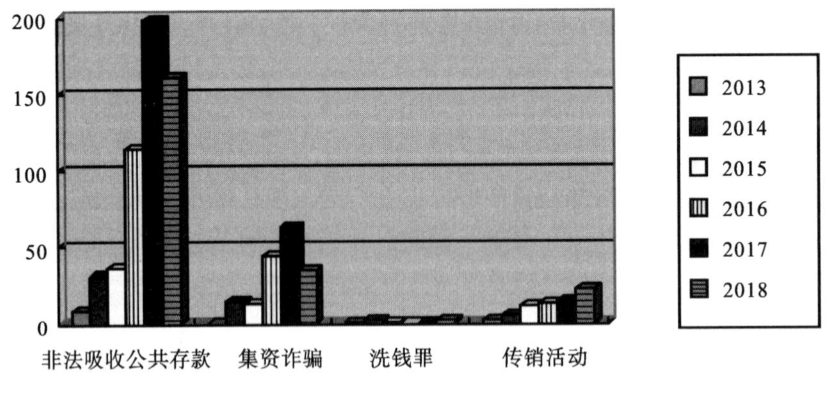

图 1

① 数据均来自中国裁判文书网。

四、相关疑难问题研讨

经过对立法和司法现状的研讨，互联网金融犯罪存在以下疑难问题：

（一）罪与非罪的问题

1. 第三方支付机构能否构成犯罪问题

相关被害人证实其投资该公司是因为支付给该公司的款项通过第三方支付公司支付，潜意识认为资金是有保障的。可以说A能够成功实施集资诈骗犯罪是有第三方支付公司C的帮助行为。第三方支付是指一些和产品所在国家以及国内外各大银行签约并具备一定实力和信誉保障的第三方独立机构提供的交易支持平台。在通过第三方支付平台的交易中，买方选购商品后，使用第三方平台提供的账户进行货款支付，由第三方通知卖家货款到达、进行发货；买方检验物品后，就可以通知付款给卖家，第三方再将款项转至卖家账户。本案中涉及了第三方支付公司，第三方支付公司没有对被告人设立的公司进行严格的审核就给被告公司开通了第三方支付平台，为被告人提供了收集资金的通道，为被告人骗取被害人的资金提供了方便。在某个方面来说，第三方支付公司对被害人的损失也需要承担责任。C的行为属于辅助互联网金融平台顺利运行的行为，能否构成犯罪？辅助行动达到何种程度才能被认定为共同犯罪？

2. 中介注册公司虚假注册行为能否入罪问题

被告人没有能力注册白银交易的公司，就请中介帮其注册了一个具有相应资质的公司，账目上有5000万元的注册资金，实际上为0。但是相关被害人不了解情况，导致被骗，中介需不需要在此案件中承担责任？本案中中介帮助虚假注册的行为是不是为犯罪提供帮助，能否认定为共同犯罪？

（二）此罪与彼罪的问题

本案各被告人的辩护人分别提出各被告人的行为涉及网络传销、非法吸收公众存款，判决认为被告人利用网络融资平台，使用诈骗的方法，骗取被害人入股，非法集资，且从未将集资款项实际投入其承诺的开发麦饭石矿上去，而是用于个人消费和挥霍，主观上具有非法占有的目的，故各被告人的行为构成集资诈骗罪。对于同一犯罪事实，辩护人之间有不同的认识、审判机关与辩护人有不同的认识，产生此罪与彼罪认定问题。

（三）互联网金融证据认定问题

本案中公诉机关指控各被告人的犯罪金额为200余万元，但是经法院审理查明后认定为98万余元。判决认为关于被告人蒋某某、印某某、张某某、林某、石某某、段某某集资诈骗数额的认定，虽有阳诚国际会员系统财务管理界面证明阳诚国际注册会员总数为800余人，但阳诚国际后台系统会员入款记录证明阳诚国际注册的交款会员仅300余人，因为存在代为注册交款的情况，注册会员与交款会员不能一一对应，且现仅有100余名被害人陈述，无法通过上述证据和银行交易记录认定犯罪数额。从现查明的100余名被害人陈述看，仅有闫某某、戴某某、代某某等40余名被害人的陈述有银行打款记录或阳诚国际公司发行的相关股票等书证予以印证，经计算40余名被害人的损失数额为98万余元。对于同一个证据公诉机关和审判机关的评价标准不一致，导致证据认定出现问题。

（四）疑难问题的成因

1. 互联网金融监管立法滞后

立法滞后性是成文法本身不可避免的特性，尤其是在互联网+时代的浪潮下，经济发展日新月异，错综复杂的新类型互联网金融犯罪案件不断涌现，而刑事条款在打击相关的犯罪同时也存在犯罪构成不清晰、条文过于原则、规范明确性不足等情况，导致出现诸多法律适用难题。而互联网金融活动本质是一种民事活动，但是其运用的手段是互联网，互联网本身就是一种新兴的事物，其本身就具有日新月异的特性，从1994年互联网进入我国至2017年6月《中华人民共和网络安全法》颁布，二十余年的时间立法才对互联网做出回应，立法具有滞后性。通过上文对立法现状的梳理，目前尚未有一部单独的互联网金融条例或者立法。在全面依法治国时代，法无明文规定不为罪，没有相关的法律依据无法对一些互联网活动进行有罪无罪评判，不利于打击互联网犯罪。

2. 行业监管不严格规范

案例中能帮助A注册虚假资金的公司的行为和具有开通第三方支付权力的C公司没有看到A相关合法手续就给A公司开通第三方支付的行为，如果依据现有的监管法律法规应该是不会出现的，因为B中介注册公司的行为需要符合我国《公司法》的相关监管规定、C公司开通第三方支付的行为要符合《第三方电子商务交易平台服务规范》《电子银行业务管理办法》等法规的监管规定，然而在现实中却出现了此类严重侵害消费者知情权的案件，意味着当前互联网市场金融监管不严格规范，让犯罪分子有漏洞可以钻。

3. 消费者和投资者风险防范意识薄弱

因为消费者和投资者获得投资渠道途径很狭隘，尤其是民间资本获取投资的渠道更狭隘，当一个利用互联网的便捷性的互联网金融投资项目被大数据及相关媒体推送到眼前的时候，很少有人不动心，很多消费者和投资者依然天真地相信有“天下掉馅饼”的好事情，互联网金融消费和投资风险防范意识薄弱。虽然依据经济学中有高风险高收益之说，但是一个理性的消费者看到远远超过平均增长率的高收益率，肯定会事先对其购买该产品和服务结合实体经济的发展趋势做出简单的风险评估，从而做出是否参与消费的决定。然目前参与互联网金融的消费者和投资者很少具备理性心理，对于互联网金融投资项目不加选择地非理性投资，最后损害自己的合法权益。如案件中的受害人购买A公司的理财产品正是基于A公司宣传的高达30%的年收益率，消费者没有进行风险估计就盲目消费，最后导致血本无归。

4. 被告人分布广泛、被害人维权成本大，损失款项执行难度大

权益受到侵害就需要维权，但是互联网金融的开放性决定了被告人分布广泛。

目前互联网消费者维权成本较大，导致消费者和投资者放弃对不法分子追究责任，不法分子也是利用这一点更加猖狂地实施互联网金融犯罪。在本案中各被告人的行为被刑事法律规范评价并被判处刑罚，虽然判决中指出继续追缴违法所得，但是截至目前，此类的违法所得尚未能成功被追缴，换句话说就是该案件被害人的损失很难得到弥补。

五、应对之策

导致上述难题存在的原因既有立法规范滞后性因素，也有司法裁判者司法能力不足的因素，同时伴有社会舆论影响的因素。具体可以从以下几个方面应对：

(一)用科学的互联网金融立法解决罪与非罪问题

虽然互联网金融犯罪危害了正常的互联网经济秩序，但是也需要参与互联网金融的所有社会成员勇敢面对和战斗，因为在数字经济时代下，互联网已经融入了千家万户的生活，要解决互联网金融犯罪罪与非罪问题的关键是立法。在全面依法治国时代，依法从事互联网金融活动是市场经济主体的应有之义，不论是民商活动还是刑事审判，如果法律没有规定，即使行为人的行为在不违背公序良俗等兜底条款的规定下实施游走于法律边缘的行为，我们也是无能为力的。所以，我们的立法必须要具有前瞻性和科学性。对于互联网金融犯罪的法律适用疑难问题的应对之策，最关键的是立法者依据立法本意对疑难问题作出及时回应，立法者需尽快完善相关法律和立法解释，因为立法的科学性和前瞻性直接决定一线司法者所能依据的法律能否符合审判实际，从而让司法裁判者作出公正裁判；其次，有解释权的司法机关应及时总结司法实践中出现的新问题、新情况，在报请立法机关同意下，作出相应的司法解释，解决实践中的法律适用难题；再次，通过强化培训、研讨疑难问题、发布典型案例等方式提高司法裁判者的司法裁判水平；最后，通过对典型互联网金融犯罪案件的释法说理，强化公众对互联网金融犯罪的认知程度，避免出现舆论倒逼司法的现象，保持司法中立，实现司法的法治功能。通过立法明确第三方支付公司、中介注册公司对互联网金融犯罪提供何种帮助时行为将受到刑法规制，进而促使第三方支付公司、中介注册公司严格履行对相关业务的审核注意义务，从而为互联网金融发展保驾护航。

(二)利用区块链构建统一监管平台

目前要整合现有的关于互联网金融的相关规章制度，依托互联网网络安全法及金融法等法律形成一部单行的互联网金融规制法，通过互联网金融规制法规定互联网金融活动实质，通过立法明确诸如P2P、第三方支付等互联网金融活动及其他互联网金融业态的法律性质，通过立法准确划定互联网金融违法犯罪的界限，通过立法明确互联网金融监管部门的职权，让职能部门各司其职，不乱管、不滥管、不瞎管。同时利用区块链制定智慧化管理的平台，具体平台设置如图 2:

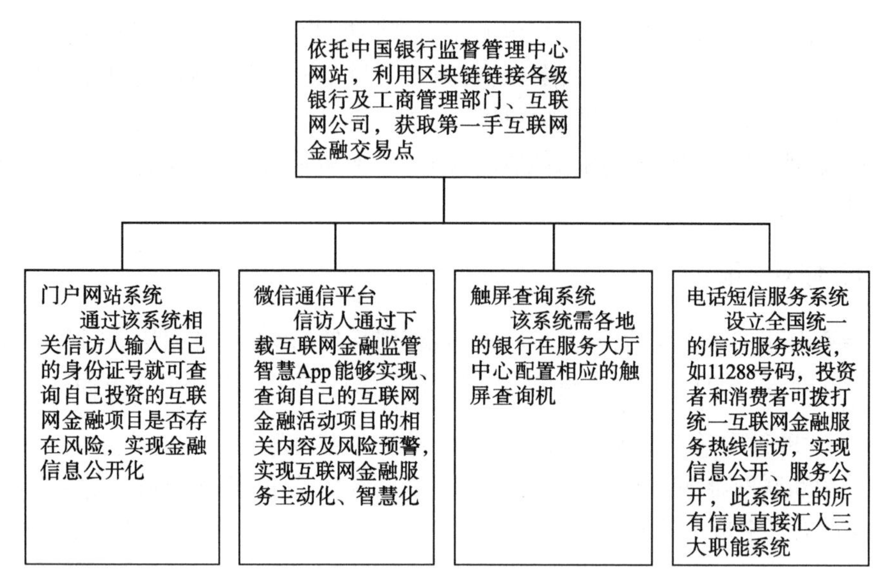

图2　智慧化管理平台

通过设置统一的监管平台，依托“放管服”改革，形成良好的互联网金融投资环境，搭建投资者了解互联网金融行业发展现状及投资项目的绿色通道，拓宽投资者的投资渠道，运用完善的执纪监督督促制度落实到位，从而规范互联网金融行业的发展，激发投资者的投资热情，营造良好的互联网金融营商环境。

（三）构建非法金融活动一体化打击、执行平台

因互联网金融虚拟性特征，一旦涉及犯罪，却因被告人分布广泛、被害人维权成本大，损失款项执行难度大等原因导致无法精准打击和执行，应该依据现有的全国统一的非法金融风险防范平台，通过科技化的手段整合中国裁判文书网及现有执行平台上的此类案件信息，形成一个专门展示非法金融活动犯罪类型、打击非法金融活动犯罪的现状等情况的网站，一旦有涉案的犯罪嫌疑人信息或者涉案被告人的财产或者关联人财产信息录入该平台，该平台能够自动筛选后将相关信息发送到各地司法机关设立的接受该平台的终端，从而提高打击和执行的效力，破解打击困难、执行困难的问题，同时设置相关的司法救助资金库和法律援助中心，一旦涉案的被害人因维权产生费用过大难以维持生计或者无力聘请律师时，启动司法救助程序和法律援助程序，不仅体现人文关怀，也能更好地打击互联网金融犯罪。

（四）加强现有司法队伍建设，提高精准打击的水平

在审理互联网金融犯罪中，会碰到证据认定、此罪与彼罪、量刑等在法律适用方面的难题，此类问题不能仅仅依靠立法解决，因为我国的立法程序包括提出法律草案、审议立法议案、立法议案的表决通过、公布法律四个环节，每个环节都需要花费大量的时间，难以适应快速增长变化的社会发展。所以，解决互联网金融犯罪在法律适用方面的难题的关键是要加强司法队伍建设，提高精准打击的水平。首

先，侦查机关要更新现有的侦查思维模式和证据取证模式，要探索符合互联网金融犯罪的侦查和取证模式，第一时间取证，第一时间保存证据，尤其是涉及电子证据取证及保存方面更要符合规范；其次，检察机关要精准审核侦查机关提供的相关定罪的证据，在公诉审查阶段就要把好互联网金融犯罪的出罪和入罪标准，实现精准起诉；最后，司法裁判者需要及时研究解决审判难点，因一线法院会面临诸多不同类型的错综复杂的互联网金融犯罪案件，一旦面临疑难问题，即使在当前让审理者裁判、让裁判者负责的裁判原则下，司法裁判者也不能孤军奋战，可以借助团队的力量来解决问题。司法裁判者可以提请所在刑事审判团队召开专业法官会议及报请审判委员会讨论等形式，及时研判审判中的难点问题，形成相对统一认知，从而解决问题。

六、结语

公平正义是现代法律的核心要义，司法裁判者在面临烦冗复杂的互联网金融犯罪案件时，必须学会抽丝剥茧，梳理出明确的法律事实，然后检测该法律事实是否需要刑法评价、如何运用刑法评价、如何准确定罪量刑，坚持刑法的谦抑性，妥善处理好互联网金融犯罪的相关难题，妥善处理好情与法、罪与罚的关系，真正践行让人民群众在每一个司法案件中都感受到公平正义的使命，让民事主体能够自由、放心、大胆地从事互联网金融活动，享受数字时代带来的便利，推动社会经济的发展。

防范与化解互联网金融犯罪风险的精准化办案模式研究

董史统　廖　望*

近年来，互联网金融在我国发展迅速，但同时也暴露出了一些疑难问题和风险隐患，特别是P2P平台最近非常火爆，但其火爆的原因并不是因为给投资人带来多大的收益，而是不断地在各地“爆雷”，给大量的投资人造成了巨大的损失，造成社会对互联网金融的普遍恐慌和投资顾虑。针对此问题应当通过组建专业团队，推进精准化办理互联网金融犯罪案件，兼顾打击犯罪和保护创新的平衡，最大限度地推进互联网金融合规自律发展，防范化解互联网金融风险。

一、组建专业团队精准办理互联网金融犯罪案件的必要性和可行性

（一）由互联网金融犯罪特点决定

一是专业化趋势明显。互联网金融犯罪，往往通过互联网实施犯罪，实施手段具有较高的“技术含量”，实施行为通常较为隐蔽，如果执法司法办案人员不了解此领域的知识，势必会影响办案成效。办案呼唤精准化，而精准化的前提是专业化。因为，没有专业化的能力和人才，精准化则无法实现①。二是社会危害性大。互联网金融犯罪隐蔽性、欺骗性强，蔓延速度快，涉案人员多，波及地域广，涉案金额大较为隐蔽，危害极大，若未能及时发现、及时介入、及时打击，会严重侵犯人民群众的财产权益。同时，互联网金融犯罪追赃难度较大、被害人涉及面广，处置不当，极易成为全国性的事件。三是维稳压力较大。互联网金融犯罪案件一旦发案，往往属于典型的涉众型经济犯罪案件。而涉众型经济犯罪是指涉及众多受害人，特别是涉及众多不特定受害群体的经济犯罪②，较为突出的一个特点是被害人数量多且诉求多元，同时伴有巨大的办案信访压力。从案件的立案一直到判决，甚至是执行阶段，均存在较多的利益诉求。

（二）多重改革形势的现实需要

近年来，在司法体制改革、监察体制改革和以审判为中心的刑事诉讼制度改革、内设机构改革等多重背景下，检察机关面临着如何通过改革，把法律监督职能

---

* 董史统（1988—　），男，浙江温州人，浙江省温州市鹿城区人民检察院办公室副主任；廖望（1992—　），男，浙江温州人，北京大学法学研究生。

① 姜洪：《精准化需要专业化：首席大检察官与三级检察干警畅谈检察工作发展新路径》，载《检察日报》2018年4月26日，第1版。

② 谌艳青：《防范和打击涉众型经济犯罪问题研究》，载《四川警察学院学报》2009年第6期。

做实、做优、做强的问题。张军检察长要求，给人民群众提供更优质的法治产品、检察产品，核心就是办案，就是以办案为中心。通过办案满足人民群众美好生活需要，根本在于办案的质量和效率。改革后的检察机关要把主要精力放在检察办案上，把法律监督更加精准做到位。发挥检察官办案经验和工作特长，成立专业化办案团队，推动案件办理精细化、专业化、高效化，就显得尤为必要。实践中，已经有不少检察机关选任分管副检察长、员额检察官、检察官助理、书记员，组建专业检察办案组，但这些专业组多是为集中办理多种疑难复杂罪名而准备的，综合办理金融、知识产权、食药等犯罪，属于大范围的较为笼统的"精准"，不属于"靶向治疗"式的"精准"。时代是出卷人，我们是答卷人，人民是阅卷人。[①] 要努力答好新时代检察工作人民满意答卷，紧紧围绕法律监督来推进各项检察工作，不断创新办案方式方法，让法律监督主业强起来，组建专业团队办案就是一种可行的现实选择。

（三）推进精准化办案的必然要求

组建专业团队精准办理涉互联网金融犯罪案件，有利于实现对互联网金融犯罪案件的专业化、专门化集中办理，提高了工作效率，凸显三大优势。一是可以锻炼青年骨干队伍。组建专业化的办案机构，实现专门化办理案件，使青年干警能更多地接收到同一类案件，能够接触这一类案件的不同问题和不同的面，通过案件的磨炼，从而能深刻理解法律对这一问题的规定。通过相互沟通交流，及时解决问题，总结办案得失，快速提高办案水平。二是迅速提高办案质效。由于办案水平的提高，能够快速发现案件中涉及的相关问题，及时有效地与侦查机关、审判机关进行交流，使案件能够快速审结。同时，从侦查到批捕到起诉到出庭，全过程参与，及时掌握案情和证据，节约办案成本，使一些互联网金融犯罪的大案、要案也能及时快速审结。三是有力促进精准打击。办案机构和团队的专业化和专门化，切实有效提高办案能力，从而能快速判断罪与非罪，哪类事实需要哪些证据，及时介入侦查，引导取证，实现打击的精准化。

二、精准办理互联网金融犯罪案件专业团队的组建和职责

（一）专业办案团队的组建

互联网金融犯罪专业办案团队，一般要由具有扎实法学理论功底、丰富办案实务经验和互联网、电子商务等领域专业知识背景的检察官组成，专门办理破坏金融管理秩序类犯罪、金融诈骗类犯罪和侵害金融机构利益的相关犯罪案件的审查逮捕和审查起诉工作。而组建专业办案团队，要在专业上努力，把检察人员的专业素养调动起来，锻炼专业本领，促进精准化办案。一是出台关于组建专业办案团队的实施意见。通过意见，明确要成立办理互联网犯罪的专业检察团队，开展互联网犯罪案件宣传、调研、预防，及时发布互联网犯罪典型案例，帮助企业提高抵御和防范金融风险的能力等。二是落实组建的流程和工作方式。可以采用个人自荐、部

① 参见 2018 年 1 月 5 日，习近平总书记在学习贯彻党的十九大精神研讨班开班式上的重要讲话。

门推荐、领导指定等形式推选候选人，然后经由专门审查评定小组确定。专业团队定期组织开展课题研究、教育培训、编撰指导案例、制定办案指引等工作，结合自身特色创新工作模式，建立培养培训平台，主动分析、研究并解决工作中出现的新情况、新问题，不断打造特色和品牌工作，切实发挥专业团队的示范引领作用。三是注重发挥预期效果。组建专业办案团队旨在充分发挥专业所长，整合涉互联网案件审查逮捕、起诉、民行监督、职务犯罪线索移送、预防保护等职能，扩大法律监督社会面和影响力。

（二）专业团队精准办案的职责

组建专业办案团队专门办理涉互联网金融犯罪案件，要做好“精细活”：精研事实、精准证据、精心司法。[①] 具体来说，工作内容主要有以下几项：一是做好提前介入侦查工作。发挥职能优势，提前介入涉互联网金融案件侦查环节，引导公安机关依法有效侦查取证，特别是对重大疑难复杂的涉互联网金融案件，要引导侦查机关及时全面收集固定相关证据。二是把握精准打击的要求。对于涉众型矛盾较为突出的涉互联网金融犯罪案件，要通过打击犯罪、准确定性、精准量刑等方式，妥善处理群众合法诉求。三是加强类案分析研判。加强对新型涉互联网金融犯罪案件的分析研判，准确把握新证据特点，探索固定证据载体、强化证据效果的方式方法，撰写专题分析上报，通过联席会议机制等形式预警，坚决遏制新型金融类犯罪蔓延。四是协调处理案后的工作。开展涉互联网金融犯罪案件的宣传、调研、预防，及时发布金融犯罪典型案例，通过制发检察官建议或是口头沟通的形式，帮助企业提高抵御和防范金融风险的能力等。

三、组建专业团队精准办案防范与化解互联网金融犯罪风险的实现路径

（一）立足本地检察实践，组建专业办案团队

一是树立专业检察、精细检察的理念。把提升检察工作的专业化、精细化，作为强化检察核心能力建设、提升司法规范化的重要内容，贯彻落实到具体司法办案中，尤其是专业办案团队的组建过程中。以司法理念的提升促进公正司法能力和水平的提升，以法治思维引领检察队伍向专业化、规范化、精英化的方向发展。二是重视专业化办案队伍的培养与建立。在涉互联网金融犯罪案件多发的基层检察院，专门成立了涉互联网金融犯罪案件专业化部门或办案组，争取以“团队作战”的方式成功办理一批典型案件。依托专业办案团队，提前介入专业化办案，可以提高办理电信网络诈骗犯罪违法案件的质量和效果，实现对“精准犯罪”的“精准打击”。针对互联网金融犯罪案件专业性强的特点，采取专业化打击和预防策略。三是吸纳有专门知识的人加入专业办案团队。建立专家取证团队，参与精准办案。例如，对于电子数据的鉴定意见和检验报告的判断需要较强的专业性知识，检察机关在审理案件的过程中，可以依据刑事诉讼法的规定，充分运用有专门知识的人这

① 程振楠等:《办案精准化、监督长效化、创新常态化》,载《检察日报》2015年11月26日,第2版。

一“外力”，更好地审查电子数据的鉴定意见或者检验报告[①]，不单纯依赖鉴定人的意见，提高审查的专业性、准确性和全面性。

（二）结合类案办理实践，深化检察理论研究

金融创新始终与金融风险相伴而行，要通过实践和研究，准确认定互联网金融创新与互联网金融犯罪的界限，确保打击犯罪质效和保护创新产品的平衡。因而，在“互联网+”时代，检察机关在组建专业团队专业化办案的同时，还要发挥专业团队日常办案的优势，对网络最新技术、司法实践遇到的新问题进行专题研究，及时推动法律法规不断完善，织密打击此类犯罪的法网。要研究解决互联网金融检察工作实践中的重点、难点、弱点问题，认真探索互联网金融犯罪的规律，提出检察针对性的思路、措施和办法，适时针对社会管理漏洞，制发检察建议，撰写类案分析报告，专业高效地为党委政府提供法律服务。既针对存在的问题进行研究，提出解决问题、破解难题的思路、措施，又总结工作中成功的经验，使之上升为理论，指导工作。[②] 同时，吸纳检察理论研究人才加入专业团队，并做好“内部挖潜”，加大专业团队内部理论调研人才培养力度。发扬调研人才“传帮带”的作用，适时组织专业团队人员，参加检察理论研究骨干培训、专题研讨交流、学习考察等活动，努力为专业团队创造学习、锻炼的条件和机会，通过出题目、派任务、压担子的形式，开阔视野、发挥作用，提高政治素质和业务能力，形成精准办案理论与实践相结合的工作模式。

（三）加强办案宣传工作，做好“后半篇文章”

专业团队除了依法专业办案、精准打击犯罪之外，还要重视金融风险法治宣传工作。检察机关切实发挥各部门职能和优势，通过现场悬挂条幅、发放宣传单、放置宣传板、设置咨询台等形式，重点对互联网金融的特征、常见手法、社会危害性，以及法律处罚等方面进行专题宣讲、以案释法，切实加强金融风险防范法治宣传教育工作，有力提升金融组织依法经营和公民防范金融法律风险的能力。仅以利用互联网开展的电信诈骗为例。法治宣传是防范电信诈骗的重要手段，宣传方式还需更加多样化，可以利用一切可利用的传播平台进行防骗宣传。要做好重要案件信息发布工作，及时向公众发布电信网络诈骗犯罪新特点、新手段和新动向，公布相关典型案例，提高公民防骗意识和能力。[③] 同时，检察机关可以考虑以办案宣传为切入点，积极参与相关社会治理，促进国家金融监管政策落实，防范系统性金融风险发生。例如，在2016年，多名“准大学生”因电信网络诈骗失去生命。检察机关可以通过制发《检察建议书》，建议今后在大学录取通知书上写明助学金、学费等所有涉及费用的事务一律在报到以后由大学统一办理，入学前所有假冒助学贷款和助学金等各种交费领款的电话通知一律无效。同时，会同公安机关，开展特定时

① 喻海松：《网络犯罪二十讲》，法律出版社2018年版。

② 邢宝玉：《立足本区工作实际　加强检察理论研究》，载《检察日报》2009年2月24日，第3版。

③ 刘军：《网络犯罪治理刑事政策研究》，知识产权出版社2017年版。

间段的专项行动，严肃查处高考学生在报名、录取等环节的信息泄露问题，从源头上减少后续犯罪的发生。

（四）适时成立互联网检察院，实现专案专办

参照浙江省杭州市成立的互联网法院，在基层大市范围、全省范围或邻近几个省区设立互联网检察院，明确管辖案件范围，专门办理涉互联网案件，从而实现把互联网金融犯罪案件纳入其中。一是从管辖上看，已经不存在障碍。目前很多电信诈骗涉及全国各个省、市、自治区，大部分由公安部指定某一个公安机关侦查，换言之，电信诈骗指定管辖较为普遍，故而设立互联网检察院指定管辖专类犯罪不存在实质障碍，也有现实基础和法理依据。二是从趋势上看，顺应专业化办案潮流。北京代表团马一德委员提出加强知识产权案件办案力度的建议，张军检察长回应，检察机关正在探索设立包括知识产权检察院在内的专业检察院，通过深化检察改革，努力做到监督到位。[①] 可见专业检察院是未来专业办案潮流的要求，而适时成立互联网检察院恰恰是题中之义，也是未来的趋势。三是从效果上来说，符合办案实际要求。按照“依法有序、积极稳妥、遵循司法规律、满足群众需求”要求，积极探索涉互联网案件检察机关审查规则，完善取证审查机制，提升审查质效，为维护网络安全、化解涉互联网纠纷、促进互联网和经济社会深度融合提供强有力的司法保障。

四、结语

习近平总书记特别强调专业精神、专业能力，检察机关是专业性极强的办案机关，更要强化专业素质的养成。组建专业团队，实现办案精准化，检察机关要加强内部挖潜，从内部机构设置上、从办案力量分配安排上想办法，发挥最大“生产力”作用。以办案为中心，提升检察工作专业化，由专门人员专业办理专门案件，精准化就有保证，办案效率、办案质量也能够得到提升。同时，专业团队建设是推动检察工作向前发展的重大举措，专业团队要发挥“专业化、专门化”办案机制优势，打造高、精、尖专业化办案团队，打造专业品牌。组建专业团队，认真履行工作职责，提升专业性案件精准办理能力和业务水平，不辱使命、不负重托，脚踏实地、尽职尽责，为检察工作不断高质量发展贡献智慧和力量。

① 参见 2018 年 9 月 17 日，张军检察长在十三届全国人大第三期代表学习班上与代表共话检察工作。

电子商务民营经济的司法保障路径研究

——以义乌市270起案例为样本实证分析

彭　中　夏大伟　何晓玉　何　桥*

伴随着“互联网+”经济业态的成长，电子商务民营经济逐渐成为民营经济的重要组成部分，是地方经济增长的新引擎。近十年来，中国电子商务一直保持快速增长态势，交易增长率始终保持逐年提升的良好势头，电子商务交易额增长率已经超过了我国GDP的增长率。[①] 然而，从270起实践案例来看，随着电子商务的普及，电子商务民营企业存在侵犯他人权益与被侵犯的双重法律风险，传统的如侵权类、诈骗类，新型的如针对网店商家的敲诈勒索、信息入侵等。当前电子商务民营企业面临的刑事法律风险在不断增大，尤其是一些新型犯罪案件屡屡发生，对民营经济总体健康发展带来了不利影响。

一、电子商务民营经济面临的法律风险之双重检视

2016年以来（至2020年10月底），义乌市检察院办理的270件490人涉电子商务犯罪案件，笔者按电子商务经营者处于侵害抑或受害方梳理归类，并着重单独阐述几种较为新型的犯罪。

（一）传统法律风险

1. 以电商企业为侵害方

从数据分析来看，电商企业方作为侵害方的犯罪案件数量达196件400人，占电商领域所有犯罪的72.6%。罪名主要以侵权类、诈骗类、传销类、吸存类犯罪为主。除此之外，生产、销售假药罪，侵犯公民个人信息罪，盗窃罪和非法经营罪等罪名亦较为常见。

（1）侵权类犯罪。主要集中在销售假冒注册商标的商品罪、非法制造注册商标标识罪、假冒注册商标罪、侵犯著作权罪这四大罪名，电商侵权类犯罪总案量分别达64件142人，占电商作为侵害方犯罪总量的32.7%，这其中，又以销售假冒注册商标的商品罪发案量最高，达33件65人。与著作权相比，商标作为标识性权利，电商平台认定侵权行为难度大，并且商标背后凝结着巨大商誉，其财产属性强于著

* 彭中（1968—　），男，湖南娄底人，金华市人民检察院党组成员、副检察长；夏大伟（1987—　），男，安徽六安人，义乌市人民检察院佛堂检察室主任；何晓玉（1989—　），女，浙江义乌人，义乌市人民检察院第七检察部副主任；何桥（1989—　），男，浙江义乌人，义乌市人民检察院第四检察部主任。

① 卫根超：《电子商务对区域经济发展的带动分析》，载《今日财富》2020年第11期。

作权。[①]

（2）诈骗类犯罪。主要包括诈骗罪和合同诈骗罪这两类罪名，2016年以来，义乌市检察院共办理该类罪名36件49人，以诈骗罪为主，达35件48人。该类犯罪主要表现为犯罪嫌疑人虚构身份或事实，骗取被害人的信任，采用诱导消费后拉黑、以“返点”方式诱骗他人大额刷单、骗取被害人支付宝账户和密码为己所用等方式骗取钱财。

（3）传销类犯罪。2016年以来，共办理该类罪名7件7人，主要表现为成立电子商务公司，推广虚假的业务，采用“拉人头”的方式实质上从事传销活动。此类犯罪往往为“新瓶装老酒”，借电子商务的名义把传统的传销手法进行包装，以迷惑他人获取暴利。

（4）吸存类犯罪。2016年以来共办理该类罪名10件24人。主要表现为犯罪嫌疑人成立电子商务网站，在网络上通过引导社会公众投资购买虚拟店铺、入股股权、推广产品的形式大量吸存社会资金。

2. 以电商企业为受害方

电商企业方作为受害方的犯罪案件数量相对较少，达74件90人，占电商领域所有犯罪的27.4%。罪名主要以诈骗类、盗窃类、职务侵占类、敲诈类犯罪为主。除此之外，侵犯公民个人信息罪、破坏生产经营罪等罪名亦较为常见。

（1）电商企业遭受诈骗类犯罪。2016年以来办理的该类案件达19件28人，占电商企业受侵害的犯罪总量的25.7%。主要表现为犯罪分子以虚构转账记录、故意错账付款、虚构刷单服务套餐、虚构网店升级服务等方式行骗。

（2）电商企业遭受盗窃类犯罪。2016年以来办理14件15人，占电商企业受侵害的犯罪总量的18.9%。司法实践中，电商企业经历的“盗窃”通常表现为两种形式：一种是利用员工或朋友身份盗窃。表现为员工利用自己知晓公司电子账户的便利，将公司的资金偷偷转给自己，此类盗窃案情相对简单明了。还有一种是客户将网购的产品调包后退货，此种犯罪数量较少，近年仅办理一例。

（3）电商企业遭受职务侵占类犯罪。此类犯罪达13件13人，犯罪嫌疑人通常为电子商务公司的部门主管、客服，其利用个人职务身份之便利条件，通过私下幕后操作侵占公司货款或截留资金供个人挥霍。

（4）电商企业遭受敲诈勒索类犯罪。此类犯罪达6件7人。表现为犯罪嫌疑人利用网络运营商对网店的交易惩罚规则，采用威胁购物差评、产品质量投诉、对店家“好评返现”行为投诉、对店家不当答复投诉等诸多方式要挟电商经营者，每次索要钱款不多，利用店家“息事宁人”的心理多次寻找作案目标。

（二）新型法律风险

本文所意指的新型法律风险是指在电子商务民营经济持续发展的情势之下，司法机关办案中新发现的几类与电商有关的犯罪。

① 张耕、祝艳艳：《电子商务中商标侵权“避风港”规则的重构》，载《西南知识产权评论》2020年第1期。

1. 反向恶意刷单类破坏生产经营

通常而言，电子商务平台经营者可以关闭信息传输通道或者设置访问权限，使得信息发出者无法发送信息或者令信息接受者无法接收信息。[①] 而反向恶意刷单，是指网店经营者等主体为打压竞争对手，雇佣专业的网店刷单人员，以“购买者”的身份恶意在竞争对手经营的网店进行大批量刷单，并通过货物签收后未退货即申请退款、直接退款退货等方式，给对方网店造成经营损失，并使之面临因涉嫌虚假交易而遭受网店运营平台的处罚、搜索降权、封店等可能。事实上，该产业有独立的“规则”“行情”，一般表现为：电子商务经营者根据自身需求，自行或者委托他人（自然人或“刷单炒信”企业）组织“刷手”，通过虚假交易获得不当信用利益，再向“刷手”和“刷手”组织者支付报酬。[②] 如义乌市检察院办理的浙江省首例反向恶意刷单破坏生产经营案，2017 年 8 月，钟某某为打压竞争对手王某某经营的天猫浪莎薇拉菲网店，通过QQ 与梁某某联系，谎称该店铺为其本人所有，雇佣梁某某召集淘宝刷单人员，以“购买者”的身份恶意在被害人经营的天猫浪莎薇拉菲网店进行大批量刷单，意图给该店铺造成经营损失，并使之面临违规处罚、搜索降权、被封店等可能。在短短三天时间内，累计刷单量达1998单，每单货款为29.9元，其中货物签收成功未退回货物且申请退款成功的有 1247 单，退款退货的有 571 余单，造成被害人网店直接经济损失 3 万余元，淘宝网以涉嫌虚假交易，对被害人经营的网店处以删除销量、动态评分、评论、评价的处罚，给该店造成了较大的损失。

2. 发票类恶意维权敲诈勒索

此类犯罪表现为行为人针对网店商家不开发票的实际，通过表面上看起来合法“维权”的方式来非法索要钱财，实践中容易让司法机关产生认识误区而忽视其社会危害性。对于此类犯罪行为，要充分运用现代科技手段锁定犯罪分子的事实证据，避免电商从业者反复遭受骚扰困境。如办理的杨某某等人敲诈勒索案，杨某某与他人合谋，针对答复购物不开发票的商家恶意下单，再利用淘宝平台对商家不开发票的处罚规则，先后向 18 家淘宝商家实施敲诈勒索，每次敲诈 500~3000 元不等，令部分淘宝商家不堪其扰。

3. 非法售卖消费者个人信息

主要表现为犯罪行为人在网络上非法购买受害人个人信息，在电子商务网站上刷单谋利，或利用木马程序植入网店后台，获取客户订单数据来获利。如麻某某等 7 人非法获取公民个人信息案，麻某某、杨某等人经事先商量组织，利用在福建省龙岩市新罗区、漳平市等地张贴高薪招聘员工广告的途径，招罗廖某某等人先后来到义乌市，由犯罪嫌疑人杨某带领他们窜至义乌市北苑街道、江东街道青口等地的淘宝电商公司，教他们以冒充公司员工的名义，将事先准备好的木马程序植入淘宝电商办公室客服电脑内，非法获取淘宝店铺客户淘宝订单数据等信息，并允诺他们以获取淘宝订单量的多少获得每次 1000~2000 元不等的报酬。几名犯罪嫌疑人

① 郑佳宁：《电子商务平台经营者的私法规制》，载《现代法学》2020 年第 3 期。

② 袁玥、麦应华：《依法规制“刷单”虚假交易行为》，载《法治论坛》2020 年第 2 期。

累计涉案的订单数量达128万余条，获取数据以后，由犯罪嫌疑人麻某某、黄某某及陈某等人负责售卖从中非法获利。

4. 以开办电商企业为名买卖“对公账户”犯罪

“对公账户”又称对公结算账户，是存款人以单位名称开立的银行结算账户。自2019年以来，出现一类新型犯罪行为，即不法分子打着开办电子商务企业的旗号，注册成立公司，后将公司的对公账户全套售卖给他人以牟取利益，所涉的公司资料、对公账户多被用于洗钱、电信诈骗、网络赌博、虚开增值税专用发票、骗税等违法犯罪活动中，具有极大的社会危害性。2019年以来，义乌市检察院已办理非法买卖对公账户案件10件47人。典型的如刘某某、王某某买卖国家机关证件案，2019年10月以来，犯罪嫌疑人王某某、刘某某为了牟利，经与陈某某事先商议，至浙江省义乌市先后注册了义乌市后郢电子商务有限公司、义乌市冯瓴电子商务有限公司、义乌市霍丘电子商务有限公司等8家电子商务公司，并至银行开通公司对公账户，后二人将已经办好的对公账户以每套人民币5000元的价格出售给陈某某，非法获利人民币15 000元。

5. 网络渠道“化整为零”非法交易枪支弹药配件

办案发现，不法分子采用“化整为零”方法在网络渠道销售、购买枪支配件再自行组装成枪的“障眼法”逃避监管的问题突出。具体主要涉及非法买卖枪支，非法制造枪支，非法持有、私藏枪支，非法制造弹药几类罪名。该类犯罪与社会治安密切相关，枪支极易被恐怖分子和反社会分子所利用。该类行为主要表现为四个方面特征。一是不法分子多采取“散购配件、自行组装”模式制造枪支弹药；二是不法分子在制造枪支的同时，制造的弹药量往往较大；三是存在非法组装枪支的“信息扩散”问题；四是不法分子将枪支组装成功后多将具备致伤能力的枪支藏匿起来，社会隐患巨大。

6. 邪教类相关犯罪

义乌市检察院近年来办理了一些电商领域与邪教相关的犯罪，虽然案发数量不多，但仍需引起足够的警惕。如曾某某利用邪教组织破坏法律实施案，曾某某明知“×× 大法好”等字样为邪教内容，仍在淘宝上接受呼伦贝尔客户张某某定做的2000个印有“×× 大法好”字样的汽车葫芦挂件生意，后曾某某找到冯某某制作该葫芦挂件。同年5月初，曾某某将做好的1970余个印有“×× 大法好”字样的汽车葫芦挂件发货给张某某。同年7月25日，曾某某被义乌市公安局工作人员抓获。经义乌市市委防范和处理邪教办公室认定，曾某某制作的印有“×× 大法好”字样的葫芦挂件包含有宣扬邪教内容。

二、实践反思——电子商务发展面临的法律问题之原因分析

电子商务通过互联网把有限市场变成无限市场，实现了各类网上交易、电子支付、物流配送等方式。与之相伴的法律问题在电子商务经济业态的发展过程中既难以避免，符合事物的发展规律，同时又是有因可查，只有辨明其中的多维成因，

方能为解决问题提供逻辑进路。

(一)传统与现代商业模式的差异性

一方面,"互联网+"的便利性极大降低了各类犯罪的违法成本。如在知识产权领域,传统采购模式下,制假售假"一对一"的交易模式挤压了售假者的生存空间,而电商平台上"一对多"的交易方式,部分品牌爱好者可以花较少的资金即购买到"山寨"产品,且市场潜力巨大,不易被监管部门发现,无疑刺激了假冒仿冒者的胃口,使电商平台成"新宠"。

另一方面,电商交易模式使本地供货者与国外客户的需求对接变得简单,随着跨境电子商务的发展,部分产权保护力度较弱地区的外商有订单需求,导致该类犯罪高发。义乌市检察院在办理的跨国知识产权犯罪案件中发现,其主要表现为外国人来义乌下订单,明确要求定制或者订购特定种类名牌的仿冒商品,再伪报、瞒报知识产权状况报关出境销往国外,呈现出"境内外勾结,境外订单,境内生产"的犯罪规律,国内厂商从中赚取微薄的加工费,而外商则赚取高额利润。

(二)监管环节的不对称性

在当前网络和技术高度发达的社会背景下,制假、售假也已形成相当成熟的产业链,并从实体市场转向电商平台,案件查处难度进一步加大,产权风险在短期内难以根除。此外,内外勾结尤其是境外人员参与制售假冒产品的案件明显增多,部分经营户从国内市场转向国外市场,以此作为规避犯罪的手段。

政府的监督是落实平台责任承担的一个重要方面,例如,我国《网络交易管理办法》就规定了县级以上工商行政管理部门负责对网络商品交易及有关服务进行监督。但是,监管主体其实是比较模糊的,且工商行政管理部门对网络交易平台这一领域并不一定熟悉,对于其经营特点难以准确把握,进而在具体操作过程中存在较多的挑战。[①] 电商经营者的许多行为处于一种表现上的合理合法化,必须要有大量数据的统计分析才能发现问题所在。如前文提到了刷单类犯罪、涉枪类犯罪,从单个因素来看,一次交易行为或交易的产品并不存在问题。同时,随着电子商务行业的发展,电商平台的商家数量持续猛增,为了获得较为靠前的排名以吸收更多不了解实情的消费者,商家自身也会从事一些刷单行为以尽快取得竞争优势,使不正常刷单成为行业潜规则。在此情势下,是被"反向刷单"还是"自我刷单",连网站运营商往往都难以辨别,此亦使监管者感到无所适从。

(三)企业转型发展中存在的信誉危机

其一,电商平台上交易的商品自身存在着不足。如小商品存在稳定性较低、利润空间较低的弊端,商户为抢占市场和争取客户,之间信息交流阻塞,出于低价竞争和抢夺客户的需要,信息在不同客户之间很难形成有效沟通。这也导致这些电商经营者容易在平台上被用心不良的"客户"诈骗,或被盯住交易推广中的漏洞来敲诈勒索。

① 肖顺武、曾燕婵:《网络交易平台法律责任的认定研究》,载《经济法研究》2019 年第 1 期。

其二，自主创新成为发展瓶颈。诸多从事仿冒行为的电商经营者受制于技术条件、品牌效应不足、资金回笼压力等因素，线下工厂生产的产品往往走上侵权山寨赚快钱的歪路。如义乌地区，一些企业在生产中会聘请专业设计研发团队，不断推陈出新，以满足市场需求。而在众多小作坊中，生产者无力承担如此的设计需求，只能单纯地追热度。其次，小商品生产中抄袭情况严重，新的产品推出市场后，遭到其他厂家的抄袭，严重侵犯了原创生产方的知识产权和利益。

（四）司法保护环节面临取证难题

由于网络空间的虚拟性、开放新、间接性、自由性和隐蔽性，司法机关在处理此类案件的办理过程中，也面临着诸多挑战。如在涉及电商领域的知识产权案件中，因刷单造假情况较为普遍，由于上述案件的证据均需通过电子技术调取，具有明显的时效性，若侦查机关在程序上存在差误，则难以及时取证、固证。在互联网金融犯罪中，类似网络非法吸存案件的电子证据也存在同样的取证困难，据统计，因资金证据问题退查的案件比例高达87%。

而刑事案件的证据标准认识不一，导致部分案件被下行处理。如在知识产权案件中，数额认定和“相同”“相似”商标的判断常常存在争议，在此情形下，证据的有效性和完整性就显得格外重要，多数案件在未能达到定罪标准的情况下，最终只能采取行政处罚手段处理，此举不仅影响案件的办理质效，也会影响司法公信力。

（五）法律心理的盲从与投机

从行为动机角度观察，相关市场经营者作为理性经济人，有着保持用户忠诚度、提升用户黏性、抢占竞争对手市场份额的天然需求，并会主动采取各种措施以实现这一目标。[①] 他们的犯罪心理具有从众性。通过比对分析发现，这些电商领域的犯罪主体，在认知心理和文化水平上存在一定的共性。该类犯罪主体平均年龄在40岁左右，文化程度普遍不高，具备一定认知能力，但这种认识能力相对有限，对自己涉入违法犯罪活动处于“一知半解”之状态，诸多犯罪案件均存在不同程度的行业扎堆现象。

此外，刑事政策力度大，不诉案件有所上升降低了犯罪震慑效果。审查起诉阶段，对于一些犯罪情节轻微、主观恶性较小、依法不需要判处刑罚的犯罪嫌疑人，适用宽严相济的刑事政策，采取了严格教育、勒令整改的处理方式，均作出不起诉处理，没有对当事人采取刑事处罚手段。这也导致部分犯罪分子在后期卷土重来，再次进行与前一行为相类似的违法犯罪活动。

三、范式建构——保护电子商务民营经济的路径选择

“党和人民评价检察工作的成效，主要是看检察机关是否发挥了检察功能以及

① 中国应用法学研究所课题组:《电子商务平台“二选一”行为的法律性质与规制》，载《中国应用法学》2020年第4期。

发挥检察功能的程度。"[①] 检察机关作为法律监督机关，需要充分发挥检察职能作用，依法平等保护好当前容纳大量就业人口的电子商务民营经济，与行政、企业等主体一道，为民营经济发展营造良好法治环境。

（一）法律法规体系的优化

"从立法部门角度来看，由于互联网金融在目前情势下发展很快，来势猛烈，导致立法者出现'两难'，既不愿看到因监管力度不够致使产生难以控制的金融风险聚集，又担心法律规制力度过大而阻碍了互联网金融创新。"[②]《电子商务法》的出台，填补了我国国内很大一部分电商行业法律空缺。《电子商务法》中的第四十一条至第四十五条规定创造性地构建了我国电商平台知识产权保护法律制度，实际上建立了一种以促进平台知识产权治理为中心的复杂保护系统，被认为是对电商平台知识产权保护制度的重大发展。[③] 而之前主要是通过市场监管总局等主体发布《市场监管总局关于做好电子商务经营者登记工作的意见》等临时性偏散的部门规章来粗疏地解决监管问题。事实上，《电子商务法》的规范范围广，仍需从几个方面来予以持续优化。

其一，电子商务新业态中的主体类型界定问题。在《电子商务法》中，不论是时下兴盛的社交电商抑或是内容电商，又或利用微博、微信等从事电商活动，其定性亦不甚明确。而对于诸如通过小程序对商品或是服务信息予以分享，从而在网络渠道达成了交易实质，其定性亦需要不断充实进新法之中。其二，《电子商务法》中的原则性条款之实际操作问题。诸如相关经营主体从事市场主体登记义务发生的标准、小额交易的标准、信息报送的具体流程模式、信息公示公开义务的履行等。其三，《电子商务法》与其他法律规定之间的关系问题。《电子商务法》的部分内容与其他部门法之间有重合的因素，比如关于电子合同的规定，《合同法》中亦有相关规定。"关于不正当竞争以及垄断问题，都有专门的法律。但是《电子商务法》对电商领域的相关问题，也有特别的条文规定。"[④] 卡纳里斯认为，"各种体系的共通之处仅在于，它们都追求'统一'（Einheit）和'秩序'（Ordnung）。"[⑤] 鉴于此，必须借助于法律法规体系的优化，通过立法之后的解释工作和政策研究，方能实现精准认知。

（二）监管环节的联动

完善两法衔接机制。其一，构建风险评估机制。针对电子商务领域的案件，建立打、防、管、控、建"五位一体"的执法司法联动工作机制的作用，对办案可能导致从业者生产经营困难、重大信息泄露、引发集体上访等社会矛盾，严重影响社会稳定等情形的，通过前期办案风险评估，通报相关部门。其二，构建联席会议和联

① 朱孝清、张智辉：《检察学》，中国检察出版社 2010 年版。

② 高汉：《互联网金融的发展及其法制监管》，载《中州学刊》2014 年第 2 期。

③ 薛虹：《国际电子商务法通论》，中国法制出版社 2019 年版。

④ 薛军：《电子商务法实施中的新课题》，载《人民法治》2019 年第 5 期。

⑤ 张翔：《基本权利的规范建构》，法律出版社 2017 年版。

动工作机制。检察机关可会同市场监管、税务等部门，立足于合理平衡法治权威与维护社会稳定之间的关系惩治破坏电子商务经营秩序，健全完善信息共享和工作联动平台建设。同时，筑牢两法合作的制度防线，形成“互通政策信息、互助查办案件、共研预防措施”的长效机制。其三，构建联合服务工作机制。建立司法机关与市场监管局、企业权益保护协会定期通报等常态化机制，共同解决经济发展新常态下电子商务民营经济遇到的法律风险和法律问题，提出协调、解决的建议；积极与工商联开展法律维权工作，认真研究经济布局战略性调整、机制转换、制度创新和技术进步等新情况、新问题。

（三）企业信誉的重构

政府应帮助提高企业的自主创新能力，形成知名产品，避免走山寨路径。通过自我思考、创新、实践以及调整不断循环的方式提高商品质量，通过店铺销售准确了解客户需求并对产品进行改善，通过短周期及高质量服务提升竞争力，建立高效且完整的供应链，创新品牌推广的方式，为商品通过电子商务渠道的国内外流动的时效性、效应性提供保障。政府应当加大知识产权的保护力度，对原创品牌设计进行保护，对小商品生产中的抄袭情况进行整治，对原创产品、商标等进行一定程度的奖励。

加强指导电子商务民营企业规范内部管理制度。制定并执行科学、有效的企业内部管理制度，不仅事关企业高效有序运行，也关系到企业能否健康持续发展。在电商企业发展中，一些企业由于属于小规模经营模式，忽视建立规范、完整的内部风险控制管理制度，由此导致了企业经营管理上的混乱，也给职务侵占、盗窃犯罪等刑事案件的发生提供了可乘之机，教训十分深刻。为此，在服务电子商务民营经济发展中，应更加注重引导企业制定科学、有效的管理制度，如重大决策制度、财务管理制度、人事变动制度和法务处理等制度，并相互衔接形成一套完整的内部管理制度体系。

（四）司法打击与保护的融合

一方面，依法严厉打击涉电商各类违法犯罪活动，坚持平等保护原则，依法办理电商从业人员的销售假冒注册商标商品、诈骗、侵犯公民个人信息、吸存等犯罪，从法律和政策的两个角度严格把好罪与非罪的界限。另一方面，应打破传统粗放式办案评价思维，结合电子商务民营经济的特殊情形和内在需求，在深化法律监督的同时，进一步转变服务思维，将司法办案与促进电子商务健康发展有机结合，用足用活刑事程序。

要注重引导电子商务企业提高风险防范意识。司法机关应结合实际，通过线上、线下授课、讲座等多种形式，加强对企业家进行刑事法律培训，不断提高电商行业企业遵守法律的意识，引导企业家时刻绷紧“守法”这根弦，将自身及企业的行为控制在合法范围内，绝不能以自己不懂法为由放松警惕，更不能存在“法不责众”的想法和侥幸心理。只有牢固树立法律意识，未雨绸缪，才能最大限度地降低刑事法律风险。

（五）大众法律心理的研究与改进

完善市场法制建设，在履行司法职能与服务电子商务企业发展之间找准“结合点”，以点带面地为这些小微企业提供“辐射式”服务。协助电商运营者、程序开发者开展法律培训，引导小微电商企业合法、诚信经营，正当竞争。积极为小微电商企业开展“法律体验”，为其“把脉、处方、调理、健体”，分析电商经营各环节存在的法律风险，提示经营管理风险，强化电商从业者的风险防范意识，内化为风险防范行为，从而推动建立健全刑事法律风险防范机制，形成群防体系。

坚持司法机关与从业人群的联动，确保节点预防精准高效。如义乌市检察院就电子商务从业人员普遍关心的网络恶意行为防控的问题，以“网络恶意行为的法律评价”开展主题法治讲座，辅以典型案例警示，实现风险提示效果，累计受教育电子商务从业者达200余人。

（六）跨境电子商务的前瞻性管控

司法机关可形成针对跨境电子商务的独创举措。如义乌市检察院即全国首创了系列化《检察白皮书》，并以之为载体，安排专人撰写电子商务专辑、知识产权犯罪专辑等，发送到当地政法委、公安、市场监管、行业协会等单位，提出加强统筹协调、密切部门间协作配合、创新监管方式等建议以探求实现电商领域知识产权刑法保护的新路径，并受到热烈欢迎。

党委政府要抓紧研究电商发展趋势，理顺监管体制和管控机制，进一步明确“一带一路”倡议下我国电子商务发展方向、定位和目标，促进电子商务物流创新协调发展。要致力培育世界一流电商企业，进一步完善进出口税收、进口电商、跨境物流、跨境支付等配套政策措施，构建支持跨境电商的一体化政策管理体系，全力支持电子商务企业实施“走出去”战略。同时，要明确跨境电商各市场主体职责，严格遵守相关国家电商方面的法律法规，树立并做强我国跨境电商的国际知名品牌。

涉互联网金融犯罪惩防对策研究

——以P2P网贷平台案例为视角

于晓萍　徐　燕*

互联网金融是指依托于支付、云计算、社交网络以及搜索引擎等互联网工具，实现资金融通、支付和信息中介等业务的一种新型金融，是传统金融行业与互联网精神结合的新兴领域。[①] 目前，常见的互联网金融样态主要有：以支付宝为代表的第三方支付、以众筹为代表的股权投资、以P2P为代表的借贷平台等。其中，P2P网贷平台的发展尤其让人瞩目。但在P2P行业高歌猛进的同时，随着平台数量的增加和借贷规模的增大，越来越多的P2P网贷平台面临着犯罪风险。现下，P2P网贷平台已经成为我国金融市场的重要组成部分，因此，如何预防、惩治P2P网贷平台犯罪，更好发挥这一新兴金融平台的信贷优势，促进互联网金融行业的健康发展，意义十分重大。

一、P2P网贷平台概况

（一）P2P网贷问题平台数据

根据零壹智库《2018中国P2P网贷行业年度简报》统计，截止到2018年12月31日，全国共有4672家P2P平台（不含异常，不含争议、转型等）出现问题，占平台总量的比例高达77.1%。2018年问题平台至少有946家，其中公告清盘的平台至少有147家，占到2018年度问题平台的15.5%。[②]

据相关平台数据统计，截止到2019年12月末，国内共有6056家P2P平台出现问题。其中，歇业停业1526家，占比25.20%；跑路平台846家，占比13.97%，涉及金额巨大，跑路平台中，有一家跑路公司金额甚至高达46亿人民币；经侦介入345家，占5.70%；平台清盘308家，占比5.08%；平台诈骗191家，占3.15%；提现困难1068家，占17.64%；延期兑付78家，占比1.29%；平台失联1694家，占27.97%（见表1及图1）。

---

*　于晓萍（1984—　），女，山东青岛人，江苏省淮安市中级人民法院员额法官；徐燕（1967—　），女，江苏宿迁人，江苏省淮安市中级人民法院刑事审判第二庭庭长。

①　参见谢平：《互联网金融新模式》，载《新世纪周刊》2012年第24期。

②《零壹数据：2018中国P2P网贷行业年报》，https://tech.sina.com.cn/roll/2019-01-05/doc-ihqhqcis2886278.shtml，下载时间：2019年11月1日最后访问。

表 1 全国 P2P 问题平台原因占比

原因	数量(家)	占比
延期兑付	78	1.29%
平台诈骗	191	3.15%
平台清盘	308	5.08%
经侦介入	345	5.70%
跑路平台	846	13.97%
提现困难	1068	17.64%
歇业停业	1526	25.20%
平台失联	1694	27.97%
总计	6056	100%

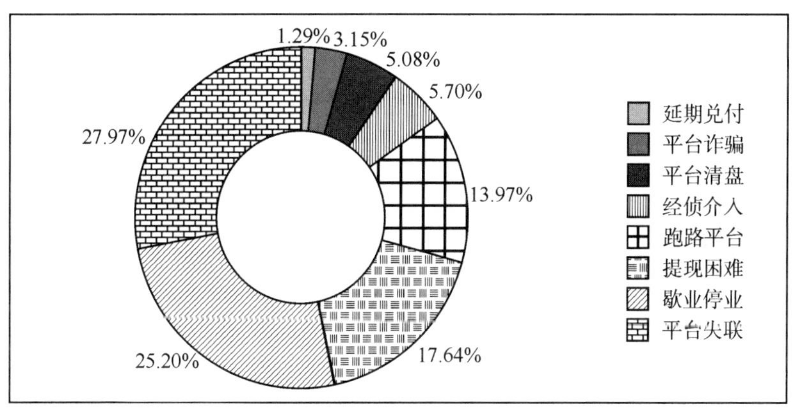

图 1 全国 P2P 问题平台原因占比图

(二) P2P 网贷平台犯罪风险分析

1. 针对 P2P 平台实施的犯罪

案例一：被告人郎某某、谭某某共谋骗取 H 市某公司等十余家从事网络投资业务单位的资金。由谭某某非法侵入被害单位网站，取得后台管理系统权限，并将该权限发送给郎某某。郎某某用获取到的网站权限篡改网站客户信息，后登录网站系统以伪造的客户信息申请提现，骗取被害单位向郎某某控制的银行账户转账，从而非法占有被害单位钱财。二人以此手段骗取资金 9 起，共计骗取 157 万余元。[①]

该案暴露出 P2P 平台存有以下风险：一是平台对网络安全重视不够，系统安全级别较低，使得犯罪分子有机可乘。该案中，两个被告人圈定了三十余家 P2P 平台作为攻击对象，成功获取了 9 家 P2P 平台的超级权限，成功率达到 30% 左右。二是 P2P 平台本身法律地位不明确，助长了犯罪分子的气焰。以银行为代表的传统

① 参见江苏省淮安市清河区人民法院刑事判决书(2014)河刑初字第 0278 号。

金融机构，其权威性和不可侵犯性在公众心中根深蒂固。任何针对银行等传统金融机构的犯罪行为都会被公众认为是“重罪”，非亡命之徒不敢越雷池半步。但P2P平台却不具备这样的地位。本案中，两个被告人不仅不认为P2P平台具有金融机构的地位，甚至认为平台本身就是在做违法生意，因此，他们属于“黑吃黑”，即便诈骗成功了对方也不敢报警，这一想法在一定程度上助长了其犯罪行为。

2. 利用虚假借贷平台实施的犯罪

案例二：被告人邓某、刘某、蔡某虚构相关公司资料及经营资质，创建虚假理财网站，采用在虚假网站上开设一类具有高回报的“秒标”“天标”等活动来吸引投资者。投资者在虚假网站注册成功后第一次投资时，三名被告人会不固定地向投资者的账户中返还一定数额的利息，以促使投资者继续向网站投入资金。在投资者将资金汇至虚假网站绑定链接的第三方支付平台后，三名被告人便将该网站关闭，再通过第三方支付平台将投资者的资金取出。诈骗得手后，三名被告人便会按照上述的方式重新创建一个新的网站来继续实施诈骗。三名被告人利用此种方式先后创建了“金麒麟”“鼎和资本”“佳伦资本”“天源财富”等多个虚假网站，诈骗数额巨大。[①]

虚构P2P平台进行诈骗的行为与一般的诈骗行为有所不同，一般的诈骗行为所虚构的事实，与客观事实有所区别，是可区分的。只要社会公众提高警惕并具备一些生活常识，一般都可以识破，至少可以通过一定渠道进行求证。但因P2P平台尚处于野蛮生长状态，有关监管并不健全，导致真假P2P平台并无明显差别，两者一般都是纯线上经营，融资项目真假均难以考证。故P2P平台的真伪查询渠道亟须建立，否则，此类诈骗犯罪或将愈演愈烈。

3. P2P平台本身可能涉嫌的犯罪

案例三（自设平台吸储）：被告人戴某某为解决其日常经营过程中的资金困难问题，虚假出资注册成立了江苏宝仕福金融信息咨询服务有限公司，后由他人以该公司名义在互联网上搭建“宝仕金融”P2P金融平台，在2013年9月至2014年2月期间，其以支付利息为诱饵，向39户非法吸收公众存款共计人民币1267余万元，用于经营煤炭等投资。[②]

该案例反映出P2P平台设立的随意性，被告人按照普通公司的设立程序，注册一家信息咨询公司，即可在网上搭建借贷平台，并在短时间内融资1000余万元。在自设平台吸储的模式中，平台所关注的更多的是其背后实体企业的利益，风险准备金、第三方托管等制度根本无从谈起，平台的经营和投资人的利益难以保障。一旦出现资金无法兑付的情况时，平台还可能成为实体企业逃避法律责任的挡箭牌。

案例四（正规平台异化）：被告人林某某、张某合伙成立江苏捌零捌投资有限公司。该公司成立后设立了名为“808信贷”的P2P金融平台，向不特定社会公众吸收资金。截至2016年初，实际投资人涉及全国7万余人，总累计投资额64亿元。到

① 参见江苏省涟水县人民法院刑事判决书（2015）涟刑初字第00554号。

② 参见江苏省盱眙县人民法院刑事判决书（2015）盱刑初字第00161号。

目前为止，到期未兑付的资金达 40 多亿元，另有未到期资金 3.6 亿元恐难以兑付。[1]

正规的P2P 平台是从纯中介性质的信息机构发展而来，但随着业务的深入，一些平台的经营范围逐渐超出了中介的范围，开始发展成为融资担保平台，甚至成为变相经营存贷款业务的金融机构。一些平台通过空标、自融等方式，先归集资金，设立资金池，后寻找放贷项目，涉嫌非法吸收公众存款。还有一些平台在经营过程中，因为经营风险导致无法兑付的情况下，饮鸩止渴，借新还旧，逐步演变为拆东墙补西墙的集资诈骗行为。

二、P2P 网贷平台犯罪特点及侦办困境

（一）P2P 网贷平台犯罪特点

1. 罪名高度集中

与P2P 金融平台相关联的犯罪多种多样，但主要集中于两大类，一是利用P2P 金融平台本身涉嫌的犯罪，主要以非法吸收公众存款罪、集资诈骗罪为主；二是针对P2P 金融平台实施的犯罪行为主要涉嫌盗窃、诈骗等侵财犯罪。

2. 犯罪门槛及成本低

一般认为互联网犯罪属高科技犯罪，但实际上犯罪分子往往并不具备高深的互联网专业知识，甚至有些人只有小学文化。由于互联网的发展实现了社会分工的进一步精细化，犯罪分子可以很容易地在网上找到犯罪所需的工具，如钓鱼软件、木马病毒、虚假网站制作、赌博程序源代码、租用服务器等，甚至一些专业性较强的犯罪手法、犯罪经验等也通过特定的论坛、社区、微信群等形式私下传播。凡此种种都造成了犯罪门槛降低，互联网金融犯罪易发、多发。此外，与传统金融犯罪不同，P2P 平台犯罪仅需花费极低的成本即可向亿万网民发动“宣传攻势”。与动辄上万元甚至百万元的传统金融犯罪相比，绝大多数 P2P 平台将投资门槛设定为“一元人民币”，甚至还有很多P2P 平台推出先“赠送”一定理财金的方式吸引投资者，成本的降低促使更多群众参与到投资活动中。对部分投资者而言，犯罪行为不会对其造成巨大的损失，但对于犯罪分子而言，庞大的投资者基数导致其获取到的融资金额特别巨大。

3. 人员众多且分散

一方面犯罪嫌疑人多，地域分散。P2P 平台往往以一个组织或者公司的形式出现，组织分工严密。既有单位负责人，也有业务员、客服等普通工作人员，还有网站的管理员，技术员及代理等人员。被告人多达十几人甚至几十人，住所地分布全国各地。另一方面被害人众多、地域分散。如“捌零捌投资公司非吸案”，被害人分布于除西藏、台湾以外的 31 个省市区，达 800 余人。

4. 被害人救济难度大

一是追赃难度大。被告人通过P2P 平台实施犯罪成本较低，宣传速度快，迷

[1] 参见江苏省淮安市清江浦区人民法院刑事判决书（2017）苏 0812 刑初 196 号。

惑性大。犯罪得逞后能够通过更换、关闭虚假网站等方式逃避侦查。如前文所述案例二,三名被告人为了能够持续行骗不被发觉,在不到一年内先后创建了“金麒麟”“鼎和资本”“佳伦资本”等多个虚假网站作为“马甲”,骗取被害人财产。为了逃避追赃,三名被告人还煞费苦心地将犯罪所得投入正规投资机构,3~5 天后将资金取出,将犯罪所得“漂白”。二是发还赃款赃物难度大。由于 P2P 平台犯罪中的被害人分布全国各地,无法逐一核实,涉案款物即便已经查扣,也往往无处发还。对被害人而言,有些被害人损失相对较小,千里迢迢到办案机关所在地将花费更多成本和精力,得不偿失。有些被害人不了解案情进展,不了解赃款赃物的发还程序。种种原因导致发还赃物存在客观困难。

(二)涉 P2P 网贷平台犯罪侦办之困境

1. 证据收集及犯罪事实认定难

(1)犯罪证据认定难。因 P2P 平台犯罪案件的被害人难以一一核实,故该类案件证据中基本无被害人陈述,主要凭相关的电子数据和被告人供述来定案。从电子证据角度看,电子证据具有抽象性、易删改性、易复制性以及隐蔽性等特征,[①] 无论是取证方式、过程及审查认定,电子数据都与传统的书证、物证等存在很大差别,而办案人员在处理传统类型的犯罪中对电子证据接触较少,对电子证据的固定、收集存在困难,证据链条容易断。一旦电子证据的证据链断裂,此类案件证据单一化的办案难点将被无限放大,最终成为案件办理的拦路石。

(2)犯罪数额认定难。P2P 平台犯罪案件办理的最难之处在于犯罪数额的准确认定。绝大多数案件的定罪数额都低于甚至远远低于实际犯罪数额,该问题直接导致了犯罪分子得不到应有的处罚。犯罪数额认定难主要由两方面原因导致:一是后台数据的虚假性。一些平台为了更好地吸引客户投资,扩大客户群体,往往在后台数据上采取虚假繁荣的方式,故意虚报平台投资额、返利额等数据。这样的虚假数据使得办案机关往往不能取得正确的犯罪数据,从而使案件办理陷入困境。二是被害人无法一一核实。P2P 平台犯罪被害人的数量巨大、地域广泛等特点使一一核实被害人的损失成为不可能。加之该类案件电子证据链条也不完美,侦办单位最后认定数额时只能采取谨慎的态度,对于能核实到被害人的数额才予以认定。此外,正常经营业务数额与犯罪数额的区分以及被告人与被害人关于交易明细陈述不一致等问题,也成为犯罪数额认定难的原因。

2. 专业办案力量匮乏

P2P 平台作为新兴产物的存在,由此引发的刑事犯罪经常涉及专业问题。“得道有先后,术业有专攻”,专业办案力量的匮乏也常常成为办理此类案件的难题。

(1)侦查取证环节:因 P2P 平台依赖网络生存,故该类案件犯罪证据多数存储在服务器、云盘等不同媒介上,甚至还有一些涉案信息保存在外国的服务器上。如何在海量的互联网信息中鉴别和消除冗余信息、准确定位和挖掘涉案关键信息,仅

---

① 参见罗意欢、钟胜华:《电子商务犯罪司法实践情况调查与预防建议》,载《信息网络安全》2010 年第 8 期。

仅依靠办案人员的专业水平显然是不够的。此外，在发现证据后的取证过程中，同样也缺乏专业人员。电子数据的易删改性导致其可以被有专业技术和管理权限的人员修改，同时电子数据存储的介质也可能会被犯罪嫌疑人出于逃避侦查的考虑人为地予以破坏，造成取证失实和数据遗失。面对如此“脆弱”但又十分重要的电子证据，专业人员的加入一方面可以恢复已经被删除或毁坏的证据，另一方面也可避免办案人员因缺乏专业知识而造成证据丢失。然而，实践中专业人员参与P2P平台犯罪案件侦办的极少，且参与度亦不高。

（2）审判环节：P2P平台犯罪案件的专业性非常强，涉及诸如电子平台远程贸易、电子交易平台问题、期货交易管理条例等很多方面的专业知识。在审理此类案件过程中，仅凭法官的法律知识是远远不够的，但又缺乏相关帮助，法官只能自身查找资料以及寻求零星式的帮助，案件办理效率大打折扣。

3. 资产处置无法统一

（1）处置部门不统一。在P2P平台案件侦办过程中，有的案件适用民事处置程序，有的适用行政处置程序，有的则适用刑事处置程序。处置程序不统一使得涉案资产的追回及执行成为难题。

（2）前后期资产处置不统一。P2P平台犯罪波及面广，被害人众多且无法一一确定，这就造成了资产处置后续行为多且难的问题。以某一案件为例，被害人达800多名，法院最终认定的只有40几名，但随着时间推移，被害人又陆续出现，随之而来的问题是刑事程序的再启动还是同一程序的处置。无论采取哪种措施，后续被害人的资产处置与之前已处置的资产都很难保持一致。

三、涉P2P网贷平台犯罪惩防对策建议

（一）完善司法认定及相关刑事政策

1. 完善证据的获取及固定

（1）重视电子数据证据[①]的收集。P2P平台犯罪主要依撑于网络空间，在办案过程中，办案人员必须紧紧围绕网络展开工作，除了传统的犯罪嫌疑人供述、证人证言、鉴定意见以外，还应当重视电子证据的收集与保存。办案人员需要转变传统经济犯罪案件无须勘查原始现场的思维定式，充分认识互联网金融犯罪现场勘查在获取证据、突破案件中的关键作用，制订周密的勘查计划并伴随勘查工作深入及时灵活调整。

（2）丰富取证手段。取证手段的单一落后已成为办案机关采证固证的短板。为了更好更有效地收集、固定证据，办案机关一方面可以借助专业软件，充分利用已有数据进行样本研究，也可以委托专业机构对相关数据信息进行收集；另一方面还可利用现代传媒取证。针对部分被害人抗拒办案、不愿意接受询问等情况，可以

① 电子数据证据指以电子数据的形式存在于计算机存储器或外部存储介质中，能够证明案件真实情况的电子数据证明材料或与案件有关的其他电子数据材料。

充分利用网络媒介，采取诸如网络视频、电子询问笔录等手段，多样式地取证固证。

（3）加强证据规范性。P2P平台犯罪的证据较少，尤其是有证明力的电子证据相当关键。为了保证关键证据能够为案件所用，需要办案人员在证据的规范性上加强，防止出现证据取了不能用的情况。电子证据的来源以及取证方式必须合法有效，侦查机关要严格把控电子证据的来源、保存等环节，审判机关则要重点审查电子证据的合法性问题。

2. 建立统一的专业平台

（1）建立统一线索管理平台。P2P平台在迅猛发展的同时，大量平台面临崩溃，随之而来的是各地喷涌而出的民刑案件。实践中发现不同被害人的报案线索可能指向同一平台，内容有重复。为了节省司法资源，提高办案效率，办案机关应当在一定区域内建立统一的平台，平台负责整合归纳案件线索，最终使案件得到最好的处理。平台建成以后，不仅公安机关可以通过被害人报案来获取线索，被害人也可以直接在平台上反映，这样的线上线索收集可大大提高办案效率。

（2）建立专家库。P2P平台犯罪的专业性迫使案件办理必须得到专业人员的帮助。侦查人员和审判人员自身的知识水平无法达到样样精通的地步。侦查阶段，侦查人员无论在证据的获取还是在证据的认定方面都需要大量的专业知识，P2P平台犯罪的证据少而关键，专家库的建立可以最大程度上保证侦查机关顺利取得证据、保存证据。审判阶段，审判人员在阅卷过程中如遇到自己解决不了的专业问题，也可以及时获取专家库成员的帮助，不仅有利于加快案件的办理速度，也能更好地帮助审判人员深层次了解案情，做出合法合理的判决。此外，专家库的建立要注重不同领域的专家汇集，避免同领域专家的大汇集，尽量做到不同领域、不同区域的专家参与进来。

3. 统一资产处置

（1）成立专门财产处置小组。政府主导，公、检、法机关互相配合，成立专门资产处置小组，由小组会同各家制订具体处置方案，方案制订完成后，最大限度地对债权债务进行公告，登记和确认债权债务。在处理过程中还应注意地域款项的区别，应当坚持属地管理，各地被害人到所在地相关机关进行登记确认，防止被害人大面积涌入案发地进行申诉维权，给案发地带来维稳压力。

（2）建立债权人参与制度。通过集资参与人代表参与，自己管理财产、监督财产处置，保障自己的权利，使债权人的整体利益得到最大化，并能够公平地得到受偿。在建立债权人参与制度时应注重制度内容的设计。可以借鉴商法的债权人会议制度来具体设计，确保债权人的整体利益最大化、涉案资产的公平分配。

4. 推行以案释法制度，加强普法宣传力度

针对投资风险意识和法律意识低下的群体、金融犯罪案件高发的地区、多发性涉众型金融犯罪手段，各地公安机关、检察机关和人民法院均应积极落实“以案释法”制度，全方位加强金融犯罪预防工作，扩大金融预防工作的受众面，增强其持续性，引导广大群众树立金融风险意识、提高识别金融风险能力，理性投资，依法

维权。

（二）完善P2P网贷平台的监督与管理

1. 加强P2P平台管理

（1）P2P平台注册程序的管理。目前为止，我国针对P2P金融平台的监管细则并未出台，因此，注册一家属于互联网金融性质的企业，与普通公司注册仍然没有太大区别。低门槛的注册模式在P2P行业发展初期起到了积极作用，促进了P2P行业在企业数量和融资规模等方面的井喷式增长，但已不适应行业发展需要，亟待改善。伴随着P2P行业的高歌猛进，各种各样的问题和风险的累积在近期集中爆发，一个个标杆式的P2P企业出现资金链断裂、老板跑路等事件，导致整个社会谈P2P色变，在一些人眼中P2P就等同于非法集资，甚至等同于庞氏骗局[①]，整个P2P行业陷入严重的信任危机。由此可见，这种近乎零门槛的注册模式已不再适应市场发展的需要，政府部门提高P2P企业注册门槛变得十分必要，一方面有利于提升公众信心，另一方面也有利于行业规模化发展。目前，整个P2P行业发展面临重大危机，实际上也是行业内部进行调整、整合的关键时期。在这一关键时期，适时提高企业注册门槛有利于助推有实力的企业向集中化、规模化发展，从而在整体上改善行业风险状况。

（2）P2P平台分类管理。我国的P2P企业目前大致分为三类，一是纯中介性质的金融平台，即P2P平台仅为借贷双方提供投融资需求信息，促成双方达成协议。但P2P平台不以任何身份加入该协议，不提供担保、兜底等义务。二是提供担保等金融服务的准金融机构。即P2P平台仍以促成投融资双方交易为主，为了确保交易顺利进行，平台为投融资双方的借款协议提供担保或兜底等金融服务。三是以吸收资金和放贷为主的金融机构。即P2P平台通过虚构借款需求等方式吸纳社会资金，同时，以出借人的身份对外放贷，赚取存贷款利差，直接成为借款合同的当事人。三种模式应当对应三种不同的管理方式：

其一，纯中介性质的P2P平台应当是行业发展的基本模式。我国对P2P行业的经营范围是明确的，中国人民银行等十部委发布《关于促进互联网金融健康发展的指导意见》（以下简称《意见》）明确规定“个体网络借贷要坚持平台功能，为投资方和融资方提供信息交互、撮合、资信评估等中介服务。个体网络借贷机构要明确信息中介性质，主要为借贷双方的直接借贷提供信息服务，不得提供征信服务，不得非法集资”。在这个意义上，只有纯中介类的P2P平台符合《意见》要求，即只有纯中介性质的金融平台才能适用有关P2P金融管理规定，其他类型的所谓P2P平台应当根据自身特点采取不同监管措施。

其二，提供担保等金融服务的P2P平台应作为金融机构进行管理。尽管纯中介性质的P2P平台是最为典型的行业模式，但不可否认的是，目前多数平台都已突破了上述经营范围的限制，开始为借贷双方提供担保、最终兜底等服务。P2P企业

① 庞氏骗局是对金融领域投资诈骗的称呼，是金字塔骗局的始祖。

对经营范围的突破并未违反法律的强制性规定，应当在承认和尊重经济发展现实的基础上，对其进行有效监管，将其纳入法治轨道，保护各方当事人的权益。事实上，最高人民法院在 2015 年 9 月 1 日实施的《关于审理民间借贷案件适用法律若干问题的规定》已阐明了法院的观点，即：网贷平台自愿为借贷行为提供担保的，法院应当确认网贷平台的担保责任。[①] 该规定有效杜绝了一些 P2P 平台事前胡乱担保，事后以法律为挡箭牌不承担担保责任的情况。有利于促进一部分 P2P 平台加速去担保化，也有利于提升另一部分 P2P 平台担保的可信度，维护交易安全。行政管理部门应当正视 P2P 平台发展的现实，建议对有实力且愿意从事金融业务的 P2P 企业进行资格审查，符合条件的，确认其经营范围，将上述企业纳入正常的行政监管范围。

其三，对于以吸收资金和放贷为主的金融机构必须经过批准才可从事上述业务，否则涉嫌非法吸收公众存款犯罪。一些 P2P 平台通过发布虚假借贷信息、设立资金池、期限错配等方式吸纳投资者资金，实质上是一种变相吸收公众存款的行为，必须予以纠正。P2P 企业如果要作为借贷一方吸纳公众资金，必须经过中国人民银行批准，这是不能逾越的法律红线。而一旦经过央行批准，其当然不需要通过虚假借贷信息的方式融资。因此，凡是发布虚假借贷信息进行融资的 P2P 企业都应当依法查处。

（3）监管部门应向社会提供 P2P 平台查询服务。由于 P2P 平台大都是线上经营，普通公众无从判断平台的真伪及其信用等级、规模等。为尽可能保护公众的投资安全，建议金融监管部门为每一个 P2P 平台建立征信档案，并向社会提供权威、便捷的网上查询渠道，方便公众及时准确地了解 P2P 平台的基本情况，并对已经查明的虚假平台进行曝光，或采取必要的规制措施。

2. 加强对 P2P 网贷平台违规行为的行政监管与查处

在近期曝光的涉 P2P 平台案件中，大多数 P2P 平台案发前都风光无限好，有些平台还请明星代言、冠名影响力较大的电视节目、在市中心黄金地段大肆投放广告等。[②] 至案发，大都已经资金链断裂，无法按时兑付，甚至企业老板已经跑路，导致众多投资者损失难以挽回，影响了社会稳定。风起于青蘋之末，在一个平台企业走向资金链断链的过程中，总会有一些这样那样的问题凸显，如果能够加强监管，就有可能及早发现及早解决，避免最坏结果的发生。鉴于此，建议进一步加强对 P2P 平台企业日常经营行为的管控，加强对违规行为的监管与行政处罚。主要是建立更加完善的信息披露制度，细化信息披露的范围、程序等；落实资金第三方托管制

① 《关于审理民间借贷案件适用法律若干问题的规定》第二十二条规定："借贷双方通过网络贷款平台形成借贷关系，网络贷款平台的提供者仅提供媒介服务，当事人请求其承担担保责任的，人民法院不予支持。网络贷款平台的提供者通过网页、广告或者其他媒介明示或者有其他证据证明其为借贷提供担保，出借人请求网络贷款平台的提供者承担担保责任的，人民法院应予支持。"上述规定与十部委《关于促进互联网金融健康发展的指导意见》并不矛盾。

② 叶宇婷：《员工揭秘"中晋系"：100% 收益产品投资者只能拿到 10%》，http://news.ifeng.com/a/20160416/48480171_0.shtml，2020 年 11 月 9 日最后访问。

度，将银行明确为资金托管方等。

3. 建立健全多部门协作配合机制

一是建立健全关于办理涉金融重大敏感案件快速反应机制，形成惩防犯罪合力。对公、检、法办理金融犯罪重大敏感案件情况报告、督促办理、信息报送等提出明确要求，强化案件的指导与督办工作。二是建立健全金融监管部门与司法机关的协作配合机制。在办理P2P金融犯罪中强化责任担当，人民检察院和人民法院可以依法提前介入公安机关的案件侦办，强化侦、捕、诉、审的衔接与配合。金融监管部门与公、检、法可以建立联席会议制度，以会签文件、互相通报情况等方式，形成打击和预防金融犯罪合力。①

4. 建立金融监管部门案件移送制度

目前，查处P2P平台犯罪以公安机关接受被害人报案、立案侦查为主。但是，公安介入时通常亏空已然造成，公安机关查获财物往往难以弥补被害人的损失。若有金融监管部门在金融违法之初即开展查处，一方面可以有效控制风险，防止损失的进一步扩大，防止塌方式破产造成的社会和金融动荡；另一方面可以先期扣押财物，调取、固定相关证据，进行行政处理，对于构成犯罪的，移送公安机关侦查。

四、结语

P2P金融平台通过前期的野蛮生长，其规模和体量已经庞大到我们必须认真研究，审慎对待的程度。近一年来，P2P平台在成长中积聚的种种问题开始集中爆发，这些问题的产生主要源于我们对P2P平台认识不清、分类不细，监管不力。在这种背景下，司法机关猛药去疴，祭出雷霆手段，严厉打击了一批涉嫌非法吸收公众存款、集资诈骗的犯罪行为，有力震慑了犯罪行为，荡清了市场沉渣。随着国家对互联网金融风险专项整治活动的深入开展，可通过明确监管部门对P2P平台的监管责任，实行科学分类管理，完善和健全监管手段，将行政管理挺到前面，有效发挥刑事司法职能等措施，为P2P金融平台的健康发展提供保障和服务。

① 最高人民检察院：《严查互联网金融等重点领域案件》，载《证券日报》2018年6月25日。

非法互联网金融的规制和防范研究

朱焕东*

人类社会进入互联网时代以来，信息的数字化、计算能力的不断提升以及通信技术的飞跃式发展，为传统金融插上了互联网的“翅膀”，并因此催生了互联网金融——传统金融机构与互联网企业利用互联网技术和信息通信技术实现资金融通、支付、投资和信息中介服务的新型金融业务模式，具体包括互联网支付、网络借贷、股权众筹投资、互联网基金销售、互联网保险、互联网信托和互联网消费金融等七种模式。① 因长期受到传统金融保守政策压抑，互联网金融以简易便捷模式迅速受到市场主体的追捧，更成为新世纪时代的宠儿。互联网金融的本质仍属于金融，没有改变金融经营风险的本质属性，也没有改变金融风险的隐蔽性、传染性、广泛性和突发性。金融本身就有风险，随着互联网高速的发展，增加了金融管制的不确定性和安全性，加大金融风险扩散和蔓延。非法互联网金融兼具网络犯罪与金融犯罪的特征，呈现出网络技术与金融技术交织的情况，而刑法的相对稳定性难以应对互联网的高度开放性、创新性和复杂多变性，极易严重扰乱金融市场秩序，侵犯人民群众财产安全，危害经济发展和社会稳定，罪刑法定理性克制主义必然要受到质疑和挑战。因长期受计划经济体制的影响，我国金融刑法长期奉行的是单边保护主义，单纯维护金融管理秩序已明显不适应互联网新时代发展的要求，需要在平等保护主义的金融刑法观之下，实现鼓励金融创新与防范金融风险、金融监管与权益保护之间的动态平衡。笔者因借调启东市扫黑办工作，认真分析研究非法互联网金融典型案例，结合地方情况，希望能为互联网金融法治发展做出自己的贡献。

一、以e租宝案为例研究非法互联网金融

e租宝是钰诚集团下属的金易融（北京）网络科技有限公司运营的网络平台。e租宝宣称打造成项目投资互联融资平台，由项目公司向钰诚集团融资租赁公司支付租金，再由融资租赁公司向投资人支付收益和本金。投资人所投资金流入“e租宝”公司或钰诚集团关联公司账户，并未实际参与真实融资租赁业务，用于还本

* 朱焕东（1982— ），男，江苏南通人，江苏省启东市人民法院立案庭助理审判员，启东市扫黑办组员。

① 参见2015年7月18日中国人民银行、工业和信息化部、公安部、财政部、国家工商总局、国务院法制办、中国银行业监督管理委员会、中国证券监督管理委员会、中国保险监督管理委员会、国家互联网信息办公室联合发布的《关于促进互联网金融健康发展的指导意见》。

付息的资金仅占一小部分，大部分资金被用于公司高管个人挥霍、广告宣传、公司运行成本、投资不良债权。[①]2014 年 7 月，e 租宝以高额利息为诱饵上线运营，短短一年半时间，非法吸收公众资金 598 亿余元，涉及投资人约 90 万名，遍布全国 31 个省市区。2017 年 9 月 12 日，北京市第一中级人民法院一审依法宣判：对钰诚国际控股集团有限公司以集资诈骗罪、走私贵重金属罪数罪并罚，判处罚金 18.03 亿元；对安徽钰诚控股集团以集资诈骗罪判处罚金 1 亿元；对丁某 1 以集资诈骗罪、走私贵重金属罪、非法持有枪支罪、偷越国境罪数罪并罚，判处无期徒刑，剥夺政治权利终身，并处没收个人财产 50 万元，罚金 1 亿元；对丁某 2 以集资诈骗罪判处无期徒刑，剥夺政治权利终身，并处罚金 7000 万元。同时，分别以集资诈骗罪、非法吸收公众存款罪、走私贵重金属罪、偷越国境罪，对张某等 24 人判处有期徒刑十五年至三年不等刑罚，并处剥夺政治权利及罚金。[②] 一审宣判后，两家单位未提出上诉，丁某 1、丁某 2、张某等 23 名被告人提出上诉。北京市高级人民法院经审理认为，两单位及丁某 1、丁某 2、张某等 10 人以非法占有为目的，使用诈骗方法非法集资，其行为均已构成集资诈骗罪。王某某等 16 人违反国家金融管理法律规定，变相吸收公众存款，其行为均已构成非法吸收公众存款罪。北京高院做出终审裁定，驳回上诉，维持原判。[③]

互联网金融是传统金融机构与互联网企业利用互联网技术和信息通信技术实现资金融通、支付、投资和信息中介服务的新型金融业务模式。[④] 随着我国经济的高速发展，为满足市场主体多元的金融需求，互联网金融以其独有的优势应运而生，成为新时代的伟大创新。在金融领域，伴随着网上银行、第三方支付、P2P 网贷、众筹等互联网金融方式的应运而生，由互联网技术催生出的金融变革已经初见端倪，其所倡导的开放、共享、平等、普惠、去中心化等理念，促使其成为一种更加民主化，而非少数专业精英控制的金融模式。[⑤] 互联网金融依然是金融，利用金融科技降低了交易成本，对人类金融模式具有革命性改变，打破金融垄断局面，实现了多元主体平等协商，实现了互利共赢的局面。尽管互联网金融天生具有很多优势，但缺乏有效的监管，很容易成为脱缰的野马，亟待维护金融秩序的稳定。“e 租宝”案爆雷后，互联网金融爆发式发展引起人们的担忧和恐惧。鉴于互联网金融监管法律的不健全，相关行业政策标准的不明确，互联网公司高管在自律不足的情况下，贪婪让内部监管形同虚设，也造成了信息的严重不对称，使得互联网金融乱象丛生，市场主体鱼龙混杂，非法集资案件大量爆发，风险迅速蔓延。此类互联网金

---

① 谢静黎：《互联网金融视域下非法集资犯罪的重释——以 e 租宝案为例》，载《犯罪学论坛》（第四卷·上册），中国法制出版社 2018 年版。

② 参见《“e 租宝”案二审宣判》，http://www.xinhuanet.com//legal/2017-11/29/c_1122029537.htm，2019 年 11 月 6 日最后访问。

③ 参见《“e 租宝”案二审宣判》，http://www.xinhuanet.com//legal/2017-11/29/c_1122029537.htm，2019 年 11 月 6 日最后访问。

④ 朱崇实、刘志云：《金融法教程》，法律出版社 2017 年版。

⑤ 谢平：《互联网金融新模式》，载《新世纪周刊》2012 年第 24 期。

融案件涉众广泛，手段新颖而隐蔽，线上与线下结合，公众名人站台及官方新闻媒体推波助澜，造成了互联网金融发展变成了圈钱闹剧，不利于规范互联网金融的良性发展。

二、以"信崇集资案件"研究外来非法互联网金融特点情况

2019年8月20日，海门法院公开开庭审理了"信崇集资案件"。公诉机关指控，上海信崇资产管理有限公司未经国家有关部门批准，在无金融业务经营许可证和P2P证照的情况下，设一月期、三月期、六月期、一年期四种所谓"理财产品"，每种"产品"有封闭式和非封闭式两种类型，承诺4.67%至13%不等的固定保本年化收益率，采取债权转让模式进行自融[①]。上海信崇资产管理有限公司成立于2014年11月，先后在海门、启东、如东、海安、崇川区、通州区以及盐城市等地设立多家分公司，制定业务提成奖励机制，招募大量业务员通过发放传单、门店广告、组织聚会、口口相传及线上"渔丰收"平台等手段进行宣传，向社会公众吸收资金。经审计，该公司线下累计吸收资金33.45亿余元，案发时有6.26亿余元本金无法归还；线上平台累计吸收资金745万余元，案发时有245万余元本金无法归还[②]。2017年11月，海门金融办曾向上海信崇资产管理有限公司海门分公司发放了整改通知书，要求该公司做到不关门、不走人、不新增、能兑付。但上海信崇资产管理有限公司负责人甘某等人在明知信崇公司被禁止开展非法集资活动且已资不抵债的情况下，继续向群众非法集资，骗取资金用于归还先前所吸收资金的到期本息[③]。该单位线上平台累计吸收资金745万余元，案发时有245万余元本金无法归还，各地受害人数达6800多人，其中，海门的受害者2800多人[④]。依据2014年3月"两高一部"共同颁布的《关于办理非法集资刑事案件适用法律若干问题的意见》(以下简称《意见》)，人民法院在审理民事案件中，发现有非法集资犯罪嫌疑的，应当裁定驳回起诉，并及时将有关材料移送公安机关或者检察机关。此时应适用考虑非法集资罪的立案标准，即个人非法吸收或者变相吸收公众存款，数额在20万元以上的或对象30人以上的，应追究其刑事责任。"信崇集资案件"属于互联网领域的金融犯罪，非法向社会公众非法集资，非法集资对象具有不特定性且众多性。根据2017年6月1日最高人民检察院《关于办理涉互联网金融犯罪案件有关问题座谈会纪要》(以下简称《纪要》)，"涉互联网金融犯罪案件涉案人员众多，要按照区别对待的原则分类处理，根据犯罪嫌疑人在犯罪活动中的地位作用、涉案数额、危害结果、主

① 张美芳、唐子然、尤文冬：《信崇公司非法吸收公众存款、集资诈骗案在海门法院公开开庭审理》，http://www.ntfy.gov.cn/contents/47/13630.html，2019年11月11日最后访问。

② 张美芳、唐子然、尤文冬：《信崇公司非法吸收公众存款、集资诈骗案在海门法院公开开庭审理》，http://www.ntfy.gov.cn/contents/47/13630.html，2019年11月11日最后访问。

③ 张美芳、唐子然、尤文冬：《信崇公司非法吸收公众存款、集资诈骗案在海门法院公开开庭审理》，http://www.ntfy.gov.cn/contents/47/13630.html，2019年11月11日载社交电商网。

④ 《非法集资30多亿元！海门市人民法院开庭审理信崇集资案件》，http://www.shejiaochina.com/index.php?a=show&catid=15&id=6256/41218.html，2021年7月5日最后访问。

观过错等主客观情节，综合判断责任轻重及刑事追诉的必要性，对犯罪情节严重、主观恶性大、在犯罪中起主要作用的人员，特别是核心管理层人员和骨干人员，依法从严打击。”最高人民法院、最高人民检察院、公安部在 2019 年 1 月 30 日联合发布了《关于办理非法集资刑事案件若干问题的意见》，在此司法解释中明确规定了将“宽严相济”刑事政策贯彻在网络金融犯罪的认定中，并根据“是否给集资者带来资金的血本无归的严重后果”“通过赔偿和追赃挽损的行为尽可能减少了投资者的损失”或具有“认罪认罚的表现”，作出是否构成非法集资犯罪以及是否从宽处理的判断。[①] 将“宽严相济，分类处理，稳定压倒一切的政治策略”渗透到办理经济犯罪的过程中，恰恰符合了“在部分疑难案件中适用量刑反制定罪理论（以刑制罪），是刑事政策介入刑法的一个重要体现，在一定程度上符合了‘宽严相济’刑事政策的‘当严则严、当宽则宽’的要求”。[②] 集资参与人既催化犯罪，也面临经济损失，但是否具有受害人地位在理论界是有争议的。有学者从非法吸收公众存款罪的犯罪构成、被认定正当性以及法律指引功能等几方面论述不应当将非法集资参与人认定为被害人。[③] 也有论者表明在集资案件中经济利益受损的民众是此类案件的被害人，并围绕被害人财产返还提出具体的制度设计。[④] 商业领域尤其是金融领域天然存在风险与投机，刑法不应成为相关交易主体财产受损的担保人[⑤]。要理性对待集资参与行为，严格区别主动参与集资诈骗，还是被动参与集资诈骗，也要区别借贷型非法集资还是投资型非法集资。实践中依法对核心管理层人员和骨干人员非法所得利益进行追缴，而对于普通参与者在集资款本金无法追回的情况下不予退回利息、分红，符合现代刑法宽严相济的要求，坚持了主客观相统一的原则，有利于打击违法犯罪，一定程度上可以弥补非法集资案件给予社会秩序的巨大冲击，最大限度地维护了债权人的合法权益。在非法集资涉案资产的处置中，可以积极借鉴破产资产评估处置方法，积极引入第三方评估机构（审计机构、律师事务所），依法、妥善、高效处置涉案资产，保护债权人利益，维护社会稳定和谐。对于此类互联网金融犯罪，在扫黑除恶专项工作组领导下，以法院为主导，构建府院联动机制，在公安、金融监管局、金融机构、市场监管等部门配合下，要把办案工作与保障投资人合法权益紧密结合起来，同步做好释法说理、风险防控、追赃挽损、维护稳定等工作，努力实现司法办案的法律效果、社会效果、政治效果有机统一。

中华人民共和国成立以后，我国长期以国有银行作为资金筹集和分配的主体，

① 李兰英：《“以刑制罪”在网络经济犯罪认定中的适用》，载《厦门大学学报（哲学社会科学版）》2020 年第 4 期。

② 劳东燕：《刑事政策与刑法解释中的价值判断——兼论解释论上的“以刑制罪”现象》，载《政法论坛》2012 年第 4 期。

③ 北京市人民检察院非法集资犯罪问题研究课题组：《涉众型非法集资犯罪的司法认定》，载《国家检察官学院学报》2016 年第 3 期。

④ 桂祥：《集资类犯罪案件财产返还问题研究》，载顾肖荣主编：《经济刑法》（第 14 卷），上海社会科学院出版社 2014 年版。

⑤ 时方：《非法集资犯罪中的被害人认定——兼论刑法对金融投机者的保护界限》，载《政治与法律》2017 年第 11 期。

为稳定金融秩序，对民间融资采取压抑的金融政策，形成了国有银行垄断金融的局面。入世后，我国逐渐开放了金融市场，但对于金融管制依然很严，尤其国家商业银行和政策银行分离后，商业银行金融风控要求更严，对于非公有制企业的借贷无形造成了巨大的障碍。互联网金融具有的传播速度快、程序简单、门槛低、高度灵活性和资金回报率高等优势，比较容易解决民营企业资金需求，更符合民间资本逐利的需求，创造了巨大的金融市场。金融监管部门适应时代发展，以开放包容和鼓励的态度，为互联网金融发展营造了宽松的环境，有利于最大限度地激发互联网金融市场资源活力与创新发展的动力。随着互联网金融的高速发展，然而体制机制的不健全日益显露，自然成为犯罪分子犯罪所利用的漏洞，制造了一个又一个互联网金融泡沫，损害群众的利益，危害社会和谐稳定发展。互联网金融具有互联网风险、金融风险和法律风险，信崇集资案件为人们敲响了警钟，表明互联网金融风险和危机近在咫尺，增加了开展非法互联网金融整治工作的必要性。随着互联网大数据的高速发展，非法互联网金融野蛮快速生长，增加了社会风险和维稳成本。而金融监管机制的不健全，金融社会风险管控和应对机制的严重滞后，造成了此类案件风险进一步扩散和蔓延，成为我们应该反思和警惕的问题。互联网金融不同于传统的金融，创新理念下的发展，对周边区域都有辐射作用，尤其以上海为总部的互联网金融公司，因具有金融中心的带动影响，自然受到了市场和消费者的青睐。我国长期实行金融业压抑政策，而互联网的高速发展突破了限制和管制，具有跨区域性、跨行业和混业经营的特点，增加了此类犯罪的打击难度。非法互联网金融的受害群众对于金融知识和法律风险缺乏必要的认识，在高于银行利息诱惑下盲目参与，造成了此类问题频发。由于互联网金融管制法律相对滞后，人民银行、银保监局、金融监管局、公安机关等部门分段执法，容易形成执法的灰色地带，信息共享机制尚未真正建立起来，所以难以形成对此类犯罪打击合力。互联网金融企业内部管理混乱，缺乏外在有效的监管和风控的把握，极易成为公司法人非法集资挥霍的敛财工具。从事非法互联网金融犯罪的人员都具有一定的互联网、金融和财务会计知识，实施的非法活动更具隐蔽性和迷惑性，对群众更有欺骗性和蛊惑性。我国社会信用体系尚未真正建立起来，对互联网金融公司缺乏基本的信用评级，也未能对消费者有必要规范引导作用，成为此类案件高发的重要原因。

三、非法金融治理下对启东非法互联网金融的反思和规制

启东基础教育发达，高等教育普及率比较高，又紧邻上海，人员交流频繁，更易接受互联网金融新知识影响。改革开放以后，随着建筑业、电动工具及海洋渔业等行业的发展，促进了民营经济的发展，因缺乏正规的投资渠道，民间资本非常充裕。根据启东金融监管局统计，启东地区涉及非法互联网金融主要有e租宝、善林金融、信和财富、易乾宁、信崇资产和申彤大大等，都是外来为主，涉及群众众多，广泛分布镇村，增加了监管的难度。因海门涉及非法互联网金融案件较多，启东与海门文化地缘又比较接近，造成了启东人参加非法互联网金融人数随之增多。根

据政法机关摸底调研，启东市注册的各类金融机构平台、小贷公司、投融资中介机构数量众多、鱼龙混杂。其中不少利用互联网金融创新为名，打着小贷公司、信息咨询公司等幌子，假借其他行业经营许可资质，而不具备专业的经营资质，缺乏基本的风险控制体系，借助网络平台工具集资放贷，游走在法律的灰色地带，具有一定隐蔽性和查处难度，增加了打击的难度。笔者认为加大对非法互联网金融犯罪打击力度的同时，更应该积极构建监管的预防机制，有效防范与化解金融风险，保护群众的合法权益。

（一）加大普法宣传力度，提高群众防范意识

在扫黑除恶领导小组的领导下，组织金融监管机构、公安局、法院、检察院、宣传等部门开展防范金融风险知识宣讲进社区、进工厂、进学校等活动，积极利用电视、广播、报刊、网络、公共交通设施等各类媒介载体，通过普法教育、行业宣传等手段，借助法律政策解读、典型案例剖析、金融风险教育等方式，加强普法宣传和金融知识教育，让广大群众特别是老年人和在校学生能提高识别能力，增强风险意识，提升自我保护能力。

（二）深入摸排监管，强化源头治理

办案机关要构建信息共享机制，打破行业数据壁垒，提高办案效率。加大排查摸排重点人员、重点区域和相关案件，只要发现涉及违法违规的都及时采取必要措施，保护人民群众合法权益。利用网格员对前科人员进行动态化监管，及时更新数据资料，实现动态化管理。对于涉及违法的，行业内要实现自治，建立“黑名单”制度，必须第一时间向社会公布，提高群众防范意识，更要加大失信惩戒力度。以开展非法金融活动专项治理活动为契机，按照“谁审批、谁监管，谁主管、谁监管”的机构监管原则，紧抓市场准入、事中事后监管等重要环节，从源头上铲除非法金融活动滋生土壤。要充分运用大数据、智能化技术，用好管好江苏省“非法金融活动信息监测平台”，以信息汇聚和信息监测为引导，实现对非法互联网金融活动实时监测、精准识别、有效预警、依法处置、源头防治，提升打击非法金融的智能化水平。要建立完善举报奖励保护等制度，激发群众力量和智慧，始终保持线上线下防范打击的高压态势。

（三）依法从严惩处，构建长效机制

在坚持报应优先、兼顾预防的原则基础上，加大刑法规制，全面收集刑事证据，准确认定罪名，综合评价其他情状等。严查无照经营及超范围经营的非法金融活动，对于违反相关法律法规，私自发放贷款的要坚决予以打击，规范金融市场秩序。对于涉及公职人员廉政问题要从严查处，督促行业部门依法履职市场监管，共同营造良好政治生态。要将非法互联网金融治理纳入基层网格化服务管理体系，把发现非法互联网金融作为网格巡查重点内容，依托基层网格长（员）、物业管理人员、金融网点网格员等各类社会力量，压实对非法金融活动线索排查监测责任，构建立体化全覆盖的非法金融活动排查监测预警“一张网”，提高监测预警成效。制定非

法互联网金融举报奖励办法，建立对举报人（证人）保护的保险制度，依托12345热线、微信公众号以及书信、邮箱等渠道，探索非法金融活动全覆盖的举报奖励制度，并同步做好线索移送、处置和监测分析工作。要加强问题线索双向移送，畅通政法机关、金融监管部门与市场监管之间的反馈机制，确保及时有效地发现与打击非法互联网金融。

互联网金融的迅速发展与我国传统金融体制有关，在我国传统金融体制下，金融资源分配不平等、中小微企业融资困难、尚未形成市场化利率，居民有旺盛的投资需求，却没有适当的投资渠道，传统金融体系的不足为互联网金融的发展提供了广阔的空间。因缺乏有效金融监管，互联网金融发展出现异化，乱象纷呈，违法犯罪日益值得警惕和防范。非法互联网金融犯罪行为是一个新型的犯罪，因金融供给的不平衡，民间金融需求的强烈，又因金融监管的缺位，随着互联网发展而迅速泛滥起来。此类犯罪严重损害群众合法利益，侵蚀党的执政根基，亟待加大打击力度，构建长效治理机制。刑法下规制非法互联网金融犯罪，要坚持打防共建机制，推动相关法律修改完善，完善监管机制，加大金融法治宣传教育，建立线索倒查机制，实现共建共治共享，推动平安法治建设。

第二专题

新型网络犯罪的惩治与预防

虚拟货币洗钱犯罪的风险剖析及治理策略

李兰英*

随着互联网技术的广泛应用，出现了很多“互联网+金融业务”，而互联网特有的虚拟、便捷、无国界的特征，吸引了传统洗钱犯罪向现代高科技的方向转移①，常见的互联网洗钱渠道有：网上银行、网络赌博、电商平台交易、P2P网络借贷、网络非法股权融资、第三方第四方支付平台、虚拟货币、网络传销等。其中，利用虚拟货币这一新型手段进行洗钱的行为，越来越猖狂。不可否认，虚拟货币因为具有匿名、隐蔽、流动的特点，给洗钱行为带来巨大便利条件，从而也给国家反洗钱带来新的挑战。中国人民银行指出“加密资产及其交易的匿名性造成大量资金和加密资产的来源和投向不明”，其中隐含着巨大风险，即“为洗钱、非法交易、恐怖融资及逃避资本管制和国际制裁提供了便利条件”。②

上述报告并非危言耸听，实践中的案例更加触目惊心。美国联邦调查局（FBI）宣称，Haney是“丝绸之路”网站中的一个注册用户，他在该网站使用化名经营毒品生意，仅仅在4个月左右的时间内就通过销售各种违禁药品赚取了价值数百万美元的比特币。他在2018年2月将累计赚取的价值数千万美元的比特币转入了一家身份不明的比特币交易平台上，进而把这些违法所得的比特币兑换成美元存入自己的个人银行账户之中。而这样的案例2017年也已经出现在我国西安，案情实质就是以支付比特币的方式从匿名毒品卖家处购买毒品。③本案虽然最终定罪是走私贩卖毒品罪，但最引人关注的是使用虚拟货币购买毒品。这个购买毒品的行为轨迹和背后的操作就是：虚拟货币中介机构通过虚拟币与法币的转换、使用不同的钱包地址进行混淆，或与其他用户交换实体商品的方式，就能够实现更

* 李兰英（1966— ）厦门大学法学院教授、博士生导师。本文是国家社科重大项目“网络金融犯罪综合治理研究”（17ZDA148）研究成果之一。

① 转引自高玉辉：《互联网金融反洗钱法律问题研究》，河北经贸大学2020年6月博士学位论文。

② 参见《中国金融稳定报告（2018）》，https://www.cebnet.com.cn/20181105/102530949.html，2021年1月21日最后访问。

③ 参见哈桑走私毒品罪二审刑事裁定书(2019)陕刑终46号。案情简介：2017年8月下旬至9月上旬期间，被告人哈桑通过登录境外的Dreammarket网站，以支付比特币的方式从匿名毒品卖家处购买二亚甲基双氧安非他明（以下简称MDMA）100粒，并向卖家提供了收件地址为西安西北工业大学长安校区，收件人为BachaLo的收件信息。……2017年9月18日，西安海关驻邮局办事处工作人员对由德国进境的邮件进行查验时，发现包裹中有MDMA成分。2017年9月22日15时许，侦查人员将两个被告人瓦卡斯、哈桑抓获。法院裁判一审法院最终判决被告人哈桑犯走私毒品罪，判处有期徒刑七年，并处罚金人民币一万元及驱逐出境；被告人瓦卡斯犯走私毒品罪，判处有期徒刑三年又六个月，并处罚金人民币五千元及驱逐出境。二审法院予以维持。

快、更便宜、更隐蔽非法资金转移。

由此可见，利用虚拟货币进行洗钱的犯罪，成为一种新型洗钱的方法与手段，不仅数额巨大，危害极强，而且愈演愈烈。因此，国际上很多国家都已经高度重视对互联网虚拟货币进行合理定位，有效监管，从而保护国家金融安全和秩序。

既然虚拟货币受洗钱、恐怖融资、贩卖毒品等犯罪分子的青睐，那么，关闭交易平台是否就可以禁止虚拟货币的交易，从而加大有效打击洗钱犯罪的力度？ 如何看待虚拟货币的利弊长短？是除恶扬善，积极地应对，还是严厉禁止，消极反对？本文对此问题给予深度思考和回应。

一、虚拟货币的概念及其属性界定

虚拟货币的概念和特征属性是研究虚拟货币洗钱犯罪的重要认知前提，而且虚拟货币与电子货币、数字货币等概念的渊源也需要厘清，而目前，上述问题都还没有权威的界定，我们只是从专家们的研究中达成共识。

（一）货币形态的演变和发展趋势

探讨虚拟货币洗钱犯罪，需要界定虚拟货币的基本概念，因此，归纳梳理货币形态的演变历程很有必要。学术界对货币形态的发展大致归纳为：实物货币、金属货币、信用货币与电子货币这四个阶段。[①] 电子货币是现代科技发展的产物，也是货币形态演变最新形式，它的出现不仅是一种发展趋势，也逐渐成为一种现实需求。杨东教授从货币发展必然性角度来看，认为货币必然向低成本、可靠、便捷的方向发展，一般等价物必定越来越脱离实体，形态也越来越自由。[②] 近些年来，随着移动互联网、大数据、云计算、区块链等技术的发展，互联网金融的高速发展，各式各样的虚拟货币也是层出不穷。虚拟货币出现的时间不长，但是其发展速度却异常迅猛，曾经一度达到数百种各种类型的虚拟货币，比如比特币、莱特币、以太坊、瑞波币、波场币等等。其中，最具代表性的就是比特币。比特币在 2009 年 1 月正式问世，不断发展成为一种全球流行的支付方式，它不依靠央行进行发行，只是一套算法，而且这个算法制定出来之后，就脱离了人为的干预和控制。现阶段，我国现行的法律规范体系中还没有对虚拟货币概念等进行界定[③]，但存在一些大型的比特币交易平台，如火币网、比特币中国、千币网和币行等网站，这些网站平台占据了虚拟货币交易市场的大部分，呈现出繁荣景象。如上所述，虚拟货币是在互联网环境下通过技术算法衍生出来的产品，是货币金融领域的一大新的“发明”，其

---

① 也有观点指出，货币形态经历了金属货币（商品货币）、纸币（信用货币）和电子货币等三大阶段。不过这种观点并无实质区别。参见冯静：《货币演化中的数字货币》，载《金融评论》2019 年第 4 期。

② 零壹财经：《央行数字货币的发行模式、发展历程及九大关键问题》，http://www.ymcall.com/artinfo/411601296708852662.html 2021 年 1 月 20 日最后访问。

③ 不过一些国家政府部门发布的部门规章也有涉及过。在 2009 年，文化部等部门发布《关于加强网络游戏虚拟货币管理工作的通知》，该通知对网络游戏虚拟货币进行了界定，是指由网络游戏运营企业发行，游戏用户使用法定货币按一定比例直接或间接购买，存在于游戏程序之外，以电磁记录方式存储于网络游戏运营企业提供的服务器内，并以特定数字单位表现的一种虚拟兑换工具。

中，比特币是虚拟货币中最具有代表性的，并不能代表所有类型的虚拟货币种类。只是我们在探讨具体案例时，会以此为例。

（二）虚拟货币概念及分类样态

在国际社会层面，比较有影响的虚拟货币概念来自金融行动特别工作组（FATF）在2014年发布的报告，认定虚拟货币是“一种可以以数字形式交易，具有交易媒介和（或）计价单位及（或）价值存储功能，但在任何法域不具有法定货币地位的数字形式的价值”[①]。由此观之，虚拟货币具有“数字形式”“有价值”“可以交易”和“不具备法定货币地位”的重要特征。而且，该组织还根据虚拟货币是否可以与法定货币相互转换（可转换与不可转换）、是否具有集中的管理机构（集中式与去中心化）进行分类。2016年国际货币基金组织（IMF），的界定是“虚拟货币是价值的数字化表现，由私人机构发行并且使用自有的记账单位”。该定义在强调虚拟货币数字化价值的同时，认定虚拟货币是由私人机构发行、使用的记账单位。与上述界定略有差异的是美国财政部金融犯罪执法网络发布的规范指引：“虚拟货币是一种在某些环境下像货币一样运行，但不具有真实货币的全部特征，在任何法域之内不具有法定货币地位的交易媒介”。[②] 该定义是2013年界定的，虽然涵义比较宽泛，但突出了虚拟货币不具有法定货币地位，但在某些情况下可以替代法定货币进行交易的特征属性。这一特征的概括与欧洲中央银行（ECB）在2015年的概念界定比较接近，即“虚拟货币是一种非由中央银行、信贷机构或电子货币机构发行的，在某些情况下可以作为替代货币使用的数字形成的价值”。[③] 欧洲银行业管理局（EBA）在2014年的报告中认为，“虚拟货币是价值的数字表达，它不是由中央银行或者某个公共权威机构发行，也不一定与某一法定货币挂钩，但是被自然人或法人接受用于支付手段，可以进行电子化转移、储藏或者交易”。

通过分析比较可知，人们对虚拟货币的认知越来越深入，也越来越聚焦。归纳起来，对虚拟货币的定义达成共识的特征有三个：首先，虚拟货币是具有一定价值的数字化表示；其次，虚拟货币不具有法定货币的地位，即虚拟货币不是由中央银行或者公共权威机构发行，一般是由私人机构发行；最后，虚拟货币是一种支付方式，具有替代性作用。[④]

理论上是抽象的界定，日常生活中的虚拟货币呈现什么样的形态？学者将其概括为三种样态：第一类主要是网络游戏玩家之间的游戏币，如在网络游戏当中存

① The Financial Action Task Force（FATF），*Virtual Currencies：Key Definitions and Potential AML/CFT Risks，June 2014.*

② Financial Crimes Enforcement Network，Department of the Treasury，*Guidance on Application of Fin-Cen's Regulation to Persons Administering，Exchanging，or Using Virtual Currencies*，FIN-2013-G001，March 2013.

③ European Central Bank，*Virtual Currency Schemes：A Further Analysis*，February 2015，p.9,25. 欧洲中央银行在2012年曾经对虚拟货币进行界定，虚拟货币是“一类由发行者发行和控制，并被特定虚拟社区使用和接受的不受监管的数字货币”。与2012年的定义相比，欧洲中央银行2015年的定义更加符合虚拟货币的特征属性，也可以从侧面反映出人们对虚拟货币的认识在不断变化，认知越来越深入。

④ 参见徐明星等：《区块链：重塑经济与世界》，中信出版社2016年版。

在的某种金币或者信用值，其主要功能就是计算网络游戏玩家在游戏中积攒的财富。第二类主要是门户网站或者即时通信工具服务商发行的专用货币，是为了方便使用者购买相应的服务，现在多数的购物网站都建立了完善的积分和网站币与商品进行互换的系统。第三类主要是网络虚拟货币，诸如比特币等。这种类型的虚拟货币是现阶段虚拟货币的主流和发展趋势，也是洗钱、逃税等犯罪风险很高的虚拟货币种类，本文将重点分析，在此先不赘述。

还有学者根据不同的标准将虚拟货币分为不同的类别，譬如，第一种分类方法是根据虚拟货币与各国法定货币的兑换能力大小，可以分为封闭型、半封闭型和开放型三类。[①] 但其实，这与金融行动特别工作组"按照虚拟货币是否能够与法定货币相互转换的标准，将虚拟货币分为可转换的虚拟货币与不可转换的虚拟货币两种类型"有相同之处。后者同时指出可转换的虚拟货币并不当然意味着在任何情况下都可以自由转换，而更多的是一种事实上的可转换性特征。[②] 第二种分类方法是根据虚拟货币是否具有集中的管理机构，将虚拟货币分为集中式、去中心化两种类型。集中式虚拟货币具有集中或者唯一管理机构，而"去中心化"虚拟货币则没有管理机构，而是基于一种算法的、开源的分散式、点对点式的虚拟货币种类[③]，典型的代表就是比特币。我国央行发行的数字货币采用的是中心化的管理模式，这与以比特币为代表的"去中心化数字货币"有着本质区别。

（三）虚拟货币与电子货币、数字货币概念的辨析

电子货币，一般认为"是一种以电子化技术为支持，以电子设备为载体，以电子流为存储形式，能将一定量现金或存款转化为无形信息流，从而用于支付或清偿债务的一种货币符号"。[④] 简而言之，"电子货币是存在电子钱包中的数字现金，其实质就是法定货币的电子化形式"。[⑤] 当人们在不同的账户之间进行转账交易或者划拨资金的时候，其实质就是资金信息的传递。根据电子货币发行主体的不同，可以分为银行卡、储值卡和第三方支付方式。一般认为，电子货币和虚拟货币虽然在形式上存在一些相同之处，但本质仍然存在不同，其最大的区别在于电子货币属于法定货币的电子化形式，其依附于法定货币，是由中央银行或者公共权威机构发

---

① 封闭型的虚拟货币一般是只能在特定的虚拟世界中流通和使用，不能在真实世界中与法定货币进行自由转换，比如论坛、酒店积分等。开放型虚拟货币则正好相反，这种类型的虚拟货币不仅可以在特定虚拟领域中自由流通和使用，并且可以自由兑换真实世界的法定货币。半封闭型虚拟货币则处于两者之间，是否可以兑换真实世界的法定货币的界限不仅模糊，难以统一认定，一般是可以使用法定货币购买，但不能兑换成为法定货币。

② 参见师秀霞：《利用虚拟货币洗钱犯罪的防控策略》，载《中国人民公安大学学报（社会科学版）》2016 年第 1 期。

③ 参见师秀霞：《利用虚拟货币洗钱犯罪的防控策略》，载《中国人民公安大学学报（社会科学版）》2016 年第 1 期。

④ 蒋海曦：《比较与演进：补充性货币与货币多样性》，载《社会科学动态》2019 年第 8 期。

⑤ 冯静：《货币演化中的数字货币》，载《金融评论》2019 年第 4 期。例如，日常生活中人们使用微信、支付宝、网银等进行网络电子平台进行交易活动，在这些平台当中存储、使用的货币符号，就是所谓的电子货币。

行；但是虚拟货币则不是法定货币，不具备法定货币的地位。因此，电子货币和虚拟货币是不同的货币形式，分属不同的概念范畴。

数字货币和虚拟货币之间如何区分？从以下的定义中可以看出究竟："数字货币是一种新型货币形式，在互联网上进行发行和流通，经过信息交换来发挥货币的基本功能，如媒介作用、账本记录和贮藏等"。该定义突出了数字货币的重要特征，即可以发挥货币的基本功能。[①] 而"虚拟货币是数字货币中的一种"[②]，换言之，数字货币的概念要更加广泛，包括电子货币和虚拟货币。[③] 目前一些国家正在尝试由央行作为主体统一印制、发行数字货币，此时数字货币就具有了法定身份，是国家信用的一种表现，货币价格具有很好的稳定性，并且面向社会公众，普通公民都可以获得。随着数字人民币在中国的落地和铺开，全球已经有越来越多的国家开始把发行自己国家的央行数字货币提上议程。[④] "未来，数据资源的争夺必定会愈演愈烈，我国的支付领域，尤其是小额零售的支付领域必将面对更多挑战，最好的方式就是推出法定数字。有专家分析，在这样的情况下，数字货币的积极作用将会充分得到发挥，而蕴藏的洗钱等犯罪风险将会大大减少或者消失。有专家也表示，央行数字货币无论设计目标有多少个，最终就是一个消灭现金的目的。可问题是，不做数字货币，现金也会逐渐消失，这是一个历史大趋势"。[⑤]

值得注意的是，目前一些文章讨论虚拟货币洗钱问题时，都将比特币作为虚拟货币的典型代表。例如，孙启明等人（2018）认为，比特币这种新型数字化货币从技术角度来看，本质上是可在互联网上快速传递和储存的一串加密代码；而从经济学角度来分析，它是世界上首个分布式加密的匿名数字货币。他们认为，这种货币虽然具有虚拟性，但是完全具备了实体货币的价值尺度、流通手段、贮藏手段、支付手段及世界货币的全部功能，同时也具备商品的价值和使用价值双重属性。[⑥] 但是，国家互金整治办已明确表示，区块链不等于虚拟货币。虚拟货币不是由央行发行，不具有法偿性与强制性等货币属性，并不是真正意义的货币，它只是一种用去中心化、全球通用、无须第三方机构或个人，基于区块链作为支付技术的电子加密

---

① 佘茂艳、王元地：《数字货币发展现状及其监管》，载《中国矿业大学学报（社会科学版）》2020 年第 1 期。

② 国际清算银行（BIS）的报告指出，数字货币和虚拟货币这两个概念之间并不存在本质性的差别，但这种观点模糊了数字货币和虚拟货币之间的界限值得商榷。

③ 如有观点指出，数字货币是金融科技创新推动下产生的新型货币形式，广义上包括电子货币、虚拟货币和法定数字货币等。参见 CHUEN, D.L.K.(Ed.).*Handbook of Digital Currency: Bitcoin, Innovation, Financial Instruments, and Big Data*（Academic Press, 2015）. 转引自庄雷、赵成国：《区块链技术创新下数字货币的演化研究：理论与框架》，载《经济学家》2017 年第 5 期。

④ 韩国于 2020 年年初正式开始推进数字货币的实质性准备工作。日本央行表示将于今年春季进入央行数字货币（CBDC）试点计划第二阶段；1 月 19 日，法国央行也宣布成功进行了一场央行数字货币（CBDC）试验。据界面新闻报道，路透社 2021 年 1 月 31 日消息，印度下议院网站列出的立法议程显示，印度计划出台一项法律，用来禁止比特币等私人加密货币，并为中央银行发行官方数字货币建立框架。

⑤ 零壹财经：《央行数字货币的发行模式、发展历程及九大关键问题》，http://www.ymcall.com/artinfo/411601296708852662.html，2021 年 1 月 20 日最后访问。

⑥ 孙启明、王浩宇、潘智涓：《比特币的世界货币特征探索》，载《北京邮电大学学报（社会科学版）》2014 年第 1 期。转引自郭明旭：《关于虚拟货币的文献综述》，载《经济研究导刊》2018 年第 34 期。

货币。早在2017年9月4日，七部门发布《关于防范代币发行融资风险的公告》，对ICO和虚拟货币交易场所进行清理整顿，明确向投资者筹集虚拟货币，涉嫌非法发售代币票券、非法发行证券，以及非法集资、金融诈骗、传销等违法犯罪活动。尽管对虚拟货币的法律性质、金融属性存在不一致的意见，但是虚拟货币的基本特征还是可以达成共识的。

其一，虚拟货币具有“去中心化”的特征。

现阶段的货币都是由国家信用作为担保发行、流通及使用的，而这种方法之所以可行，依赖于政府的立法保障，以及人们对此货币的信心，二者都应具备。[①] 而虚拟货币和传统货币最大的不同之一在于，虚拟货币是没有一个集中式或者中央发行机构，具有“去中心化”的特征。虚拟货币不需要中央发行机构或者中央服务器，一些虚拟货币，如比特币等甚至没有实体发行设备，仅依靠挖矿软件的运行就可以产生，也使得比特币较为容易产出获得。虚拟货币基于“点对点”的设计方法及运作理念，整个网络系统由用户本身形成，因此，理论上每个人都可以参与挖矿生产虚拟货币，每个用户都是平等的。这种特性使得虚拟货币的发行、运转相较于传统货币更加安全，不会因为国家信用破产而受损。与此同时，虚拟货币的价值与人们对它的信任程度以及供求关系密切相关，如果人们信任并且想要获得虚拟货币，那么它的价格就会不断攀升，反之则不断下降。因此具有波动和不稳定性。

其二，虚拟货币可自由流通兑换，无国界限制。

虚拟货币一般是通过特定算法的大量计算产生，使用者只要运行相应的挖矿软件就可以产生，因此只要接入互联网的地方，理论上都具有产出虚拟货币的条件，这就使得虚拟货币的产生没有国界的限制，可以随时随地任意产出而不受约束。现阶段，全球拥有成百上千家虚拟货币的网络交易平台，而且有很多的平台都建立在监管宽松的地方，质量参差不齐。这些网络交易平台往往不重视使用者的真实身份信息，即使是虚假的身份信息也可以自由注册使用，换言之，利用平台进行交易向所有人开放。

虚拟货币之间可以自由兑换，虚拟货币可以与真实货币之间自由兑换[②]，甚至在某些环境中像真实货币一样购买一些网络虚拟物品，也可购买日常生活中的真实物品、柜台结账、住房抵押、餐饮水电费支付、跨国交易等事项。由于虚拟货币无须第三方的监管，不需要获得其他机构的许可，用户只要获取对方同意就可以自由虚拟货币进行转账、付款等。

其三，虚拟货币适用普遍且具有匿名性的特征。

极强匿名性的虚拟货币会带来不可忽视的犯罪风险，这一特征也是虚拟货币饱受争议的重要原因。之所以虚拟货币对于普通个人而言是匿名的，是因为，虚拟

① 参见庞忠甲、陈思进：《货币的逻辑：人人都必需读懂的货币常识》，中国友谊出版公司2014年版。

② 例如，美国最大的比特币交易平台Coinbase目前支持美金、欧元、英镑及加拿大币与比特币之间的兑换；中国的交易平台OKCoin及火币也支持人民币与比特币的交易。

货币在整个支付网络系统中所进行的每一笔交易都会被记录在总账当中，这是为了防止欺诈和伪造的分散化交易记录机制。不过这些用户信息和地址并不一定和真正使用者的身份绑定在一起，使用者的真实身份难以确认，可以在网络交易平台上随时生成、使用新的信息和地址。因此，普通人想要追查虚拟货币网络平台的使用者存在很大的阻碍。而比特币最开始的大规模使用是通过暗网进行的，比特币的匿名性特征发挥了重要作用，匿名性的特征可以将买卖双方的信息隐蔽、互不知情，且买卖双方的交易过程都会受到加密算法的保护，也不会留下任何痕迹或者记录。2013 年 10 月，美国正式逮捕了著名暗网“丝绸之路”创始人罗斯，他被指控借助这种方式开展洗钱和买卖毒品、武器等犯罪，其中比特币就成为暗网交易活动的通用理想货币。[①]

二、虚拟货币洗钱犯罪风险剖析

（一）不同类型的虚拟货币洗钱模式有差异

洗钱是指将犯罪收益进行清洗，进而使其披上合法外衣的一系列活动。虚拟货币因其具有“非直接基于银行账户”“非接触性”“跨国性”“匿名性”“快捷性”“去中心化”等特点，深受到洗钱犯罪分子的青睐，却使传统的反洗钱和反恐怖融资的监管制度难以发挥作用。

从实践的观察总结，虚拟货币类型的不同，其洗钱的模式就会大有区别。

第一类，主要是网络游戏玩家之间的游戏币，它的典型特征是“集中化”。网络游戏币有特定的发行主体，可控制内部流通数量。值得注意的是：这种类型的虚拟货币看似很普通，但其实，它们也可以成为洗钱犯罪活动的媒介，也存在洗钱犯罪的风险。譬如，如果犯罪分子非法获得了巨额现金，他可以把犯罪所得及收益包装成通过卖出网络游戏金币而获取的，或者他也可以将现金从一家社交媒体网站购买等值的网络信用值，然后再向其他用户卖出这些信用值，即可换取现金；而且，这一系列的交易都是匿名进行的，无法追查，在一个月之后可能就不存在，难以追踪。[②] 实践中，我国利用网络游戏金币、网络信用值的虚拟货币进行洗钱犯罪的案件数量不多，这或与我国有一些部门规章进行适当规范有一定的关系。[③] 而且多数网络交易网站要求实名认证或者实名登记，可以查询到相关用户的身份信息等资料，所以这样的案件其侦办难度相对不大，可以进行有效的预防和治理。

第二类虚拟货币类型就是以比特币、莱特币为显著代表的电子货币，它的典型特征是“去中心化”，没有发行主体，可以通过计算机得出的汇率，用现金买入转

---

① 2013 年 10 月，美国就正式逮捕了著名暗网“丝绸之路”的创始人罗斯，指控在 2011 年到 2013 年的两年时间之内该网站有大量的比特币进行买卖，比特币的交易数量大约 950 万枚，价格高达 12 亿美元左右，其中有很多都涉及犯罪分子进行洗钱等犯罪活动。

② 参见（美）卡斯特罗诺瓦：《货币革命：改变经济未来的虚拟货币》，束宇译，中信出版社 2015 年版。

③ 在 2016 年 12 月 5 日，文化部发布《关于规范网络游戏运营加强事中事后监管工作的通知》，该通知首次明确网络游戏虚拟货币、虚拟道具不能兑换法定货币，并且再次强调网络游戏用户应当进行实名注册。

换为虚拟货币，这种虚拟货币可以出售转换为现实货币，也可以线上线下用于购物。[①] 正是基于这些特点，使得虚拟货币成为新型洗钱行为的重要工具和方式。

（二）虚拟货币领域具备洗钱风险的判断要素

关于洗钱犯罪的定义，国际上基本遵循金融特别行动组的界定：凡隐匿或掩饰因犯罪行为所取得的财务的真实性、来源、地点、流向及转移或协助任何与非法活动有关人员规避法律应负责任者，均属于洗钱行为。[②] 著名学者史蒂芬·普拉特是研究在岸和离岸金融服务犯罪问题的专家，他在分析金融业为何容易滋生犯罪时指出，"在大量虚拟货币转换为商品、服务甚至传统货币的过程中，模糊处理易如反掌，因此使虚拟货币领域成为洗钱者的天堂。"[③] 由于洗钱等涉及违法所得往往数额巨大，严重危害国家金融安全和秩序，并且，因为犯罪分子会千方百计地使用隐藏或规避金融机构的各种手段使其进入金融体系，从而变得形式上的合法，因此，需要加强对虚拟货币洗钱犯罪风险进行预测和分析判断。作为世界上最重要的反洗钱国际组织，反洗钱金融行动特别工作组（FATF）在这个方面进行了有益的尝试，他们在 2013 年发布了《关于以风险为基础的方法之指引：预付卡、移动支付与以互联网为基础的支付服务》（以下简称《指引》），本次《指引》关注的三种类型的新型支付产品及服务，包括预付卡、移动支付服务和基于互联网的支付服务，其中将虚拟货币也归入"基于互联网的支付服务"类别当中。本次的《指引》最有指导价值的是对于新支付产品或者服务，提出了五个衡量判断是否具有洗钱或者恐怖融资风险的因素，即"非面对面关系和匿名性""地理范围""注资方式""获得现金的可能性""服务分割性"五个评估要素。这对于剖析判断虚拟货币洗钱犯罪风险极具合理性和可操作性。

1. 非面对面关系和匿名性

查处洗钱行为的前提是需要验证识别转账或资金的身份，查明资金来源和去处。而虚拟货币网络交易平台多数没有严格的用户审查机制，只要用户进行在线注册登记就可以使用，在一些虚拟货币交易平台上进行注册甚至都不需要提供真实有效的身份信息；大多数虚拟货币账号的开立、充值、转账都可以匿名，并且不用面对面的方式进行，也不需要进行身份识别和验证。这样做虽然可以节省时间和费用、提高效率，但是，这无疑为洗钱犯罪及恐怖活动融资犯罪提供了便利条件和隐藏了极大风险。虚拟货币交易无须实名注册，因此，一些网络交易平台利用该匿名性特征可以实现在全球范围之内自由地转移资金、进行付款等。

譬如，欧洲中央银行在 2012 年 10 月发表的《虚拟货币体制》也明文指出虚拟货币被用于犯罪或洗钱的相关风险："用户的比特币地址只是一串符号，这串符号

---

① 高玉辉：《互联网金融反洗钱法律问题研究》，河北经贸大学 2020 年硕士学位论文。

② 孟建华：《洗钱与银行业机构反洗钱》，福建人民出版社 2006 年版。

③ ［英］史蒂芬·普拉特：《资本犯罪：金融业为何容易滋生犯罪》，赵晓英、张静娟译，中国人民大学出版社 2017 年版。

与用户的身份没有任何直接联系，用户亦可随时生成、启用新地址。”[①] 这就使得用户的真实身份信息始终处于隐匿状态，监管机构和执法机构难以追踪真正的犯罪分子。值得说明的是，比特币并不能够实现完全的匿名性。在比特币交易平台上的任何一笔交易，“不但交易双方的钱包中有记录，网络上还存着一个总账本，通过这个总账本，可以追踪调查到每个比特币的来龙去脉”。[②] 这对预防和打击利用比特币洗钱犯罪具有一定的作用。现在问题在于，虚拟货币也在不断翻新，种类也在不断增加，匿名性也愈发严密。比如“暗黑币”“门罗币”等，在比特币受到世界上各国政府严格管控之后，迅速成为全球著名的虚拟货币种类。据专家分析：与比特币相比，暗黑币在匿名性这一特性当中实现了重大改进，实现了完全匿名化。在一种特殊功能的保护下，用户的任何一笔交易都会自动和其他两位用户的交易混合在一起。在这种特殊保护功能机制下，暗黑币的交易过程不会留下痕迹或者交易记录，而且一旦被分销出去，其交易记录也不在中介机构留存，极大地增加了监管机构和执法机构对用户交易的侦查难度。[③]

2. 地理范围任意无边界

就地理范围这一风险衡量要素而言，该《指引》也明确指出，“在确定特定的新兴支付产品及服务风险水平的时候，在全球多大程度和范围使用新兴支付转移资金是一个重要因素。”对比这一要素，虚拟货币在理论上具有短时间内、大规模、大范围进行资金转移的可行性与能力，犯罪分子可以利用虚拟货币在全球范围之内任意进行资金的转移。最近几年来，虚拟货币成为全球范围之内一种流行的支付方式，只要输入相应的数字地址，点击鼠标，大量资金就可以以虚拟货币的形式由一个人转给另一个人，从一个国家转移到另外的国家，整个过程仅需要短短几分钟的时间。这种交易没有经过金融监管机构，比如银行或信用卡中心，也不存在汇率价差，转账费用低廉，可以为使用者节省大量费用，更不会留下相关的跨境交易的记录，极大加重了洗钱犯罪风险。

3. 注资方式宽松无限制

针对虚拟货币而言，为了增加受欢迎的程度和交易活跃程度，多数的虚拟货币并不会限制注资方式与数额，资金都是匿名的，而且不需要提供交易历史。如果虚拟货币网络交易平台对于注册用户的资金来源没有合理的审查机制，犯罪分子可以把犯罪所得及收益存入交易账户，然后再进行其他交易或者兑换真实货币，这样资金的真实来源将会被掩盖，从而可能引发更高的洗钱犯罪、恐怖活动融资犯罪等风险。“虚拟货币的去中心化，就是允许在没有任何限制或监督的情况下，转移任意数量的价值。”[④] 譬如，比特币交易平台采取宽松自由的状态，不会对用户的交易数量、次数和对象进行限制，并且，比特币的转账费用较低，注册用户进行正常转

① 转引自李耀东、李钧:《互联网金融》，电子工业出版社 2014 年版。
② 李耀东、李钧:《互联网金融》，电子工业出版社 2014 年版。
③ 转引自李耀东、李钧:《互联网金融》，电子工业出版社 2014 年版。
④ 师秀霞:《虚拟货币洗钱风险的法律规制》，载《南方金融》2016 年第 6 期。

账活动不必支付相关费用。

4. 获取现金便捷无阻碍

虚拟货币建立了一套与真实货币进行兑换的运行机制，多数的虚拟货币可以自由地兑换成真实货币，彻底实现洗钱犯罪的最终目的。其操作步骤很简单：犯罪分子使用犯罪所得及收益在虚拟货币网络交易平台购买一定数量的虚拟货币，然后再将这些虚拟货币进行买卖兑换成真实货币，就可以将犯罪所得及收益清洗干净。比如，在使用比特币进行转账、付款时，不需要烦琐的手续限制，只需要知道对方的比特币地址就可以进行转账或者支付，在比特币钱包软件当中填写对方的比特币钱包编码，就可以直接把比特币转移到对方账户，不依赖于第三方的机构就可以自由进行。因此，比起第三方支付机构的洗钱行为，更为隐蔽直接。

5. 服务既分割又协作

为了减少中间环节，防止被监管机构和执法机构察觉，虚拟货币的日常交易活动的完成往往需要完善的基础设施加以保障，如果是跨境的交易活动则需要更多的相关网络交易平台协同配合。这种服务的分割性特征给监管机构和执法机构都带来很多困难，不仅监管机构难以对相关的义务主体进行及时、有效的监督和管理，降低可能蕴藏的洗钱犯罪、恐怖活动融资犯罪等风险，而且在犯罪发生以后使得执法机构难以进行有效的侦办，尤其是在虚拟货币网络交易平台处于境外、没有案件管辖权的时候。而且，为了规避风险，降低犯罪成本，多数的虚拟货币网络交易平台往往设立在监管宽松的国家或者地区，这就更进一步增加了监管和侦办难度。

以上的分析就是反洗钱金融行动特别工作组（FATF）发布的用于衡量是否具有洗钱风险的五个特征要素，对于深入理解和认知利用虚拟货币洗钱所蕴藏的犯罪风险具有指导意义。此外，我国学者在这五个基本因素的基础上，结合虚拟货币自身特征，又增加了诸如“交易的快捷性与不可撤销性、交易记录保存的不足、识别利用虚拟货币洗钱的难度大以及交易模式的复杂性与混乱性”的特征[①]。这些特征的概括更加印证了监管机构和执法机构发掘、追查犯罪活动的困难，呼吁世界各国应该加强合作，信息共享，提高技术侦查能力。

三、虚拟货币洗钱犯罪模式的分析

虚拟货币具有的诸多特征都会使其容易成为洗钱犯罪活动新趋势和新渠道，再加上虚拟货币也在不断更新换代，其隐蔽性、流通性、即时性等越来越好，洗钱模式呈现出纷繁复杂的局面。

（一）虚拟货币洗钱犯罪原有模式的梳理

通常认为，传统洗钱犯罪的模式分为处置阶段、离析阶段和融合阶段三个阶

① 参见师秀霞：《虚拟货币洗钱风险的法律规制》，载《南方金融》2016 年第 6 期；参见兰立宏、师秀霞：《国际视域下网络洗钱犯罪防控策略研究》，中国人民公安大学出版社 2016 年版。

段，而近些年来，犯罪分子利用虚拟货币进行洗钱犯罪活动的方式在不断多样化、复杂化，他们或者根本没有使用这些方法，或者把这些方法与其他方法混合使用，使得虚拟货币洗钱犯罪模式愈发多样、复杂。笔者对此进行类型化界定，分析不同模式之间的具体表现，从而为发现和预防洗钱行为提供相应的解决方法。

国内学者师秀霞尝试对虚拟货币洗钱犯罪的模式进行了梳理与分析，总结出五种类型的相应模式：第一种，“使用虚拟货币洗钱”，即利用虚拟货币的匿名性、快捷性以及不可撤销性等特征进行洗钱犯罪活动；第二种，“利用管理商和交易商洗钱”，主要包括两个方面，一是利用虚拟货币管理者或者交易者进行洗钱犯罪获得，二是与虚拟货币管理者或交易者共谋进行洗钱犯罪获得；第三种，“利用第三方注资”，主要是指利用第三方进行洗钱犯罪获得①；第四种，“利用虚拟货币的非面对面性洗钱”，主要是指通过控制合法账户或者利用虚拟货币本身的匿名性进行洗钱犯罪获得；第五种，“与其他洗钱方式结合洗钱”，顾名思义，是指虚拟货币与其他支付手段结合进行洗钱犯罪获得。②

应当肯定，这一分析和总结有助于分析归纳实践经验，对洗钱犯罪的预测判断和有针对性预防，有重要参考价值。不过，对其分类是否合理，笔者认为值得商榷。其一，“使用虚拟货币洗钱”和“利用虚拟货币的非面对面的洗钱”，实质都是强调利用虚拟货币本身的特性（匿名、隐蔽等）进行洗钱犯罪，没有本质上的区别。其二，“利用管理商和交易商洗钱”和“利用第三方注资”这两种洗钱模式都有第三方的参与进行，并无实质差异。如果从认定洗钱犯罪是否构成共犯的角度来看，笔者认为可以从第三方“是否知情”来进行区别才具有刑法意义，这个思路后续会进一步阐述。其三，“与其他洗钱方式结合洗钱”的模式，核心是“混合”方式，有多种组合方案，这有点类似于虚拟货币洗钱犯罪模式的兜底条款，概括比较笼统。

（二）虚拟货币洗钱犯罪模式区分的新思考

通常，按照洗钱行为是否符合“处置阶段、离析阶段和融合阶段”三个阶段将利用虚拟货币洗钱犯罪分为典型与非典型的两种模式，这种分类有助于识别侦查虚拟货币洗钱犯罪的表现状态。“使用虚拟货币洗钱”和“利用虚拟货币的非面对面洗钱”，其实质都是强调利用虚拟货币本身的特性进行洗钱犯罪，如果虚拟货币的来源（上游犯罪）是通过“贩毒、黑社会、金融犯罪”等行为所得，就可能涉嫌刑法规定的“自洗钱的犯罪行为”，2021 年 3 月 1 日起实施的《刑法修正案（十一）》明确规定了“自洗钱行为可以独立认定为洗钱犯罪”，所以，这种洗钱模式的惩治已经有法可依。

虚拟货币洗钱犯罪的第二个类型或曰模式就是“是否有第三方的参与”，具体可分为以下两种：“知情”的第三方以及“不知情”“且履行了合规义务”的第三方。

① 师秀霞：《利用虚拟货币洗钱犯罪的防控策略》，载《中国人民公安大学学报（社会科学版）》2016 年第 1 期。

② 参见师秀霞：《利用虚拟货币洗钱犯罪研究》，载《中国人民公安大学学报（社会科学版）》2017 年第 2 期。

这里的第三方包括真正无关第三方和虚拟货币的管理者与交易者。这种模式的划分有利于界定“是否构成洗钱犯罪”以及“共同参与”洗钱犯罪的性质和责任。

笔者根据刑法规定和相关司法实践，将虚拟货币洗钱犯罪模式分为“自洗钱”和“其他洗钱”两大类型，有利于甄别是否构成共同犯罪以及交易平台的责任归属。这种分类的依据是“是否有第三方的参与”，换言之，利用虚拟货币洗钱犯罪大致分为：犯罪分子自己利用虚拟货币的本身特性独自进行洗钱犯罪以及有第三方共同参与进行虚拟货币洗钱犯罪两种模式，这里的第三方包括虚拟货币注册用户、虚拟货币管理者、虚拟货币交易平台、场外交易经纪人等。

1. 利用虚拟货币独自洗钱行为的模式及定性

犯罪分子自己独立地利用虚拟货币进行洗钱犯罪活动，其实质就是利用虚拟货币本身匿名性、方便快捷、可兑换性等特征进行洗钱犯罪活动。需要说明的是，即使是犯罪分子独自进行虚拟货币洗钱犯罪活动也需要适当借助相关的虚拟货币交易平台，否则是不可能正常地进行洗钱犯罪活动的，这和有第三方共同参与的虚拟货币洗钱犯罪活动一样，此时的虚拟货币交易平台仅作为提供相关交易的物理基础设施，是客观中立的“工具”。如犯罪分子将犯罪所得及收益购买虚拟货币后直接卖出获取资金，或者直接进行消费活动，这些做法都属于是犯罪分子自己的行为，不需要第三方的参与即可实现。实践中，有犯罪分子通过各种路径掌握了公民的个人信息，他们利用这些信息注册多个虚拟货币交易平台账户，在不同交易平台和不同账户之间进行交易活动以掩盖真实来源，实现洗钱犯罪活动目的。甚至有犯罪分子把合规的账户破解之后直接进行洗钱犯罪活动。这些情形都是犯罪分子在独自进行虚拟货币洗钱犯罪活动中可能会使用的方式，关于犯罪分子独自利用虚拟货币进行洗钱行为是否独立成罪，曾经颇有争议。不过，自《刑法修正案（十一）》关于洗钱犯罪的规定中，主观上去除对于“上游犯罪明知”要素的规定，明确把自洗钱行为规定为洗钱犯罪，那么，这类不问虚拟货币的来源出处，只要利用虚拟货币进行洗钱就可以入罪入刑。

根据采取的“典型的三步洗钱法”抑或“非典型的洗钱模式”，我们透视这类洗钱犯罪的步骤和过程，有助于侦查和鉴别，还有助于判断“既遂未遂”以及定罪量刑。所谓“典型的三步洗钱法”就是洗钱过程符合完整的处置、离析和融合三个阶段，而且这三个阶段往往密不可分。所谓“非典型的洗钱模式”则是不符合上述三个阶段，采取了其他非常规或者多种组合的方式洗钱。具体而言：

第一种情形，即“典型的三步洗钱法”是使用犯罪所得及收益在虚拟货币交易网站上购买虚拟货币，接着利用虚拟货币国内或者境外的交易平台将这些虚拟货币转手卖出，由于目前我国法律规定不允许虚拟货币与真实货币进行兑换，所以犯罪分子一般是将这些虚拟货币在境外的交易平台上进行买卖，然后由买家将相应的货款打入提供的账户。这种模式就是典型的处置、离析和融合三个阶段的洗钱犯罪过程，相对比较常见，犯罪分子也容易操作。有学者结合这三个阶段对比特币这种虚拟货币的洗钱犯罪过程进行了划分与介绍：如在处置阶段，犯罪分子在比特币交易平台上进行注册并且购买比特币；在离析阶段，犯罪分子将持有的比特币进行多层次、复杂化的模糊交易，或者通过“混合”技术掩盖比特币的真实来源；在融合阶段，犯罪分子利用比特币可以与真实货币的兑换性特征将已经“洗白”的比特币提现。[①]

第二种情形，即“非典型的洗钱模式”是犯罪分子没有把持有的虚拟货币兑换成真实货币，而是采用很多其他的方式与手段，譬如，直接使用虚拟货币进行投资、理财等消费活动；甚至还有其他的一些方式更简便，比如犯罪分子在虚拟货币交易平台上注册之后把犯罪所得及收益分批地购买虚拟货币，不用将其兑换为真实货币，而是直接使用、进行转账或者日常的消费活动，再或者冒着风险，购买虚拟货币之后接着就卖出获得资金；还有犯罪分子注册多个虚拟货币交易平台账户，把大量资金分散开来，一部分用于转账或者消费活动，一部分在交易平台上进行买卖获得真实货币，凡此等等，犯罪分子在“离析阶段”和“融合阶段”变化一些花样。[②]

2. 有第三方参与进行虚拟货币洗钱行为的模式及定性

如前所述，有第三方共同参与进行虚拟货币洗钱行为的模式，在侦查跟踪以及司法认定上相对更复杂一些。这些第三方包括两种类型：第一种是真正无关的第三方，如不知情的虚拟货币交易平台注册用户、尽到管理义务的虚拟货币管理者、尽到义务的合规的虚拟货币交易平台等等。只要有证据证明“这些第三方根本不知情并且尽到了合理义务，没有证据证明其具备故意或者重大过失的主观状态”就可以推定第三方没有参与到洗钱犯罪中，不按照共犯认定。值得注意的是，我国《刑法修正案（十一）》虽然取消了“洗钱犯罪中对于上游犯罪‘明知’要素”的规定，但对于共同参与的第三方主观上的要求却没有明确说明达到什么程度。笔者认为，借鉴构成挪用公款罪共犯必须具有“明知”的规定和司法认定中“存疑时应该做出有利于被告的解释”的规则来看，如果第三方确实不知情，那么不应该认定第三方构成洗钱罪共犯；如果有证据表明，第三方平台/机构虽然被犯罪分子所利用，但是，他们不仅不知情，而且尽到了“刑事合规义务”，这种情况下，可以根据“刑事合规的理论”为第三方争取从轻从宽处理，争取做不起诉决定。当然，前提是第三方平台/机构本身是合法注册登记持牌经营的。

需要重点说明的是第二种类型的第三方参与，其中第三方是指符合什么条件的主体？通常认为，主要包括虚拟货币的管理者、虚拟货币交易平台、虚拟货币交易平台的注册用户、场外交易经纪人等，并且需要有证据查明他们“没有尽到合理义务”且“存在故意或者重大过失”。实践中可能出现“犯罪分子和虚拟货币交易平台的注册用户同谋展开分工合作，在犯罪分子实施上游犯罪之后把犯罪所得及收益转移给该注册用户，由该注册用户利用虚拟货币交易平台进行洗钱犯罪活

① 参见时延安、王熠珏：《比特币洗钱犯罪的刑事治理》，载《国家检察官学院学报》2019 年第 2 期。

② 参见（英）史蒂芬·普拉特：《资本犯罪：金融业为何容易滋生犯罪》，赵晓英、张静娟译，中国人民大学出版社 2017 年版。另外，“在融合阶段，清洗干净的合法财产被融入日常社会经济获得中，然后被犯罪分子用来获取收益或者消费享乐，但是这一点在现实中很难做到，因为我们很难把融合阶段从洗钱犯罪的其他步骤当中明确地分辨出来。”

动”；“犯罪分子也可以和虚拟货币的管理者、虚拟货币交易平台共同进行洗钱犯罪活动”；“司法实践中有一些虚拟货币的管理者、虚拟货币交易平台为了收取相关费用获得利益，直接帮助犯罪分子将虚拟货币进行复杂交易掩盖真实来源，或者在明知其提供的服务被用于洗钱犯罪活动仍然允许未验证用户注册、进行交易活动”；等等。这些行为都为利用虚拟货币进行洗钱犯罪活动，提供便利条件或提供极大的帮助，应考虑涉嫌构成洗钱犯罪的共犯。另外，还有一些犯罪分子为了降低犯罪风险，在不公开真实身份信息的情况下想要以议定的价格对虚拟货币进行大量买卖的时候，他们往往会使用场外交易经纪人帮助他们进行虚拟货币的买卖活动。而且这些场外交易经纪人通常以经营着一些合法业务为幌子，专门进行洗钱犯罪活动，他们的合法包装，为监管机构察觉和追踪带来困难。在我国，虽然法律规定禁止比特币等虚拟货币与真实货币进行兑换，但社会上是存在将二者直接进行兑换的现象，犯罪分子将持有的虚拟货币分批次卖出或者卖给不同的用户就可以获得真实的货币。[①]

四、虚拟货币的监管政策与法律规则梳理

针对比特币等虚拟货币这种新兴事物，世界上的国家基本呈现出支持和否定两种态度。德国、美国、日本、加拿大等国家采取积极的支持政策，他们或者是认可比特币的“货币地位”或者出台规范虚拟货币问题的法律法规，或者设立比特币ATM 机等基础设施，为比特币等虚拟货币的发展提供有利条件。不过，也有一些国家如俄罗斯、泰国等国家则基本持否定态度。俄罗斯联邦财政部则不断强调反对允许比特币代替国家发行的货币，并考虑将虚拟货币转换为卢布的行为给予最高 4 年有期徒刑的处罚。泰国对于比特币等虚拟货币的政策则是全面禁止，泰国也成为世界首个封杀比特币的国家。

（一）有代表性的国家对虚拟货币监管的政策法律

德国是世界上首个正式认可虚拟货币“比特币”货币地位的国家，“比特币是具有法律约束力金融工具计算单位”，并且承认比特币是一种货币单位和私有资产，比特币可以作为法律允许的支付手段，诸如比特币可以兑换为其他币种等业务过程均会受到德国联邦金融监管局的监管。与此同时，德国也并没有放松对比特币等虚拟货币可能蕴藏的犯罪风险的监管和预防。

2013 年 3 月美国联邦机构金融犯罪执法网络发布指南：与比特币相关的业务应当是受到美国法律监管的资金业务，比特币在美国有限的范围之内也可以消费，甚至是兑换现实货币。至 2013 年 11 月 18 日，美国参议院召开有关比特币的听证会以后，更是明确了比特币也是一项“合法”的金融服务。后续几年，逐渐提出了“虚拟货币公司监管框架”（2014 年），加强对比特币等虚拟货币公司的监管制度建设（2015 年），规定获得许可从事虚拟货币交易活动的领照人应当履行共计 13 项

① 参见莫汉胜、刘邦月：《反网络洗钱研究》，载《金融会计》2019 年第 7 期。

相关义务，其中包括“保护消费者资产、设立客服制度、告知虚拟货币的高风险性、遵守反洗钱的法律法规、接受反洗钱监管机构的检查、保存相关交易记录、公开财务报表”等要求。

日本是全世界第一个法律明文规定虚拟货币相关议题的国家。日本参议院在2016年5月通过修正的《资金结算法》及《犯罪收益转移防止法》，对虚拟货币的相关问题进行了增加与修订，并且在2017年4月正式实施。其主要内容包括：明确虚拟货币的定义，界定了概念范围①；界定了虚拟货币交易业务的概念与范围②；要求虚拟货币交易平台提交可疑交易报告义务，加强信息安全，保障使用者的信息安全的义务等义务；具体规定了虚拟货币交易业务从业人员相关如管理义务、指导义务、采取相关措施保护使用者的义务、使用者财产的管理义务以及金融ADR的应对义务等内容。③ 自从2017年开始，日本已经出现了数十家合法的虚拟货币交易所，虚拟货币交易市场及相关规则逐渐发展完善。

除了上述国家的针对虚拟货币监管政策和法律规范，还有一些国家也对虚拟货币相关问题进行了有益实践。如加拿大，不仅承认比特币的“货币地位”，还为相关的交易活动提供便利条件，在2013年12月投入使用世界上首个比特币ATM机，并且修订完善对应法律法规对比特币相关业务进行规范。

（二）我国针对虚拟货币的监管政策梳理与评析

目前我国并没有相应的法律法规对虚拟货币的相关问题进行具体规定，从历次的政策和法律规定看，我国对于比特币这种蕴含较高犯罪风险的虚拟货币类型，采取的是较为谨慎的态度和相对严格严厉的管制政策。

第一阶段，在2007年，针对当时社会上出现的Q币虚拟货币等现象，中国人民银行的新闻发言人就指出，“如果Q币的发展中蕴藏着危险，是需要政府有关部门关注的。如果通过虚拟货币的渠道进行洗钱犯罪，央行将坚决打击。”④

第二阶段，2013年12月，中国人民银行等五部委发布《关于防范比特币风险的通知》，提出五个方面的内容，明确强调比特币不是真正意义上的货币，仅仅是一种特定的虚拟商品，不具有法定货币的地位，认可民众有参与比特币交易的自由，但不能在货币市场上流通；同时，要求各金融机构和支付机构履行反洗钱义务，不得开展比特币相关交易业务，注意防范比特币可能产生的洗钱犯罪风险。

---

① 《资金结算法》第2条第5项。本法律当中所说的“虚拟货币”，是指如下所列：一、购买物品，或者租赁、接受劳务提供的场合，为偿还这些对价，而能够向不特定人使用，且具有能够以不特定人为对象，买入或者卖出的财产性价值（限于通过电子机器及电子方法记录，但除了本国货币、外国货币和货币存款），能够通过电子信息处理组织进行转移的物体。二、以不特定的人为对象，和前述的物体能够进行交换的财产性价值，能够通过电子信息处理组织进行转移的物体。

② 《资金结算法》第2条第7项。本法中“虚拟货币交易业务”是指实施如下所述行为为业：一、虚拟货币的买卖或者和其他虚拟货币的交换；二、以前述行为为媒介，代办或者代理；三、与前述行为相关，管理利用者的金钱或者虚拟货币。

③ 参见刘凡：《我国虚拟货币的货币地位与法律监管：日本虚拟货币法律规制的借鉴与发展》，载《中州大学学报》2019年第6期。

④ 参见凤凰网，http://news.ifeng.com/c/7fYPYNiQeWW，2020年1月26日最后访问。

第三阶段，在 2014 年 3 月，中国人民银行向各分支机构下达《关于进一步加强比特币风险防范工作的通知》，要求各个银行和第三方支付机构在 4 月 15 日之前关闭境内所有的比特币平台交易账户，使得投资者无法为从事比特币交易活动的人提供银行转账或者第三方支付。

第四阶段，在 2017 年 9 月 2 日，国家互联网金融风险专项整治工作领导小组发布《关于对代币发行融资开展清理整顿工作的通知》，该通知明确认定首次代币发行（ICO）在本质上是属于未经国家批准的非法公开融资。在 2017 年 9 月 4 号，中国人民银行等七部委发布《关于防范代币发行融资风险的公告》，该公告明确取缔ICO，与此同时，要求平台不得从事法定货币与虚拟货币相互之间的兑换业务。随后有关部门约谈境内的虚拟货币交易平台，将境内的交易平台悉数关闭，[①] 就此，比特币价格直线下滑，打入冷宫。

第五个阶段，《关于进一步防范“虚拟货币”交易活动的风险提示》于 2019 年 12 月 27 日由中国证券监督管理委员会北京监管局发布。该通知剑指近期出现的虚拟货币交易现象，严重警告相关机构及人员，对于有关虚拟货币项目或平台“不得宣传推广、不得从事代理、不得投资交易、不得提供买卖服务”等五个禁令。[②]

通过梳理分析发现，虽然目前我国针对虚拟货币属性及犯罪风险的法律法规缺席缺位，但相应的部门规章和政策却一直发挥着重要影响，成为监管虚拟货币的主要规范力量。不容置疑的是：我国对于比特币等虚拟货币采取的是严格的限制与监管举措。一方面，对于比特币等虚拟货币可能引起的犯罪风险给予了高度关注，坚决防止可能出现的犯罪分子利用虚拟货币进行洗钱等犯罪活动；另一方面，积极强调对相关金融机构和非金融机构的责任，禁止其从事比特币等虚拟货币的交易业务、代理业务等。那么，面对新兴的网络金融事物，我国是否采取绝对禁止的态度，未来的政策和法律该走向何方？关于这一问题，理论的思考与实践的回应是值得关注的。

（三）我国对虚拟货币的理论研究及现实困境

一直以来，学界对虚拟货币可能涉及的犯罪风险及预防、监管等问题进行了大量研究。现阶段的研究成果，大多数是集中在比特币洗钱犯罪问题，有学者对虚拟货币的概念和特点进行了界定，阐述了其所带来的犯罪风险，并结合国内外的监管现状，提出了若干规制虚拟货币洗钱犯罪风险的对策建议。[③] 有学者对虚拟货币分类和风险进行了详细分析，在合理借鉴国外对虚拟货币监管政策的基础上提出了

---

① 杨东、陈哲立：《虚拟货币立法：日本经验与对中国的启示》，载《证券市场导报》2018 年 2 月版。

② 参见中国证券监督管理委员会北京监管局网：“不得宣传推广有关虚拟货币项目或平台，不得开展虚拟货币业务销售或交易，不得向投资者开展虚拟货币交易或变相交易业务，不得从事或代理从事境内外虚拟货币发行交易活动，辖内各金融机构和非银行支付机构不得为任何虚拟货币交易买卖提供服务。”http://www.csrc.gov.cn/pub/zjhpublicofbj/gongg/201912/t20191227_368570.htm，2020 年 1 月 27 日最后访问。

③ 参见田华：《虚拟货币洗钱风险研究及对策》，载《华北金融》2017 年第 11 期；参见米晓文：《全球数字加密货币反洗钱监管：经验与趋势》，载《华北金融》2018 年第 11 期；参见杨东、陈哲立：《虚拟货币立法：日本经验与对中国的启示》，载《证券市场导报》2018 年 2 月版。

我国虚拟货币反洗钱监管的对策建议。[①] 有学者认为可以参照FATF《虚拟货币风险为本方法指引》的具体内容提出相对应的监管策略。[②] 还有学者结合司法实践的案例对虚拟货币洗钱犯罪的模式进行了概括，并且提出了打击虚拟货币洗钱犯罪的侦查策略、调查策略以及犯罪预防策略等。[③] 另有学者认为对作为犯罪收益或工具的虚拟货币进行有效扣押，是有效预防、侦查和打击利用虚拟货币洗钱犯罪的关键，并且从多个方面提出了完善我国虚拟货币洗钱犯罪的扣押策略。[④] 还有学者专门分析了比特币洗钱犯罪的风险和洗钱模式，在深入剖析我国反洗钱法律规范体系中存在问题的基础上，提出了若干对应策略。[⑤] 总之，学者们认为，作为新型虚拟货币的加密货币在法律规制、制度适用和执法监管等三方面给我国反洗钱工作带来挑战，并建议将其纳入反洗钱法律规范体系，通过建立多种具体监管制度进行监管和规制。[⑥]

从实践的角度讲，只要是有虚拟货币的国家都会面临普遍困境。而中国面临的是独特的困境：一方面，中国在比特币网络生态圈的基础设施和服务领域的发展较为领先，不仅集中了全世界 60% 以上的比特币掘币能力，拥有全球最大的几家交易平台如OKCoin、火币、BTCC 等，国内平台上的比特币交易量占到全球的 80%~90%，而且中国在掘币矿机的制造以及芯片研究等方面的技术都处于国际领先地位。[⑦] 另一方面，对于虚拟货币监管政策一刀切，法律规范基本空白。而且，针对洗钱犯罪的刑法规定，长期以来也存在不足和缺陷，譬如，上游犯罪的范围比较狭窄，并且刑法规定本犯不能成为洗钱罪的行为主体，尤其是出现了上游犯罪本犯为了安全的需要，不直接参与，而是委托专业的交易经纪人利用虚拟货币进行洗钱犯罪，这就为侦破犯罪嫌疑人使用虚拟货币进行洗钱带来取证困难。值得注意的是，《刑法修正案（十一）》颁布实施，对于洗钱罪增加了“自洗钱构成犯罪”的规定，解决了上游犯罪的本犯可以直接认定构成洗钱罪的困境。总之，实践的困惑与理论的呼声，都透露出一致的关注：我们如何理性客观重新面对虚拟货币的现在与未来。

---

① 参见刘俊奇、安英俭、于洋：《风险为本的虚拟货币反洗钱监管研究》，载《金融理论与教学》2017 年第 6 期。

② 参见冯涛、张翠芳：《虚拟货币洗钱风险研究及监管对策：基于FATF 监管指引视角》，载《西部金融》2016 年第 6 期。

③ 参见师秀霞：《利用虚拟货币洗钱犯罪的防控策略》，载《中国人民公安大学学报（社会科学版）》2016 年第 1 期；师秀霞：《利用虚拟货币洗钱犯罪研究》，载《中国人民公安大学学报（社会科学版）》2017 年第 2 期；师秀霞：《虚拟货币洗钱风险的法律规制》，载《南方金融》2016 年第 6 期。

④ 参见兰立宏：《论利用虚拟货币洗钱犯罪资产的扣押策略》，载《公安研究》2017 年第 7 期。

⑤ 参见时延安、王熠珏：《比特币洗钱犯罪的刑事治理》，载《国家检察官学院学报》2019 年第 2 期。

⑥ 参见李伟、叶威：《加密货币洗钱风险的法律规制》，载《江西警察学院学报》2019 年第 6 期。

⑦ 麦肯锡：《2018 中国区块链行业分析报告（全文 2）》，第四部分：中国金融机构的四大商业契机和三大行动建议，载中国云媒体，http://www.yidianzixun.com/article/0IOzh3px，2021 年 1 月 25 日访问。另见，麦肯锡大中华区金融机构咨询业务：《中国银行业白皮书：区块链—银行业游戏规则的颠覆者》，2016 年 5 月。

五、虚拟货币金融监管的应然走向

从经济学层面来看，需求也就是市场，而且大多数时候，经济形态的构建通常情况下是自发的，在政府调控的前期就已经形成。不管政府承认与否，虚拟货币的发展形势和庞大的市场需求都是客观存在的。因此，采取视而不见或者放任自流的态度，显然会存在更多的问题，严重影响金融经济秩序。我国学者就多次呼吁："互联网虚拟货币不断兴起，在世界范围内得到了越来越显著的增长，其市场主体和接受人群也进一步壮大，针对这样的情况，就需要着重把握互联网虚拟货币的金融监管问题，使监管措施更科学得当，以此确保互联网虚拟货币能够实现良性发展，为世界人民造福。"[①] 笔者深以为然。从辩证的思维方式看，虚拟货币的洗钱犯罪的治理不是单纯的惩治打击，还要预防，更要疏导。如果对于虚拟货币采取的是禁止态度或者断然拒绝，则因为方法极端，只能适得其反，导致互联网虚拟货币转到地下，黑市化交易，更加扩大了风险。所以，要把虚拟货币纳入严格有序、规范合理的监管视野，更能使其向有益化发展。然而，不可否认，传统的铁路适应不了高铁的运行。虚拟货币因为其隐蔽性、快捷性、跨空间性和时间性等特点导致无法归入传统反洗钱制度体系中。加之虚拟货币对主权货币地位、投资者权益保护、网络信息安全、金融科技创新等方面具有重要影响，所以，虚拟货币的监管问题成为维护各个国家乃至整个世界金融安全与社会稳定的重要问题，必须予以高度重视和妥善解决。[②] 因此，"亟须对互联网虚拟货币进行合理定位，有效监管，使其在合法性、合理性等方面有相应的保障，从而能够实现更规范更健康稳定的发展"。[③]

笔者十分赞成学者所言："目前我国采取的禁止虚拟货币交易政策是在虚拟货币监管经验与技术较为缺乏情形下的过渡性安排，从长远来看，为了从根本上防控虚拟货币的违法犯罪风险，对虚拟货币实行适当、有效的监管是未来的趋势和努力方向。"[④] 依笔者之见，这些合理化的建议不仅具备必要性，而且也已经具备了可行性。可谓具备了"实现符合国际国内的大环境要求并且具备了理论的成熟和立法的基础"。具体阐述如下：

第一，承认了虚拟财产的法律地位，为在法律和机制方面有效确认互联网虚拟货币的法律地位铺垫了前提。众所周知，2020 年颁布的《民法典》第 127 条[⑤]，承认了虚拟财产具有可保护性和继承性质，规定了网络虚拟财产受法律保护，这是顺应了物权法的发展趋势，这对公民个人信息安全、维护公民合法权益无疑具有重大意义，同时，也预示未来立法将虚拟货币的所有权和交易权等相关

---

① 李堃：《互联网虚拟货币的金融监管问题研究》，载《营销界》2019 年 9 月第 4 期。

② 兰立宏、庄海燕：《论虚拟货币反洗钱和反恐怖融资监管的策略》，载《南方金融》2019 年第 7 期。

③ 杨东、陈哲立：《虚拟货币立法：日本经验与对中国的启示》，载《证券市场导报》2018 年 2 月版。

④ 兰立宏、庄海燕：《论虚拟货币反洗钱和反恐怖融资监管的策略》，载《南方金融》2019 年第 7 期。

⑤ 我国《民法典》中对网络虚拟财产的保护规定主要有未成年网络消费和虚拟财产继承两个方面的内容。对于未成年人网络消费，规定可以认定为无效，并能够由其监护人或者法定代理人要求返还；而对于虚拟财产继承，只要是自然人合法取得的，就可以作为遗产继承。

内容得到合法保护有了依据和参照。

第二，2021 年 1 月，央行宣布发行法定的数字货币，表明国家与时俱进，积极做出有利于推动网络经济发展的决策。尽管央行宣布的法定数字货币与虚拟货币有区分，但是他们在运用金融科技监管和保护方面也有相同之处（运用区块链技术），[①] 因此，这在一定程度上认可了虚拟货币具有使用的便捷和普遍性特征，专家分析法定数字货币的发行有利于遏制洗钱犯罪。那么，既然虚拟货币并非一无是处，只要纳入严格监管的轨道，提出反洗钱的义务要求，除恶扬善，让其优点、长处发挥展示出来。

第三，国外许多国家在虚拟货币监管制度方面的立法成就和管理经验值得学习与借鉴。如前所述，无论是欧盟还是美国，无论是加拿大、德国还是日本，都对虚拟货币的法律属性、概念范围、交易平台申请和使用的程序规则给予了明确的立法规定，供我国学习与借鉴。因此，我国应该尽快出台应对国际互联网金融发展潮流，紧随科技发展步伐，并且符合我国国情的相关法律，弥补虚拟货币发展过程中存在着某种程度上的法律空洞。政府应该在确保虚拟货币法律地位的同时，加强监管，切实有效地引导运营商的发行以及保护用户的利益。正如有学者所建议的：可以结合实际情况出台和实施《网络虚拟货币管理办法》，以此对虚拟货币的创制、发行、交易、流通，回兑等一系列相关内容作出详细的规定，从根本上有效确保金融经济秩序的有效维护。[②] 也有学者建议，日本的虚拟货币相关法制较为完整并形成体系，可以在立法上借鉴日本的《反洗钱法令》对网络虚拟货币监管方式，尽快将虚拟货币纳入反洗钱监管范围。[③]

第四，与其说拥抱监管，不如说需要更好的监管。现实呼吁将虚拟货币交易平台纳入既有的反洗钱、反恐怖融资体系。《互联网金融从业机构反洗钱和反恐怖融资管理办法》于 2019 年 1 月 1 日正式生效实施，该办法规定了“互联网金融从业机构履行反洗钱义务，包括对客户进行身份识别等行为”。与此同时，互联网金融反洗钱和反恐怖融资网络监测平台也已上线试运行。该办法出台对互联网金融从业机构起到价值导向作用，尤其有助于国家进行反洗钱监管。

众所周知，官方从 2020 年 11 月底宣布“P2P 网贷平台”彻底清零，到 2021 年 1 月 20 日的《非银行机构支付条例（征求意见稿）》，都可以看出监管的力度、宽度和深度都有明显加强，印证了 2021 年是国家对网络金融加大监管力度的关键年，笔者赞成这样的声音，“不怕监管严厉，就怕监管不力”，“与其说拥抱监管，不如说需要更好的监管”。虚拟货币受洗钱、恐怖融资等犯罪分子的青睐，但关闭交易平台无法完全禁止虚拟货币的交易，反而事与愿违，推动了将虚拟货币的交易转为地下，这种更加缺乏监管环境、无法采取预防措施的地下活动更会增加打击预防洗钱

① 麦肯锡：《区块链—银行业游戏规则的颠覆者》，载中文互联网数据咨询网，http://www.199it.com/archives/478118.html，2016 年 05 月 31 日，根据该文介绍：2015 年，厄瓜多尔率先推出国家版数字货币，……国家发行数字货币将成为趋势。

② 李晓鸥：《一带一路倡议视角下反腐败国际合作制度研究》，百花洲文艺出版社 2017 年版。

③ 杨东、陈哲立：《虚拟货币立法：日本经验与对中国的启示》，载《证券市场导报》2018 年 2 月版。

犯罪的难度，也给虚拟货币持有者带来了恐慌和风险。因此，亟须对其交易加以规制，尤其是将虚拟货币交易平台纳入既有的反洗钱、反恐怖融资体系，对相关犯罪可以起到较为明显的预防和打击作用，这已经成为国际上的共识。[①]

第五，提升金融科技应用和管理水平，健全金融科技监管基本规则和标准。2021 年 1 月召开的人民银行金融科技委员会会议[②]，为初步建成金融科技监管框架奠定了基础。[③] 央行表示，2021 年要全面提升金融科技应用和管理水平，健全金融科技监管基本规则和标准，强化金融科技创新活动的审慎监管。这些举措都表明，随着我国相关监管部门经验积累、学习与借鉴，监管措施将越来越严格，也越来越科学合理。

综上，我们应该辩证地看待虚拟货币的利弊长短，在态度上，消极的反对不如积极的应对。而一旦经验成熟，我国建立网络虚拟货币使用、流通的监管体系指日可待，相信不久，我国监管部门就会推出《网络虚拟货币监管条例》，更加提升金融科技的监管水平，从而必将有助于惩治和遏制网络虚拟货币洗钱等非法行为，对维护各个国家乃至整个世界金融安全与社会稳定具有重要意义。

---

① 杨东、陈哲立：《虚拟货币立法：日本经验与对中国的启示》，载《证券市场导报》2018 年 2 月版。

② 新浪财经：《央行：今年要强化金融科技创新活动的审慎监管》，https://finance.sina.com.cn/jjxw/2021-01-30/doc-ikftpnny2916603.shtml，2021 年 2 月 1 日最后访问。

③ 这些举措诸如，建立了金融科技发展评估体系，成功开展金融科技应用试点，推出包容审慎、富有弹性的金融科技创新监管工具，发布系列标准规则。

区块链技术背景下非法转移加密数字货币行为的刑法规制

林海珍　林胜超*

随着区块链技术的日益成熟，以区块链技术为基础的加密数字货币层出不穷，并逐渐受到各国投资者的狂热追捧，随之而来的是以加密数字货币为犯罪对象的刑事案件不断涌现。非法转移加密数字货币的犯罪行为无疑是其中最直接关乎公众切身利益的犯罪类型之一，其不仅使加密数字货币持有者具有成为被害人的高度风险，网络用户亦面临着随时被侵害的可能。笔者经调研发现对非法转移加密数字货币犯罪行为的司法认定在学界和实务中存在较大分歧。

一、区块链技术背景下加密数字货币的基本内涵

（一）区块链的基本概念

区块链是继移动互联网、大数据、云计算、人工智能后又一备受瞩目的技术创新[①]，并被广泛应用在互联网金融等领域。中国电子技术标准化研究院联合数十家单位于2017年5月16日发布《中国区块链技术和产业发展论坛标准CBD-Forum-001-2017》，将区块链定义为：一种在对等网络环境下，通过透明和可信规则，构建不可伪造、不可篡改和可追溯的块链式数据结构，实现和管理事务处理的模式。[②] 这是当下相对权威的界定。

（二）区块链技术与加密数字货币

加密数字货币的底层技术源自区块链技术的共识机制、分布式账本和密码技术。简而言之，共识机制即数据的记录是全网公开透明的；分布式账本指的是数据的储存是分布保存在整个网络的多个记账节点；密码技术指的是利用哈希函数、数字签名、零知识证明等密码学技术保障数据安全。[③] 比特币是第一个去中心化的加密数字货币，自其于2009年诞生以来，不少人利用比特币公开的源代码，制造出各种新的加密数字货币。在国内常见的还有以太币（ETH）、莱特币（LTC）、门罗币（XMR）、瑞波币（XRP）、云储币（SC）等。

---

* 林海珍（1990— ），女，浙江瑞安人，浙江省瑞安市人民检察院，第三检察部副主任、员额检察官；林胜超（1991— ），男，浙江瑞安人，浙江省瑞安市人民检察院，共青团瑞安市检察院支部委员会书记，第二检察部员额检察官。

① 王熠珏：《"区块链+"时代比特币侵财犯罪研究》，载《东方法学》2019年第3期。

② 王冠：《基于区块链技术ICO行为之刑法规制》，载《东方法学》2019年第3期。

③ 参见林胜超：《区块链技术背景下恶意"挖矿"行为的刑法规制》，载《第33次全国计算机安全学术交流会论文集》，《信息网络安全》编辑部2018年5月。

二、非法转移加密数字货币犯罪案件判决情况

(一)有关加密数字货币的盗窃案件以盗窃电力“挖矿”为主

笔者通过“中国裁判文书网”检索“比特币”“以太币”“莱特币”“瑞波币”等主流加密数字货币的关键词，二级案由“侵犯财产”，三级案由“盗窃罪”，审判程序“一审”，统计出2014年至2019年9月相关判例151件。其中114件为行为人利用“挖矿机”盗窃电力资源以进行挖矿，6件为行为人以操作他人加密数字货币钱包、交易平台账号及密码的方式窃取被害人持有的加密数字货币。例如杭州市临安区人民法院判决的被告人丁某犯盗窃罪一案[①]中，被告人丁某利用被害人程某的瑞波币账户、密钥，盗走其账户内669 136个瑞波币。武汉市汉阳区人民法院判决的被告人黄某某犯盗窃罪一案[②]中，被告人黄某某亦利用被害人刘某的比特币钱包账号和密码，盗走比特币钱包内的0.22个比特币。

从上述调研样本可见，以盗窃罪定性的窃取加密数字货币案件总体较少，主要情形为窃取电力非法“挖矿”。窃取电力“挖矿”并不属于非法转移加密数字货币，但反映了以“挖矿”方式生产加密数字货币需耗费大量的电力。由于“挖矿”类似于“猜数字”,“挖矿”的效率与硬件设备运算能力具有正相关，而且从技术层面而言，随着未被“挖矿”的加密货币数量越来越少,“挖矿”耗时越来越长,“挖矿”对电量的消耗非常可观。[③] 例如安徽省马鞍山市中级人民法院判决的被告人张某某等人犯盗窃罪一案[④]中，被告人张某某等人使用10台比特币挖矿机在3天内窃取电能将近15 000元。

(二)常见以加密数字货币交易为幌子实施诈骗

笔者通过“中国裁判文书网”，以前述主流加密数字货币为关键词，二级案由“侵犯财产”，三级案由“诈骗罪”，在检索基础上进行人工排查，统计出2014年至2019年9月相关判例29件。其中15件为行为人以代购或投资加密数字货币为幌子骗取他人钱财，有1件对诈骗被害人交付加密数字货币行为以诈骗罪定性。[⑤]

上述判例反映，一是实务中确有判例对骗取加密数字货币的行为以诈骗罪定性，但总体较少。二是较为常见的是行为人以加密数字货币为幌子，骗取被害人支付钱款。可见，无论当前国家政策或者司法判例对加密数字货币的性质、地位或价值是否采取肯定态度，实践中，不少人肯定了加密数字货币是具有交易价值的，并愿意付出真金白银去兑换。在有些判例中，行为人将加密数字货币作为支付工具

① 参见浙江省杭州市临安区人民法院刑事判决书(2017)浙0185刑初636号。

② 参见湖北省武汉市汉阳区人民法院刑事判决书(2018)鄂0105刑初543号。

③ 参见林胜超:《区块链技术背景下恶意“挖矿”行为的刑法规制》，载《第33次全国计算机安全学术交流会论文集》,《信息网络安全》编辑部2018年5月。

④ 参见安徽省马鞍山市雨山区人民法院刑事判决书(2017)皖0504刑初134号。

⑤ 参见广东省湛江市赤坎区人民法院刑事判决书(2018)粤0802刑初249号。

用于投资理财，[①] 甚至在个别判例中，公司将加密数字货币当作工资予以发放。[②]

（三）非法转移加密数字货币以侵财犯罪定性逐年增多

笔者通过“中国裁判文书网”，以前述主流加密数字货币为关键词，二级案由“侵犯财产”“妨害社会管理秩序”进行检索，经人工排查统计如下：2014 年至 2019 年 9 月，非法转移加密数字货币的行为以盗窃罪、诈骗罪、敲诈勒索罪以及职务侵占罪定性的侵犯财产判例共 12 件，以非法获取计算机信息系统数据判例 7 件。调研数据反映，从 2014 年至 2019 年以来，非法转移加密数字货币的行为以侵财犯罪定性的判例总体较少，但逐年呈类型多样化（见图 1），数量总体增加的趋势；以非法获取计算机信息系统数据罪定性的判例，总体占比均在 50% 以下。（见图 2）。

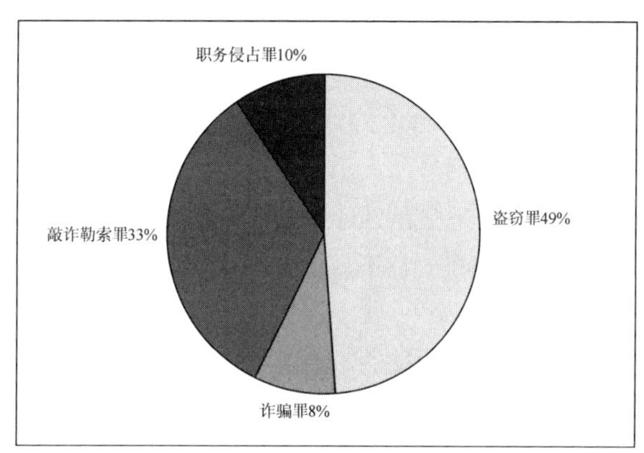

图 1　2014 年至 2019 年 9 月非法转移加密数字货币以侵财犯罪定性的判决情况

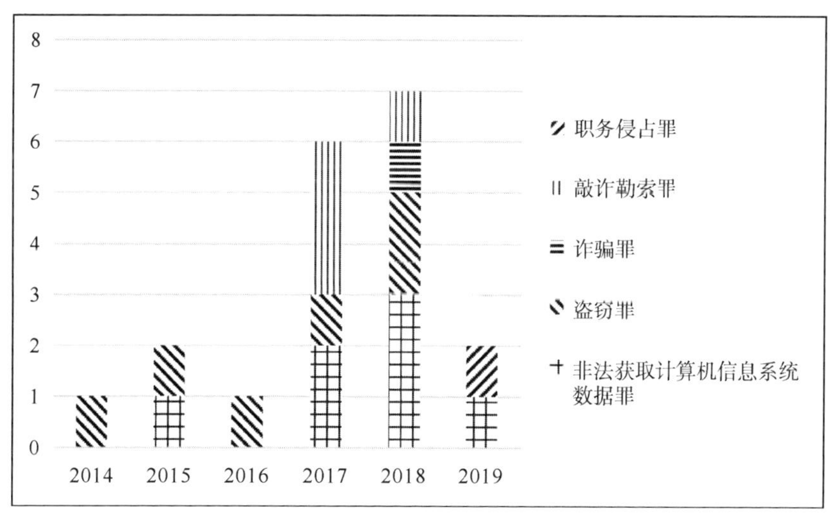

图 2　2014 年至 2019 年 9 月非法转移加密数字货币的裁判情况

上述情形反映了两个现状，一是随着区块链概念的不断普及，应用加密数字货

① 参见浙江省宁波市鄞州区人民法院刑事判决书（2019）浙 0212 刑初 865 号。

② 参见广东省深圳市龙岗区人民法院刑事判决书（2019）粤 0307 刑初 1206 号。

币的人群增多，非法转移加密数字货币的案件总量呈增多趋势。二是近年来司法实务对加密数字货币具有财产属性的认可度有所增加。

（四）加密数字货币是否具有财产属性存在分歧

从笔者收集的判例来看，对于行为人同样以隐蔽手段非法转移被害人加密数字货币的行为，定性为盗窃罪的有 6 件，定性为非法获取计算机信息系统罪的有 7 件。

在被告人仲某某犯非法获取计算机信息系统罪一案[①]中，被告人仲某某在进入被害单位租用的服务器后，通过插入代码的方式从被害单位比特币钱包内窃取 100 个比特币。司法机关认为，被告人仲某某在被害单位的服务器中插入代码，对数据加以修改，并将数据所代表的比特币转移至其个人开户的网络钱包中的行为，可视为对计算机信息系统数据的非法获取。[②] 在被告人武某某犯盗窃罪一案[③]中，被告人武某某利用被害人金某投资平台上的账号、密码，通过篡改收款地址的方式窃取账户内 70.957 8 枚的比特币，后在“火币网”交易平台上出售。被告人武某某上诉辩称比特币是一种虚拟商品，不是刑法上的财物。二审法院认为，被害人金某持有的比特币是付出一定对价获得的，它不仅是一种特定的虚拟商品，同时也是被害人金某在现实生活中实际享有的财产，属于侵财犯罪保护的对象。

可见，实务中对加密数字货币能否以侵财犯罪定性，主要争议在于其是否应认定为财产，或者仅仅属于电子数据。

（五）加密数字货币的价格认定标准不一

若对窃取、骗取或者以其他手段非法转移加密数字货币的行为以侵财犯罪定性，必须解决的问题是犯罪数额，即加密数字货币价值的认定问题。实务中，不同的法院对类似的行为采用了不同的认定标准。

例如浙江省天台县人民法院判决的被告人武某某犯盗窃罪一案[④]中，法院以价格鉴定结论书为依据；上海市普陀区人民法院判决的被告人陈某犯盗窃罪一案[⑤]，法院以销赃数额认定犯罪数额；济源市人民法院判决的被告人郭某犯诈骗罪一案[⑥]，法院以被害人购入的价格认定犯罪数额；湛江市赤坎区人民法院判决的被告人刘某某犯诈骗罪一案[⑦]，法院则以被告人刘某某转账当日的以太币的收盘价格认定犯罪数额。

可见，鉴于加密数字货币价格浮动大，又缺乏市场价格，实务中对于加密数字货币的价值认定标准并不统一，或者以购入价认定，或者以销赃价认定，或者以交

---

① 参见北京市海淀区人民法院刑事判决书（2018）京 0108 刑初 1410 号。

② 彭波：《以非法获取计算机信息系统数据罪北京检方批捕比特币盗窃案嫌疑人》，载《人民日报》2018 年 3 月 26 日，第 11 版。

③ 参见浙江省台州市中级人民法院刑事判决书（2016）浙 10 刑终 1043 号。

④ 参见浙江省天台县人民法院刑事判决书(2016) 浙 1023 刑初 384 号。

⑤ 参见上海市普陀区人民法院刑事判决书（2014）普刑初字第 1162 号。

⑥ 参见河南省济源市人民法院刑事判决书（2017）豫 9001 刑初 1024 号。

⑦ 参见广东省湛江市赤坎区人民法院刑事判决书（2018）粤 0802 刑初 249 号。

易日价格认定。至于采用价格鉴定结论的，对于如何进行价格鉴定则语焉不详。

三、非法转移加密数字货币犯罪案件的理论分歧

非法转移加密数字货币行为的司法认定在刑法学界同样存在较大分歧。笔者按照搜索词汇的精准度和引用率降序排序，检索“中国知网”数据库的CSSCI来源期刊、核心期刊中，分析发现学界主要存在以下几方面的认识分歧。

（一）加密数字货币能否认定为货币

尽管我国并不承认加密数字货币作为货币的地位，但是仍有观点从货币职能角度来探讨加密数字货币的货币属性，以此得出加密数字货币应认定为货币。该观点认为，尽管定价波动会造成加密数字货币资产价值的不稳定，但加密数字货币实际承担了交易中介与价值存储功能，[①] 刑法应当认定其在这种特定情形下构成实质上的货币。

（二）加密数字货币是否具有稀缺性

研究加密数字货币的财产属性，离不开经济学视角的检视。经济学意义上的财物以稀缺性为前提。有学者认为，比特币的产生过程完全基于技术，其数量上限和达到数量上限的时间都已经被技术固定，即在2140年达到2100万的数字上限。[②] 同样，杭州互联网法院以总量恒定为2100万个论证比特币的稀缺性。但反对观点认为，加密数字货币最多只具有人为的稀缺性，不是传统经济学意义上的财物。比特币的开发者“中本聪”绝对可以将比特币的数量上限设定为210亿、2100亿，而不是2100万。

（三）加密数字货币是否凝结了人类抽象的劳动力

从马克思的劳动价值理论来看，凝结劳动力是财产的基本属性。有观点以加密数字货币凝结人类劳动来肯定其财产属性，用户获取数字货币的过程与结果可界定为劳动付出。也有观点认为凝结人类劳动的数字货币程序不等于用户得到的数字货币也凝结了相应的劳动付出，而且加密数字货币的获取完全依赖于矿机长期、自动运行相应的程序，在这过程中，无须投入人类的劳动。

（四）加密数字货币是否具有使用、交换价值

加密数字货币主要通过市场流通来是实现自身价值。有观点认为加密数字货币在我国被限制交易流通使用，持有者无法实现对加密数字货币完整的所有权，进而否定加密数字货币的使用、交换价值。也有观点认为，近年来，加密数字货币应用环节的发展十分迅速，主要包括支付应用、交易应用和投资应用等，即使我国禁止加密数字货币交易平台提供比特币交易、信息中介等服务，但比特币持有者仍可

---

① 谢杰：《“去中心化”数字支付时代经济刑法的选择——基于比特币的法律与经济分析》，载《法学》2014年第8期。

② 参见盛松成、张璇：《虚拟货币本质上不是货币——以比特币为例》，载《中国金融》2014年第1期。

以在境外的交易平台或接受比特币结算的购物网站、实体店中使用。[①]

（五）加密数字货币是否具有可控制性

是否具有可控制性旨在讨论加密数字货币的支配性以及权属问题。倘若不能被占有、使用、收益和处分，自然无法成为受法律关系调整的财物。有观点认为加密数字货币是一种密码学货币，持有者所拥有的仅仅是一段密钥，但这段密钥本身并不是加密数字货币，可以说加密数字货币是完全虚的，人们甚至无法找到加密数字货币的真正载体。[②] 也有观点认为加密数字货币持有者可以通过掌握的私钥，实现对加密数字货币绝对的、排他的支配，不需要现实、直接占有。[③]

四、非法转移加密数字货币的司法认定路径

（一）加密数字货币应认定为刑法意义上的财物

尽管从保障金融管理秩序和外汇安全等角度，国家对加密数字货币以"一刀切"的方式禁止交易。但不可否认的是，加密数字货币因具备交换价值而不断普及。面对加密数字货币的犯罪行为不断涌现，我国相关的立法设计尚未跟进，导致加密数字货币属性不明。笔者认为，不应承认加密数字货币的货币属性，但其具备现实中的财产的基本属性，属于特殊的虚拟商品，应认定为刑法意义上的财物。

1. 加密数字货币不具有货币地位

第一，政策上否认加密数字货币的货币地位。中国人民银行等五部委于 2013 年 12 月 3 日印发的《关于防范比特币风险的通知》（以下简称《通知》）明确强调比特币是一种特定的虚拟商品，不是真正意义的货币。中国人民银行上海总部于 2017 年 1 月 6 日重申比特币是特定的虚拟商品、无货币地位。

第二，加密数字货币不符合经济学意义上的货币职能。加密数字货币仅具备部分的货币功能。欧洲中央银行（ECB）曾指出比特币不完全符合货币的经济学要求，一是比特币的公众接受度不高，只能在一定限度内发挥交易媒介的功能；二是比特币的兑换率极不稳定，导致比特币的储值功能有限；三是在接受度低和高度波动性的双重作用下，使得比特币不宜作为一种计价单位。[④]

第三，从金融安全角度，不应被赋予加密数字货币货币地位。一方面，法定货币以国家信用为支持。区块链技术具有的去中心化和去信用化的特点导致加密数字货币并不具有国家信用基础，其脱离国家的直接监管，难以防范可能出现的金融风险。另一方面，若赋予加密数字货币货币地位，不仅与人民币的法定货币地位相抵触，又会导致加密数字货币成为洗钱、逃汇、逃税等违法犯罪的合法工具而增大监管难度。

① 参见王熠珏：《比特币的性质界定与刑法应对》，载《科学·经济·社会》2018 年第 3 期。

② 樊云慧：《比特币法律属性探析——从广义货币法的角度》，载《中国政法大学学报》2017 年第 5 期。

③ 参见赵磊：《论比特币的法律属性——从HASHFAST 管理人诉MARCLOWE 案谈起》，载《法学》2018 年第 4 期。

④ 王熠珏：《"区块链+"时代比特币侵财犯罪研究》，载《东方法学》2019 年第 3 期。

2. 加密数字货币具备财产的基本属性

刑法上的财物首先应当具备财产的基本属性，而加密数字货币因凝结了人类抽象的劳动力，具有稀缺性、使用及交换价值的特点与现实中的商品在本质上别无二致。

首先，加密数字货币凝结了人类抽象的劳动力。根据通说，获取加密数字货币的途径仅有两种，一是通过转移加密数字货币的方式取得，二是通过“挖矿”的方式获取。“挖矿”实际上是将待确认的交易记录打包添加到所有加密货币交易的公共记录中的过程，其本质是利用计算机的运算能力争夺记账权。由于“挖矿”过程需要对没有固定算法的哈希值进行计算，只能靠计算机的运算能力做随机哈希值碰撞。[①] 虽然在整个“挖矿”的过程中，看似“矿工”未直接投入人类的劳动力，但是加密数字货币的程序的配置及发布却凝结了开发者大量的劳动投入。“矿工”需要出资购买价格不菲的“矿机”，在“矿机”上安装、配置“挖矿”程序，将“矿机”加入“矿池”，启动“矿机”“程序”等人力、物力的投入。[②] 对此，杭州互联网法院也强调了比特币通过“矿工”“挖矿”的生产过程及获得比特币的结果凝结了人类抽象的劳动力。

其次，加密数字货币具有稀缺性。其一，刑法学上关于稀缺性的认定标准不应局限于经济学理论，刑法学上财物的内涵应随着时代的发展不断更新。其二，虽然加密数字货币发行者能够在极短的时间内制造出数以亿万计的数字货币，完全具有生产、无穷制造数字货币的技术能力。但是稀缺性是一种客观存在，不能以具有无限生产、无制造的技术可能来否定当下加密数字货币总量恒定的实然现状。其三，从市场流通情况来看，正是由于加密数字货币总量有限的特点，才导致加密数字货币的价格动荡，并成为诸多投资者追捧的对象。

最后，加密数字货币具有使用、交换价值。其一，从技术层面来看，以比特币为例，比特币账户由公钥、私钥、地址构成，公钥和地址是对外公开的，私钥是经过多个过程加密而成的。私钥是由 256 位的二进制编码构成，掌握私钥即可以对所属账户进行使用、交换。[③] 其二，从实然层面来看，加密数字货币的交易行为广泛存在。当前，加密数字货币的应用环节发展十分迅速，已经涵盖支付应用、交易应用和投资应用。其三，从政策层面来看，虽然我国央行等七部门于 2017 年 9 月 4 日联合下发《关于防范代币发行融资风险的公告》(以下简称《公告》)，宣布即日起任何组织和个人不得非法从事代币发行融资活动，禁止任何代币融资交易平台从事代币兑换业务。而承认加密数字货币的使用、处分、收益权能，与《公告》的规定并不冲突。从《公告》的制定目的来看，国家是为了防范与化解金融风险，打击非法的融资行为，才禁止虚拟货币交易和ICO 活动，但《公告》并未否定私人之间的

---

① 王皓、宋祥福、柯俊明等：《数字货币中的区块链及其隐私保护机制》，载《信息网络安全》2017 年第 7 期。

② 参见孙健：《区块链百科全书：人人都能看懂的比特币等数字货币入门手册》，电子工业出版社 2018 年版。

③ 参见王卫、南庆贺：《论盗窃比特币的行为性质》，载《西部法学评论》2018 年第 5 期。

比特币交易行为。深圳国际仲裁院于2018年10月25日公布的涉比特币股权转让合同纠纷仲裁案件中，亦承认了比特币的上述所有权属性。

3. 将虚拟财产纳入财产犯罪规制符合司法判例

虽然我国现有的法律尚未明确虚拟财产的财产属性，最高人民法院在发表对2013年《关于办理盗窃刑事案件适用法律若干问题的解释》的理解与适用时，更是明确提出虚拟财产不作为财产处理的意见，但是从我国近年来的司法判例来看，虚拟财产已逐步被认可为侵财犯罪保护的对象。

例如，在2017年10月12日最高人民检察院印发的第九批指导性案例张四毛盗窃案，明确了域名具有财产属性，盗窃域名可构成盗窃罪。① 又如杭州互联网法院2019年7月18日对一起涉"比特币"网络财产侵权纠纷案件进行宣判，认定比特币的虚拟财产的法律地位，主要理由是比特币具备价值性、稀缺性、可支配性。② 又如上海市青浦区人民检察院提起公诉的被告人陈某等人涉嫌故意毁坏财物罪一案，被告人陈某等人毁坏他人账号中游戏装备。检察机关认为涉案的战船等游戏道具与有形财产一样同样具有使用及交换价值，具备"财物"属性，可以成为刑法保护的对象。③ 上述意见得到法院的认可，最终法院以故意毁坏财物罪对被告人陈某等人定罪处罚。

4. 承认虚拟财产的财产属性符合当前国际立法趋势

从境外刑事立法和司法来看，已有部分国家将虚拟财产视为财产犯罪保护的对象，甚至有国家的立法呈现出逐步认可虚拟财产财产属性的趋势。例如，在虚拟财产刚出现时，韩国法律采取完全排斥的做法，韩国不仅否定虚拟财产的合法性，还禁止虚拟财产交易，后随着侵犯虚拟财产的行为频发，韩国不得不重新对虚拟财产进行定位，最终通过立法认定虚拟财产具有财产价值，其性质等同于钱财。④

5. 认定侵犯财产犯罪符合罪责刑相适应的原则

是否将非法转移加密数字货币以侵财犯罪论处，应着重考量能否实现罪责刑相适应以及处罚的均衡性。

一方面，若将非法转移加密数字货币一律以非法获取计算机信息系统数据罪处理，会导致罪责刑不相适应。例如，甲准备了50万元用于购买比特币，但在购买前被乙窃取，乙用窃得的50万元购买了比特币，后被丙窃取。根据现有的法律规定，乙的行为构成盗窃罪，量刑在有期徒刑十年以上；丙若构成非法获取计算机信息系统罪，量刑在有期徒刑三年以上至七年以下。由此可见，同样是非法获取价值50万元的财产，在处理上却相去甚远，这样的结果难以让人接受。

另一方面，唯有将非法转移加密数字货币以侵财犯罪予以论处，才能更全面地保护加密数字货币稳定的占有关系。非法转移加密数字货币的手段行为通常包括

① 万春、缐杰、张杰：《〈最高人民检察院第九批指导性案例〉解读》，载《人民检察》2017年第23期。

② 王春：《首例涉比特币网络财产权侵权纠纷宣判 比特币虚拟财产法律地位首获认定有何意义》，载《法制日报》2019年8月2日，第7版。

③ 蒋云飞、鲁璐：《毁坏他人游戏装备，该如何处理》，载《检察日报》2019年11月1日。

④ 参见范硕：《侵犯虚拟财产行为的刑法规制》，载《人民论坛》2014年第5期。

盗窃、诈骗、敲诈勒索等。若否定加密数字货币的财产属性，将会导致诈骗、敲诈勒索加密数字货币等行为无法定罪处罚。

（二）非法转移加密数字货币犯罪数额的认定思路

从当前判例来看，对于加密数字货币价值的认定依据主要有被害人购入价、销赃价及估价机构认定的金额等。笔者认为亟须建立一套合理且具有实践意义的认定标准，具体分析如下：

1.“挖矿”方式相差悬殊，生产成本缺乏计算方法

有观点以网络“挖矿”获取加密数字货币的时间、计算力投入认定加密数字货币价值。加密数字货币的产生依赖于CPU的电力和时间消耗，设备运算能力对于加密数字货币的产生具有重要意义。随着加密数字货币全网的运算水准不断上涨，出现了“矿池（Mining Pool）”这种将少量算力合并联合运作的方法，在该机制中，个人矿工只要通过“矿池”参与挖矿活动，无论是否成功挖掘出有效的数据块都可以依据对矿池的贡献度分享获得的比特币。在多人合作“挖矿”的模式下，时间及计算力的投入也可以通过电子数据司法鉴定来确认。[①]

但是，加密数字货币的生产成本计算通常要综合考虑挖矿设备成本、设备折旧成本、电费成本、时间成本、人力成本等多重因素，该种观点实际操作困难。一方面，时间成本、人力成本难以量化。另一方面，挖矿行为发生于计算机信息系统运行期间，其行为与计算机正常使用时间重叠，难以准确计量因挖矿产生的额外电费支出。而CPU、GPU虽均有损耗寿命，但没有相应的技术可以测量硬件的损耗程度，也难以论证硬件的损毁与挖矿行为的因果关系。

2.“平台平均价”变量因素过多，难以确定公允价格

有观点认为应当以案发当日众多交易平台所发布价格的平均值认定犯罪数额。笔者认为该种观点并不客观。一方面，目前加密数字货币市场尚未形成相对成熟的市场交易机制，我国加密数字货币交易平台诸多，大型的有火币网、天富网等，鉴于各大平台交易的价格参差不齐，甚至相差悬殊，如何筛选交易平台做进一步统计缺乏可行性。另一方面，即使是同一个交易平台，因加密数字货币的交易价格极为动荡，有可能存在一日之内涨跌几倍的极端情况，由此确定的平均价格未必公允。

3. 有交易价格的，以转移加密数字货币时的平台交易价认定

一是径直以购入价或销赃价计算价值不客观。由于加密数字货币的价格暴涨暴跌、波动幅度巨大，以购入价格或销赃价格为标准均无法体现犯罪行为时的实际价值，尤其是对于转移加密数字货币后尚未变现的情形，不存在销赃价格。

二是加密数字货币的价格变动类似于股票，存在价值的波动，对犯罪数额以犯罪时的财产价值认定为宜。《关于办理受贿刑事案件适用法律若干问题的意见》第2条规定，“受贿数额按转让行为时股份价值计算”。因此，参考司法解释将收受股

① 刘品新、张艺贞：《虚拟财产的价值证明：从传统机制到电子数据鉴定机制》，载《国家检察官学院学报》2017年第5期。

票的受贿案件的计算股份价值的时间确定为“转让行为时”，非法转移加密数字货币的犯罪数额宜优先以行为人转移行为发生时的价格来计算。既符合司法解释精神，又能体现出行为人犯罪行为的罪责。

因此，对于存在平台交易价格的，应以非法转移时该交易平台公布的交易价格为犯罪数额的认定标准。没有案发时交易价格的，可以考虑以该平台当日公布的平均价格为标准。

4. 缺乏平台交易价的，优先以销赃价认定

首先，考虑到加密数字货币的价格受政策、市场影响较大，尤其是在当前国内禁止交易的情况下，部分加密数字货币会出现交易价格的“断层”，或是因加密数字货币转移至本地钱包地址保存，而不存在平台的交易价格，无法按照平台交易价认定。

其次，销赃价计算侵财犯罪数额有法律依据。2013 年两高《关于办理盗窃刑事案件适用法律若干问题的解释》，“盗接他人通信线路、复制他人电信号码出售的，按照销赃数额认定盗窃数额”，在缺乏客观交易价格的情况下，笔者认为可以参考对于无法客观评估价格的情形，应适用销赃价予以认定。

最后，销赃价一定程度上能体现加密数字货币的价值。销赃价即行为人非法所得获利，对于销赃价格高于行为人购入价的，说明加密数字货币的客观上的市场价确在购入价以上，以销赃价为处罚依据并未加重行为人责任。另外，对于销赃价低于被害人购入价的，即被害人损失大于销赃数额的，同样可以参照上述司法解释，将损失数额作为量刑情节考虑，同样能够罚当其罪。

5. 没有平台交易价又未销赃的，以被害人购入价计算

其一，实践中可能缺失平台交易价或销赃价。一方面，行为人除了窃取他人交易平台账户中的加密数字货币外，还可能窃取他人非交易平台账户中的加密数字货币，而在后种情形中是不存在平台交易价格的。另一方面，并非所有的侵财犯罪均会伴随着销赃的环节，行为人或迟迟未销赃或未销赃而被查获，这导致无法按销赃价格予以认定。

其二，以被害人购入价认定符合相关司法解释。2013 年 3 月 18 日发布的《关于办理盗窃刑事案件适用法律若干问题的解释》第四条第一项规定，被盗财物有有效价格证明的，根据有效价格证明认定。被害人若通过继受取得加密数字货币，则往往存在交易记录，该交易记录正是证明其获取加密数字货币所支付对价的有力证据。由被害人提供证据证明其购入的价格无疑是计算加密数字货币价值的可行方法之一。

其三，被害人的购入价体现了犯罪行为的危害性。侵财犯罪的设置旨在保护他人的财产权益，若以被害人的购入价认定加密数字货币的价值，不仅体现了被害人所遭受的实际财产损失，还反映了犯罪行为社会危害性的大小。

抓包软件类犯罪实证分析

戴 丽 王灵敏*

随着互联网的发展，传统犯罪与计算机技术的结合日益紧密，呈现出新的犯罪特征。近年来，在互联网支付领域，以FD软件为代表的抓包软件类犯罪案件日益增加，带来了实务审查的难题。本文综合实务案例对抓包软件类犯罪进行分析，以期提供处理此类案件的可行方案。

一、抓包软件类犯罪的概念

抓包（又称“Sniffer”）是一种基于被动侦听原理的网络分析方式。利用此种技术方式，可以监视网络的状态、数据流动情况以及网络上传输的信息。网络数据的传输和接收中，发送端设备将电子数据通过网卡以帧为单位发送至网络，然后接收端设备的网络适配卡捕获到这些帧，并对其加以存储识别，就呈现为我们日常所见的电子数据。一般情况下，接收端设备以外设备的网络适配卡对于不属于自己的数据包将不予响应，但抓包程序会利用以太网的特性将网络适配卡设置为混杂模式。而一旦网络适配卡被设置为此种模式，其就能接收传输在网络上的每一个数据包，从而存在着捕获账户密码、交易信息、涉密文档等没有加密的信息的可能性。抓包软件类犯罪，正是利用具备上述功能的程序软件，非法截获相关网络数据信息，尤其是支付信息并进行操作，从而实现一定犯罪目的的犯罪。此类犯罪与传统犯罪最大的区别就是利用了抓包软件这种新型的计算机技术。目前国内刑事实务中较为常见的抓包软件为FIDDLER（以下简称FD）。

二、抓包软件类犯罪的样本选择及特征

（一）实证样本的选择

笔者在中国裁判文书网、无讼案例网、北大法宝网上，设定检索案由为“刑事”类，设定检索条件为“FD”“抓包软件”“0.01元”等关键词，共检索得数百份判决文书。经对判决文书逐个审查，排除重复文书、无关案例等，笔者共获取有效案例49个，均发生在互联网支付环节。样本分布情况如表1所示。

* 戴丽（1985— ），浙江诸暨人，浙江省杭州市上城区人民检察院第二检察部副主任、员额检察官；王灵敏（1992— ），浙江温州人，浙江省杭州市上城区人民检察院第二检察部员额检察官。

表 1　样本分布图（单位：个）

江苏省	37
广东省	3
北京市	3
浙江省	3
上海市	2
湖北省	1
合计	49

（二）实证样本的特征

1. 作案地域分散化

互联网打破了时空的限制，为民众带来便利的同时也为犯罪提供了便利。抓包软件类犯罪的行为人分布天南海北，直接通过互联网实施犯罪行为，无须与被害单位有物理联系。此种虚拟空间作案的新型模式给公安侦查带来现实难题。一方面此类犯罪通常由被害单位直接向所辖公安机关报案，公安机关往往需要跨区域办案、跨地域合作才能完成侦查。另一方面公安机关受传统侦查方式的限制，在此类案件如何展开侦查、如何有效收集证据上缺乏经验。

2. 作案手段隐蔽化

此类犯罪没有作案现场，难以发现、固定和提取犯罪证据。行为人与上下游网络黑灰产业紧密对接：通过注册非实名制账户或者购买他人个人身份证信息用于掩饰身份；通过购买VPS虚拟器等软件设置虚拟IP用于掩饰操作行为；通过购买黑卡、黑支付宝、黑手机号作为支付工具、收款渠道。这大大增加了公安机关的侦查难度，需要公安机关对内与刑侦部门、技侦部门、网监部门协作，对外与第三方平台密切合作、有效沟通。

3. 虚拟空间成为犯罪信息集散地

行为人大量利用QQ群、微信群作为传授犯罪方法、扩散系统漏洞信息、传播抓包软件的网络场所。此类聊天群组具有半封闭性，进群需要进行资格审核，如"发红包进群"。在隐蔽的网络空间内，各行为人以虚拟的网络身份进行广泛交流：学徒"拜师学艺"，学习抓包软件的操作方法；师傅指导购买黑支付宝、黑卡等做犯罪前必要准备；群内分享"线报""测水"、上传操作软件。上述犯罪行为在聊天群组中被广泛地定义为"薅羊毛"。

4. 作案年龄低龄化

年轻人价值观未成熟容易被诱导，接受能力强，能够较快领悟抓包软件的操作方法，因此抓包软件类犯罪的行为人以年轻人为主。笔者对南京某区院处理的"江苏欧飞电子商务有限公司话费充值平台被盗充话费"系列案件合计33件、35名嫌疑人进行统计，可以看到"90后"占了绝大多数。

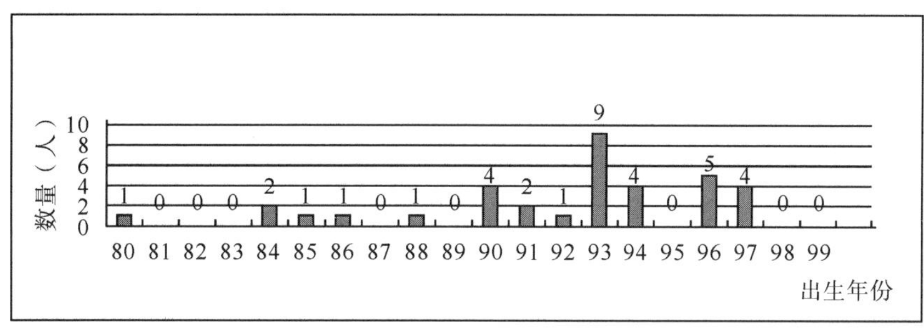

图 1　被告人出生年份分布图

5. 损失总额巨大

在互联网传播环境下，一旦系统被发现可以使用抓包软件进行支付操作获利的漏洞，该线报就会通过聊天群组迅速传播。此类犯罪的特征是，单笔操作或者单个行为人造成的后果并不严重，但它们的集合却能积少成多，在短时间内造成被害单位大量损失。如南京市某区院处理的“江苏欧飞电子商务有限公司话费充值平台被盗充话费”系列案件中，在 2015 年 11 月 16 日一天内发生数十起盗充案件，造成数十万元的损失；如本院处理的“泰融理财 App 被盗充金额提现”系列案件中，被害单位报案称在 2016 年 11 月 8 日至 9 日短短两天内有 82 人进行操作，被盗充金额达千万元。

6. 定性存在争议

此类犯罪系互联网支付领域的新型犯罪，与传统侵财类案件既有联系又有区别，实务中关于如何适用法律、如何定性颇有争议。样本中，50.82% 的案件以侵占财产类犯罪定性，但仍有少部分以计算机类犯罪定性。

三、抓包软件类犯罪的定性分析

要对抓包软件类犯罪进行准确定性，首先需要明确目前刑事实务中主要有哪几种犯罪类型，其次要明晰各类型犯罪主要涉及哪几种罪名，最后要明确涉嫌多罪名情形下的处断原则。

（一）主要犯罪类型

实证分析可以明确，抓包软件类犯罪的争议突出表现在非法获取计算机信息系统数据罪、破坏计算机信息系统罪与其他传统犯罪相交织的情况中，根据作案手段、获利方式的不同，可分为以下五种类型。

1. 账户充值类

行为人主要是在电信公司、网购商城、金融理财公司等被害单位账户充值过程中，拦截向上述被害单位计算机信息系统传输的充值数据，篡改交易金额，使得行为人或他人相应账户获得额外充值金额。①

① 参见江苏省南京市雨花台区人民法院刑事判决书（2016）苏 0114 刑初 226 号。被告人胡某利用抓包软件盗充话费 1.82 万元，认定构成盗窃罪。

行为人对于相关账户额外获得的充值资金显然具有非法占有的目的。其通过篡改交易金额的方式，在被害单位没有察觉的情况下获得了额外部分资金的所有权，符合盗窃罪的构成要件。

2. 低价购券类

行为人主要是在向电子票务公司等被害单位购买电子票券的过程中，通过拦截被害单位计算机信息系统传输的交易数据，篡改交易金额，从而低价购入电子兑换码形式的票券①。

行为人在被害单位不为所知的情况下，利用软件篡改支付金额后直接获取系统自动生成的电子兑换码形式的票券，非法控制和占有了被害单位财物，该行为亦符合盗窃罪秘密窃取财物的行为特征。

3. 低价购物类

行为人主要通过拦截网购商城等被害单位的计算机信息系统传输的交易数据，篡改交易金额并按该金额进行支付。被害单位在误认为买家已支付全款的情况下向行为人寄送商品②。

行为人虽然同样采用了篡改交易金额的手段，但其并不能因此直接获得被害单位的财物。实际是行为人所虚构的订单已全额支付的假象，使得被害单位工作人员产生了交易成功的错误认识并自愿向行为人寄送了商品，以致行为人非法占有了被害单位的财物。该种类型符合诈骗罪的构成要件。

4. 虚增交易类

行为人主要是在向网上商城等被害单位下单并成功支付后，篡改被害单位后台交易数据中的交易次数并申请退单，从而使得其在该被害单位内的账户余额增加，并以购买实物的方式获利③。

此类犯罪中行为人的行为与第一类相仿，仅是篡改数据的内容不同。行为人实际也是出于非法占有的目的，通过技术手段秘密获得了账户充值。区别在于，在此类账户资金不能直接提现而须购买网站内商品的情况下，被害单位财产所有权的占有转移应以行为人实际获得订单货物为标准，故须考虑犯罪既遂、未遂的问题。

5. 掩饰犯罪类

行为人主要通过篡改计算机信息系统后台数据，掩饰真实财务收支情况，从而使行为人的侵财行为不会暴露。例如，网吧收银员通过抓包软件篡改客人的上网记录，从而侵吞客人交纳的网费④。

---

① 参见江苏省南京市玄武区人民法院刑事判决书（2016）苏0102刑初741号。被告人韦某利用抓包软件盗买价值2.4万余元电影票，认定构成盗窃罪。

② 参见江苏省东海县人民法院刑事判决书（2017）苏0722刑初180号。被告人刘某某利用抓包软件营造订单支付假象，骗取卖家发货，认定构成诈骗罪。

③ 参见广东省深圳市福田区人民法院刑事判决书（2016）粤0304刑初1086号。被告人顾某某利用抓包软件修改订单数量并申请退单，骗得3.9万余元退款，认定构成盗窃罪。

④ 参见浙江省温州市中级人民法院刑事判决书（2014）浙温刑终字第326号。

此类犯罪中行为人实际上实施了修改数据和侵吞款项两个行为，二者具有相对的独立性。侵吞目的的实现，并不依赖于数据的修改。修改数据本身并不产生违法收益，仅是让侵吞行为更为隐蔽。从前一行为看，行为人修改数据，侵害了计算机信息系统的安全，属于破坏计算机信息系统的行为。但破坏计算机信息系统罪是结果犯，只有后果严重才可构成犯罪。行为人破坏网吧计算机信息系统的行为并不因后一行为的获利而具备后果严重的构罪要件。从后一行为看，收银员作为网吧经营中的必要职位，具有经手、保管营业收入的职责，其侵吞款项正是利用了该职务之便，故行为人的行为应以职务侵占罪认定。

综上，目前抓包软件类犯罪主要是对互联网支付环节中的交易数据（包括交易金额、次数等）进行拦截并修改，从而使得行为人能获得不同形式的财物。前四类案例中行为人均实施的是单一行为，即通过抓包软件篡改拦截的支付数据。上述行为在构成传统侵财类犯罪的同时，实质上还构成了计算机类犯罪，主要涉及非法获取计算机信息系统数据罪和破坏计算机信息系统罪。

（二）计算机类犯罪定性辨析

笔者认为，行为人在互联网支付环节中截取、篡改交易数据的行为符合破坏计算机信息系统罪的构成要件，而不符合非法获取计算机信息系统数据罪的构成要件。具体理由如下：

1. 行为人篡改交易数据的行为，符合破坏计算机信息系统罪的构成要件

（1）该行为侵犯了计算机信息系统安全。

本罪的客体是计算机信息系统的安全。有观点认为行为人通过抓包软件对网络中正在被传输的单个数据、单笔交易进行截取、篡改，与该计算机信息系统的其他交易行为均不相关，尚不足以对计算机信息系统的整体运行和安全产生影响，没有危及计算机类犯罪的客体，笔者认为不然。根据《中华人民共和国计算机信息系统安全保护条例》（以下简称《条例》）第三条的规定，行为人违反国家规定，利用抓包软件对交易数据进行篡改，无疑损害了计算机信息系统中传输、处理的信息的安全，影响了对交易数据的正常核算，从而侵害了该罪客体。

需要注意的是，该行为对应的是《刑法》第二百八十六条第二款。从罪状表述看，该条第一款和第三款中分别有“造成计算机信息系统不能正常运行”和“影响计算机系统正常运行”之表述，故可得出该两种行为中的“后果严重”必须包含对计算机信息系统运行的影响。而第二款中并无此限定。因此，以未影响计算机信息系统运行能力为由否认该行为的法益侵害性，并不恰当。

（2）该行为属于对计算机信息系统数据的破坏行为。

计算机信息系统实质上是一个动态的数据系统，任一操作行为都会在后台留有记录，从而增加系统的数据量，亦即会对计算机信息系统数据产生影响。但并非所有施加影响的操作行为都应定性为刑法上的破坏行为。

换言之，《刑法》第二百八十六条第二款虽未限定删除、修改、增加数据的操作须达到影响计算机信息系统正常运行的程度，但并不意味着对任意数据的任意操

作均属于对计算机信息系统的破坏。笔者认为，本款中的“数据”应做限缩解释。即从破坏计算机信息系统罪实害犯的本质属性出发，以数据对于计算机信息系统安全的影响程度不同进行甄别、区分。只有其中对系统安全有实质影响的核心数据遭到修改等操作，才有刑罚处罚的必要性。

在上述行为中，行为人修改的是交易数据，此正是被害单位进行支付结算的核心数据。修改行为不仅改变了数据本身，而且会进一步影响系统资金往来结算功能的正常发挥，自然影响到了计算机信息系统的安全。故行为人篡改影响计算机信息系统安全的核心数据的行为，属于对计算机信息系统的破坏行为。

（3）该行为属于后果严重的行为。

根据最高人民法院、最高人民检察院《关于办理危害计算机信息系统安全刑事案件应用法律若干问题的解释》（以下简称《解释》）第四条第一款第三项的规定，违法所得五千元以上或者造成经济损失一万元以上的，属于“后果严重”。这里的“违法所得”，结合其他项理解，应与破坏行为具有直接对应性，即行为人须基于删除、修改、增加等行为本身而获得违法所得，反之则不能成立。前四类犯罪中，行为人系通过破坏数据这一关键行为直接获利，在违法所得达到数额要求的情况下，即满足了“后果严重”的要求。

2. 该行为不符合非法获取计算机信息系统数据罪的构成要件

在账户充值类犯罪中，获取行为不具法益侵害性。在该类型中，行为人即交易数据的发起人，交易金额本就由其输入产生。其利用抓包软件截取自己设置的交易数据的行为并不会影响到该组信息的安全。

在全部类型的犯罪中，获取行为均不具利益对应性。退一步说，即便认为行为人获取本人所传输的数据的行为也侵害了信息安全，那么前述五类犯罪中的获取行为也因本身不能带来违法所得，而不符合“后果严重”的标准。诚如前述，《解释》中“后果严重”表现之一的违法所得应与违法行为具有直接相对性。而在上述案例中，获取数据是篡改数据的必经流程，而获得违法所得的关键在于后续的篡改行为。亦即违法所得并非产生于获取行为，而是产生于篡改行为。故行为人所获违法所得不能用于评价获取计算机信息系统数据行为的后果严重与否。因此，行为人的获取计算机数据的行为不具备“后果严重”的构成要件，无法认定构成非法获取计算机信息系统罪。

（三）处断原则

目前，实务中对抓包软件类犯罪的处断存在不同意见。

第一种意见认为，应按照想象竞合犯或牵连犯的处断原则，择一重罪处罚。该意见指出，若行为人的同一个行为同时触犯侵犯财产类犯罪和计算机类犯罪时，按照想象竞合犯择一重罪处罚的原则予以处理；若行为人的手段行为触犯计算机类犯罪，目的行为触犯侵犯财产类犯罪时，按照牵连犯择一重罪处罚的原则予以处理。按照该意见，当行为人的行为触犯的两类罪名都在第一量刑档次时，考虑到《刑法》第二百八十六条规定的最高刑为有期徒刑五年，第二百八十五条规定的最低刑为拘役，应当以第二百八十五至二百八十六条的罪名定罪论处。

第二种意见认为，行为人利用计算机实施犯罪的，不管其犯罪行为是想象竞合犯还是牵连犯，均适用《刑法》第二百八十七条之规定："利用计算机实施金融诈骗、盗窃、贪污、挪用公款、窃取国家秘密或者其他犯罪的，依照本法有关规定定罪处罚。"根据他的犯罪目的定罪论处，不适用择一重罪处罚的原则。

笔者同意后一种意见，具体理由如下：

第一，从解释学角度看，《刑法》第二百八十七条的适用不具有可选择性。

从语义解释出发，《现代汉语词典》定义"依照"为"介词，表示遵循某种标准行事"。并提供示例"依照法律纳税"。足见刑法中的"依照"具有客观性、明确性[①]，没有赋予司法者选择适用与否、如何适用的权力。

从体系解释出发，刑法分则中使用"依照"的条文不在少数。部分体现为法律拟制，即通过"依照"承接实现转折，使得甲事实产生与乙事实相同的法律效果。典型如《刑法》第二百六十九条，将部分行为拟制为抢劫罪；部分体现为注意规定，即提醒司法者在处理此类案件时注意法律适用问题，只起到提示性作用。典型如《刑法》第二百四十一条第二款，没有修正或者补充相关规定的犯罪类型。《刑法》第二百八十七条的"依照"没有给目的犯罪（如盗窃罪）新设犯罪类型，只是注意规定。上述"依照"规范不管是法律拟制，还是注意规定，司法者均应严格遵照适用。想象竞合犯目前在实务中的一般性处断原则是择一重罪处罚，但一般性原则不应凌驾于刑法明文规定之上。

第二，从法益侵害性角度看，此类犯罪以犯罪目的定罪更具合理性。

首先，此类犯罪行为主要侵害的是财产法益。行为人虽然将计算机软件作为犯罪工具，实施了破坏计算机信息系统的行为，但其犯罪意图自始至终在于被害单位的财物。之所以论证行为人的行为符合破坏计算机信息系统罪的构成要件，其关键也在于行为指向的是具有财产属性的交易数据。不管将何罪作为切入点分析，财产法益均是无法回避的核心。换言之，行为人的作案手法虽与传统财产犯罪有出入，但究其本质仍是侵财行为，所侵害的根本法益没有发生变化。而破坏计算机信息系统罪是扰乱公共秩序类犯罪，侵害的是公法益；财产类犯罪，侵害的是私法益。将本案定性为侵害公法益的犯罪，用以保护私法益，在适用上无法摆脱南辕北辙的困境。

其次，在判决中明示犯罪意图的非法性有利于实现刑罚目的。我国刑罚的目的是特殊预防和一般预防。本案中，行为人是在非法占有目的驱使下碰触了刑法底线，利用计算机只是将该犯罪意图现实化的多种可能途径之一。破坏计算机信息系统罪仅对行为人的手段做出了否定性评价，却未对该犯罪意图做出评价，不能完整涵摄本案的犯罪行为。若定性为破坏计算机信息系统罪，判决结果就不能直接体现对非法占有目的否定性评价，社会公众可能会产生"利用计算机软件偷就不是偷"的误解。故必须在处罚时明确该犯罪意图的非法性，才能真正震慑此类犯

① 孙远：《刑法中"依照"的解释与适用》，西南科技大学2016年硕士学位论文。

罪，从而在根本上遏制行为人犯罪动机的再次产生，规范社会公众的行为。

再次，要警惕传统犯罪的罪名在互联网语境下被架空。在互联网时代，传统犯罪愈发频繁地与计算机技术发生交织，在作案模式上常依赖计算机技术实现犯罪目的，如利用木马程序侵入网站获取公民个人信息、非法在政府系统内增加虚假电子证照信息、利用程序截取手机验证码进行信用卡盗刷。从形式上看，计算机技术是犯罪目的实现过程中至关重要的环节，进而按照想象竞合犯或者牵连犯的一般性处断原则以计算机类犯罪定罪处罚是妥当的。但由此进行逻辑推论则会产生一个谬论，即计算机类犯罪将成为传统犯罪在互联网领域的“万金油”罪名。无论行为人的真正意图何在，司法的必然结果就是行为人的行为构成计算机类犯罪，如此则可能导致传统犯罪的罪名被空置。

最后，明确被害单位的诉讼地位有利于保障其诉讼权利。一旦将此类犯罪定性为破坏计算机信息系统罪，被害单位只能作为证人参与刑事诉讼。这也就意味着被害单位无权行使委托诉讼代理人、自诉等被害人享受的诉讼权利，在刑事诉讼程序中难以充分保障被害单位的合法权益。而将此类犯罪定性为财产犯罪，则能恰如其分地保障上述诉讼权利。

综上，笔者认为行为人利用计算机实施犯罪的，不管其犯罪行为是想象竞合犯还是牵连犯，均适用《刑法》第二百八十七条之规定，根据其犯罪目的定罪论处，不适用择一重罪处罚的原则。

此外，《刑法》第二百八十七条仅列举了部分罪名，最后以“或者其他犯罪”进行兜底性规定，为日新月异的犯罪形式提供了解释空间。因此，利用抓包软件篡改数据触犯诈骗罪的，应以诈骗罪定罪论处；利用抓包软件抓取的数据进行敲诈勒索的，应以敲诈勒索罪予以认定。司法者在适用《刑法》第二百八十七条时，不应局限于列举的罪名。

四、抓包软件类犯罪的量刑

有法学家指出，量刑是事实判断与价值判断的有机统一[①]。抓包软件类犯罪不但面临定性适当的问题，也面临量刑适当的问题。第一种意见认为抓包软件类犯罪与传统侵财类案件无异，故应当以犯罪数额为基准，与传统侵财类犯罪的量刑保持同一水平。第二种意见认为审判应当避免“数字化量刑”“估堆量刑”[②]，考虑到抓包软件类犯罪的特殊性，在量刑上应酌情从轻。笔者同意第二种意见，具体理由如下：

第一，犯罪主体具有特殊性。此类犯罪的行为人低龄化程度严重，众多“90后”在暴利的诱惑下误入歧途，其中包含大量在校大学生。在本院审查的“泰融理财App被盗充金额提现”系列案件中，就有大量在校大学生因此面临刑事处罚。刑法的目的是以惩罚和教育相结合的方式改造犯罪分子。此类犯罪的行为人实施犯罪

---

① 彭文华：《量刑的价值判断与公正量刑的途径》，载《现代法学》2015年第2期。

② 赵廷光：《论量刑原则与量刑公正》，载《法学家》2007年第4期。

具有偶发性，与惯犯、累犯相比人身危险性较小，再犯可能性较低。且他们中大部分人年纪较轻，尚未踏入社会，可塑性较强，具备改过自新的可能性。因此，对此类犯罪的行为人从轻量刑符合"改造人"的刑法目的。

第二，犯罪手段具有特殊性。传统盗窃手段有百害而无一利，而抓包软件这类计算机软件若利用得当可以作为有力的编程工具，也就是说抓包软件这种手段本身并不必然危害社会。且抓包软件必须与系统漏洞相契才可能产生危害后果，不具有长久性。因此，抓包软件类犯罪手段的社会危害性较传统犯罪弱。

第三，犯罪数额具有特殊性。抓包软件类犯罪最终一般构成侵财类犯罪，犯罪数额直接影响量刑档次。一般而言，传统犯罪中犯罪数额的高低与犯罪手段的恶性直接相关。财产价值越高，被害人或者被害单位的防护就越严密，非法占有的难度就越高。这也是侵财类犯罪以犯罪数额来确定量刑档次的逻辑所在。但抓包软件类犯罪中，漏洞一旦被发现，系统即处在完全不设防的状态下。抓包软件获取交易数据后行为人可以任意修改、反复操作。犯罪数额的增加仅在于修改时的简单敲击、操作行为的反复叠加，与手段恶性无关，也无法说明非法占有难度的增加。

综上，笔者认为比照传统侵财类犯罪的量刑对抓包软件类犯罪从轻处理，是符合罪责刑相适应原则的。实务也已经体现出这种审判思路。笔者选取南京市某区院同批次 29 个适用刑事速裁程序的抓包软件类犯罪最终定性为盗窃的案件，与该区院同时间段适用刑事速裁程序的普通盗窃案件，进行了量刑比对。如图所示，抓包软件类犯罪案件的量刑普遍低于普通盗窃案件。

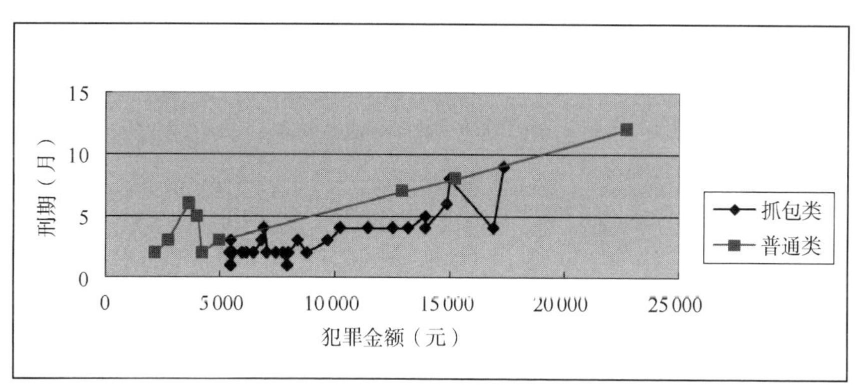

图 2　量刑对比图

新刑事诉讼法明文规定了认罪认罚从宽制度，该制度为抓包软件类犯罪的量刑提供了新的解决思路。笔者认为，抓包软件类犯罪认罪率高、退赔率高，适用认罪认罚从宽制度不仅可以降低司法成本，亦可以为行为人争取轻刑、缓刑的机会。在从轻处理的同时，司法机关可在法定幅度内适当加大罚金刑，从而达到均衡量刑的目的。

五、办理抓包软件类犯罪案件的应对措施及建议

第一，检察官应提升办案能力，适应新型犯罪形势。当今社会犯罪形式日新月

异，传统犯罪与互联网相结合后带来侦查、审查的诸多难题。检察干警在互联网时代要转变思维，提高数据意识，积极主动将收集、应用数据贯穿于检察工作，有意识地促进信息化与检察业务的深度融合，形成倒逼机制引导侦查机关规范、科学地采集、固定电子数据证据。同时检察干警要拓展业务涉猎面，展开多专业、多领域学习，了解新型犯罪作案原理，提升办理互联网犯罪案件的质量与效率。

第二，司法机关应关注源头，密切协作打击网络黑灰产业。司法机关在打击抓包软件类犯罪的同时，要密切关注网络黑灰产业的犯罪态势，警惕上游犯罪为下游犯罪提供便利甚至引诱下游犯罪的发展趋势，要做到从源头上根除网络犯罪的“沃土”，净化网络环境。当然，单靠某个机关是无法实现这个目的的。这需要公检法密切协作，需要相关互联网平台积极合作。

第三，检察机关应加强普法教育工作。面对犯罪低龄化的严峻形势，检察机关要做好预防工作。应大力开展“普法进校园”活动，对在校生进行法制宣传，遏制青少年犯罪增加的趋势。

第四，检察机关应强化法律监督。计算机信息系统在电子支付环节存在系统漏洞是抓包软件类犯罪屡屡得逞的重要前提。检察机关可以通过检察建议等形式帮助企业及早发现计算机信息系统安全管理中的缺位、失管问题，提出堵漏建制的有效措施。同时鼓励企业定期自查计算机信息系统，及时填补漏洞，预防抓包软件类犯罪，避免企业损失。这也是检察机关为非公经济保驾护航的应有之义。

粤港澳大湾区三地反洗钱刑事立法及司法问题研究

段 鹏*

在2019年2月，中共中央、国务院印发的《粤港澳大湾区发展规划纲要》指出，要完善粤港澳反洗钱合作和信息交流机制，加强粤港澳司法协助。澳门、香港和内地在近年（2017—2019年）相继参与并通过反洗钱国际组织的检查与评估，取得了丰硕的成果，也存在一些问题值得注意。而且，粤港澳大湾区存在“一国两制三法系三法域”的现实状况也使得三地在反洗钱法律规范、制度等方面存在很大差异，如果不能够很好地加以解决，那么将会影响粤港澳大湾区反洗钱工作的正常运行。

一、问题的提出与背景

一方面，中共中央、国务院印发了《粤港澳大湾区发展规划纲要》。该纲要提出不仅要“建立粤港澳大湾区金融监管协调沟通机制，完善粤港澳反洗钱、反恐怖融资、反逃税监管合作和信息交流机制”；还要在“严格依照宪法和基本法办事，在尊重各自管辖权的基础上，加强粤港澳司法协助。”这些也在一定程度上明确了粤港澳大湾区目前和下一阶段发展的总体方向，具有重要的指导意义。

另一方面，澳门、香港和内地在近年（2017—2019年）相继参与并通过反洗钱国际组织的检查与评估，通过梳理并分析其发布的相互评估报告，我们可以对近年来澳门、香港和内地反洗钱刑事立法、司法等问题有更多认知与了解，也对相互评估报告指出的缺陷进行完善。

因此，梳理分析粤港澳大湾区三地之间反洗钱刑事立法、司法等内容，不仅是为发展完善各自的反洗钱法律制度建设，做好反洗钱国际组织的检查与评估，也是为粤港澳大湾区三地加强反洗钱刑事司法互助合作提供可行的现实路径。

二、粤港澳大湾区三地反洗钱刑事立法的沿革

（一）澳门特区清洗黑钱罪的立法沿革

澳门在打击清洗黑钱犯罪活动及恐怖融资活动可以一直追溯到20世纪90年代。[②] 在1997年立法会制定了第6/97/M号法律《有组织犯罪法律制度》，把处理

* 段鹏（1991— ），男，河南平顶山人，西南政法大学法学院刑法学博士，西南政法大学外国与比较刑法研究中心研究人员。

② 参见李海涛：《香港和澳门不是“避税天堂”——从加强金融监管防制清洗黑钱谈起》，载《粤港澳市场与价格》2009年第8期。

不法资产或物品的转换、转移或掩饰规定为犯罪行为，明确规定洗钱行为是犯罪行为。

在 2006 年，澳门立法会制定颁布了《预防及遏止清洗黑钱犯罪》的单行刑事法律，该法律四章共计 12 条，是澳门第一部相对完整的打击清洗黑钱犯罪活动的刑法规范，不仅对清洗黑钱罪进行了具体界定，还规定了清洗黑钱罪的刑罚方式、加重处罚情形、法人的刑事责任和预防性规定（包括预防性义务主体和义务内容）等内容。在 2017 年澳门对《预防及遏止清洗黑钱犯罪》进行了修改及完善，主要是按照国际标准扩大了对清洗黑钱犯罪的打击范围，细化了清洗黑钱犯罪的具体规定。

（二）香港特区洗钱罪的立法沿革

香港的第一个反洗钱刑事立法，就是在 1989 年 9 月 1 日制定实施的《贩毒（追讨得益）条例》，该条例明确规定"追查、冻结及没收贩毒得益"；同时，将"协助他人保持毒品贩运收益"的洗钱行为明确规定为犯罪行为。在 1991 年，针对当时洗钱罪上游犯罪界定过于狭窄的问题，香港起草了《有组织及严重罪行条例》并且最终在 1994 年 12 月颁布施行。在 1995 年 9 月 1 日，香港对《贩毒（追讨得益）条例》和《有组织及严重罪行条例》进行了修订，遵从"制定以可疑交易报告制度为核心的反洗钱措施"这一国际反洗钱立法原则。

（三）内地洗钱罪的立法沿革

在内地于 1990 年 12 月颁布施行《关于禁毒的决定》，其中第四条将掩饰、隐瞒毒赃性质、来源的行为正式规定为犯罪行为，"这是我国第一次在国内法中明文规定与洗钱相关的犯罪行为"①。在 1997 年的《中华人民共和国刑法》，首次专门规定了洗钱罪的罪状及其法定刑。在 2001 年 12 月通过的《中华人民共和国刑法修正案（三）》，其中第七条针对洗钱罪的内容作了相应修改，恐怖活动犯罪成为洗钱罪上游犯罪的一致犯罪类型。在 2006 年 6 月通过的《中华人民共和国刑法修正案（六）》对洗钱罪进行了较大修改：对刑法第一百九十一条规定的洗钱罪的上游犯罪进行了进一步的扩容，将"贪污贿赂犯罪""破坏金融管理秩序犯罪"以及"金融诈骗罪"三大类型的犯罪行为纳入洗钱罪上游犯罪的范畴。同时，"犯罪所得及其产生的收益"已经蕴含着"违法"的性质，因此删除重复出现的"违法"。在 2006 年 10 月，第十届全国人大常委会审议通过了《中华人民共和国反洗钱法》，标志着我国在反洗钱领域有了专门的法律规范。

（四）比较与小结

澳门、香港和内地关于洗钱罪都采取相应刑事法律进行规范，澳门是通过单行刑法的方式进行，香港则是以附属刑法的方式进行，内地主要是以《刑法典》的规定为主。同时，澳门、香港和内地都积极寻求贯彻反洗钱国际组织的公约要求，三地刑事立法中对洗钱犯罪予以规定，在刑事司法实践上有所重视，立法、司法上有

① 徐汉明：《我国洗钱犯罪的现状与刑事立法的完善》，载《刑事法判解研究》2004 年第 3 期。

了较好的协作基础[①]，为粤港澳大湾区三地形成合力共同打击洗钱犯罪活动提供了良好的基础条件。

澳门、香港和内地的反洗钱刑事立法受到国际组织和国际公约相关反洗钱规范的影响。中国内地打击洗钱犯罪的立法活动既离不开复杂的国际局势，而且体现了刑事政策的理念与精神。[②] 从积极的角度来看，这种犯罪治理的国际组织与国际公约能够为其成员提供广泛的互助与合作，从而形成合力，共同打击犯罪行为；但从消极的角度而言，此种犯罪治理机制会使得各国对犯罪的治理被动地受到国际组织与国际公约的潜在制约，对各国的立法权、司法权等产生影响。

三、粤港澳大湾区三地反洗钱刑事立法的比较与解读

（一）反洗钱刑事立法的模式及分析

刑事立法模式，就是指“刑事立法者对于刑法所规定的犯罪内容通过什么样的结构体系加以表现的存在形式”[③]。刑事立法模式往往与一个国家或地区的刑事法律传统以及刑事司法政策休戚相关，而且都符合各自的立法理念和特征。

1. 澳门、香港反洗钱刑事立法模式及分析

澳门、香港是以特别刑法的方式打击洗钱犯罪。《预防及遏止清洗黑钱犯罪》这一部单行刑法，就是澳门打击洗钱犯罪基本刑法规范。澳门采取的这种单行刑法的立法模式主要和历史传统与法治理念有关。香港打击洗钱犯罪的刑事立法主要包括《贩毒（追讨得益）条例》和《有组织及严重罪行条例》，这两部法律规范都不是以规定洗钱罪的内容为主，而只是分别在规范毒品犯罪和有组织犯罪等犯罪类型时，对于其中可能涉及的洗钱犯罪活动进行了一些规定，属于附属刑法的形式。

应当认为，特别刑法的立法模式具有诸多优势，也存在一些不足。就单行刑法而言，“单行刑法简便、灵活、及时，能够适应变化的犯罪态势，克服刑法典的滞后性，使刑法典稳定性免遭破坏”[④]。但是，单行刑法的方式也存在立法随意性较大，容易受到部门利益的影响。就附属刑法来说，其最主要的优势就是“能够将刑法与前置规范紧密连接，进而更直观地反映出前置规范的调控功能以及刑法对前置规范的补充”[⑤]，但是附属刑法也会存在衔接不畅，使得适用范围过小或者过大，而且也容易使得立法分散，难以形成体系。

2. 内地反洗钱刑事立法模式及分析

内地的《刑法》条文规定了洗钱罪的基本内容，也即内地反洗钱刑事立法的形式是刑法典。从历史进程的角度来看，中国刑法的法典化进程是伴随着中国法治

---

① 参见范雪珂：《澳门与内地反洗钱刑事协作路径考量》，载《澳门日报》2018 年 1 月 17 日，第 E8 版。

② 参见张宝：《全球化背景下洗钱罪争议问题探析》，载《河北法学》2017 年第 4 期。

③ 杨兴培：《论经济犯罪刑事责任的立法模式》，载《环球法律评论》2018 年第 6 期。

④ 高铭暄、郭玮：《我国刑法修正模式辨正》，载《法学杂志》2018 年第 12 期。

⑤ 高铭暄、郭玮：《我国刑法修正模式辨正》，载《法学杂志》2018 年第 12 期。

的发展与进步不断前行的，这种刑事立法模式也十分契合我国刑事法治的发展要求和现实社会的实践进程。“刑法法典化更契合中国社会发展的需要，具有更显著的价值”①，包括具有法律文化价值、比较法的价值、社会价值、现代法治价值和规范价值等。但是，该种立法建构模式也存在一些弊端，主要就是对现实社会的发展变化往往具有滞后性，由此导致的问题就是立法者需要频繁地修改法律条文。频繁修改刑法，使人们可以质疑立法的预见性、立法能力，使理论上坚守的罪刑法定堡垒部分地丧失意义，也使理论上对于某些犯罪的解释变得不正确。②

（二）对洗钱罪犯罪构成的重点内容进行比较与分析

1. 自我洗钱行为的比较及分析

（1）澳门、香港自我洗钱认定及分析

在 2017 年，澳门立法会修订并重新公布《预防及遏止清洗黑钱犯罪》，根据新的《预防及遏止清洗黑钱犯罪》第三条第二款规定：“为掩饰利益的不法来源，或为规避有关产生利益的犯罪的正犯或参与人受刑事追诉或刑事处罚而转换或转移本人或第三人所获得的利益，又或协助或便利该等将利益转换或转移的活动者，处最高八年有期徒刑。”即自我洗钱的行为属于清洗黑钱罪的实行行为，实施上游犯罪的本犯属于清洗黑钱罪的犯罪主体。

就香港而言，“按照香港有关司法判决，洗钱犯罪的主体可包括上游犯罪的主体（香港特别行政区终审法院于 1999 年就 3 名香港甲组职业足球员于泰国曼谷参加世界杯外围赛香港对泰国一场赛事中贪污打假球一案的上诉作出终审裁决，香港终审法院认为第二十五条所指处理代表公诉罪犯罪所得财富应包括被告人自身参与犯罪的得益”③。因此，香港认可自我洗钱行为，上游犯罪的本犯可以成为洗钱罪的行为主体。

（2）内地自我洗钱行为的认定及分析

内地刑法理论与实践认为实施上游犯罪的行为人不应当属于洗钱罪的行为主体，其主要理由就是不可罚的事后行为理论。所谓不可罚的事后行为，是指“在状态犯的场合，利用该犯罪行为的结果的行为，如果孤立来看，符合其他犯罪的构成要件，具有可罚性，但由于被综合评价在该状态犯中，故没必要认定为成立其他犯罪”④。但是也有学者认为，“在洗钱罪的场合，从经验逻辑上讲，在获得犯罪所得及收益后，行为人必然要对这些赃钱进行清洗，以达到掩饰其来源与性质的目的，这既符合脆弱的人性，也符合洗钱犯罪自身发展的逻辑进程。”⑤

---

① 赵秉志：《当代中国刑法法典化研究》，载《法学研究》2014 年第 6 期。

② 参见陈兴良、周光权：《刑法学的现代展开Ⅰ》，中国人民大学出版社 2015 年版。

③ 房军、陈春乔：《内地洗钱犯罪立法的历史、现状与未来——以香港反洗钱刑事立法为参照》，载《辽宁工业大学学报（社会科学版）》2009 年第 2 期。

④ 张明楷：《刑法学》，法律出版社 2016 年版。

⑤ 张宝：《全球化背景下洗钱罪争议问题探析》，载《河北法学》2017 年第 4 期。

2. 洗钱罪上游犯罪的比较及分析

洗钱罪及其上游犯罪范围相关问题，是整个反洗钱工作的逻辑起点[①]，洗钱犯罪活动与其上游犯罪活动具有重要的紧密联系。

（1）澳门清洗黑钱罪的上游犯罪

澳门清洗黑钱罪上游犯罪，规定在单行刑法《预防及遏止清洗黑钱犯罪》之中，其中第三条规定了清洗黑钱上游犯罪的具体内容。

具体而言，澳门清洗黑钱罪上游犯罪包括两种类型：一种是把行为人应被处以超过三年有期徒刑的若干犯罪类型。一种是法条直接列举的若干犯罪。根据法条的规定，犯罪嫌疑人在符合下列行为时，可以不考虑刑罚内容，将其行为认定为清洗黑钱行为：《澳门刑法典》规定的三种类型的行为，主要包括：受贿作不法行为、受贿作合规行为，以及相关的行贿行为；《有组织犯罪法》规定的操纵卖淫的行为；《澳门特别行政区立法会选举法》规定的立法会选举时的贿选行为；《行政长官选举法》规定的行政长官选举时的贿选行为；《选民登记法》规定的两种类型的行为，主要包括：与选民登记有关的贿赂行为，以及对选民证进行不法留置的行为；《预防及遏止私营部门贿赂》规定的两种类型的行为，主要包括：私营部门受贿行为，以及私营部门行贿行为；《对外贸易法》规定的在许可的地点以外进行活动的行为；《预防及遏止对外贸易中的贿赂行为的制度》规定的在对外贸易中的行贿行为；《著作权及有关权利之制度》规定的四种类型的行为，主要包括：假造复制品的交易行为、未经许可透过计算机网络提供受保护作品的行为、取消或删除保护性技术措施的行为，以及提供取消或删除的工具的行为；《工业产权法律制度》规定的五种类型的行为，主要包括：侵犯专利权或半导体产品拓扑图的行为，侵犯设计或新型之专属权的行为，假造、模仿及违法使用商标的行为，将产品或物品出售、流通或隐藏的行为，以及侵犯及违法使用原产地名称或地理标记的行为。

（2）香港洗钱罪的上游犯罪

香港制定《贩毒（追讨得益）条例》主要是为了打击毒品犯罪活动，因此该条例仅把毒品犯罪作为洗钱罪的上游犯罪，这与《联合国禁毒公约》的规定一致。《有组织及严重罪行条例》主要是为了打击有组织犯罪等活动，不过该条例对洗钱罪罪名的界定没有进行限制，而是采用概括式的立法模式，“将洗钱罪的上游犯罪扩大到任何可公诉罪行且没有详细列举”[②]，也即香港洗钱罪的上游犯罪是所有的公诉罪行。这样的规定具有重要的价值，也反映了香港同一切洗钱犯罪行为做斗争的决心。

（3）内地洗钱罪的上游犯罪

就内地洗钱罪上游犯罪范围而言，现阶段内地基本上已经建立起以《反洗钱法》为中心，多层次、全面的预防和打击洗钱犯罪活动的法律体系[③]，这一体系，以

---

① 参见陈捷等：《全球化视野下中国洗钱犯罪对策研究》，中国书籍出版社 2013 年版。

② 邵小波：《香港与内地洗钱罪比较研究》，载《法学杂志》2003 年第 1 期。

③ 参见皮勇、张启飞：《互联网环境下我国洗钱犯罪立法问题及完善》，载《青海社会科学》2016 年第 2 期。

《反洗钱法》为中心，以《刑法》第一百九十一条规定的洗钱罪为重点，再加上相关的行政法规、规章以及政策。根据内地《刑法》第一百九十一条的规定，洗钱罪的上游犯罪包括“毒品犯罪、黑社会性质的组织犯罪、恐怖活动犯罪、走私犯罪、贪污贿赂犯罪、破坏金融管理秩序犯罪、金融诈骗罪”这七大类型的犯罪。

（4）小结

上游犯罪是洗钱罪的基础性问题，“上游犯罪是洗钱罪的前提和基础，没有上游犯罪所获取的非法利益，洗钱行为就没有掩饰、隐瞒的对象，洗钱犯罪也就不复存在”[①]。洗钱罪上游犯罪的范围，应当考虑反洗钱国际组织及相关国际公约的要求，合理参考借鉴若干发达国家的有益经验；同时，也要根据现实社会的发展情况及刑事司法实践的现实需求，进行综合衡量，科学合理地对洗钱罪上游犯罪进行恰当扩容。

3. 洗钱行为方式的比较及分析

关于洗钱的行为方式，《联合国禁毒公约》《联合国打击跨国有组织犯罪公约》《联合国反腐败公约》在表述洗钱的概念的时候，都采用了列举洗钱方式的立法技术，从而将洗钱行为的方式确定为以下七种：转换、转让、隐瞒、掩饰、获取、占有和使用。

根据《预防及遏止清洗黑钱犯罪法》第三条的规定，为掩饰利益的不法来源，或为规避有关产生利益的犯罪的正犯或参与人受刑事追诉或刑事处罚而转换或转移本人或第三人所获得的利益，又或协助或便利该等将利益转换或转移的活动者，处最高八年有期徒刑。隐藏或掩饰利益的真正性质、来源、所在地、处分、调动或拥有人的身份者，处与上款相同的刑罚。从中可以看出，澳门清洗黑钱罪的行为方式也涵盖了联合国三个公约所列出的七种行为方式的大部分。

香港规定的洗钱罪，任何人知道或者有理由相信任何财产全部或部分、直接或间接代表贩毒或可公诉罪行所得而处分该财产的，即属犯罪。其中关于“处分”的含义十分广泛，包括接受、获取、隐藏、支配、转换、转入或转出香港、用作担保等等，[②]《有组织及严重罪行条例》第二条“释义”部分作了明确的解释，[③] 可以认为香港规定的洗钱罪的行为方式包括了联合国三个公约所列出的七种行为方式。

根据《刑法》第一百九十一条的规定，关于洗钱行为主要包括以下五种类型：①提供资金账户；②协助将财产转换为现金、金融票据、有价证券；③通过转账或者其他结算方式协助资金转移；④协助将资金汇往境外；⑤以其他方法掩饰、隐瞒犯罪所得及其收益的性质和来源。具体而言，提供资金账户的行为，即行为人将自己拥有的合法账户提供给犯罪分子，或者为犯罪分子在金融机构开户等行为。

① 参见阴建峰：《论洗钱罪上游犯罪之再扩容》，载《法学》2010 年第 12 期。

② 参见何萍：《香港地区反洗钱立法及其运作》，载《中国刑事法杂志》2010 年第 1 期。

③ 处理，就第 15（1）或二十五条所提述的财产而言，包括（a）收受或取得该财产；（b）隐藏或掩饰该财产（不论是隐藏或掩饰该财产的性质、来源、所在位置、处置、调动或拥有权或与其有关的任何权利或其他方面的事宜）；（c）处置或转换该财产；（d）将该财产运入香港或调离香港；（e）以该财产借贷，或作保证（不论是藉押记、按揭或质押或其他方式）。

（三）刑罚处罚方式的比较及分析

1. 澳门、香港和内地洗钱罪的刑罚处罚规定

澳门的《预防及遏止清洗黑钱犯罪》第三条第二款为掩饰利益的不法来源，或为规避有关产生利益的犯罪的正犯或参与人受刑事追诉或刑事处罚而转换或转移本人或第三人所获得的利益，又或协助或便利该等将利益转换或转移的活动者，处最高八年有期徒刑。第四条规定了若干加重处罚法情形，其刑罚是有期徒刑三年至十二年。第五条专门规定了法人刑事责任，主要种类是罚金、法院命令的解散等主刑，以及若干种类的附加刑。

香港制定的《贩毒（追讨得益）条例》和《有组织及严重罪行条例》第二十五(一)条规定，洗钱是一项犯罪行为，如有人知道或有合理理由相信任何财产全部或部分、直接或间接代表任何人的贩毒或罪行得益而仍处理该财产，即属犯罪。对经过公诉程序认定为洗钱罪的，最高刑罚为罚款港币五百万元及十四年监禁；对经简易程序认定的构成洗钱罪的，罚款五十万及三年监禁。

内地《刑法》第一百九十一条规定，行为人构成洗钱罪的，没收实施犯罪的所得及其产生的收益，处五年以下有期徒刑或者拘役，并处或者单处洗钱数额百分之五以上百分之二十以下罚金；情节严重的，处五年以上十年以下有期徒刑，并处洗钱数额百分之五以上百分之二十以下罚金；单位犯洗钱罪的，对单位判处罚金，并对其直接负责的主管人员和其他直接责任人员，处五年以下有期徒刑或者拘役；情节严重的，处五年以上有期徒刑。

2. 比较及分析

相对于澳门对于自然人洗钱犯罪仅规定有期徒刑的单一处罚措施，香港和内地都对自然人洗钱犯罪给予有期徒刑和罚金的刑罚处罚。这是因为，洗钱罪是一种典型的谋利型犯罪，如果仅仅对行为人判处有期徒刑是不够的，没有根除行为人进行再次犯罪的经济基础，就难以达到更好的犯罪预防效果。不过，与香港限定具体数额的罚金刑相比，内地对于行为人判处洗钱数额百分之五以上百分之二十以下罚金的方式也更加灵活一些。

相比香港和内地的单位洗钱犯罪刑罚措施而言，澳门对于单位洗钱，规定了形式多样的附加州措施，具体包括禁止从事某些业务；剥夺获取公共部门或实体给予津贴或补贴的权利；封闭场所；永久封闭场所；受法院强制命令约束；公开有罪裁判等类型。这些现实具体并且灵活多样的附加刑措施更契合单位洗钱犯罪的特征，更有利于打击单位洗钱犯罪活动，值得吸收借鉴。

四、粤港澳大湾区反洗钱刑事司法协助合作

区际刑事司法协助，是指同一国家内由于存在不同的司法体制或法律传统，不同法域内司法机关为了解决因法律和司法管辖的冲突而进行的司法协助或互助，内容上也涉及情报交流、调查取证、承认执行、移交逃犯等。

（一）反洗钱区际刑事司法协助模式

1. 参照适用国际司法协助模式

有学者认为，粤港澳大湾区反洗钱区际刑事司法协助合作参照适用国际司法协助模式。这种观点认为，国际公约中某些已经被各国和地区普遍采用的司法协助规则，只要不会危及国家主权，都可以通过其他形式为我们所用，使之成为不同法域刑事司法协助遵守的规则。[①] 对于现阶段仍然没有法律规定的领域，我们可以参照国际公约和国际惯例制定出各个方面都认可的司法协助方案，以此逐步推进区际刑事司法协助法律体系的完善和协助工作的深入。[②]

2. 欧盟一体化模式

有学者认为，可以在立足于国内实际基础上，借鉴国际经验，尤其是欧盟国家间的区域刑事司法协助中普遍适用的《欧盟逮捕令及移交程序框架协定》规定的原则和措施，结合内地与澳门、香港的具体问题，探讨建立内地与澳门、香港移交腐败犯罪或经济犯罪逃犯制度存在的问题。这种思路具有开拓性，也是值得进一步展开研究的问题。有学者指出，在综合考虑多种因素的基础上，可以考虑将洗钱犯罪等多种类型的犯罪列入移交逃犯合作的犯罪清单，[③] 为我国区际刑事司法协助合作提供一些有益举措。

3. 两岸刑事司法互助模式

也有学者认为，《两岸司法互助协议》的签署对于两岸司法合作交流具有重要意义，该协议建构了两岸共同打击犯罪以及司法合作机制，其内容全面而丰富，突破了许多刑事司法合作原则的限制，吸收借鉴了国际司法合作诸多内容，并且能够根据两岸司法合作具体现实，从而形成具有我国特色的区际合作的创造性的新规定。尽管该协议还存在一些问题，比如不够细化以及模糊性规定等，但是该协议对我国区际刑事司法协助理论和实践具有重要影响，"该协议也将为我国内地和港澳特区之间签署刑事司法合作安排或者类似的协议提供有益的借鉴和实务经验。"[④]

4. 个案协助模式

澳门、香港和内地多年在刑事司法协助的实践主要是采取"个案协商"的方式，而其本质是"各自立案，共同调查"，即在具体犯罪案件当中，澳门、香港和内地双方相互进行刑事司法协助的协商。"个案协商"虽然比较灵活，但缺点是不稳定，不仅不能够保证每个案件的协助都顺利进行，而且工作量很大，重复劳动很多，使得司法资源浪费严重；而且，当需要司法协助的案件数量很多时，个案协商的方式

---

① 参见邓基联、王勇：《区际刑事司法协助的几个问题》，载《中国区际刑事司法协助探索》，中国人民公安大学出版社 2003 年版。

② 参见甄贞：《论中国区际法律冲突和司法协助适用的原则》，载《中国区际刑事司法协助探索》，中国人民公安大学出版社 2003 年版。

③ 参见黄风、王君祥：《关于建立我国区际逮捕令制度的设想》，载《法学》2009 年第 6 期。

④ 陈雷、王君祥：《论〈两岸司法互助协议〉的基本特点》，载《腐败犯罪的惩治与司法合作》，北京师范大学出版社 2013 年版。

具有较大的缺陷。[①]

（二）笔者观点

“内地和港澳的金融和执法机构在长期的合作过程中积累了丰富的经验，为各方相互开展反洗钱的合作提供了实际可能性。在控制洗钱犯罪的过程中，不仅需要警方、司法机关的合作，而且也需要金融部门及相关执法机关的合作。”[②] 同时，在现实的司法实践当中，对于跨国性、跨地区性的危害金融安全犯罪以及犯罪嫌疑人出现外逃等情况时，只有开展国际或者区际之间的刑事司法协助合作，才能够有效地进行打击犯罪，保障经济金融秩序稳定健康发展。

随着粤港澳大湾区建设的持续推进，内地与香港、澳门的经济一体化发展不断深入，跨境的民事、刑事纠纷案件会大量出现，如果仍然以“个案协商”作为处理相关问题的主要方式，则会导致大量的案件得不到及时处理，严重影响社会秩序的稳定健康发展。因此，必须对目前“个案协商”的方式进行修改完善，在此基础上澳门、香港和内地须建立完善常态化、规范化的刑事司法协助机制。

---

① 参见王新清：《港澳特别行政区与内地间刑事管辖权的冲突与协调》，载《中国区际刑法问题专论》，中国人民公安大学出版社 2005 年版。

② 赵金成：《洗钱犯罪研究》，中国人民公安大学出版社 2006 年版。

利用平台漏洞通过恶意注册的网络虚拟账号套取优惠券的性质认定

金　琳*

近年来，网络新型犯罪案件呈高发态势，不少不法分子利用网络平台潜在的漏洞，肆意攫取平台的合法收益，不仅严重扰乱了市场秩序，也侵犯了市场经营主体和消费者的权益。文章以拼多多平台优惠券领取一案为着眼点，指出不法分子利用平台漏洞获取优惠券的行为构成诈骗罪，并通过梳理现有相关刑法判决，指出还需要从完善非法利用信息网络罪等罪名出发，从法律适用层面对利用平台漏洞借助恶意注册的网络虚拟账号获利的行为进行有效规制。

一、案例争议聚焦

基本案情：2019年1月20日凌晨，拼多多平台上出现重大bug，用户可以直接领取100元无门槛优惠券。有黑灰产团伙（俗称羊毛党）通过一个过期的优惠券漏洞，盗取数千万元平台优惠券，并通过手机话费、Q币等虚拟充值的方式，试图在短时间内迅速转移此类不当所得。这一bug在被“羊毛党”发现后还迅速在网络传播，直至当日上午10点左右，系统才被官方修复，相关优惠券被全部下架。拼多多声明表示，该事件中的优惠券系拼多多此前与江苏卫视《非诚勿扰》开展合作时生成的优惠券类型，仅供现场嘉宾使用。

案发后，对其定性有以下几种意见：

第一种意见认为羊毛党利用平台漏洞抢优惠券的行为属于民法调整的法律关系范畴。理由是该漏洞并非羊毛党恶意为之，而是平台技术原因造成，羊毛党通过大量的水军账号哄抢优惠券的行为属于不当得利。

第二种意见认为构成破坏生产经营罪。理由是羊毛党的行为破坏了平台利用优惠券促销的正常经营秩序，还使进驻平台的商家利益受损，应认定为破坏生产经营罪。

第三种意见认为构成诈骗罪。理由是羊毛党利用恶意注册的技术规避平台对注册用户的正常审核，让平台误以为大量通过违规手段获取或者制造的账号为正常的消费者账户，并赋予优惠券兑换的权利，属于通过隐瞒真相，使被害人陷入错误认识而交付财产，应构成诈骗罪。

第四种意见认为构成盗窃罪。理由平台是机器，而不是人，不能成为被骗的对象。

---

* 金琳（1984— ），女，浙江温州人，温州市鹿城区人民检察院第八检察部副主任。

二、套取优惠券行为的法律评价

羊毛党利用平台漏洞获取优惠券的行为是否属于刑法规制的范畴？这不仅涉及刑法的谦抑性如何把握，还涉及不当得利和刑事犯罪的界限分野问题。羊毛党的行为乍看是网络平台的漏洞被羊毛党捡便宜，但实则不然。

首先，没有平台的正式发布，一般消费者不会刻意关注优惠券申领的事项，更不用说注意其中存在的漏洞。羊毛党看似基于平台设置缺陷“捡漏洞”，实则是在掌握优惠券发布、设置规则等技术事项基础上“蓄意为之、刻意为之”。如果羊毛党仅通过个别的虚拟账号申领了优惠券，我们尚且不能判断其就是要牟取不法利益，但在其利用大批量空壳账号去申领优惠券并将优惠券的券面价值兑现时，其欲将本不属于自身而应该属于平台及消费者的利益据为己有的意图就十分明显。而反观民法上的不当得利，不当得利的受益人虽然也分为善意和恶意两种情形，但无论善意或恶意，受益人意图非法占有他人财产的主观故意是不存在的。在给付不当得利的类型中，尽管受益人因民事行为不成立、无效及撤销而产生不当得利，但民事行为法律效力发生变化的原因并不能归咎于受益人；在非给付不当得利的类型中，受益人虽可能有擅自出卖、消费他人之物的行为，但行为人无权处分的行为并非通过秘密窃取或者其他手段进行，故利用恶意注册账号获取平台优惠券行为与不当得利还是有所区别的。

其次，从危害性上看，利用批量恶意注册的虚拟账号获取优惠券的行为背离了优惠券为“商家与消费者彼此共赢”而设置的初衷，给平台、商家及消费者带来严重损失。平台经济效益总产出在商家和消费者之间分配的不平衡演变成了社会利益被不法分子攫取的问题，而背后更暴露了网络黑产业链迅速繁衍和肆意扰乱社会秩序的乱象。

再次，从追回损失的角度看，一旦羊毛党将上述行为扩散至普通消费者，从诚信角度出发，商家和平台只能先为这场损失买单，无权将损失直接转嫁到消费者身上。在羊毛党将获利迅速变现并转移的情况下，通过民法上的不当得利让羊毛党退出钱款在实践中难有操作性，唯有通过刑事上的追赃机制，利用刑事强制手段震慑羊毛党并找出网络黑产业链的源头，才有可能挽回平台的损失。

综上，利用批量恶意注册的虚拟网络账号获取优惠券的行为应该入刑。

三、利用平台漏洞获取优惠券的性质认定

羊毛党的犯罪行为由多个行为组合合成，分解来看，包括利用非法获取的公民个人信息或者是伪造的信息生成能够规避正常注册程序的账号——批量注册并利用养号行为规避平台对网络信息服务使用者的审核——利用平台漏洞获取优惠券——大批量获取并通过手机话费、Q币等途径兑现套取券面金额。其行为侵犯的客体包括多个，不仅包括网络安全法规定的通信实名制规则，还包括平台的财产权、正常的网络经营秩序和平台的信誉。因此认定的罪名既要能够概括羊毛党上述行为最本质

的特征，又要考虑行为在危害后果上的具体表现。笔者认为构成诈骗罪。

（一）不能绝对地以“系统不能被骗”认定本案构成盗窃罪

持盗窃观点的认为平台作为机器，是不能够被骗的，因此本案只能定盗窃罪。在较为常见的拾得他人信用卡后在ATM机上使用或登录他人手机支付宝账户将钱款据为己有两种情形下[①]，ATM机以及支付宝由于信用卡本身以及支付宝账号原先已经设定的账号和密码没有发生改变，不可能陷入程序无法识别的错误，故确实存在智能系统不能被骗的情况。但平台存在漏洞时，后台无法按照正常的程序设置去识别用户领取优惠券的请求，即便接收到了完全不符合领取条件或应受到领取次数限制的不当指令，后台也予以响应，这就是系统“陷入错误认识”的表现。故以机器不能被骗而认定本案构成盗窃不妥。此外，如果将本案认定为盗窃罪，还存在两个问题，一是对羊毛党绕过实名注册规则大批量生成虚拟账户的行为无法评价；二是不能有效区分羊毛党的行为与普通用户的行为在获取优惠券的区别。因为羊毛党和普通用户均是利用网络平台不知情获取优惠券。

（二）系统陷入错误认识应理解为属于“使他人陷入错误认识”

一般而言，此处的他人应为自然人，但是在人工智能日渐发达的今天，电商蓬勃发展。电商运营的特征是网络数据交换、在线事务处理以及网络营销等环节根据预先设定由系统来自动完成，而系统的设定则是平台经营者将网络经营事项统筹安排的意志反映，在人工智能日渐代替具体自然人处理涉及互联网相关事务的当下，应认定他人包括根据自然人意愿进行运作的智能系统。

（三）本案存在令系统陷入错误认识并对财产权益做出处分的欺骗行为

首先是行为人有隐瞒真相、虚构事实的行为，主要表现在两个方面：一是违反网络平台实名注册规则，利用大量获取的手机黑卡或者是购买的公民个人信息注册并规避平台的审核，让平台误以为是真实消费者注册的账号，其行为符合诈骗罪隐瞒真相的特点，也是羊毛党大批量获取优惠券后牟利的最根本前提。二是恶意生成虚假的申领请求去兑换优惠券，之后又将兑换的虚假优惠券用于抵扣。本案中，用户通过非正常途径生成的二维码提交兑换无门槛100元优惠券是一项非正常请求，平台本身没有允诺用户通过上述渠道兑换优惠券，上述行为实质上虚构了优惠券申领事项，相当于诈骗罪中虚构事实的犯罪构成要件，之后行为人将申领的虚假优惠券通过购物或充值话费进行抵扣，属于隐瞒真相使系统对平台财产性利益做出错误处分。其次，上述行为与导致系统做出错误反应有因果关系。理由是：①系统漏洞通常指应用软件或操作系统软件在逻辑设计上的缺陷或错误，但系统漏洞的缺陷在被不法分子利用前，其往往是隐性存在的，如果没有外部操作的刺激或诱发，即便存在漏洞，其危害性是可以得到有效控制的。根据拼多多发布的公告，拼多多从未针对

---

① 如（2017）苏0281刑初208号彭某某盗窃一案刑事判决书，该案中，被告人彭某某趁被害人张某某借手机玩游戏之机，在知晓密码的情况下用该手机登录被害人张某某的支付宝，先后4次向自己的支付宝转账共计人民币14 700元，对此，判决认定被告人构成盗窃罪。

该类型优惠券生成任何二维码，更从未在App及小程序中展示过此类优惠券相关信息及二维码，如果没有不法分子故意利用漏洞去提供非正常的二维码，再利用“养猫池”（用手机卡蓄养大量虚拟账号）实现N张手机黑卡同时作业，系统也不可能做出大量无门槛优惠券得以领取兑现的反应。②认定羊毛党行为与系统做出错误反应之间存在因果关系后，本案实质上属于多因一果的情形，其情况与行为人将本来身患心血管疾病的被害人打伤，被害人被打后诱发心脏病倒地身亡的情况类似。系统固有的缺陷就类似于被害人自身所罹患的疾病，不能因为被害人自身有心脏疾病就否认行为人行为对被害人疾病促进、诱发的作用，也不能因此排除行为人的刑事责任。综上，平台财产权益被侵害关键始于羊毛党一系列隐瞒真相虚构事实并有意对平台漏洞进行操控的行为。

（四）优惠券作为虚拟财产能够成为财产犯罪的对象

在认定本案构成侵犯财产犯罪时，也有观点指出优惠券是否能够成为财产犯罪的对象这点值得讨论。由于优惠券能够被删除或重新设置生成，具有虚拟财产经程序设置完毕可以无限产出的特征，其不具有在特定空间或时间下需要被交换获取的稀缺性，故不能成为财产犯罪的对象。优惠券虽然能被删除或重新生成，行为人领取优惠券时可能平台的损失确实尚未产生，但一旦行为人将优惠券的抵扣数额通过话费充值或购买虚拟币兑现时，优惠券就具有了交互过程中的唯一性、稀缺性，因为优惠券优惠价值的冲抵对象变成了特定的具体商品，而且对于具体的使用人而言，其使用优惠券的权限是有限制的。因此不能以优惠券不具有稀缺性进而认为优惠券不能成为财产犯罪的对象。

（五）多重客体被侵犯情形下罪名的选择应做到主客观相一致

羊毛党申领优惠券的行为虽然严重破坏了平台正常生产经营秩序，但从羊毛党的主观意图看，破坏网络平台的经营秩序仅仅是一种手段，其最终目的是非法牟利。本案中，大量虚假账号确实对网络服务提供者的实名监管、平台和商家返利促销的正常运营造成了严重的破坏，但最根本的是对平台财产权的侵犯。因为消费者使用优惠券意味着商家让渡部分利益将商品低于预期价格出售给消费者，在优惠券适用没有门槛限制时，如果平台漏洞使得商家无法通过调低优惠券面值或手动下架商品来减轻损失，商家很可能就是亏本出售商品，并且在最后转向平台要求补偿。因此羊毛党领取了多少优惠券，平台就可能遭受多少经济效益的损失，这个危害后果是最直观最明显的。如果定破坏生产经营罪则不符合罪名认定时行为人的主观故意与客观行为相一致的原则。故不能定为破坏生产经营罪。

四、“恶意注册”+“利用平台漏洞”型网络犯罪刑法规制思考

（一）恶意注册账号与利用平台漏洞数行为并存时的刑法规制路径

经查询中国裁判文书网已判决的案例，发现利用平台漏洞作案大部分与恶意注册账号的行为密不可分。如被告人饶建锋盗窃罪案，被告人向同伙提供了50份

的身份信息资料并授意同伙在南交所网站上注册账户，证实这些注册的账户为被告人后来转移窃取的财产提供了巨大的便利。还譬如在被告人刘某某、杨某等人非法获取计算机信息系统数据、盗窃一案[（2016）浙07刑终944号]中，被告人杨某等人之所以能成功利用平台漏洞将他人账户内的大量积分盗走，主要基于刘某某和王某某提供的海量网站账号、密码以及大量无实名登记的手机号。因此批量的恶意注册账号是促成上述行为人利用平台漏洞能够非法获利的重要前提。

但目前对恶意注册账号（包括为了恶意注册提供非实名号的上游服务、打码验证以及养号行为）的行为司法解释并没有作出规定。以拼多多优惠券为例，在现行法律以及司法解释没有明确规定的情况下，宜认定构成诈骗罪。但如何看待批量恶意注册账号本身却值得思考。2018年腾讯公司发布的首份定向剖析黑产源头的《互联网账号恶意注册黑色产业治理报告》就指出当前对恶意注册和养号行为所认定的罪名有忽略恶意注册和养号及提供给下游行为本身的特点，而只是考虑恶意注册过程中使用到的材料和工具而已。

本文认为，对于恶意注册账户，可考虑《刑法》第二百八十七条之一规定的非法利用信息网络罪，并套用该罪名的第一款。理由是恶意注册账户得以实施成功的前提就是依靠非法获取公民个人信息、打码验证、养号等利用信息网络的行为。《刑法》第二百八十七条之一是由《刑法》第二百八十七条承继而来。《刑法》第二百八十七条在阐述犯罪构成要件时就同时涵盖了作为手段利用计算机犯罪与非法占有的目的两种行为。但要明确三个问题：首先，《刑法》第二百八十七条第一款设立适用于实施诈骗、传授犯罪方法、制作或者销售违禁物品等违法犯罪活动，应理解为也包括盗窃等违法犯罪行为。因为刑法分则的条文在列举具体要素之后使用“等”“其他”用语时，解释规则应是使其他行为与之前列举的要素具有相当性，包括行为方式、对象、手段强制性、危险性质、法益侵害性质同类，即同类解释规则。[①] 条款中的诈骗可能构成侵财犯罪，传授犯罪方法构成的罪名则属于妨害社会管理秩序罪，销售违禁品可能构成违规制造、销售枪支罪、贩卖毒品罪，这三种违法行为并没有特殊的关联之处，可能触犯的罪名也不属于刑法分则的同一章，但它们有一个共同特点，就是都属于违法犯罪行为，因此只要特定违法犯罪行为在强制性、法益侵害的严重性、手段的危险性等方面与诈骗、传授犯罪方法等相当，应当将之视为“等违法犯罪行为”的范畴。第二百八十七条第一款规定的刑期为三年以下有期徒刑或者拘役，恶意注册账号行为所指向的盗窃、破坏生产经营、非法获取计算机系统数据的法定最低刑亦为三年以下有期徒刑或者拘役，故从违法犯罪行为的危害后果和量刑幅度来看，能够与诈骗、传授犯罪方法等相当。

其次，应将违法犯罪活动的网站、通信群组等载体扩展至具有传播功能的类似的其他载体。网络犯罪具有不断变化的特点，如果将载体局限于网站或者通信群组，无法将通过其他新型载体实施的犯罪囊括在内。上述批量恶意注册的账号虽然不属于通信群组，但恶意注册的账号包括用户名、密码等网络平台验证用户身份

① 张明楷：《刑法分则解释原理》，中国人民大学出版社2011年版。

信息的基本要素，一旦注册成功一定程度上便取得了利用网络进行相关事项操作或获取特定权限的资格，批量的恶意注册账号便是网络平台通行证的集合，其在用途上与网站、通信群组等载体在使用上能达到同样的目的。

再次，以非法利用信息网络罪认定可以绕开恶意注册账号的行为人与下游犯罪行为人难以认定为共同犯罪的难题。专门从事养号、批量打码等黑灰产业的行为人与下游犯罪往往不存在直接联系，要认定构成共同犯罪，需从片面共犯的理论出发，从行为人为犯罪提供实质性帮助来定罪，但片面共犯的理论在刑法学界存有争议。如有学者认为，基于共犯的从属性原理，只有当被帮助者着手实行犯罪，使法益受到具体的、紧迫的危险时，处罚帮助犯才具有实质合理性。[①] 如果认定构成非法利用信息网络罪，根据 2019 年 11 月 1 日即将实施的《关于办理非法利用信息网络、帮助信息网络活动等刑事案件适用法律若干问题的解释》第十一条的规定，行为人的交易价格或交易方式明显异常或者频繁采用隐蔽上网、加密通信、销毁数据等措施或者使用虚假身份，逃避监管，可以认定为行为人明知他人利用信息网络实施犯罪，即行为人构成犯罪。如此一来，恶意注册的羊毛党可以被单独定罪。

综上，如果网络犯罪案件中的行为人同时有恶意注册账号（或者利用恶意注册的账号）与利用平台漏洞两种情节，建议做如下处理：①如果恶意注册的情节与利用平台漏洞的情节相当，则按照行为触犯的罪名中较重的罪名处罚。②如果导致法益被侵害的后果主要是由恶意注册账号或者利用、使用恶意注册账号的行为来实现的，则以恶意注册账号触犯的罪名来认定；因为非法利用信息网络罪的非法涵盖了诈骗、盗窃行为中的非法目的，利用信息网络又能够将通过网络进行诈骗、盗窃的不法手段囊括在内。③如果导致法益被侵害的后果主要系利用平台漏洞所致，则以利用平台漏洞所触犯的罪名认定。

（二）利用网络平台漏洞实施网络犯罪的定性总结

在拼多多优惠券案件中，行为人利用系统无法识别真实的优惠券以及优惠券能够兑现的条件，发布与平台意志相违背的无门槛兑现请求，属于针对网络平台使用虚假的命令，使网络平台产生误认并做出错误的响应，构成诈骗罪。但在现实中，利用网络平台漏洞实施的网络犯罪还包含其他情形，且部分情形又有一定相似，这对准确定性带来了一定的难度。

例如两起同样是利用网络平台漏洞并通过FD软件实施犯罪的案件：

案例一：（2017）湘 1003 刑初 171 号　被告人饶某某盗窃罪一案

2016 年 11 月 7 日晚，被告人饶某某通过吴某（另案处理）购买了网易贵金属南交所App 的漏洞信息（“网易贵金属提现R”），并安排张某 1、薛某、刘某、毛某、戴某（均另案处理）下载并注册南交所账户、发送验证码，其通过FD 软件的操作[将手机、电脑使用FD 软件将IP 修改成同一IP 地址；登录账户并充值（入金）然后点击出金，通过FD 软件将出金的数据拦截，并用“R”键复制出

① 聂立泽、胡洋：《帮助信息网络犯罪活动的规范属性及司法适用》，载《上海政法学院学报（法治研究）》2017 年第 1 期。

金信息后释放发往南交所公司平台]，以张某2、袁某、段某、张某3、肖某、朱某、张某4、胡某等16人名义从南交所盗取人民币7 327 692元。

案例二：(2018)浙0104刑初121号 被告人陈某诈骗罪一案

浙江温嵊能源投资有限公司杭州分公司经营“投融雪”投资平台。2017年10月14日23时30分许，被告人陈某用事先购买的他人身份信息及银行卡注册“投融雪”投资平台账户并进行登录，在上述账户内进行充值，后利用FD抓包软件对充值数额进行恶意篡改并申请提现人民币45万元。2017年10月16日，该平台员工审核提现时因数据已被篡改而误认为账户内确有资金而放款人民币45万元至被告人陈某掌握的注册账户关联银行账户。

案例一和案例二都是行为人利用FD软件将数据抓包的性能，将正常程序指令中的数据进行修改。案例一是行为人利用了系统对同一秒内收到的多次出金请求无法识别并进而会倍数出金的缺陷，但多次出金请求本身无所谓正确或错误之分，其本质是系统无法对上述请求做出有效的反应；类似的案件还有(2017)浙0110刑初959号梁某盗窃一案，被告人也是利用菜鸟裹裹寄件平台存在多次点击提现可获得多倍提现数额的漏洞，最后法院认定梁某构成盗窃罪。而在案例二中，行为人利用系统无法识别被篡改的充值数据的缺陷，即系统将被篡改的错误充值数据视为正确充值数据，员工在审核提现时依据系统认定的账户数额进行放款，并未重新再进行判断。行为人实施犯罪最终能够得逞的根本原因源于系统在员工审核之前的错误判断，故法院判定行为人构成诈骗罪是正确的。

假设网络平台的正常响应是基于一系列提前设置好的程序，如果行为人利用漏洞更改或添加新的参数使网络指令发生变化，系统将被更改的指令视为正确的指令；上述情形中，系统因人为原因陷入错误的认识，属于“机器被骗”，在人工智能系自然人意志反映的情况下，应将上述被骗视为自然人被骗。根据最高人民法院、最高人民检察院《关于办理妨害信用卡管理刑事案件具体应用法律若干问题的解释》第五条第二款的规定，《刑法》第一百九十六条第一款第三项所称的“冒用他人信用卡”包括“窃取、收买、骗取或者以其他非法方式获取他人信用卡信息资料，并通过互联网、通信终端使用的”的情形，故司法解释已肯定特定情况下“机器也是能被骗的”，故此种情况应认定构成诈骗罪。

如果系统因漏洞无法对需要处理的某个事项进行识别，行为人利用系统的反应性故障恶意提交具体事项，并诱发系统做出错误判断。这种情况需要根据案件具体情况认定罪名。如果行为人仅仅是提交系统无法识别的事项，没有再继续创设其他的可能让系统陷入错误认识的其他条件，根据漏洞具体评定为盗窃罪、非法获取计算机信息系统数据罪等。如被告人饶某某盗窃案[(2017)湘1003刑初171号]，行为人利用了系统对同一秒内收到的多次出金请求无法识别并进而会倍数出金的缺陷，但多次出金请求本身无所谓正确或错误之分，其本质是系统无法对上述请求做出有效的反应，因此应评定为盗窃罪。如果行为人提交系统识别的事项不仅令系统将A误判为B，而且整个提交的事项都是虚构的，应认定行为人构成诈骗罪。

虚假获取积分的诈骗罪研究

范晨冰　姜　川*

随着互联网经济的繁荣，出现了一系列利用网络支付从事违法犯罪活动的行为。其中有一种犯罪通过寻找利用银行、商家优惠活动的漏洞非法骗取积分性财产，数额巨大。笔者在实务中发现，研究如何对其定罪和量刑势在必行，具体需要结合诈骗罪、侵犯公民信息罪等罪名的犯罪构成进行分析处理。

一、薅信用卡积分获刑案情介绍

面对虚增积分、套取积分现象，银行态度一直都比较和缓，仅仅基于信用卡本身的管理采取相应手段，仅限于民事法律的范畴，试图在经济方面实现对羊毛客的精确打击。最近有几起诈骗罪的判决引起了信用卡圈内的震动，这可能表明了在新的形势下，银行信用卡中心面对这一行为，采用了与以往完全不同的打击策略，即使用刑事手段与职业羊毛客进行斗争。

（一）虚假刷单 14 亿多元获 7 亿多积分被判诈骗罪①

2015 年 10 月下旬，被告人陆某等 8 人经预谋，先后在天猫商城上购买了南通、天津、上海、温州等地的 6 家天猫商城专营店铺，并在网上购买大量新注册的淘宝买家账号，通过在上述店铺内进行虚假交易的方式，套取天猫商城的奖励积分，之后再通过上述店铺，使用套取的天猫积分抵款购物，将积分变现，虚假交易额高达 14 亿多元，获取天猫商城 7 亿多积分，实际骗取现金人民币 671 万余元。崇川区法院一审对被告人陆某等 8 名被告人以犯诈骗罪事由，分别判处有期徒刑十二年六个月至八年至十一年不等的有期徒刑，并处数额不等的罚金。陆某不服提起上诉。2017 年 2 月，南通中院二审维持原判。

（二）虚假交易虚增积分牟利被判诈骗罪②

冉某于 2016 年 3 月至 2018 年 1 月期间，虚构商户身份，利用深圳银盛电子支付服务有限公司等四家收单平台，使用名下的多张招商银行信用卡频繁虚假交易共计人民币 1600 余万元，套取招商银行信用卡消费积分 300 余万分，其中大部

---

* 范晨冰（1993—　），女，山东菏泽人，南昌大学法学院 2018 级法律硕士研究生，江西浩剑律师事务所律师；姜川（1990—　），男，江西南昌人，南昌大学法学院讲师。

① 周江洪：《2018 互联网法律大会十大案例发布！》，http://www.360doc.com/content/18/1127/09/219559_797499666.shtml，下载日期：2019 年 10 月 19 日。

② 上海市黄浦区人民法院刑事判决书(2019) 沪 02 刑终第 160 号。

分消费积分被用于兑换航空里程等，兑换成本最低合计人民币12余万元。冉某到案后如实供述犯罪事实，且在家属协助下退出违法所得，有悔罪表现，从轻、从宽处罚后以诈骗罪被上海市黄浦区人民法院判处有期徒刑三年，并处罚金人民币四万元。

卡友和支付产业从业者可能对以上两种案件的操作方式都比较熟悉，其核心都是虚增积分、套取积分进而换取奖品，行为大概可以分为三个阶段，假意使用信用卡购买商品/假装自身是App的新用户→银行基于规则授予相应账户以积分→将积分转化为奖品回到自己手中。所用手段虽有差别但也容易理解，第一种案情是使用虚假身份获得奖励积分，这是在羊毛党中非常盛行的方式，但是对于信用卡羊毛党来说由于相应的新手福利往往都需要实名认证，门槛相对较高。第二种案情是办理刷卡Pos机使用虚假交易套取积分，毕竟POS机收单机构多元，市场秩序混乱，认证程序漏洞颇多，这种方式是信用卡羊毛党较常采用的方式。

二、虚增积分是否可被认定为诈骗罪

这些一直以来都作为潜规则而运行的操作真的触犯了刑法吗？他们又是因为哪些条件而触犯刑法？这些案子也都被定性为诈骗罪，那么合理合法的“薅羊毛”和违法犯罪的诈骗行为之间的界限到底在哪里呢？要回答这些问题，首先得回到刑法。

诈骗罪规定于《中华人民共和国刑法》（以下简称《刑法》）第二百六十六条：“诈骗公私财物，数额较大的，处三年以下有期徒刑、拘役或者管制，并处或者单处罚金；数额巨大或者有其他严重情节的，处三年以上十年以下有期徒刑，并处罚金；数额特别巨大或者有其他特别严重情节的，处十年以上有期徒刑或者无期徒刑，并处罚金或者没收财产。”那么虚增套取信用卡积分是否属于该罪法定情节“诈骗公私财物”呢？虽然我国刑法和相关司法解释都没有对诈骗公私财物进行细致的说明，但是在理论与实践上已经达成了共识，“诈骗罪是指行为人以非法占有为目的，用虚构事实或者隐瞒真相的方法，骗取数额较大的公私财物的行为”，在主观方面要求行为人以非法占有相对人财产为目的，在客观方面表现为行为人实施了欺诈行为，这种欺诈行为使相对方产生错误认识，并基于这种错误认识做出行为人所希望的财产处分行为。

（一）行为对象的确定

行为对象也叫犯罪对象（行为客体），一般是指实行行为所作用的物、人、组织（机构）、制度等客观存在的现象。[①] 毋庸置疑，本案的被害人一方为各类商家。行为对象的确定是分析案件的关键步骤。

首先，若将商品认定为本案的行为对象，这便表明在不法阶层的判断中，冉某虚假交易行为成为评价重心，具有法益侵害性。这一分析思路存在的问题是：其

① 张明楷：《刑法学》，法律出版社2016年第5版。

一，事实层面上来看，冉某先多次交易的行为并没有违反商家及法律的有关规定，相反这是消费者行使权利的体现。其二，冉某并未对其的虚假交易行为负有解释说明义务，双方在法律和约定的框架内各自行事，对于其心理动机无须解释。对此，德国学界和司法判例的态度是："只有在存在明确的合同约定，或者当行为人与被害人之间存在特殊的信赖关系或持续的生意往来时，才能肯定行为人基于合同关系负有说明真相的义务。单纯的合同关系本身并不能导致行为人负有说明义务。"[①] 有鉴于上述两方面的考量，合理的做法是将行为人利用操作漏洞获取的具有极大经济价值的招行信用卡积分确定为本案的行为对象，而招行则是本案的受害人。

（二）羊毛客实施诈骗行为

从羊毛客/诈骗方的角度看，虚增积分在主观上是以非法占有为目的，其行为的目的就是获得积分兑换银行送出的相应奖品。客观上则是实施了诈骗行为：诈骗行为是使对方产生因认识错误而处分财产的行为，从形式上包括两类，即虚构事实和隐瞒真相。虚增积分都需要隐瞒内心的真实意图，即其试图利用规则不当从而获取积分的心理事实，并通过虚构交易或新用户存在而使银行误信而赠予相应账户以积分。银行的信用卡规则往往规定"确认持卡人确实存在使用虚假交易或利用营销活动规则恶意套取积分，×× 银行有权取消相关持卡人参加本计划的资格，有权对持卡人采取停用积分账户，信用卡账户止付，拒绝开立账户，拒绝提额、降额、销户等措施。"显然，如果知晓羊毛客的真实目的，银行是不可能处分给他们具有财产性价值的积分的，羊毛客为获得积分只能采取虚构事实和隐瞒真相的欺诈行为。

（三）银行基于诈骗行为而实施处分行为

从银行的角度，其受欺诈而实施了财产处分行为，这种行为的成立应满足四个要件：处分行为、处分意识、直接财产损失以及处分的自愿性。①处分行为是"任何直接导致经济意义上的财产减少的法律或事实性的作为、容忍和不作为"，羊毛客将虚增的积分兑换成礼品的过程就使得银行进行了相关的处分行为。②处分意识是指行为人具有了将其所有或可支配的财产转移的认识就具有处分意识，并不要求具体认识到数量、价格等要素，羊毛客虚增的积分在兑换礼物时通过了银行的审核就可以认为银行在主观上即具有对该财产的处分意识。③直接财产损失是"财产处分必须是'直接'造成财产减损，也即被害人基于错误认识的作为、容忍或不作为，应当无须行为人采取进一步的举动就足以造成财产减损"。虚增的积分兑换的航空里程、鼠标等礼品、视频网站会员等虚拟商品的经济利益是非常清楚的，银行采购这些礼品的成本也是可以计量的，可以直接估算诈骗本身的财产损失。④处分行为的自愿性是指被害人在知道有选择余地的情况下处分了财产，此类案

① 张雅丽：《商场退货积分案：简析盗窃与诈骗的区分》，https://mp.weixin.qq.com/s/C3DllqkvMIafONzEo37abw，下载日期：2019 年 9 月 20 日。

件中银行处分礼品的行为虽然是基于有瑕疵的意志决定，但羊毛客没有实施任何足以使其丧失选择的余地的强制行为，因此此类财产处分行为毫无疑问地具有“自愿性”的特征。

通过上述论证不难说明，本类案件中羊毛客的确实施了欺骗行为并导致对方陷入认识错误后进行了财产处分，在客观阶层符合诈骗罪的成立条件，主观责任方面则是明显具有犯罪故意。因此，从法律层面来看，诈骗罪成立。

（四）诈骗罪的成立和既遂

1. 成立问题

要讨论这个问题，首先应考虑信用卡积分的实际价值。信用卡积分作为近几十年新出现的一种利益形式，难以用传统的定义来界定它。它作为财产形式的界定，关乎着诈骗罪的既遂与否。积分在兑换前和兑换后，有着完全不同的价值属性。

对于行为人的犯罪所得，所有的积分规则都有此类条款“积分仅适用于本活动范围，在兑换取得回馈项目前并不构成持卡人资产，积分不可转让给其他持卡人或任何第三人，任何转让对××银行均不产生效力”。因此，积分本身是不能认定为具有价值的。存在这几点原因：①财产属性之不确定性。消费积分实质上只是证明顾客以往消费额度的一组记录数据。只有当商家推出积分返利活动时，消费积分才可以在商家制定的返利兑换规则（单方赠与合同）之下用于商品兑换，体现出一种财产属性和利益，但这种利益不同于借条、经济合同等所代表的确定的、稳定的财产性利益，根据《中华人民共和国合同法》第一百八十六条规定，赠与人在赠与财产的权利转移之前可以撤销赠与。因此，从法律层面上讲，此两个案中招行有权随时撤销积分返利活动而无须承担违约责任。②价值大小之差异性。积分本质上是商家的一种赠与，其赠与价值的大小完全由商家根据经营计划主观决定，因此，消费积分的市场价值存在极大差异。一方面，不同商家对积分换购比例规定不同。另一方面，同一商家在不同时期也会调整积分的兑换比例。③价值存续之不稳定性。传统货币的价值确定且不限时效，具有固定性。然而银行积分的价值存续期间却并不稳定。用积分支付和兑换，需要考虑到时效性。在超出银行规定的时效后，积分可能会被归零或延期入下一轮活动，而这完全由银行决定。因此，在兑换前的积分难以被认定为具有价值。因此，此时只能被认定为诈骗罪的预备状态较为合适。④流通交易之局限性。理论上普遍认为刑法上的“财物”必须是能够在现实社会中流通交易的，但是消费积分显然不具备流通交易的可能性。积分的存在限制于和商家的契约，具有明确的归属，不可由消费者转让，兑换的具体财产性利益由商家规定，只能用于兑换该商家的商品或服务，这从根本上限制了积分的流动性。因此，兑换之前的积分是不具有价值的。此时，诈骗罪至多是处于预备状态。

在消费者将积分实施了兑换或用积分消费的行为后，积分被切实兑换成现实性利益，如将航空里程兑换成机票、酒店住宿等财产性利益等，行为人实质获得了诈骗行为所带来的物质性利益，满足诈骗罪的要件，此时诈骗罪的成立要件得到满足。

最高人民法院曾出台第27号指导案例进行解读类似案件，认为在此类盗骗交织的案件中，如果行为人获取财物时起决定性作用的手段是秘密窃取，诈骗行为只是为盗窃创造条件或做掩护，被害人也没有“自愿”交付财物的，就应当认定为盗窃；如果行为人获取财物时起决定性作用的手段是诈骗，被害人基于错误认识而“自愿”交付财物，盗窃行为只是辅助手段的，就应当认定为诈骗。在信息网络情形下，行为人利用信息网络，诱骗他人点击虚假链接而实际上通过预先植入的计算机程序窃取他人财物构成犯罪的，应当以盗窃罪定罪处罚；行为人虚构可供交易的商品或者服务，欺骗他人为支付货款点击付款链接而获取财物构成犯罪的，应当以诈骗罪定罪处罚。[①] 在本文所提的两例案件中，嫌疑人获取积分的手段应当被认为是由银行进行交付，应以诈骗罪论处。与传统类型的三角诈骗中受骗人和被害人不为同一人有区别，新类型的三角诈骗的构造为：被告人实施欺骗行为——受骗人产生或者继续维持认识错误——受骗人基于认识错误处分（或交付）自己的财产——被告人获得或者使第三者获得财产——被害人遭受财产损失。显然，在这种情况下，只要能够说明和肯定受骗人处分自己的财产导致被害人遭受财产损失，同样使得受骗人的处分与被害人自己的处分具有相同性质。

2. 既遂问题

此类案件中争议的焦点在于如何确定诈骗罪既遂、未遂的标准。关于诈骗罪的既遂标准，刑法理论界众说纷纭，莫衷一是，总结起来大致有以下三种：

（1）占有说。该说认为诈骗既遂与未遂的区分应以公私财物是否实际被行为人非法占有为标准。换言之，即行为人是否实际取得被骗财物是既遂与未遂的区分标准。[②]

（2）失控说。主张财物的所有人或占有人是否失去对其财物的控制为诈骗罪既遂与未遂标准。即应以财物所有人、占有人是否实际失去支配权为界限。[③] 只要被害人因交付而丧失对财物的控制就意味着被害人对财产的法益遭到了完全的侵犯，即使行为人没有控制财物也无法改变被害人的财产已遭受实际损失的事实从而只能构成既遂而没有理由以未遂论处。“犯罪的本质是侵犯法益而不是行为人取得利益。”[④] 但对于本案中信用卡积分这种虚拟财产来说，难以认为仅仅侵犯了公私财物即达到犯罪要求。行为人虚增积分的行为，即可以被认为侵犯了他人的财产权益，银行处理积分的成本和对自己积分的管控都可以被认为是银行的财产性利益，但是积分本身是不具有价值的，所以只有当积分被兑换成现实性利益后，才可以被认为是财产价值。只有当行为人切实兑换成掌握在手中的价值后，才可被

① 济南铁路运输法院：（最高人民法院指导案例27号），http://jntlfy.sdcourt.gov.cn/jntlfy/380112/380090/3546320/index.html，下载日期：2019年8月12日。

② 熊选国：《论合同诈骗罪》，中国人民公安大学出版社1989年版。

③ 王晨：《诈骗犯罪的定罪与量刑》，人民法院出版社1999年版。

④ 张明楷：《法益初论》，中国政法大学出版社2000年版。

认为是完成了诈骗行为。

（3）控制说。主张诈骗罪的未遂与既遂以行为人是否取得对公私财物的实际控制和支配为界限。[①]"犯罪既遂与否的标准是刑法分则对该种犯罪的构成要件是否齐备，齐备则为既遂，不齐备则为未遂。我国刑法中诈骗罪的构成要件是行为人以虚构的事实和隐瞒真相的方法造成了非法占有他人财物的犯罪结果。因此，非法占有财物的犯罪结果是否发生是既遂未遂的区分标准。'非法占有'是指行为人获得对他人财物的实际控制，而不能是其他含义。"[②]本文主张"控制说"。尽管从法益侵害的角度来看，所有人或占有人失去对财物的控制，就意味着其财产利益受到了侵害，对该行为应当予以处罚，以保护财产所有人或者占有人的合法权益，但这种行为的处罚并不一定要采取既遂的方式。[③]"控制说"比较符合当前司法解释性文件的规定，将现行司法解释中的"实际骗得"解释为"控制或支配"，既能防止其与司法解释性文件相冲突，使得规范性法律文件之间协调一致，又能合理应对链条式的诈骗行为。2003 年 11 月 13 日，最高人民法院《关于印发全国法院审理经济犯罪案件工作座谈会纪要》[④]的通知中明确，贪污罪是一种以非法占有为目的的财产性职务犯罪，与盗窃、诈骗、抢夺等侵犯财产罪一样，应当以行为人是否实际控制财物作为区分贪污罪既遂与未遂的标准。可见，诈骗罪的既遂是行为人控制财物。现行司法解释以"实际骗得"为标准，"实际骗得"应当解释为"控制"，而非"占有"。

那么如何认定"控制"的节点就是关键所在。在行为人已经用积分兑换了实际性价值，如爱奇艺会员月卡、机票等，此时，正常情况下，行为人可对此类利益做实际支配、出售、转让甚至搁置不用等，则是完全随行为人的意愿，不受银行和提供服务的商家的影响，可以认为行为人已对此项积分兑换来的利益获得了完全的控制，符合了诈骗罪既遂的要件。

三、诈骗罪的量刑标准

诈骗行为从民事违法上升至刑事犯罪层面，需要满足"数额较大""数额巨大""数额特别巨大"的标准。依据 2011 年最高人民法院和最高人民检察院出台的《关于办理诈骗刑事案件具体应用法律问题的解释》（以下简称《解释》）规定："诈骗公私财物价值三千元至一万元以上、三万元至十万元以上、五十万以上的，应当分别认定为《刑法》第二百六十六条规定的'数额较大''数额巨大''数额特别巨大'。"该司法解释对"数额特别巨大"的界定标准清晰，而将"数额较大""数额巨大"的起算点设定为区间，在实践中，各省高级人民法院都在量刑指导意见实施细则中按照本省经济状况进行明确。通常，"数额较大"的起算点为五千元，而"数额巨大"的起算点为五万元到十万元不等。在此标准内，全国各地根据本地区经济等

① 王晨：《诈骗犯罪的定罪与量刑》，人民法院出版社 1999 年版。

② 黎全阳：《关于诈骗罪认定若干问题的探讨》，载《法学家》1996 年第 2 期。

③ 黎宏：《刑法学》，法律出版社 2016 年版。

④ 《关于印发全国法院审理经济犯罪案件工作座谈会纪要》，法（2003）67 号，发布日期：2003-11-13。

具体情况，制定了不同的起算标准（见表 1）。以上三起案件中，被告人所涉金额不同，但都超过了十万元，属于《解释》中的“数额巨大”，依照《刑法》刑期应在三年以上十年以下，孙某获刑四年六个月，冉某获刑三年，陈某获刑三年缓期三年。

表 1　各地诈骗罪量刑标准起算点（单位：元）

地域	数额较大	数额巨大	数额特别巨大
全国	3000~10 000	30 000~100 000	500 000
北京	5000	100 000（特殊情形 80 000）	500 000（特殊情形 400 000）
上海	5000	500 000（特殊情形 40 000）	500 000（特殊情形 400 000）
江苏	6000	600 000（特殊情形 48 000）	500 000（特殊情形 400 000）
浙江	6000	10 000	500 000
江西	5000	50 000	500 000
广西壮族自治区	3000	30 000（特殊情形 24 000）	500 000（特殊情形 400 000）
山东	6000	80 000（特殊情形 70 000）	500 000（特殊情形 450 000）
湖南	5000	50 000（特殊情形 40 000）	500 000（特殊情形 450 000）

在此类案件的量刑问题中，最关键的是此类案件中关于诈骗财物的价值认定。从前文中我们得知，在兑换之前的积分是不能认定为具有价值的，但积分同时又意味着潜在的可能价值，因此，如何认定兑换后的积分对应的商品或服务（机票、购物卡、酒店住宿、会员卡等）人民币数额就成了量刑的关键。常见的诈骗罪中，诈骗的是人民币，所以数额容易被确定。但此类诈骗罪中，诈骗的往往是商家的服务，评价商家的服务价值之后才能确定诈骗的金额。

（一）诈骗金额对应的价值

1. 按照服务的市场价值计算金额

积分兑换成了实际利益（机票、酒店、购物卡等）并被享用后，应当按照这些利益由商家评判出的价值来计算，即按照商家面对市场合理的定价来对应人民币数额。如前文第一个案例，五名被告共计兑换爱奇艺视频会员月卡 10 269 个、罗技无线鼠标 343 个，按照这种说法，被告在此的诈骗数额应是这 10 269 个爱奇艺视频会员月卡和 343 个罗技无线鼠标的商家定价。

2. 按照服务的成本价值计算金额

积分兑换成了实际利益（机票、酒店、购物卡等）并被享用后，应当按照商家提供这些服务所需要的成本来计算数额。前文第二个案例中，被告使用名下的多张招商银行信用卡获取的虚假消费积分被用于兑换高端专享运通礼宾服务、SPG 积分、亚洲万里通、南航或国航里程等，不同商家所提供这些服务所消耗的成本之和，则是被告诈骗的实际金额。

本文认为采取后一种是更为合适的做法。从学理上讲，在将诈骗罪理解为取得罪的同时，并非以诈骗行为人实际取得的财产数额，而是在可以肯定行为人所追求的非法利益与被害人的财产损失之间具有一致性的场合，以被害人的财产损失作为诈骗犯罪数额。[①] 从实务操作中来说，商家在标定定价时必然考虑到利润，在一个案件同时是大额案件又涉及网络商品（如爱奇艺会员）时，商家的定价往往远高于其成本，甚至在不同的购买的渠道中商品的定价也大不相同，此时如何界定定价又是一个问题，如果简单粗暴地将商家官网价格认定为商品价值计算诈骗数额，不符合刑法中的公平原则。因此，本文认为在计算诈骗数额时，用商家提供服务的成本来进行计量是较为合适的做法。

（二）按照无法回收的服务价值计算金额

在计算金额的过程中，有一类金额可能可以被扣除，即已经被兑换但尚未被使用并且可回收的财产性利益，即可以被扣回或使无效的利益。在第一个案例中，当爱奇艺视频会员月卡未被注册使用时，商家可以根据相应的会员号将其注销；同样，第二个案例中，当积分兑换成亚洲万里通、南航或国航里程，这些网络财产也是属于可以被收回的。本文认为，不将这部分计入诈骗财物为更好。理由如下：①商家可以轻易地将这部分网络财产收回而基本不用付出成本；②行为人往往是批量获取了此类财产导致犯罪金额较大，而其没有非常恶劣的犯罪动机。量刑也必须受罪刑法定原则的支配。[②] 基本此两点考虑，将此类财产收回不计入犯罪财产从可操作性、维护公平性来说，更有现实意义。同时对于不方便回收的财物，如罗技无线鼠标作为实体物，难以被回收，则应按照鼠标的价值来计算诈骗金额。对于被兑换但尚未被使用并且可回收的财产性利益，如果金额的计算中，无法将可回收的实际价值扣减，本文认为，可以依照《关于常见犯罪的量刑指导意见》[③] 中的规定：对于退赃、退赔的，综合考虑犯罪性质，退赃、退赔行为对损害结果所能弥补的程度，退赃、退赔的数额及主动程度等情况，可以减少基准刑的30%以下。本文认为，可以依此在量刑上予以减轻。

（三）手续费的扣减问题

在兑换积分的过程中，银行已经收取了相应的手续费。银行在提供兑换服务的过程中，一般会按一定的比例收取手续费。这里有几种说法：①应扣减手续费。银行收取了费用，相当于已经回收了一部分成本，因此诈骗金额应减掉手续费来计算。②不应扣减手续费。银行基于受骗为此提供了服务，收取了对应的服务费用，此过程中银行提供了服务，应当收取费用。从银行的角度来说，这笔费用收取的符合规定，因此这笔费用不应对后续的其他情况和责任做影响。从行为人的角度来讲，这是一个犯罪成本的问题，“被告人为了完成诈骗所付出的一些对价物等对被害人而言并非都具有意义，并不能实质性地减少被告人的经济损失。”[④] 本类案件

---

① 付立庆：“财产损失要件在诈骗认定中的功能及其判断”，载《中国法学》2019 年第 4 期。

② 张明楷：《刑法学》，法律出版社 2016 年版。

③ 《最高人民法院关于常见犯罪的量刑指导意见》，（法发〔2013〕14 号），第 3 条第 8 点。

④ 最高人民法院中国应用法学研究所：《人民法院案例选（分类重排本）》（刑事卷六），人民法院出版社 2017 年版。

中，行为人在为兑换积分而使被害人银行付出一些实际的劳务价值，从而支付的手续费，对被害人和行为人都没有特殊的意义，因此并不能算入银行收回的财产，仍是行为人诈骗成功的财产。因此，本文认为不应扣减手续费。

四、结论

本文认为，结合类似案例指出办案时首先需考虑罪责刑相适应原则。毕竟，相比于传统的犯罪，发生在网络支付领域中的犯罪容易数额巨大，且缺乏相应的措施事前预防。在法律还不够完善的情况下，过于苛责并不合适。其次，对于具体的案件，也应严格在刑法的框架内进行犯罪构成条件的满足与否和量刑的处理。必要的情况下，可以在法规范围内进行相应调整。对于具体案件的处理上，应首先考虑嫌疑人的作案动机是否完全符合诈骗罪的主观意图；其次应考虑嫌疑人的作案手段对银行或者商家处置积分的诱导或欺骗；最后，应相应地考虑网络诈骗相对于传统诈骗存在不同的特性，以进行相应的处理。总之，在诈骗金额认定中存在以上多种不同情况，因此在处理此类案件时需要非常谨慎地对待损失金额的认定，避免造成罪刑责不适应的情形。

微信群组织抢红包行为的司法认定

鲁海军*

随着微信社交软件推出微信红包及第三方支付平台的建设，方便微信群友之间馈赠红包的同时，其也被不法之人利用，将线下传统赌场中赌博及网络网站上的赌博行为，蔓延至微信群。行为人利用已有或新建的微信群，制定游戏规则，以营利为目的，招募特定群成员或不特定其他微信用户，实施聚众赌博或开设赌场，并从中抽头实现非法牟利的目的。笔者经调研发现，对于微信群组织抢红包行为性质的认定在司法实务界、理论界产生分歧，亟须澄清认识误区，发挥刑法在惩治犯罪和预防犯罪方面的作用。

一、微信群组织抢红包行为概述

微信是腾讯公司在2011年为智能终端提供即时通信服务的免费应用程序。其功能主要有文字、图片、视频的传输与接发收，还具有摇一摇、扫一扫、搜索号码、添加附近的人等功能，而微信红包是在2014年12月推出的一个微信功能，微信好友间、微信群中可以发送低于200元金额、与金钱价值相等的电子红包。目前，微信红包发放存在等额红包和随机红包两种形式，而随机红包则成为赌博的主要形式。行为人在微信群中采用抢红包形式实施的赌博，不同于传统在一定场地、面对面赌博，亦不同于网络赌博，有自己的特性，鉴于目前刑法中仅对传统赌博、网络赌博犯罪进行了明文规制，对于新出现的微信群抢红包犯罪行为并无明文规定，致使其在司法认定存在一定模糊性，亟待予以澄清。

(一)微信群组织抢红包行为特征

微信群抢红包，借助微信社交软件中的红包和第三方支付平台，行为人以建立微信群作为赌博场所，该场所不同于实体赌场，亦不同于网络赌场，但其表现出的虚拟空间同网络赌场具有一致性，目前刑法尚无对微信赌博进行立法规制，在司法认定中一般是将《刑法》第三百零三条及相关对网络开设赌场的司法解释作为适法依据，并将微信群抢红包视为网络赌博犯罪的新类型。因而，本文将不再将网络赌博与微信群抢红包进行区分，仅将其与实体赌场中的赌博行为进行区分。微信群抢红包的特征应从其实施的犯罪模式来研究，而从中国裁判文书网已经公开的案例来看，则一般表现为，由组织者建立微信群、制定赌博规则，“代包手”即代发红包的人发红包，组织者按照赌博规则抽头，群内成员抢红包。因而，我们得出微信

* 鲁海军(1982—)，男，河南信阳人，江苏省淮安市洪泽区人民法院综合办公室主任。

群抢红包行为的特征为“赌场”和“人”的聚合。具体表现在以下三个方面：

一是赌场开设成本低、操作简单。微信的每个用户可以随时随心所欲地建立微信群，不需要投入网站设计、硬软件等设备、也无须任何技术，即可将线下的“赌场”搬进微信这个虚拟空间，进而实施开设赌场或聚众赌博等行为。相较于实体赌场及网络赌场的计算机赌博投入成本都小，操作也都更简单、灵活。且微信群抢红包参与赌博是以秒来知晓输赢，用户参与度高且参赌门槛低，缩短组织者、参赌者的时间成本。

二是参赌人员流动大、危害性大。实体赌场中，限于时间和地域的关系，开展赌博活动的场地和空间有所限制，组织者、参赌者往往能面对面交往，当面参与赌博；而微信群抢红包场地则发生在网络虚拟空间，数据成为行为人之间交际的媒介，且不受地域、时间和空间的限制，参赌主体面向的多为不特定多数人或特定多数人且参赌者大多互相不见面，通过微信群即完成赌博行为。如浙江台州警方破获的杨某等人“微信代发红包”赌博案中，涉案人数300余人，涉及北京、上海等10多个省市及国外多个城市。[①]

三是赌博行为迷惑性强、甄别困难。在赌博方式上，实体赌场中的赌博行为需要借助相对固定的赌博场所、参赌工具，使用专业手法操作等，参赌人员多为贪利性、好逸恶劳型等人员，希望从射幸的偶然的赌局中非法牟取利益。而在微信群抢红包中，参赌人员点击抢红包是其赌博方式且在几秒钟内就能分晓输赢，对于其涉嫌赌博并不自知，表现出极强的迷惑性。迷惑性表现在：其一，标的额小，不同于实体赌场中一次动辄成千上万的赌注，其赌注在数十元到二百元不等，易受麻痹。其二，与娱乐夹杂，人们在微信里都有过为亲友发红包的经历，行为人利用这种行为及建立起来的心理，夹杂着赌博游戏规则所体现出的刺激性与微信红包所体现出的娱乐性的结合，易为人不觉察而陷入。其三，抢红包拼的是手气，受害人内心认同，看似公平的规则，实则是让微信红包的随机性、不确定性掩盖了犯罪，让人在不自觉中陷入赌博之中，其造成的社会危害性也就随着迷惑性变大。

（二）微信群组织抢红包行为涉及罪名法源考证

两个罪名之间的关系从法源上看，开设赌场罪来源于赌博罪。

1979年《刑法》参照适用。1979年《刑法》第一百六十八条规定的赌博罪，仅规定了聚众赌博或以赌博为业两种犯罪行为，而对于实践中存在的开设赌场行为，该法并未禁止类推适用原则，对于当时司法实务中出现的开设赌场行为，虽法无明文规定，但依据类推原则，按照举重明轻，将其类推为赌博罪，参照赌博罪定罪量刑，即处“三年以下有期徒刑、拘役或者管制，可以并处罚金”。

1997年《刑法》纳入赌博罪。鉴于社会上存在的开设赌场现状，其提供场所，组织他人参与赌博或聚众赌博，其社会危害性较此前刑法中已有的聚众赌博或赌博行为更大，且又都是与赌博行为有关，因而在1997年《刑法》进行修改时，首次

① 参见宗凤月：《新型社交网络赌博犯罪的进化——以“微信红包”变相赌博为例》，载《犯罪研究》2016年第5期。

明文将开设赌场行为定性为赌博罪，并将其犯罪设定为目的犯，即行为人必须“以营利为目的”。对贪利型犯罪并处罚金刑是我国刑法立法上的一大特点，1997年《刑法》对“赌博罪”的附加刑进行调整，对犯此罪的被告人判处一定金额的罚金刑，让行为人付出更大的经济成本，使其得不偿失，不能、不敢再犯罪。可以说，自由刑和财产刑的组合共同构成了“赌博罪”的刑罚体系，共同承担着惩罚与预防功能。

2006年《刑法修正案（六）》单独立法。社会上出现的开设赌场犯罪行为屡禁不止，刑法对其犯罪行为的打击未能有效惩治和震慑此种犯罪蔓延的趋势，社会各界对从重打击开设赌场犯罪行为的呼声，为立法者所采纳，将其从赌博罪中分立出新的罪名即开设赌场犯罪。在量刑上分两档，第一档保持同赌博犯罪量刑一致性；第二档为加重处罚情节，从立法用语分析来看，属于情节犯，处三至十年有期徒刑，并处罚金。在立法时，虽未明文将“以营利为目的”作为开设赌场罪的犯罪目的，但“以营利为目的”是其作为赌博罪犯罪行为时的特征，已为实践所认可且已经为公众所熟知，再加上其最初来源于赌博罪，在立法上列为同一法条，前述赌博罪中已经明确，如后续再列显属多余。因而，《刑法修正案（六）》在立法时未列明“以营利为目的”，但在实践中其仍是开设赌场罪行为人追逐的目的，也是其认定行为人犯罪动机的关键。

二、微信群组织抢红包行为罪名认定的争歧

微信群抢红包行为有别于网站赌博，其在不特定微信用户手中，可随意建立微信群实施赌博，利用受害人对微信红包的接受及贪利心理，实施赌博行为或开设赌场，从中非法牟取利益。在实体赌场中对聚众赌博、开设赌场行为立法上有明文规定，实践处理中亦不存在争议，但在微信群这个特定“赌场”中，对于是认定为聚众赌博抑或是开设赌场罪，在司法实践及理论界存在争议、分歧。

（一）司法实践分歧

我们通过在中国裁判文书网冠以“微信群抢红包”进行检索，搜集到2015年至2019年10月间的1154件，剔除民事案由中的20件案例及其他类型案由，共有1134件有效刑事案例，其中一审991件，二审140件，其他3件，涉及全国30多个省、市、自治区，其中浙江267件、广东170件、江苏132件，占据发案数量前三名。

通过对微信群抢红包类型案件按照一审、二审两种裁判结果的梳理发现，一审中从2015年的开始审结此类案件的7件，到2019年1~10月达到188件，案件数量呈增长趋势，犯罪罪名涉及赌博罪和开设赌场罪两个罪名，其中以开设赌场犯罪897件，做出裁判年均占此类案件的79.10%，赌博定罪的237件，仅有部分法院以赌博罪进行定罪量刑。详见表1。

表1　2015—2019年10月微信群抢红包犯罪案件裁判结果统计表

	2015年	2016年	2017年	2018年	2019年1~10月	合计
开设赌场罪	6件	110件	292件	337件	152件	897件
赌博罪	1件	37件	85件	78件	36件	237件
合计	7件	147件	377件	415件	188件	1134件

二审案件中，一审 991 个案件中有 140 个上诉或抗诉到二审法院，其中检察机关抗诉仅 10 件，被告人提起上诉 130 件；二审在裁判结果上有 94 件予以维持一审裁判结果，有 46 件改判一审罪名，改判中有开设赌场罪改判成赌博罪的，也有赌博罪改判成开设赌场罪的。详见表 2。

表 2　2015—2019 年 10 月微信群抢红包二审案件裁判结果（抽样）统计表

案号	一审罪名	上诉或抗诉情况	改判或维持情况	二审罪名
浙江省温州市中级人民法院（2017）浙 03 刑终 972 号刑事判决书	赌博罪	上诉	维持	赌博罪
河北省邯郸市中级人民法院（2017）冀 04 刑终 633 号刑事裁定书	开设赌场罪	上诉	维持	开设赌场罪
福建省莆田市中级人民法院（2016）闽 03 刑终 581 号刑事裁定书	开设赌场罪	上诉	维持	开设赌场罪
黑龙江省绥化市中级人民法院（2017）黑 12 刑终 85 号刑事判决书	开设赌场罪	上诉	改判	赌博罪
浙江省嘉兴市中级人民法院（2017）浙 04 刑终 306 号刑事裁定书	开设赌场罪	上诉	维持	开设赌场罪
广东省揭阳市中级人民法院（2017）粤 52 刑终 268 号刑事裁定书	开设赌场罪	上诉	维持	开设赌场罪
浙江省杭州市中级人民法院（2016）浙 01 刑终 1034 号刑事裁定书	开设赌场罪	上诉	维持	开设赌场罪
江西省景德镇市中级人民法院（2017）赣 02 刑终 34 号刑事判决书	开设赌场罪	上诉	维持	开设赌场罪
河北省邯郸市中级人民法院（2017）冀 04 刑终 349 号刑事判决书	赌博罪	抗诉	改判	开设赌场罪
广东省揭阳市中级人民法院（2016）粤 52 刑终 137 号刑事判决书	开设赌场罪	上诉	维持	开设赌场罪
广东省深圳市中级人民法院（2016）粤 03 刑终 2823 号刑事裁定书	开设赌场罪	上诉	维持	开设赌场罪
浙江省温州市中级人民法院（2017）浙 03 刑终 1214 号刑事裁定书	赌博罪	上诉	维持	赌博罪
广东省潮州市中级人民法院（2016）粤 51 刑终 59 号刑事裁定书	开设赌场罪	上诉	维持	开设赌场罪

在样本案例中，一审、二审在面对同样的微信群抢红包行为，给出赌博罪、开设赌场罪两种裁判结果，认定为开设赌场罪的占绝大多数，仅有少数法院认定为赌博罪，占样本案例数的 14.07%。通过进一步调研发现浙江温州地区两级法院认定

此类犯罪为赌博罪，如张某、娄某某赌博罪案[①]，黄某某、方某某等人赌博罪案[②]，一、二审皆认定为赌博罪；也有法院一、二审出现分歧的，如黑龙江省绥化市中级人民法院审结的李某某、张某某赌博罪案将一审开设赌场罪改判为赌博罪[③]，河北省邯郸市中级人民法院审结的王某某开设赌场罪案，将一审赌博罪改判为开设赌场罪[④]。对同一犯罪行为得出不同的裁判结果，究其根源在于对这种微信群抢红包行为定性游离于赌博罪与开设赌场罪，未能区分出两罪的界限，实现罚当其罪，发挥司法惩治犯罪、教育公众等功能，才能根本上遏制住此类犯罪行为的社会危害性的蔓延。

（二）理论界分歧

微信群抢红包行为定性纷争实质就是赌博罪与开设赌场罪的纷争，其在法学理论界亦存在纷争，主要存在控制说、公开说、稳定性说和规模说等四种学说。理论指导实践，在法学理论上存在对两种行为不同的认定标准，因而会引发实践中对该犯罪行为的认定的混乱。

（1）控制说。区分赌博罪中聚众赌博行为与开设赌场行为，则是以赌场的实际控制力为判断标准，即赌场是被行为人实际控制的为开设赌场行为，不为行为人实际控制的为聚众赌博行为[⑤]。该学说存在问题表现在：一是在传统赌场中，聚众赌博行为的召集者一般是有一定影响力的人，临时共谋商议赌博，或是先制定规则经众人同意或是共同商议临时制定赌博规则，召集者对赌博秩序具有一定的控制力，对不遵守赌博规则、抵赖赌债的人享有清理的特别权力等，其控制力主要为对赌博秩序的维护，因而，其无法与开设赌场行为进行区分。二是在网络赌博场所里，赌场是一个虚拟空间，借助赌博网站、微信群等，聚众赌博召集者和开设赌场开设者都对赌场、赌博行为、赌博秩序等享有控制权，无法区分两罪。

（2）公开说。以参赌行为是否具有隐蔽性作为聚众赌博与开设赌场的区分标准，即开设赌场具有半公开性，并以此招来更多参赌人员，聚众赌博则是隐蔽性，不愿让人发现。[⑥]其存在的问题表现在：一是传统赌场中，聚众赌博具有面对面、人见人的特性，尽管其赌博场地要求较为隐蔽，逃避监管，但其聚众行为必然会带来众多参与者，参与人自以为采取了隐蔽的手段实施违法行为，但其多数呈现公开状态，不然执法机关难以对其违法犯罪行为予以查处。如农村过节时，聚众赌博已不再是隐蔽、秘密进行，呈现出公开化，而这种赌博行为无法被认定为开设赌场罪。二是在网络虚拟空间中，网站赌博、微信群抢红包成为线上赌博违法犯罪行为的重要方式，此类赌博行为的赌场不再是实地场所而是虚拟的空间，借助网站、微信群

① 浙江省温州市中级人民法院刑事判决书（2017）浙03刑终972号。

② 浙江省温州市中级人民法院刑事裁定书（2017）浙03刑终1214号。

③ 黑龙江省绥化市中级人民法院刑事判决书（2017）黑12刑终85号。

④ 河北省邯郸市中级人民法院刑事判决书（2017）冀04刑终349号。

⑤ 参加宋君华、邢宏伟、陈启辉：《开设赌场罪与聚众赌博罪之区分——应重点判断行为对赌博活动的控制性》，载《中国检察官》2012年第12期。

⑥ 参见罗红兵：《开设赌场罪司法认定中若干疑难问题研究》，载《中国证券期货》2009年第7期。

而实现。其隐蔽性一般表现为对参赌人员的身份审核，以此来规避执法机关的打击。同时，通过网络、微信群大肆宣传、扩张，以便于吸纳更多人参与，谋取非法利益，可以说聚众赌博和开设赌场兼具隐蔽性和公开性。因而，隐蔽性并不能成为区分聚众赌博和开设赌场的依据。

（3）稳定性说。该学说认为，赌场场所的稳定性和临时性是开设赌场与聚众赌博的区分标准，即开设赌场具有一定的稳定性，而聚众赌博具有临时性[①]。其存在的问题表现在：一是在传统赌场违法犯罪中，行为人为规避执法机关打击，随时更换赌博场所是常态，毕竟我国法律禁止赌博行为，尽管其改变场所，但并不影响其赌博规则等留存便于行为人继续实施违法犯罪行为，也就是说在稳定场所赌博与临时赌博都可能构成聚众赌博也有可能构成开设赌场，因而在传统赌场犯罪案件中，赌博场所的稳定性抑或临时性并不能区分出是聚众赌博或开设赌场。二是在网站及微信群中的赌博，其犯罪场所为虚拟的网站或特定的微信群，对其赌博行为所发生的场所的认定，难以用稳定性说来判定，因为行为人可以随时建群，也可以随时撤群，还可以撤群后重新拉人入群，其建群即是开设赌场，一般认定为开设赌场；也存在着行为人利用此方法在特定的群里召集特定的人实施赌博行为，此种行为应认定为聚众赌博，而不能认定为开设赌场。

（4）规模说。该学说认为，根据赌博规模的不同作为区分聚众赌博与开设赌场的标准，即开设赌场中配有专门的荷官、赌资兑换、赌博器械等，且规模人数较多，而聚众赌博中则缺少上述人员、设施，即使有但从规模上来讲也无法与之相比。[②]现实中存在着聚众赌博中，有较为专业的荷官、操盘手等专业人员，且有一定规模的可能，同时还会安排人放风，此种类型的赌博行为就难以定性为开设赌场罪。同理，在网站、微信群中的赌博行为，除传统的赌场专业辅助赌博人员外，还增加了（软件、后台程序等）“机器人”操控赌博行为，并以此进行胜负判定、赌资结算，其也同样呈现专业化、规模化，也有的一个人担任几种角色、辅以机器人，难以达到规模，对于这两种情形，毫无疑问地应该构成开设赌场罪，而不能按照此学说认定为聚众赌博和开设赌场两个罪名。

上述四种学说，在处理个案时有一定的道理，但对于区分聚众赌博与开设赌场来说，有一定的局限性。控制说，则侧重于赌博场所的实际控制，无论是线下赌博还是线上赌博，聚众赌博和开设赌场行为都会对赌场有实际的控制权，只不过是聚众赌博侧重的是对赌场秩序的控制，开设赌场侧重的整个赌场，赌场秩序仅是其控制赌场的一部分，因而难以有效区分两种犯罪行为。规模说，虽然能从传统的聚众赌博模式中，窥测到开设赌场无论是赌博方式、赌博服务人员、赌资兑换还是参赌人员规模等都较聚众赌博的规模大，但不能以此推断其可以作为区分的标准，因为实践中存在的聚众赌博及微信群赌博、网站赌博也都涉及规模大、人数众多、较为

① 参见邱利军、廖慧兰：《开设赌场犯罪的认定及相关问题研究——以〈刑法修正案（六）〉和“两高关于赌博罪的司法解释为视角”》，载《人民检察》2007年第6期。

② 参见吴章韬：《利用微信群赌博的罪名辨析》，载《人民司法·应用》2018年第19期。

专业等情况，该如何区分，亦存在一定的模糊性，但从目前的审判实践来看，倾向于定开设赌场罪。公开说，虽然反映了赌博行为的隐蔽性，但不能就此说明聚众赌博是隐蔽的，开设赌场是半公开性的，即相对于执法机关的查处有相对的隐蔽性，而对于发生赌博行为的特定区域来讲其赌博行为有一定的公开性，只不过是其公开性传递的范围有大小之分，但不影响其公开性的特性。因而，公开说也难以达到区分两种犯罪的目的。稳定性说，则是以发动赌博行为是固定还是临时为区分路径，但其忽略线上的赌博如微信群赌博，行为人临时建立群，进行赌博，此群便是赌场，按照相应的分工，收取相应返点，非法牟利，此是典型的开设赌场行为，如按此观点，将难以认定为聚众赌博。因而，该学说亦存在不合理之处。

三、微信群组织抢红包行为涉及罪名的认定

微信群组织抢红包行为产生的争议主要集中在赌博罪与开设赌场罪区分的认定标准上，我们认为开放性标准理论可以有效解决这个问题，并结合司法认定中存在的误区，运用开放性标准理论对两罪的认定做进一步的实践研究，以此检验理论的正确性。

（一）开放性区分标准之树立

关于微信群抢红包聚众赌博与开设赌场的区分标准树立问题，在前述理论界四种标准学说的基础上，我们认为，开设赌场具有开放性，而聚众赌博具有隐蔽性，其可以作为两罪的区分标准。行为人在现实赌场抑或是网络、微信群等虚拟赌场，对于开设赌场而言其开放性主要表现在：一是赌场具有相对固定性。开设赌场目的是希望有更多人参与赌博，从中牟取非法利益，其设置相对固定的赌博场所，便于邀约更多人知晓赌博场地，尽管存在更换场地的可能，尤其是在微信群中的赌博，为规避执法机关的侦查，可随时删除群、毁灭证据，但其仍可以建立其他微信群，且随时可以将参赌人员拉到新建的群，并不影响其继续实施犯罪行为。赌场在一定范围内为参赌人员所知晓，每次赌博前无须发出邀请，参赌人员会自动到赌场参与赌博。[①] 二是参赌人员流动较大，可通过口授相传，也可以通过微信邀请入群，还可以通过发广告邀请人参加，且任何人都可以成为赌博的介绍人，参赌人员中有以赌博为业的，也有偶尔参与赌博的，有相互认识的，也有互不认识的，参赌人员具有不特定性、不封闭性。反观聚众赌博，则明显具有隐蔽性，其主要表现在聚众赌博多发于临时起意，有召集人负责，临时约定赌博场所并无固定场所，即使存在多次赌博的也大多不是在同一场所，场地流动性较大，且参赌人员多为固定的赌友或认识的人，一般不吸纳外人，其扩散面小、开放性较差，具有较强的隐蔽性。[②]

对于线下的实体赌场来说，聚众赌博、开设赌场两种行为区分难度并不大，产生争议的焦点在于网上及微信群中抢红包赌博行为，为进一步说明开放性标准，以

---

① 参见李连华、鞠佳佳：《开设赌场与聚众赌博的界限》，载《中国检察官》2009 年第 4 期。

② 参见韩骏、钱安定、李跃华：《以微信抢红包形式进行网络赌博的定性》，载《人民司法•案例》2017 年第 20 期。

下着重从网站及微信群抢红包中赌场所具备的开放性特征展开。特征一，以营利为目的。开设赌场通过建立微信群等相对固定的场所、安排代包手等，不仅通过对组织的赌博活动抽头获利，还提供其他如为赌博活动提供赌资借贷等配套服务获取经营性收入，其开设赌场就是希望有更多人知晓其赌博微信群，以便于从中牟利。特征二，参赌行为的持续性。在实体赌场中，参赌人员聚集在赌场实施赌博行为，而在网站、微信群中的赌博行为，则是在虚拟空间通过网站或微信群等操作，在数据及其绑定的第三方支付平台、银行间进行数据交换，这种相对固定的赌场为赌博行为提供持续性、稳定性的场所空间，使得赌博行为不间断，有别于聚众赌博。因而凭借虚拟空间及网站、微信群等线上的传播力、承载力，其社会危害性比实体赌场更为严重。特征三，参赌人员的不特定性。无论是实体赌场还是虚拟赌场，开设赌场中的参赌人员具有不特定性，这是由开设赌场行为人非法营利的目的所决定的，即追逐更多的人参赌其非法营利就越多。而聚众赌博则与之相反，其关注点在相约的数人中实施赌博，为规避风险，一般对第三人的加入持排斥态度，仅限于小规模、小团体之间的赌博。特征四，经营者的组织及管理。开设赌场中会出现相应的管理层，即有组织者、管理者、发牌手、代包手等，其中组织者、管理者则为固定人员，经过其投入相应的经营管理行为，如建立实体赌场、建微信群、制定赌博规则、组织相应人员分工等，形成一个较为固定的组织管理团队，其明显有别于聚众赌博，需要加以甄别。

（二）微信群组织抢红包行为赌博罪的司法认定

鉴于聚众赌博与开设赌场都是“以营利为目的”的犯罪，从开放性的角度区分两个犯罪行为，在微信群抢红包行为中，就是看其建立的微信群中的成员是否为特定的，如果是特定的则为聚众赌博，可以认定为赌博罪。理由是：其一，行为人建立或是利用原有微信群，与群成员间实施赌博行为，体现隐蔽性。尽管其在微信中以建群的形式将其作为赌博场所，是一个随时可变动的相对固定的场所，但这与传统赌博、网络赌博中出现的“打一枪换一个地方”的聚众赌博行为，并无实质性区别。其二，参赌人员仅限微信群成员，且成员相对固定，不同于开设赌场的参赌人员不特定性，体现封闭性。即使在微信群中制定了赌博游戏规则及抽头，因缺少特定组织者、实施者，不宜认定为开设赌场罪。如叶某等人利用微信群，在群内采用“红包接龙”的形式，抢、发红包，并从中抽头、非法牟利案，尽管其客观上存在微信群这个相对固定的虚拟空间赌场，也存在着赌场规则及抽头，但其仅限定在特定群及成员间，因而宜认定为（聚众赌博）赌博罪。[1]

（三）微信群组织抢红包行为开设赌场罪的司法认定

如前所述，认定开设赌场，需要在主观上“以营利为目的”，但不仅限于此；客观上还应设立相应的赌博规则，参赌人员为不特定人，召集了代包手、会计等共同

① 参见张建、俞小海：《建立微信群组织他人抢红包的行为应认定为赌博罪》，载《中国检察官》2016年第9期。

参与实施赌博行为，因其满足开设赌场的开放性标准，即有相对固定的赌场、有特定组织实施者、有不特定参赌人员，则应认定为开设赌场罪。如程某等开设赌场案，程某伙同马某（另案处理）、史某（网上在逃），共同出资购买赌博用手机、电脑和赌博用软件、微信号等，在互联网网络平台组建了名为“金莎不夜城”（又名微信×××红包群）的微信群，采取猜发放数码大小或单双号等方式组织赌博，先后拉拢参赌人员数十人进群参与赌博，共收到赌资 1 476 367 元，经二审终审维持一审以开设赌场罪的裁判。①

当然，对于日常生活中常见的如在微信群中，亲戚朋友之间互发红包的馈赠，这正如现实中存在的棋牌室、QQ 中棋牌类游戏等一样，因缺少“以营利为目的”的主观故意，阻却其刑事违法性，且其在客观行为上也未侵犯刑法所保护的法益，而不得认为是犯罪行为。

微信群抢红包行为的认定，提出了传统赌博、网站赌博及微信等社交软件赌博犯罪行为中赌博罪与开设赌场罪区分标准的问题，在对赌博罪与开设赌场罪两个罪名渊源、实践中存在的问题及理论探讨基础上，我们提出了开放性标准，解开微信群抢红包行为的法律定性难题，并以此回应两个罪名在各个场域的区分。尤其是当前司法公开力度如此之大，公众很容易从中国裁判文书网、无讼案例等渠道获得裁判文书，对于“同案不同判”现象，必然会损害司法权威，因而本文的探讨有助于从认识层面解决司法适用不统一问题，推动解决“同案不同判”情况。

① 参见河北省邯郸市中级人民法院刑事裁定书（2017）冀 04 刑终 633 号。

流量劫持的定罪量刑分析

高沿江*

利用获取的网站后台管理权限，在后台插入非法广告的黑链接，是对计算机信息系统的相对控制，这种控制行为实际上是“流量劫持”的行为。流量劫持入刑，确有必要，从立法原意和侵犯法益分析，应当认定为非法控制计算机信息系统罪。司法解释规定了非法控制计算机信息系统罪的“情节严重”“情节特别严重”的几种情形。但实务中对违法所得的认定高度依赖于被告人的供述，被害人的具体经济损失难以量化，一个网站不能对应一个计算机信息系统。由于此上种种情形，在尚无明文规定的情形下，应当综合考量控制网站的数量、违法所得的金额、被害人的实际损失三种情节，综合评判。

一、典型案例——问题的引出

2010年左右，被告人陈某自学了黑客技术，并在网络公开售卖软件谋利。被告人陈某利用“御剑”“明小子”等软件批量扫描有安全漏洞的网站，并上传“一句话”木马进行攻击，从而获取网站的后台管理权限，形成webshell。陈细涛在QQ上发布广告，将能够使用的webshell打包整理后出售。在出售webshell的过程中，陈某还附带赠送“菜刀”“xise”等软件，并指导买家如何控制他人网站。以此方式，被告人陈某出售webshell数千条，非法获利63 000元。

被告人宋某系某广告公司负责人。为促进广告浏览量，宋某通过QQ联系从被告人陈某处购买“webshell”，并指使其员工赖某、梁某等人负责具体操作。赖某、梁某在菜刀类软件内批量导入“webshell”进入网站后台，并在后台插入“游艇”“彩票”等非法广告。经鉴定，三被告人非法控制网站4900余个，被告人宋某非法获利30 000元。被告人黄某与被告人严某在百度联盟和360联盟开展广告业务推广合作。二人约定，由黄某负责提供网站、身份证、银行卡，向联盟申请广告位；由严某利用其自主开发的软件在广告位内模拟用户操作环境点击操作，为客户进行广告推广；所得收益按照四六比例分成。为此，黄某联系被告人陈某购买了大量“webshell”并交由严某，严某在其自主研发的软件内通过webshell进入他人网站插入广告链接。经鉴定，被告人黄某、严某共同控制的网站489个。被告人韦某、孔某、邓某、何某、康某等人，也均是通过QQ和被告人陈某联系，从陈某处购买webshell，并按照陈某所指导的操作手法，控制他人网站并插入黑链接。被告人在

* 高沿江（1988— ），男，江苏南通人，江苏省如东县人民法院法官。

陈某所赠送的菜刀类软件内，批量导入webshell，以进入他人的网站后台，然后在后台内插入诸如“办证”“外围女”“天龙八部”等广告链接。经鉴定，韦某非法控制网站2006个，违法所得20000元。孔某违法所得25 000元。邓某非法控制网站114个，违法所得10 000元。经认定，何某非法控制他人网站56个，违法所得20 000元。康某非法控制网站28个，违法所得5000元。

法院审理后认为，“webshell”是以ASP、PHP、JSP等文件形式存在的命令执行环境，可放置于网站的根目录中，利用木马后门对网站进行操作，从而获取网站的控制权限。被告人陈某附带赠送的“菜刀”“xise”等软件，可与“webshell”结合使用，在软件内可以批量导入“webshell”并连接至网站后台。因而，“webshell”和菜刀类软件都可以认定为“专门用于侵入、非法控制计算机信息系统的程序、工具”。经核对陈某的银行交易明细并经本人确认，陈某的非法获利为63 000元。其行为已经构成提供侵入、非法控制计算机信息系统的程序、工具罪，情节特别严重。

被告人宋某购买webshell并指使他人非法控制网站，非法获利30 000元。其行为均已构成非法控制计算机信息系统罪，情节特别严重。该部分系共同犯罪，其中宋某系主犯，其他均为从犯。被告人黄某与被告人严某共同实施了控制他人网站的行为，由黄某对网站初步控制，由严某将控制结果进一步扩大。其行为已经构成非法控制计算机信息系统罪，情节特别严重，且均系主犯。被告人孔某、韦某、邓某、何某、康某等人从陈某处购买webshell，控制他人网站后插入广告黑链接，情节严重，其行为已经构成非法控制计算机信息系统罪。

各被告人均能如实供述自己的犯罪事实，均已主动退出赃款。据此，法院判决：（1）陈某犯提供侵入、非法控制计算机信息系统的程序、工具罪，判处有期徒刑四年，并处罚金六万元。（2）宋某某犯非法控制计算机信息系统罪，判处有期徒刑三年，并处罚金五万元。（3）其他被告人被判处一年至三年不等的有期徒刑，并处适量罚金。（4）孔某、邓某、何某、康某犯非法控制计算机信息系统罪，均被判处缓刑。一审判决做出后，公诉机关未抗诉，各被告人均未上诉，本案判决已经生效。

二、流量劫持的内涵

该案是笔者所在法院办理的第一起流量劫持案件。所谓流量劫持，是指利用破坏计算机信息系统、侦听、伪造数据等技术性手段，通过强制跳转、插入网络内容、修改浏览器、锁定主页、弹出窗口等方式，强制网络用户访问某些网站，造成用户流量指向特定网站的行为。流量劫持的概念首次进入司法视野，是在2013年百度公司与奇虎360公司的侵犯商标权、不正当竞争等系列纠纷案中，在域外法中没有相关概念。长期以来，针对流量劫持，往往按照民事诉讼的规定，适用侵犯商标权、反不正当竞争的相关规则处理。直至2015年5月20日，付某某、黄某破坏计算机信息系统一案在上海市浦东新区人民法院宣判，这也是全国首例流量劫持案件入刑的案例。[①]

流量劫持的操作原理，实质就是TCP链路层劫持，第三方通过在用户至服务器之间植入恶意设备或者控制网络设备的手段，以网络监听或篡改用户和服务器之间的数据。从手段上分析，有DNS劫持、CDN劫持、局域网管劫持、违规镜像网站、伪造网页等等。大体分类，可以分为强制跳转型劫持、强制插入型劫持、诱骗型劫持。[②] 强制跳转型，是指强行将用户的目标网页导向第三方网站的行为，典型的有DNS劫持，在此情形下，用户的上网目的完全失去自主权。强制插入型，是在不影响用户流量网页的前提下，通过弹出窗口、新的页面等形式向用户展示内容，如HTTP劫持。诱骗型劫持，是指通过伪造网页、违规镜像网站等形式，诱骗用户访问第三方网站的行为。强制跳转型，网页所有流量全部劫持到目标网页；强制插入型，网页还能够正常打开，目标网页通过“搭便车”形式劫持流量；诱骗型，在网页上插入弹窗、钓鱼网站等，但点与不点的决定权还在于用户。本案中，被告人通过在网站后台插入广告黑链接，将网站跳转到目标网站，导致原网站无法打开，或者弹出其他网站，在网站上出现非法广告的关键词、弹窗等内容。本案中的劫持，包括强制跳转、强制插入等多种行为。

三、流量劫持的罪与非罪

流量劫持涉及黑客、网络用户、网络服务提供商三方。流量，是用户访问网站的数量。在互联网2.0时代，网络服务商通过建设网站并提供基础服务吸引用户访问，在积累用户资源之后，再利用广告和增值服务收费实现盈利。如导航网站上的推荐位，当用户点击并下载某一应用，导航网站就能够获得相应的推广提成。因此，用户的访问量能够直接兑换网络服务商的经济利益。网站不再仅仅是展示网络服务商商品、服务的平台，而是能够直接增加用户访问量实现盈利的重要工具。正基于此，有关网站流量的劫持事件日益增多。从2013年“3B大战”开始，陆续又发生了百度诉搜狗流量劫持案、淘宝诉“帮5买”流量劫持案，均通过民事诉讼处理。然而，民事法律体系已经不足以规制“流量劫持”现象。民事法律关系只能针对案件的原被告双方，而对于藏身幕后的黑客无法从根源上打击；再者，鉴于计算机侵权手段的隐蔽性、复杂性，电子证据的固定、提取难度较大，这也滋生了不法分子的侥幸心理。即使查证属实，如“3B大战”案中，奇虎360公司也不过只需赔偿区区40万元钱款。在高昂的回报面前，面对极低的犯罪成本，很多人会选择铤而走险。另一方面，虽然我国已经制定并颁布实施了《网络安全法》，但该法重在规制网络空间的安全和数据安全，流量劫持行为虽然扰乱了网络空间之需，但尚未达到危及空间安全的程度，因而也难以直接援引该法。因此，单纯的民事赔偿和行

① 该案中被告人付某某、黄某租赁多台服务器，使用恶意代码修改用户路由器的DNS（域名系统）设置，使用户登录“2345.com”等导航网站时跳转至其设置的“5w.com”导航网站，其再将获取的互联网用户流量出售给杭州久尚科技有限公司（“5w.com”导航网站所有者），违法所得75万余元，http://wenshu.court.gov.cn/content/content?DocID=89496fcc-189-49e2-8c53-2bdf19d51434，下载时间：2019年10月20日。

② 熊苑松：《“流量劫持”的刑法规制问题研究》，华侨大学2018年硕士毕业论文。

政处罚，无论是在救济对象、打击范围上都存在力不能及之处。

实际上，流量劫持不仅侵犯了网络服务商的经济利益，更侵犯了网络用户的自主上网权利；网络空间的秩序，是由网络用户、网络服务商共同连接构成；流量劫持的行为，本质上是破坏了网络空间的管理秩序。网络空间不是法外之地，由于网络的匿名性、便捷性，实务上，网络空间已经成为钓鱼网站诈骗、开设赌场、侵犯公民个人信息等犯罪滋生的土壤。由此可见，营造良好的网络管理秩序，对打击犯罪、净化网络市场都有着重大意义。这也是对其实施刑法打击的根本原因所在。

四、流量劫持的罪名适用问题

流量劫持行为究竟应以何种罪名论处，一种意见认为应当定破坏计算机信息系统罪，另一种意见认为应当定非法控制计算机信息系统罪。上海浦东新区法院审理的被告人付某、黄某一案，即是认为两个被告人修改了用户路由器的DNS（域名解析系统），将导航网站指向两个被告人指定的网站，破坏了路由器内的数据，因此构成破坏计算机信息系统罪。但在之后的重庆渝北区法院审理的被告人施某、唐某等人一案中，被告人同样使用恶意代码修改了用户路由器的DNS，法院判决被告人构成非法控制计算机信息系统罪。同样的案情却产生不同的判决，[①] 也反映了两个罪名之间确实存在诸多类似之处。之所以出现同案不同判的现象，原因在于“破坏”和“非法控制”之间确实存在诸多相似之处。

（一）“破坏”和“非法控制”的关系

“破坏”主要包括三种情形：一是对计算机信息系统进行增加、删除、修改、干扰，导致系统不能正常运行；二是对计算机信息系统内的数据进行增加、删除、修改，后果严重；三是制造、传播计算机病毒等破坏性程序，影响计算机正常运行。任何计算机犯罪活动，都势必造成计算机功能或者数据、程序的增加、删除、修改，都可能存在“破坏”的成分。“非法控制”，是通过技术手段使他人的计算机信息系统处于行为人的控制之下，能够接受行为人发出的指令完成相应操作的状态。二者互有侧重，“破坏”强调的是行为手段，造成计算机信息系统内数据的“增加”“删减”“修改”。而“非法控制”更强调的是一种结果状态，对“非法控制”计算机信息系统之后所实施的一系列违法活动均被纳入“非法控制”视域下一并予以评价。“非法控制”可能是“破坏”导致的一种特殊后果，“破坏”行为可能借由“非法控制”的结果所导致。在计算机犯罪中，两种行为往往交叉在一起，如使用木马程序攻击网站导致服务器瘫痪后取得控制权，在取得大量服务器的控制权之后形成僵尸网

① 该案中，被告人施某利用其在中国移动有限公司重庆网络监控维护中心核心平台部工作的便利，受被告人李某、高某等人的委托，进入公司的DNS系统实施域名劫持，修改域名解析配置文件，指向李某、高某等人所发的IP地址，成功后以0.5元/天获取报酬。被告人施某受被告人唐某委托，采取DNS劫持的方式将网站流量劫持向被告人唐某所提供的四个网站，并获取相应的报酬。以此方式，被告人施某非法获利157.1万元，被告人唐某获利50万元，被告人李某获利14万元，被告人高某获利18.345 1万元。法院做出判决，四被告人构成非法控制计算机信息系统罪，对施某判处有期徒刑四年，其余被告人判处缓刑。

络，再利用僵尸网络使用DDoS攻击其他服务器，即是用“破坏”的手段实现“非法控制”，再利用“非法控制”的结果实施进一步“破坏”。

（二）学界的观点

当两种行为竞合时如何处置，学术界有不同的观点。有学者认为该行为构成想象竞合，应当择一重罪按照破坏计算机信息系统罪处罚。[①] 有的观点则认为，应当按照非法控制计算机信息系统罪处罚。[②] 还有的观点认为，流量是一种财产性权益，劫持流量符合盗窃罪的构成要件，应当按照盗窃罪的规定来处罚。[③]

（三）流量劫持应定性为非法控制计算机信息系统

笔者认为，流量劫持应定性为非法控制计算机信息系统。

从主观目的上分析，通过流量劫持，是为了获得对方网站的控制权，从而利用其网站流量为己所用，或是插入黑链接，或是通过操作“肉鸡”形成僵尸网络等。因此，“破坏”只是实现“非法控制”的一种手段，实现对网站流量的“非法控制”才是目的。试举一例，犯罪分子盗取了被害人家中的钥匙，成功进入了房间，如果犯罪分子将被害人家中的物品损坏，则可定性为“破坏”；如果犯罪分子在能够进出被害人家中后，换掉被害人家的门锁，未损坏其家中的物品，则应定性为“非法控制”。

从立法原意上分析，“破坏计算机信息系统罪”制定于1997年《刑法》，旨在维护物理属性的计算机信息系统的安全。而随着互联网的发展，大量犯罪活动已经不仅仅局限在电脑硬盘中，而是通过互联网空间展开，诸如“暗网”中存在的违法犯罪活动。旧有的立法理念已经不足以规制互联网空间的犯罪，因此，2009年的《刑法修正案（七）》中才规定了“非法获取计算机信息系统数据罪”“非法控制计算机信息系统罪”，针对在网络空间的违法犯罪活动予以规制。意即，根据立法原意，“破坏计算机信息系统罪”和“非法控制计算机信息系统罪”就其打击范围本应存在着明显的界限，一个针对物理空间、一个针对网络空间。退一步讲，任何对计算机信息系统所实施的犯罪，都不可避免地存在对系统数据的“增加”“删减”“修改”等。如果将所有对数据有“增加”“删减”“修改”的行为均定性为“破坏”，则非法控制计算机信息系统、非法获取计算机信息系统数据等罪名则失去适用的空间。

从罪责刑相适应的角度分析，破坏计算机信息系统加重处罚的标准是“一百台信息系统”“违法所得二万五千元以上”。在司法实践中，达到加重处罚标准的案件，并不少见。按照刑法规定，则需在五年以上量刑。而笔者所接触的不少此类型案件中，犯罪分子的犯罪情节远未达到五年以上量刑的恶劣程度。如果认定破坏计算机信息系统，则有违罪责刑相适应的原则。

---

① 叶良芳：《刑法教义学视角下流量劫持行为的性质研究》，载《中州学刊》2016年第8期。

② 参见重庆渝北区人民法院刑事判决书（2015）渝北法刑初字第666号。

③ 翟超：《流量劫持案的刑法定性研究》，2017年南昌大学硕士毕业论文。

综上所述，笔者认为劫持流量并未破坏计算机信息系统本身，而是侵害了网络空间的管理秩序，其目的也在于通过控制计算机信息系统以便实施进一步违法活动。由此，将流量劫持定性为非法控制计算机信息系统罪更为妥当。

还有的观点认为“流量”具有经济价值，是一种财产性利益，劫持行为是排除他人占有的非法占有，符合盗窃罪的构成要件。对此观点，笔者认为，是否能够将财产性利益归纳到盗窃罪的犯罪对象中尚存在争议，即使纳入其中，如何对流量的经济价值量化，实务操作上存在困难。在已有条文规制计算机犯罪的情形下，即使部分劫持行为类似盗窃的行为构成，也应当按照特别法条优先的原则，援引非法控制计算机信息系统罪进行处理。

五、流量劫持的量刑尺度

刑法中，对非法控制计算机信息系统罪设置了“情节严重”和“情节特别严重”两档刑罚。《关于办理危害计算机信息系统安全刑事案件应用法律若干问题的解释》第一条规定，情节严重的认定，主要包括非法控制计算机信息系统二十台以上、违法所得五千元以上或造成经济损失一万元以上三种情形。情节特别严重的认定，是前述标准的五倍以上。之后的第十一条又对“计算机信息系统”作出专门解释，是指具有自动处理数据功能的系统。上述案件所认定的是控制网站的数量，网站本身并不具有自动处理数据的功能，不能等同于计算机信息系统。计算机犯罪中，涉及的被害人众多，难以一一认定；虽然网站的流量具有经济价值，但被害网站损失的网站流量如何确认、损失流量经济价值如何量化，都存在实践难度。实务上，无论是上海的付某某、黄某案还是重庆的施某案，都是按照违法所得的金额来确定量刑标准。但存在的问题是，违法所得的确定往往与正常经营收入交织在一起，如上述案件中的黄某、严某获取的收益为 291 万余元，但其中不仅包括非法控制他人网站的广告收益，也包括正常经营的广告收益。在此情形下，司法机关最终能够确认的违法所得，很大程度上要依靠被告人的供述。能否仅仅依据被告人口供直接认定违法所得的金额，并作为量刑的依据，存在很大的疑问。我们认为，尚无明文进一步明确的前提下，对被告人的量刑，应当从罪责刑相一致的角度，对“情节严重”“情节特别严重”综合把握，充分考虑被告人控制网站的数量、被害人的网站流量、控制网站的范围、被告人的违法所得等等因素，综合评判被告人的社会危害性。

具体而言，如果通过银行交易流水明确显示交易金额，或者被告人的供述能够得到证人证言的印证，则可以直接认定违法所得，并据此量刑。如果违法所得与正常经营收入混同，或者仅有被告人的供述，只能够依据控制网站的数量来量刑。但鉴于一个网站不能等同于一个计算机信息系统，当然不能够套用“二十台”“一百台”的量刑标准。权重低的网站，可能被多人反复控制，虽然控制网站的数量多，但危害性不一定大。而权重高的网站，如教育局官网上所包含的大量个人信息，虽然控制网站的数量少，但这些信息的泄露极易引发下一步犯罪活动，其社会危害性反而更大。更何况实务上，对网站数量的核实，如何去重，还是极大依赖被告人的供述，其准确性也是存疑的。由此可知，凭借网站数量来量刑肯定是不准确的。在无相关司法解释明确规范的情形下，在无违法所得或违法所得不明时，我们的变通做法是比对同案被告人中控制网站数量与之最接近的一个，将量刑与其保持一致。如上述案件中的赖某、梁某，二人系受雇于宋某，并未从非法控制中获利，对二人的量刑就是比对同案被告人中控制网站数量与之最接近的韦某，量刑与韦某保持一致。

六、立法建议

针对新类型案件，通过大量典型案件的积累，既是为了辅助类案审判，也是可以从中提炼规律、明确立法方向，最终的目的还是更好地辅助立法。

（一）重构计算机犯罪的罪名体系

随着互联网技术的发展，计算机犯罪的对象已经从物理属性的计算机转向网络空间。法律条文对社会发展的反馈具有滞后性，因此造成“破坏”和“非法控制”的适用困境。在今后的立法上，应当更加精细化，明确不同犯罪手段的类型、各自的打击对象，避免罪名之间的重复、交叉。破坏计算机信息系统主要针对的是计算机信息系统本身的安全，非法控制计算机信息系统、非法获取计算机信息系统数据主要针对的是网络空间管理秩序，而《刑法修正案（九）》规定的拒不履行信息网络安全管理义务、非法利用信息网络、帮助信息网络活动三个罪名，主要针对的是信息网络安全和数据安全。[①] 虽然各条文各自侧重不同，但由于没有明确分析各罪名的内涵、外延，致使各罪名发生竞合困境，难掩立法修改后的“碎片化”痕迹。在今后的立法上，应当更加明晰各自条文的行为手段，确定各罪名的边界，既要严密法网，又要在罪状层面使各罪名无缝对接。

（二）细化量刑情节，提升电子证据的取证水平

随着互联网技术的发展，我们应当学习和提高电子证据的收集、固定、再现技术。只有全面提高电子证据的技侦技术，才能更好地厘清案情，辅助裁判。在量刑中，《关于办理危害计算机信息系统安全刑事案件应用法律若干问题的解释》对“计算机信息系统”的定义已经严重滞后于实务需要。事实上，大量计算机犯罪无须及于计算机信息系统本身，而是在网络空间展开。因此，将“网站数量”纳入量刑情节极有必要。在无法量化流量的经济价值的情形下，也可以将其作为辅助量刑的参考。只有结合违法获利、控制网站数量、造成的经济损失等多个要素，不轻信口供，才能够做出更精准的裁判。

（三）加强行政处罚的力度，构建预防、打击相结合的严密法网

流量劫持入刑，通过举重以明轻，既是为了打击计算机犯罪，同时也要注意刑

---

① 孙道萃:《“流量劫持”的刑法规制与完善》，载《中国检察官》2016 年第 4 期。

事打击和行政处罚之间的界限，切记以刑代罚。《网络安全法》主要针对的是网络空间的安全和数据安全，而不是广义上的网络空间管理秩序。流量劫持行为，更多的是侵犯他人的流量、影响用户自主上网，还远达不到危及网络空间安全的程度。因而，在今后的行政立法上，应当将监管条文更加细化，对扰乱网络空间秩序的行为也应当予以行政处罚，并且要加强行政处罚的力度，提高犯罪分子的犯罪成本。

网络交友诈骗司法适用疑难问题研究

——以491份刑事判决书为分析样本

马菲菲*

近年来，利用电信网络实施的诈骗犯罪活动持续高发，且诈骗手段不断翻新，尤其是在未婚男女初婚年龄持续飙升、喜好在线社交的现状下，网络交友诈骗更是充斥在人们的视野里、生活中，诈骗金额、犯罪人数也在不断刷新纪录，严重影响人民群众的财产利益和其他权益，干扰人民群众的安全感。因此，正确认识现行刑法与司法实践在打击网络交友诈骗方面存在的问题，对惩治网络交友诈骗犯罪有着重要意义。网络技术的发展对网络犯罪案发量乃至发展规律产生重要影响，网络在网络犯罪中扮演的角色经历了单纯的犯罪对象到犯罪对象与犯罪工具双重角色再到犯罪对象、犯罪工具以及犯罪空间综合性角色的变迁。[②] 网络交友诈骗是传统交友诈骗的网络异化，行为人以在线社交平台作为犯罪工具，发布虚假的婚恋、交友信息，骗取他人信任，从而达到骗取钱财的非法目的。即便二者行为模式别无二致，都是以非法占有为目的，设法使被害人产生认识错误进而处分财产，但是基于网络的平台效应，网络交友诈骗的社会危害性大大超出了传统交友诈骗。这主要归因于网络对行为社会危害性的变异作用，具体体现为社会危害性的复制性、聚焦性、扩散性。[③] 这种社会危害性的根本性变化，对传统的刑事责任评价体系提出挑战，在面对一些新问题、新特点出现后，如果对网络诈骗犯罪的研究及司法审理，仍然延续传统刑法理论及传统诈骗犯罪的定罪处罚理念，将导致无法适应现实斗争的需要。

有鉴于此，为有效探索惩治网络诈骗犯罪的司法手段，本文以网络交友诈骗为视角，在中国裁判文书网公布的生效判决书中搜索“网络诈骗”“交友”“婚恋”“恋爱”“交往”等关键词，截至2019年10月31日，共搜索到491份符合条件的网络交友诈骗案件生效判决书。以这491份刑事判决书的分析为切入，对具有刑法分析意义的要素进行提取，形成相关数据分析项，以期达到对网络交友类诈骗的犯罪特点和发展规律、刑事司法样态的尝试性提炼和思考，试图得出惩治网络诈骗犯罪的优化意见，达到防范与规制网络诈骗犯罪的效果。

---

* 马菲菲（1988— ），女，江苏徐州人，现任江苏省南京市六合区人民法院综合团队法官助理。

① 参见于志刚：《网络犯罪的发展轨迹与刑法分则的转型路径》，载《法商研究》2014年第4期。

② 参见于志刚：《网络犯罪与中国刑法应对》，载《中国社会科学》2010年第3期。

一、网络交友诈骗犯罪的总体态势及特征

电信网络诈骗犯罪并不是刑法中的一个罪名，而是一个犯罪现象。网络交友诈骗亦是电信网络诈骗中最具典型意义的诈骗类型，不仅侵犯被害人的财产利益，还欺骗了被害人的情感。网络交友诈骗作为网络背景下的特有犯罪形式，其整体态势与网络的普及和在线社交平台的多样化、便利性有着较为紧密的联系，诸如微信、QQ、陌陌等网络即时通信工具，珍爱网、百合网、爱情网、世纪佳缘等各大婚恋交友网站的迅速普及和增长，不仅为人们交友、通信提供了便利，也让不法分子借助网络的虚拟性伸出了魔爪。根据 491 份刑事判决书样本，以裁判年份进行统计，从图 1 可以看出，网络交友诈骗犯罪逐年增多，2017 年、2018 年呈现井喷式增长。国家意识到网络诈骗犯罪的多发，现行刑法处罚力度不够，最高人民法院、最高人民检察院、公安部于 2016 年 12 月 20 日联合发布了《关于办理电信网络诈骗等刑事案件适用法律若干问题的意见》(以下简称《意见》)，明确了坚持依法从严惩处、坚持依法全面惩处、坚持全力挽赃挽损、坚持依法准确惩处等原则，自该《意见》出台以来分析样本中引用该法条多达 35%，可见该《意见》对网络交友诈骗的惩处提供了有力遵循。

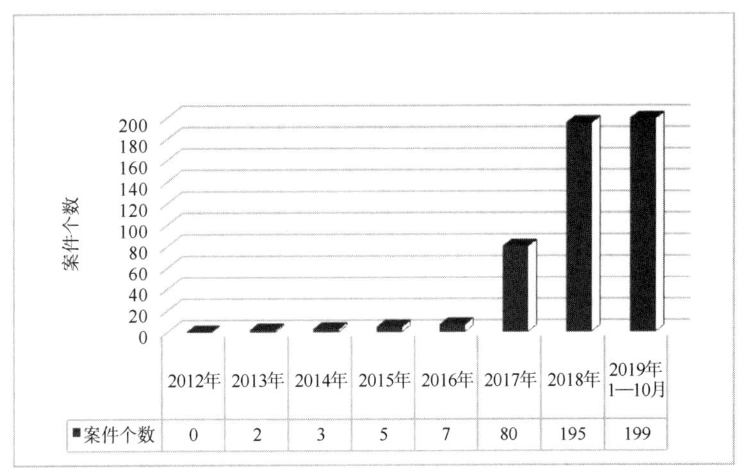

	2012年	2013年	2014年	2015年	2016年	2017年	2018年	2019年 1—10月
■案件个数	0	2	3	5	7	80	195	199

图 1　2012—2019 年 10 月 491 件网络交友诈骗案件裁判年份分布

网络交友诈骗具体呈现以下特征：

(一)犯罪辐射性强，数量从华东地区向其他地区相应减少

通观供分析的 491 份样本，网络交友诈骗的辐射源主要集中于华东地区，该地区人口密集，经济发展迅速，男女比例失调严重，即时通信软件、在线社交平台使用率高，同时，这也主要因为当地网络交友犯罪的打击力度强，如江苏 110 起、浙江 71 起，占全国比例分别达到 22.4% 和 14.46%。广东虽地处华南地区，但该省外来人口多，人员结构复杂，各种网络犯罪高发，仅网络交友犯罪就高达 86 起，位居全国第二；而河南多达 52 起，是因为历年来其人口总量一直居于全国前列，人口基

数大。(具体地域分布详见图 2)

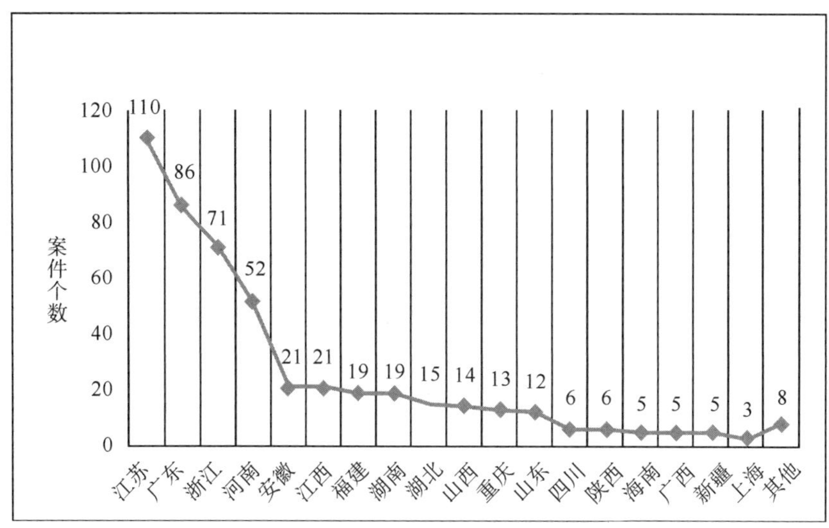

图 2　2012—2019 年 10 月 491 件网络交友诈骗案件地域分布

(二)作案时空跨度大、隐蔽性强

互联网技术的应用使世界不同国家、不同地区冲破了时间和地域的限制，日益成为一个有机的整体。从网络犯罪不同于传统犯罪受地域性限制的角度来说，网络交友犯罪以行为人为中心，向全国乃至全球扩散，均有可能。网络交友诈骗犯罪由于其传播媒介是网络、电信信号等，网络消息可以无限复制并且快速传输，使得“一对多”的侵害方式极易发生，行为人在抓获地的犯罪行为可以超越时空对其他地区产生难以估量的影响，经常会出现犯罪嫌疑人所在地、取款地、受害人所在地、汇款地往往不在同一省份甚至是在境外，在 491 份样本中就不乏境外的受害人。跨区域、跨境网络交友诈骗给公安机关调查取证带来了很大困难，从而导致破案率低、容易放纵犯罪等问题；另外，网络交友诈骗中被害人基于交友、婚恋等目的，犯罪分子往往需要较长时间进行欺骗、“维护关系”、赢得信任，使得该类犯罪具有较长时间的潜伏性，隐蔽性强，也加大了打击难度。

(三)犯罪取得对方信任理由多样、诈骗手段多元

从图 3 中可以看出，网络交友诈骗可谓是理由花样百出，手段多种多样，犯罪分子在利用网络社交平台，诸如QQ 漂流瓶、微信附近的人、陌陌等网络即时通信工具，珍爱网、百合网、世纪佳缘等网络婚恋网站，编造虚假身份或虚假意向，与被害人进行网络交流，在骗取对方信任、确立交往关系后，选择时机编造各种理由骗取钱财。根据分析样本，生活费短缺、急需医疗费用、遭遇困境等理由用得最多，高达 45%；谎称帮助投资或开设网店的有 27%，具体表现为以各种投资名目或者可以帮助产品上架、店铺维护、提供货源等诱惑被害人开网店，被害人同意后，以需要交纳加盟费、情侣连接费、广告推广费、保证金等为由骗取被害人钱财，骗取

钱财后便不再与对方联系。值得注意的是，诈骗理由往往存在同时使用、交叉使用的情形。

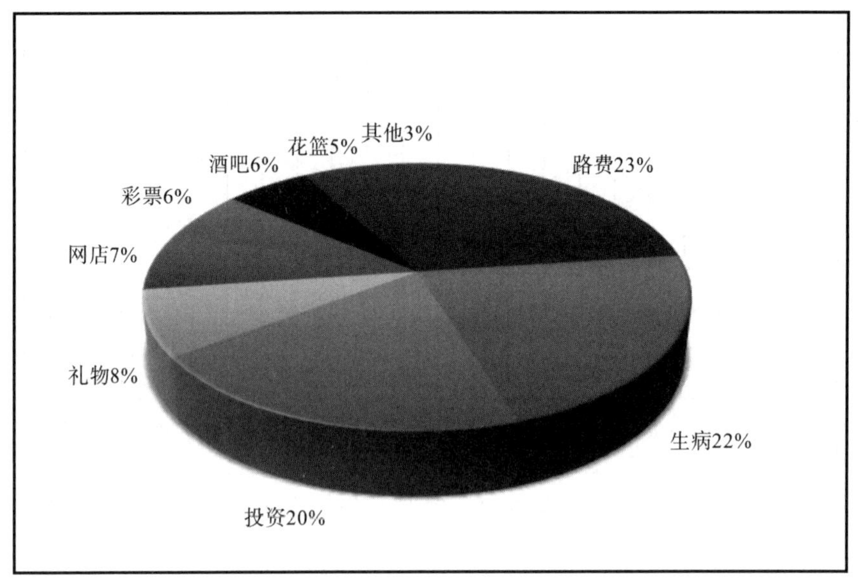

图 3　2012—2019 年 10 月 491 件网络交友诈骗案件诈骗理由

（四）专业化、集团化强，打击难度大

网络交友诈骗“犯罪初期规模小，后期会出现团伙作案，团伙人数众多，不同的成员有不同的分工，甚至分出等级、部门，进行系统的管理，通过各成员之间相互配合，层层递进，诱使受害者落入陷阱，呈现出专业化的特点”[①]。例如，分析样本中的一则案例，李某某、宋某某诈骗案[②]中就采用成立公司进行运作，确立了公司形式的诈骗方法、运营模式、部门设置、诈骗分成比例、奖励方法、层级关系，并设置管理公司、参与培训、负责客服部门的人员，事先也会拟定好实施诈骗时应对各种可能问题的标准参考答语——话术，向自己的聊天对象虚构各种理由进行诈骗。很多网络交友诈骗也采用传销方式进行诈骗，如孔某某诈骗案[③]，被告人加入以“香港德群化妆品有限公司”为名的传销式诈骗组织，该组织设在河北省涿州市，人员从高至低分为总经理、经理、主任、主管、业务员五个层级，主任层级上分设江苏、安徽、四川、湖北四个片，每片设主任 1 名，下设 5~6 个寝室不等，每个寝室有主管 1 名及若干名业务员，由主管组织寝室内业务员学习寝室规章制度、朋友邀约、网友邀约等内容。类似这种传销式的网络交友诈骗，非常具有典型性，跨地域性强，集团化明显，并且团伙内部各分工联系并不紧密，能够充分利用高科技手段躲避追踪，反侦查能力强，为公安机关打击犯罪活动带来相当大的难度。

① 孙艳：《电信诈骗犯罪立法问题研究及其防控》，载《辽宁警察学院学报》2017 年第 4 期。

② 参见河南省新密市人民法院刑事判决书（2017）豫 0183 刑初 54 号。

③ 参见江苏省江阴市人民法院刑事判决书（2016）苏 0281 刑初 2361 号。

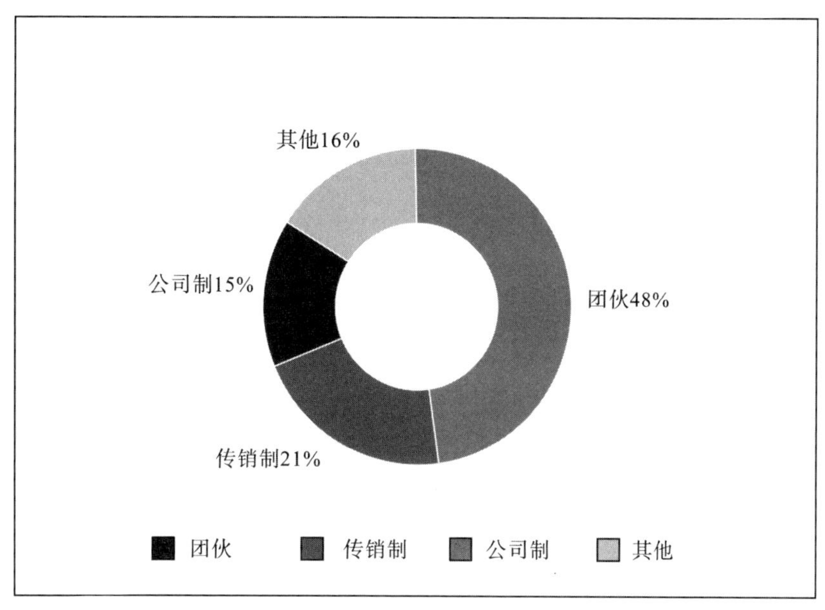

图 4　2012—2019 年 10 月 491 件网络交友诈骗组织形式

图 4 中可以看出，传销制的网络交友诈骗案件有 21%，利用成立公司制运营类犯罪有 15%，有团伙作案情形的达 48%，准确来讲这种犯罪分类方式具有极大的交叉性，但是总体来说传销制、公司制、团伙型犯罪，大致占总数的 84%。该类犯罪手段更加具有组织性、隐蔽性和专业化的特点，追踪、查处犯罪难度较大。同时，针对 491 份生效判决书进行分析，适用简易程序审理的仅有 10%，而适用普通程序审理高达 90%。（见图 5）由此表明此类案件法院审理难度较大，耗时较长。

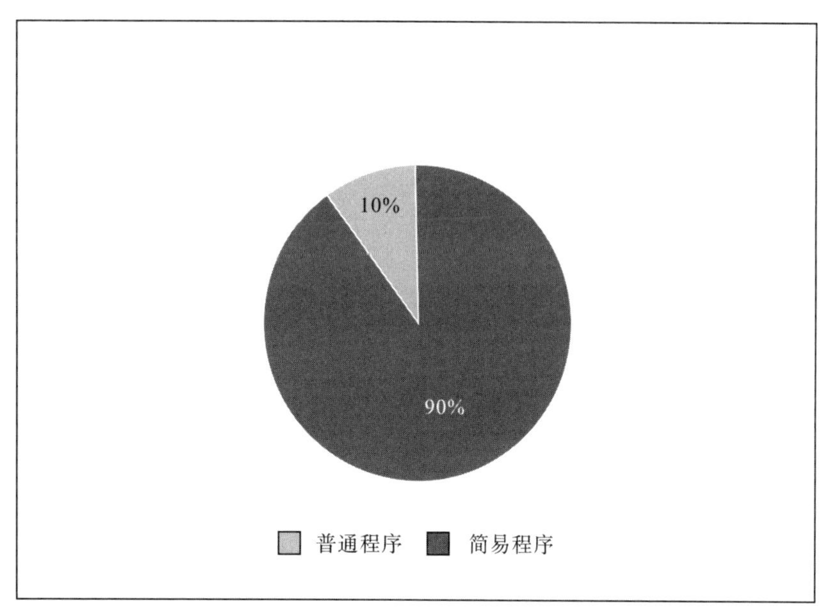

图 5　2012—2019 年 10 月 491 件网络交友诈骗案件适用程序

二、网络交友诈骗案频发的原因解析

网络社交自身有着结构的复杂性、信息产生的海量性、用户规模的庞大性，以及传播的快速性和难以溯源等特点，而网络交友诈骗则有着更为深层的原因。具体表现为：

（一）年轻人网络交友欲望强烈、防骗意识薄弱是主要原因

根据第45次《中国互联网络发展状况统计报告》显示，截至2020年3月，我国网民男女比例为51.9 ：48.1，截至2019年年底，我国人口男女比例为51.1 ：48.9，网民性别结构与人口性别比例逐步接近。其中20~29岁、30~39岁网民占比分别为21.5%、20.8%，[①] 中国男女比例日益失调，剩男剩女越来越多，很多人不愿意走出去接触社会，生活圈子小，社会阅历浅，每天游走于网络间，手机、电脑不离手，成为网络交友的主力军。然而在诈骗信息漫天飞的背景下，自身社会阅历浅、安全防范意识薄弱的未婚青年很容易陷入对方的“情感套路”，成为诈骗犯罪的牺牲品。另外，有的年轻人上当受骗后，感觉丢脸，或者被骗的钱财不多，往往不会报案，受害者的这些心理在一定程度上又助长了网络交友诈骗行为。

（二）公民个人信息泄露严重、网络运营商缺位是关键原因

当今的信息社会，注册相关网站需要填写个人信息，快递单盒、外卖盒、车票、机票上的个人信息可能被不法分子利用，尤其是网络交友软件，微信朋友圈、微博、QQ空间等，公民不经意间发布的状态、图片等都会泄露个人信息。“因非法出售个人信息而泄露。提供服务的互联网、电信运营商、快递公司以及接触到信息数据的银行、医院、学校、政府部门、保险公司等等中的一些工作人员，为谋取私利偷偷向违法机构和个人售卖包括学生在内的公民个人信息，个别人甚至在网上明目张胆叫卖。”[②] 还有甚者，因黑客入侵而泄露公民个人信息。上述情形，一方面与公民自身保护意识不强，相关机构存在把关不严、逐利等现象有关；另一方面，也与网络运营商监管缺失、防火墙不完善、安全漏洞多有关。

（三）网络交友诈骗低成本、低风险、高收益是根本原因

“网络诈骗犯罪的低成本，主要表现为物质成本和时间成本的双重低廉。”[③] 犯罪分子不需要特定的场所，仅需借助手机、网络等设备，发送几毛钱的短信，或者花费很少的流量费就可以将诈骗信息批量发送、复制发送、即时发送至全国各地乃至全球。同时，在网络社会中，人们多在匿名的情况下进行活动，匿名性给人们提供了逾越社会规范的机会空间，[④] 犯罪分子运用改号软件、手机变声软件、虚假视频等手段达到行为人的个体身份与现实中真实身份发生错位与割裂，使其伸缩自

① 参见2020年4月CNNIC第45次发布的《中国互联网发展状况统计报告》。

② 马李芬、吕尧：《高校电信诈骗犯罪的解析及治理路径》，载《北京警察学院学报》2017年第4期。

③ 陈家林、汪雪城：《网络诈骗犯罪刑事责任的评价困境与刑法调适——以100个随机案例为切入》，载《政治与法律》2017年第3期。

④ 参见张彦：《计算机犯罪的多因素分析与犯罪社会学的发展》，载《社会学研究》2003年第5期。

如张扬自我，而不必承担责任和担心受到谴责，更是因为在这种匿名的情况下降低了道德风险和法律风险，以致容易逃脱舆论监督和刑事制裁。另一方面，公安机关有很多侦查难点：公安内部异地侦查协助开展难、并案侦查难、开展现场勘查工作难、公安机关快速反应难。[①] 这些侦查难点和收集、固定证据难点正是犯罪分子的犯罪风险低点，一定程度上可谓是放纵了此类犯罪。低投入、高收益诱惑着一批又一批的不法分子逾越法律的鸿沟铤而走险，造成了今天网络诈骗犯罪屡禁不止的困境。

三、当前网络交友诈骗的刑事司法样态

网络交友诈骗具有犯罪辐射性强、作案时空跨度大、隐蔽性强，犯罪取得对方信任理由多样、诈骗手段多元，专业化、集团化强，打击难度大等特点，使得网络交友诈骗不同于普通诈骗犯罪，也不同于其他网络诈骗。通过对 491 份样本中司法机关对犯罪行为的定罪与量刑依据的分析，可以得出当前网络交友诈骗的刑事司法样态的具体表现。

（一）以“数额”为主要量刑标准，以“情节”标准处罚的较少

诈骗罪的立案标准通常是根据诈骗公私财物价值的数额，涉案金额只有达到一定标准才可能被认定为犯罪。涉案数额同时还是网络诈骗的主要量刑标准，具体又分为三个等级：“数额较大”“数额巨大”“数额特别巨大”。在 491 份判决书样本中，从法院裁判事实根据来看，仅涉案“数额特别巨大”的有 37 份，“数额巨大”的有 387 份，而“数额较大”的由于案涉多名被告人，有的被告人以“数额巨大”“数额特别巨大”进行过处罚，但其他同案犯仍要进行统计，得出骗取财物“数额较大”有 122 份；同时，因一案经常涉及多名被告人，存在“数额巨大”“数额特别巨大”“数额较大”相互交集的情况。涉案金额越大，被判处的刑罚也就越重。同时搜索适用“其他严重情节”“其他特别严重情节”的，共得到 5 份搜索结果，说明司法实践中，适用“情节”对网络交友诈骗定罪处罚的较少。另外，对该 491 份样本进行分析，仅有 4.48% 适用了“次数”标准。说明该类诈骗犯罪对《意见》中关于“拨打、接听电话次数，发送信息条数”之司法适用少之又少。

可以看出，这仍是一般诈骗罪的定罪量刑思路，一方面网络交友诈骗的可适用“情节”标准较少，对“非数额情节”重视不足，以数额为中心的评价体系未得到根本改变，“次数”标准规定不符合网络交友诈骗犯罪需要长期“潜伏”的特点。“我国长期对经济性、侵财性犯罪在定罪量刑上存在唯数额论的片面认识和做法，导致那些非法占有财物未达数额较大标准但具有其他严重或者恶劣情节的行为，无法作为犯罪处理。”[②] 另一方面，因网络交友诈骗侵害法益具有多样性，单独以涉案金额对网络诈骗犯罪进行定罪量刑显然对于有效处理网络诈骗犯罪并不是完全合理的。在网络

① 参见程诗天：《电信诈骗犯罪侦查难点探寻及对策研究》，载《法制与社会》2017 年第 14 期。

② 陈家林、汪雪城：《网络诈骗犯罪刑事责任的评价困境与刑法调适——以 100 个随机案例为切入》，载《政治与法律》2017 年第 3 期。

交友诈骗犯罪中，犯罪嫌疑人不仅侵犯了受骗者的财产利益，而且践踏了受骗者的情感和信任，更是扰乱了网络空间秩序，而刑法单纯地以“数额”“人次”“消息数”来认定入罪标准，有易出罪及轻典之嫌，导致司法实践中大量的犯罪行为评价不能。

（二）往往以“侵害事实”倒逼认定既遂，对未遂犯认定较少

司法实践中关于诈骗罪的既遂标准大多采用实际控制取得财物，《意见》第二条第（四）项规定，实施电信网络诈骗犯罪，犯罪嫌疑人、被告人实际骗得财物的，以诈骗罪（既遂）定罪处罚。“实际骗得财物，是指被骗款项实际转入犯罪嫌疑人、被告人控制的账户内，因此当被害人转出后立即发现并通知银行冻结，银行基于报案或者其他指令立即止付，或者基于其他原因资金未实际转入诈骗账户时，应认定为诈骗罪未遂。”[①] 尽管诈骗数额是确定网络诈骗犯罪罪与非罪、罪轻与罪重的重要标准，但不是唯一标准。《意见》对诈骗数额难以查证的电信诈骗案件，可以根据发送短信、拨打电话的数量以及诈骗手段及危害等，以诈骗罪未遂论处，并针对在互联网上发布诈骗信息的实际情况提出了相应的数额标准。查找491份刑事判决书样本，仅得到23份判决书涉及“诈骗未遂”，并且均是犯罪分子未实际控制取得相关财物，而《意见》中所说的“次数”标准均无一例适用，可以得出现实司法实践中，面对大量的网络犯罪，无论是公安机关还是检察机关，抑或司法审判机关，几乎都是以犯罪嫌疑人实际骗得相应财物，“侵害事实”既定，倒逼司法机关侦破、认定案件，因此得到的犯罪形态多为既遂，对未遂犯认定较少。

（三）帮助取款行为的定性存在较大差异

在司法实践中，一些法院会对同一网络诈骗犯罪团伙进行分案处理，对诈骗行为实施者以诈骗罪论处，而对该犯罪团伙中帮助取款行为进行另案处理。在本文的491份分析样本中，存在15份涉及帮助取款行为的定性问题，在这15份判决书中，罪名适用较为混乱，有10例将帮助取款行为定性为诈骗罪，有5例定性为掩饰、隐瞒犯罪所得罪，而这5例中虽有明知他人进行诈骗活动，但仍定性为掩饰、隐瞒犯罪所得罪，并未按诈骗罪共同犯罪论处，也不乏1例将公诉机关原按诈骗罪起诉，改为定性掩饰、隐瞒犯罪所得罪。[②] 由此看来，法院在对网络诈骗取款行为进行定性时主要徘徊在诈骗罪与掩饰、隐瞒犯罪所得罪之间。不同法院对帮助取款行为在定性上存在如此差异的理由在于：定为诈骗罪的判决书中，法院主要考虑的是取款行为作为网络诈骗行为的组成部分，取款人同诈骗团伙内的其他人属于网络诈骗共同犯罪，故而应当定性为诈骗罪；认为取款行为是掩饰、隐瞒犯罪所得罪的法院则是看重取款行为本身的性质，把取款行为从诈骗行为中独立出来，因此定为掩饰、隐瞒犯罪所得罪。[③] 前文提到的《意见》中关于全面惩处关联犯罪第（五）项明确提出明知是电信网络诈骗犯罪所得及其产生的收益，通过列明的五种方式

① 薛美琴：《电信网络诈骗犯罪司法适用疑难问题研究》，载《人民司法》2017年第14期。

② 参见浙江省慈溪市人民法院刑事判决书（2017）浙0282刑初134号。

③ 焦艳鹏、杨红梅：《网络诈骗犯罪刑事司法样态实证研究——以389份生效刑事判决书为分析对象》，载《甘肃政法学院学报》2017年第4期。

之一予以转账、套现、取现的，以掩饰、隐瞒犯罪所得收益罪追究刑事责任，达到事前通谋的，以共同犯罪论处。因此，区分诈骗罪的共犯和掩饰、隐瞒犯罪所得罪的关键在于认定帮助取款人与诈骗团伙之间是否事前有通谋。对于如何认定事前通谋，司法机关多结合帮助取款人与诈骗团伙发生关联的时间点及持续时间、帮助取款人参与程度、分赃情况等因素综合认定。仅有帮助取款行为的，即便被认定了诈骗犯罪的共同犯罪，但也多被认定为从犯或者从轻处罚，这在司法评价上是很可取的，既明确了《意见》的地位，又根据罪责刑相适应原则予以量刑。

（四）量刑根据退赃情况适用缓刑处罚较多

491 份刑事判决书样本中，适用罚金率是 100%，全部文书都判处罚金。根据被告人退赃、退赔情况，自首、立功情况[①]，宣告缓刑的有 205 份判决书，判处拘役的有 212 份判决书，免于刑事处罚的有 3 例，而前述这种量刑在一份判决书中涉及多名被告人。虽然从整体来看，网络诈骗行为定罪量刑的主要标准还是涉案金额的多少，但通过分析得知缓刑的确定并不必然与涉案金额有关，反而是即便在诈骗数额相差不大的情况下，不同法院对网络诈骗行为的量刑也不尽相同，缓刑的适用也与涉案金额的多少不完全相称。

四、惩治网络交友诈骗犯罪的优化意见

网络交友诈骗案件在司法过程中存在前述司法样态，但关于网络诈骗犯罪的处理多采用普通诈骗犯罪的处理方式，难以达到有效打击网络诈骗犯罪的效果。然而虽然社会不断发展，刑法亦存在滞后性但又不得随意改动，但是我们仍然可以在现有的基础上，对惩治网络诈骗中提出优化意见，以期对司法环境、社会稳定及人与人之间的信任和谐起到促进作用。

（一）网络交友诈骗案件司法适用过程中做好法益识别和度量问题

法益识别是指在“司法判定过程中，司法官对违法涉罪行为可能侵害或威胁的法益状况与刑事立法所保护的法益进行比对，确定法益有无侵害及所侵害的法益的基本类型的司法过程，是法益理论的解释论机能在刑事司法过程中得以应用的起点”[②]。网络交友诈骗犯罪不仅侵犯了人们的财产利益，还扰乱了网络空间的安全，侵犯了社会管理和信息秩序法益。此外，有些网络诈骗行为还涉嫌侵犯被害人的隐私，泄露了公民的个人信息，侵犯了受害人的人身法益。秩序是法的基本价值，在这三种法益交割的基础上，仅以“数额”及简单的“情节”进行评价，显然存在放纵犯罪之嫌。

只有在更充分的法益识别及位阶评价基础上，多进行司法研判的调研和总结，形成有效可行的司法度量，区别出不同法益位阶下应适用的法益度量，出台相应司

① 该 491 份生效判决书分析样本中有 173 份判决书涉及退赃，353 份涉及退赔；自首有 257 例，立功有 48 例。

② 焦艳鹏：《法益解释机能的司法实现——以污染罪的司法判定为线索》，载《现代法学》2014 年第 1 期。

法解释，才能不断弥补法律惩罚的不足。

（二）准确把握网络交友诈骗犯罪中的“罪责刑”

团伙作案是网络交友诈骗的普遍现象，而团伙作案就涉及共同犯罪，网络交友诈骗团伙分工明确、人员繁多、人员与人员之间交流较少、更多的取款专业组织的出现等等，都对刑事司法适用共同犯罪及其罪责刑的评价带来难度。不同行为的罪名、不同罪犯的罪数，乃至具体的量刑幅度怎么把握，都要求司法审判人员投入更多的精力，抽丝剥茧，条分缕析，贯彻落实罪刑法定、主客观相统一、罪责刑相适应的刑法三原则。

（三）厘定网络运营商、银行及支付平台在网络交友诈骗犯罪中的责任

第三方平台在网络诈骗中的作用不容小觑。2017 年 6 月 1 日，《网络安全法》正式实施，标志着网络空间治理、网络信息传播秩序规范、网络犯罪惩治等方面翻开了崭新的一页。2017 年 12 月 24 日，全国人大常委会审议关于检查网络安全法、加强网络信息保护的决定实施情况报告，建议加快个人信息保护、关键信息基础设施保护、网络安全等级保护、数据跨境评估等网络安全法配套法规的立法进程。网络空间急需相应法律法规厘定网络参与者、网络平台构建者与管理者的责任，尤其是在法律法规出台后，司法部门应组织学习，配备更多专业团队、专业组织帮助提高司法人员的裁判能力。

随着网络科技信息的全覆盖及安全水平的提高，社会商品交换与贸易绝大部分实物货币结算支付的行为被电子货币支付替代。[1] 各大运营商均应尽快完善用户实名制、网络实名制，让“网络黑户”没有生存空间，这不仅有利于减少犯罪分子的活动频率，制约犯罪活动的方式，也有利于公安机关对网络犯罪进行追踪、收集、固定证据。值得注意的是，受害者在轻信犯罪分子所“虚构或捏造的事实”“基于感情信任交付财物”后，除了通过传统的银行转账，还会使用财付通、支付宝转账、微信转账或发红包等网上支付平台向犯罪分子交付财产，虽然银行及时出台了自 2016 年 12 月 1 日起个人通过银行自助柜员机向非同名账户转账的，资金 24 小时后到账的规定，但是随着支付方式的改变，其他支付平台还没有承担起监管、保护作用，微信红包、转账在不通过绑定的银行卡的情况下仍然可进行接收、支取，因此，应尽快缩小钱款支付的“法外空间”，对存在账户异常的情况，必须做好长时间的跟踪和监管，并在司法适用过程中强化各大运营商的监管缺失乃至更重的平台责任。

（四）建立网络诈骗信息库，做好网络电子证据的采信及域外司法适用

加强公安机关的全国联动、警界交流，要建立健全网络诈骗信息库，便捷小额诈骗的报案和登记，只要提供有效转账凭证、诈骗信息或线索，即可在信息库中录入，在不断完善的大数据下，做好并案侦查和审理，同时做到合法有效地收集、固定网络诈骗犯罪的电子数据，探索研究在海量的电子数据中迅速检索、提取网络犯

① 参见 2018 年 1 月 CNNIC 第 41 次发布的《中国互联网发展状况统计报告》。

罪证据，方便将来形成证据链达到采信电子证据、有力打击犯罪的效果。另外，还要加强跨境合作，不断探索完善相应的域外司法适用。

五、结语

康德曾说过：“有两种东西，我对它们的思考越是深沉和持久，它们在我心灵中唤起的赞叹和敬畏就会越来越历久弥新，一是我们头顶浩瀚灿烂的星空，一是我们心中崇高的道德法则。”而在现代中国，很多人都丧失了对头顶星空的敬畏，不再追寻心中的道德法则。随着社会经济与法治的发展，法治化是我们社会发展不可逆转的潮流，人们在网络交友过程中应当遵循心中的道德法则。对网络交友诈骗司法适用的疑难问题不断进行研究，就是在尊重和保障人权、有效打击犯罪的道路上不断向前迈进。正因如此，我们应该在有效识别网络交友诈骗的犯罪特点及其司法样态的前提下，不断探寻惩治网络犯罪的有力手段。

影视制片融资活动中网络诈骗犯罪的识别路径

张 乾*

影视制片融资活动中的网络诈骗犯罪是指行为人以非法占有为目的，在互联网平台上以影视制片融资的名义吸引投资、融聚资金，破坏国家正常金融秩序、侵犯人民群众财产所有权的行为。这类犯罪具有非法集资犯罪普遍具备的非法性、涉众性、利诱性等特点，又兼具隐蔽性、迷惑性、专业性等独有特征。在国家鼓励非公有制经济发展的今天，从影视制片网络融资一般活动中甄别不法犯罪，成为维系国家正常金融秩序稳定、促进影视行业繁荣发展的首要问题。

一、影视制片融资诈骗犯罪的特殊性

伴随移动支付、社交网络、大数据和云计算等互联网信息技术的发展，互联网与金融业的相互融合和渗透日益深化，[①] 影视制片融资活动逐渐同股票、基金、黄金及其他理财产品一样成为人民投资理财的重要选择。不法分子利用信息不对称的市场环境虚构事实、隐瞒真相，面向社会不特定公众广泛吸收资金，破坏国家金融管理秩序、侵犯民众财产所有权。与其他集资诈骗犯罪相比，影视制片融资活动中的网络诈骗犯罪具备独有特征。

(一)犯罪手段具备高度隐蔽性

影视制片是资金高消耗性的生产活动。在制片过程中，演员片酬、相关设备的购置和维护费用、工作人员的薪资、影片剪辑的制作费用、服装道具的购买和租赁费用、场地的租借和布景费用等诸多名目均需要大量的资金支持，另外，在制片活动中存在资金消耗的灰色地带(如具有弹性的议价空间)。这一活动资金消耗性大、成本结构复杂、花销名目繁多，即便确系非法集资犯罪，行为人攫取的钱款也容易被伪装为影视制片工作正常消耗的成本。因此，尚且难以判断和保证影视制片融资的全部钱款用于影视制片活动，毋宁说在一般融资活动中甄别和区分刻意虚构事实、隐瞒真相的非法集资行为。在历史上，参与影视制片甚至一度成为一种重要的洗钱手段。

(二)犯罪外观具备强大迷惑性

1. 影视制片资讯缺乏真实性、有效性和权威性

影视行业是娱乐产业的重要构成部分，相关资讯不追求信息来源的真实性，亦

---

* 张乾(1996-)，男，山东菏泽人，福州大学法学院2019级法律硕士研究生。

① 参见陶娅娜:《互联网金融发展研究》，载《金融发展评论》2013年第11期。

不具备与政治、经济新闻相当的有效性和权威性。为博取关注，娱乐资讯往往捕风捉影甚至虚构事实。如相关主体虚构某位明星演员将出演作品，以网络平台为载体进行宣传融资，成本极低却广泛传播。人民群众误以为该演员的出演是影片斩获不俗票房的保障，遂确信其参与投资、取得收益的可能性大大提高。[①] 在这种错误认识的支配下，融资规模借助亲友关系、网络渠道实现指数型的扩张。由此可见，影视制片活动较为神秘，难以捉摸。

2. 影视制片融资在客观上存在内在需求

区别于以民族资产解冻项目等噱头实施电信网络集资诈骗的行为，影视制片融资自身具备存续的合理性，并不必然失实。实践中的确存在对银行贷款、亲友借贷以外其他途径融资的迫切需求，这种客观诉求从P2P平台在缺乏监管时迅猛发展的现实状况中可见一斑。有学者指出，民间融资犯罪的形成与民众个体、社会以及立法与司法方面均有着密切联系。[②] 正因如此，该犯罪行为具备滋生环境，而这也致使其迷惑性进一步增加。

（三）犯罪甄别依赖专业性

在制片成本层面，制片厂的资金去向包括放映商分成、发行费用、难以估算的经常性费用等众多事项。影视制片管理需要协调各生产要素的关系，包括对制作环境、制作人员、制作流程、产品营销等的细化管理。[③] 正是由于制片流程烦琐、外部关系复杂以及容易受到市场口碑影响等因素，当投资人陷入影视制片融资诈骗并最终遭受财产损失时，一般群众缺乏专业知识，难以判断和评估投资亏损是否位于合理区间，以及亏损原因是否属于不可控的风险因素。不法分子容易将投资亏损解读为投资失利，即便投资群众对其收益损失持有疑惑，但终究难以甄别自己究竟是参与了一起正常但并不成功的影视制片投资，还是遭遇了刑事犯罪，这恰恰为不法分子实施网络诈骗犯罪提供了土壤。

二、影视制片融资诈骗犯罪的网络化新属性

（一）“线上＋线下”的复合性犯罪模式

1. “线上＋线下”模式加强受害人对错误事实的内心确信

近些年来，影视制片融资诈骗犯罪走出了传统模式，实现了网络化，并呈现出“线上＋线下”的复合性特征。在传统诈骗案件中，行为人以非法占有为目的，在线下虚构事实、隐瞒真相、完成犯罪。在二元复合性犯罪模式下，犯罪行为不再受限于线下犯罪的单一模式，人民群众更容易对事实产生错误认识。在宣传环节，行为

---

① 该演员可能从未接到相关邀约，与片方之间也并未曾存在商谈或洽谈，双方不具有合作关系。尽管相关演员在得知消息后可能通过社交媒体予以澄清，但这类澄清性新闻却往往容易被忽视。如《永生之路》众筹事件：2019 年，电影《永生之路》以古天乐、彭于晏等演员出演为噱头向公众宣传，吸引投资。后来相关演员通过社交媒体予以澄清，表示从未接到相关邀约，从未与制片方有过洽谈。

② 参见刘鑫：《民间融资犯罪问题研究》，上海人民出版社 2015 年版。

③ 聂鸿涛：《对影视制片管理的若干思考》，载《吉林广播电视大学学报》2013 年第 2 期。

人在线上通过网站、微信、微博等多种网络平台对选片主题、制片团队、投资前景等内容进行介绍，同时在线下举办影片开机仪式和影片推介活动，有的还以较低的成本实景摄制影视片段并允许投资人探班。投资群众在参与线上和线下活动后，对影视制片项目真实性的内心确信显著增强。

2. 线上行为借助“互联网平台”而非“互联网股权融资平台”

2016年出台的《股权众筹风险专项整治工作实施方案》重点整治互联网股权融资平台以“股权众筹”等名义从事股权融资业务的行为，然而影视制片融资活动中的网络诈骗犯罪却并不必然依赖于这一平台。在前述影视项目宣传以及资金流转两环节中，行为人并未借助互联网股权融资平台却足以完成犯罪。由此可见，仅以互联网股权融资平台的股权融资业务为整治对象不能满足电信网络诈骗的实践要求。同时，利用解释技巧也难以将互联网股权融资平台扩大解释为互联网平台。“互联网平台”囊括社交、购物、融资、理财、支付等诸多内容，语义范畴广阔，明显超出“互联网融资平台”的含义射程，将二者混同超出了国民预测可能性。

3. “线上+线下”模式是传统集资诈骗罪的延伸

有观点主张，刑罚对互联网金融领域网络犯罪的规制应当“该宽则宽”。例如，刘宪权教授将网络犯罪划分为与传统犯罪本质无异的网络犯罪、较传统犯罪呈危害“量变”的网络犯罪以及“质变”的网络犯罪三类，股权众筹融资行为属于第三类，即在线上实施将不再构成犯罪。[①] 但也有观点认为，在刑法谦抑性的指导下，刑罚处罚的范围并非越窄越好，而应当由“限定的处罚”转向“妥当的处罚”。[②] 实际上，线上和线下实施仅仅是犯罪形式的区别，侵犯的法益并未发生实质变化，与传统犯罪相比，该行为依托于网络平台存在，危害后果更大、社会危害性亦更大。在“妥当处罚”的观点下，即便犯罪行为由线下部分转移到线上，只要行为满足罪名的构成要求，就应将其评价为犯罪，而不宜认为犯罪空间的转移可以规避刑律。总体而言，“线上+线下”模式是传统集资诈骗罪的延伸。

（二）影视制片融资活动中诈骗犯罪的网络效应

1. 网络宣传加剧合法外观对诈骗犯罪的掩盖功能

影视制片融资活动的合法外观是投资人交付钱款的信赖前提，以众筹融资的合法性质作为外观进行伪装，可使投资人陷入或者维持错误认识。网络宣传加剧合法外观对诈骗犯罪的掩盖主要表现在：①以网络宣传为事实犯罪的锚点，以投资融资的合法面纱掩盖行为人非法占有财产的目的。行为人不否认市场风险对影视投资的潜在影响，而恰恰借其实现犯罪行为的合法化。②以民事争端掩饰犯罪本质。诈骗犯罪发生后，受害人不易甄别，而往往倾向认为行为人虚假宣传或过分夸大投资回报，遂采取私力救济或民事诉讼的形式维护自身权益，从而使行为人在刑事目光检视的薄弱地带将犯罪行为转化为民事纠纷。

---

① 参见刘宪权：《网络犯罪的刑法应对新理念》，载《政治与法律》2016年第9期。

② 参见张明楷：《网络时代的刑法理念——以刑法的谦抑性为中心》，载《人民检察》2014年第9期。

2. 网络平台助长影视制片融资活动中诈骗犯罪的社会危害性

在影视制片融资活动中实施的网络集资诈骗本就难以被识别和规制，而网络效应又促使其社会危害性进一步增加。有学者指出，网络对犯罪行为社会危害性的变异作用体现在复制性、聚焦性和扩散性三个方面。[①] 具体到影视制片网络集资诈骗中表现为：①影视制片的虚假信息可以被快速、无限制地传播与复制，从而使社会危害性复制与放大；②只有一般危害性的影视制片非法融资行为，在“一对多”犯罪模式下聚焦作用在金融秩序上，使社会危害性集中甚至升格；③借助虚假宣传、广告包装以及与线下工作结合，犯罪行为在虚拟、无限延展的网络空间不断扩张与蔓延，从而使该行为的社会危害性在网络平台的有力推动下空前增长，影响范围远超传统犯罪。

3. 网络平台提高影视制片融资活动中诈骗犯罪的规制难度

在影视制片融资活动中实施网络诈骗的行为属于非接触性犯罪，具备与一般电信网络诈骗犯罪相同的取证难、打击难、抓捕难、追赃难、定性难的特点。[②] 例如，不法分子只需要在网络平台上发布影片信息就可以实现项目宣传，在非法集资行为完成后，犯罪主体可以借助网络支付工具、银行转账平台将所吸收的资金迅速转移和分散，借助互联网工具避免线下给付、当面给付。

另外，在此类案件中，“杀猪盘”式网络诈骗屡见不鲜。这种新型诈骗模式破坏社会人际关系，诈骗金额普遍巨大，但其侦查、防治却较为困难。[③] 犯罪分子以情感交流为切入点，招募年轻貌美的女孩作为影视制片项目的宣传媒介，使之培植与行为对象间的感情，当充分获取对方信任后虚构影视制片融资的事实，使对方基于错误的认识处分财产。在实施诈骗活动时，幕后行为人还可能利用VoIP网络通话技术、GoIP设备隐匿自己的行踪，将受到刑事打击的风险转嫁于受雇佣的行为人，从而隐藏自己的犯罪行为，最大限度地规避刑罚制裁。

三、影视制片融资活动中网络诈骗犯罪的分类

不法分子借助影视制片融资活动实施网络诈骗犯罪侵犯的法益包括国家金融管理秩序和公私财产所有权。[④] 根据影视制片投资融资的对向性，行为人非法占有他人财产必然导致投资者利益的减损。因此，从诱发影视投资失利的几种情形出发（如图1），有助于厘清影视制片一般融资与诈骗犯罪的界限。[⑤]

---

① 于志刚：《网络犯罪与中国刑法应对》，载《中国社会科学》2010年第3期。

② 参见黎晴：《当前电信诈骗犯罪的打击难点和对策》，载《江西警察学院学报》2012年第5期。

③ 参见毛俊达：《“杀猪盘”式电信网络诈骗犯罪的侦防对策研究》，载《河北公安警察职业学院学报》2020年第3期。

④ 参见朱建华：《刑法分论》，法律出版社2016年版。

⑤ 为进行区分，本文将构成集资诈骗犯罪以外的其他情形统称为诈骗犯罪排除情形。

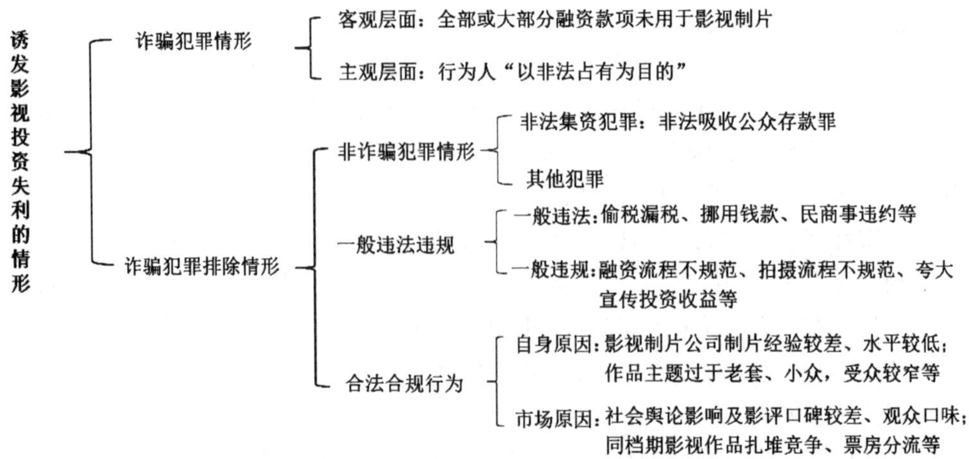

图1　诱发影视制片投资失利的情形

（一）诈骗犯罪情形

行为人在影视制片融资活动中涉及的罪名主要包括《刑法》第一百七十六条规定的非法吸收公众存款罪以及第一百九十二条规定的集资诈骗罪。实践中往往以犯罪主体在主观层面是否具备非法占有目的作为区分两罪的标准。[①] 具备该目的，假借影视制片融资活动实施网络集资的行为即集资诈骗犯罪。从主观目的及钱款客观流向两个层面入手，可以将诈骗犯罪与诈骗犯罪排除情形予以区分。

1. 行为人主观上具备非法占有吸收钱款之目的

集资诈骗罪属于《刑法》分则部分第三章第五节规定的金融诈骗罪。《刑法》文本明确规定，本罪的犯罪主体在实施犯罪时“以非法占有为目的”。该目的是指行为人在实施犯罪时使财物脱离其合法所有人或者占有人的控制，而由自己非法支配以获取非法利益的心理状态。[②] 具体到影视制片融资活动中的网络诈骗犯罪，即表现为行为人以影视制片融资为幌子，意欲非法获取民众投资影视制片项目所缴付钱款的内心活动。

关于非法占有目的的认定，不能仅凭较大数额的非法集资款不能返还的结果进行推定。[③] 该目的的判断应紧密结合最高法《关于审理非法集资刑事案件具体应用法律若干问题的解释》（下文简称《解释》）进行。《解释》第四条明确规定了可认定为“以非法占有为目的”的八种情形。[④] 在影视制片网络融资过程中表现为：①行为人完成融资后未将钱款用于影视制片，或者用于影视制片的钱款数额与

① 参见袁岳霞、高瑞羚：《论非法吸收公众存款罪与集资诈骗罪之区分》，载《黑龙江省政法管理干部学院学报》2020年第5期。

② 刘宪权、吴允锋：《论金融诈骗罪的非法占有目的》，载《法学》2001年第7期。

③ 谢望原、张开骏：《非法吸收公众存款罪疑难问题研究》，载《法学评论》2011年第6期。

④ 指2011年《最高人民法院关于审理非法集资刑事案件具体应用法律若干问题的解释》第四条第二款规定的“集资后不用于生产经营活动或用于生产经营活动与筹集资金规模明显不成比例，致使集资款不能返还的”等八种情形。

吸收钱款总额差别较大，致使投资不利，吸收钱款无法返还投资人；②融资钱款用于个人享乐、肆意挥霍，导致大量钱款以个人消费的形式大量流失，致使集资钱款无法返还；③完成融资后拒绝参与影视制片活动，携带集资款项逃匿；④完成融资后，将吸收钱款用于支持自己实施其他违法犯罪活动；⑤完成融资后抽逃、转移、隐匿吸收的钱款，在影视制片工作没有开展或提前中止的情况下逃避返还资金；⑥完成融资后隐匿、销毁融资账目，或者营造影视制片公司破产、倒闭的假象以规避资金返还；⑦完成融资后未将吸收钱款用于影视制片工作，钱款去向不明，且对之不作解释不予交代，逃避返还资金的义务；⑧其他与前七种情形具有相当性的行为。

2. 吸收钱款在客观上未流向影视制片工作

除借助对行为人主观上是否具备非法占有目的的识别与判断外，还需根据融资钱款的客观流向来将其与诈骗犯罪排除情形予以区分。从《解释》第四条规定的用以判断行为人主观方面具备非法占有为目的的八种情形足以推断，行为人在客观上未将吸收钱款用于正常生产活动足以反映出行为人具备非法占有的目的。因此，若行为人吸收的钱款在客观上确实全部用于影视制片工作，则难以满足集资诈骗罪的构成要求；若行为人吸收的钱款并未流向影视制片而系用于私人消费或另作他用，就当然可以得出行为人具有非法占有他人财产目的的结论。需要注意的是，实践当中钱款去向并非两点式，为了进一步伪装犯罪，存在行为人将钱款先汇入影视制片公司账户之后再移转至个人账户的情形。故应当以吸收钱款的最终流向来判断钱款的实质流向。

（二）诈骗犯罪排除情形

1. 非诈骗犯罪情形

除可能构成集资诈骗罪外，影视制片融资活动还可能被评价为非法吸收公众存款罪。根据《解释》第一条之规定，当行为主体在影视制片融资活动满足以下构成特征并扰乱金融管理秩序的，应当评价为非法吸收公众存款罪：①非法性：影视制片融资活动并未经过有关部门的批准或者没有采取合法经营的形式实施融资；②公开性：影视制片融资活动通过媒体、推介会、传单以及手机短信等途径向社会公开宣传；③利诱性：行为人在影视制片融资时，向给付人承诺将在影片上市后以货币、股权等形式给付回报；④公众性：影视制片融资活动面向社会不特定公众广泛进行。

2. 一般违法违规情形

在相关行为不至于上升至刑事法律规制的程度，只是违反制片工业操作规则要求或民商事法律规定时，有：①在融资过程中，行为主体违反规范的工业操作要求，但并不会对成片产品质量和社会反响产生实质性干预；②在影视制片过程中，行为主体在网络平台上夸大宣传或采取其他不符合行业规范的做法；③行为主体在影视制片过程中存在偷税漏税、挪用制片钱款、合同违约等行为。

相关行为在实质上并不影响投资人的正常投资选择时，这种瑕疵就不足以阻却投资行为的有效性，一般对责任人采行政处罚即可；当致使本不足以对该影视制片项目进行投资的民众萌生投资意愿并付诸行动时，可依据《合同法》第五十四条认定融资过程中存在欺诈情形，合同缔结存在瑕疵，受损害的投资人有权对投资合同予以变更或撤销。

3. 合法合规情形

影视制片未触犯违反刑律且没有其他违法违规，依然存在投资失利的可能。这类情形可事先评估、设法规避，但无法完全避免。有：①自身原因。受限于制片公司自身制作经验有限、制作水平局限，或者由于作品选题过于老套或小众，使得成片质量一般，无法吸引足够多的观众。②市场原因。投资影视制片行业具有高度的投机性以及较高的风险性，技术的快速发展、观众口味的迅速变化以及新媒体的出现和流行等因素对影片潜在盈利能力的影响难以充分预见。[①] 因自身原因和市场原因导致的投资失利均属合法合规的范畴，若影视制片工作人员已经忠诚勤勉、履职尽责，在工作中亦没有触及法律的禁止性规定，该行为就缺乏法律评价的必要性。

四、影视制片融资网络诈骗犯罪外观的识破路径

在识别影视制片融资活动的网络诈骗犯罪的基础上，进一步刺破影视制片融资活动的合法外观，才能对该犯罪行为予以罪责刑相适应的刑罚规制。在理论视角下，应当区分刑事不法与民事不法的独立性，追求罪刑法定原则与意思自治原则的协调与平衡；在实践视阈下，应当明确非企业家行为的判断标准。

（一）区分影视制片融资中刑事不法与民事不法的独立性

在影视制片融资网络诈骗犯罪中，刑事不法和民事不法共存。识别影视制片融资活动中的诈骗犯罪，不以居于前置地位的民商法律断定，但亦不能与之完全割裂。在影视制片融资活动中，一般的合同纠纷缺乏上升到刑法评价的必要性，即便受害者的财产所有权有所减损，亦不能以钱款数额直接对违法行为梯度化定性。

在辅助性法益保护的视角下，刑法基于自身价值考量，保护、选择具有需罚性和当罚性的法益侵害方式。[②] 根据缓和的违法一元论，当影视制片融资网络诈骗犯罪被错误地认定为民事纠纷后，刑法的适用范围产生了不必要的限缩。作为后置法，适用刑法需要在行为的质与量上将民事不法行为在规制范畴中择除。对于影

① 参见[美]路易斯·利维森:《电影制片人融资指南》,曹怡平译,世界图书出版公司 2013 年版。

② 参见马春晓:《区分行政违法与犯罪的新视角:基于构成要件之质的区别说》,载《中国刑事法杂志》2020 年第 1 期。

视制片融资行为，应恪守刑事判断的标准，做出契合于国家金融管理秩序法益的保护的规范性判断。

（二）实现罪刑法定原则和意思自治原则的协调与平衡

罪刑法定原则和意思自治原则分别是刑法范畴和民法范畴内的重要原则，尽管适用语境存在差异，但是二者在非法影视制片融资活动的规制过程中均存在生命力，二者互相对立又彼此相关。因此，既要在影视融资活动中最大限度地赋予投资融资的自由，又须将意思自治原则不能包容的犯罪行为给予非难。本罪的成立需要犯罪行为扰乱国家正常的金融管理秩序。然而，“秩序”这一语词较为抽象，其内涵需要由具象事物予以反映，而在影视制片活动中实施网络诈骗犯罪的行为里，侵犯公民的财产所有权、破坏公民使用财产进行生产生活、投资消费的自由即扰乱国家金融管理秩序的直观表现。当影视制片融资活动中确实侵犯了人民群众的财产所有权、扰乱了国家金融管理秩序，无论行为具有何种民事面纱，意思自治原则都难以成为该行为定性的依据，而应在结果无价值的法益侵害标准下、在罪刑法定原则的指引下为犯罪行为所涵摄。

（三）明确影视制片融资活动中非企业家行为的判断标准

2017年发布的《中共中央　国务院关于营造企业家健康成长环境弘扬优秀企业家精神更好发挥企业家作用的意见》显示出国家培植企业家精神的立场，追求健康利益、合规经营、合法运行、规避犯罪成为企业家精神的题中应有之义。

明确非企业家行为的判断标准，有助于刺破影视制片融资网络诈骗犯罪的合法外观，净化影视制片融资环境，稳步提升社会主义影视制片行业的资金融通水平，维持影视制片行业有序发展的良好秩序。应当结合《解释》，根据如下标准对非企业家行为进行认定：①在社会主义市场经济下，筹集资金用于影视制片活动无可厚非，但制片方须将制片方基本信息、影片信息、项目设计、融资规模、前期投入、风险防控措施、现实制片进程等必要信息真实透明、即时有序地向社会公众公开；②影视制片融资活动中获得的全部或者绝大部分钱款应当投入影视制片工作，而非用于个人享乐、肆意挥霍，致使大量钱款以个人消费的形式大量流失，或者在完成融资后抽逃、转移、隐匿吸收的钱款，隐匿、销毁融资账目，营造影视制片公司破产、倒闭的假象，或者携带资金逃匿甚至实施犯罪；③完成融资后，影视制片工作人员在工作中须勤勉忠诚、履职尽责，积极创造优质文化产品，不抵触包括诚信守约、履职尽责在内的企业家精神的丰富内涵。

五、结语

规制非法集资犯罪的最终目的落脚在投资者保护[①]。实现刑事侵权中的刑事责任与侵权责任在互异的基础上相互衔接与互补是法律协调统一的必然要求，也是当前“宽严相济”刑事政策、和谐司法所期待的良性结果。[②] 在充分认识影视制片融资活动中网络诈骗犯罪的特殊性、网络属性及效应的基础上，准确识别网络诈骗犯罪、刺破影视制片融资行为的合法外观，有助于实现对影视制片融资活动中网络诈骗犯罪的充分评价，促进影视制片行业融资活动的有序和稳定。

① 肖凯：《论众筹融资的法律属性及其与非法集资的关系》，载《华东政法大学学报》2014 年第 5 期。

② 李兰英、蒋凌申：《论“因侵权而犯罪”与“因犯罪而侵权”》，载《现代法学》2012 年第 5 期。

第三专题

网络共同犯罪和单位犯罪问题研究

网络犯罪帮助行为正犯化的司法困惑及路径

王俊壹　田玉琼　梁晶晶*

2014年全网关注的"快播案",刑法学界、法律实务界和社会公众均注意到技术帮助行为的罪与非罪这一热点问题。2015年实施的《刑法修正案(九)》增设帮助信息网络犯罪活动罪这一新罪名,再一次引发学界的纷纷讨论。实际上,这是立法者对"互联网3.0时代"需求的回应,现阶段的网络犯罪已经呈现"网络由犯罪对象,演变至犯罪工具,再到犯罪空间"的发展趋势,《刑法》的修订旨在进一步规范发生在网络空间的相关行为。行文之后,2019年11月1日起施行的《关于办理非法利用信息网络、帮助信息网络犯罪活动等刑事案件适用法律若干问题的解释》,对网络犯罪的规制设置了更为全面的规范,被互联网巨头视为"达摩克利斯之剑"。

笔者借助中国裁判文书网,以全文包含"帮助信息网络犯罪活动罪""案件类型—刑事案件""审判程序—刑事一审""文书类型—判决书"为条件进行检索,截至2020年11月30日,共获得刑事裁判文书1045份,包括辩护人提出意见为帮助信息网络犯罪活动罪或者公安立案或者强制措施的罪名。以"刑事案由—帮助信息网络犯罪活动罪"为条件进行检索后,有671份文书;以"刑事案由—诈骗罪"为条件进行检索后,有150份文书。部分还涉及开设赌场、赌博、非法控制计算机信息系统、盗窃、掩饰隐瞒犯罪所得、妨害信用卡管理秩序等罪名,足以折射出司法实践中的争议。同时,类比2019年之前的数据,2020年关于"帮助信息网络犯罪活动罪"的相关案件判决数大幅上涨,仅2020年的数据为754份,达到2019年及以前的数据的3倍。

一、网络犯罪帮助行为的正犯化

(一)网络犯罪帮助行为系正犯化

正犯化,简而言之,是指将本来处于共犯的行为直接独立为罪名定罪处罚。有学者认为,《刑法》分则部分规定了帮助犯的绝对正犯化、帮助犯的相对正犯化以及帮助犯的量刑规则三种情形。我国《刑法》第二百八十七条之二的帮助信息网络犯罪活动罪,虽然设置了独立法定刑,但不代表就是帮助犯的正犯化,其认为只是

* 王俊壹(1976—),男,湖南江永人,连云港市海州区人民检察院党组成员、检委会专职委员;田玉琼(1987—),女,江苏连云港人,连云港市海州区人民检察院第一检察部员额检察官;梁晶晶(1989—),女,河南淮阳人,连云港市海州区人民检察院第一检察部检察官助理。

帮助犯的量刑规则。[①] 有学者提出了不同意见,《刑法》分则条文直接将某种帮助行为规定为正犯行为，并且设置独立的法定刑，正如该条规定，其认为该罪名的设立就是网络犯罪帮助行为的正犯化。[②]

目前学界多倾向于网络犯罪帮助行为的正犯化观点，对此，笔者赞同正犯化的观点，并做如下补充：①这与我国的立法习惯有很大关联，因为《刑法》分则只规定正犯的行为，帮助犯属于从犯是在《刑法》总则第二十七条规定的内容，一旦《刑法分则》予以规定，就跳脱出正犯行为的帮助犯模式，通常认定为独立的正犯。②从保护的法益角度来说，虽然有学者认为该罪的保护法益是国家信息网络安全管理秩序，但更倾向于认为本罪没有明确的法益，其保护的法益归属于正犯的行为对象，在没有独立法益保护的前提下设立独立的罪名，显然不是量刑规则所能解决的问题。③网络犯罪帮助行为，虽然本质上属于帮助行为，但其已经呈现出一对多的特性，特定情形下对社会法益造成了极大的侵害，对于职业化、产业链化的网络犯罪帮助行为，此罪的设立具有基础性地位，正犯化的设立是法治和网络时代的大势所趋。

秉持正犯化的观点对司法实践是有裨益的，法律拟制的帮助行为正犯化，对于拟制规定就应当严格按照《刑法》规定进行适用。数据显示，以该罪名定罪的占大多数，说明司法实践也倾向于认为该罪名的正犯化，特别是分案处理或者正犯无法确定的情形下，该罪名独立认定是趋势。

（二）帮助行为限制处罚说

中性行为并非一律不可罚，目前德、日刑法学界的主流观点为中立帮助行为入罪寻找一个可靠的限制标准。

有学者认为，帮助信息网络犯罪活动行为是典型的中立帮助行为，理由是：①中立帮助行为不同于一般帮助行为，后者的可罚性通过因果共犯论极易判断，而前者可罚性的判断则非常复杂，对现有归责理论有一定冲击。②一般来说，中立帮助行为具有两个特性：一是帮助行为的日常性，二是帮助人主观心态的模糊性。就第一个特性而言，帮助信息网络犯罪活动罪规定的为上网用户提供互联网接入、服务器托管、网络存储等技术支持或者广告推广、支付结算等帮助，本身是中立无害的，不带有社会危险性，因此，该帮助行为具有日常性。就第二个特性而言，如果主观上包括“推测地知道”，也说明帮助人主观心态不确定性和模糊性。[③] 因此，其认为将中立帮助行为性质的网络犯罪帮助行为独立入罪，是存在诸多理论争议的，且批判了中立帮助行为全面处罚的可能性。

但是，有学者指出，根据解释论，不应当认为我国《刑法》第二百八十七条之二处罚所有的中立帮助行为，对于中立的帮助行为，必须严格限制其处罚范围，现在

① 参见张明楷：《论帮助信息网络犯罪活动罪》，载《政治与法律》2016 年第 2 期。

② 参见刘艳红：《网络犯罪帮助行为正犯化之批判》，载《法商研究》2016 年第 3 期。

③ 参见刘艳红：《网络犯罪帮助行为正犯化之批判》，载《法商研究》2016 年第 3 期。

的通说基本上是限制处罚说。同时，其认为，变现为业务行为的中立帮助行为，不应定罪处罚，我国《刑法》第二百八十七条之二第一款将“情节严重”作为成立条件，限制了中立的帮助行为的处罚范围。[①]

笔者赞同上面的观点，法律不是嘲笑的对象，而是解释的对象，法律离开解释，将落入机械的适用。该罪的设立并没有导致中立帮助行为的全面处罚，立法者在法条中明确规定“情节严重”，可见是对该罪处罚范围的限制，从与之前发布的司法解释中规定的帮助行为认定为共犯，但却没有规定“情节严重”等入罪标准对比得出，立法者希望通过此罪的设立，严密刑事法网，弥合原有《刑法分则》犯罪构成要件和传统共犯理论在司法实践中的空隙，适用时对“情节严重”的解释，可以将不可罚的中立帮助行为出罪。

但也有少数网络犯罪帮助行为属于中立帮助行为，如提供域名出售者、通信线路提供者等，具有日常合法经营行为的外表，对其定罪处罚存在较大争议，对此笔者认为，从期待可能性、归责理论，以及法益衡量角度处罚，应当本着审慎的态度，判断该中立帮助行为出罪的可能。这对司法实践符合立法原意和解释原理融合提供了不枉不纵的路径。

二、网络犯罪帮助行为的入罪分析

（一）正犯的“犯罪”标准

学界关于正犯“犯罪”的观点主要以罪量标准来进行区分。有学者认为，“犯罪”原则上仍然应当符合《刑法》规定的罪量要素要求，不应当解释为一般的信息网络“违法行为”。[②] 但笔者不赞同上述观点，倾向于认为“犯罪”包括违法犯罪行为，这一点可以引用张明楷教授关于协助组织卖淫的观点，其认为在组织卖淫还没来得及实施的情形下，行为人可以成立协助组织卖淫的既遂和组织卖淫的预备行为。同样可以进一步类比《刑法》第二百八十五条第三款的“明知他人实施侵入、非法控制计算机信息系统的违法犯罪行为而为其提供程序、工具，情节严重的”，构成“提供侵入、非法控制计算机信息系统程序、工具罪”，同样，第二百八十七条之一规定的非法利用信息网络罪同样指向包括各种违法犯罪，根据体系解释，应当认定本罪帮助的对象包括违法犯罪。同时，我国实行二元制裁体系，即刑事犯罪与行政违法主要采用了量的区分方法，在网络犯罪高发的态势下，侦查锁定查获所有犯罪参与者的困境越来越突出，“上游”帮助行为与“下游”正犯之间已经形成产业化、隐秘化、行业内的合作模式，此时极易出现查明的单笔事实达不到罪量标准，在帮助者明确具有一对多的特性，但其他事实无法锁定上游犯罪嫌疑人时，应当入罪评价，符合目的解释和帮助行为正犯化的设定，否则为司法适用设置了难以逾越的障碍。

---

① 参见张明楷：《论帮助信息网络犯罪活动罪》，载《政治与法律》2016 年第 2 期。

② 参见王华伟：《网络语境中帮助行为正犯化的批判解读》，载《法学评论》2019 年第 4 期。

当然，上述标准只针对罪量要素没有达到犯罪的违法行为，但依然属于《刑法》评价范围内的行为。此时允许存在反证，即帮助犯系初次、偶犯，没有证据显示其多次实施相关行为，对方的行为明显达不到入罪标准，也即刑事违法性无法得到证实，此时，帮助犯必须出罪。

对此，从目前的判例来看，绝大多数案例列明正犯的犯罪数额，均达到定罪标准，但是对于不确定正犯的情形，也描述被害人因帮助行为的损失数额达到定罪标准，故帮助“犯罪”的要素不仅仅从正犯的行为本身，也可以从行为后果入手。

2019 年两高一部出台的《关于办理非法利用信息网络、帮助信息网络犯罪活动等刑事案件适用法律若干问题的解释》第十二条、第三条的规定，也印证了正犯犯罪程度无法被查证、正犯是否被刑事追究、正犯是否承担刑事责任均不影响帮助信息网络犯罪活动罪的认定。

（二）“帮助”行为的界定

除了上文中提及的中立帮助行为，接下来要探讨的是应当入罪的帮助行为的界定标准。

对此，理论界主要结合“明知+促进”的标准对帮助行为进行界定。“明知”的范围在下面予以论述，这里说明一下“促进”的概念。“促进”可以从两个方面分析：①在客观上对他人实施犯罪是否产生实质上的助益。②如果存在实质助益，还应具体判断是否存在法律允许的风险，此时作为和不作为分别审查，如果明知他人实施犯罪而提供帮助，可以认定为制造了法律所不允许的风险；如果明知他人犯罪此时停止提供服务能够避免犯罪结果的扩大或者进一步发生，可以因其负有注意义务而成立不作为的帮助犯。

目前生效裁判中绝大多数网络犯罪帮助行为本身即是法律所禁止的违法犯罪行为。司法实践中定罪处理的行为类型主要有：网络服务提供者（细分为接入服务提供者、缓存服务提供者和存储服务提供者等类型），还有软件开发者、系统维护者、网站创建者、支付结算服务提供者等等。判决书在“经审查查明的事实”部分，均注明帮助犯实施了一系列发挥实质作用的作为或者不作为的行为。

（三）主观“明知”的认定

“明知”的认定在实践中主要涉及两个难点的判断，一是“明知”的内容，二是“明知”的程度。

1.“明知”的内容

根据主客观相一致原则，需要行为人主观上明知他人利用信息网络实施犯罪，对此进行解剖分析：

第一个问题——“明知”的内容是他人从事的犯罪行为还是违法行为？

实践和学术界均存在争议，这一点可以类比上述第一部分正犯的“犯罪”标准的论述，个人已经表明观点，正犯的“犯罪”包括违法犯罪行为，那么帮助犯的“明知”内容也应当涵盖他人从事的违法或犯罪行为。其次，从客观实际探讨，任何正犯行为都可能存在不同的犯罪形态，即预备、中止、未遂和既遂，对帮助犯要求明知正犯系犯罪行为不符合常理。最后，从犯罪构成理论分析，犯罪行为本身就是社会危险性高的行为，即违法性要素，因此，作为帮助犯的共同犯罪是建立于违法性的基础上。因此，个人认为，“明知”内容可以是他人从事的违法行为，至于违法程序是否达到犯罪，以客观查证为准。

第二个问题——是否需要明知他人犯罪的具体类型？

个人认为，不需要精确知道对方犯罪的类型，该“明知”不同于传统共犯理论中犯意联络的概念。比如提供账户帮助洗钱，在多层次相互配合模式下的网络犯罪，已经呈现了相互配合但从不沟通犯罪过程的犯罪模式，其通常只能知道钱来路不正或者是赃款，但上游是犯罪还是违法，是何种犯罪均不可得知。否则在明确知道对方实施某种具体犯罪或者在共谋、犯意联络的情形下，很可能成立片面共犯甚至共犯，而不是单独设立的帮助信息网络犯罪活动罪。

2. 明知的程度

在探讨“明知”时，有观点认为其内涵包括确知、应知和可能知道。对此，我们赞同这样一种观点：明知只能是确知，亦即明确知道，不包括应当知道和可能知道，因为 2009 年之后的司法解释涉及明知的规定不再包含应当知道，特别是有关网络犯罪的司法解释中，已经不再使用“应当知道”来界定明知了。那么，针对实践中出现的证据断层以及行为人否认明知的情形，我们认为可以采用推定制度来认定明确知道的存在，通过在案证据、经验法则和社会常识来推定“明知”，从而解决“明知”认定难的司法困境。此次司法解释的第十一条也印证了这一观点，通过列明六种情形和一种兜底条款的规定来认定“明知”，即推定，没有使用“可能知道”或者“应当知道”的概念，同时允许进行反证。

但是，司法判决在这方面是不确定的，如部分判决表明“可能知道”或者“应当知道”其出售的软件用于违法犯罪，“明知”特定的软件被抓获的正犯用于实施犯罪，证实了，司法判决采用了“明知”“可能知道”和“应当知道”的范畴，而没有采用“推定明知”的观点。通过查看判决，我们认为，用“推定”的方式可以得出“明知”的结论，在目前司法解释已经就“明知”的认定采用推定的方式下，司法实践必须及时跟进。

三、网络犯罪帮助行为的法律适用

该部分重点分析《刑法》第二百八十七条之二第三款规定的适用。第二百八十七条之二第三款规定，对于构成帮助信息网络犯罪活动罪的，“有前两款行为，同时构成其他犯罪的，依照处罚较重的规定定罪处罚”。目前网络犯罪帮助行为的法律规定，主要在于网络赌博、电信诈骗的司法解释和《刑法》第二百八十七条之二的规定以及 2019 年的司法解释。

对此，司法实务的适用最为混乱。举例如下：①同样是提供通信线路，在张某犯诈骗罪一案中，法院认定为放任心态的诈骗共犯。[①] 而在李某非法经营、诈骗一案中，法院关于诈骗部分，认为现有证据无法证明李某伙同他人诈骗的事实，但李某在明知他人利用信息网络实施犯罪，仍为其犯罪提供通信传输等技术支持，应以帮助信息网络犯罪活动罪定罪处罚。[②] ②同样是网站开发者、服务者，在侯某、高某等人盗窃罪一案中，法院认为是先有他人犯罪，再行或者同时提供技术支持等帮助行为，作用相对较小，而本案的被告人建立了钓鱼网站，并提供服务、绑定域名、技术维护等，对外出售，他人在使用时只需要通过伪基站发短信直接就可以对社会公众实施网络犯罪行为，该网络技术支持超出了帮助的作用，双方行为组成了一种复杂的密不可分的共生、共存关系，认定为共犯。[③] 而在杨某某帮助信息网络犯罪活动罪中，其为对方搭建虚假网站，并为其提供互联网接入和维护等服务，认定为帮助信息网络犯罪活动罪。[④] ③司法实践中认定构成共犯或者帮助信息网络犯罪活动罪，一种观点认为帮助信息网络犯罪活动罪不足以全面评价被告人在本案中的犯罪行为，一种观点认为诈骗的主观故意事实不清，但在绝大多数案件中，没有评析具体区别，很少适用想象竞合理论。

以上差别普遍存在于查询到的判决中，一个认定为帮助信息网络犯罪活动罪，一个认定为普通罪名的共犯，刑期分别在三年以下和三年以上，差距悬殊，而认定为帮助信息网络犯罪活动罪的缓刑率达到一半以上。

在决定如何适用之前，厘清一下目前网络犯罪帮助行为的法律规定，具体包括三个层次：①司法解释认为帮助行为成立片面共犯，虽然具有相对独立的主观故意，但适用共同犯罪定罪量刑。②司法解释在特定分则罪名中承认网络犯罪行为的正犯化，使该种帮助行为的认定独立于实行犯，但要按照被帮助的实行行为的罪名来定罪，主要集中于开设赌场和诈骗的司法解释中。③《刑法修正案（九）》在立法上认可了网络犯罪帮助行为的正犯化，规定了帮助信息网络犯罪活动罪等罪名，独立于实行行为的罪名。[⑤]

对此，有学者认为，行为构成帮助信网络犯罪活动罪时，同时构成彼罪的从犯时，比较法定刑的轻重以及量刑情节，按处罚较重的犯罪处罚。但如果同时构成彼罪的共同正犯，彼罪的法定刑高于此罪的法定刑时，应按照彼罪的共同正犯论处。[⑥]

我们赞同以上观点，但需要指出的是司法实践是复杂的、多变的，下面讨论三种情形：

（1）第一种情形，比如帮助犯A频繁出售某软件，该软件可以推定系用于电信诈骗犯罪，正犯因在境外等客观原因无法查获，但调取的客观证据显示下游犯罪数

① 参见无锡市锡山区人民法院（2014）锡法刑二初字第00251号。

② 参见浙江省金华市婺城区人民法院刑事判决书（2016）浙0702刑初654号。

③ 参见深圳市宝安区人民法院刑事判决书（2016）粤0306刑初350号。

④ 参见河南省方城县人民法院刑事判决书（2017）豫1322刑初145号。

⑤ 参见孙运梁：《帮助信息网络犯罪活动罪的核心问题研究》，载《政法论坛》第37卷第2期。

⑥ 参见张明楷：《论帮助信息网络犯罪活动罪》，载《政治与法律》2016年第2期。

额应当在三年以上量刑，而A在出售完成后就和正犯之间断绝联系，此时，能否对A直接认定为共犯？司法实践是保守的，即从诈骗共犯改为帮助信息网络犯罪的有，但从帮助信息网络犯罪改为诈骗共犯的极少，且很多类似案例中，辩护人均从帮助信息网络犯罪入手辩护。因为，如果在正犯都没有定罪处罚的情形下，就将帮助犯认定为正犯的共犯，甚至刑期超过帮助信息网络犯罪活动罪的法定刑，罪责刑明显是不相适应的。

对此，有学者认为，2011年两高《关于办理诈骗刑事案件具体应用法律若干问题的解释》（以下简称《解释》）第七条属于司法拟制，非注意性规定，因其将没有共同犯罪故意的单方帮助行为拟制为共同诈骗犯罪，违反罪刑法定原则，将学术界存在争议的片面共犯直接规定为共犯，超出大众对共同犯罪的一般理解。[①] 同时因为《刑法》没有明确本罪作为网络犯罪基础性罪名的立法定位，在想象竞合原则的简单推理下，司法实践中往往机械适用从一重处罚，本罪的兜底功能难以有效发挥。如何协调本罪与《解释》第七条之间的适用冲突，直面这一冲突的犯罪化立场，加上网络犯罪行为本身具有双重属性，其实质关联着本罪的立法功能定位。同样，上述案例中的困惑，如果机械适用从一重处罚，基于该罪本身要求“情节严重”，而共同犯罪却相对轻易入罪，将会陷入帮助信息网络犯罪活动罪无适用空间的困局。

（2）第二种情形，如果案件中同时存在公司内部的技术岗人员A和外包专业技术人员或公司B，A的工资收入低于B的服务费，外包专业技术人员B提供的技术水平更高、解决的技术问题更为关键、在共同犯罪中所起的作用更为重要，此时就应该严格遵循罪责刑相适应原则，根据共犯理论，审慎决定罪名的适用，而不应简单地以是否与共犯共谋、是否直接参与诈骗集团、是否直接从诈骗获利分赃为由决定法律适用。

（3）第三种情形，比如，A为非法支付通道的B提供技术支持，而B为开设赌场的C提供支付帮助，A与C之间无犯意联络，也无直接帮助，此时A只能构成帮助信息网络犯罪活动罪，根据共犯理论，缺少与正犯之间的意思联络，不宜认定为共犯。

四、结语

网络犯罪帮助行为正在专业化、技术化、隐秘化，有专业技术人员提出，应当用互联网思维来分析网络犯罪案件，强化打击力度。我们认为，犯罪行为在不断更新以逃避打击，如果确定了单一的区分标准，反而成为纷繁复杂的网络犯罪规避的路径，因此，应着眼于案件，分析各自的行为，严格贯彻罪刑法定原则、罪责刑相适应原则、共犯理论、想象竞合理论，期许不断完善对网络犯罪帮助行为的规制。

① 参见周明：《“热”与“冷”：帮助信息网络犯罪活动罪的司法适用图景——基于72份刑事裁判文书的实证分析》，载《法律适用》2019年第15期。

网络金融犯罪帮助行为司法正犯化的限制

——以提供翻墙工具为例

刘　曦*

我国至今已经出现多起因使用翻墙工具或经营翻墙工具而遭到行政处罚的案例。在翻墙工具屡禁不止、行政处罚收效甚微的背景下，向不特定多数人提供翻墙工具的行为逐步进入刑事司法的视野。本文通过对现有刑法判决进行梳理，并对判决理由和罪名构成逐一分析，最终认为提供翻墙工具不应被评价为犯罪行为，应当警惕以预防犯罪为目的的刑事政策对罪刑法定原则的过分侵蚀。

一、问题的提出

网络金融犯罪具有链条化、组织化、产业化特征，实行行为通常需要依赖技术帮助。在帮助行为中，有部分可能具有行政违法性的技术行为，尽管对犯罪行为而言不可或缺，但现有刑事规范未明确规定，如秒拨IP技术、破解电信身份证实名技术及翻墙工具等等，“上游技术的开发还在不断地降低下游犯罪的成本，增加刑事侦查和犯罪认定的难度”①。以翻墙工具为例，此类工具可以为网络金融犯罪的整个犯罪链条提供技术帮助：翻墙技术能够隐匿网络地址、加密网络通信、延长通信数据链条，上游犯罪利用其交易各类信息，中游借助境外代理实施金融诈骗，下游借此从事洗钱活动。根据2017年《网络安全法》第二十七条相关规定，“翻墙工具”的开发、搭建、使用、提供、经营都是违反我国电信和网络法律法规的违法行为，并且使打击犯罪的难度大大提升，尤其是管辖挑战和信息监管。有学者认为由于翻墙工具在部分犯罪中具有关键作用，有必要借鉴国外相关立法，全面惩治此类犯罪。②

提供侵入、非法控制计算机信息系统程序、工具罪和帮助信息网络犯罪活动罪两个正犯化罪名为独立评价网络犯罪帮助行为提供了法律依据，并分别通过技术自身“恶意”和下游行为危害性限制了处罚范围。对于具有行政违法性或者不符合常规网络活动模式、客观上对下游犯罪或者正犯行为有重要作用的技术帮助行为，司法机关倾向于扩张刑罚范围，即单独评价此类帮助行为、切断网络犯罪的技术支持。如今网络犯罪帮助行为的客观行为独立性和主观意思独立性已成共识，但是

---

*　刘曦（1994—　），女，江苏南京人，上海政法学院刑事司法学院18级刑法学研究生。

①　邓矜婷：《“秒拨”动态IP切换技术的性质评析》，载《中国检察官》2018年第6期。

②　参见皮勇：《论中国网络空间犯罪立法的本土化和国际化》，载《比较法研究》2020年第1期。

否所有对网络犯罪有所帮助且非常规的技术行为都应当成为刑法规制的对象?

从形式上来说,提供翻墙工具行为不符合我国刑法分则构成要件;从实质违法性来说,在判断某一帮助行为是否具有独立评价的可能性和刑事处罚必要性时,应当根据该行为对犯罪结果的帮助作用大小、提供帮助者和正犯之间意思联络情况、该帮助行为或者该技术的通常用途以及正犯行为的社会危害性等要素综合考量,限制处罚范围。行政违法性不应当成为技术帮助行为刑事违法性的直接来源,提供翻墙工具的行为并不具有刑事处罚的必要性。

二、向他人提供翻墙工具的司法分歧

实务中有三种有罪观点,第一种意见认为提供翻墙工具的行为构成提供侵入、非法控制计算机信息系统程序、工具罪,第二种认为应当以非法经营罪追究其刑事责任,第三种则认为构成拒不履行信息网络安全管理义务罪。三个罪名分别为典型正犯罪名、共犯性质的正犯责任罪名和平台责任罪名,却都用于评价提供翻墙工具这一行为,足见司法机关之犹疑。除此以外也有部分学者主张该行为虽然行政违法但不具备刑事违法性。总体而言,笔者赞同无罪观点。

(一)提供翻墙工具不宜定性为非法经营罪

非法经营罪是实务常见思路。[①]本罪要求行为至少具备“违反国家规定”“严重扰乱市场秩序”两个要件。国务院颁布的《电信条例》将网络业务并入电信业务统一规定,并要求经营电信业务必须获得国家许可。由于翻墙工具最常见的“VPN”称呼和翻墙工具所实现的国际数据通信效果在《电信条例》中似乎存在对应的项目,而《电信条例》恰恰属于《刑法》第九十六条规定的“国家规定”,因此法院多以提供翻墙工具违反《电信条例》为由进行入罪。

1. 非法经营对象应为经过许可可以获得合法属性的经营项目

构成非法经营罪要求实行行为“扰乱市场秩序”,而经营活动的合法性是本罪成立的前提。翻墙工具的核心特征是让个人具备使用大陆IP访问国家禁止访问的境外网站的能力,即官方禁止、没有合法市场存在的业务。没有市场何谈市场准入或市场秩序?法院判决援引的《电信条例》及其附件《电信业务分类目录》并不包含翻墙工具的对应业务分类,以非法经营罪进行规制反而会“洗白”翻墙工具的行政违法属性。

2. 提供翻墙工具行为对应的业务类型不明

现有判决以《电信条例》和附属《电信业务分类目录》为认定提供翻墙工具“违反国家规定”的依据,但在对应业务类型上又含糊其词。公诉机关和法院有的认为提供翻墙工具属于未经许可经营虚拟专用网络VPN业务或属于国际通信数据业

① 参见安徽省合肥高新技术产业开发区人民法院刑事判决书(2018)皖0191刑初142号;参见安徽省合肥市包河区人民法院刑事判决书(2018)皖0111刑初885号;参见林雪:《非法租销“翻墙”软件的行为定性》,载《中国检察官》2018年第8期;郭树正:《非法经营VPN类业务定性问题研究》,载《中国检察官》2019年第2期。

务，[①] 还有的认为属于《最高人民法院关于审理扰乱电信市场管理秩序案件具体应用法律若干问题的解释》（以下简称《扰乱电信市场管理秩序案件解释》）第一条规定的国际电信业务，与此同时将VPN业务经营认定为互联网接入服务，[②] 使业务类型认定更加混乱。将翻墙工具与VPN画上约等号，只是早期技术的误会：早期翻墙工具多使用VPN技术，但由于VPN流量大、易遭受屏蔽，主流翻墙工具已改用其他技术，只剩VPN这一名称沿用至今。[③]

3. 以《电信条例》为基础的司法解释条文亦非定罪根据

有判决根据《扰乱电信市场管理秩序案件解释》第一条认定行为人“违反国家规定，采取租用国际专线，擅自经营国际电信业务进行营利活动，扰乱电信市场管理秩序”，因而构成非法经营罪。[④] 但结合该解释第二条即可发现第一条特指来话和去话业务的非法经营情形，因为第二条只规定了这两种业务的情节严重标准，堵截了扩展的可能性。[⑤]

除此以外，《扰乱电信市场管理秩序案件解释》第一条的内容来自《电信条例》第五十八条第一项。[⑥] 而《电信条例》第六十七条规定违反本条例第五十八条第二项、第三项、第四项的行为如果扰乱电信市场秩序、构成犯罪的，依法追究刑事责任，恰恰不包含第五十八条第一项，同时也是解释第一条所规定的行为。条文如此有意设置，司法解释内容却与行政法规相冲突，其内容恐存争议。因此以《扰乱电信市场管理秩序案件解释》第一条评价提供翻墙工具的行为并不妥当。

4. 非法经营罪不能包容评价非经营的提供行为

非法经营罪中的经营行为应当是一种以营利为目的市场行为，非营利的行为不应当属于本罪的调整范围。[⑦] 司法实践中，既处罚了有偿提供翻墙工具的行为，也处罚了无偿的提供行为，可见司法机关认为这一行为的危害性在于提供翻墙工

① 参见安徽省合肥高新技术产业开发区人民法院刑事判决书（2018）皖0191刑初142号。

② 参见湖南省郴州市北湖区人民法院刑事判决书（2018）湘1002刑初268号。

③ 参见张正旭、许源：《网络监管下的上网代理类插件分析与研究》，载《网络空间安全》2020年第6期。

④ 参见安徽省合肥市包河区人民法院刑事判决书（2018）皖0111刑初885号。

⑤ 《扰乱电信市场管理秩序案件解释》第一条规定：“违反国家规定，采取租用国际专线、私设转接设备或者其他方法，擅自经营国际电信业务或者涉港澳台电信业务进行营利活动。”第二条规定：“实施本解释第一条规定的行为，具有下列情形之一的，属于非法经营行为‘情节严重’：（一）经营去话业务数额在一百万元以上的；（二）经营来话业务造成电信资费损失数额在一百万元以上的。具有下列情形之一的，属于非法经营行为‘情节特别严重’：（一）经营去话业务数额在五百万元以上的；（二）经营来话业务造成电信资费损失数额在五百万元以上的。”

⑥ 《扰乱电信市场管理秩序案件解释》第一条表述为：“违反国家规定，采取租用国际专线、私设转接设备或者其他方法，擅自经营国际电信业务或者涉港澳台电信业务进行营利活动，扰乱电信市场管理秩序，情节严重的，依照《刑法》第二百二十五条第（四）项的规定，以非法经营罪定罪处罚。”而《中华人民共和国电信条例》第五十八条规定：“任何组织或者个人不得有下列扰乱电信市场秩序的行为：（一）采取租用电信国际专线、私设转接设备或者其他方法，擅自经营国际或者香港特别行政区、澳门特别行政区和台湾地区电信业务……”两者表述几乎是完全一样的。

⑦ 参见王作富、刘树德：《非法经营罪调控范围的再思考——以〈行政许可法〉若干条款为基准》，载《中国法学》2005年第6期。

具行为本身，即对网络管理秩序的破坏。[①] 维护社会主义市场经济秩序的非法经营罪无法正确评价这一行为的法益侵害性。

（二）提供翻墙工具不宜定性为提供侵入、非法控制计算机信息系统程序工具罪

本罪是司法实践中最常用的罪名，但司法机关对于翻墙工具为何能被认定为专门用于入侵、非法控制计算机信息系统程序、工具并未认真论证。有些判决认为"……（VPN 软件）具有突破国家信息关防，帮助境内计算机与境外服务器直接连接并进行数据传输的功能"[②]，因而符合《最高人民法院、最高人民检察院关于办理危害计算机信息系统安全刑事案件应用法律若干问题的解释》（以下简称《计算机信息系统案件解释》）关于认定"专门用于侵入、非法控制计算机信息系统的程序、工具"的规定；有判决认为被告人"将租用的境外服务器租用给境内客户，并为客户提供服务，使客户获取禁止授权的计算机信息数据"[③]，将授权主体的范围扩大到了国家机关；[④] 大部分判决则没有对犯罪事实和构成要件之间的关联性进行论证。各判决的共识是翻墙工具具有绕开我国互联网防火墙监管、非法访问境外互联网站的功能。[⑤] 然而这一功能难以证明翻墙工具构成专门用于侵入、非法控制计算机信息系统的程序、工具。郭树正检察官认为提供翻墙工具不能评价为本罪，因为：①数据保护对象的不恰当；②"计算机信息系统"和"计算机信息系统安全保护措施"内涵外延的不明确，以及长城防火墙的模糊定位；③翻墙工具——尤其是VPN类翻墙工具的技术通用性和中立性；④正犯责任缺失带来的判决争议。以上观点笔者基本赞同。[⑥]

根据《刑法》第二百八十五条第三款和《计算机信息系统案件解释》第二条，成立本罪存在两种路径：第一是认定翻墙工具为"专门用于侵入、非法控制计算机信息系统的程序、工具"，这一路径在《计算机信息系统案件解释》中又分为三种情

① 我国已有此类案例，参见河南省永城市人民法院刑事判决书（2019）豫 1481 刑初 681 号。

② 参见昆明市西山区人民法院刑事判决书(2018) 云 0112 号刑初 541 号。

③ 参见河南省新郑市人民法院刑事判决书(2018) 豫 0184 刑初 1128 号。

④ 也可能是扩大到网络接入服务商，但无论是国家还是网络服务提供商，对于主机之间的访问数据是否有授权资格或许需要再讨论。

⑤ 上海市浦东新区人民法院刑事判决书（2018）沪 0115 刑初 2974 号虽然以拒不履行信息网络安全管理义务罪定罪，但也有类似表述。

⑥ 关于第一点，作者认为，使用翻墙工具产生的访问数据位于境外，不属于我国法律管辖范围内，笔者有不同意见。翻墙工具的搭建和使用必须以境内外具有跨境访问权限的服务器作为跳板，才能实现境外访问功能。从属地来说，访问行为并非单程，国内用户发出访问请求，定会收到传回的访问数据，并缓存在本地主机；从属人来说，我国大陆网民在使用境外服务器代理的过程中产生的访问数据，当然属于我国数据主权管辖保护的对象，如果缓存在境外服务器上的访问数据被泄露、盗取、非法利用，对我国公民的隐私权、国家数据安全造成威胁，我国也当然具有管辖权利。因此，使用翻墙工具所产生的境外数据属于我国的管控范围，但是不应当由本罪进行调整保护。

形；[①] 第二是认定行为人明知他人实施侵入、非法控制计算机信息系统的违法犯罪行为而为其提供程序、工具。翻墙工具不符合以上任何一种情形。

1. 翻墙工具不具有“专门性”

《计算机信息系统案件解释》第二条规定了三种“专门性”程序、工具，即避开或突破安全保护措施并无权限获取数据的工具，避开或突破安全保护措施并无权限控制的工具，兜底情形。如果结合《刑法》第二百八十五条第二款非法获取计算机信息数据、非法控制计算机信息系统罪的条文表述，使用文义解释和体系解释方法对《计算机信息系统案件解释》第二条第一项进行分析，不难得出结论：第二条第一项中所指的程序或工具，必须同时具备避开或突破安全保护措施和无权限获取数据两项特征，并且前段安全保护措施所保护的“计算机信息系统”和后段被获取数据的计算机系统所指的应当是同一个计算机信息系统。假设翻墙工具确实绕过了我国的某种计算机信息系统安全保护措施，但翻墙工具所获取的数据是经过访问者和被访问者同意的浏览访问数据，该数据属于双方自愿交换的数据信息，而非无权或越权。简而言之，该安全保护措施的被避开或被突破没有导致数据受损，而交换的数据又不在安全保护措施的保护范围内，因此翻墙工具不属于“专门用于侵入、非法控制计算机信息系统的程序、工具”。

翻墙工具也不符合“专门性工具”的兜底条款情形。“专门用于”意味着该程序或工具的用途仅限或者通常用于侵入、非法控制计算机信息系统，然而翻墙工具的技术只是现有合法技术的加强综合运用，翻墙技术的法律评价可能随着应用场景的变化而变化，此类法律评价动态变化的技术工具只能被认定为中立工具而非专门性工具。从共同犯罪角度也可以反证翻墙工具不符合该要件。

2. 翻墙工具提供者不可能对他人行为有“明知”进而控制风险

网络时代之所以加重网络服务提供者的刑事责任，是因为网络服务提供者具有守门人地位，既从网络活动中受益最多，也对网络违法犯罪活动具有最优越的认识能力和控制能力。但翻墙工具提供者无法知晓或把控使用者的网络访问行为。退一步讲，若能够证明提供者明知使用者即将实施违法犯罪行为仍为其提供翻墙工具，判决书中不可能没有体现。因此不应对翻墙服务提供者施加此类义务。

3. 本罪难以和非法经营虚拟专用网络行为的性质对接

实务中提供的翻墙工具有些使用VPN技术或名称，有些使用其他技术，但司法实践并没有进行区分。根据我国《电信条例》附属《电信业务分类目录》中的第B13项规定，我国允许提供对国内传输进行加密的VPN业务，而此类业务的非法

---

① 两高《关于办理危害计算机信息系统安全刑事案件应用法律若干问题的解释》第二条规定：具有下列情形之一的程序、工具，应当认定为《刑法》第二百八十五条第三款规定的“专门用于侵入、非法控制计算机信息系统的程序、工具”：（一）具有避开或者突破计算机信息系统安全保护措施，未经授权或者超越授权获取计算机信息系统数据的功能的；（二）具有避开或者突破计算机信息系统安全保护措施，未经授权或者超越授权对计算机信息系统实施控制的功能的；（三）其他专门设计用于侵入、非法控制计算机信息系统、非法获取计算机信息系统数据的程序、工具。

经营行为我国通常认定为非法经营罪。[①] 与此同时使用相同技术的翻墙工具却认定为入侵、非法控制计算机信息系统的程序、工具，如此一来两种罪名至少有一者定性错误，否则无法解释罪名的冲突。

（三）提供翻墙工具不宜认定拒不履行信息网络安全管理义务罪

在法律适用不明晰的时代，胡某拒不履行信息网络安全管理义务案可谓“第一个吃螃蟹的人”。[②] 但本文认为本罪的主体应当是合法的网络服务提供者，提供翻墙工具不符合主体要求。

现有规范确实没有明文要求只有提供合法服务的才能认定为网络服务提供者；而从保障网络安全管理秩序、扩张本罪适用范围的目的来说，事实上提供网络服务的自然人和法人都可以成为本罪主体。因此根据《最高人民法院、最高人民检察院关于办理非法利用信息网络、帮助信息网络犯罪活动等刑事案件适用法律若干问题的解释》（以下简称《非法利用信息网络解释》）第一条，翻墙工具提供者可以被认定为信息网络接入服务提供者，进而以本罪处罚。

但刑法分则对本罪“情节严重”规定了三种明确情形和一条兜底条款，前三种情形都是以信息安全为核心的结果犯，而《非法利用信息网络解释》第六条则已然将本罪的保护法益从信息权拓展到网络管理秩序[③]，完成了一次犯罪圈的扩张。出于限制司法权力、调节犯罪圈的目的，以及刑法“负面清单”的性质使然，我们可以反推出结论：只要网络服务提供者能够证明自己充分履行了避免“情节严重”结果的义务和行政机关所要求的行为规范，就应当能够正常开展自己的业务，免于本罪的追责，这一状态只有合法服务提供者才能实现。现阶段司法判决所传达出的对翻墙工具的态度是全面禁止，妄论作为服务进行经营。因此以本罪追究翻墙工具提供者的刑事责任，恐怕并不恰当。

三、网络技术帮助行为的处罚根据及其限制

（一）网络犯罪帮助行为正犯化学说

如翻墙工具一类的技术帮助行为，一方面确实对网络犯罪行为及其法益侵害结果提供了帮助，另一方面通常具有行政违法性或者不符合常规的正常网络活动的特征，因此除了应用广泛性外没有其他证据证明其帮助行为的“中立性”，如IP

---

① 此类案例适用非法经营罪是否合适也存在疑问，理由依然为口袋罪适用的明确性问题。相关案例可以参见广西壮族自治区梧州市长洲区人民法院刑事判决书(2018)桂0405刑初38号，湖南省郴州市北湖区人民法院刑事判决书(2018)湘1002刑初268号，浙江省泰顺县人民法院刑事判决书(2018)浙0329刑初46号等。

② 参见上海市浦东新区人民法院刑事判决书（2018）沪0115刑初2974号。

③ 《最高人民法院、最高人民检察院关于办理非法利用信息网络、帮助信息网络犯罪活动等刑事案件适用法律若干问题的解释》第六条规定：拒不履行信息网络安全管理义务，具有下列情形之一的，应当认定为《刑法》第二百八十六条之一第一款第四项规定的“有其他严重情节”：（一）对绝大多数用户日志未留存或者未落实真实身份信息认证义务的；（二）二年内经多次责令改正拒不改正的；……（七）其他严重违反信息网络安全管理义务的情形。

秒拨工具、打码软件、爬虫程序。[①] 司法机关更加倾向于通过将此类技术的产业化、经营性活动直接入罪化，切断此类技术对后续犯罪的帮助可能性。

我国的网络犯罪中只有提供侵入、非法控制计算机信息系统程序、工具罪和帮助信息网络犯罪活动罪两个罪名为共犯正犯化罪名。[②] 以帮助信息网络犯罪活动罪为例，刑法理论对网络时代背景下传统的帮助行为如何成为单独罪名给出了多种解释。以坚持正犯的违法性或构成要件符合性为前提，部分学者认为可以对犯罪产业链条和帮助行为的法益侵害性进行整体判断，从而使帮助行为摆脱对正犯犯罪形态的从属依赖、将可罚的帮助行为正犯化，填补传统共犯理论的处罚漏洞；[③] 或者借助中立帮助行为说，扩张刑法处罚范围，并保护符合行业规范的业务行为；[④] 独立量刑规则说则仅肯定此类罪名的量刑独立性，否认行为及罪名的独立性。[⑤] 有学者以累积犯理论为依据隔断帮助行为和正犯行为之间的联系，从而实现定罪和量刑独立。[⑥] 除此以外，部分学者提出了兼容帮助行为独立性和正犯层面参与性的混合归责模式，剥离"明知"的意志要素，借助我国共犯双层体例解决量刑问题。[⑦] 不同模式之间最大的区别在于帮助行为的违法性是否仍从属于正犯，即帮助行为的有罪评价是否仍以实行犯的存在为前提。从属于正犯，是以传统共犯理论为前提的刑罚圈调整，有利于限制处罚范围，学说整体呈现出抑制倾向；独立评价帮助行为，体现的是对信息网络安全管理秩序这一法益的重视，总体呈现适用刑罚的积极态度。两种立场分别以结果为中心的法益侵害说和以行为为中心的规范违反说为底色。不可否认的是，随着网络犯罪帮助行为具有独立性这一点成为各界共识，如何扩张对帮助行为的处罚范围、编织严密法网已经成为解决问题的主流，从司法实践到刑法理论都在追求对帮助行为的有效治理。

技术的发展是迅速的，立法能规定的罪名是有限的。面对日新月异的网络技术，司法机关通过司法解释将部分帮助行为作为正犯进行刑事处罚，基层法院也尝试将某类行为纳入现有的帮助行为正犯化罪名之下。尽管帮助行为在网络犯罪中的作用关键，但有必要寻找其他标准限制帮助行为的入罪范围，以免无限扩张技术

① 有必要说明的是，《数据安全管理办法（征求意见稿）》第十六条规定："网络运营者采取自动化手段访问收集网站数据，不得妨碍网站正常进行；此类行为严重影响网站运行，如自动化访问收集流量超过网站日均流量三分之一，网站要求停止自动化访问收集时，应当停止。"若该条款通过，则爬虫程序可以获得有限的许可。参见付强、李涛：《网络爬虫的刑法应对》，载《中国检察官》2020 年第 18 期。

② 也有学者认为帮助信息网络管理义务罪属于帮助犯的量刑规则，而非共犯正犯化。本文限于篇幅不展开讨论。参见张明楷：《刑法学》（第五版），法律出版社 2016 年版。

③ 参见王伟华：《网络语境中帮助行为正犯化的批判解读》，载《法学评论》2010 年第 4 期。

④ 参见陈洪兵：《帮助信息网络犯罪活动罪的限缩解释适用》，载《辽宁大学学报（哲学社会科学版）》2018 年第 1 期。

⑤ 参见张明楷：《刑法学》（第五版），法律出版社 2016 年版。

⑥ 参见皮勇：《论新型网络犯罪立法及其适用》，载《中国社会科学》2018 年第 10 期；郭玮：《累积犯视域下网络账号恶意注册行为的规制》，载《法学杂志》2020 年第 1 期。

⑦ 参见王昭武：《共犯处罚根据论的反思与修正：新混合惹起说的提出》，载《中国法学》2020 年第 2 期；王肃之：《论网络犯罪参与行为的正犯性——基于帮助信息网络犯罪活动罪的反思》，载《比较法研究》2020 年第 1 期。

处罚范围，尤其是帮助行为司法正犯化的扩张。

（二）网络犯罪帮助行为的处罚限缩及提供翻墙工具的无罪理由

有学者主张参考日本winny案提出全面考察说，根据违法犯罪行为占整体行为的比例整体判断，以犯罪意思联络和心理的因果性限定帮助行为正犯化的处罚范围。① 但这一方法或被批评未涉及网络服务本身可能被用于实施犯罪行为的认识状态②，或者认为winny软件具有中立性，而我国帮助信息网络犯罪活动罪则不具有中立性。③ 从具体的技术角度，有学者提出应当通过该项技术所能辐射用途的相对数量或质量比较、该项技术运用过程中对正当权益的破坏程度、该项技术对实现不同性质用途的关键程度和可替代性、社会对其非法用途的可包容性，以及相关的社会及技术发展的合理预期等，综合判定技术的危险性和提供者应当承担的法律责任。④ 围绕着中立帮助行为处罚范围的限制，客观说和主观说分别从行为的客观要素和行为人的主观要素进行限制。客观说认为，对于帮助犯而言，当且仅当帮助行为制造了额外的法益侵害或者额外的威胁时才能受到刑罚处罚，其中，又分为通过中立帮助行为对正犯行为帮助的重大性来判断可罚性的危险增加量学说，通过考量帮助行为是否为正犯行为发生具体结果的盖然性提高的唯一可能的假定代替原因考虑说，考察帮助行为自身是否具有独立社会意义的禁止溯及理论，以及利益衡量说。⑤ 笔者认为，对于帮助行为处罚范围的限制，应当以帮助行为客观上对下游行为可能具有的帮助作用为核心，以帮助者的主观认识为辅助。下游行为未必以实行犯的形式客观存在，但下游行为通常应当是符合刑法分则构成要件的行为；主观层面，明知该帮助行为是不符合常规个人用户访问习惯的或者不符合现有行政法律法规规定的，不足以推定行为人的帮助故意。

1. 客观危害：对下游行为刑事违法性的固守

帮助行为正犯化的罪名中，下游行为是否需要构成犯罪？对于《刑法》第二百八十五条第三款和第二百八十七条之二这两个罪名的下游行为，《非法利用信息网络解释》坚持了正犯行为符合分则罪行的底线⑥，学界并无统一观点：有些学者认为帮助对象的行为至少在性质上应当符合刑法分则，才能追究帮助行为的刑

① 参见刘艳红：《网络犯罪帮助行为正犯化之批判》，载《法商研究》2016年第3期；参见刘艳红：《网络中立帮助行为可罚性的流变及批判——以德日的理论和实务为比较准基》，载《法学评论》2016年第5期。

② 参见杨新绿：《法律服务提供者明知的法理学分析》，载《天津法学》2017年第4期。

③ 参见王肃之：《论网络犯罪参与行为的正犯性——基于帮助信息网络犯罪活动罪的反思》，载《比较法研究》2020年第1期。

④ 参见邓矜婷：《“秒拨”动态IP切换技术的性质评析》，载《中国检察官》2018年第6期。

⑤ 参见李长兵：《网络中立帮助行为刑事处罚的边界新论——以帮助信息网络犯罪活动罪为视角》，载《法学杂志》2020年第4期。

⑥ 参见周加海、喻海松：《〈关于办理非法利用信息网络、帮助信息网络犯罪活动等刑事案件适用法律若干问题的解释〉的理解与适用》，载《人民司法》2019年第31期；喻海松：《网络犯罪二十讲》，法律出版社2018年版；缐杰、吴峤滨：《〈关于办理非法利用信息网络、帮助信息网络犯罪活动等刑事案件适用法律若干问题的解释〉重点难点问题解读》，载《检察日报》2019年10月27日，第3版。检方立场是“可以确认”被帮助对象实施的犯罪行为，标准更加严格。

事责任[①]，皮勇教授也坚持该罪的下游“犯罪”应当是客观上引起了法益侵害结果、符合客观犯罪构成的行为，未必一定要受到刑事处罚。[②]这一方面最为激进的观点可能就是于志刚教授了：尽管于志刚教授曾撰文表示帮助信息网络犯罪活动罪中的犯罪应视为“具备刑法分则客观方面性质特征，具有社会危害性的行为”，但不久之后其态度转变，即使是刑法分则完全没有覆盖、仅仅为违法行为的情形，其帮助行为也可以被刑事制裁，只要刑法分则对该帮助行为有单独规定即可。[③]

刑法确实规定大量无被害人的犯罪，但首先无被害人犯罪的立法入罪前提是国民对不良行为的状况以及为此而制定刑法的意义普遍具有了正确的认识。[④]而提供和使用翻墙工具的危害性和处罚必要性尚未成为共识。其次，通常无被害人犯罪立法具有对下游犯罪的明确指向性，即类型化特征，但是网络犯罪帮助行为未必具有这样的明确性。翻墙工具的使用者迄今最多只受到过行政处罚，尚无一例刑罚案例，至少说明翻墙工具本身并无刑法意义上的危害性或专门性；而从使用效果来看，翻墙工具的使用者在翻墙之后的行为类型完全不确定，翻墙工具的用途完全取决于使用者。其正犯行为的不确定，决定了我国现有的正犯化罪名都不适用于规制此类提供行为。

2. 主观故意：推定“恶意”的限制适用

有学者主张“界定表面中立帮助行为的处罚范围核心在于犯罪意图”[⑤]，在保持行为危险的基础性地位之前提下，强调结合主观要素对行为危险的判断作用，将帮助行为按照产品或者服务的设计目的、通常使用情形分为偏重非法利用的帮助行为、易于非法滥用的帮助行为和偶被非法使用的帮助行为，分别对提供者是否应当具有帮助的故意、是否应当具有意思联络等主观要素提出不同的要求。从现有案例来看，司法实践并未考虑翻墙工具提供者与下游犯罪间的意思联络，着重证明提供者对翻墙工具自身的恶意的“明知”，即明知翻墙工具为专门用于侵入、非法控制计算机信息系统的程序、工具而为他人提供，也即对他人犯罪的帮助。但这一点客观上难以成立，因为翻墙工具确实不具有专门性。

即使以帮助信息网络犯罪活动罪的标准证明“明知”，也未必能够得出翻墙工具提供者对下游犯罪具有帮助故意的结论。从《非法利用信息网络解释》第十一条主观明知推定规则的推定标准要求来看，翻墙工具具有隐蔽上网、加密通信、逃避监管、规避调查的功能和效果，而提供者明知翻墙工具的经营业务具有的巨大盈利

① 参见周明：《“热”与“冷”：帮助信息网络犯罪活动罪的司法适用图景——基于72份刑事裁判文书的实证分析》，载《法律适用》2019年第15期；张明楷：《〈刑法修正案（九）〉若干条款的理解与适用》，载《政治与法律》2016年第2期。

② 参见皮勇：《论新型网络犯罪立法及其适用》，载《中国社会科学》2018年第10期。

③ 前者参见于志刚：《网络空间中犯罪帮助行为的制裁体系与完整思路》，载《中国法学》2016年第2期；后者参见于志刚：《共犯行为正犯化的立法探索与理论梳理——以帮助信息网络犯罪活动罪立法定位为角度的分析》，载《法律科学》2017年第3期。

④ [日]西原春夫：《刑法的根基与哲学》，顾肖荣等译，中国法制出版社2017年版。

⑤ 参见李长兵：《网络中立帮助行为刑事处罚的边界新论——以帮助信息网络犯罪活动罪为视角》，载《法学杂志》2020年第4期。

空间、缺乏行政许可批准，因此可以将翻墙工具认定为“并非社会正常活动所需”，从而认定为“为违法犯罪活动提供帮助的专门服务”，[①] 推定提供者的主观明知。[②]但首先，“该罪的‘明知’应当限定解释为‘确切知道’下游犯罪的性质和现实发生，认识到所实施的是刑法分则规定的严重危害行为，但不要求知道其具体活动内容”[③]。其次，非常规化的网络技术和行政违法性不应当成为推定“明知”的直接来源。网络技术的发展速度远超行政法律法规的制定速度。行政权的治理特征是迅速高效，但网络世界更加瞬息万变，在此情形下倒逼出台的行政监管措施或许快速有余但合理性讨论不足。刑事法可以为网络空间治理留出弹性空间，而非对行政治理亦步亦趋。不同于其他网络灰黑产业对网络资源占用的直接性（如恶意注册账号）、对网络空间信息秩序或者对网络经济秩序的破坏性（如恶意差评和抢购软件），或者对法益侵害的紧迫性（如撞号扫码软件），翻墙工具等软件虽然能够帮助使用者逃避网络监管，但不会对公民个人利益、集体利益或者国家社会利益造成紧迫、直接、重大的危险。客观上，被提供者使用翻墙工具可以实施合理（但不符合行政法）的行为，也可以实施违反刑法的犯罪行为；主观上，提供者对使用者从事何种行为不具有预见性。因此若此行为不具有实质上的刑事违法性，更不应当因其具有行政违法性而推定行为人的主观明知。

3. 刑法谦抑性原则的再提倡

我国已有诸多行政法规和规章，如《电信条例》第五十八条、第六十九条，《计算机信息网络国际联网管理暂行规定》第六条、第十四条，《国际通信出入口局管理办法》第六条、第二十六条等对翻墙工具相关行为及法律后果作出规定。首先既有以上规范性文件，尚不具有刑事处罚的紧迫性和必要性；其次，行政法规内部对使用或提供翻墙工具的后果规定都缺乏体系统一，处罚金额要么 15000 元封顶，要么 10 万到 100 万。如果行政法对该行为的危害性和处罚措施尚未达成统一认识，刑事法作为补充责任规范更不具有启动的必要。

总结而言，我国行政法规对提供翻墙工具的行为已经进行了规定，虽然没有数据证明以上行政手段足以遏制翻墙工具提供行为，但是也没有证据证明以上措施不能完成这一任务、必须要依靠刑事处罚才能实现治理效果。因此应当保持刑法的谦抑性，刑事处罚至少暂时不需要介入。

四、结语

网络犯罪时代，司法实践没有足够的资源关注技术发展本身，但面对瞬息万变的社会环境，又不得不提出社会治理的司法解决方案，匆忙之中或许会忽视技术事实和法律规范之间的逻辑联结，判决书中只见结论、不见论证。信息网络犯罪行为

---

① 参见周加海、喻海松：《〈关于办理非法利用信息网络、帮助信息网络犯罪活动等刑事案件适用法律若干问题的解释〉的理解与适用》，载《人民司法》2019 年第 31 期。

② 《非法利用信息网络犯罪解释》第十一条第四项：“提供专门用于违法犯罪的程序、工具或者其他技术支持、帮助的。”

③ 皮勇：《论新型网络犯罪立法及其适用》，载《中国社会科学》2018 年第 10 期。

掺杂着技术手段、工具运作原理，“刑法规范却对其具备的高度抽象化、隐性化和技术性问题较为忽视”①。在瞬息万变的网络犯罪时代和二元违法论的法律体系背景下，网络犯罪帮助行为具有处罚的必要性，但应当坚持正犯违法性的前提，对网络技术的技术特征、用途、对法益的侵害性和提供者的主观状态进行全面考察，为网络技术发展和网络秩序构建留出余地。

① 熊波：《信息网络犯罪构成要件并行类型化的模式提倡——基于犯罪行为类型化缺失的考察》，载《华东理工大学学报（社会科学版）》2019 年第 3 期。

网络洗钱犯罪中典型共同犯罪问题研究

薛储佳*

与传统共同犯罪的认定相比，网络洗钱犯罪中共同犯罪的认定产生了巨大的变化。由于我国现今洗钱犯罪多为团伙犯罪，参与人数众多，且参与人员专业性极强，所以着重打击洗钱犯罪中的共同犯罪极为必要。虽然《刑法修正案（十一）》将自洗钱行为作出有罪化处理，但实践中，原生共犯仍存在着理论与实践无法连接的断层。实行犯的主观过失、实行行为过限都将影响其在共同犯罪中地位的评价，无法适用传统共犯理论对其剖析。而帮助行为模糊化的趋势下，片面共犯的存在空间也值得进行学理上的探讨。

一、网络洗钱犯罪共同犯罪问题现状

（一）犯罪集团成为主要犯罪主体

网络洗钱犯罪发展的异化使得掌握互联网技术成为主要犯罪原动力。在近年来多起重大网络洗钱犯罪案件中，犯罪集团成为主要且核心的犯罪主体。如2018年4月罗田警方破获全国首例网络直播人气外挂案（武汉斗某公司极验服务信息系统被破坏案），广州云联惠非法传销案，广州市“922”跨国网络赌博案，泉州市“通宝支付”平台，涉嫌为赌博、诈骗网站提供“洗钱”服务等，该类案件的涉案金额均在几十亿元以上，有着犯罪组织严密、组织人员分工明确、专业网络技术人员参与等特征。网络洗钱犯罪成本较之传统洗钱犯罪更低，使得洗钱犯罪蔓延得更为迅速。无论是自然人与犯罪集团共同犯罪，抑或两个犯罪集团共同犯罪，均涉及人数众多、行为界限模糊难以认定的困境。犯罪集团成为网络洗钱犯罪主要主体的趋势下，犯罪参与人的行为如何认定对后期的定罪量刑起着关键性的作用。

（二）行为人之间意思联络的弱化

基于技术支持的共同犯罪成为网络犯罪高发的主要原因。在网络空间中，行为人之间的意思联络的形式、途径会发生实质变化，而弱化了传统意思联络的典型性。与传统犯罪中多个犯罪主体之间的“通谋”是共同犯罪成立的逻辑起点不同，由于网络空间的虚拟性，隐藏在虚拟身份之后的帮助者和实行行为人通过网络的资源和信息共享机制，只需要微弱的意思联络甚至不需要意思联络就能在客观上

* 薛储佳（1993- ），女，内蒙古赤峰市人，厦门大学2018级刑法学博士研究生，国家社科重大项目“网络金融犯罪的综合治理”（编号17ZDA148）课题组成员。

都参与到犯罪当中。此外，帮助者的独立性和主体性不断增强，帮助者对犯罪的贡献甚至超过实行行为人的情况不在少数，规制网络犯罪中的帮助行为成为打击网络犯罪的关键所在。而在打击网络帮助行为的过程中，明确帮助者对实行行为人所从事的行为是否明知成为区分罪与非罪、此罪与彼罪的重要标准。以“跑分平台”为例，上游犯罪行为人负责注入资金，中游跑分平台负责寻找渠道商来分散资金，下游负责接单通过刷单的方式完成洗钱，各个环节参与人互不过问，达到了环节的独立性，意思联络的紧密型大大降低。

（三）帮助犯与实行犯界限的模糊化——共犯正犯化

在网络空间中，由于行为人之间的互动模式与传统空间不同，在传统空间本来界限分明并不存在区分困难的帮助犯与实行犯，会出现界限模糊难以区分的现象。帮助犯与实行犯界限的模糊其实是帮助行为正犯化的一种体现。在网络洗钱犯罪中，组织者并不一定需要精通网络技术才能去搭建洗钱平台，而是通过招募精通网络运营技术的成员来运转整个网络洗钱流程。这个精通网络运营技术的成员起到的作用是决定网络洗钱犯罪行为得以实现的关键。我国刑法将帮助犯一直认定为共同犯罪中的从犯，起到辅助犯罪的作用，但是在网络空间中，提供技术支持的行为人往往由于其掌握核心网络犯罪的技术而起到了不可替代的作用，将这一帮助行为的社会危害性大大提高。

二、网络洗钱犯罪与原生共犯

（一）原生共犯的主体定位

洗钱犯罪因其具有刑法规定的七类上游犯罪，在评价洗钱犯罪时，何为本犯、何为共犯，有着逻辑上的交互关系。原生共犯应当指原生犯罪本犯的共犯形态，故而在网络洗钱犯罪的语境之下，原生共犯指的是在原生本犯实施犯罪后，又以共犯形式参与了洗钱犯罪，与他人成立洗钱罪的共同犯罪。而我国规定的洗钱犯罪，根据其罪名表述可知，洗钱犯罪的主体仅指“提供”“协助”的原生本犯之外的第三人，这为当今理论与实践对洗钱犯罪的适用带来了不小的困扰。

原生本犯是否应纳入洗钱罪的主体，在理论界已争议许久。对此，学界持有两派观点，持“肯定说”的学者认为原生本犯既包括为非法收益持有人提供帮助或协助的他人，也包括非法收益持有者本人，洗钱罪主体范围中包括了上游犯罪本犯在内。[①] 这一学说更多反映的是域外法律规制对我国反洗钱法律规制的影响，自洗钱入罪行为在多数地区已单独评价入罪，如中国台湾地区的“洗钱防制法”。为了进一步推进我国打击洗钱犯罪的进程，原生本犯是否应纳入洗钱罪的主体是一个需要综合评估的问题。判断洗钱犯罪是否应被事后不可罚排除在外，主要在于其事后行为是否侵害了新的法益。从理论上来讲，上游犯罪并不必然导致自洗钱行为，对上游犯罪的评价有可能没有包含自洗钱行为。持“肯定说”的学者认为洗钱行

① 参见马克昌：《经济犯罪新论》，武汉大学出版社 2000 年版。

为与原生罪行为所侵害的法益完全不同，自洗钱是独立于上游犯罪的行为，侵害了金融管理秩序这一新的法益，因此评价上游犯罪并未自动包含对自洗钱行为的评价。[①]

持“否定说”的学者则认为，在我国传统刑法理论中，行为人基于一个概括的犯罪意思，针对同一犯罪对象实施的带有自然延续性的多个身体举动原则上应当被认定为一罪。之所以这样认为，是因为实践中行为人实施犯罪的方式多种多样，必须从整体的类型化角度来考察行为的独立性，以判断行为是构成一罪还是数罪。上游犯罪行为人实施了毒品犯罪、黑社会性质组织犯罪、恐怖活动犯罪、走私犯罪、贪污贿赂犯罪、破坏金融管理秩序犯罪和金融诈骗犯罪后，处理自己犯罪所得及其产生的收益的行为，是在一个概括的犯罪意思支配之下针对同一笔财物实施的连续性身体举动，应当视作法律意义上的一个实行行为。因此，自洗钱行为的罪责可以与先前实施的上游犯罪进行同步的一次性评价，对上游犯罪人的自洗钱行为没有必要考虑独立构成洗钱犯罪，对其罪责只依其所实施的具体上游犯罪予以追究即可。[②]

无论是“肯定说”还是“否定说”，学者均是在基础理论上对前后犯罪行为的牵连关系进行了是非的评价。但是实践中，原生犯罪并不必然导致洗钱行为，所以主观上认为洗钱犯罪行为是原生罪的必然牵连行为是不科学的。原生本犯在施行原生犯罪后，对于犯罪所得是否进行处分或者是否将犯罪所得加以利用取得收益是无法肯定的，故而两个犯罪行为应当分开进行评价。我国刑法虽然将洗钱犯罪行为规定为“提供”“协助”等帮助性行为，但是这一列举并不全面。洗钱犯罪作为一个具有着高度合作性场景的犯罪[③]，在原生罪即为多人犯罪的情况下，如若部分原生罪本犯实施原生犯罪过程中或者既遂后，部分原生本犯退出的场合就不能要求其对其他行为人后续实施的洗钱犯罪承担刑事责任。

（二）原生共犯的刑事责任

网络洗钱犯罪的共同犯罪中，定会掺杂着多位犯罪参与人、单位或犯罪集团，如金融机构、持有牌照的支付平台、未持有牌照的支付平台、网络赌博网站等。在这一系列的共同犯罪中，行为人因角色不同、参与程度不同，导致刑事责任也不尽相同。在原生共犯的语境下，刑事责任如何明确则显得略有分歧。

1. 共谋共同正犯

日本刑法中“共谋共同正犯”指的是二人以上就共同犯罪的实行进行谋议，确定担当实行行为者，在担当实行行为的一部分人实施实行行为的情况下，没有担当实行行为只是单纯参与谋议的行为人也应当承担共同正犯的责任的一种犯罪形

① 参见王新、冯春江、王亚兰：《自洗钱行为立法的争议、理论与实践依据》，载《当代金融研究》2020年2期。

② 参见姚兵：《我国自洗钱行为不独立成罪的原因分析》，载《河北法学》2012年第6期。

③ 毒品犯罪、黑社会性质的组织犯罪、恐怖活动犯罪和走私犯罪均是以共同犯罪的形式，要求多人以上才能完成。

态。[①] 这一概念可以很好地为我国现今网络洗钱犯罪现状难以评析的困境提出一个解决的思路。由于网络洗钱的犯罪行为要求较高，行为人需要掌握一定的网络技术并熟知相应的资金洗白通道，故而这一客观要求无法完整地搬到原生本犯身上。如原生本犯甲是一位学历较低并不懂电脑的人，通过贩卖毒品获得犯罪所得及其收益100万元，为了使犯罪所得合法化，找到了专门进行洗钱的乙犯罪集团进行线上洗钱，使得犯罪所得难以进行追缴，在这一系列的犯罪活动中，甲与乙有着同样的主观犯罪故意，甲是为掩饰隐瞒自己的犯罪所得希望乙进行洗钱，而乙是为了收取通过为甲洗钱所收取的手续费，两者在事前通谋的情况下敲定了接下来的洗钱犯罪行为，但是由于甲并不精通网络操作，与乙达成了由精通网络操作的乙进行线上操作，从而规避刑事追责。洗钱犯罪要求有资金的注入，故而甲为乙提供了洗钱的客观条件，虽然部分共犯人没有直接实施洗钱的犯罪行为，但是与实行犯相比，共谋行为在实现对法益的侵害上具有同等效力，在此种情况下，甲也应为洗钱行为承担刑事责任。

2. 原生共犯为犯罪集团的情况

在原生本犯是一个犯罪集团的情况下，犯罪参与人的地位与分工情况较为复杂。如原生本犯的犯罪集团首要分子既可以策划、指挥部分成员实施洗钱犯罪，又可以教唆原生本犯以外的人进行洗钱，或者直接与洗钱分子共同实施洗钱犯罪。但由于犯罪集团的参与人较多，每个人分工不尽相同，并不能一概认定行为人在原生犯罪中是主犯，在洗钱犯罪中就一定是主犯。如行为人在原生犯罪中是教唆犯，但在共同洗钱犯罪中可能是组织犯，或者行为人在原生犯罪中是胁从犯，但在洗钱犯罪中成为主犯。犯罪集团中，部分成员对该集团实施的洗钱犯罪并不知情或知情而未参与的，是否要对犯罪集团实施的洗钱犯罪承担刑事责任呢？根据主客观相一致的原则，答案应该是否定的，在原生共犯为犯罪集团的形式时，更应明确犯罪参与人在两种犯罪中具体扮演的角色和地位，而非一概而论。

三、网络洗钱犯罪与片面共犯

根据我国传统刑法基本理论，共同犯罪是指两人以上共同故意犯罪，共同故意则意味着各共犯者必须通过犯意联络，明知自己与他人配合共同实施犯罪会造成某种危害结果，仍然希望或者放任这种危害结果发生，在内容上不仅要求行为人有着相同的犯罪故意，在实质上也要求行为人之间具有意思联络。而片面共犯理论则与传统共同犯罪理论有着不小的出入。片面共犯是指在同意参与犯罪的人中，一方认识到自己是在与他人共同犯罪，而另一方没有认识到自己在和他人实施犯罪。这体现在三点：片面的共同实行、片面的教唆与片面的帮助。学界对于片面共犯的存在空间有着不同的理解，有学者否认片面共犯的存在，认为其违背了刑法规制共同犯罪的原意，[②] 陈兴良教授承认存在着片面帮助犯与片面教唆犯，而马克昌

① 参见林亚刚：《共谋共同正犯问题研究》，载《法学评论》2001年第4期。

② 参见何秉松：《刑法教科书》（修订版），中国法制出版社1997年版。

先生仅承认存在片面帮助犯。

结合网络洗钱犯罪的案件特点，应承认存在片面帮助犯与片面教唆犯的存在。由于反洗钱客户识别制度的存在，金融机构审查大额交易及可疑交易的机制逐渐完善，众多犯罪分子将洗钱通道转向了监督更为宽松的第三方支付平台。现今的网络洗钱犯罪支付终端多为第三方或第四方支付平台，而平台并不合规的现象乱出，为了拉拢客户资源及资金，许多不合规的平台放任客户的可疑交易，无形中为网络洗钱开辟了一条通道。除去业务违规的平台，更有众多第四方支付平台专门为网络洗钱提供洗钱服务，由于第四方支付平台的准入标准较第三方支付平台更低，导致其成为现今大量的网络洗钱犯罪洗钱通道。在这一现象中，片面帮助犯与片面教唆犯则具有刑法解释的空间。

（一）片面帮助犯

在实践中，金融机构或支付平台出于拉拢客户资源，维系客户关系等主观心理，会明知是洗钱犯罪行为而不履行监督举报义务，纵容洗钱犯罪的发生。无论是工作人员或机构想要获得更多的客户和资金，还是为了“回报”大客户，其在工作中对洗钱犯罪行为的放任在客观上“帮助”了洗钱犯罪，属于片面帮助犯。对于这一情形，相应的行政法规业已规定许久，《反洗钱法》第三十二条规定了金融机构反洗钱的七个义务，① 违反其中任意一项，都应予以行政处罚。洗钱犯罪案件的涉案金额巨大，造成民间资本流失严重，不仅影响正常的金融管理秩序，更使司法秩序受到损害。如若仅对有着职务便利的金融机构处以罚款，则有着处罚失衡之嫌。《反洗钱法》规定的七个义务，仅指的是客观存在的结果，而未将主观意识纳入其中，使得在实践中的“故意”漏洞更易被“过失”而掩盖过去，故而在证明这一刑事责任时，应有着具体而详细的标准。肯定洗钱犯罪的片面帮助犯，本质上是扩大了洗钱犯罪的打击面，将这一模棱两可“失职”行为纳入了刑事法评价，但是其在洗钱犯罪的完成中提供的“帮助”是促使这一犯罪完成的关键，社会危害性极大，更应肯定洗钱犯罪片面帮助犯的存在。

（二）片面教唆犯

洗钱犯罪是一项具有高度复杂性和专业性的犯罪，一直有着“白领犯罪”的称谓，正因其专业的局限性，导致教唆行为、帮助行为在网络洗钱犯罪的共同犯罪中起到了至关重要的作用，需要单独进行刑法评价。教唆犯的一个重要特征是通过劝说、请求、挑拨、刺激、利诱、怂恿、嘱托、胁迫、诱骗、授意等表现形式使本没有犯意的人产生犯意，但其本人却不实行犯罪。学界对于片面教唆犯的地位尚有着巨大的争议，有的学者认为片面教唆犯情形应归于间接正犯，而不是成立系共同犯罪的片

---

① （一）未按照规定履行客户身份识别义务的；（二）未按照规定保存客户身份资料和交易记录的；（三）未按照规定报送大额交易报告或者可疑交易报告的；（四）与身份不明的客户进行交易或者为客户开立匿名账户、假名账户的；（五）违反保密规定，泄露有关信息的；（六）拒绝、阻碍反洗钱检查、调查的；（七）拒绝提供调查材料或者故意提供虚假材料的。

面教唆犯。[①] 如甲为金融机构的工作人员，得知乙想进行洗钱的犯罪行为，透露给乙“银行的反洗钱抓得太严，不妨看一下没有资格证的第四方支付平台，没那么严格”，甲的行为对乙的洗钱犯罪提供了可行并有保证的洗钱通道，将洗钱犯罪行为由易被发现的金融机构转向难以追踪的第四方支付平台，虽然在客观上仅是表述了金融机构的反洗钱审查严格，但由于身份的特殊性使得乙的洗钱犯意更为明确，且在客观上更易成功，虽然洗钱犯罪流程全部由第四方支付平台完成，但是甲的言语表述是一种对乙的洗钱犯罪行为的授意，在这种情形下，甲的教唆行为与乙的洗钱犯罪行为就有着因果关系，应当肯定其可罚性。

四、网络洗钱犯罪与过限共犯

共犯过限，是指在共同犯罪过程中，因部分共同犯罪人故意或过失地实施了超过共同犯罪范围的行为而形成的一种犯罪情形。主要分为两种情形：一种是共犯人对实行犯超出共同谋议的行为一无所知，此时共犯人对该行为不承担刑事责任。另一种是共犯人明知实行犯正在实施超出共同谋议的行为，但既不积极参与也不阻止。有学者对这一犯罪情形进行了归纳，其内部结构可概括为“重合之罪+过限部分”。重合过限，是指部分共同犯罪人所实施的犯罪与共同犯罪人所期望的犯罪之间具有某种重合性的情况下而发生的过限。从犯罪构成理论上，判断重合过限之罪的“重合性”的根本标准是犯罪客体(或称为法益)的同类性即过限犯罪和共同犯罪虽然各自侵犯的直接客体不一样，但一般情况下它们属于同一类客体；非重合过限，是指实行犯所实施的犯罪与共同犯罪之间不具有重合性的过限。我国虽然没有过限共犯的明文规定，但是在实践中，此种犯罪情形是多发的。体现在网络洗钱犯罪中，由于其犯罪参与人的众多性，固然会导致部分成员故意或过失的犯罪行为超出共同的犯罪故意，进而构成其他罪名，这就超出了洗钱犯罪所能处罚的范围。

较为典型的是“跑分平台”中的过限共犯。“跑分平台”，就是通过聚合第三方支付平台、合作银行及其他服务商等接口的第四方支付平台，非法对外提供支付结算业务，是当前电信诈骗、网络赌博等犯罪团伙套取、漂白非法资金的主要通道。“跑分平台”犯罪集团结构严密分工明确，通过跑分平台吸纳会员，形成“金主”—“商户”—“渠道”—“码商”及“代理”的资金流转闭环式路径。“金主”提供涉案资金来源，“商户”承接“金主”提供的资金并安排“渠道”洗钱，“渠道”寻找“码商”形成洗钱渠道，“码商”收购用于洗钱的收款二维码，“代理”(会员)将“码商”收集的收款二维码上传跑分平台并完成洗钱任务，通过第四方支付平台为境外赌博网站等非法商户提供资金支付通道，以赚取高额佣金获利。在这一犯罪集团中，所有成员均为网络洗钱犯罪的共犯，但由于分工及行为不同，导致各成员的刑事责任也不尽相同。这其中，“金主”往往为原生本犯，希望通过平台洗白其犯罪所得；“商户”作为平台的搭建者起到了组织行为，是网络洗钱犯罪的组织犯；“渠道”作为参

① 参见张小虎:《应当构建犯意偏差之片面帮助犯的理论范畴》,载《当代法学》2018年第32期。

与人，起到了帮助行为，是网络洗钱犯罪的帮助犯；“码商”与“代理”之间是否是教唆与被教唆的关系要结合犯罪事实进行认定。“金主”对之后的网络洗钱犯罪行为是不明知其具体操作的，但其希望的结果是将自己的犯罪所得合法化，其对第四方支付平台如何操作、会做出何种犯罪行为是放任的心态，在这一行为的推动下，第四方支付平台的过限共犯问题被放大。就“跑分平台”来说，其违法进行支付结算构成非法经营罪、开设网络赌场构成开设赌场罪、为网络洗钱提供技术支持构成帮助信息网络犯罪活动罪、组织众多参与人分工进行洗钱构成洗钱罪，第四方支付平台的犯罪行为已经远远地超过了与原生本犯的共同洗钱犯罪故意，其行为侵害了多种法益，如何对此犯罪情形进行认定与归责，是需要厘清的重要问题。

就此，网络洗钱犯罪中过限共犯的处断问题也应结合行为人在网络洗钱犯罪中的地位和作用进行分流处理，由于网络洗钱犯罪的预期目的是达到资金合法化，应对犯罪情形分类分析：

第一种，洗钱罪的实行犯实施了另一具体犯罪，如开设网络赌场等犯罪行为，但其他实行犯对此并不知情，缺乏对开设网络赌场的主观心态，既无主观上的罪过，也无客观上的行为，开设赌场罪就属于过限犯罪，应由实行犯单独承担刑事责任。

第二种，洗钱罪的实行犯实施了洗钱犯罪行为以外的其他犯罪行为，其他实行犯在场但不作为，不予制止，这一行为正是学界对知情过限共犯人的争议焦点所在，无论是“容忍说”，还是“精神支持说”的立场，其判断是否过限的关键点仍然是前后因果关系的关联强度是否达到了刑事法责备的程度。在网络洗钱犯罪中，共犯之间相互协作的关系紧密性非常强，但评价一个行为必须遵循主客观相一致的原则，不应无端关联，所以对不作为过限共犯无论是肯定还是否定，都应结合其行为与危害结果的因果关系加以判断。

第三种，洗钱罪的实行犯当时并不在场，事后对这种行为予以肯定。对此，事后的认可仅是主观意识的肯定，而没有客观行为，其事后同意的行为与危害结果之间并无因果关系，要注意避免主观归罪的误区。

论网络服务提供者的刑事责任

——以中性业务行为为切入点

许彩艳*

回顾20世纪互联网发展初期，客观上受信息技术限制，主观上出于促进互联网发展的考虑，各国不约而同地对互联网行业采取了较为宽松的法律政策。现今经济、技术形势产生转折性变化，互联网已度过新生脆弱时期，互联网金融监管法网密织、法索紧缩，同时强化网络服务提供者法律责任的呼声渐起，两面一体，以互联网金融网络服务提供者刑事责任研究为切入点进而监管互联网金融发展成为一个崭新的命题。当前网络服务提供者涉及的互联网金融犯罪主要集中在第三方支付与区块链等领域，而互联网服务提供者的中性业务行为的判定，成为目前刑事追责过程中面临的一大难题。

一、网络服务提供者的刑事追责现状

互联网金融是借助于网络流通性和数据便捷性特征所衍生的各种网络资金募集渠道、网络货币支付模式的总称。[①] 网络服务提供者作为互联网社会生态环境的构建主体、参与主体，是互联网金融犯罪治理的重要主体之一。《刑法修正案（九）》增设拒不履行信息网络安全管理义务罪、帮助信息网络犯罪活动罪，有条件地将部分网络技术服务行为纳入刑法规制范畴。2019年两高出台《关于办理非法利用信息网络、帮助信息网络犯罪活动等刑事案件适用法律若干问题的解释》（以下简称《非法利用信息网络解释》）进一步明确网络服务提供者的范围、网络技术服务行为构罪的要件。统观近年互联网金融犯罪案件，可以发现互联网金融网络服务提供者的刑事追责现状具有两大特征：犯罪领域十分集中、刑事罪名十分集中。

（一）犯罪领域十分集中

互联网技术的发展不仅便利了人们的生活，也为金融犯罪提供了温床。近几年第三方支付、区块链等金融创新领域频频爆雷。

1. 第三方支付

第三方支付，是指由非银行业金融机构作为中介机构为有资金结算需求的收款方与付款方提供在线货币支付、货币资金转移的一种电子支付。[②]2019年网络

---

* 许彩艳（1997— ），女，福建泉州人，厦门大学法学院2020级硕士研究生。

① 《关于促进互联网金融健康发展的指导意见》第一条。

② 《非金融机构支付服务管理办法》第二条。其中第三方支付、移动支付统称互联网支付。

支付与移动支付两项互联网支付日均4.99亿笔，金额6.89万亿元，占电子支付总额95.20%。[①] 然而第三方支付发展的盛况之下暗流涌动。第三方支付广泛连接银行支付接口、消费者客户端，其市场规模之大决定了其支付网络之复杂性，直接导致资金流动风险飙升。部分第三方支付机构吸纳新用户时，往往只要求提供简单的身份信息，甚至为客户开立匿名账户、假名账户。[②] 同时，第三方支付的交易模式使得交易过程被分割为付款方和收款方两个相对独立的部分，银行和监管部门只能获知其中一方与第三方支付平台的资金往来情况，而买卖双方的交易真实与否则难以获知。[③] 因此，犯罪分子往往通过第三方支付平台开立虚假账户、虚构交易，转移资金、隐匿资金源头。据统计，在OpenLaw官网上，以"第三方支付平台"为关键词，检索可得712份刑事判决书，其中利用第三方支付平台犯罪的判决书有632份。[④]

2. 区块链

区块链在金融领域内的应用范围包括加密货币、首次代币发行（Initial Coin Offering，ICO）[⑤] 等。区块链模式最大的特点在于每个节点都是平等的，不存在中枢管理机构，几近无政府状态，极易成为犯罪温床。一方面，以ICO为代表的新型互联网金融犯罪从衍生到泛滥；另一方面，传统犯罪借此不断异化，刑事追责难度剧增。此外，区块链技术的运用也使ICO案件管辖权的确定成为一大难题，间接增加了刑事追责的难度。[⑥]2017年中国人民银行等七部委联合发布《关于防范代币发行融资风险的公告》，指出ICO"本质上是一种未经批准非法公开融资的行为"，涉嫌非法集资、金融诈骗等违法犯罪活动。然而在巨额利益的驱使下，仍有大批非止规项目在各个平台上线，通过ICO发行了数千种新型数字货币，并且一经发行便数以万计。[⑦] 我国在2017年便禁止数字货币交易，数字货币量却位居第二。[⑧] 这些数字货币交易必定裹挟着大量违法犯罪活动。ICO成为互联网金融犯罪集中营并非国内独有现象。2017年美国证券交易委员会（SEC）成立网络部，针对ICO骗

① 《2019年支付体系运行总体情况》，http://www.pbc.gov.cn/zhifujiesuansi/128525/128545/ 128643/3990497/index.html，下载日期：2020年4月7日。

② 2019年12月，易通金服支付有限公司因未按规定履行客户身份识别义务，存在为客户开立匿名、假名账户的行为被罚没278万元，参见中国人民银行济南分行行政处罚决定书济银罚字[2019]第31号、第32号、第33号、第34号。

③ 参见熊华：《第三方支付平台洗钱犯罪风险防范初探》，载《现代金融》2018年第10期。

④ 参见汪恭政：《利用第三方支付平台犯罪案件的统计分析》，载《中国检察官》2019年第5期。

⑤ ICO是区块链技术最突出的用途之一，是新兴企业通过出售企业未来盈利权益来筹集风险资本的典型融资方式，相当于区块链领域的IPO。根据《关于防范比特币风险的通知》，比特币等数字货币被确认为虚拟商品，不久后ICO被认定为非法集资行为。

⑥ Alibaba Group Holding Limited v. Alibabacoin Foundation, (N.D. Cal. Aug. 7, 2018).

⑦ 如MDC、MXCC发行总量为20亿枚，SPC、ARTS发行总量为10亿枚，首发价格在0.66～4元不等，牵涉资金约86亿人民币。《"虚拟币骗局" 你所信任的ICO，90%都是骗局，令人震惊！》，https://wap.peopleapp.com/article/rmh8597418/0，下载日期：2020年4月5日。

⑧ Jorge Galavis, *Blame It on the Blockchain: Cryptocurrencies Boom Amidst Global Regulations*, *University of Miami International and Comparative Law Review*，2019，Vol.26,p.579..

局提起了一系列诉讼，其中首起PlexCoin ICO非法集资案件便涉及1500万美元。[①] 即使如此，2018年美国一家ICO咨询公司表明仍有多达80%的ICO是非法集资诈骗。[②]

根据欧盟科学中心2019年10月发布的研究报告，2018年全球对区块链初创公司的投资额增长率为89.74%，从初创企业数量来看，中国以28%的份额位居全球第二，仅次于美国。[③] 世界经济论坛预测区块链在未来10~15年将成为互联网金融发展的另一重镇，法律监管的问题必须在短期内得到妥善解决。

（二）刑事罪名十分集中

尽管互联网金融业务样态的划分多达几十种，但是以网络服务提供者的功能类型为向导，[④] 互联网金融背景下其所涉嫌的罪名十分集中。

1. 洗钱罪

互联网的高度隐蔽性使互联网平台成为洗钱犯罪的新兴堡垒。比特币等数字货币是区块链技术运用的第一线，其本质是一串数字代码，因获得广泛认可与接受才具有交换价值，使用者也因此在交易过程中全匿名难以追责。众多非法交易团伙利用其不受政府和任何机构管辖、无限制自由流通的特性进行洗钱犯罪活动。[⑤] 部分数字货币如Libra吸收能够实现法定货币与数字货币自由兑换的数字货币交易平台作为合作伙伴[⑥]，在这些平台上法定货币与数字货币之间、不同种数字货币之间可以双向自由兑换，尤其是数字货币直接兑换法定货币的突破很有可能导致数字货币成为不同种法定货币之间的兑换媒介。如此，与数字货币直接挂钩的区块链技术服务提供者极易因提供支付结算服务协助资金转移、清洗而踏入洗钱罪的雷区。

---

① Sec. & Exch. Comm' n v. PlexCorps, (E.D.N.Y. Aug. 9, 2018).

② Jorge Galavis, Blame It on the Blockchain: Cryptocurrencies Boom Amidst Global Regulations, *6 University of Miami International and Comparative Law Review*, 2019, Vol.6, p.579.

③ ROQUE MENDES POLVORA Alexandre, ANDERBERG Amanda, ANDONOVA Elena, BELLIA Mario etc., *Blockchain Now and Tomorrow*, Publications Office of the European Union, 2019, pp.5-7.

④ 网络服务提供者的功能类型划分主要是依据《刑法修正案（九）》所列的网络技术类型所做的分类，将网络服务提供者分为：网络内容提供者、网络接入、服务器托管、网络储存、通讯传输服务提供者、网络平台服务提供者、搜索引擎服务提供者、深度链接服务提供者、软件服务提供者。参见陈洪兵：《论中立帮助行为的处罚边界》，载《中国法学》2017年第1期。

⑤ 《腾讯守护者计划2019年度十大案件》，https://www.sohu.com/a/366591596_100100555，下载日期：2020年4月12日；Backpage是全球最大的分类性广告服务网站，每天托管超过一百万个性广告，2015年各大信用卡公司终止了Backpage成人版性广告的支付结算服务，Backpage开放了比特币支付系统作为应对手段，反而使儿童性剥削犯罪更加猖獗，See Meaghan E. Mixon, Barely Legal: Bringing Decency back to the Communications Decency Act of 1996 to Protect the Victims of Child Sex Trafficking, 25 UCLA *Women's Law Journal*, 2018, Vol.25, pp.46-47.

⑥ Libra是由Facebook联合发起伙伴于2019年6月发布的全球性数字货币项目，其合作伙伴就包括了Coinbase这样的能够实现法定货币与数字货币自由兑换的数字货币交易平台。Libra意图建立全球性的金融基础设施和货币体系，可能通过数字货币交易平台等渠道绕开我国资本和互联网的管制，从而引发数字货币整体风险。参见杨东、马扬：《天秤币（Libra）对我国数字货币监管的挑战及其应对》，载《探索与争鸣》2019年第11期。

2. 信用卡诈骗罪

信用卡诈骗罪的行为方式借助互联网发生了变革性转化。“冒用他人信用卡，骗取财物”，由传统的在自动柜员机上使用他人信用卡演变为利用网上支付渠道使用他人信用卡信息。行为人通过诈骗、盗窃、“撞库”等非法手段获取被害人信用卡资料后，[①] 利用第三方支付平台非法转移、占有被害人钱款。[②] 如谢某某信用卡诈骗案，被告人即通过支付宝用户检测软件获取他人身份证号码及银行卡号或支付宝账号，并利用上述信息将他人银行卡或支付宝绑定到第三方支付平台，最后通过扫描商户二维码的方法非法获取他人银行卡或支付宝账户内的钱款。[③]

3. 非法吸收公众存款罪

如前文所述，相较于以P2P网络借贷模式出现的非法吸收公众存款行为，ICO作为一种相对较新的犯罪模式大行其道。《关于防范代币发行融资风险的公告》明令禁止代币融资交易平台从事法定货币与代币、“虚拟货币”相互之间的兑换业务以及为代币或“虚拟货币”提供定价、信息中介等服务。但事实上仍有大批非正规项目绕过法律在各个平台上线、推广，这些平台服务提供者、通信传输服务提供者是否构成非法吸收公众存款罪的帮助犯也有讨论的空间。

（三）刑事责任认定面临的问题

1. 典型案例

案例一：被告人赵某在明知非法代理的网络支付接口可能被用于犯罪资金走账和洗钱的情况下，仍通过事先购买的虚假信息在第三方公司申请支付账号，最终导致该账户被用于实施金融诈骗。法院判决认为，被告人赵某构成帮助信息网络犯罪活动罪。[④]

案例二：被告人马某设计制作虚假期货交易平台“金鸿源国际”，为该交易平台提供更改第三方支付接口等服务。金鸿源国际平台的支付对准的第三方公司主要是北京开联通支付有限公司以及九派天下支付公司。法院判决认为，被告人马某构成诈骗罪。[⑤]

案例三：2019 年 12 月，易通金服支付有限公司因未按规定履行客户身份识别义务，为客户开立匿名、假名账户，直接或间接为违法犯罪活动提供了支付结算服务，被罚款 278 万元。[⑥]

---

① “撞库”是指黑客通过收集互联网已泄露的用户和密码信息，生成对应的字典表，尝试批量登录其他网站后，得到一系列可以登录的账户。简言之，由于很多互联网用户在不同网站使用的是相同的账号、密码，因此黑客可以通过获取用户在A 网站的账户从而尝试登录B 网站，这就可以理解为撞库攻击。

② 参见沈言：《当心借支付宝行骗的新型网络犯罪——上海二中院裁定杨涛信用卡诈骗案》，载《人民法院报》2015 年 1 月 1 日，第 6 版。

③ 参见福建省泉州市中级人民法院刑事裁定书（2019）闽 05 刑终 13333 号。

④ 2019 年 10 月 25 日最高人民法院发布的《4 起非法利用信息网络罪、帮助信息网络犯罪活动罪典型案例》。

⑤ 参见河南省南阳市卧龙区人民法院刑事判决书（2019）豫 1303 刑初 936 号。

⑥ 参见中国人民银行济南分行行政处罚决定书济银罚字[2019] 第 31 号、第 32 号、第 33 号、第 34 号。

2. 典型问题：中性业务行为

所谓中性业务行为，是指为满足社会生活的一般需要而提供的，具有可替代性的、可重复实施的业务活动[①]，在互联网金融服务领域主要体现为支付结算服务、信息中介服务、通信服务等技术服务。

通过比较上述三个案例所提出的问题是：提供支付结算服务等中性业务行为，客观上对犯罪行为有所帮助的，能否成立帮助犯？在中性业务行为之下，如何认定网络服务提供者的刑事责任？案例二和案例三有一个共同点，即对于第三方支付服务提供者的刑事问责都呈现空白状态。我国目前的刑事司法实践打击的互联网金融服务平台多为“犯罪工具类”，如快鹿系集资诈骗案被告人赵某某组建快鹿系集团，[②] 其中就包含搭建虚假的互联网融资平台，在此背景下该平台只是单纯的犯罪工具，性质单一且十分明显。但是对于具有一定“中立性”的网络服务提供者，却极少追究其刑事责任，这正是问题所在。[③]

二、互联网金融网络服务提供者的中性业务行为的刑事意义分析

（一）中性业务行为的基本理论

中性业务行为是技术中立原则在刑事法领域与共同犯罪理论交织诞生的概念，其核心问题是如何框定中性业务行为的处罚边界。目前关于中性业务行为的可罚性讨论集中在限制处罚说，其内部又分为主观说、客观说。事实上，以不作为犯理论框定中性业务行为的处罚边界似乎更符合当前互联网金融背景下打击犯罪的需要。

1. 主观说

主观说注重行为的主观因素，通过行为人行为时的主观意识来判断该行为是否具有可罚性。德国学者罗克辛根据故意的形态界分中性业务行为的可罚性，如果行为人只是认识到存在他人滥用己方行为实施犯罪的可能性，即间接故意，那么该意识主导下的行为应当被认为不具有构成要件符合性。[④] 罗克辛还引入了客观归责理论对此进行补充：只有当中性业务行为以具有刑事法意义的方式制造或提高了法益受损的危险时，才能进行客观归责。客观归责理论将未增设风险的生活行为排除在构成要件之外，但在互联网金融背景下，大多数业务行为都是技术性服务行为，为普通犯罪分子实施互联网金融犯罪降低了技术难度，就此很难将这些中性业务行为与“往即将决堤的河里倒一盆水”的生活行为画上等号。

---

① 参见周光权：《中性业务活动与帮助犯的限定——以林小青被控诈骗、敲诈勒索案为切入点》，载《比较法研究》2019 年第 5 期。

② 参见上海市高级人民法院刑事裁定书（2019）沪刑终 43 号。

③ 以九派天下支付公司为例，在中国裁判文书网输入九派天下支付可检索到 13 篇刑事裁判文书，其中 10 篇涉及互联网金融犯罪，九派天下支付虽然不是当事人但均不同程度地牵涉其中。

④ 参见王华伟：《中立帮助行为的解构与重建》，载《法学家》2020 年第 3 期。

2. 客观说

客观说侧重于从构成要件的客观要素来限缩可罚的中性业务行为范围。其内部存在着多种规制进路：根据溯及禁止论的观点，中性业务行为具有独立的社会意义，因此，追究后续的正犯行为及其危害结果时，不得回溯牵连具有中立性的业务行为；[①] 职业相当性说是哈塞默在社会相当性理论的基础上提出的，他认为职业规范可以作为违法阻却事由；假定的因果关系说主张从事后视角出发，若该中性业务行为具有高度的可替代性，则无须追究该中性业务行为的刑事责任。上述学说都倾向于对中性业务行为做出罪处理，在互联网金融背景下，支付结算服务等技术服务行为几乎没有入罪的余地。中性业务行为的可罚性判断之所以如此复杂，主要是该行为本身牵涉到"职业性"，因此似乎就具有了"中立性"的表征，但是具有职业性并非一行为中立的充分条件。任何职业都是社会生活的一部分，而法律规范贯穿社会生活始终，不可能因为某类行为具有职业相当性就使其成为不受法律约束的真空领域。[②]

3. 不作为犯说

对于在客观上对犯罪行为起到促进作用的中性业务行为是否构成犯罪帮助行为的问题，不妨回归不作为犯理论，以义务犯原理框定互联网金融网络服务提供者的中性业务行为的刑事责任边界。

我国《刑法》第二百八十六条之一规定了拒不履行信息网络安全管理义务罪，该条规定了网络服务提供者在收到信息网络安全监管部门的责令整改通知书后，应及时采取改正措施，妥善履行网络安全管理义务，拒不改正者则构罪。该罪名设立的规范属于义务性规范，典型的真正不作为犯，对此，只需根据刑法规定的构成要件进行判断即可。比较复杂的是不真正不作为犯的认定。根据《刑法》第二百八十七条之二，网络服务提供者明知他人利用信息网络实施犯罪，仍为其提供互联网接入、支付结算等帮助的，情节严重的将构成帮助信息网络犯罪活动罪。首先，基于特定的保证人地位，网络服务提供者对在其提供的"网络空间"中活动的普通受众之法益负有一定的保护义务。其次，从日常生活经验可知，即使网络服务的提供形式是客户端，也并非完全脱离网络服务提供者的实际控制。通说认为，是否具有履行能力的判断标准包括行为人自身能力以及客观条件两部分，刑法并不会苛责网络服务提供者履行超出其可控范围的安全管理义务。而在其可控范围内，网络服务提供者未履行安全管理义务的，构成不作为的帮助信息网络犯罪活动罪。

（二）网络服务提供者的附加管理义务

我国立法根据网络服务提供者所经营的业务类型，为其设定了与之相应的具体管理义务，多见于行政法律法规及部门规章中。

1. 实名认证审核义务

互联网的匿名性是其风险来源之一，也是互联网犯罪追责难度高、追责成本高

① 参见郭玮：《中立的帮助行为司法犯罪化的标准探讨》，载《西部法学评论》2018 年第 1 期。
② 参见王华伟：《中立帮助行为的解构与重建》，载《法学家》2020 年第 3 期。

的原因之一。执行用户身份识别制度，一旦用户违法违规操作，就可以通过实名信息追溯到本人以追究其相应的法律责任。同时，实名制还具有一定的威慑效果，对于潜在的犯罪分子具有一定的心理抑制作用。因此，网络服务提供者履行监管义务的第一步便是对其用户进行实名认证审核。《反洗钱法》《非金融机构支付服务管理办法》等对金融机构[①]的反洗钱义务做了详细规定[②]，要求金融机构建立客户身份识别制度、客户身份资料保存制度等，禁止为用户开立匿名、假名账户，对于拒绝身份查验的用户应当拒绝为其提供服务。

2. 终止服务义务

终止服务义务是指互联网金融网络服务提供者一旦发现其用户存在违法违规操作，应当立即终止服务。[③]终止服务义务的具体表现根据网络服务提供者业务类型的不同而不同。网络传输的信息具有海量性，以目前的技术水平，对其进行即时控制根本不具有期待可能性，并且“网络接入权”逐渐向基本人权靠拢[④]，法律也未赋予网络接入服务商主动审核信息的权利与义务，故网络传输服务提供者只负有被动的终止服务义务。而网络内容服务提供者，对本平台发布的内容具有主动的、事实上的支配权，在信息发布前的一般性审核过程中如若发现待发布内容存在违法违规信息就应当禁止发布[⑤]，对于本平台已发布的违法违规信息应当采取屏蔽措施，对于频繁违反法律规定的用户应当采取封禁账号的措施。

（三）刑事规制附加管理义务的法理依据

拒不履行信息网络安全管理义务罪实质上将行政法律规定的网络服务提供者管理义务上升为刑事法律层面的义务。时至今日，基于网络服务提供者所经营的中性业务，为其设定管理义务的正当性依据仍是焦点之一。

1. 社会防卫必要性

“社会防卫”说认为刑法的核心在于社会利益、社会效果，而非个性解放、个人主义。[⑥]长期以来，社会防卫理论主要运用于刑罚的目的及其正当性论证，即刑罚

① 根据《中华人民共和国反洗钱法》第三十四条规定，“金融机构”包括国务院反洗钱行政主管部门确定并公布的从事金融业务的其他机构，也即包含从事网络支付、取得《支付业务许可证》的特定非金融机构。

② 如《中华人民共和国反洗钱法》第三章，金融机构反洗钱义务；《非金融机构支付服务管理办法》第三十一条，支付机构应当按规定核对客户的有效身份证件或其他有效身份证明文件，并登记客户身份基本信息；《网络借贷信息中介机构业务活动管理暂行办法》第十一条，参与网络借贷的出借人与借款人应当为网络借贷信息中介机构核实的实名注册用户。

③ 如《非金融机构支付服务管理办法》第三十一条第二款，支付机构明知或应知客户利用其支付业务实施违法犯罪活动的，应当停止为其办理支付业务。

④ Jonathan Wygonski, Net Neutrality Enforcement is Necessary to Provide Small Businesses with the Opportunity for Fair Competition, *Ohio State Business Law Journal*, 2019, Vol.13, pp.405–407.

⑤ 如中国人民银行、银监会、证监会等部委联合发布的《关于防范代币发行融资风险的公告》第三条规定，代币融资交易平台不得为代币或“虚拟货币”提供定价、信息中介等服务，对于存在违法违规问题的代币融资交易平台，金融管理部门将提请电信主管部门依法关闭其网站平台及移动App，提请网信部门对移动App在应用商店做下架处置，并提请工商管理部门依法吊销其营业执照。

⑥ 参见鲜铁可：《格拉马蒂卡及其〈社会防卫原理〉》，载《清华法学》1993年第4期。

（责任）是社会用来自我防卫的工具，以预防再犯罪和保护社会为目的。而互联网金融网络服务提供者管理义务的设定以预防犯罪、化解金融风险为出发点，也可以从社会防卫要求中找到设定义务的正当性依据，以应对互联网金融犯罪对刑法提出的新挑战。

为网络服务提供者设定管理义务是社会防卫的要求。互联网金融犯罪较传统犯罪具有高度分散性、高度传染性、高度隐蔽性等特征，而多节点、高密度的互联网金融网络有推动不利信息的快速传播、促成网络成员集体做出非理性行为、加速信息蔓延的作用[①]，导致打击犯罪的难度剧增。尽管如此，互联网金融犯罪也始终扎根于互联网平台，相较于监管部门"鞭长莫及"的窘境，网络服务提供者具有天然的管理优势。网络服务提供者对各自平台的运营具有事实上的支配权，设定服务接入的门槛、预警机制，可以将部分犯罪分子拦于门外，避免其技术服务被用于犯罪，而设计本平台的操作规范、监测制度，可以迅速捕捉违反法律法规的行为，从互联网金融犯罪链条的上游进行早期遏制，防治结合，实现社会防卫。

2. 保证人地位

网络服务提供者因对特定领域的危险发展具有排他性的支配作用，产生了保护他人法益不受来自自己控制领域的危险威胁的义务。网络服务提供者在互联网社会信息流动中扮演着"守门人"的角色，可以有效阻断非法信息的传播与获取路径，防控相关犯罪风险。普通参与个体的法益保护在使用服务的过程与之形成依赖关系，继而产生继续保护的义务。这种对法益对象的保护义务是不作为犯的义务，其根据在于复杂社会系统中的秩序必须依赖于处分权人所管理的特定空间和特定领域的安全。[②] 当然这种保证人地位并非绝对的，而是结合其所提供的服务类型、所支配的具体领域具体把握。[③]

需要注意的是，美国《数字千年版权法》（《Digital Millennium Copyright Act》，以下简称DMCA）一度成为我国学者的借鉴范本，其有关网络服务提供者管理义务、法律责任豁免的规定更是成为部分学者抨击我国为网络服务提供者设定管理义务这一现象的工具，但如今，有美国学者开始呼吁修改或删除DMCA第512节第（m）条，并且主张由网络服务提供者主动识别、监管违法犯罪行为以避免法益侵害结果发生的呼声也日益高涨。[④] 同时，域外立法也开始为网络服务提供者设定管理义务，并对其拒不履行网络安全管理义务的行为规定了刑罚，如2018年《美国法典注释》（《United States Code Annotated》，以下简称U.S.C.A）第18卷第2258节规定，为了避免互联网上儿童色情的泛滥，网络服务提供者在儿童性剥削领域具

① 参见许多奇：《互联网金融风险的社会特性与监管创新》，载《社会科学文摘》2018年第12期。

② 参见［德］乌尔里希·齐白：《网络服务提供者的刑法责任——刑法总论中的核心问题》，王华伟译，载《刑法论丛（2016年第4卷）（总第48卷）》，赵秉志主编，法律出版社2017年版。

③ 参见梁根林：《传统犯罪网络化：归责障碍、刑法应对与教义限缩》，载《法学》2017年第2期。

④ Dustin Johnson, *Capitol Records v,* Vimeo: How the Digital Millennium Copyright Act Is Outdated and in Need of Revision, *Loyola of Los Angeles Entertainment Law Review*，2018，Vol38,pp.155-168.

有一般性的主动报告义务，违反者需承担一定的刑事责任。[①]

（四）拒不履行管理义务将丧失“中立性”

1.“故意”的判断

根据我国《刑法》规定，犯罪故意的成立需具备两个基本条件，一是认识要素，二是意志要素。王霖博士认为网络服务提供者是否成立共犯的关键在于判断其提供技术支持的同时是否对符合客观构成要件之正犯行为存在借用的认识，该借用认识即“明知”判断的核心，并主张借鉴DMCA第512节第（m）条[②]，建立“告知=明知”的明知认定模式。[③]“告知”是指被动告知，具言之，通过“被动告知”判断网络服务提供者是否具有“借用认识”，进而确认是否具有“故意”。若网络服务提供者经告知仍未对正犯的借用行为进行消除，则可构成相关犯罪的帮助犯。《非法利用信息网络解释》第十一条明确规定，为他人实施犯罪提供技术支持或者帮助，在接到举报后拒不履行法定管理职责的，可以认定为行为人主观具有帮助他人实施信息网络犯罪的故意。[④]互联网金融网络服务提供者对于其技术服务被用于实施违法犯罪活动这一可能性具有一般的概括认识，应当妥当履行相应的管理义务，避免技术服务被滥用以至于发生危害社会的后果。但是在其具备履行能力却拒不履行相应的管理义务导致技术服务被运用于违法犯罪的，至少在主观上具有放任某种危害结果发生的间接故意，此时“中立性”只是浮于表面的一层面纱。

2.“帮助行为”的认定

危害行为是指行为人在意志支配下实施的危害社会的身体动静，包括作为、不作为。其中不作为是指行为人具有实施某种行为的特定义务，能够履行而拒不履行的危害行为。网络服务提供者的中性业务行为是否构成网络犯罪的帮助行为？以支付结算服务为例，马某诈骗案中被告人的任务之一就是为虚假期货、外汇交易平台“金鸿源国际”寻找可用的第三方支付接口，通过第三方支付将客户资金转移至方某掌握的银行账户中。[⑤]根据我国法律法规的规定，“具有符合要求的反洗钱措施”是支付机构获得《支付业务许可证》的条件之一，[⑥]因此首先可以确定的是获准提供支付结算服务的第三方支付平台客观上都具备履行监测管理义务的能力。

---

① See 18 U.S.C.A, Chapter 18, § 2258（2018）.

② DMCA第512节第（m）条免除了网络服务提供者对其网站进行主动监管以防范侵权内容的责任。See 17 U.S.C.A, § 512（2018）.

③ 参见王霖：《网络犯罪参与行为刑事责任模式的教义学塑造——共犯归责模式的回归》，载《政治与法律》2016年第9期。

④ 这并非我国在网络犯罪领域首次做出此类规定。2010年最高人民法院、最高人民检察院联合发布《关于办理利用互联网、移动通讯终端、声讯台制作、复制、出版、贩卖、传播淫秽电子信息刑事案件具体应用法律若干问题的解释（二）》第五条规定，网站建立者、直接负责的管理者明知他人制作、复制、出版、贩卖、传播的是淫秽电子信息，允许或者放任他人在自己所有、管理的网站或者网页上发布，造成一定严重后果的，以传播淫秽物品罪定罪处罚。无论是“允许”还是“放任”，实质上体现的都是帮助犯罪实施的故意。

⑤ 参见河南省南阳市卧龙区人民法院刑事判决书（2019）豫1303刑初936号。

⑥ 根据《中华人民共和国反洗钱法》《金融机构大额交易和可疑交易报告管理办法》规定，“具有符合要求的反洗钱措施”主要是指完善的可疑交易监测制度，履行大额交易和可疑交易报告义务，及时向中国反洗钱监测分析中心报送大额交易和可疑交易报告。

此时假设第三方支付平台未对其支付接口的接入进行审核、监测管理，放任第四方平台接入，实际上就直接或间接为上游犯罪提供了资金结算、资金清洗帮助，客观上构成了不作为形式的帮助行为。

综上，当网络服务提供者负有管理义务并且具备相应的履行能力，却不履行管理义务，导致其技术服务被用于实施违法犯罪活动，经正式告知后仍拒不履行管理义务的，可以认定该网络服务提供者客观上构成不作为的帮助行为，主观上至少具有放任的故意，其技术服务行为因此彻底丧失“中立性”。

三、互联网金融网络服务提供者的中性业务行为之刑法规制

（一）中性业务行为的刑事规制的具体路径

1. 帮助行为实行化

帮助行为实行化是指将网络空间中的技术性帮助行为提升为实行行为，脱离共犯从属性理论，直接根据刑法分则基本的犯罪构成对其进行评价和制裁，以此避免共同犯罪理论在应对现实中层出不穷的网络犯罪问题的局限性。

互联网背景下的帮助行为不同于传统线下犯罪的帮助行为。首先，网络犯罪的帮助行为突破了传统帮助行为在促进作用上的有限性，往往发挥着超乎正犯行为的关键作用，在法益侵害上，帮助行为借助新兴的互联网技术无限接近受刑法保护的法益，其社会危害性纵深发展已超越了实行行为；其次，网络犯罪的帮助行为突破了传统的从属地位，不仅帮助人主观上独立于实行人，而且帮助行为客观上也独立于实行行为；[①] 最后，网络犯罪的帮助行为突破了传统帮助行为在帮助对象上“一对一”的局限性，往往以“一对多”的形式出现，其社会危害性不仅纵深发展而且横向扩展。帮助行为实行化，一方面使帮助犯的成立脱离共犯从属性，即使无法查证正犯实施了具备构成要件符合性、违法性的犯罪行为，也可以追究帮助行为的刑事责任，从而弥补传统共犯理论下的处罚漏洞，实现法益保护的周延。另一方面使帮助犯的刑罚与其社会危害性相匹配，即网络犯罪帮助行为对法益侵害性大于正犯时，与其相匹配的刑罚也通过实行化提升至正犯阶层的刑罚水平。

2. 以共同犯罪论处

目前刑法分则仅有少数几个罪名的罪状模式契合网络共犯行为的单独评价要求，因此共犯理论成为追究狭义共犯的首要路径[②]，共犯刑事责任成为互联网金融背景下网络服务提供者刑事责任的主要形态。

关于共同犯罪的认定，主要有两大学说，即犯罪共同说与行为共同说。虽然各学说对共犯的成立具体需要哪些要素的“共同”有所争议，但对“构成要件行为的共同”基本达成一致认可，即共犯的成立均需依附于正犯的实行行为，共犯的帮助行为对正犯行为制造的危险流具有促进作用。此外，一般认为帮助犯的成立还要

① 参见于志刚：《网络空间中国犯罪帮助行为的制裁体系与完善思路》，载《中国法学》2016 年第 2 期。
② 参见杨彩霞：《多元化网络共犯行为的刑法规制路径体系之重构》，载《法学家》2019 年第 2 期。

求帮助者在主观上具有帮助的故意，即要求帮助者对实行者有意思联络，如果帮助者只是过失促进了实行者制造违法事实，则帮助者对实行者制造的法益侵害事实不具有连带性。

对于中立网络服务行为客观上为犯罪行为提供了帮助的情形是否构成帮助犯的问题，我国有学者主张借鉴德国学者黑芬德尔的法益衡量说，以法益为标准，如果互联网技术支持的行为所带来的利益大于该行为所间接造成的法益侵害，[①] 则阻却其刑事违法性，不再作为帮助犯处罚。部分中立网络服务行为客观上确实对违法犯罪行为起到了帮助作用，但是只有被帮助的正犯行为在现实中显示出严重的法益侵害性，相关帮助行为才有可罚的余地。[②] 如果说累积犯理论的本质在于以不法行为发生的频率代替典型法益侵害行为，建立累积性行为与危害结果的因果关系，进而将累积性行为纳入刑法规制范围，那么利益衡量说的核心就在于通过肯定保护中性业务行为的法益优越性否定其构成要件符合性与违法性，从而排除中性业务行为的可罚性。此学说获得了不少学者的支持，如陈洪兵教授就认为法益衡量说当是排除中性业务行为可罚性的主要路径。[③] 但是单一的法益衡量说也存在着不可避免的缺陷，以支付宝为例，其直接创造的利益绝对大于其间接造成的法益损害，以利益衡量说的判断标准则几乎没有落入处罚范围的可能性。2018 年美国 BMG Rights Management 公司诉Cox Communications 公司一案中，第四巡回法庭法官指出网络服务提供者对未采取有效措施制止重复侵权的行为负有法律责任，并且即使其所提供的服务具有明显的积极效益也无法使其免于承担因负面效果产生的法律责任。[④] 这在一定程度上就否定了法益衡量说。

（二）中性业务行为入罪的刑法理论回应

1.“积量构罪”：累积犯的转化

德国学者库伦以水污染犯罪为基础最先提出累积犯理论，意在有效规制低危海量行为，如今已拓展到对人为制度等集体法益的保护。[⑤] 累积犯的主要功能在于克服个体危险行为构罪的单薄性，充足主客观不法构成要件，建构累积性行为与危害结果的因果关系，使个体危险行为符合构成要件该当性，进而将累积性行为纳入刑法规制范围。[⑥]

“新型网络犯罪具有‘积量构罪’构造，表现形式为利用信息网络大量实施低危害行为，累积的危害后果或者危险已达到应处罚的严重程度。”[⑦] 累积犯理论与低

---

① 参见陈洪兵：《帮助信息网络犯罪活动罪的限缩解释适用》，载《辽宁大学学报（哲学社会科学版）》2018 年第 1 期。

② 参见邓毅丞：《共犯正犯化背景下的从属性困境及理论应对》，载《中外法学》2019 年第 3 期。

③ 参见陈洪兵：《论中立帮助行为的处罚边界》，载《中国法学》2017 年第 1 期。

④ BMG Rights Management (US) LLC. v. Cox Communications Incorporated, (881 F.3d 293,2018).

⑤ 参见张志钢：《论累积犯的法理——以污染环境罪为中心》，载《环球法律评论》2017 年第 2 期。

⑥ 累积犯理论通过其原型——污水排放行为，预见到罪量微小甚至忽略不计的行为将会无限复制与重演，进而通过拟制的危险及其阈值，赋予达到危险阈值但尚未被犯罪化的个体行为刑事可罚性。参见郭玮：《累积犯视域下网络账号恶意注册行为的规制》，载《法学杂志》2020 年第 1 期。

⑦ 皮勇：《论新型网络犯罪立法及其适用》，载《中国社会科学》2018 年第 10 期。

危海量帮助行为深度互通，也为帮助信息网络犯罪活动罪规制帮助行为作了铺垫。二者的个体行为均具有原因力的间接性、原子化与累积性。其中间接性不仅体现在网络帮助行为借助网络犯罪实行行为实现法益侵害，还体现在帮助信息网络犯罪活动罪的构罪部分归因于“不法行为发生的频率”累积达到入罪阈值。[①] 台湾学者单丽玟指出，累积犯的论证依据，便是以不法行为发生的频率取代原来对于抽象危险犯所需要的典型法益侵害行为。[②] 与累积犯同理，正是由于存在多频次、大批量的网络帮助行为，才造成下游犯罪的猖獗，这也赋予了网络帮助行为的独立可罚性。

累积犯的内涵为：如果不禁止某类行为，我们就有充分的理由相信在现实中将存在大量该类行为实施的危险，而类似行为一旦实施，便多意味着对其后续发展失去了控制。这并不是纯粹的逻辑推理，还包含了结合日常生活经验以及大量的司法实践数据做出的理性预测。处在互联网信息技术时代的立法者，有充分的依据认定，网络帮助行为具有实施的普遍性以及一经实施便脱离控制的巨大危害性，如果不禁止网络帮助行为，一方面，会对他人实施类似的网络帮助行为产生现实性影响，助长网络犯罪帮助行为；另一方面，放任行为人反复实施网络犯罪帮助行为将助长下游犯罪，最终导致法益侵害不可控。累积犯是一个发展中的概念，根据互联网信息技术时代的需要对累积犯理论进行调适、发展，亦可成为网络服务提供者正犯化刑事责任规制的理论进路。

2.“违法相对性”：最小从属性的适用

要素从属性所论及的问题是，为了肯定共犯的成立，正犯必须具备哪些犯罪成立要件或者要素。德国学者M.E. 迈耶率先提出了四种从属学说[③]，目前在我国学界处于通说地位的是限制从属性说，最小从属性说仅有少数学者赞同。[④]

尽管限制从属性说占据着主流地位，但其主张的“违法连带性”的不妥之处日益显现。限制从属性说认为合法的正犯行为不适配违法的共犯。日本学者大塚仁以行为人教唆他人实施正当防卫的例子，指出针对欠缺违法性的行为不存在共

① 根据《关于办理非法利用信息网络、帮助信息网络犯罪活动等刑事案件适用法律若干问题的解释》第十二条第二款规定，确因客观条件限制无法查证被帮助对象是否达到犯罪的程度，但相关数额总计达到前款第二项至第四项规定标准五倍以上，或者造成特别严重后果的，应当以帮助信息网络犯罪活动罪追究行为人的刑事责任。

② 参见单丽玟：《抽象危险犯的必要性审查》，载《月旦法学杂志》2015 年第 3 期。

③ 夸张从属性说认为共犯的成立以正犯行为具备构成要件符合性、违法性和有责性为前提；极端从属性说认为构成共同犯罪的主体必须达到责任年龄，具有刑事责任能力；限制从属性说认为共犯的成立只需正犯具备构成要件符合性和违法性即可，是我国学界目前的通说。参见钱叶六：《中国共犯理论发展评价与展望——以〈法学研究〉刊文为主要素材》，载《上海政法学院学报》2018 年第 3 期。

④ 参见阎二鹏：《从属性观念下共犯形态之阶层考察——兼议构成要件符合形态论之提倡》，载《法学论坛》2013 年第 4 期；王昭武：《论共犯的最小从属性说——日本共犯从属性理论的发展与借鉴》，载《法学》2007 年第 11 期；周啸天：《最小从属性之提倡——以对合法行为的利用为中心》，载《法律科学》2015 年第 6 期。

犯。[①]对此，不少学者以教唆他人重伤或杀害本人的例子作为反驳，依各国司法实践，行为人自伤或自杀行为因利益阙如而不具有违法性，但他人代替实施的重伤、杀害行为，因侵犯的是涉及生命的重大法益，故并不因存在被害人承诺而阻却其违法性，仍依刑法规定处罚，这就非常明显地体现了“违法相对性”。此外，欠缺违法性的行为是否可以等价替换为合法行为也存有疑虑。网络环境下共犯行为从属性弱化、危害性飙升，正犯行为仅具备构成要件符合性而不具备实质违法性的现象比比皆是，单一的限制从属性说将导致部分网络帮助行为无法入罪，因此最小从属性说再次进入学者视野，试图借助最小从属性说来弥合参与归责的间隙。[②]最小从属性说从违法的相对性理论出发，主张最小从属性，认为共犯的成立只需正犯行为具有构成要件符合性即可，正犯行为是否具有违法性和有责性则在所不问。采取最小从属性说就可以有效解决当正犯行为仅具备构成要件符合性的情形下如何处罚其帮助行为的问题。日本学者佐伯仁志认为，最小从属性说妥当地呈现了违法相对性要素[③]，如若要承认违法相对性，最小从属性说当为最佳路径。

3.“单向意思联络”：片面共犯的承认

尽管共犯正犯化的确能够有效避免共同犯罪理论在应对现实中层出不穷的网络犯罪问题的局限性，但这并非治本之策。传统共犯理论要求犯罪参与人有明确的犯罪故意和犯意联络，不当地限缩了共同犯罪的成立范围，共犯正犯化理论则是另一个极端，二者均不利于法益的保护。同时共犯正犯化以共犯独立性说为理论根基，受其影响不可避免地存在着难以克服的先天缺陷。罪刑法定原则视野下的实行行为并不能涵摄共犯行为，简单粗暴的正犯化可能导致刑法处罚范围不当扩大、量刑失衡。

传统共犯论认为成立共同犯罪以存在犯罪人之间犯意联络为前提，而在网络犯罪中，网络服务提供者与行为人之间并不存在明确的意思联络，仅因未适当履行管理义务间接导致法益侵害结果发生的情况下，则难以认定为共同犯罪。问题在于，共同犯罪的成立是否必须以各参与人之间存在犯意联络为前提？片面共犯理论可以有效解决这个问题。片面共犯理论剥离了传统共犯理论的共同犯罪故意要件，只需存在单向的“共同犯罪故意”，即只要求提供帮助的行为人主观上明知他人正在实施或预备实施特定犯罪即可，二者之间无须形成双向的意思联络。[④]这种单向的意思联络在网络共同犯罪案件中多以技术支持的形式集中体现。网络服务提供者在明知他人利用其所提供的技术服务实施违法犯罪活动的情况下，仍以不作

① 参见[日]大塚仁：《犯罪论的基本问题》，有斐阁1982年版，转引自王昭武：《论共犯的最小从属性说——日本共犯从属性理论的发展与借鉴》，载《法学》2007年第11期。

② 参见王霖：《网络犯罪参与行为刑事责任模式的教义学塑造——共犯归责模式的回归》，载《政治与法律》2016年第9期。

③ 参见[日]佐伯仁志：《刑法总论的思之道·乐之道》，于佳佳译，中国政法大学出版社2017年版。

④ 陈兴良教授认为共同犯罪中的“共同故意”具体包括两种情形：一是各共同犯罪人之间具有相互认识的全面共同故意；二是各共同犯罪人之间具有单方认识的片面共同故意。据此，共同犯罪可相应地被分为全面的共犯和片面的共犯。参见陈兴良：《论我国刑法中的片面共犯》，载《法学研究》1985年第1期。

为的形式默许行为人继续使用技术，这种技术支持就是网络服务提供者单向犯意联络的外在表露、集中体现。在意大利刑法理论中，共同犯罪的同等处罚原则根据在于各参与人对犯罪行为有“客观上的加功”。[①] 事前的犯意联络并非共犯成立的必要条件，片面共犯亦应成立共犯。[②] 现网络犯罪的共犯形态异化，片面共犯理论的引入与认可乃互联网金融犯罪的治理与评价体系题中应有之义。

四、结语

对于网络服务提供者以不作为形式对正犯行为予以帮助的现象，首先应当明确网络服务提供者的监督、管控地位。作为既得利益者，网络服务提供者负有与其所享有的权利相当的作为义务，同时受制于作为义务，网络服务提供者的技术服务提供行为并不必然具有中立性。对于互联网金融服务提供者的刑法规制，可通过构建作为义务体系，继而以正犯化、共犯论两条路径强化其刑事追责。但在针对网络服务提供者的刑事追责路径构建过程中，如何实现刑事责任规制路径的逻辑自洽等问题还有待进一步讨论。

① “客观上的加功”即任何人在犯罪的决意形成阶段、预备阶段或实行阶段，参与实行行为或策划或教唆或提供帮助，实施能决定或有利于危害结果实行的行为。

② 参见刘霜：《我国共犯处罚原则的反思与重构——中意刑法比较研究的视角》，载《现代法学》2018年第6期。

网络金融背景下第三方支付平台的刑事风险与刑法规制

郑天城*

近年来，随着互联网技术的广泛应用和金融行业的深度发展，以支付宝、财付通为代表的第三方支付平台强势崛起，逐渐取代传统的交易模式。基于“灵活、高效、快捷”的特点，其用户人数与日俱增。根据艾瑞咨询的数据显示，截止到2019年上半年，中国第三方互联网支付交易规模约12.9万亿元，其中互联网金融交易占比达到43.7%。[①] 然而，在第三方支付平台蓬勃发展的同时也带来了一系列的刑事风险，如非法集资风险、个人信息安全风险、网络洗钱风险、信用卡套现风险等，逐渐演变为金融犯罪滋生的“温床”。正如德国学者乌尔里希·贝克所预言的那样：“在现代化进程中，生产力的指数式增长，使危险和潜在威胁的释放达到了一个我们前所未知的程度。”[②] 此外，人工智能、大数据、云计算技术的迅猛发展也使得第三方支付涉及的法律关系日益复杂，利用第三方支付违法犯罪的现象层出不穷。因此，在某种意义上，互联网不但改变了人们传统的交易观念，同时也对法律的秩序发起挑战。面对互联网金融时代带来的巨大风险，刑法应当如何作出回应？这便是本文需要思考的重点问题。

一、互联网金融时代下第三方支付平台蕴含的刑事风险

支付是互联网金融最为核心的环节。“第三方支付”作为现代化的创新支付模式，最早于2005年由马云在达沃斯年会上提出，后被广泛地传播和使用。一般认为，第三方支付是指与国内外各大银行签约，具备一定实力和信誉保障的第三方独立平台提供的交易平台。[③] 通常情况下，先由消费者将购买物品或接受服务的钱款交由第三方，第三方在消费者确认收货或服务履行完毕后再将钱款支付给经营者，从而为消费者与经营者提供一个交易和支付的平台。在这一过程中，第三方支付从技术上突破了传统将互联网视作生产、生活工具的思维，不仅减少交易成本，而

* 郑天城（1995—），男，福建龙岩人，厦门大学2021级刑法学博士研究生，国家社科重大项目（网络金融犯罪的综合治理》（编号17ZDA148）课题组成员。

① 数据来源：《中国第三方支付行业数据发布报告2019H1》，载《艾瑞咨询系列研究报告》2019年第1期。

② [德]乌尔里希·贝克：《风险社会》，何博闻译，译林出版社2004年版，第15页。

③ 参见瞿彭志主编：《网络金融与电子支付》，化学工业出版社2014年版，第143页。

且还降低了买卖双方的信用风险，更好地保障互联网交易的顺利进行。然而，事物的两面性证明了第三方支付在便捷人们生活的同时，也悄然地引发一系列的法律风险，主要表现在以下几个方面：

（一）未经许可擅自设立第三方支付平台而导致的刑事风险

第三方支付平台介入了消费者账户银行与经营者账户银行之间的结算活动，因而具备金融活动的性质。2010 年中国人民银行公布的《非金融平台支付服务管理办法》对第三方支付平台的主体设立、资格申请、业务范围有着明确的规定。对于未得到经营许可，而为他人的交易提供服务的第三方支付平台企业，属于经营资格不合法。在其情节严重的情况下，可直接根据《刑法》第 225 条规定的非法经营罪，给予刑事处罚。例如 2016 年 10 月至 2018 年 4 月，被告人王某、宁某等人未经批准，搭建SPA 第四方支付平台，为商户提供人民币和外汇的资金结算服务，从中赚取手续费，共计结算资金人民币 1 亿 1 千万余元。公诉机关以非法经营罪对王、宁二人提起公诉。[①] 因此，未取得经营资格的第三方支付服务提供者可能构成非法经营罪。

（二）第三方支付平台本身监管不严而导致的刑事风险

目前通行的第三方支付系统是依靠软件对网络支付指令进行加密，对所有输入端口的数据进行分析，从而确保每一笔交易的安全性。但随着网络技术的深度发展，这种加密方式已不再那么安全可靠——特别是在网络传输过程，所有数据都需要通过端口进入计算机内部，这就给了入侵者可趁之机。一旦入侵者进入计算机系统内部，用户的账号信息、交易密码、资金安全都将存在被窃取的危险。此外，第三方支付的用户使用者通常都是以在线注册、登录方式开立和使用账户，消费者个人的账户密码以及身份验证大都通过在线方式完成，支付指令的传输也通过开放式的公用网络进行传输。在这一过程的各个环节中，无论是客户端、各通讯节点还是网络支付服务平台端，都有可能产生隐私信息、操作指令等被截取、泄漏的风险，进而带来损失。[②] 对于上述风险，如果第三方支付平台缺乏必要的监管措施，就有可能成为替他人洗钱、信用卡套现或者赃物账款转移的工具。[③] 虽然第三方平台本身不介入消费者与经营者之间的交易活动，但并非是无所作为。作为第三方支付平台的管理者，应采取适当的措施防范可能出现的安全风险，如考察买卖双方的交易内容、资金流向等。只有在第三方支付平台充分尽到相应的监管义务之后，仍无法避免犯罪后果的发生，才能免予刑事归责。若其没有履行该义务，或者没有充分尽到该义务，那么就有被追责的可能性。特别是在未经许可而提供第三方支

① 参见（2019）鲁 0303 刑初第 153 号刑事判决书。

② 参见赵妤婧：《第三方互联网支付业务发展与监管研究》，载《南方金融》2014 年第 4 期。

③ 参见黄晓亮：《第三方支付风险的刑法防控》，载《法学》2015 年第 6 期。

付服务的情形下，提供者为了谋取经济利益，在主观上放任乃至促成他人的非法交易活动，就有可能构成违禁品犯罪、洗钱罪、信用卡诈骗罪，从而面临受刑事处罚的风险。

（三）第三方平台对客户个人信息进行非法利用而导致的刑事风险

在互联网金融背景下，消费者和经营者为了快速达成交易活动，自愿地将自己的有关信息告知第三方支付平台，消费者将交易钱款临时性交付给第三方支付平台，经营者则直接将商品交付给消费者，故第三方支付平台能够直接接触客户和经营者的个人信息和钱款。若第三方支付平台对获取的个人信息进行非法处理，便会导致客户和经营者的个人信息法益面临被侵害的风险。具体表现为两个方面：（1）非法利用、出售客户信息。一般情况下，客户将姓名、身份证号码、营业执照编码、电子邮件或通讯地址等基本信息告知第三方支付平台，仅用于接受第三方支付平台所提供交易服务的情形。但基于效益最大化的原则，第三方支付平台除了提供交易平台外，还涉及多方面的互联网金融活动（如支付宝还提供了余额宝、水电煤代缴、信用卡还款等服务），很有可能将客户的信息用于该平台所从事的其他互联网金融活动，这显然违背客户的真实意愿。（2）自行收集客户信息。消费者通过第三方支付平台向经营者购买各种商品或者服务，消费者与经营者就在第三方支付平台留下了交易活动的轨迹，第三方支付平台很容易就能掌握消费者的性别、年龄、文化程度、兴趣爱好、生活消费习惯、娱乐方式、社会活动场所等信息，以及经营者的经营范围、商品或者服务特点、客户群体等信息。通过对这些信息的分析和整合，就能给消费者提供中意的商品或者服务，给经营者推荐相关的热点销售商品或者服务。然而，并不能确定第三方支付平台在获得这些信息时已经取得了消费者或者经营者的明确同意和许可。消费者或者经营者自己在其未留意的情况下留下了消费或者经营记录，能否认为是消费者或者经营者对第三方支付平台收集、存留并使用上述信息的默许呢？从个人隐私权的角度看，消费者或经营者并不希望自己的个人信息被用于商业活动，即便留存他们的消费经营记录，也不能进行分析、梳理并直接使用，倘若第三方支付平台自行收集消费者和经营者信息的行为，涉嫌非法侵犯客户的个人信息安全，面临被追究刑事责任的风险。

二、第三方支付平台刑事风险治理的基本理念

风险是现代化的产物，科技创新在促进社会发展的同时，也带来不可预测的风险。但是，风险具有二重性，它意味着不确定性，可能在导致危害后果的同时，却又具备积极意涵。[①] 正如德国社会学家鲁曼所言：“人们必须学会不能把风险想象

① 参见陈晓明：《风险社会之刑法应对》，载《法学研究》2009 年第 6 期。

如同危险一般，简单地视为只是负面的东西，而必须把它视为一个有意的、作为的对象，而人们因为吸收这个风险而有所获益。”[①] 而第三方支付所带来的刑事风险，同样具备二重性。一方面，与传统侵财犯罪相比，利用第三方平台进行的侵财犯罪（如利用二维码盗窃），作案手段更隐蔽，涉案关系更复杂，案件侦破难度更大。另一方面，国家不断出台各种监管措施，提高相应的行业准入标准，防范可能出现的各类违法犯罪，以保证第三方支付平台的规范运行。在多种法律防控体系中，刑事法律体系是最为严厉的一种。尽管刑法具有事后性，但其预先性的规定却能在其他法律难以发挥规制作用时挺身而出，惩戒危害行为，起到特殊预防和一般预防的作用。但是，“刑罚乃一把双刃之剑，用之不当，则国家和个人两受其害。”[②] 因此，在考虑动用刑事手段时必须遵循以下基本理念：

（一）坚持“行政规制先行、刑法谨慎介入”的综合治理原则

在互联网金融的时代背景下，根据刑法谦抑性原则，尽可能地不作处罚已成为基本共识。当前，我国对待利用第三方支付平台犯罪的基本思路应当是轻缓化，更大限度体现谦抑性的刑法理念。具体表现为以下两个方面：

第一，应坚持行政规制先行。不同于传统的金融行业，互联网金融的最大特点是普惠性，即提供一个新的平台，让每个人都可以便捷地进行金融活动。[③] 对互联网金融而言，自由和创新是推动其发展的根本动力。第三方支付作为互联网金融的源头和最初形式，在推动互联网金融以多种形式发展的情况下，仍在互联网金融中处于至关重要的地位，且本身也融合了多种形式的金融业务，如“支付宝”就融合了余额宝、嘀嘀打车、淘宝购物等商业服务。这些新形势对传统的监管模式提出了新的要求。本文认为，以第三方支付平台为代表的互联网技术在金融领域的创新，需要一个不断试错发展的过程。国家应适时地鼓励和引导发展，过度的行政干预反而会遏制经济活力。只要第三方支付机构所提供的服务在正常经营范围内，即便造成他人直接的财产损失，也不宜认定为行政违法而应视为正常的商业经营失利。行政法的适当规制可以尽可能地减少刑事法的介入。

第二，强调刑法介入的谨慎性。刑法并不是保护法益的唯一手段，法体系整体功能的发挥更有助于这一目的的实现。[④] 现代刑法理论认为，适当的惩罚远比严厉的制裁更为有效，充分利用前置法的调整，不仅降低立法成本，而且不会阻碍市场经济发展。金融市场需要安全与效率两个价值的共生和平衡，不应顾此失彼。[⑤] 为了保障互联网金融行业的自由秩序，应尽量减少以刑罚为代表的公权力对私权

① [德]尼古拉斯·鲁曼：《生态沟通》，汤志杰、鲁贵显译，台湾桂冠图书出版公司2001年版，第113页。
② 林山田著：《刑罚学》，台湾商务印书馆1985年版，第127页。
③ 参见姚文平：《互联网金融：即将到来的新金融时代》，中信出版社2014年版，第10页。
④ 参见张泽辰、江奥立：《第三方支付的刑事风险与防控措施》，载《犯罪研究》2017年第3期。
⑤ 参见冯果，袁康：《社会变迁视野下金融法理论与实践》，北京大学出版社2013年版，第15页。

利的干涉。具体而言：首先，在立法层面明确金融监管措施的行使主体、权力范围、适用对象、启动程序等内容，不至于出现立法空白。通过完善前置法的方式为刑法介入第三方支付平台铺设缓冲带，避免刑法提前启用；其次，充分尊重互联网金融市场的自由竞争机制。所谓“物竞天择，适者生存”，互联网金融市场本身也遵循着这个规则。当某些第三方支付平台缺乏创新能力，无法满足用户需求，自然会被市场淘汰，毋需刑法出面。最后，对于第三方支付可能涉及刑事违法情形，应当坚持宽严相济的刑事政策，根据“当宽则宽，当严则严，宽严结合，宽严相济”的指导思想，尽可能不作为犯罪处理。对于争议较大的利用第三方支付进行的违法活动，先参照行政机关的意见再决定是否启用刑法。

（二）确立个人法益优于社会法益的位阶保护观念

在传统金融业的发展初期，市场经济的发展和结构很大程度上依靠政府的指引。基于此背景下的金融刑事立法有一种强烈的金融保护主义和金融垄断主义色彩，刑法所保护的法益集中于维护传统金融机构的垄断秩序。[①] 然而，随着互联网金融的兴起，越来越多的投资者参与进来，政府的主导作用逐渐弱化，其更多体现的是一种平等主体之间的意思自治和契约精神，这就产生了个人法益—消费者（投资者）权益保护与社会法益——金融秩序维护之间的位阶保护问题。本文认为，第三方支付所涉及的刑事犯罪多以经济领域犯罪为主，其表现为国家关于金融的管理秩序可能受到侵害。但是，金融管理秩序本身具有高度的抽象性，破坏金融秩序所产生的不利后果最终也会转嫁到个人承担，因而消费者（投资者）所面临的风险最大。如果仍强调金融管理秩序作为法益保护的必要性，难免会导致对消费者（投资者）合法权益的漠视。“生活的需要产生了法律保护，而且由于生活利益的不断变化，法益的数量与种类也随之发生变化。”[②] 法益内容的变化也促使着刑事规制和调控手段的转向，积极地应对各种新型犯罪。面对第三方支付可能带来的刑事风险，应将保护重心从社会法益逐渐向个人法益倾斜，维护消费者（投资者）对互联网金融行业的信心。此外，对于消费者和第三方支付平台的合法权益，何者应被优先保护？从风险抵抗能力的角度出发，第三方支付平台将众多客户的资金聚集起来，具备强大的经济实力，自然拥有较强的风险抵抗能力，个人显然是无法与其相提并论。另外，第三方支付平台一般不会主动向客户披露自己的经营情况，而客户在登记注册时往往需要如实填写自己的基本信息，这就导致第三方支付平台与客户之间存在严重信息不对称的情况。基于以上种种风险，首先要依法保护消费者或投资者的合法权益，尤其是个人信息权利和财产权利。其次，才是保护第三方支付平台的合法权益。国家应当营造良好的互联网金融法治环境，同时不断出台

① 参见邓超：《互联网金融发展的刑法介入路径探析—以p2p网络借贷行为的规制为切入点》，载《河北法学》2019年第5期。

② [德]李斯特、施密特：《德国刑法教科书》，徐久生译，法律出版社2006年版，第6页。

措施防范和打击违法犯罪活动。这些涉及的违法犯罪主要是针对第三方支付平台的网络攻击行为、非法利用第三方支付平台的行为(如洗钱、贩卖违禁品)，不能让外在的非法侵害阻碍第三方支付平台的运行，更不能让其成为违法犯罪活动的“避风港”。

(三)充分运用刑事立法和刑法解释机制，建构有效的刑法保护体系

“刑法的一般预防并不倾向于使用不明确的和法治国所怀疑的危险性估计，相反它要求 尽可能准确的明确性，因为被禁止的对象必须准确地在法律中加以规定，由此才能鼓励国民在内心中产生一种对这些被禁止的特定行为保持距离的动机。”① 在互联网金融日渐发达的今天，活跃的刑事立法并不会带来刑法过度干预的系统风险，② 相反，明确的立法指引一定程度上可以减少犯罪行为的发生。从当前的立法现状分析，我国对第三方支付平台的约束性法律主要有《非金融平台支付服务管理办法》、《非金融平台支付服务管理办法实施细则》、《支付平台反洗钱和反恐怖融资管理办法(征求意见稿)》、《支付平台互联网支付业务管理办法(征求意见稿)》等，总体呈现零散、碎片化的特点，而且皆属于部门规章，法律层级较低，不能很好地对第三方支付可能出现的刑事风险进行体系化的保护。因此，在立法层面，有必要建构一部上位法律（法规）对第三方支付平台的管理、运作以及如何防范第三方支付的刑事风险进行详细规定，同时协调其与其他法律规范之间的关系，形成一整套完备的、系统的刑事风险防控体系。③ 同时，在司法层面，应当灵活运用刑法解释机制来处理新型的犯罪现象，例如一方面以司法解释的形式对第三方支付平台的“主观明知”及证据要求作出更详细的界定。另一方面可扩大现有罪名体系的打击半径，适当采用扩大解释的方法将第三方支付犯罪纳入刑法的评价体系之内。总之，针对第三方支付平台运行的特征与趋势，充分利用刑事立法与刑法解释机制，建构有效的刑法保护体系，在保护互联网金融市场创新的同时，维护金融市场秩序与消费者合法权益。④

三、利用第三方支付平台进行相关犯罪的刑法规制路径

在互联网金融时代，创新和风险共存。就第三方支付平台而言，其“应用广、功能强、效率高”的特点为用户生活带来便利的同时，也被一些不法分子利用成为了犯罪工具。面对第三方支付日益涌现的刑事风险，刑法的规制效用是不容忽视

① [德]克劳斯·罗克辛:《德国刑法学总论》(第1卷)，王世洲译，法律出版社2005年版，第43页。

② 参见周光权:《转型时期刑法立法的思路与方法》，载《中国社会科学》2016年第3期。

③ 这种预防性立法是可行也是必要的，以反洗钱法律规制为例，如英国、荷兰、美国、新加坡、澳大利亚等国均有议会制定的或国际组织制定的规制利用互联网支付系统洗钱的专门法律。如英国、荷兰均适用《欧盟2009电子货币指引》、《欧盟2007支付服务指引》，新加坡有《2006支付系统法案》、《储值设备指引》，澳大利亚有《1998支付系统管理法案》、《电子资金转移法》。

④ 参见刘宪权:《互联网金融市场的刑法保护》，载《学术月刊》2015年第7期。

的。但是，刑法介入的程度、介入的范围，以及如何利用好刑法这一“双刃剑”，保障第三方支付发展路径的合规合法，是我们必须思考的问题。

（一）违反行业准入许可擅自设立第三方支付平台行为的刑法规制

在设立第三方支付平台时，必须遵守国家关于金融行业准入的规则，在符合准入的条件下申请设立第三方支付平台，在获得许可成立后，应严守国家关于备付金存储、使用和交付的规定，不从事超出第三方支付许可范围的其他金融活动。若第三方支付机构未经许可或者超出许可范围，提供包括支付、结算在内的各种金融服务，基于刑法谦抑和宽严相济的刑事政策的要求，尽可能地发挥行政法的规制作用，而不是动辄考虑让刑法出面。对此，国家有关金融管理部门应加强对第三方支付平台的监管，落实审查责任制，强化内外部监督机制。从消费者权益保护的角度，加强对第三方支付交易信息的审查，建立异常交易和异常账户预警机制。[①] 当然，对于第三方支付平台非恶意试水金融新模式的行为，行政法律监管也应保持宽容，以教育和引导为主，以处罚和禁止为辅，为金融创新留出必要的机会和发展空间。行政法律监管对于这种风险的防范具有屏障性作用，刑法的作用反而应当弱化，尽可能不予介入。

（二）利用第三方支付平台的监管不严进行犯罪的刑法规制

在多数情况下，第三方支付平台作为中立一方，为消费者与经营者达成交易提供“正面效应”，但不排除极个别情况下也可能沦为犯罪者实施犯罪的“工具”。一旦犯罪行为通过第三方支付平台进行传播，其破坏力之大、涉及面之广都是传统犯罪难以比拟的。因此，第三方支付平台在设立、运行之时，需要采取各项监管措施，及时维护、修补平台漏洞，防范可能出现的恶意攻击或黑客入侵的行为。只有在第三方支付平台已经充分履行监管义务的情况下，方可援引“技术中立”规则免除刑事责任。但是，对于未能充分履行监管义务，且在一定程度上促成犯罪交易的第三方支付平台应予何种评价？笔者认为，此时应当重点考察行为的客观违法性及相关责任人的主观罪过。客观违法性的判断需要结合平台设立的资格主体（是否符合市场准入机制）、运行机制（是否具备相应的征信评价、资金托管和信息披露机制）、风险防控措施（是否定期维护、监测平台漏洞）等因素。相关责任人的主观罪过则必须成立故意或重大过失，而不能只是一般过失。这是因为，互联网金融犯罪是一项涉及范围更广、危害程度更高的犯罪行为，其客观违法性必须与其主观恶性相一致。只有明知他人实施犯罪活动仍予以帮助，或者对他人正在进行的犯罪活动予以放任，才具备主观上的可谴责性。

（三）非法获取、运用公民个人信息行为的刑法规制

从刑法条文来看，与个人信息保护相关的罪名包括侵犯公民个人信息罪、拒不

① 参见杨松、郭金良：《第三方支付机构跨境电子支付服务监管的法律问题》，载《法学》2015年第3期。

履行信息网络安全管理义务罪、非法利用信息网络罪、帮助信息网络犯罪活动罪，非法获取计算机信息系统数据罪，编造、故意传播虚假信息罪等。《刑法》第253条之一规定的侵犯公民个人信息罪包括两种行为类型：一是违反国家有关规定，出售或者提供他人信息的行为；二是以窃取或者以其他方法，非法获取他人个人信息的行为，该罪属于典型的法定犯，判断行为刑事违法性以行为人违反前置性法律法规为前提。坚持法秩序统一原理，根据行政管理法规确定法定犯的违法性，是法定犯坚守罪刑法定原则的重要路径。①

司法实践中，需要注意以下三个问题：第一，如何判断第三方支付平台“非法获取”公民个人信息行为的非法性？对于获取公民个人信息，《刑法》第253条之一第3款将罪状直接表述为“非法获取”。同时，《关于办理侵犯公民个人信息刑事案件适用法律若干问题的解释》（以下简称《刑案解释》）第4条明确规定：“违反国家有关规定，通过购买、收受、交换等方式获取公民个人信息，或者在履行职责、提供服务过程中收集公民个人信息的，属于《刑法》第253条之一第3款规定的‘以其他方法非法获取公民个人信息’。”从体系解释的角度，对此处的“非法”应当以是否违反国家有关规定为判断标准，即对“非法获取”的认定也要以违反国家法律相关规定为前提。

第二，对于第三方支付平台“非法提供个人信息给他人”行为如何认定？根据《刑案解释》第3条规定，所谓“提供公民个人信息”，即向特定人提供公民个人信息，以及通过信息网络或者其他途径发布公民个人信息的行为；未经被收集者同意，将合法收集的公民个人信息向他人提供的，属于“提供公民个人信息”，但是经过处理无法识别特定个人且不能复原的除外。根据《个人信息安全规范》等内容，个人信息原则上不得公开披露，经法律授权或具备合理事由确需公开披露时，应当匿名化处理或者向个人信息主体告知公开披露个人信息的目的、类型以及可能导致的法律风险，并事先征得客户的明示同意。若第三方支付平台本身或者从业人员未按原来公司的章程或者规定，擅自将这些客户信息提供给他人或者其他平台，那就应当认定其行为的非法性质，进而认定其构成非法提供公民个人信息罪。

第三，应当注意区分非法获取或提供个人信息行为与善意收集、分享、利用个人信息行为。前者强调获取目的的非法性、获取手段的不正当性以及对个人信息安全法益的实质危害性，而后者则是强调通过信息的整合和利用，分析客户的兴趣及偏好，在此基础上提升商品或服务质量。互联网金融的发展需要通过大数据的技术来对有关消费和行业信息进行收集和分析，以发现客户的更多需求，从中找到更多的商机。具体而言，若自行收集或者分析行为只是对客户公布在网络上的信息、在本平台内部的信息而实施，则可认为并不违法，若超出上述范围，就属于非

① 参见刘艳红：《法定犯与罪刑法定原则的坚守》，《中国刑事法杂志》2018年第6期。

法行为，另外，第三方支付平台在信息收集分析后仅用于本单位的合法经营活动，应当认定为在合法范围内使用。但是，第三方支付服务提供者出于非法获利的意图，利用大数据手段收集、分析公民个人信息，进而出卖公民个人信息，非法牟取经济利益，那就与第三方支付或者其他互联网金融活动无关，应当按照非法获取公民个人信息罪、非法提供公民个人信息罪来处罚。

结 语

在对第三方支付平台刑事风险的规制上，刑法作为所有部门法的“最后一道屏障”，对一些非恶意金融创新模式，应秉持宽容和谨慎态度，尽可能地交由行政法、民法等前置规范解决，不能“大刀阔斧”地介入；对于利用第三方支付平台实施的违法犯罪，刑法也不应“过分谦抑”，否则动辄数亿元的收益会对犯罪活动形成反向的激励机制，给社会带来更大的损失。所以，只有准确地把握刑法介入的时间、程度，才能不断地改善互联网金融的营商环境，维护消费者以及投资者的合法权益，实现互联网金融社会价值和社会功能的融合。

股权众筹融资平台刑事风险的技术性合规路径

陈梦婷 吴志宇 *

众筹(Crowdfunding)一词是众包(Crowdsourcing)和微型金融(Microfinancing)的融合词，指的是社会公众通过互联网平台进行商业投资或支持他人完成特定目标的融资方式[①]。依据不同的回报形式，众筹可分为奖励众筹、公益众筹、债权众筹、股权众筹等多种形式[②]。其中，以让渡企业部分股权作为回报形式的融资方式即为本文所称之股权众筹。一方面由于中国以往长期实行较为严苛的金融抑制政策，民间资本难以进入金融领域[③]，另一方面，又由于银行固守的较为保险的批贷规范，市场中的中小企业往往面临着较为紧张的资金流动状况。因此，在这一供需市场相匹配，现有政策却不支持的情况下，"利基市场"大行其道，使得股权众筹这一能够满足众多利基产品需求的"长尾市场"产物成为金融圈中的"宠儿"。数据表明，自2013年国内首例股权众筹落地以来，股权众筹不断高速增长。根据零壹研究院数据中心统计，截至2015年6月，全国股权众筹平台共计139家，仅上半年的股权众筹整体交易规模即达35亿元[④]。

然而，由于股权众筹是以企业股权作为回报形式，其与现行《刑法》《证券法》《公司法》均有抵牾之处，虽然从法律现状梳理来看，专门针对"股权众筹"而出台

* 陈梦婷(1996—)，女，福建福州人，厦门大学法学院法律硕士研究生，研究方向为刑法学；吴志宇(2000—)，男，安徽合肥人，厦门大学经济学院统计学专业本科生。

① 转引自陈晨：《股权众筹的金融法规制与刑法审视》，载《东方法学》2016年第12期。

② 参见刘宪权：《互联网金融股权众筹行为刑法规制论》，载《法商研究》2015年第7期。

③ 参见莫洪宪、刘芷含：《互联网股权众筹的刑事风险防范及规制》，载《广西大学学报(哲学社会科学版)》2018年第2期。

④ 参见柏亮：《众筹服务行业年度报告》，东方出版社2015年版。

的法律法规并不在少数，但其中具有理论高度性和现状实用性的寥寥无几[①]，因此，股权众筹形式虽然在现实生活中苟活已久，但其仍长期徘徊于法律的边界地带，有时甚至触碰非法吸收公众存款罪、擅自发行股票罪等犯罪的“高压线”[②]。针对这一问题，众多学者均从不同角度发表了自己的观点。从政府角度出发，学者主要表示希望立法者能通过立法活动将股权众筹规定证券交易形式的一种，使得股权众筹行为受到《刑法》和《证券法》的保护和规制。如唐友良教授（2016）认为股权众筹作为“投资合同”的一种，应属证券之列[③]。彭冰教授（2017）亦表示立法者在修改《证券法》时需将股权众筹纳入其中[④]。从民众角度出发，学者主要表示希望加重企业信息披露义务，以缓解投资者投资时存在的信息不对称等问题，加强投资安全性。如马永保教授（2016）表示信息披露制度是消除投资者信息劣势这一基本需求的根本保障[⑤]。王延川教授（2016）在表示支持信息披露制度的前提下亦指出为了避免融资者成本的大幅度增加，对于披露程度需要进行一定限制[⑥]。从企业角度出发，学者主要表示可以适当豁免企业的融资公开程度，以保证融资者的高效融资。如贺卫教授（2018）表示，现有法律规制过于严苛，致使融资者只能不断寻找“安全港”以进行法律规避。这一行为不仅大幅增加了融资者的融资成本，更是使得融资者面临着各种经营型和准入型风险[⑦]。刘明教授（2015）认为可以为股权众筹制度

① 2014年12月18日，中国证券业协会发布《私募股权众筹融资管理办法（试行）（征求意见稿）》，但由于该立法一方面在理论上对股权众筹的定性比较类似于对于“私募”的定性方式，不符合大众金融、全民金融的预期目标；另一方面在实操中，对潜在投资人设立了过高的投资门槛难以实现大众金融、全民金融，因此该法条的出台遭到许多专家学者的批评。2015年7月18日中国人民银行、证监会等十部门联合发布的《关于促进互联网金融健康发展的指导意见》：“股权众筹融资主要是指通过互联网形式进行公开小额股权融资的活动。”该指导意见给股权众筹提出了两个构成要件，其一为公开，其二为小额。但是由于对于公开的限度和小额的标准缺乏更细化的规则进行匹配调整，因此该指导意见因为较为缺乏实用性，在社会上和法学界引起的讨论程度较低。2015年8月3日《关于对通过互联网开展股权融资活动的机构进行专项检查的通知》证监办〔2015〕44号：通过互联网形式进行的非公开股权融资或私募股权投资基金募集行为并非股权众筹，需要备案管理。该44号文的出台具有一定的现实背景，由于前期对股权众筹的限制程度较低，因此该长尾市场成为民间金融的重镇，同时也成为犯罪及大量违法行为的重镇。因此44号文强调对于以“互联网形式进行的非公开股权融资或私募股权投资基金募集行为”是需要备案管理的，不能将其统一视作股权众筹，从而享受一定的税收优惠和审查便捷。44号文在两方面发挥了作用，其一为否定了以“互联网形式进行的非公开股权融资或私募股权投资基金募集行为”的股权众筹性质，其二在实操方面并没有因此起到更多的限制作用，而是使得一夜之间所有股权众筹纷纷改名，以规范自身平台的名义实现逃避审查的实质。且由于该文的性质更类似于行业自律，而非真正的法律法规，因此影响范围有限。2016年4月12日《国务院办公厅关于印发互联网金融风险专项整治工作实施方案的通知》，对互联网金融进行专项整治。网络金融治理的政策进入实施阶段，使得部分刑事政策也随之调整。2018—2019立法委都将关于“股权众筹”工作纳入年度的立法工作，且在两年间都明确表态“力争年内公开发布股权众筹试点管理办法”。

② 参见刘宪权：《互联网金融股权众筹行为刑法规制论》，载《法商研究》2015年第7期。

③ 参见唐友良：《公募众筹的理论基础》，中国法制出版社2016年版。

④ 参见彭冰：《投资型众筹的法律逻辑》，北京大学出版社2017年版。

⑤ 参见马永保：《股权众筹行业融资信息披露制度：行业特殊性与发展方向》，载《现代经济探讨》2016年第8期。

⑥ 参见王延川、吴炜：《论我国小额股权众筹发行豁免制度之构建》，中国法制出版社2016年版。

⑦ 参见贺卫、李进：《股权众筹的刑事法律风险及规制》，载《经济刑法》2018年第1期。

设立公开宣传的安全港规则以保证融资者可以向潜在投资者进行信息传递[①]。

现有文献从立法者角度、投资者角度、融资者角度均进行了大量的分析。然而，从融资平台即运营者角度出发的文献却是凤毛麟角。反观现实发现，在股权众筹行为中，融资平台同样扮演着极为重要的位置，目前亦有众多刑事风险待解决。《证券时报》曾在 2016 年指出融资平台“营销形式传销化”“信息披露无序”“虚假项目虚假投资”等行业乱象已然显现[②]。数据同样证明了目前平台存活之艰，据统计 2016 年第一季度全国倒闭的股权众筹平台就达 43 家，超过了 2015 年全年倒闭的股权众筹平台数量之总和[③]。在现有股权众筹模式之下，平台作为融资初期的“项目审核人”、融资中期的“项目宣传人”、融资后期的“资金发放人”在股权众筹过程中扮演了重要角色，也相应地承担了众多风险。这种风险上的高发和研究上的阙如使得融资平台在刑法的高压线上“风雨飘摇”。基于此，本文从股权众筹的类型出发，通过分析股权众筹下融资平台的权利与义务，指出其在运作过程中的高发风险，从而对融资平台合规路径提出相应建议，以期保护相应平台成长，推动股权众筹顺利进行。

一、股权众筹下融资平台的地位辨析

2015 年年底起，P2P 平台爆雷现象频发，互联网金融风险问题首次被提上国家层面进行讨论。2016 年中国人民银行牵头多个中央部委进行整体整治工作实施，联合证监会等十四个部委发布各类规章文件。其中，《关于促进互联网金融健康发展的指导意见》《股权众筹风险专项整治工作实施方案》等文件，将我国股权众筹这一以股权作为汇报方式的众筹型融资手段分为三种类型：其一为“公募型股权众筹”，即融资者通过融资平台向不特定社会大众公开发行小额股权证券以获得资金的融资方式，其主要特点在于信息发布的公开化、股权证券的小额化和投资人群的大众化。其二为“互联网非公开股权融资”，即融资者通过融资平台向具备一定资质的数量有限的投资群体以适格股东资格为回报来吸引投资者进行投资，从而达到获取资金的融资方式，其主要特点在于信息发布的非公开化、股权资质（个人直接股东模式或者基金间接股东模式）的适格化和投资人群的小众化。其三为“互联网私募股权投资基金募集”，即融资者雇佣或者将业务交付专业的股权管理公司，由公司内部的私募股权基金管理人进行募资，且募资对象不可以超脱合格投资人范围（依私募投资者基金监督管理暂行办法规定确立），不可向不特定对象发布宣传信息等。同时，由于私募基金群体的特定化和资质化，其融资金额相较于前两者表现出较高水平，该种融资方式的主要特点在于信息发布的非公开化、融资款项的大额化和投资人群的特定化。

---

① 参见刘明：《论私募股权众筹中公开宣传规则的调整路径——兼评私募股权众筹融资管理办法（试行）》，载《法学家》2015 年第 5 期。

② 参见朱凯：《互联网股权融资平台存五大乱象》，载《证券时报》2016 年 5 月 4 日。

③ 转引自莫洪宪、刘芷含：《互联网股权众筹的刑事风险防范及规制》，载《广西大学学报（哲学社会科学版）》2018 年第 2 期。

由于股权众筹的本质是低成本向社会大众募集资金的手段，其目的在于打破以往横亘在困于现金缺乏的中小企业和苦于资金流动的社会大众的金融规则，以更为公开、小额、大众的金融方式获取社会资金。因此投资人群小众化的“互联网非公开股权融资”和投资人群资质化的“互联网私募股权投资基金募集”均不能成为真正意义上的“股权众筹”。换言之，仅有第一种“公募型股权众筹融资”才可谓是真正的全民金融下的“股权融资”，因此本文着重讨论此种类型下的股权众筹中融资平台的责任。

在这种股权众筹模式下，融资模式大体为这样一个流程：融资者向融资平台提交融资项目申请，待融资平台申请通过后，由融资平台结合融资者的项目背景公示项目信息及宣传介绍。投资者依据相关信息进行项目选择投资，以获得企业股权的期待权（此处仅为期待权，因为项目尚未融资成型），而投资者的投资款项则先由融资平台自身或者委托第三方进行资金暂管，待融资成功后，融资平台扣取相应手续费后，将剩余资金一次性或多次性发放给融资者，与此同时，投资者待融资成功后即获得相应股权，与融资者共担风险、共享收益。若融资失败则向融资者收取一定手续费并将已获得的项目资金相应退还投资者。

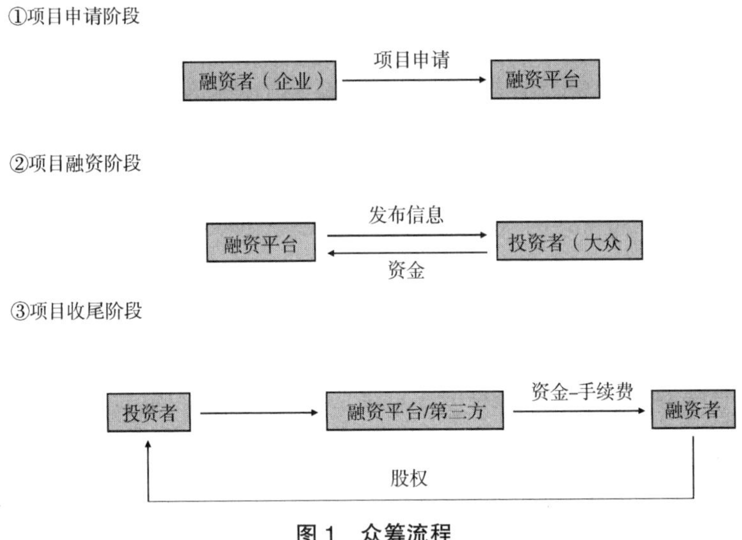

图 1　众筹流程

其中，融资平台主要扮演的角色在过程中有相应的变化。在项目的申请阶段，融资平台是项目的资质审核者，主要担负的是项目的监管责任。在项目的融资阶段，融资平台是项目的信息发布者，主要担负的是项目的宣传责任。在项目的收尾阶段，融资平台是项目的股权发放者和资金发放者，主要担负的是项目的钱权交互责任。而不同阶段，融资平台也相应地对应着不同的刑事风险，在不同类型的“罪责之中”游离，意图帮助企业在金融红利中驰骋，却又不在金融风暴中翻滚，首先则需要分析，在不同阶段融资平台可能触碰的“高压红线”。

二、股权众筹下融资平台的风险分析

（一）项目申请阶段：融资者项目价值的评估责任

不论是2016年，我国“上海优索环保科技发展有限公司案[①]”中，上海优索环保科技发展有限公司利用“原始股”非法融资2亿多元，涉及上千名投资者；还是国外“Light Freq案[②]”中，发起人Devon Alli携款跑路的集资诈骗犯罪[③]，均表明目前股权众筹活动中，许多融资者假借股权众筹之名，行集资诈骗之实。而其中，由于融资平台不是项目的发起者也不是资金最终的流向者，因此在虚构事实层面不存在故意，在非法占有目的上也无相应犯罪动机，所以融资平台往往不是集资诈骗行为的直接实施者。实践中，部分融资平台涉及集资诈骗犯罪主要是通过与融资者达成共谋后，在审核环节听之任之，从而间接帮助融资者获取资金，在犯罪行为完成后与融资者进行款项分赃。更多的情况是，融资平台由于自身信贷评估能力较弱，因此对于融资者的审核力度不足，导致融资者鱼龙混杂，最终造成投资者的资金损失。由于融资平台是否需要承担相应的“集资诈骗罪”的刑事责任，不仅取决于共犯责任的判断，即判断是否存在“共谋”情节，还有对融资平台应知这一构成要件的证明。因此，股权融资平台需要承担融资者项目价值的评估责任，在信贷判别阶段剔除不良企业，避免由于自身融资平台的信息传递真实性义务，而导致应知条件的满足，最终被刑事制裁。

（二）项目融资阶段：资讯端内容边界的把控责任

传统金融领域交易成本过高、金融管控过严的问题使得我国主流的金融市场对中小企业及较低收入人群采取较为排斥的态度，因而互联网金融这一“长尾市场”则应运而生，同时“长尾市场”所具有的“长尾风险”也随之愈演愈烈。而在项目融资过程之中，伴随着相应的长尾风险，融资平台最易触碰的红线则为虚假广告罪。该罪成为融资平台最为高发的犯罪，主要由以下原因导致：

（1）从行为上看，虚假广告具有客观需求，且融资平台具有发布虚假广告的主观动机。融资平台发布消息这一需求是基于现状下的客观上信息不对称的现实和投资者主观上“搭便车”投资心态共同作用的产物。

具而言之，互联网金融使得客观条件上信息不对称的现象不断加剧。由于融资者进行融资期间，融资项目往往仅存在于蓝图阶段，除了相关项目成员及相关领域从业者能对项目内部信息及发展前景稍加掌握外，投资者往往对融资者的主观动机和客观资质都不甚了解。这一信息不对称问题在科创版块则更为严重，对于高新科技项目，

---

① 段国帅于2013年成立上海优索环保科技发展有限公司后，以上海某地股权交易市场挂牌身份，对外宣称该上海优索环保科技发展有限公司为上市企业，同时，段国帅以出售“原始股”为噱头，进行融资，并承诺该股票年收益可高达48%。

② Light Freq智能灯泡项目于2014年在国外最大的众筹平台Kickstarter上发布成功，并筹得资金27.5万美元。但其发起人在成功融资后并未将所获款项用于生产或向合作企业付款，而是携款逃跑。

③ 转引自阴建峰、刘雪丹：《互联网股权众筹的刑法规制问题论纲》，载《法律科学》2018年第1期。

投资者对技术本身的了解基本停留于新闻层面，甚至是十足的“门外汉”。信息传播空间的扩大，在增加了消息传递的受众的同时，也拉远了融资者和投资者之间的距离；网络技术的发展，在提高了信息交换效率的同时，也降低了制造虚假消息的成本[①]。这使得虚假广告在生产层面上成本更低，在传播过程中效率更高。互联网金融下虚假广告之风也因此愈演愈烈。同时，投资者主观“搭便车”的投资心态，也使得虚假广告有了更多的受众，具有更高的传播效率。在股权众筹活动中，参与者往往是被传统金融所相对排斥的小额投资者和智识匮乏者。因此，从理性人的角度分析，投资大量时间成本和精力成本来补充相关的项目背景知识、项目投资风险、项目融资资质，会导致他们的收益与支出呈现出“倒挂”现象，入不敷出。因此，股权众筹中，参与者往往表现出较高的“搭便车”的投资心理，以兴趣和听闻来进行项目投资，缺乏一定的稳定性和同质性。根据相关研究数据表明，美国众筹网站上外部投资者在平台上做出一次性投资的比例高达89%，即投资者不会对相同或者相关项目进行重复投资，因此通过自身学习以缓解信息不对称情况的方式打破了一般投资者的成本预估，难被投资者所接受。在这一客观上信息不对称情况不断加剧而主观上投资者怠于分析调研的现状下，虚假广告有了以往不可比拟的传播效率和预期利润。外加互联网广告是Web2.0时代互联网企业的核心商业模式，是众多企业盈利的主要来源和各方布局网络经济的争夺中心[②]。股权众筹中的融资平台也不例外，融资平台的主要获利方式为促成融资后收取费用和相关项目的推广费用，因此融资平台在传播虚假信息上具有较高的道德风险和犯罪动机。世界经济论坛指出错误信息和“虚假新闻”在社交媒体上的传播也会扰乱市场。在2016年11月时，世界经济论坛将海量数码不实消息列为社会主要威胁之一。国家工商总局的监测亦表示互联网广告违法率是传统媒体的3倍以上，仅2015年一年，全国查处相关案件达到2300余件，罚没款金额达到2862万余元，其中网络交易及网络融资平台网站的广告处在高位运行状态。可见网络虚假广告行为已经成为网络犯罪，尤其是金融交易犯罪中的“重灾区”。

（2）从结果上看，由于虚假消息传播速度和层级上的特殊性，致使人们更易接触到虚假消息，项目的甄别难度加大，极易出现逆向选择现象，进一步扩大“柠檬市场”，导致金融风险。根据《科学》杂志3月发表的《The Spread of True and False News Online》可知，比起真消息，假消息在传播速度上是真消息的6倍，在传播层级上是真消息的2倍。虚假消息的速度之快，使得虚假广告内容往往是人们首先接触到的信息，使人们在锚定效应的影响下，先入为主地对相关宣传保持信任态度，加之鲍曼效应[③]和回声室效应[④]的双重影响，人们倾向于寻找与自己意见相同的同温层进行讨论与沟通，并在“回音室”中不断加深自己对原有观点的信任程度，

① 参见陈晨：《股权众筹的金融法规制与刑法审视》，载《东方法学》2016年第12期。

② 参见孙道萃：《虚假广告犯罪的网络化演变与立法修正思路》，载《法治研究》2018年第2期。

③ 鲍曼效应：英国社会学家齐格蒙特·鲍曼指出人在社群中容易通过筛选、追踪和封锁避开争锋，使得自己越来越趋向于让自己舒适的同温层。

④ 回声室效应：在一个相对封闭的环境中，一些意见相近的声音不断重复，令处于相对封闭环境中的大多数人认为这些扭曲的故事就是事实的全部。

最终影响自身对项目本身的甄别，从而倾向于选择在评级中表现较为差劲的产品和项目，造成“逆向选择现象”，从而进一步致使“柠檬市场”现象，任由宣传能力更强的低质量企业将高质量企业驱逐出金融市场。这一情况在现有金融领域已有例证，美国著名P2P网站ProsPer发现，其平台上的借款人的还款表现在统计上显著较低，据第三方评级机构Experian评级后发现，平台上的投资者在选择借款项目的时候对于评级打分下半段的借款人表现出更高的青睐度，呈现出典型的“逆向选择”。因此，现状下虚假广告的危害从医疗领域“魏则西事件”到P2P领域的“e租宝爆雷”再到如今的股权众筹领域的“人人投”，其导致的犯罪数额已经脱离百万级别跃升至亿计单位，对我国新生金融事业的顺利发展造成巨大的挑战。

（3）从刑事政策上看，目前网络虚假广告犯罪频发，网络金融领域乱象频出。鉴于融资者往往难以追捕的现状，为了维护社会秩序，司法部门往往对融资平台的信息发布苛加更高的审慎义务，致使融资平台的入罪可能更大。长期以来，由于原有广告法的立法缺陷和关于虚假广告罪司法解释的空缺，致使虚假广告罪在司法适用上呈现出较低频率的状态，让人有种该罪极少适用的错觉。然而，观察司法实践可知，“虚假广告罪”单独被适用情况较少，多被当作其他罪名的牵连犯加以处理。在众多涉及“虚假广告罪”的案件中，司法部门最终倾向于援引“生产、销售伪劣商品罪”“非法利用信息网络罪或帮助信息网络犯罪活动罪”“诈骗罪”等具体常见罪名予以定罪量刑。其主要援引是一方面虚假广告在传统的交易领域常是作为其他犯罪的手段或者工具予以利用，以牵连犯从一重罪来定性犯罪行为确实更为适当。另一方面也在于相关法律较为滞后，虚假广告罪作为法定最高刑两年的罪名，明显低于轻罪通常设置的三年有期徒刑的标准，在具体适用上极易产生罪责刑不匹配的情况。然而，由于互联网金融市场中，部分项目或者创意并不以具体物理意义上的商品出售为获利途径，又没有侵害他人商业名誉，因此援引其他罪名的方式在这样的交易背景下就有点违反“罪刑法定”。加之虚假广告通过网络数据流动，对网络数据安全、市场管理秩序、个人法益均有重大影响，因此自2016年《互联网广告管理暂行办法》《互联网信息搜索服务管理规定》以及《网络安全法》的发布，虚假广告罪进入网络化调试阶段，众多学者指出应将虚假广告罪从结果犯变为危险犯[①]，增加结果加重犯规定[②]，提高最高刑罚标准至十年以上[③]，并配套设有职业禁止、保安处分等措施[④]以净化网络空间，相关网监部门亦全力配合大力处理相关虚假广告网站。因此，在目前的刑事政策下，虚假广告罪成为互联网金融领域的高发犯罪，而融资平台作为具有犯罪动因的中介平台，如何在该犯罪高压线的指导下合规宣传，从而促进融资者和投资者双方的良好交易，便成为这一环节的合规重点。

① 参见卢建平、刘传稿：《法治语境下犯罪化的未来趋势》，载《政治与法律》2017年第4期。

② 参见孙道萃：《网络平台犯罪的刑事制裁思维与路径》，载《东方法学》2017年第3期。

③ 参见邓曦涛：《网络虚假广告的罪与罚》，载《中国消费者报》2010年第3期。

④ 参见孙道萃：《虚假广告犯罪的网络化演变与立法修正思路》，载《法治研究》2018年第2期。

（三）项目收尾阶段：投资者钱款来源的甄别责任

由于在项目的收尾阶段，融资平台对于融资者来说是一个资金的发放机构，对于投资者来说则是一个股权的发行机构。当交易完成的时候，投资者的钱款将通过股权众筹平台进入融资者的账户，投资者也将获得融资者的项目股权，享有共享收益的权利。因此，当投资者钱款来源不端时，此项目可以很好地将不法来源通过股利分红等形式对钱款性质加以转变，使之成为合法收入。虽然目前平台并没有钱款审查的义务，且在以往的操作层面上也难以加之甄别；但是随着"帮助信息网络犯罪活动罪"的设立，加之《反洗钱法》中对金融机构设立的反洗钱义务，建立健全的反洗钱内部控制制度、提高客户身份识别能力、设立可疑交易报告制度，有利于股权融资平台做前置化风险预防，一方面控制实际交易中的股权货币交易风险，一方面也避免司法机构适用"应知"归责将其归于"帮助信息网络犯罪活动罪"中。

三、股权众筹下融资平台的合规探析

随着现代社会经济的不断发展，经济管理的复杂性不断增强。因此，其相对应的刑事法网也逐渐严密，使得企业的犯罪风险不断上升。由于传统刑法主要针对已发生的犯罪进行惩罚，这一"社会教育"方式不但难以弥补已然犯罪对企业和社会形成的巨大危害和损失，也难以抵消犯罪所带来的利益诱惑，无法实现刑法的一般预防目标。因此，刑事政策逐渐从以往的主攻对已然犯罪的惩罚，转变至现代的对未然犯罪可能的预防。由此，合规计划（Compliance-Programs）这一以确保企业规范运行，避免企业遭受法律风险为目标的计划应运而生。由于刑事风险的内容区别于一般民商事风险的财产，其包涵了资格、自由乃至于生命的内容，因此，对于刑事风险的预防成为合规的重要组成子项，也即所谓的刑事合规。对于刑事合规的定义，学界众说纷纭，有的学者认为："刑事合规包含所有客观上事前必要的或者事后被刑法认可的规范性、制度性以及技术性的属于某一组织的措施。"[①]有的学者认为，刑事合规就是"为了避免公司员工因其相关业务举止而进行刑事答责的一切必要且容许的措施"[②]。我国学者主要认为形式合规是"借助刑事法手段、构罪或者量刑，以推动组织体自我管理的相关立法和实践[③]。"综合上述国际主流看法，可以发现，刑事合规的目的在于要求企业的运行受到刑事法的约束，刑事合规的内容是靠赋予企业及部分经营者一定的刑事风险管理的积极义务。刑事合规的性质属于国家刑法制度，包含合规和不合规的刑事政策回应。因此，结合上述特征，本文所言之企业合规是指：在于降低组织或者组织成员实施的与组织有关且违反国内或国际法律的经济犯罪行为的风险（或者也可以是成为犯罪嫌疑人给组织带来的商誉上的其他风险），而与刑事执法机构达成的对刑事风险预防有实际作用，但以企业

---

① ［德］托马斯·罗什：《合规与刑法：问题、内涵与展望——对所谓的"刑事合规"理论的介绍》，李本灿译，载《刑法论丛》2016 年第 4 期。

② 李本灿：《合规与刑法》，中国政法大学出版社 2018 年版。

③ 李本灿：《刑事合规理念的国内法表达——以"中兴通讯事件"为切入点》，载《法律科学》2018 年第 6 期。

自身价值为最后核心的规则实施计划。从这个定义可知，刑事合规的内涵在于刑事约束的分工化和细节化。从本质来讲，刑事合规与一般的刑事政策教育无异，均以教人守法为最高指令。但是，由于传统的刑事法律教育具有泛化特性，以至于教育流于表面，不犯法的依旧不犯法，犯法的依旧犯法。因此，国家利用企业的营利性特征，建构企业与企业工作人员之间的观念上的“连坐制度”，使得企业出于牟利特性为避免自身踏入刑事法网，而预先以企业规章、企业内查制度预防企业工作人员进行违法犯罪活动，以实现风险社会下的国家与社会双重预防、双重打击、双重教育特色。同时，也鼓励企业将刑事风险控制前置化，避免在诉讼阶段进行抗辩，而是在经营活动中更多识别风险，解决风险。

（一）项目申请阶段：融资者信用评级模型设立

在互联网信贷的融资过程中，利用企业线上提供的信息评估其信用等级可以有效规避信贷诈骗等融资风险。本模型的建立，即试图通过提取企业提交的发票记录中的相关信息来得出合理的信用等级评估，从而指导融资过程中信贷发放的决策建立。

可通过行业景气度、企业盈利能力（即利润率和利润额）、供求关系稳定度（即供给稳定系数、需求稳定系数、成交率）三大指标来衡量企业实力。

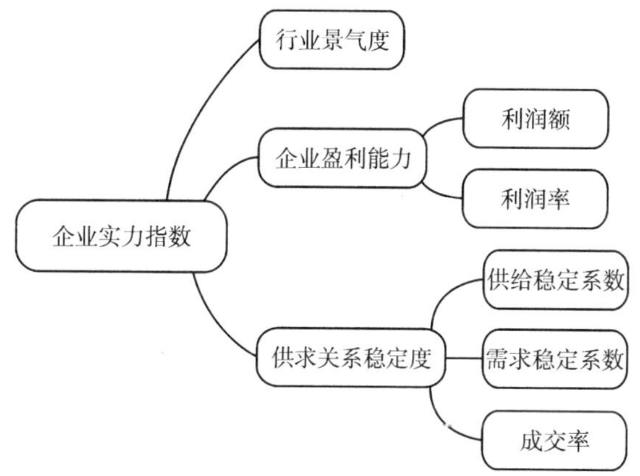

图 2　企业实力指数因素

以下分别对各项指标进行解释：

（1）行业景气度

我们首先按照 66 个股票行业板块，对企业进行分类，将行业景气度定义为板块指数的年度增长率的百分点数。行业板块指数是板块各股股价变化的集合，是对全行业走势的整体反映。行业板块指数走势越强，即可说明该行业可能为股东创造的利润越多，投资者对行业的信心越强，行业存在重大利好消息，主力资金的进入，等等，均可说明该行业越景气。

（2）利润额

对于每一个企业：

$$利润额=\sum_{i=1}^{有效销项发票数}销售金额-\sum_{j=1}^{有效进项发票数}进项金额$$

通过计算企业的利润额，我们可以得知企业的盈利额度。盈利额度较大的企业，其企业规模也较大，实力也更强，银行向其贷款后，有充裕的资金可以还款，有利于降低银行贷款坏账率。

（3）利润率

对于每一个企业：

$$利润率=利润额/\sum_{i=1}^{有效销项发票数}销项金额$$

通过计算企业的利润率，我们可以得知企业的盈利幅度。盈利幅度较大的企业，其投资回报率也更高，企业将贷款运用于扩大再生产后，其投资回报率>银行贷款利率，则企业规模扩大，银行可以获得风险较低的利息收入，实现双赢局面。

（4）供给稳定系数

对于每一个企业：

$$供给稳定系数=\frac{\sum\frac{k_i}{t}\cdot m_i}{\sum m_i}$$

k_i：该企业与第i个客户有过交易的季度数。

m_i：该企业与第i个客户的交易总额。

t_i：该企业的所有进项发票的开票日期所涵盖的季度数。

供给稳定系数体现了企业供给端的稳定程度。供给稳定的企业才能拥有持续稳定的生产能力，更不可能因为缺乏原材料而中断生产。这些企业由于生产能力得到保证，还款能力更高。

（5）需求稳定系数

对于每一个企业：

$$需求稳定系数=\frac{\sum\frac{k_i}{t}\cdot m_i}{\sum m_i}$$

k_i：该企业与第i个客户有过交易的季度数。

m_i：该企业与第i个客户的交易总额。

t_i：该企业的所有销项发票的开票日期所涵盖的季度数。

需求稳定系数体现了企业需求端的稳定程度，需求稳定的企业更容易将所售卖的产品或服务变现，稳定的客源使得企业的库存不容易积压，拥有稳定的现金流，还款能力有保障。

（6）成交率

对于每一个企业：

$$成交率=1-\frac{负数销项发票数+作废销项发票数}{销项发票总数}$$

成交率体现了下游客户对企业产品的满意程度，反映了企业的产品和服务的质量情况。成交率高的企业拥有更优质的产品，退货率更低，从而能够不增加额外的生产成本，并能迅速回款，从而按时还款的概率更高。

主成分分析 (PCA) 是一种统计过程，它使用正交变换将一组可能相关变量 (实体，每个实体具有不同的数值) 的观察值转换为一组称为主成分的线性不相关变量的值。如果有带 p 个变量的 n 个观测值，那么不同主成分的数量为 $\min(n-1, p)$。这种变换以使得第一主成分具有最大可能的方差定义 (即尽可能多地占数据中的可变性)，并且在与前面的分量正交的约束下，每个后续分量又具有最大可能的方差。结果向量 (每个向量是变量的线性组合，包含 n 观察) 是不相关的正交基。主成分分析对原始变量的相对比例很敏感。显然模型的 6 个参数之间，互相有一定的相关关系，比如，行业景气度和利润率相互影响，若一个企业所在行业发展前景强劲，则这个企业也更有可能有更强的盈利能力，因而有更高的利润率。所以我们选取主成分分析法对变量数据进行降维处理，将六维数据降维为一维数据——综合得分，使六个独立的指标可以用一个指数综合表征出来，以便后续我们更好地评估其还款能力以及估计其信誉评级。

在有限金额的情况下，信用评级模型可以进行两种方式的放贷策略调节，首先，可以对信用评级较低的企业 (如评级为 D 的企业) 暂停互联网融资的放贷，以达到较高效率规避风险的效果；其次，针对可放贷的不同信用评级下的企业，可以提供相应不同的浮动额度上下限，进而达到优先满足 A 类企业，其次满足 B、C 类企业的效果。

基于以上策略，我们可以模拟互联网金融平台在有限总资产的情况下提供融资服务的实际运行情况：

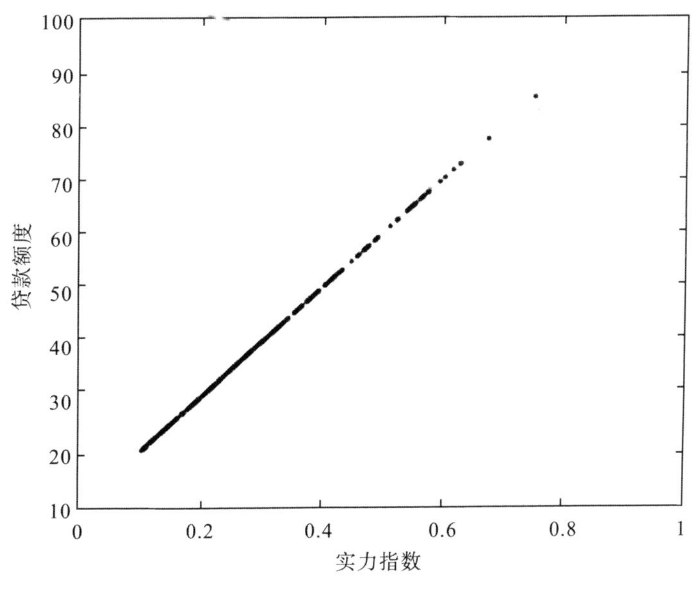

图 3　实力指数 K–Means 曲线

故而在实际运行过程中，建立了信用评级的体系，一方面可以规避低信用度的企业进入融资活动，另一方面也对高信用度的企业提供了更好的融资服务，使得互联网金融的融资端运行更为高效和安全。

（二）项目融资阶段：资讯端内容设定边界控制

针对项目融资阶段最易设计的“虚假广告罪”，合规主要是通过“竞争性真相”来实现的。由于虚假广告的本质是“虚假”，根据《广告法》第二十八条的规定，具有下列情形之一的，为虚假广告：“（一）商品或者服务不存在的；（二）商品……与实际情况不符；（三）使用虚构、伪造……等信息作证明材料的；（四）虚构……效果的；（五）其他……”然而，区分假广告语合理的艺术夸张表达始终是“虚假广告”解释论的难题①。但无论如何，虚假广告包含“虚假”一词，本质上要求一个基本的行为特征即为“不实”或是“虚构”。那么如何在保持产品具有竞争力又可以避免陷入“不实”“虚构”的问题之中？最好的路径莫过于“竞争性真相”的适用。英国商业资讯专家赫克托·麦克唐纳在《后真相时代》一书中写道：“竞争性真相会影响我们的思维模式，我们的思维模式又决定了我们随后的选择和行动。”在具体的商业案例中我们可以发现大量的竞争性真相的存在。如高露洁广告中，有一句著名的广告词：“80%的牙科医生推荐使用高露洁。”却没有人知道这一调查背后医生的选项并非是单选，即其他品牌的牙膏亦可能得到相应数量的牙科医生的支持，甚至更高。但是这一广告语却依然是真相，不过是“竞争性”地突出了部分事实。再如在美国得克萨斯州的人流医院宣传过程中表明“已育女性在乳腺方面的疾病呈现出高发状态”，却没有将卫生服务部提出的“女性在乳腺方面的疾病呈现出高发状态”列明。因此，善用竞争性真相有利于融资平台在获取利益的过程中有效避免陷入“虚构陷阱”。

（三）项目收尾阶段：投资者钱款来源风险评估

在互联网金融的投资端方面，我们同样可能遇到洗钱的风险，按照相同的思路，我们也可以尝试从洗钱的相关特征中归纳相应指数，再通过收集得到的公司发票记录收集相关数据，从而建立合理的洗钱风险评估模型，为互联网金融的风险规避提供数据参考。

就洗钱而言，我们主要聚焦于三个面向：其一，是资金流的大小，较小的资金流动往往说明洗钱可能性相应会降低；其二，是上下游公司的关联度，正常运营的公司其上下游之间势必会有一定的关联度，而有洗钱行为的公司因为其资金流动的不正常性，故而相对而言上下游公司之间往往不会有很强的匹配性；其三是上下游产业稳定度的对比，一家正常公司的上下游一般趋于类似的稳定度，即上游交易的稳定程度和下游交易的稳定程度会成正相关关系，反之，洗钱强调资金的快速转变，故而上下游之间往往会造成稳定度失衡的现象。基于以上三个面向，我们可以按照针对融资端的信用评级模型建立的类似思路建立针对投资端的洗钱风险评估模型。

① 参见宋亚辉：《虚假广告的立法修订与解释适用》，载《浙江学刊》2015年第6期。

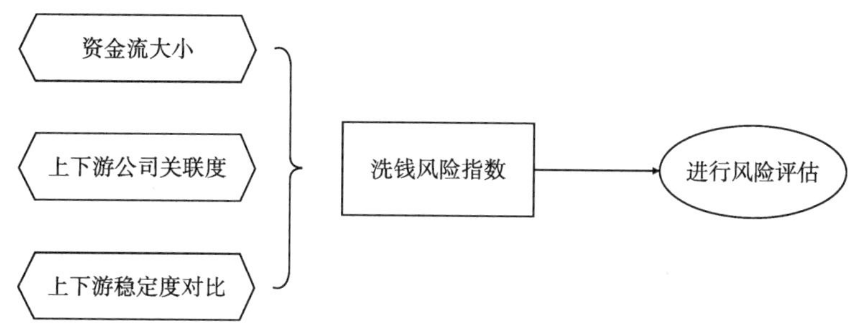

图 4　洗钱风险指数因素

以下分别对各项指标进行解释：

（1）资金流大小

与前文中的利润额定义类似，通过计算该企业某段时间的盈利情况，即可大概了解企业的规模、体量和盈利能力，故而可以通过此数值进行资金流大小的判断。

（2）上下游公司关联度

通过对上、下游交易企业的收集汇总，根据交易金额大小进行加权平均后，得出上游企业和下游企业的平均企业类型值，再通过计算上游企业平均企业类型值和下游企业平均企业类型值的绝对差值得出上、下游企业关联度，关联度越小的企业，说明该公司上、下游之间的关联越密切。

（3）上、下游稳定度对比

根据前文定义求出供给稳定系数和需求稳定系数，统一规定上、下游稳定度对比系数=MAX{供给稳定系数/需求稳定系数，需求稳定系数/供给稳定系数}，进而得出各个公司上、下游稳定度对比系数，显然，当求得的上、下游稳定度对比系数越小时，上游与下游的资金往来稳定度的差异就越小。

同样根据主成分分析法和K-Means聚类分析法，按照相同步骤，建立针对投资端的洗钱风险评估模型。

在洗钱风险评估模型的建立下，我们可以得到一个相对量化的洗钱风险评估指标，诚然，我们无法通过指标的高低直接判断该公司是否有切实的洗钱行为发生，但指标越高代表着该公司就越有洗钱行为发生的可能，相应的，政府也可以更好地集中资源强化对相关企业的监察力度，从而更高效地实现洗钱行为源头的规避。同时，该模型的建立也可以为互联网金融的投资端行为提供参考，投资方可以根据不同公司的洗钱风险指数高低来判断资金的合理流向，进而优化金融市场资源的合理配置。

四、结语

在股权众筹活动中，融资平台前期扮演监管者角色，其涉及的刑事风险是否成立关键在于在承担“应知”义务下，如何识别融资者的项目真伪及价值水平，避免在融资端出现诈骗情形时，成立其中立帮助犯导致一同入罪。因此本文设立K-Means曲线对企业信贷进行评级，避免不良企业混入其中。在融资过程中，融资平台扮演宣传者角色，其涉及的刑事风险为宣传内容的真伪程度，在现有的较为严苛的虚假广告罪的刑事政策打击下，融资平台进行广告合规的需要性也因此大大提高。由于语言的有限性和模糊性，人们在获取信息的过程中获取的永远是片面真相，即内容真实但传达不完整的事实。在这复杂的世界中，哪怕是最平凡的主题也是复杂的，因此真相的片面性是人类交流中无法回避的沟通特点。而此时“竞争性真相”则具有高度的广告理论价值。融资平台在宣传过程中应善于打造抽象事物，建构语言体系，以刻画相应的项目背景和项目优势，从而在保持真实的前提下为项目进行宣传造势，从而获得相应利益。融资平台后期扮演分配者的角色，其涉及的刑事风险在于“帮助信息网络犯罪活动罪”的成立。虽说此罪的成立要件要求企业满足“明知”的直接性要件，但是为避免“推定归责”的适用造成的风险，且为更好地承担融资平台的反洗钱义务，设立相应的风险内容制度，追踪可疑交易，也有利于企业对相应刑事风险的预防。

第四专题

网络金融平台集资行为的法律规制

P2P 网络借贷之刑事风险与治理进路探讨

江苏省南通市通州区人民检察院课题组*

德国社会学家乌尔里希·贝克于 20 世纪 80 年代提出了“风险社会”理论，描述了当今全球化时代是充满风险的社会。当前，风险社会呈现人为性特征，人为性风险逐渐增加；呈现制度性特征，新旧社会制度冲突产生风险；呈现不确定性特征，风险制造主体及防控措施难以确定；呈现关联性特征，风险无法控制产生连锁反应；呈现全球性特征，全球性的危机日益增多。[①] 在风险社会中，应当以犯罪接受并改变风险作为引导运行的角度来重新看待犯罪，犯罪运行的过程中也必然要和风险发生各种关系，对犯罪进行治理要注重多措并举。[②]

近年来，P2P 网络借贷成为互联网金融的一种重要方式。[③] 因其适应中国发展土壤，成为互联网金融的重要环节。然而，在风险社会背景下考察，P2P 网络借贷在带来金融便利的同时，也给经济社会发展带来较大风险。对此，中国银监会等部门发布了《网络借贷信息中介机构业务活动管理暂行办法》（以下简称《暂行办法》），对 P2P 网络借贷进行了规制。实践中，基于风险社会等全新视角探讨 P2P 网络借贷之刑事风险与治理进路很少有人涉猎。有鉴于此，本文从风险社会背景下犯罪治理之基本概述出发，分析 P2P 网络借贷之基本特征与刑事风险，探讨通过风险治理的 P2P 网络借贷刑事风险之治理进路。

一、风险社会背景下犯罪治理之概况

（一）风险引导犯罪运行

当今，变幻莫测的风险社会迫使人类把大量的精力放在应对动态发展的犯罪

---

* 课题组负责人：江苏省南通市通州区人民检察院党组书记、检察长黄凯东；课题组成员：上海政法学院刑事司法学院院长彭文华，江苏省南通市通州区人民检察院党组成员、副检察长金志锋，检委会专职委员张建兵，党组成员、第六检察部主任邱楠，第六检察部副主任张涛，第六检察部检察官助理赵轩。

① 参见孟荣：《风险社会理论视角下我国社会主义和谐社会的构建》，山东理工大学 2012 年硕士学位论文。

② 参见师索：《犯罪与风险研究论纲——风险社会视野下的犯罪治理》，载《中南大学学报（社会科学版）》2011 年第 6 期。

③ 从活跃于当前我国网络的金融创新形式来看，互联网金融大致可划分为三种基本模式：一是网络第三方支付，典型的是支付宝，该种模式尽管具有一定的“储蓄”功能，但“储蓄”仅仅为一种形式，其最终目的为承担第三方支付，并不向资金存储者提供利息等任何收益。二是网络信贷，其中又可以分为网络借贷和网络融资，前者典型的是人人贷、拍拍贷等，后者典型的是众筹模式，指通过互联网方式发布筹款项目并募集资金。三是网络金融理财，最典型的是余额宝。用户将闲散资金投入其中，直接获取收益。

现象上。在以风险为支撑的理论基础上，看待犯罪现象的最佳切入点就是犯罪运行。犯罪是在运动的，但是却存在同风险无关与接受并改造风险的两种不同运行方式。

实践中，犯罪运行需要来自社会互动体系结构所给予的动力源。其一，动力源的本质在于风险社会中犯罪的风险源，即加剧由正常人向犯罪人转变的不确定性，促使部分社会事件向犯罪事件发展的可能性。其二，动力源使得犯罪运行轨迹从高风险的时空向低风险的时空流动。其三，在社会总能量守恒的假定下，犯罪运行的能量过强意味着其他社会结构运行减弱，犯罪现象由此获得排斥其他社会现象的架构基础，从而维持一个高犯罪率。

（二）风险社会中的犯罪风险源

犯罪风险源类似于犯因性，犯因性一般是指“犯罪原因性的”“具有犯罪原因性质的”“起犯罪原因作用的”。[①] 犯罪的生成，表现为“犯罪风险源→犯罪原因→犯罪”或“犯罪风险源→犯罪”。

人为风险——犯罪风险的技术源。掌握高科技的犯罪人在发展具有自身风险特色犯罪意识时，也会通过技术操纵风险的分配，形成了一种新的不平等关系。激发性风险（不确定性风险）——犯罪风险的实践源。风险是由能量的激发所生，激发性风险具有内部关系属性的本质。内部关系，可以简单界定为犯罪在运行过程之中由国家、犯罪人、被害人三者所组成的主体结构。发展性风险（制度性风险）——犯罪风险的制度源。风险总是在不断发展中完善自我，发展中的风险越来越多地转嫁到了社会边缘群体身上，成为引起各种犯罪的制度性风险。

二、P2P 网络借贷之基本特征与刑事风险

（一）P2P 网络借贷之基本特征

P2P 网络借贷，即 Peer-to-peer lending，或称“点对点信贷”“人人贷”，是指社会主体利用中介机构的网络平台将自己的资金出借给资金短缺者的新型商业运营模式。[②] P2P 网络借贷平台，是指利用互联网技术为借贷双方提供交易信息、撮合交易的中介服务机构。实践中，P2P 网络借贷呈现如下基本特征。

1. 借贷双方的广泛性与分散性

P2P 网络借贷中借贷双方均是非特定主体，呈现广泛性特点。借贷双方的分散性主要是指 P2P 网络借贷中贷款人的资金可能被分散贷给多个借款人，而借款人贷到的资金也可能来自多个贷款人。

2. 交易方式的便捷性与高效性

P2P 网络借贷可以促使借贷双方通过网络平台满足各自需求，交易方式便捷。

---

① 参见吴宗宪：《罪犯改造论——犯罪改造的犯因性差异初探》，中国人民公安大学出版社 2007 年版。

② 参见马方、孙天宇：《P2P 网络借贷：诱发经济犯罪的类型与防控》，载《检察日报》2012 年 5 月 14 日，第 3 版。

同时，借贷双方只需通过网络平台进行借贷活动，简化了审批程序，体现了高效性。

3. 预期结果的收益性与风险性

P2P 网络借贷中的借款人大多愿意支付较高利率以换取贷款，投资者能够获得较高收益。此外，P2P 网络借贷平台以及投资者都面临着线下调查相对缺失或者不够详尽的风险，可能造成资金不能按时或者无法回收的风险。[①]

（二）P2P 网络借贷之刑事风险

1. 平台主体性质不明引发的刑事风险：涉嫌擅自设立金融机构罪、非法经营罪

实践中，P2P 网络借贷平台借互联网金融的名义开展商业银行吸储放贷业务的情况屡见不鲜。根据《刑法》第一百七十四条第一款与国务院《非法金融机构和非法金融业务活动取缔办法》的相关规定，大量P2P 网络借贷平台可以被界定为非法金融机构，涉嫌擅自设立金融机构罪。此外，如果P2P 网络借贷平台的相关人员超出《暂行办法》规定的经营范围，从事其根本无权经营的金融业务，情节严重的可能涉嫌非法经营罪。比如 2014 年 9 月至 2015 年 2 月，北京中色金银贸易有限公司 159 号会员单位法人安某某等 4 人未经国家主管部门批准，以P2P 网络借贷平台等形式擅自从事期货交易业务，涉案金额 200 万余元。2016 年 3 月，内蒙古自治区巴林左旗人民法院以非法经营罪依法判处被告人安某某等 4 人有期徒刑一年零四个月至有期徒刑三年，并处罚金。

2. 介入信贷资金运作引发的刑事风险：涉嫌非法吸收公众存款罪、集资诈骗罪

《暂行办法》明确将"直接或间接接受、归集出借人的资金"，即吸收公众存款，列为P2P 网络借贷的负面业务清单。[②] 然而实践中，仍有众多P2P 网络借贷平台未经相关部门批准，向社会不特定公众吸收资金，网络借贷平台及相关人员可能涉嫌非法吸收公众存款罪。此外，P2P 网络借贷平台的相关人员还可能涉嫌集资诈骗罪。主要是借款人利用在P2P 网络借贷平台上虚构的项目和用途，或编造虚假身份信息向不特定的公众发出邀请，从而骗取出借人的款项。[③] 比如 2014 年 6 月至 2015 年 12 月，安徽钰诚控股集团、钰诚国际控股集团有限公司通过"e 租宝""芝麻金融"两家P2P 网络借贷平台发布虚假项目信息，以理财产品形式销售，公开向社会公众非法吸收资金 598 亿余元，并造成 380 亿余元集资款未能兑付。2017 年 9 月，北京市第一中级人民法院依法宣判两被告单位以及被告人丁某等 26 人集资诈骗、非法吸收公众存款、走私贵重金属、非法持有枪支、偷越国境案，判处两被告单位罚金 19.03 亿元，判处丁某等二人无期徒刑，判处其他 24 人有期徒刑三年至十五年，并处剥夺政治权利及罚金。

3. 资金流转缺乏监管以及信用风险防范不力引发的刑事风险：涉嫌洗钱罪、合同诈骗罪、诈骗罪

其一，目前我国P2P 网络借贷平台发展尚未成熟，缺乏客户身份识别手段。P2P

① 参见姚莎：《P2P 网络借贷平台法律监管研究》，西南财经大学 2014 年硕士学位论文。

② 详见《网络借贷信息中介机构业务活动管理暂行办法》第十条第（二）项。

③ 参见李晓明：《P2P 网络借贷的刑法控制》，载《法学》2015 年第 6 期。

网络借贷平台具有隐蔽性、匿名性、即时性，导致监管部门对资金流向的追踪更加困难，其发展给犯罪分子洗钱提供了广泛的空间，存在相当大的洗钱风险，网络借贷平台及相关人员可能涉嫌洗钱罪。[①]

其二，目前我国尚未建立起成熟的征信体系，导致P2P网络借贷中借贷双方客户信息不对称，产生信用风险。如果出借人、借款人或者运营商出于非法占有之目的，在涉及P2P网络借贷的合同签署与履行过程中进行诈骗活动，网络借贷平台的相关人员可能涉嫌合同诈骗罪。比如2012年5月29日至6月8日，被告人郭某在互联网上发布虚假信息，通过上海环讯第三方支付平台转付“淘金贷款”网站账户，共骗取70余名被害人共计87余万元。2014年8月，兰州市中级人民法院以合同诈骗罪、挪用资金罪并罚，判处被告人郭某有期徒刑十三年零六个月，并处罚金。

其三，随着交易与支付方式的发展，社会交易、投资行为多在虚拟空间中完成。当今P2P网络借贷已经成为广为人知的金融理财方式，如果借款人包括运营商具有非法占有之目的，采用虚构事实、隐瞒真相的方法取得他人款项，网络借贷平台的相关人员就可能涉嫌诈骗罪。[②] 比如2015年3月至4月，被告人孙某某、韩某某为实施诈骗，在山东省寿光市某街道设立某电子商务公司，并建立该公司P2P网络借贷平台，聘请被告人王某为客服，在该网络借贷平台发布虚假的抵押贷款信息等骗取被害人信任，以高息引诱骗取11名被害人钱款共计42万余元。2016年3月，广东省中山市第二人民法院以诈骗罪，判处被告人孙某某等三人有期徒刑五年至八年零六个月，并处罚金。

4. 从业人员管理失位引发的刑事风险：涉嫌挪用资金罪、职务侵占罪

当前，在P2P网络借贷交易过程中，借贷双方的资金一般不是直接到账，而是进入网络借贷平台的中间账户，由此形成大量的沉淀资金。如果巨额的沉淀资金缺少法律监管，一旦P2P网络借贷平台经营者疏于自律，利用其管理资金的职务便利，挪用资金或者干脆将资金非法占为己有，就有可能涉嫌挪用资金罪和职务侵占罪。[③] 比如2015年10月，被告人熊某某被任命为四川绵阳某电子商务公司总经理，负责该公司P2P网贷平台业务，同年12月熊某某被该公司解聘后心生不满，并将正在该网络借贷平台上融资15万元的沈某某的借款融资资金留作己用。2016年12月，四川省绵阳市游仙区人民法院以职务侵占罪，判处被告人熊某某有期徒刑一年，缓刑一年。

三、通过风险治理的P2P网络借贷刑事风险之治理进路

当今社会，风险已无孔不入，为了更好掌控风险，必须阻断风险所能进入的领域，构筑低缝隙的社会架构。治理理念的提出正是为弥补此单方局限性，实现不限于政府的多主体、多中心风险管控机制。就P2P网络借贷而言，应当结合其发展实

① 参见马伟利、许井荣：《P2P网络借贷洗钱风险剖析及策略选择》，载《金融会计》2014年第1期。

② 参见李晓明：《P2P网络借贷的刑法控制》，载《法学》2015年第6期。

③ 参见陈彤彤：《论我国互联网金融的刑法规制》，中国社会科学院研究生院2015年硕士学位论文。

践，依据《暂行办法》等相关法律法规，对其刑事风险加以有效治理，保障行业有序运行。

（一）P2P 网络借贷犯罪之运行治理

1. 起点控制：建立完善P2P 网络借贷犯罪之预警与防范机制

刑事风险的治理就是犯罪治理，在犯罪治理中，犯罪预防属于长期效应过程，而预警则是从风险的角度将可能引发的损失与不确定性后果放在可控范围之内，围绕“信息采集→风险评估→风险预警→信息发布”构建预警机制以及风险防范机制，人的能动性与对事物的控制力充分体现。就P2P 网络借贷犯罪而言，只有建立风险预警与防范机制，早发现、早定性、早处置，才能将其消灭在萌芽状态，最大限度减少其社会危害性。

具体而言，第一，建立刑事风险预警机制。发挥各地银行业金融机构的职能作用，完善P2P 网络借贷平台的资金存管机制，由存管方对资金的来源、流转、清算等进行监管，严防平台将资金用于高风险活动。同时，P2P 网络借贷易引发非法集资、洗钱等犯罪风险，金融监管部门应与公安司法部门建立风险预警互通机制，有效防控相关金融犯罪在该行业的滋生蔓延。检察机关应当积极参与构建风险预警互通机制，从源头上强化对P2P 网络借贷犯罪之防控。第二，强化自律机制与内控管理机制。一要加强行业自律，发挥P2P 网络借贷行业自律机制作用，规范从业机构市场行为，保护行业合法权益；组建互联网金融协会，制定相应的经营管理规则和行业标准，明确自律惩戒机制，提高行业规则标准的约束力。二要严格内控管理要求，要求P2P 网络借贷不得与无金融业务资质的互联网企业开展合作，不得通过互联网开展跨界金融活动。第三，根据不同风险类别建立针对性防范机制。一是针对平台主体性质不明引发的刑事风险，严格按照《暂行办法》规定，防止P2P 网络借贷平台从事非法经营活动。二是针对介入信贷资金运作引发的刑事风险，坚决取缔P2P 网络借贷平台的吸收公众存款行为。三是针对技术信用风险防范不力与从业人员管理失位引发的刑事风险，建立P2P 网络借贷监管技术支持系统，及时预警可能出现的风险事件；加强从业人员管理力度，杜绝从业人员利用职务便利实施相关犯罪。

2. 过程控制：充分发挥社会治安综合防控机制作用

犯罪治理是人类社会有组织地应对犯罪的策略、措施与实践，不同的犯罪治理模式具有不同的治理理念、策略、技术、措施与运作方式，不同的犯罪治理模式能够形成不同的治理效果。[①] 社会治安综合治理是我国打击和预防犯罪的锐利武器，彻底铲除P2P 网络借贷犯罪的滋生土壤，就要有针对性地开展社会治安综合治理。

具体而言，一要主动出击，将“预防为主，打击为辅”的理念贯彻到位。充分研判P2P 网络借贷的犯罪趋势，采取有针对性的治理措施，防止该类犯罪的产生与蔓

① 参见单勇、侯银萍：《中国犯罪治理模式的文化研究——运动式治罪的式微与日常性治理的兴起》，载《吉林大学社会科学学报》2009 年第 2 期。

延。检察机关在办理该类案件时，要把舆情监控和风险防控贯彻始终，做好释法说理和群众安抚工作，及时化解办案风险，切实维护社会稳定。二要发挥综合防控体系作用。坚持打防统一、疏堵结合，根据具体社会情况和犯罪发展趋势，采取综合治理措施，实现法网在社会控制中应有的打击、预防、调节、引导等作用，依法惩治P2P网络借贷犯罪，维护社会稳定。检察机关应当积极参与立体化社会治安防控体系建设，以风险防控为出发点，加强对P2P网络借贷的引导、监督和规范。

3. 终点控制：防范P2P网络借贷犯罪之蔓延与转移

治理犯罪必须通过对犯罪进行风险分析，对当前社会环境、社会制度进行风险等级评定，将犯罪转移的下一站找到，对犯罪形成前后堵截的局势，使其在困境中无所适从。当前，国内部分非法的P2P网络借贷平台为了逃避打击，往往选择使用外地的服务器。如此，导致以物理地域划分为基础的传统刑事管辖规范在应对P2P网络借贷犯罪时出现矛盾，给侦查破案带来新的挑战。[①]

对此，一方面，要加强P2P网络借贷犯罪的情报信息交流，建立情报搜集与交流机制。各地检察机关应当及时交换该类犯罪的情报信息，及时掌握该类犯罪的活动情况，这也符合各地共同利益。另一方面，要加强打击P2P网络借贷犯罪工作的协作配合。P2P网络借贷犯罪治理难度较大，仅靠某地力量难以达到打击与防控目的。各地检察机关应当加大合作力度，协调配合、形成合力，有效治理与防范该类犯罪。

（二）P2P网络借贷犯罪之风险源治理

1. 人为风险治理：通过法律的过程控制

法律功能的最佳发挥，在于对客体的全过程规范以达到在过程之中全面消除风险。针对P2P网络借贷的犯罪风险等人为风险，对其进行法律治理是关键进路之一。尽管《暂行办法》已经出台，但系统规制P2P网络借贷的法律体系尚未形成，容易滋生违法犯罪。为了推动行业健康有序发展，应当制定专门的P2P网络借贷法，通过法律的过程控制，治理P2P网络借贷的犯罪风险等人为风险。

在专门的P2P网络借贷法中，一要明确P2P网络借贷平台的法律性质。明确P2P网络借贷平台的中介属性，禁止平台为借贷双方提供担保服务。二要明确监管主体。明确P2P网络借贷业务由银监会负责监管，解决监管主体不明的问题。三要构建市场准入机制。适当提高行业准入门槛，适当提高注册资本，完善治理结构和内部控制机制。四要建立市场退出机制。在退出机制的选择上，考虑防范风险和减少损失的前提下，应以市场兼并作为主要的退出方式。[②]

2. 激发性风险（不确定风险）治理：重构信任关系

犯罪运行主体间的关系从未以信任而告终，风险社会则让这种人与人之间的猜忌达到极致而变成信任危机。国家作为社会掌控者，应放低姿态，主动反思自

① 参见刘坤：《非法集资犯罪侦防对策研究——以P2P网络借贷平台为视角》，载《中国刑警学院学报》2015年第3期。

② 参见李素梅：《完善电子银行监管的法律思考》，载《法制与社会》2008年第12期。

身的刑事政策，重构与社会民众之间的信任关系。当前，我国对待P2P网络借贷犯罪等行政犯罪的基本思路应当是轻缓化，更大程度也体现谦抑性的刑法理念。刑法介入P2P网络借贷应当保持谦抑性，体现为紧缩性、补充性以及启用非刑罚处罚方法。

一是要强调刑法介入的紧缩性。所谓刑法紧缩性，体现为尽量避免刑罚代表的公权力对私权利的干涉，减少刑罚发动。P2P网络借贷代表互联网技术在金融领域的创新，需要一个不断试错发展的过程，刑法的过度干预会阻碍其发展。具体而言，在刑事立法上，消弭正常的P2P网络借贷与非法经营罪、非法吸收公众存款罪、集资诈骗罪等相关犯罪在构成要件上的契合，适当提高入罪门槛。在刑事司法上，适当包容P2P网络借贷发展过程的"小错误"，对轻微犯罪给予更多考量，能够不定罪就不必定罪，能够适用较轻的刑罚就适用较轻的刑罚。检察机关应当贯彻宽严相济的刑事政策，对于P2P网络借贷构成犯罪的，要严格控制打击范围，重点打击核心层、管理层和骨干人员，对于其他人员，根据犯罪事实和情节，予以从轻处理，实现办案的法律效果与社会效果的有机统一。

二是要突出刑法介入的补充性。刑法的谦抑性体现在刑法在服务经济大局中的补充性。刑法介入P2P网络借贷的补充性，要求在能够利用其他方法规制时，尽量避免刑法的发动。具体而言，一是在专门的P2P网络借贷法中规定金融监管措施，为刑法介入P2P网络借贷铺设缓冲带，避免刑法提前启用。二要对于市场发展可以包容的P2P网络借贷的自我创新错误，如果可以在金融市场自我更迭中优胜劣汰，尽量减少刑法发动的频率。① 检察机关在查办此类案件时，在坚持罪刑法定原则的同时，应当对刑事介入保持足够克制与谦抑，按照"民事行政为先，刑法补充"原则，对于争议较大的网贷行为予以刑法评价之前，参照行政机关的意见，只有在民事行政手段无法准确规制的情况下，才考虑刑法的适用。

3. 发展性风险（制度性风险）治理：完善征信体系建设、打造"两法衔接"平台

当今社会，风险总是在不断发展中完善自我，发展中的风险越来越呈现转移的趋势，成为引起各种犯罪的发展性风险或制度性风险。在治理P2P网络借贷犯罪时，要高度重视此类风险。

具体而言，一要完善社会征信体系。P2P网络借贷中对借款人信用的审核与评定，有助于防止风险的产生与转移。② 国内的个人征信体系很不完善，P2P网络借贷平台无法依赖个人征信体系对借款人进行评级。对于网络P2P借贷平台，可以分阶段接入全国征信系统，前期可以让运营良好、治理完善的P2P网络借贷平台开展征信系统接入试点，条件相对成熟后，再向整个P2P网络借贷行业开放。③ 二要打造"两法衔接"平台。"两法衔接"即行政执法与刑事司法的衔接，有利于消弭犯罪风险，防止风险转移。对于P2P网络借贷乱象和异化问题的监管，一直以来就存

① 参见叶瑜：《P2P网络集资行为的刑法规制》，华南理工大学2015年硕士学位论文。

② 参见沈霞：《P2P网络贷款的法律监管探究》，华东政法大学2012年硕士学位论文。

③ 参见罗栩：《我国P2P网络借贷的法律风险研究》，浙江大学2013年硕士学位论文。

在着行政手段介入还是刑事手段介入之争。[①] 当前，在《暂行办法》已经出台但配套规定尚未到位的情况下，要根据现行法律法规做好行政执法工作。此外，要建立行政执法机关尤其是金融监管机关与公安司法机关之间的沟通联系机制，有效杜绝有案不立、以罚代刑现象的产生。检察机关应当与金融监管机关之间加强沟通，建立一套从行政到司法无缝衔接的P2P网络借贷犯罪案件办理模式，弥合刑法与行政法的断层，真正实现对该类违法犯罪的有效惩治。

① 1998年通过、2011年修订的国务院《非法金融机构和非法金融业务活动取缔办法》第六条规定“非法金融机构和非法金融业务活动由中国人民银行予以取缔。非法金融机构设立地或者非法金融业务活动发生地的地方人民政府，负责组织、协调、监督与取缔有关的工作”；第九条规定“对非法金融机构、非法吸收公众存款或者变相吸收公众存款以及非法集资，中国人民银行一经发现，应当立即调查、核实；经初步认定，应当及时提请公安机关依法立案侦查”，这明显属于“两法衔接”的内容。

试论对P2P集资行为严而不厉的刑法规制

李 钟 郭鹏飞 胡旭峰*

2012年后P2P平台进入了快速发展期，一方面它在帮助中小企业和小微企业融资、服务实体经济方面发挥了积极作用。另一方面平台信息不透明，加上当初缺乏法律和制度的制约，有的股东和发起人吸收公众存款后卷款跑路，引发了金融风险，恶化了营商环境。自从2018年6月底P2P集中爆雷以来，它的运营状况、风险类别和级别就暴露在金融监管机关、司法机关和社会公众面前，以何种刑事政策和刑法模式应对可能诱发的金融风险，是司法应当回应的问题。

一、在司法实践中P2P异化和违法样态

从应然上讲，P2P是借贷双方的信息提供和撮合者；从实然的角度，P2P是披着互联网外衣的金融机构。司法就是处理实然和应然的关系问题。金融是一种具有高风险的投资行为，P2P网贷平台面临的经营风险和法律风险更高，比如平台经营管理不善的风险，资金链断裂的风险，这些风险都有向刑事方面演化的可能，刑事风险主要包括以下几种。

（一）民营系的伪平台进行集资诈骗行为是P2P涉嫌犯罪的重灾区

某些不法分子套用新概念假借P2P的名义进行集资诈骗，诱骗他人投资到个人能够操纵的平台账户或者个人账户而不是融资者账户。以"e租宝"为例，平台公司许以高额利息，用虚构融资项目的手段吸纳了700多亿资金，给众多借款人造成了不可挽回的损失。有的问题平台采取借新债还旧债的方式，先偿还前几期的借款本金和利息，制造挣钱的假象骗取更多的投资，等雪球越滚越大时突然关停平台、卷款跑路。这种平台属于庞氏骗局，无论它们外表怎么包装最终都改变不了集资诈骗的本质。

（二）设立资金池非法吸收公众存款是P2P最常见的违法违规行为

据统计，"2018年全年有300余起网贷涉性案件，涉及案值达数百亿元，涉嫌罪名主要是非法集资类的罪名，75%为非法吸收公众存款罪，15%为集资诈骗罪，还有合同诈骗等罪名，这也与我们实践中的感受相吻合"②。P2P的融资模式与非法

---

* 李钟（1965— ），男，青海省西宁市人，浙江省检察院第五检察部主任；郭鹏飞（1974— ），男，山西省宁武县人，宁波市海曙区人民检察院干部；胡旭峰（1973— ），男，上海市人，上海市浦东新区检察院员额检察官。

② 参见肖飒：《互金平台的四大新危机之下股票、网贷、银行理财将如何发展》，http://cj.sina.com.cn/articles/view/5155892269/13350ac2d01900e/mx?from=finance，下载日期：2020年11月30日。

集资只是一步之遥,P2P平台最初是借贷双方的信息中介,帮助投资人和借款人实现资金的对接,平台收取一些居间费用。平台管理层不以非法占有为目的,没有将各方汇集的平台资金出借给真实借款人,而是全部或者一部分服务于自己的实体,就构成了行政法所禁止的自融。有的平台出售虚假的理财产品,使资金进入了平台账户,就形成了资金池,不管是自融还是放贷给他人,都是一种非法行为,有可能涉及非法吸收公众存款。

(三)发布虚假信息实施合同诈骗罪时有发生

问题平台大都采取了虚假投资信息+虚假资信证明+高返利或者虚假投资信息+真实资信证明+高返利的模式。这两种模式都可能会构成集资诈骗罪和合同诈骗罪。即使平台提供了借款人真实存在的营业执照和注册资本信息,但是未按照投资人的约定把集资款投向约定、指定的项目,而是归还个人债务或者举新换旧,都可以构成集资诈骗或者合同诈骗。如果行为人通过众筹、集资的方式归还个人债务或者还旧债,说明行为人在客观上不具备还款能力。这种情况从一开始,哪怕资金链尚未断裂的时候就应当按照集资诈骗罪或者合同诈骗罪定罪处罚。根据高检院、公安部发布的《关于经济犯罪案件追诉标准的规定》(以下简称《规定》)第四十一条的规定,个人集资诈骗数额累计在十万元以上,单位集资诈骗累计数额在五十万元,应当定罪处罚;根据《规定》第六十九条的规定,合同诈骗案,在签订、履行合同中,个人诈骗公私财物五千到二万元的,或者以单位名义实施诈骗,诈骗所得归单位所有,金额在五万至二十万元以上的,应当立案追究。《最高人民检察院、公安部关于公安机关管辖刑事案件立案追诉标准的规定(二)》第七十七条规定,在签订、履行合同过程中,骗取对方当事人财物,数额在二万元以上的,应当立案追诉。互联网属于轻资产行业,P2P平台属于软件类公司,无须验资,没有注册资金的要求,只要有一套系统就能运营,实践中有一些骗子平台诈骗金额不足的10万元或者50万元的,可以用合同诈骗罪兜底。

二、P2P平台相关案件频发的原因

导致P2P平台案件频发的原因既有这种业务模式暗藏涉刑涉诉的内在风险,也有平台违法违规操作的因素。

(一)民间小额投、融资需求旺盛

一方面,我国民众储蓄率比较高,随着经济的发展,老百姓手中闲置资金大量增加,但是低门槛的投资渠道比较少;另一方面,由于个人消费升级、小微企业资金周转的需求和融资难融资贵的客观情况,P2P网络借贷平台正好对接了供求双方的需求,双方可以在平台上寻求更大范围内的合作,这使得短时间内互联网金融交易量迅速增加,交易大量增加必然导致纠纷增多。网贷平台的案件类型主要是民间借贷纠纷、企业借贷纠纷、债权转让合同纠纷,有的案件涉及集资诈骗、非法集资、泄露公民信息等刑事犯罪。

（二）监管法律政策由松到紧

由于互联网技术在民间借贷领域的运营，P2P 规模扩张很快，但是行业高速发展的同时监管却没有跟上。2015 年之前 P2P 网贷平台处于三不管状态，银保监会、证监会不管，司法机关对平台的网络集资行为也一直保持着观望、迟疑的态度。2015 年之前的民商事、金融管理类、刑事法律法规主要针对传统的金融机构和金融业务，对互联网金融这样的跨界交叉型业务和创新领域内的业务没有出台过配套性的管理制度和实施细则，一些P2P 网贷平台的业务处于合法与非法的灰色地带，存在着较大的法律风险。在 2015 年之前因为非法集资罪被追究刑事责任的平台很少见到。2015 年 7 月 18 日央行等十部门联合发布的第一份互联网金融监管文件《关于促进互联网金融健康发展的指导意见》落地，监管环境日紧，此前不规范的行为集中地以雷潮和诉讼的方式爆发，P2P 平台又没有商业银行那样的风险对冲机制，当借款人大规模违约时没有商业银行的贷款风险拨备机制，有的平台索性恶意关闭服务器。2016 年 8 月以来，随着《网络借贷信息中介机构业务活动管理暂行办法》《网络借贷信息中介机构备案登记管理指引》《网络借贷资金存管业务指引》《网络借贷信息中介机构业务活动信息披露指引》的落地实施，形成了“一个办法三个指引”的监管体系，P2P 涉刑涉诉的风险大大降低了，但是没有从根本上解除。

（三）信息不透明

互联网金融平台的本质在于搭建一个交易平台，让所有的需求和供给都在这个平台上自我搜寻和匹配，把集中式匹配变成点对点的交易状态。资产透明性是资本安全的核心标准，网贷平台应当在其官网上公布借款人的基本信息、融资项目的基本项目、风险评估及可能产生的后果、前期项目进展情况和资金使用情况。但是实际情况是鲜有平台主动披露自查质量、报告坏账率重要信息，很多网贷平台只公布理财产品名称和收益率，只有平台运营者自己知道资金流向和用途以外，出借人无从知道，这是典型的不透明。资产不透明就会掩盖了平台自融、非法集资、虚假项目、集资诈骗等重大问题。

（四）社会征信体系不完善

现阶段我国征信体系不完善，不少网贷平台没有像商业银行那样对融资人的资产信用情况、融资信息、履约还款能力有着充分全面的调查了解，由于平台缺乏必要的审核监督手段，甚至对融资人提供的虚假信息都无法甄别。有的借款人在平台出现风险后心存侥幸故意不偿还债务，等待资金链断裂、平台倒闭以逃脱还款义务。在 2018 年 8 月互联网金融风险专项整治工作领导小组办公室下发通知，要求将老赖们的姓名、企业名称、身份证号码、统一社会信用证编码、手机号码、累计借款金融、逾期金额、是否失联等信息纳入社会征信体系，并且根据信息对老赖们的房贷、车贷、个人消费借贷、金融服务、公共服务产生限制性影响。在此之前，P2P 网络借贷恶意逃废债的情况不纳入征信系统，无法对融资人产生信用制约。

（五）从业者大多不具有金融专业背景

作为互联网技术和金融相结合的P2P网贷平台，虽然多数步骤是通过互联网完成的，但是本质还是金融。互联网技术只是一个有效的营销推广工具，改变不了金融的规律。用互联网的技术和概念炒作信贷会制造金融泡沫，甚至会出现欺诈。P2P的从业者大都是做互联网出身，不懂风险控制的命门，不能识别经济活动中创造价值的金融活动，没能很好地防范和化解金融风险，有的采取了实质性的违规操作，进而走向借旧还新的庞氏之路。不少P2P从业者或名校毕业或海归创业，或出身律师或在大型国有机构担任高管，由于没有把风控放在第一位，一些青年才俊、时代精英在雷潮中折戟P2P，结局令人唏嘘。

三、P2P网贷平台存在的合理性

判断一个行业有没有前途要看它能否解决社会问题、降低成本、提高效率。P2P网贷平台机遇和风险并存，就像不能因为存在假币就不再使用纸币，存在电信诈骗就认为电信违法。

（一）P2P网络借贷扩宽了公众的投资渠道

其实金融市场的违法现象并不是P2P出现之后才有的，之前的民间金融市场也有不少乱象，比如各种地下放贷机构的高利贷、套路贷，实体项目非法集资、不能及时还债的利滚利、讨债公司暴力催讨等。就算没有P2P平台，还会有许多骗子平台，只不过骗子利用了P2P平台。P2P的最大魅力在于普惠金融，对于资产财富还处于原始积累阶段的草根阶层来说，实现资产的保值、增值是普遍关心的问题。房市调控力度不断加大，A股各大指数全线下跌，银行理财最低5万起投，闲置资金不能充分利用，公众的投资渠道受限。 P2P随到随投，流动性好，手续简便门槛低，不像楼市一样存在诸多限制性的条件，回报收益普遍高于同期银行定期存款和商业银行经销的理财产品，这些优点满足了公众保值增值的需求。据统计，“P2P上半年的综合收益率仍然在9.5%左右，主流平台收益区间在6%~10%之间，即使遭受行业负面事件的冲击，行业仍然有200万人依然坚信P2P的价值，依然选择投资P2P。此外，根据网贷之家《2017年网贷投资人大调查》显示，大多数人在网贷中并未踩雷，64.65%的投资人在一年中并未遇到问题平台。考虑到投资人权重，可以看到60%的投资人都在赚钱，这与头部平台的数据也是吻合的。所以，从数据上看，P2P行业存在的价值是值得肯定的”。①

（二）P2P的普惠金融有利于中小微企业的发展

中小微企业的融资问题直接关系到增加就业岗位、推动经济增长和金融结构调整。“据统计，在我国中小微企业占到企业总数的90%，贡献了60%的GDP和50%的税收，但是根据全国工商联的调查显示，95%的中小微企业和银行没有任

① 头条君：《走还是留，191万人选择复投P2P》，http://finance.sina.com.cn，下载日期：2020年11月30日。

何借贷关系。”[①] 这也从侧面可以看出主流金融机构对中小微企业存在着信贷歧视。P2P 网贷平台对碎片化的资金整合之后，可以服务于主流金融机构、大型商业银行辐射不到的中小微企业，为中小微企业提供了重要的金融信用的支持。比起动辄月息 3% 的民间借贷机构，P2P 平台正规许多。虽然 P2P 的利率比商业银行高，但是中小微企业往往需要借贷时间不长的过桥资金，短期使用过桥资金的成本并不高，以月计算或者以天计算的利息支出即使是小微企业能够承受的，商业银行银行贷款复杂的审核放贷过程也是远水解不了近渴，P2P 的灵活性可以满足中小微企业对过桥资金的需求。P2P 平台将金融业务和互联网技术、大数据相结合，突破了时间、空间的限制，源源不断地将金融资源从一、二线城市流向周边的三、四线城市的中小微企业，提高了服务实体经济的能力和金融效率，也促进了地区经济一体化的平衡发展。

（三）P2P 的存在有利于推动金融结构调整

P2P 反映了金融压抑下的必然需求，一方面是民间有剩余的资金无处可去，另一方面有资金需求的企业得不到服务，两者的交叉下诞生了 P2P。我国的 P2P 不是单纯的信息撮合匹配的中介，而是披着互联网外衣的金融机构。金融机构的本质是拿着别人的钱放贷赚取利息差，最终要求对投资人负责。不可否认，有不少缺乏信用的平台浑水摸鱼，但是也有大量的 P2P 平台两肩担道义，真正致力于解决中小微企业融资难的问题，真正对投资人的钱负责。这样的 P2P 平台聚焦于中小微企业的客户定位，走与大型商业银行有差异的发展道路，在产融结合方面有所突破，减少了金融结构与经济结构的脱节，客观上有利于金融结构的调整，有利于大企业金融、富人金融向普惠金融转型，助推了金融供给侧改革。

四、P2P 网络平台常见的刑事治理难点分析

操刀之人，应当对顽疾了然于胸。司法机关应当在促进金融创新和维护金融安全、控制金融风险之间实现动态平衡，充分考虑社会治理手段的可替代性、经济活力的激发性、金融创新的容忍性，根据宽严相济的刑事政策，正确处理民法、行政法、刑法的衔接关系，合理划分犯罪圈。

（一）设立资金池进行自融、非法集资行为

对于设立资金池自融行为是否构成非法集资犯罪以及承担何种法律责任需要分析具体情况。在实践中，司法机关往往以成败论英雄。如果企业经营顺利，投资的本息有保障，司法机关一般不会干预。如果因为客观原因企业经营失败，资金链断裂、项目逾期或者投资失败、投资人无法拿回本金，一般情况下管理层会被按非法集资罪处罚。我国的刑法以危害结果作为价值基础。有的论者认为，“应当在司法解释中明确 P2P 网贷平台构成非法集资犯罪，必须满足对吸收的资金能够自由

① 《小微企业融资发展报告：95% 的小微企业未从银行借贷》，http://finance.china.com.cn，下载日期：2020 年 11 月 30 日。

支配且事实上未按照投资者所熟悉的用途进行使用”[①]。在笔者看来，项目逾期或者失败是否应当承担刑事责任，应当具体分析资产项目和资金运作情况，对于P2P既要纠偏，防止其假借金融创新之名在资本市场非法集资和集资诈骗，同时刑法不能过度介入P2P网贷平台的融资。特别是在外部环境发生变化内部增长放缓经济下行，需要用宽松的金融法律政策刺激经济提振中小企业和小微企业信心的背景下，P2P信用创造能力具有明显的现实意义。

根据资金流向，自融可以分为两种情况。第一种是集资人虚构了借款人的项目和信息，把资金用于平台关联项目或者实际控制人项目，并且资金用于再投资赚取利息差、流向房地产行业或者证券市场等高危行业或者关联行业主要从事资本运作造成金融空转，很容易深陷其中难以抽身。由于项目逾期或者失败造成重大损失的，行为人应当承担非法集资罪的刑事责任。第二种是平台管理层将在资本市场汇集来的资金投资和配置于自己所经营的中小微企业用于制造业和工业技改项目的情况。国企有国家信用做担保，主流金融机构更愿意把钱投给国企。中小微企业大多是民营企业，在去金融杠杆的背景下，中小微企业融资难、融资贵、融资慢的困难尤为突出。一是“在经济下行时，银行需要加强风险把控能力，而惜贷、回收则是银行在此时的主要做法。看不清行业未来和企业前景，银行不可能盲目给企业贷款，惜贷就成为中小微企业转型升级遇到的常态”[②]。二是有机会获得银行贷款的企业主要是纳入地方政府扶持名单的具有高新技术的制造业，而大多数中小微企业并不是银行追光聚焦的对象，很难从银行获得解决生产经营中遇到的问题所需要的贷款。三是最终决定银行是否放贷的核心是有无资产抵押，而很多中小微企业是尚未稳定盈利的初创企业，比如互联网科技企业属于典型的轻资产行业，虽然具有相当大的市场前景和发展潜力，但是没有土地、厂房、大型设备可供抵押，难以从银行融到资，因而难以渡过初创时期的资金困难的难关导致发展受限。“比如京东，多年一直遭遇亏损困扰，经过19年的创业才首次实现年度盈利。”[③] 企业生产经营需要一定的周期，有的经销商会拖欠供应商的货款，资金回收需要周期，这些都可能导致项目逾期。

金融是一种高风险的投资活动，刑法对其的介入应当以必要性、合理性为准则。P2P网贷平台的涉众性和开放性使其更容易构成非法集资的犯罪，是否构成此类犯罪除了结果之外还应当看资金流向。笔者认为，宽严相济的刑事政策要求正确处理金融安全与金融效率的关系。调和刑法文本和社会创新之间矛盾最可靠的办法是对刑法文本进行缩限解释，在刑法规制上，既不能过于放任而使金融市场失序，也不能浇灭网贷平台的创新热情。像“e租宝”这种影响范围广、损失严重，仅仅从事资本、货币经营的案件应当认定是刑事案件外，设立资金池进行自融的行为

① 叶良芳：《P2P网贷平台刑法规制的实证分析——以104份刑事裁判文书为样本》，载《辽宁大学学报（哲学社会科学版）》2018年第1期。

② 韦星：《银行为什么惜贷？》，载《南风窗》2018年第20期。

③ 杨露：《撬动实体经济创新动能》，载《南风窗》2018年第24期。

一般不宜进行刑事化处理。刑事司法应当履行能动主义职权，积极创制公共政策，通过个案指引为金融创新提供保障与支持，以审查资金流向为重点，平衡保护投资人的利益和信用创造的风险之间的矛盾。比如，资金流向了中小微民营企业的经营活动中，用于支撑实体经济、用于支持创新发展，即便平台管理层自融行为发生了项目逾期提现困难，只要行为人不是以非法占有为目的，风险在尚可控范围内，没有卷款跑路，积极筹钱还款，就应当以金融融合、金融鼓励的思维去处理非法吸收公众存款的问题，综合运用其他社会治理手段，不应当轻易将此类行为划入犯罪圈。

（二）妥善解决多重法律关系和刑民交叉的问题

1998 年 4 月最高人民法院公布实施的《关于在审理经济纠纷案件中涉及经济犯罪嫌疑若干问题的规定》中确定了先刑后民的原则。司法机关在审理P2P 案件过程中都会先刑后民，既涉及借贷纠纷又可能涉及非法集资行为的案件，公诉机关对非法集资提出刑事指控附带提起民事诉讼，法院也是先审理刑事案件再审理民事案件。P2P 案件包括民间借贷纠纷、企业借贷纠纷、债权转让合同纠纷、保证合同纠纷等类型，呈现出了复杂化、多样化的特点，如果一律采取先刑后民的原则，债权人的权益可能得不到有效的补偿。先刑后民并非良策，“通常用刑法来解决问题时，对投资的收回已经无力回天。在多数案件中，要悉数收回投资只是幻想，实务中只能按照比例返还投资款，有的返还比例还非常低。而投资者最看重的则是投资能够全部返还，期望投资损失的最小化”[①]。P2P 平台投资者甚众，一旦资金链断裂无法提现，投资人也很容易维权上访，造成严重社会事件。如果先刑后民的审理程序可能打乱原来的经营活动和借贷关系造成债权不能履行，甚至造成本来有望偿还的债务因为资金被冻结而无法偿还，会引起新的不稳定和更大的经济损失。司法机关审理刑民交叉的P2P 网贷案件应当实行刑民并行、公权私权平等保护的原则，“保障当事人合法权益的实现和诉权的行使，防止机械地按照先刑后民的原则审理案件导致民事诉讼程序无限延长、民事关系长期出现动荡不安的状态，从而引发次生案件和不良的社会后果”[②]。

（三）以宽严相济的刑事政策认定共同犯罪中的责任

“P2P 大多数涉刑案件是共同犯罪，刑期一般较长，取保候审难度较大，尚在岸上的平台管理层心中也是惴惴不安。”[③]P2P 容易构成共同犯罪，一旦平台涉及违法犯罪必然人数众多，责任分散，如何认定共同犯罪的范围和各人应当承担的责任就成为问题。比如在“网赢天下案”[④] 中，总经理钟某辩称自己只是名义上的总经理，实际上只是普通行政人员，对公司核心业务并不知情，不构成犯罪。运营总监伍某

① 国家检察官学院课题组:《P2P 网络借贷平台异化的刑事规制》，载《国家检察官学报》2018 年第 1 期。

② 李明:《当前民间借贷案件飙升的原因、难题与解决》，载《中国经济周刊》2018 年第 3 期。

③ 肖飒:《互金平台的四大新危机之下股票、网贷、银行理财将如何发展》，http://cj.sina.com.cn/articles/view/5155892269/13350ac2d01900e/mx?from=finance，下载日期：2020 年 11 月 30 日。

④ 参见广东省深圳市中级人民法院刑事判决书（2014）深中法刑二初字第 273 号。

某辩称，自己只负责平台日常技术维护，对资本运作情况包括虚构标的骗取投资、钱款去向一概不知，自己也没有审核投资标的的职责和义务。再比如，在“e租宝案”[①]中，北京一中院认为钰诚集团董事会执行局主席丁某1和平台实际控制人丁某2（系丁某1之弟）以及总裁张某等10人构成集资诈骗罪，其余16人构成非法吸收公众存款罪。在P2P的共同犯罪中应当根据各人的参与程度、贡献程度、地位作用以及是否具有非法占有的目的确定刑事责任。一般来说，董事局主席、CFO、CEO、平台实际控制人、风控负责人等核心高管属于平台的头脑，他们亲自设计违法商业模式，犯意明显，应当按照主犯定罪处罚；对于了解平台项目运作和资金流向的技术总监、高级管理人员、营销方面的专家能手应当属于从犯；根据最高人民法院、最高人民检察院、公安部于2014年3月颁布的《关于办理非法集资刑事案件适用法律若干问题的意见》中的规定，对于非法吸收公众存款提供帮助，并且收取代理费、好处费、返点费、佣金、提成等费用，构成共犯。其中情节显著轻微、危害不大的普通业务人员和行政人员属于细枝末节，在刑法视野内可以作为证人处理；没有拿到提成，对平台商业模式根本不知情，一线普通员工则不构成犯罪。

五、结语

P2P网络贷款是一个新事物，始终伴随着信用创造和金融风险的赛跑，未有终期。经历过雷潮阵痛后，P2P会重新站在寻路这个新的历史阶段上。司法机关和监管部门应当重视互金背景下民间金融投资者群体的合理诉求，刑事司法应当在宽严相济政策的引导下，寻找P2P平台合规发展和投资者资金安全的路径，平衡好发挥信用创造、疏解金融风险和最大限度地保护金融投资者利益三者的关系。

① 参见《“e租宝”非法集资案真相调查》，https://www.spp.gov.cn/zdgz/201602/t20160201_111982.shtml，下载日期：2020年11月30日。

检察环节涉P2P平台犯罪案件维稳态势及其治理策略

——以H省S市办案实践为样本

黄铭宇　孙静翊*

P2P由2006年“诺贝尔和平奖”得主孟加拉国教授穆罕默德·尤努斯首创，2011年逐渐在我国兴起。2015年始，部分P2P平台打着经济新业态、资本运作等幌子，从初期的种植养殖、房地产、资源开发逐步向投资理财、网络借贷、股权众筹、虚拟货币等转变，具有极大的迷惑性，导致以“互联网+传销+非法集资”模式的P2P平台犯罪案件多发。据网贷之家发布的《中国P2P网贷行业2019年8月月报》显示，截至2019年8月，累计停业及问题P2P平台数量达5914家，占6621家P2P平台总数的89.14%。[①] 同时，公安部2019年5月召开新闻发布会称，2018年至2019年一季度，全国公安机关立案涉P2P平台刑事案件1.9万起，涉案金额达4100亿元。[②]H省S市P2P平台于2018年7月陆续出现“爆雷”和“跑路”潮，除“e租宝”“钱宝系”等外来P2P平台外，H省S市连续出现本土29家P2P平台提现困难、停业跑路等现象，如富仁金融“爆雷”前注册人数高达17 889人，累计投资金额7.28亿元。由此也导致相关刑事案件增多，群众信访量和集体访数量剧增，检察环节维稳压力变大，亟须系统分析并加以妥善应对。

一、检察环节涉P2P平台犯罪案件维稳态势

（一）信访数量陡增，维稳风险较大

H省S市涉P2P案件自2014年开始呈现激增趋势，检察环节案件量及涉案嫌疑人数量均大幅上升，客观导致检察机关涉P2P信访数量随之剧增，维稳态势渐趋严峻。2014年至2019年，H省S市检察机关涉P2P平台犯罪案件受理件数年均增长率为46.83%；受理人数年均增长率为69.16%；审结件数年均增长率为37.02%；审结人数年均增长率为56.96%（详见表1）。

---

*　黄铭宇(1984—　)，男，浙江宁波人，浙江省宁波市人民检察院法律政策研究室副主任；孙静翊(1992—　)，男，浙江宁波人，浙江省宁波市人民检察院检察官助理。

①　陈鑫：《P2P网贷行业：累计停业及问题平台达5914家》，http://www.finance.sina.com.cn/2019-09-02/doc-iicezueu2918516.shtml，下载日期：2019年9月2日。

②　熊丰、王子铭：《公安机关打击涉众型经济犯罪：立案近1.9万起 查办P2P平台400余个》，http://www.xinhuanet.com，下载日期：2019年5月10日。

表 1　2014—2019 年 H 省 S 市检察环节涉 P2P 平台犯罪案件办理情况

涉 P2P 平台犯罪案件情况	受理（件 / 人）	同比增长（件；人）	审结（件 / 人）	同比增长（件；人）
2014 年	32 件 55 人	28.00%；14.55%	29 件 /34 人	31.82%；9.68%
2015 年	57 件 95 人	78.13%；80.00%	32 件 /53 人	10.34%；55.89%
2016 年	102 件 255 人	78.95%；168.42%	75 件 /124 人	134.38%；133.97%
2017 年	112 件 291 人	10.71%；14.12%	79 件 /209 人	5.33%；68.55%
2018 年	155 件 491 人	38.39%；68.73%	110 件 /244 人	39.24%；16.75%
2019 年 1—8 月	100 件 267 人	—；—	90 件 /202 人	—；—

与此同时，H 省 S 市检察机关接待群众来访批次年均增长率为 36.46%，来访人数年均增长率为 27.00%；其中由涉 P2P 平台犯罪案件引发的集体访批次年均增长率为 35.31%，集体访人数年均增长率为 54.23%（详见表 2）。

表 2　2014—2019 年 H 省 S 市检察机关信访接待情况

信访接待情况	总体接访情况（批次 / 人）	同比增长（批次；人）	集体访情况（批次 / 人）	同比增长（批次；人）
2014 年	953 件 1497 人	23.62%；11.75%	27 件 /223 人	11.37%；17.58%
2015 年	1218 件 1980 人	27.81%；32.26%	52 件 /574 人	92.59%；157.40%
2016 年	3100 件 4340 人	154.52%；119.19%	81 件 /892 人	55.77%；67.60%
2017 年	2193 件 3508 人	−35.26%;−19.17%	92 件 /966 人	12.50%；9.30%
2018 年	2448 件 3191 人	11.63%；−9.03%	96 件 /1152 人	4.35%；19.25%
2019 年 1—8 月	2168 件 3469 人	—；—	59 件 /708 人	—；—

集体访人数占总体接访人数的比率总体保持在 25.87%，2018 年 1—8 月更是达到了 36.10%，反映出涉 P2P 平台案件引发的信访尤其是集体访，已经成为检察机关信访维稳所要面临的首要难题。

由于涉 P2P 平台犯罪案件的受害人基数较大，50 人以上的集体访批次和数量也占据相当一部分比例；该类检察环节办案时间较长，部分信访人员的诉求一时难以满足，导致所有案件均出现重复访现象。集体访人员来访平均时长约为 2.5—3 小时，部分人员采取拉横幅、喊口号、放广播、发传单甚至闹访等方式表达诉求，串访、赴省进京访苗头不断增加。集体访通常呈现出组织策划性，尤其是参加人数较多、持续时间较长、规模较大、反复性较强的集体访，往往事先经过充分准备，行动具有统一、明确的目标，有整齐划一的口号、标语以及往返大巴车等后勤保障，且通过网络互联互通消息，结合线上线下集体信访形成跨区域、跨行业声援的倾向。一些信访人员通过当地贴吧、论坛及微博、微信等社交媒体和抖音、快手等视频媒体表达信访诉求，也导致信访事件通过网络媒体向外传播，给检察机关维稳处置带来巨大压力。

（二）信访人员结构复杂

涉P2P平台犯罪案件信访人员与其他刑事案件涉法涉诉信访人员相比，有其独有特征。从身份看，涵盖各行各业，遍布社会各阶层。从地域看，主要以H省S市本地户籍人士为主，但是由H省S市本土诞生的涉案P2P平台引发的信访事件中，外省外市信访人员则占据较大比例，且分布全国各地，并以中东部地区为主。本地户籍信访人员聚集较为容易，是造成重复访、集体访多发的主要原因；外地户籍信访人员远道奔赴H省S市，且受当地其他受害者委托，更易引发过激信访行为，劝返难度较大。从年龄、性别看，老中青均有涉及，最大年龄为90岁，最小年龄为19岁；其中老年人数量最多，又以女性老年人居多。老年人及女性人员抗压能力较弱，身体素质稍差，情绪较为激动，健康情况复杂，其中不乏自称患有高血压、心脏病等疾病的人员，给接访工作带来较大压力。从职业看，退休人员占比最高，白领人士、企事业单位人员、国家机关工作人员、在校大学生及无业人员均涵盖在内。该类信访人员通常具有一定的经济实力，所以在P2P平台投入资金较多；退休人员则利用退休金等参加投资，损失更为严重。此外，退休人员比其他信访人员有更充裕的时间投入信访中，导致退休老年人成为信访主要主体。

（三）信访人员诉求多元

涉P2P平台犯罪案件相关人及当事人利益纠葛错综复杂，诉求较一般案件更加多样，基本分为四类。一是P2P平台投资者。该类人员是案件最大的受害人，占信访人员的90.37%，基本诉求是希望检察机关尽快办案，尽快追回被骗资金，获得经济赔偿。有些则向检察机关反映公安机关遗漏涉案嫌疑人资产、对相关人员未予立案等办案情况，希望检察机关予以监督；有些急切希望政府部门、司法办案机关关注并快速解决其面临的困难，采取信访等方式希望相关部门更加重视案件办理或关注其诉求；有些则迫切希望了解检察机关对案件的处理结果和案件办理进度；有些则自始至终不认为被骗或寄希望于平台能够“打一场翻身仗”赚回损失等，希望检察机关对案件进行非罪化处理；有些信访人员对案件的看法与政府、公安、检察机关不一致，希望通过自己掌握的材料和反映的情况说服相关部门，影响案件定性及对嫌疑人的定罪处罚。二是P2P平台利益所得者。主要包括平台前期投资者、管理者、经营者等，聚集上访的目的在于想保留投资既得的收益和回报，甚至希望P2P平台能够继续运转以保证自己继续获利，通过上访给政府和办案机关施压，阻挠办案，希望检察机关改变犯罪定性将案件作为民事纠纷处理，释放涉案人员，满足其他不合理需求等。三是P2P案件相关人员。主要包括涉案人员亲属、平台普通员工及软硬件设施提供者等，基本诉求是希望对自己的涉案亲属予以从轻处罚，希望平台能够结清自己的工资及租赁场地、水电气费用等。多元化的诉求必须予以区别对待，分类化解，接访化解工作复杂繁重。

二、诱发涉P2P平台犯罪案件信访事件的原因溯源

（一）追赃挽损效果差

尽快、尽量挽回财产损失是大部分信访人员最强烈的诉求，也是引发相关人员集结、参与信访的主要原因。但是司法实践中，办案机关追赃挽损效果与信访人员的期待尚有一定差距。一方面，涉案P2P平台以合法公司为幌子，掣肘了办案机关及时挽损。自2015年P2P平台开始出现“爆雷”事件后，银监会等四部委就出台了《网络借贷信息中介机构业务活动管理暂行办法》，并常态化与最高检等14部委召开处置非法集资部际联席会议，强化对P2P平台的监管。自此，不法P2P平台开始通过注册公司为实施集资诈骗等犯罪披上合法化外衣，导致监管打击难度加大。H省S市查处P2P平台的时间节点无一例外均是在平台出现无法兑付或“爆雷”或“跑路”或停业后，此时涉案平台早已资不抵债或转移、隐匿、消耗了涉案财物，或者嫌疑人为了掩盖犯罪事实，伪造账目或资金流向导致取证难度较大，大部分资产难以追回，导致挽损效果不佳。另一方面，检察环节、法院审判环节缺乏必要追赃条件保障和追赃意识。涉P2P平台犯罪案件立案后尤其是移送审查起诉后，检察机关和审判机关已经错过了最佳追赃时机，加之由于案件工作量大，需要审查的案件事实和证据繁多，承办检察官或法官主要精力放在查证案件事实及在案证据上，以求尽快结案、保障司法公正，对涉案财物更趋向于从惩治犯罪、准确定案的角度进行审查，主动追赃的意识不强。此外，相比于公安机关，检察机关缺乏必要的侦查软硬件设备和补证专业人才、专业技能，对发现的涉案财产线索一般会选择退回公安机关补充侦查。由此，P2P平台投资人等对追回投资款项的诉求难以得到有效满足，是导致信访、集体访爆发的主要原因。

（二）办案机制不健全

涉P2P平台犯罪案件案情复杂、涉案人员众多、涉及地域广泛，办案难度较大，一些办案机制尚不够完善，一定程度上影响了定罪处罚和办案效果，容易引发案件当事人及相关人员不满。一是案件定性协调机制不健全，办理时间过长。涉案P2P平台借助网络传播遍布全国各地，受害人所在地和P2P平台公司注册地及其营业地、下游资金处置地等都有管辖权，公安机关立案、检察机关逮捕起诉以及法院审判等多个环节都会出现管辖争议。有些案件，多地司法机关各自为战、多头立案、争抢追赃；有些则考虑到调查取证难、信息掌握有限等因素相互推诿扯皮不愿办理；有些公安机关、检察机关、审判机关对案件定性、涉案人员和扣押财物处理存在较大分歧意见，致使一些案件长期不能结案；有些公安机关侦查任务较重，取证不全、证据质量不高导致检察环节多次退补、办案效率较低。据统计，H省S市检察机关办理的涉P2P平台犯罪案件一次退回补充侦查率为100%，二次退回补充侦查率为87.4%；一次延长率为100%，二次延长率为63.7%。办案效率远远低于普通刑事案件。二是对案件定性、涉案财产及嫌疑人认定存在分歧。由于各省各地

办案人员能力素质不一，导致同案不同判情况大量存在，案件相关人对案件办理结果不认同。同一P2P平台嫌疑人所涉罪名，有些地方认定为集资诈骗罪，有些地方则认定为非法吸收公众存款罪，而两罪的入罪标准、量刑标准存在巨大差别，各地受害人互通消息后发现定罪处罚不一，也会聚集到检察机关请求监督。而对于涉案财产的认定则更为复杂，有些办案机关把嫌疑人家庭财产或家属财产也认定为涉案财产，导致嫌疑人家属上访；有些办案机关未将涉案P2P平台的下游末端分支财产予以查封扣押，或者未将“爆雷”之前所谓“正常经营”的财产予以追缴等，都是被害人信访反映比较集中的诉求。对于嫌疑人的认定，一些加入涉案P2P平台较早的投资人，直接或间接通过发展下线“拉人头”的方式获得利润回报，如此层层发展，许多受害人同样也是施害者，如果认定施害者为犯罪嫌疑人，则其不享有受害人追偿的权利，且其前期获得的利润也将计入犯罪所得予以追缴。如此种种，认定标准不一也带来了不少信访增量。

（三）信息公开不完善

涉P2P平台犯罪案件中，被害人诉讼权益保障不足尤其是知情权不足是引发信访的因素之一。知情权是诉讼当事人的一项基本权利①，但是由于被害人人数较多、分布较广，而且有相当一部分联系不上，检察机关受理案件后，通过电话、信件、公告等方式难以穷尽告知受害人员，逐一送达起诉书或等相关法律文书也不现实，由此导致与案件诉讼过程和处理结果有直接利害关系的被害人无法有效参与庭审过程，没有当庭称述机会，表达意见的权利无法实施，进而通过上访、闹访等方式倾诉意见。与此同时，检察机关办案人员片面追求办案效率，对案件信息公开意识不强，有些案件公开力度和深度难以恰当把握，只通过检察案件信息公开网或检察院官方网站等简单公开案件程序性信息，难以满足大部分信访人员想要充分掌握案情的诉求，而采取大范围公开等不妥当的方式，反而会造成部分被害人恐慌，带来更大范围的信访。

（四）舆情管控不到位

涉P2P平台犯罪案件信访通常具有一定的苗头性，检察机关往往将主要精力放在如何办好案、快办案上，忽视对信访舆情的收集研判分析和防控，对信访事件更多的是被动化解而非主动出击。由于事先应对准备不充分、宣传解释不到位，未能第一时间引导舆论社情走向，使得一些涉P2P平台犯罪案件当事人通过自媒体等网络平台散发虚假、片面信息，对广大群众产生误导。此外，一些参与集体访的信访人员，通常依托QQ群、微信群等方式互相串联，采取有组织的方式进行上访，检察机关对该类信息缺乏筛查预警机制，对相关重点人员管控乏力，难以做到早发现、早化解。

① 参见董林涛：《论被追诉人辩护自主性》，载《行政与法》2020年第10期。

三、防控治理涉P2P平台犯罪案件信访事件的应对策略

（一）健全检察机关追赃挽损办案机制

一是拓展追赃挽损线索收集渠道。联合金融机构、住建部门、公安机关、审判机关建立涉案财物线索联动收集机制，利用媒体力量和舆论监督，积极引导公众参与，建立被执行人财产公示名单、线索举报奖励等机制，最大限度搜集相关财产线索，统筹安排追缴工作。完善全国非法金融活动风险防控平台建设，打通省际金融数据壁垒，畅通快速查询和冻结涉案财物渠道，建议平台对检察机关开放使用权限，便于检察机关联动开展追赃挽损工作。二是规范涉案财物审前返还程序。对所有权明晰无争议的涉案财产，加快评估、拍卖和变现进度，及时进入返还程序，尽可能减少被害人等待时间。对产权不明，多个省市司法机关分别扣押、查封、冻结的资产，加快进行资产法律认定，妥善协调处置，纾解部分被害人的焦虑。三是强化办案预警机制建设。针对本地区一定时期、某些领域的P2P平台总体运营形势和突出问题，联合公安机关开展P2P平台风险评估工作，利用检察机关派驻基层公安派出所检察官办公室等载体督促公安机关持续追赃，对于风险系数较高的平台进行重点关注和管控，及早发现办案线索并防止平台转移分散财产，将受害人损失降到最低。

（二）精准认定和打击犯罪

一是强化检察引导侦查工作，凝聚司法办案共识。对重大涉P2P平台犯罪案件第一时间介入引导公安机关侦查取证，梳理总结取证指引，引导公安机关全面、规范、客观收集证据，提高证据搜集质量，减少退回补充侦查和延长办案期限频次，提高检察环节办案效率。二是创新适用办案工作机制。积极适用认罪认罚从宽制度，将积极履行赔偿义务作为对嫌疑人从宽量刑的条件；在刑罚执行中，重点监督监狱、看守所等机关将罪犯履行赔偿情况作为减刑、假释及假释期间应履行义务的考察因素。三是统一办案标准，精准定性案件。搜集梳理同一地区公检法机关的办案分歧以及不同地区之间对同类案件的定性差异，系统分析相关原因，通过召集公检法等联席会议以会议纪要等方式统一办案机关之间的定罪处罚标准。着重根据涉案P2P平台组织架构、相关人员发挥的作用等因素明确区分被害人和施害人之间的界限，精准认定犯罪性质，确保不枉不纵。

（三）做好信息公开工作

一是充分保障信访人的知情权、参与权和表达权。综合采用电话、信函、公告、广播电视和专门网站等多种方式，拓展案件当事人获取案件信息的渠道和途径，尽可能保障涉案当事人的知情权。畅通信访人参与案件审理的渠道，鉴于涉P2P平台当事人较多，可以采用代表人制度，由被害人推荐代表参与检察机关公开审查工作，并让相关人员就案件具体情况、赔偿请求和犯罪嫌疑人定罪量刑等方面发表意见。通过充分沟通，打消信访人员对办案机关的疑虑。二是建立信息通报制度。

通过官网、官方微信、微博定期通报案件办理及追赃进度、涉案财产处置方案等案件基本情况，定期安排承办检察官或新闻发言人等答复被害人的问题。同时，注重对公开和发布的信息进行合理的甄别和控制，确保对外发布的信息准确、合理、有效且不会增加信访人员的恐慌。

（四）强化舆情防控和舆论引导能力建设

目前，各级检察机关均高度重视涉P2P平台犯罪案件等涉众性经济犯罪维稳工作，但还需要强化对维稳处置的整体规划，增强检察机关主动把控能力。一是强化舆情分析研判工作。着重强化对重点人员、重点群体涉稳动态等情报信息的搜集、监测和预警，完善重大涉P2P平台犯罪案件风险评估和重点人员管控及危机处置机制。在作出不捕、不诉等决定前，结合舆情风险等级，从合法性、合理性、可行性、可控性等方面进行动态评估。二是建立涉P2P平台犯罪案件信访接待和维稳处置工作机制。选取信访业务骨干和办案专家组建专业办案小组，评估个案信访风险并拟订维稳工作预案，统筹协调各部门协同处置，针对不同类别信访人员的不同诉求进行个性化答复和疏导。对信访牵头人、发起人等重点人员，通过检察官下访、家访等进行面对面释法说理和答疑解惑，消除信访苗头。对集体访等信访人员，要联合信访人所在单位、属地街道办和社区等逐一化解劝返。讲究释法说理方式方法，善用群众立场、群众语言答疑解惑。三是强化舆论引导能力建设。加强对办案检察人员舆情引导、信访化解等综合能力的培训，主动与媒体加强沟通，与公安、法院等联合建立涉P2P平台犯罪案件网络舆情管控机制①，组建联合处置小组对相关不良、虚假或煽动性信息进行有效回应和处置。主动创建受害人QQ群和微信群，及时关注群内动态，及时回应群众需求，及时宣传司法机关打击P2P平台犯罪的相关司法政策，倡导社会公众依法依规理性维权和表达诉求。

检察环节涉P2P平台犯罪案件的维稳态势有一定的特殊性，需要高度重视并细化举措予以妥善应对，H省S市该类案件的维稳压力及其产生原因与其他省市存在共性，治理策略也具有参考价值。检察机关在应对涉P2P平台犯罪案件信访时，应当更加积极主动，发挥在刑事案件办理环节中的应有作用，同时也应当加强与政法各单位和政府部门的合作联动，以高质量的专业素质将检察环节的维稳风险防控在最低限度，共同推进对涉P2P平台犯罪案件维稳事件的妥善治理。

① 参见宋凡：《我国网络犯罪管理研究》，湖南大学2013年硕士学位论文。

我国互联网股权众筹的行政监管及刑法规制

陈　勇*

近年来，互联网金融乱象丛生，如P2P平台的彻底清零、小额贷款的无度扩张、比特币的狂跌狂涨等，一定程度上给金融监管带来挑战。2020年中央经济工作会议指出，金融创新必须在审慎监管的前提下进行。互联网股权众筹作为互联网金融类型之一，只有在有效监管的前提下开展活动，才能在金融市场上发挥更大的影响力。

一、我国互联网股权众筹的监管现状

（一）监管部门对互联网股权众筹范围界定的转变

我国监管部门对股权众筹的界定有一个变化的过程：前期以是否采取公开的方式为标准，将股权众筹划分为私募股权众筹和公募股权众筹，即私募股权众筹和公募股权众筹都是股权众筹的类型；随后监管的立场发生转变，认为股权众筹是一种公开的融资活动，原先的私募股权众筹是通过互联网形式进行的非公开股权融资，并不是股权众筹。

1. 前期区分私募股权众筹和公募股权众筹

2014年12月18日，中国证券业协会发布了《私募股权众筹融资管理办法（试行）（征求意见稿）》（以下简称《征求意见稿》）。《征求意见稿》第二条将私募股权众筹定义为"通过股权众筹融资互联网平台以非公开发行方式进行的股权融资活动"且设置了较高的投资门槛。[②] 虽然《征求意见稿》并未对股权众筹做出界定，但值得注意的是，中国证监会在《征求意见稿》发布的前后两次新闻发布会上，均表示证监会正在抓紧制定股权众筹融资的相关监管规则，并积极研究以公开发行

---

*　陈勇（1986—　），男，福建仙游人，厦门大学法学院2018级博士研究生。本文系国家社科基金重大项目"网络金融犯罪的综合治理研究"（编号17ZDA148）的阶段性研究成果。

②　《征求意见稿》第二条将私募股权众筹界定为"融资者通过股权众筹融资互联网平台以非公开发行方式进行的股权融资活动"。围绕"非公开发行"这一要点，《征求意见稿》第十二条进一步明确为"融资者不得公开或采用变相公开方式发行证券，不得向不特定对象发行证券。融资完成后，融资者或融资者发起设立的融资企业的股东人数累计不得超过200人。"同时《征求意见稿》第十四条要求投资者要符合下列条件之一："（一）《私募投资基金监督管理暂行办法》规定的合格投资者；（二）投资单个融资项目的最低金额不低于100万元人民币的单位或个人；（三）社会保障基金、企业年金等养老基金、慈善基金等社会公益基金，以及依法设立并在中国证券投资基金业协会备案的投资计划；（四）净资产不低于1000万元人民币的单位；（五）金融资产不低于300万元人民币或最近三年个人年均收入不低于50万元人民币的个人。上述个人除能提供相关财产、收入证明外，还应当能辨识、判断和承担相应投资风险。"

方式开展股权众筹融资试点的相关政策。[①] 由此可见，至少在 2014 年年底之前，证监会是将股权众筹区分为私募股权众筹和公募股权众筹。

2. 以互联网非公开股权融资取代私募股权众筹

出乎意料的是，2015 年 7 月 18 日中国人民银行等十部委联合发布了《关于促进互联网金融健康发展的指导意见》（以下简称《指导意见》）。《指导意见》明确规定股权众筹“主要是指通过互联网形式进行公开小额股权融资的活动”[②]，其“公开”性也确定了股权众筹的“公募”性质。这是官方第一次对股权众筹作出界定，同时也否定了上述《征求意见稿》对股权众筹的“私募”定性。2015 年 8 月 7 日，中国证监会在《指导意见》的基础上，发布了《关于对通过互联网开展股权融资活动的机构进行专项检查的通知》（以下简称《专项检查通知》）。该通知进一步强调了股权众筹融资属于公开募集股本的活动，指出股权众筹具有“公开、小额、大众”的特征，明确此前开展的私募股权众筹不属于股权众筹的范围，并将开展股权众筹融资的主体限定为“创新创业者或小微企业”。[③] 随后中国证券业协会也把《场外证券业务备案管理办法》中的“私募股权众筹”修改为“互联网非公开股权融资”。在此之后，不管是证监会所开展的有关检查活动[④]，还是证监会、国家发改委等部门发

① 《征求意见稿》发布前，证监会 2014 年 11 月 28 日发布会表示“对股权众筹融资的相关监管规则正在抓紧制定中，以公开发行方式开展股权众筹融资试点的相关政策也在积极研究中”。《证监会 2014 年 11 月 28 日新闻发布会》，https://www.sac.net.cn/hyfw/hydt/201412/t20141201_111526.html，下载日期：2019 年 9 月 5 日。《征求意见稿》发布后，中国证监会 2014 年 12 月 26 日发布会再次表示“以是否采取公开发行方式为划分标准，股权众筹分为面向合格投资者的私募（非公开发行方式）股权众筹和面向普通大众投资者的公募（公开发行方式）股权众筹。……目前，我会正在抓紧制定股权众筹融资的相关监管规则，以公开发行方式开展股权众筹融资的相关政策也正在研究中”。《证监会 2014 年 12 月 26 日新闻发布会》，https://www.sac.net.cn/hyfw/hydt/201412/t20141229_114433.html，下载日期：2019 年 9 月 5 日。

② 《指导意见》由中国人民银行、工业和信息化部、公安部、财政部、工商总局、法制办、银监会、证监会、保监会、国家互联网信息办公室等十部委发布。《指导意见》在第二部分第九点关于“股权众筹融资”的规定指出：“股权众筹融资主要是指通过互联网形式进行公开小额股权融资的活动。股权众筹融资必须通过股权众筹融资中介机构平台（互联网网站或其他类似的电子媒介）进行。……股权众筹融资业务由证监会负责监管。”

③ 证监会发布的《关于对通过互联网开展股权融资活动的机构进行专项检查的通知》（证监办发〔2015〕44 号）指出：“股权众筹融资主要是指通过互联网形式进行公开小额股权融资的活动，具体而言，是指创新创业者或小微企业通过股权众筹融资中介机构互联网平台（互联网网站或其他类似的电子媒介）公开募集股本的活动。由于其具有‘公开、小额、大众’的特征，涉及社会公众利益和国家金融安全，必须依法监管。未经国务院证券监督管理机构批准，任何单位和个人不得开展股权众筹融资活动。目前，一些市场机构开展的冠以‘股权众筹’名义的活动，是通过互联网形式进行的非公开股权融资或私募股权投资基金募集行为，不属于《指导意见》规定的股权众筹融资范围。”

④ 2015 年 12 月 11 日，证监会在总结“证监会派出机构配合查处区域性股权市场挂牌企业涉嫌非法活动”情况时指出，在区域性股权市场获得会员资格的中介机构，设立“股权众筹”融资平台，为区域性股权市场挂牌企业以“股权众筹”名义从事非法发行股票活动提供服务，证监会有关派出机构及时配合当地公安机关和有关部门进行了查处。《证监会派出机构配合查处区域性股权市场挂牌企业涉嫌非法活动》，https://www.csrc.gov.cn/pub/newsite/zjhxwfb/xwdd/201512/t20151211_288005.html，下载日期：2019 年 9 月 5 日。

布的系列文件，都进一步重申了这种新的监管立场和思路。[①]

（二）进展缓慢的互联网股权众筹试点工作

开展股权众筹试点工作最早是在2014年11月的国务院常务会议上提出的，2015年3月2日，国务院办公厅印发了《关于发展众创空间推进大众创新创业的指导意见》，指出“开展互联网股权众筹融资试点，增强众筹对大众创新创业的服务能力”。然而，此后几年股权众筹试点工作却一波三折，少有实质性进展。虽然，证监会在2018年和2019年都将《股权众筹试点管理办法》纳入当年度的立法工作，但至今仍未发布。2019年1月24日，《中共中央　国务院关于支持河北雄安新区全面深化改革和扩大开放的指导意见》明确指出：“研究建立金融资产交易平台等金融基础设施，筹建雄安股权交易所，支持股权众筹融资等创新业务先行先试。”[②]期间，值得关注的是《证券法（修订草案）（三次审议稿）》第十一条规定了对股权众筹的发行进行豁免，并授权国务院证券监督管理机构制定管理办法。[③]但令人遗憾的是，该草案第十一条的规定最终并未被纳入新修订的《证券法》。所以，截至目前，股权众筹的相关立法工作并未取得实质性进展。

（三）“美微传媒案”——互联网股权众筹监管第一案

2012年10月，美微传媒在淘宝网上以出售会员卡的形式售卖原始股权[④]，该做法最终被证监会叫停。证监会并没有对美微传媒进行严厉处罚，而是通过约谈该公司负责人，告知其行为涉嫌擅自发行股票，要求其立即停止违法行为并及时纠正，责令其按照募资说明承诺的条款主动退还所募资金，通过互联网进行公开澄清并消除不良影响。[⑤]监管层对“美微传媒”事件不置可否的态度，可能是认识到股

① 2016年4月14日，证监会等部门联合发布的《股权众筹风险专项整治工作实施方案》，该方案要求，对于整治中发现以“股权众筹”等名义从事股权融资业务或募集私募股权投资基金的，积极予以规范。2016年10月21日，国家发改委发布了《互联网市场准入负面清单（第一批，试行版）》（征求意见稿），该清单规定，非公开募集基金，不得向合格投资者之外的单位和自然人募集资金，不得通过报刊、电台、电视台、互联网等公众传播媒体形式或者讲座、报告会、分析会等方式向不特定对象宣传推介。任何机构或个人依托互联网开展金融活动，应当经过相关金融监管部门批准，或到相关金融监管部门办理备案。

② 《中共中央　国务院关于支持河北雄安新区全面深化改革和扩大开放的指导意见》，http://www.gov.cn/zhengce/2019-01/24/content_5360927.htm，下载日期：2019年9月7日。

③ 《中华人民共和国证券法（修订草案）（三次审议稿）》第十一条规定：“公开发行证券，有下列情形之一的，可以豁免核准、注册：（一）通过国务院证券监督管理机构认可的互联网平台公开发行证券，募集资金数额和单一投资者认购的资金数额较小的；（二）通过证券公司公开发行证券，募集资金数额较小，发行人符合规定条件的。依照前款规定公开发行证券的管理办法，由国务院证券监督管理机构制定，并报国务院批准。”

④ 具体案情：2012年6月，爱奇艺高管朱某离职创立美微传媒，公司性质为“有限责任公司”。2012年10月，美微传媒在淘宝网上成立了一家名为“美微会员卡在线直营店”的店铺，销售的产品为“美微传媒凭证登记式会员卡”，每张“会员卡”售价120元。从网店购买“会员卡”就是在购买公司的原始股票，每股价格1.2元，最低认购100股。即任何网民只要花费120元购买一张公司“会员卡”，就变身为持有公司100股的原始股东。“股东”通过淘宝网认购后，美微传媒会向“股东”发出公司盖章的《出资证明》和《代持协议》。据统计，其通过淘宝网公开转让原始股共161笔，涉及投资人153名，累计获得投资款18万余元。

⑤ 《北京某文化传播公司利用淘宝网非法发行股票被及时叫停》，http://www.csrc.gov.cn/pub/newsite/djffzqqhhdj/ffzqqhjs/201309/t20130906_233653.html，下载日期：2019年9月15日。

权众筹具有金融创新功能，并在金融收益与金融风险之间进行反复权衡的结果。[①]但是，如果认定美微传媒涉嫌擅自发行股票，其通过淘宝网共向153名人员出售公司原始股，远远超出构成擅自发行股票罪所要求的30人的入罪标准，已然涉嫌构成擅自发行股票罪。通过该案，暴露出股权众筹的行政监管所面临的尴尬处境：由于互联网的开放性和去中心化特点，参与股权众筹投资者人数众多且不受地域限制，所以股权众筹一旦被监管部门认定为擅自发行股票，就会因构成擅自发行股票罪面临刑罚处罚，而没有行政监管的空间。

（四）互联网股权众筹的监管策略

互联网股权众筹的监管要坚持"行刑结合，以行为主"，即以行政监管为主要手段，以刑法规制为次要手段，行政监管和刑法规制相配合的监管策略。刑罚是最严厉、最具有杀伤性和痛苦性的手段，只有在其他手段无法保证效果的前提下，才能适用刑法。股权众筹具有一定的金融创新价值，应优先考虑采用行政手段予以规制，而不应轻易纳入刑法规制的法网。要通过相应的行政监管，使互联网股权众筹活动逐步透明化、规范化。同时，对于互联网股权众筹中涉嫌犯罪的行为，刑法应该给予严厉打击，发挥其最强震慑力的保障功能。

二、互联网股权众筹的行政监管

（一）美国互联网股权众筹监管的经验借鉴

2012年4月，美国颁布的《工商初创企业推动法案》（即Jumpstart Our Business Startups Act，以下简称JOBS法案）赋予了股权众筹在美国的合法地位。JOBS法案的第Ⅲ编"众筹"，又被称为《众筹法案》。《众筹法案》通过以下三个方面，为股权众筹融资做出豁免规定：1. 在《1933年证券法》中新增第4（6）节，将符合特定条件的众筹发行豁免于《1933年证券法》第5节规定的公开发行、注册要求；2. 为解决众筹融资平台被认定为"经纪人"而导致的监管成本过高问题，法案创制了"筹资门户"（funding portal）这一新的中介类型，有条件地将"筹资门户"豁免于"经纪人"的注册和规制要求；3. 法案要求SEC制定规则，将众筹发行的证券豁免于《1934年证券交易法》第12（g）节的要求，从而使众筹发行人不因股东人数过多而触发《1934年证券交易法》规定的信息披露义务。[②]《众筹法案》虽然规定了股权众筹的豁免制度，但并不能直接生效。2015年10月，美国证券交易监督委员会（SEC）通过了根据《众筹法案》所制定的《众筹条例》，并于2016年5月实施，标志着《众筹法案》正式生效。

（二）我国互联网股权众筹行政监管的路径

《指导意见》赋予股权众筹具备宏观政策上的合法性，但由于《证券法》《公司法》未给予股权众筹发行豁免，股权众筹目前在法律上还未取得合法地位。所以，

① 刘宪权：《互联网金融股权众筹行为刑法规制论》，载《法商研究》2015年第6期。
② 毛海栋：《股权众筹规制问题研究》，北京大学出版社2019年版。

完善股权众筹的行政监管，要通过修订相关行政法律法规，先给予股权众筹合法化“身份”，并将其纳入规范化的治理轨道。股权众筹平台、融资者和投资者是股权众筹最主要的三类主体，所以，股权众筹的行政监管可以从三方面入手。

1. 融资者方面

对于股权众筹的融资者，可以从主体范围、融资限额以及信息披露义务三个方面着手。首先，融资者的主体范围。根据《指导意见》《专项检查通知》的相关规定，股权众筹融资者应为创新创业者或小微企业。所以，现行行政规范将股权众筹融资者的主体限定为创新创业者和小微企业。那么对小微企业的主体限定是否合理呢？根据工业和信息化部等四部委 2011 年研究制定的《中小企业划型标准规定》第二条规定：“中小企业划分为中型、小型、微型三种类型，具体标准根据企业从业人员、营业收入、资产总额等指标，结合行业特点制定。”该规定第四条也列明了各行业划型标准。虽然该规定对小微企业的范围作出相对精确的界定，然而，企业可以很容易通过调整从业人员数量或者营业收入额，来满足主体资格。可以借鉴美国“JOBS 法案”以及 SEC 制定的《众筹条例》，通过规定哪些主体不得利用众筹豁免，实现对主体范围的限制。[①] 因此，法律只需将明显不属于政策鼓励范围内的早期企业、非中国企业、上市公司、没有确定的商业计划的企业以及主要从事证券投资业务的企业排除在外即可。[②] 如果不符合主体资格的融资者，提交虚假材料，骗过股权众筹平台审核，开展股权众筹活动，即为违法。其次，融资限额。股权众筹的融资限额和融资者的融资需要及资金缺口相关，美国“JOBS 法案”规定融资者每年通过网络平台募集资金不超过 100 万（经 2017 年调整后为 107 万）美元。[③] 我国融资限额如何确定，需要政策制定者和监管者进行市场调研。有学者建议融资者每年通过股权众筹平台所融资资金不超过 500 万元。[④] 如果融资者违反融资限额规定，即为违法。再次，信息披露义务。融资者要及时向投资者和股权众筹平台如实披露规定的信息。相比于传统的证券交易市场，股权众筹并没有强制的信息披露制度，投资方对融资方以及相关的交易信息的了解相当有限。投融资双方的信息不对称，这也会让投资者面临合同欺诈的风险。[⑤] 所以，如实披露规定的信息是股权众筹融资者应该承担的主要义务。信息披露的内容应该包括融资者及融资项目的基本信息、财务信息等。可以借鉴美国“JOBS 法案”的有关规定，根据融

① 美国“JOBS 法案”以及 SEC 制定的《众筹条例》规定，以下企业不得利用众筹豁免：（1）非美国企业；（2）《1934 年证券交易法》下的报告公司；（3）投资公司；（4）没有明确的商业计划或者其商业计划是参与不明确的企业进行合并或收购的企业。

② 毛海栋：《股权众筹规制问题研究》，北京大学出版社 2019 年版。

③ 美国证券交易监督委员会（SEC）为适应通货膨胀，在 2017 年调整了融资额上限和投资门槛。黄辉：《中国股权众筹的规制逻辑和模式选择》，载《现代法学》2018 年第 4 期。

④ 杨东、刘翔：《互联网金融视阈下我国股权众筹法律规制的完善》，载《贵州民族大学学报（哲学社会科学版）》2014 年第 2 期。

⑤ 刘宪权：《互联网金融股权众筹行为刑法规制论》，载《法商研究》2015 年第 6 期。

资额的高低对信息披露内容及详略程度给予不同要求。[①]

2. 股权众筹平台方面

美国"JOBS 法案"对股权众筹的中介机构提出了十点要求。[②] 我国可以结合实际，从以下几个方面明确股权众筹平台的资格与义务：（1）股权众筹平台必须向证券监督管理机构进行合法备案。有关备案的要求可借鉴开展场外证券业务机构的备案条件，从内部管理制度、资本实力、专业人员、技术配备、风控机制、保护措施等方面进行考察。[③]（2）股权众筹平台需接受行业自律组织的监管。通过成立股权众筹行业协会，健全以股权众筹行业协会为主体的体系外证券机构自律性监管体系，实现股权众筹的良性运转。（3）股权众筹平台要做好投融资双方的审查工作[④]。对于投资者，股权众筹平台要对他们的收入水平、抗风险能力和投资经验等方面进行评估，以确定是否为合格的投资者；对于融资者，股权众筹平台要充分考察他们的信用情况以及融资项目的真实性、可行性，确保进入众筹的融资者可信，融资项目可靠。（4）股权众筹平台要做好信息披露和保密义务。股权众筹平台必须在规定时间内，向监管部门和投资者准确地披露相关信息与风险。股权众筹平台对属于投资者隐私的相关信息负有保密义务。（5）资金交由银行或可信任的第三方平台托管，股权众筹平台不能直接经手或负责管理资金。股权众筹在融资的期间内，不断有投资者注入资金到众筹平台指定的账户。在这期间，股权众筹平台作为投融资双方的信息中介，如果能够控制资金的流动，那么也可能擅自转移或使用资金。而一旦出现投资者的资金被平台运营者挪用甚至卷款跑路，那么投资者可能血本无归。

3. 投资者方面

要明确投资者的资格及投资限额。保护投资者是各国证券法及证券监管者的共同目标。出于控制投资风险的需要，各国往往会对投资者的资质提出要求，以避

---

① 例如，财务信息的披露，法案根据发行人在最近 12 个月内的融资额采取差异化的披露方式：（1）目标融资不超过 10 万美元：应披露由发行人的主要执行官对其准确性进行保证的近一年联邦所得税申报单中的总收入、应税收入、总税额，以及由主要执行官保证其真实性和完整性的财务报表；（2）高于 10 万美元但不超过 50 万美元的：应披露由独立会计师审查的财务报告；（3）高于 50 万美元的：应披露由独立会计师审计的财务报表。转引自：肖本华：《美国众筹融资模式的发展及其对我国的启示》，载《国际金融》2013 年第 1 期；毛海栋：《股权众筹规制问题研究》，北京大学出版社 2019 年版。

② 十项要求包括：要求股权筹资的中介机构必须在SEC 登记成为经纪人或资金门户、必须向投资者揭示融资过程中蕴含的和可能发生的风险并对其进行教育、必须按法案规定向 SEC 和投资者提供相应的信息和履行披露义务、必须登记成为一家被认可的自律性协会的会员并受协会的约束、必须采取相应措施防范股权众筹融资过程中的欺诈现象、必须采取措施保护投资者的个人信息、必须确保投资者没有超过投资数额限制进行投资、必须确保融资目标未实现时将所筹资金退还给投资者、必须限制对促销的补偿、必须限制中介机构与融资者产生某种利益关系或关联关系。

③ 《场外证券业务备案管理办法》第五条：备案机构开展场外证券业务应当符合下述要求：（一）公司治理制度健全，决策与授权体系清晰，相关内部管理制度完整；（二）具备与相关场外证券业务相适应的资本实力、专业人员和技术系统；（三）具有能够有效防范利益输送、不公平交易、市场操纵等行为的风险控制机制；（四）具有完善的投资者教育和投资者权益保护措施；（五）协会的其他要求。

④ 莫洪宪、刘芷含：《互联网股权众筹的刑事风险防范及规制》，载《广西大学学报（哲学社会科学版）》2018 年第 2 期。

免缺乏风险承受能力或没有投资经验的公众因盲目投资而造成巨大损失。例如，美国《众筹条例》根据年收入或净资产对投资者进行分类并规定了相应的投资限额，规定发行人在12个月内向任一投资者出售的证券总额不得超过：(1)当该投资者的年收入和净资产中任一项低于10万(调整后为107 000)美元时，为2000(调整后为2200)美元或者年收入或净资产的5%；(2)当该投资者年收入或净资产高于10(调整后为107 000)万美元时，可投资金额为年收入或净资产的10%，但无论年收入或净资产多高，其投资金额均不能超过10万(调整后为107 000)美元。[①]

对于是否要对投资者进行资格限制，此前学界有不同意见。有学者认为如果对投资者设置门槛，将违背股权众筹的"草根金融"定位，不能充分发挥出其具有的降低投资门槛，丰富投资渠道功能。[②] 也有学者持不同观点，认为降低投资门槛并非取消门槛，通过设定合理的投资门槛，能更加明确投资方向和要求，从而降低投资风险，提高投资者的积极性。[③] 我们认为有必要对参与股权众筹的投资人设置一定的门槛，特别是近年来互联网金融领域非法集资犯罪高发，很多投资人损失惨重，甚至倾家荡产。另外《指导意见》已经就投资者主体资格、投资额度作了导向性的规定，指出"投资者应当充分了解股权众筹融资活动风险，具备相应风险承受能力，进行小额投资"。所以，一方面要对投资人的年收入或净资产设置门槛，确保具备一定的风险承受能力。另一方面，对投资额上限进行限制，将风险控制在可承受的范围内，不至于使投资者因为盲目投资而酿成恶果。

三、互联网股权众筹的刑法规制

与股权众筹相关的犯罪可以分为两类：一是借股权众筹之名实施犯罪。融资者或者投资者并未真正开展股权众筹活动，而是以股权众筹作为幌子，实施违法犯罪活动；二是在开展股权众筹活动的过程中实施犯罪。在股权众筹活动过程中，利益诱惑和道德风险并存，加之相关的制约机制并不完善，容易滋生犯罪。[④]

(一)借股权众筹之名实施犯罪行为的规制

1. 构成集资诈骗罪

如果行为人以非法占有为目的，以"股权众筹"为幌子，设立虚假股权众筹平台，或通过伪造企业信息、虚设融资项目等手段向社会公众非法集资，骗取投资人资金的，构成集资诈骗罪。司法实践中，集资诈骗罪的认定往往容易和其他非法集资类犯罪相混淆，特别是非法吸收公众存款罪。对于某一类行为是成立非法吸收公众存款罪还是集资诈骗罪，不同机关的认定结果可能不一致。本文赞同彭冰教授的观点，认为某非法集资行为，虽然表面上符合了非法集资类犯罪中的某一个具体罪名，如擅自发行股票、债券罪，但只要行为人具有"以非法占有为目的"，那么

① 黄辉：《中国股权众筹的规制逻辑和模式选择》，载《现代法学》2018年第4期。
② 钟维、王毅纯：《中国式股权众筹：法律规制与投资者保护》，载《西南政法大学学报》2015年第2期。
③ 刘宪权：《互联网金融股权众筹行为刑法规制论》，载《法商研究》2015年第6期。
④ 刘宪权：《互联网金融股权众筹行为刑法规制论》，载《法商研究》2015年第6期。

就要以集资诈骗罪来处罚。[①] 所以，实践中对集资诈骗罪的认定，关键还是要牢牢把握住“非法占有为目的”这一核心要件。

2. 构成非法吸收公众存款罪

股权众筹融资本质上是一种吸收公众资金的行为。如果融资者虽然没有非法占有的目的，但打着“股权众筹”的旗号，未通过股权众筹平台而擅自筹集资金，并将所筹集的资金继续投放于金融市场的，那么，融资者可能涉嫌非法吸收公众存款罪。此外，股权众筹平台如果超越单纯的中介机构功能，通过伪造企业信息，发布虚设的融资项目等归集投资者资金，搭建资金池，之后再寻找投资项目的，也成立非法吸收公众存款罪。

3. 构成组织、领导传销活动罪

非法组织、领导传销的形式往往比较复杂且隐蔽，但其本质是通过“拉人头”，收取入门费的方式，进行非法牟利。如果股权众筹活动是以出售股权的名义，要求参与者缴纳数额不等的费用，之后就能成为公司的股东或管理者。但是，所谓的股东只是一个名号，并没有真正持有股份，也没有对应的权利和义务；所谓的管理者也只是一个空衔，除了发展新人外，没有其他具体业务；所谓的收益也是以发展人员数量和层级作为依据。那么，这种行为即属于以股权众筹之名，行非法传销之实，涉嫌构成组织、领导传销活动罪。

4. 构成洗钱罪

如果项目发起人以“股权众筹”为幌子，替犯罪分子洗钱的，则应当以洗钱罪追究刑事责任。股权众筹融资存在涉嫌洗钱犯罪的高风险，这与其“普惠性金融”“草根金融”的本质相关。一是互联网金融去中心化的交易特点，使得股权众筹金融交易脱离了传统的反洗钱监管。二是无法有效识别投资钱款来源是否合法，由于投资者与项目发起人信息不对称，投资者不了解项目发起人的情况，项目发起人也无法知晓投资人钱款来源，这为洗钱犯罪提供了便利。三是互联网金融资金规模庞大，投资者将违法所得钱款汇入庞大的互联网金融中，浑水摸鱼，给洗钱行为的认定和追踪增加了难度。

（二）开展股权众筹活动过程中实施犯罪行为的规制

1. 构成职务侵占罪、挪用资金罪

融资者或资金托管机构的工作人员侵占或挪用资金的，可能涉嫌构成侵占罪或挪用资金罪。一是融资者恶意侵占企业资金。如融资者利用自己经营企业、参与项目等便利条件，通过采用虚设支出、虚增成本等方式恶意侵占融资资金的，数额较大的，构成职务侵占罪。二是融资者将所融资金挪作他用。融资者未将筹集资金用于融资项目，而是挪用资金归个人使用[②] 或借贷给他人的，可能涉嫌构成挪

① 彭冰：《非法集资行为的界定——评最高人民法院关于非法集资的司法解释》，载《法学家》2011年第6期。

② 应认定为“归个人使用”的三种情形，详见《最高人民检察院 公安部关于公安机关管辖的刑事案件立案追诉标准的规定（二）》第八十五条。

用资金罪。三是资金托管机构擅自挪用投资者资金。资金托管机构一般为签约的商业银行或第三方支付机构，其工作人员利用职务便利挪用客户资金的，涉嫌构成挪用资金罪[①]（如果是国有商业银行，则可能涉嫌挪用公款罪）。

2. 构成侵犯知识产权犯罪

如果项目发起人假冒他人注册商标或专利进行项目宣传，情节严重的，可能涉嫌假冒注册商标罪、假冒专利罪。如果众筹项目涉及文学、艺术或科学作品等创作，而项目发起人未经著作权人许可复制发行其文字、音像、计算机软件等作品的，可能涉嫌构成侵犯著作权罪。此外，股权众筹还可能面临侵犯商业秘密的风险。投资者利用平台赋予其查看项目信息的权限，对项目创意信息进行抄袭和模仿，并抢先应用上市。这种侵犯商业秘密的行为，不仅侵害了投资者的利益，也打击了创业者的信心，情节严重的，构成侵犯商业秘密罪。

3. 构成侵犯公民个人信息罪

在股权众筹活动中，投资者的个人信息面临着被泄露和不法利用的风险。一方面，股权众筹平台汇集了众多投资者个人信息。投资者在注册成为股权众筹平台会员时，需按要求提交相关的个人信息，并在身份认证通过后才能对项目进行投资。另一方面，融资者或股权众筹平台的相关人员可以通过股权众筹活动获取这些大量的个人信息。如果上述人员向他人提供或出售所获得的投资者个人信息，情节严重的，可以侵犯公民个人信息罪定罪处罚。

4. 构成诱骗投资者买卖证券罪

股权众筹活动中，在“领投＋跟投”的模式下[②]，领投人对项目的表态和评价事关项目融资成败以及最终融资额的多少。如果领投人和融资者互相串通，由领投人对融资项目进行夸大宣传，故意提供虚假信息，诱导跟投人进行投资，从而达到提高融资额的不法目的。此种情况下，如果领投人同时又是证券交易所、证券公司的从业人员，或证券业协会、证券监督管理部门的工作人员的，那么领投人就可能涉嫌构成诱骗投资者买卖证券罪，而融资者可成立该罪的共犯。

---

① 刘宪权：《互联网金融股权众筹行为刑法规制论》，载《法商研究》2015 年第 6 期。

② “领投＋跟投”模式是指拥有一定领域投资经验和风险承担能力的投资人，经过特别的资格认证成为“领投人”，由“领投人”根据自身的投资经验来选取有投资价值和潜力项目，并带领“跟投人”进行合投。领投人除了能和跟投人进行利益分成之外，还能额外获得项目方的股份奖励。

P2P 网络借贷平台涉及民事法律关系述评

——基于十个典型涉诉网贷平台案例的分析

林 晨 林恩伟*

P2P 网络借贷是将原有的资金借贷流程通过网络平台来实现的一种创新金融模式，网络借贷与传统民间借贷的关键区别在于网络借贷平台的参与。正是基于网络借贷平台、借款人和投资人（出借人）之间不同的民事法律关系，网络借贷呈现出与传统借贷模式不同的特征。在不同的行为模式中，网络借贷平台扮演着居间人、担保人、债权人、债务人、受托人等各种不同类型的"角色"，在当事人之间形成不同的法律关系，并因此承担不同的民事责任。本文结合十个典型案例，分析讨论网络借贷平台在不同民事纠纷中涉及的民事法律关系。

一、居间合同关系

从行政监管的角度，无论是中国人民银行等十部委颁布的《关于促进互联网金融健康发展的指导意见》，还是中国银行业监督管理委员会联合工信部等四部委专门出台的《网络借贷信息中介机构业务活动管理暂行办法》，均将P2P 网络借贷平台的定位明确为信息中介机构。按照目前行政规章的规范，P2P 网络借贷平台主要是为借贷双方的直接借贷提供信息服务，发挥居间人的作用，即 P2P 网络借贷平台不参与借贷关系，仅为投资方和融资方提供信息交互、撮合、资信评估等中介服务，并收取相应的管理费或服务费，而不得提供增信服务，更不得非法集资。在居间模式下，P2P 平台与出借人、借款人之间形成的是居间合同关系，除非P2P 网络借贷平台提供的居间服务有瑕疵，贷款的风险一般应由出借人承担，P2P 网络借贷平台不承担借贷的违约责任。

在案例1：湛某某诉重庆户户投投资有限公司、杜某某等民间借贷纠纷案[①]中，当事人之间的争议焦点就是出借人湛某某要求网贷平台重庆户户投投资有限公司及其法定代表人杜某某承担共同还款责任是否成立。法院在认定湛某某未能举证证明杜某某明确承诺由其个人或者代表公司承担还款责任的事实后，判决驳回了湛某某该项诉讼请求。法院的裁判思路是，出借人湛某某以民间借贷为由提起诉讼，要求借款人夫妇和保证人承担还款责任的请求应予支持，但网贷平台重庆户户

* 林晨（1969— ），男，浙江温岭人，浙江省温岭市人大监察和司法委员会主任委员；林恩伟（1986— ），男，浙江温岭人，中共台州市委组织部两新党建处副处长。

① 参见重庆市第三中级人民法院民事判决书（2016）渝 03 民终 2974 号。

投投资有限公司在本案中的法律地位是居间人，在居间模式的网络借贷中，网贷平台只负责提供交易平台和制定交易规则，它除了居间人的合同义务外，与借贷双方的借贷纠纷并无直接关系，当借款人不能还款时并不承担违约保证责任。因此，借贷双方通过网络借贷平台形成的借贷关系，与网络借贷平台公司和借贷双方之间的居间合同关系属不同的民事法律关系。出借人不能在借贷纠纷案件中同时主张网络平台公司承担违约损害赔偿责任，而是应根据其是否受有损失及网贷平台公司是否存在过错等因素在居间合同纠纷中另行主张权利。

上述案例直观反映了居间模式下P2P网络借贷所涉及的主要民事法律关系。一是借贷合同法律关系，合同双方为出借人与借款人。二是居间合同法律关系，网络平台公司与借贷双方分别成立居间关系，网络借贷平台在居间合同中的主要义务是为借贷双方提供资格审核、信息发布、信用评级、资金划拨、还款催收等中介性和辅助性服务，网贷平台公司违反居间人的合同义务及附随义务的，应承担相应的违约责任。

在案例2：张某某诉上海佰强股权投资基金管理有限公司和邢某某、安徽赛因建设有限公司居间合同纠纷案[①]中，法院根据查明的事实推定本案网络借贷的借款人已经偿还了借款本息，在此情形下，网贷平台上海佰强股权投资基金管理有限公司基于合同约定和诚信原则，应在扣除约定的"借款管理费用"后及时协助出借人取回借款本息，否则构成对网络借贷中平台应承担的协助还款义务（如催收还款、资金划拨）的违反。据此法院认为："现原告通过该平台向借款人出借350 000元后，借款人已将该笔借款本金归还至该网络借贷平台的账户，但被告佰强公司却未履行其相应的义务致原告无法将上述款项取出，故对原告要求被告履行支付借款本金350 000元的诉请，本院依法予以支持。虽双方在三方协议中未约定违约金，但因被告佰强公司的违约行为致原告无法提款，给原告造成了一定的损失，本院酌定被告佰强公司支付逾期付款的违约金。"

值得注意的是，法院在这起案例中，以"居间合同纠纷"为结案案由，以合同法相关条款作为裁判的法律依据，而没有适用担保法的有关规定，显然是认为被告佰强公司违反了其与原告之间的居间合同义务而承担违约责任。但需要说明的是，原告在起诉时是以被告佰强公司承诺的"本息保障"条款要求其"代为偿还"借款的，法院在其裁判理由中对此作出回应，认为"即使借款人未偿还上述借款本息，根据三方协议约定，被告佰强公司对原告承担代借款人向原告偿还拖欠的借款本息的义务，故被告佰强公司仍应代借款人向原告清偿借款本息"。这里原告的请求权基础（担保法律关系）与法院最终认定的居间人责任并不一致。与此相关的另一个问题是，本案第二被告邢某某和第三被告赛因公司"愿意为佰强公司（沪易贷平台）投资人的投资承担无限连带责任"，此处两位保证人是为投资人（出借人）与借款人之间的借款关系提供保证，还是对投资人（出借人）与网络平台佰强公司之间的居间合同提供保证，抑或两者兼而有之，审理法院并未做出明确的说明。

---

① 参见安徽省合肥市蜀山区人民法院民事判决书（2015）蜀民二初字第01167号。

二、担保合同关系

虽然相关的行政规章对P2P网络借贷平台的业务边界明确为信息中介服务，明确平台本身不得提供担保，不得从事信用中介活动，但在网络借贷的实践中，P2P网络借贷平台为了吸引客户和拓展业务，除了要求借款人自行提供担保外，通常会以引入第三方担保或者自行作出担保承诺等方式为借款提供担保，实务中对此不无争议。

（一）第三方担保模式

在第三方提供担保的方式中，按照第三方的专业性特点，即提供担保的第三方是否为融资性担保公司，第三方担保可分为融资性担保和非融资性担保。有观点认为，网络借贷中的担保行为属于融资性担保，仅融资性担保公司为网络借贷担保的适格主体；并进而认为，如果第三方担保机构不具有融资性担保的资质，则认定该第三方未经许可擅自经营融资性担保业务，属于违反国家特许经营的范畴，应认定担保合同无效。实际上，融资性担保机构主要是对作为债权人的银行业金融机构承担担保责任，而网络借贷既已定性为民间借贷，并非金融机构借贷，债权人(投资人)亦非金融机构，则网络借贷中的担保行为属于一般意义上的担保，在司法裁判过程中，并不能仅因担保主体不具有融资性担保机构的资质而认定第三方担保无效。行政监管部门也倡导网贷平台采取引入第三方担保、履约保证保险等方式对出借人的债权进行保障。

（二）平台自行担保模式

在平台自行担保模式中，P2P网络借贷平台以自有资金向出借人提供本金或本金及利息的保证，此时的网贷平台公司实际上是承担了担保机构和中介机构的双重功能。从法律关系上看，形成了P2P网络借贷平台与借贷双方的居间合同关系、P2P网络借贷平台与出借人的担保合同关系。值得注意的是，网贷平台公司提供保证的效力问题，因为从目前的监管政策看，禁止平台提供担保是当前监管机构对P2P平台的基本监管思路，主要原因在于网络借贷平台的居间人身份和担保人身份重合，将导致其角色混淆，而且网络借贷平台资力有限，无法有效保障投资人债权的实现，可能引发系统性金融风险。尽管如此，在民事案件的审理中，关于此类保证合同的效力认定，仍应遵循合同法、担保法及相关司法解释的规定，而不能仅依据金融监管政策就认定担保无效。《最高人民法院关于审理民间借贷案件适用法律若干问题的规定》第二十二条首次在司法解释的层面上规定了网络借贷的审理标准，明确了借贷平台提供担保服务的效力，即“借贷双方通过网络贷款平台形成借贷关系，网络贷款平台的提供者仅提供媒介服务，当事人请求其承担担保责任的，人民法院不予支持。网络贷款平台的提供者通过网页、广告或者其他媒介明示或者有其他证据证明其为借贷提供担保，出借人请求网络贷款平台的提供者承担担保责任的，人民法院应予支持”。

司法实践中需要关注的是网贷平台提供保证的形式要件具体认定问题。保证合同的成立应当由保证人与债权人以书面形式订立，但实践中不少网贷平台只是在其网页、广告、宣传册等媒介上承诺保证借贷资金的安全，却在合同中未载明担保条款。虽然宣传资料或广告在性质上为要约邀请，但是宣传资料或广告对借贷提供担保的表述，足以使作为意思表示受领者的普通出借人得出该平台为其债权提供保证的理解，为了保护债权人利益尤其是潜在的平台交易主体利益，维护社会诚信，应当对保证合同成立的有关规定做适当扩大解释，将平台公司在上述媒介上表示愿意提供担保的内容作为合同的一部分，视为 P2P 网贷平台与出借人之间的保证合同成立。如在案例 3：钱来钱往金融服务外包（北京）有限公司与李某某保证合同纠纷案[①]中，钱来钱往公司在其网站上明确声明："如借款人逾期未还款，第三方担保机构将会及时代偿本息，100%保障资金安全无忧。"虽然该声明提及的是"第三方担保机构"，也没有直接写明"提供保证"的字样，但一审法院认为，"该声明很容易对出借人的投资决策和意思表示产生影响，因此足以使出借人认为该平台为其债权提供保证，亦应认定出借人李某某与钱来钱往公司就保证合同达成合意。"因此，该院认为，根据庭审查明的事实，可以确认李庆春与钱来钱往公司之间存在保证合同关系，该保证合同关系系双方当事人的真实意思表示，亦未违反法律及行政法规的强制性规定，应当认定为合法有效。二审法院的裁判理由虽然是以一审诉讼中钱来钱往公司明确承诺同意承担担保责任为由认定其保证责任成立，但最终还是认为一审判决认定事实清楚，适用法律正确，处理结果并无不当，应予维持。

（三）"风险备付金"担保模式

在平台自行作出担保承诺的方式中，"风险备付金"的担保是其中比较特殊的一种模式。实践中不少 P2P 网贷平台出于解决信用风险的考虑，专门设立了"风险备付金"为出借人的债权提供担保，即网贷平台在收取服务费时或者交易成交时，从服务费或者交易金额中按一定比例提取小额资金放入特定的"风险备付金"账户中，在出借人（投资人）未能获得借款人清偿时按约定代为清偿。如在案例 4：郑某诉宁波林登金融服务外包有限公司合同纠纷案[②]中，"林登财富"在其官方网站上公示："林登财富"为保护平台全体投资人的共同权益而建立信用风险共担机制"本息保障计划"，在每笔借款成交时，将借贷发生额的 1.5% 存放入"风险备付金"专用账户管理，专门用于支付因借款人（债务人）违约或延期对投资人（债权人）产生的应收本息损失，即当投资人投资的借款项目逾期还款超过 30 天时，"林登财富"将通过"风险准备金"立即向投资人先行赔付此笔借款的当期逾期本息。投资者成为 VIP 会员后，VIP 会员期间的逾期借款标享受本息全额补偿；VIP 会员 24 小时内全额垫付本息。对此法院经审理认为，"被告作为网络贷款平台的提供者，通

① 参见北京市第一中级人民法院民事判决书（2017）京 01 民终 160 号。

② 参见浙江省宁波市鄞州区人民法院民事判决书（2015）甬鄞商初字第 2410 号。

过网页向公众明示其为通过该网络平台发生的借贷提供‘全额本息赔付’担保，应视为被告承诺为原告与不特定债务人之间的借贷关系提供保证担保，当事人对保证方式没有约定的，应按照连带责任保证承担保证责任，现原告作为出借人请求被告按约承担担保责任，本院予以支持。”

关于以“风险备付金”等名义提供的担保模式，行政监管机构的态度也是明令禁止，认为这一经营模式与网贷平台的信息中介定位不符，应当禁止网贷平台继续提取、新增风险备付金，对于已经提取的风险备付金，应当逐步消化，压缩风险备付金规模，同时严格禁止网贷机构以风险备付金进行宣传。相比之下，司法机关对此采取的态度相对宽容，只要“风险备付金”的担保模式没有违反法律和行政法规的效力性强制性规定，当事人之间的意思表示真实，就应认定“风险备付金”条款的约定有效。

实务中除了对“风险备付金”模式的效力存有争议之外，更值得讨论的是“风险备付金”的法律性质问题。由于网络借贷平台的“风险备付金”余额是一个变量，投资人的资金保障随着“风险备付金”的动态变化而变化。“风险备付金”余额足够充实时，投资人的资金可以得到完全补偿；而一旦同期“风险备付金”余额少于平台借款人逾期的借款数额时，投资人的资金就无法足额得到保障，而仅在“风险备付金”的余额范围内按比例获得补偿。因此，网贷平台与投资人签订的“风险备用金”条款看似具有保证担保的功能，但实际上受到有限偿付和按比例偿付规则的限制，仅在一定程度上为投资人提供风险保障，与传统的保证担保仍有较大的区别，故对于其性质的认定，理论上有保险说、担保说、无名合同说等不同观点，值得引起司法部门的关注，并在实践中予以规范解决。如上引案例中审理法院在确定结案案由时就以“合同纠纷”定性，似采“无名合同”的观点。我们认为，以“风险备用金”方式偿还逾期债权并受让债权的模式，是P2P网贷平台与投资人订立的具有担保功能的合同，但并非一种典型的担保方式。合同中有关P2P平台以“风险备用金”偿还债务以债权转让为对价的约定有效，网贷平台的民事责任应当按照合同约定来具体确定。

二、债务承担关系

从网络借贷平台信息中介的定性出发，行政监管机构一直禁止平台从事信用中介服务。但是由于我国目前征信系统尚未完善等原因，实践中有不少网贷平台为了控制交易风险，更为了提升自身信誉，吸引投资者参与，采取各种不同的形式承诺保障投资人的资金安全，变相为交易提供增信服务。这些保障承诺除了明确约定平台承担保证担保责任外，更多的只是承诺在借款人逾期还款时，网贷平台在一定期限内以先行赔付、垫付、代付或回购等形式保障出借人的债权。这样的承诺一旦发生纠纷，法院是否一概应按照《最高人民法院关于审理民间借贷案件适用法律若干问题的规定》第二十二条第二款认定为保证担保，殊值探讨。因为在借贷关系之外由第三人（如P2P网贷平台公司）履行债务从而消灭借贷之债的情形，除了保证担保，还可能是债务承担，甚至可以仅仅是履行承担（第三人代为履行）。这些制度表面上均存在第三人代为清偿债务的可能，且有许多相似之处，认定时容易发生混淆。尤其是保证担保和债务承担，两者在实质上均是第三人为债权人实现债权提供保障，同属“人的担保”的范畴。其中的连带责任保证与并存的债务承担无论是在外在表征还是在责任承担上都更为相似。史尚宽先生就曾明确指出，“并存的债务承担，以担保原债务人的债务为目的，此点与保证，尤其与抛弃先诉权之连带保证，同其性质。”

在网络借贷实践中，当网贷平台以承诺先行赔付、垫付、代付等形式加入借贷关系中保障出借人的债权时，容易导致难以区分此类承诺行为究竟是保证担保还是债务承担，法院在审理时就需要对该行为的性质作出准确的认定。我们认为，债务承担是指债权人、债务人与第三人（债务承担人）订立转让债务协议，将债务全部或部分转移给第三人，由第三人替代债务人承担债务或者共同承担债务。债务承担与保证担保的区别在于，保证担保是从合同，是为他人债务负责，保证人享有法定追偿权；债务承担系独立的合同，承担人成为主债务人之一，是为自己的债务负责，并不享有法定追偿权。保证责任的承担须在主债务履行期届满之后，并受保证期间的约束；债务承担的期限则可以自行协商确定，受诉讼时效的约束。此外，保证担保要求当事人有明确的意思表示，一般不得推定；而债务承担并不必然要求当事人有明确的意思表示，可以根据当时的具体情形加以确定，如债务承担人对债务加入有自己的利益，就可以推定为债务承担。因此，判断P2P网贷平台的承诺行为究竟是保证担保还是债务承担存有疑义时，应根据行为时的具体情况予以确定。如网贷平台承担债务的意思表示中有较为明显的保证含义（如有关追偿权的约定），可以认定为保证担保；如果在约定承诺先行赔付、垫付、代付的同时，又约定债权转让条款的，则认定为债务承担。

在案例5：李某诉中古恒基资产管理（北京）有限公司民间借贷纠纷案[①]中，中古恒基公司作为P2P网站的运营方，在其提供的网络借款协议中承诺，如因借款人不能按期偿还本金或利息，其在该事实发生后的一个工作日内按照借款协议的约定先行向李某偿付。对协议约定的“先行偿付”的法律性质，一审法院认为，在涉案借款协议项下，中古恒基公司承担的不是连带保证责任，而是并存的债务承担。本案中，与另一当事人利百加珠宝公司在借贷协议中明确约定为连带责任保证的情况不同，中古恒基公司作出的承诺并没有明确的保证担保的意思表示，只是表明其作为居间人愿意在债务人未按约还款的情况下，其先行向债权人李某偿付的意思表示，并且约定在履行了承诺后，李某的债权转让到中古恒基公司的名下。在此情形下，法院认定中古恒基公司的先行偿付的承诺构成并存的债务承担，自然顺理成章。但需要讨论的问题是，本案债权人李某的诉讼请求是要求中古恒基公司承担连带保证责任，并且在借款逾期后，李某等债权人与中古恒基公司等达成的书面抵债协议中，亦明确中古恒基公司依据其在借款协议中的承诺愿意承担担保责任。

① 参见北京市石景山区人民法院民事判决书（2017）京0107民初11904号。

审理法院有无必要在各方当事人对平台的担保责任未提出异议的情况下对其意思表示作出不同的解释？虽然这样的解释对李某向中古恒基公司主张其在借款协议项下的实体权利并无实质影响，但似有干涉当事人意思自治的嫌疑。

四、其他合同关系

网络借贷纠纷中，P2P 网贷平台除了作为信息中介机构，或者违规作为信用中介机构，实践中网贷平台的角色非常复杂，根据市场的需求和客户的需要，不少平台以各种名义直接与当事人发生融资、理财或者借贷等合同关系，此类纠纷一旦形成诉讼，法院就会面临如何确定当事人主体资格，如何确定合同的性质，以及如何确定合同效力等问题。

（一）场外股票融资合同关系

所谓场外股票融资合同是指未经金融监督管理部门批准，法人、自然人或其他组织之间约定融资方向配资方交纳一定现金或一定市值证券作为保证金，配资方按杠杆比例，将自有资金、信托资金或其他来源的资金出借给融资方用于买卖股票，并固定收取或按盈利比例收取利息及管理费，融资方将买入的股票及保证金让与配资方作担保，设定警戒线和平仓线，配资方有权在资产市值达到平仓线后强行卖出股票以偿还本息的合同。一般而言，场外股票融资合同属于混合合同，涵盖了两个法律关系，一是借贷法律关系，即配资公司与炒股人之间的借贷法律关系；二是让与担保法律关系，即配资公司与炒股人之间的让与担保法律关系。

如案例6：柴某某诉张某某、陈某某、冯某某、杨某、沙某某合同纠纷案[①]中，当事人争议的焦点就是柴某某与杭州陆伍捌金融信息服务有限公司之间合同关系的性质认定，法院经审理认定，柴某某向陆伍捌公司提供保证金 200 000 元，陆伍捌公司通过其开设的“www.658.com”网站向社会融资，并按照 1 ∶ 5 的配资比例向柴桐山出借资金 1 000 000 元，每月收取 14 500 元的利息；同时柴某某必须在陆伍捌公司提供的证券账户内买卖股票，陆伍捌公司全程监管账户，有权强制平仓以偿还资金本息。因此，在该笔交易中，陆伍捌公司已不再是作为网贷平台公司向柴某某提供中介服务，双方之间实际上已形成场外股票融资合同关系。

值得讨论的问题是，两级法院在裁判理由中似乎都有意无意地回避了本案涉及的场外股票融资合同的效力认定，但从法院判决的依据看，《中华人民共和国合同法》第九十一条（合同的权利义务终止情形）和第一百零七条（违约责任的一般规定）应该是针对有效合同的情形，也就是说，法院虽没有直接对合同效力作出认定，但实际处理时是按有效合同处理的。关于场外股票融资合同的效力，特别是网络借贷平台从事场外配资业务的行为效力，目前理论界和实务界均争议颇大。我们倾向于认为，网贷平台公司从事场外配资业务，已经完全超出了网络借贷的业务范围，实际上是向融资方提供资金从事证券投资，违反了法律有关融资融券业务特

① 参见浙江省杭州市上城区人民法院民事判决书（2016）浙 0102 民初 884 号。

许经营的规定，客观上扰乱了我国证券市场和网贷行业的监管秩序，损害社会公共利益，应认定为无效。但对于当事人民事责任的裁决，应参考场外股票融资的市场背景、交易特征、亏损因果关系及操作性等因素，并结合合同的约定、当事人履约的情况、当事人的过错程度予以综合考虑。本案的情况是并非因配资账户中的股票市值触及合同约定的强制平仓线而抛售股票，而是因为监管政策而自行平仓，法院最终判决由未尽清算义务的陆伍捌公司的五位股东返还柴某某保证金和实际收益，应属合理。

（二）委托理财合同关系

规范的P2P网络借贷是指借款人与出借人（投资人）之间通过网络借贷平台的信息中介服务实现直接的资金融通的行为，但实践中有不少网络平台为了拓展业务，根据出借人的投资需求，自行推出各种不同名目的理财产品或者代销基金、保险等金融产品，吸收投资人的资金，并保证一定回报利率。此时，网络平台公司实际上已不再是信息中介服务机构，而是直接与投资人发生委托理财的合同关系，合同的内容包括投资金额、具体服务计划、分红保障计划以及税费缴纳（出借人承担）等。委托理财合同双方当事人为出借人和网络借贷平台。

如案例7：富某某诉卢某某民间委托理财合同纠纷[①]中，“泓然控股”作为P2P网贷平台，以委托理财的名义，通过其法定代表人的个人账户接受投资人的资金，并与投资人富某某签订委托理财合同，应该认定富某某与浙江泓然控股有限公司之间成立民间委托理财合同。基于合同的相对性原则，富某某应根据委托理财合同的约定向浙江泓然控股有限公司主张权利，公司的法定代表人卢某某并非本案合同相对人，即使富某某依平台指示将投资款项汇入其账户，也不能径直要求卢某某返还投资款项。

至于委托理财合同的效力，有观点认为，P2P网贷平台未经批准接受委托从事理财的行为，明显超越了其中介服务平台的经营范围，违反了监管机构有关网络借贷的业务规则，甚至有非法集资的嫌疑；同时若约定有分红保障的保底条款，也有违法律的禁止性规定。因此应认定网贷平台从事委托理财的行为无效。我们认为，不能简单以超越经营范围或违反监管规则就径直认定合同无效，目前有关网贷平台的相关业务规则尚未上升为法律和行政法规的效力层面，并不会直接导致合同效力的否定性评价。网贷平台的委托理财行为是否有效应根据合同的具体内容对其性质和效力作出正确判断。

（三）“转化”的民间借贷关系

所谓“转化”的民间借贷关系是指名为借贷关系实为因其他法律关系产生的债权债务关系，也就是当事人之间通过意思自治变更基础的债权债务关系而形成的借贷关系。在网络借贷过程中，P2P网贷平台本不应与投资人之间形成民间借贷关系，而只是促成借贷关系形成的中介机构，网贷平台与借贷双方之间存在居间合同

① 参见浙江省杭州市中级人民法院民事判决书（2017）浙01民终2008号。

关系。但实践中，为了弥补投资人的损失，网贷平台可以因居间合同关系，更多的是因其违规从事各种投资业务等基础关系，通过协商结算的方式向投资人出具借条或借款协议，从而在彼此间形成“转化”的民间借贷关系。如案例 8：何某诉深圳益大家互联网金融服务有限公司、深圳大雨基金管理有限公司、黄某某等民间借贷纠纷[1]中，原告何某与被告之间的基础法律关系本不是民间借贷关系，而是投资理财关系，只是在投资失败之后，原、被告之间协商同意将投资关系转为借款关系，并由被告出具了借款借据。原、被告之间即属“转化”的民间借贷关系。

关于“转化”的民间借贷，由于其债权债务关系实因民间借贷之外的其他法律行为而形成，一旦引发纠纷，原告就会以借据为依据提起民间借贷诉讼，而被告则会以基础法律关系提出抗辩或反诉。本案即为其例，针对原告何某提起的民间借贷诉讼，被告深圳益大家互联网金融服务有限公司则抗辩其作为中介机构不应承担原告投资的损失，与原告之间也不是民间借贷关系，并且以何某胁迫其出具借款借据的行为给公司造成损失为由提起反诉。针对这种“转化”借贷的处理，《最高人民法院关于审理民间借贷案件适用法律若干问题的规定》第十五条作出了规定，“原告以借据、收据、欠条等债权凭证为依据提起民间借贷诉讼，被告依据基础法律关系提出抗辩或者反诉，并提供证据证明债权纠纷非民间借贷行为引起的，人民法院应当依据查明的案件事实，按照基础法律关系审理。当事人通过调解、和解或者清算达成的债权债务协议，不适用前款规定。”我们认为，虽然因其他法律关系产生的借贷原则上应按基础法律关系处理，但若“转化”的借贷确实是当事人之间终止基础法律关系的真实意思表示，并且不存在合同无效或可撤销的情形，法院可以按民间借贷纠纷审理，这也是《关于审理民间借贷案件的规定》司法解释第十五条第二款规定的应有之义。因此，本案的审理法院认为，原、被告之间原为投资关系，后经双方当事人协商同意将投资关系转为借款关系，并不违反相关法律强制性规定。被告黄某某、深圳益大家互联网金融有限公司、深圳大雨基金管理有限公司共同向原告出具的借款借据为有效协议，应当诚实履行。遗憾的是，法院在适用裁判的法律依据时，仅仅适用了《关于审理民间借贷案件的规定》司法解释第二十九条的规定，而没有援引该司法解释第 15 条的规定。

（四）“风险保证金”质押关系

实践中，不少P2P 网络借贷平台公司为了开展网贷业务，常常在特定区域内寻找合作方设立各种名义的服务网点，负责网贷业务的拓展。为有效控制经营风险，网络借贷平台公司就会与合作方在订立合作协议的同时约定“风险保证金”条款，一旦发生纠纷诉诸法院，就会对“风险保证金”条款是否成立金钱质押产生争议。

如案例 9：臧某诉江苏三六五易贷金融信息服务股份有限公司等合同纠纷案[2]中，诉争焦点是，臧某与三六五易贷公司之间签订的《365 易贷合作协议》中约定的

① 参见广东省深圳市中级人民法院民事判决书（2017）粤 03 民终 20454 号。
② 参见江苏省南京市中级人民法院民事判决书（2017）苏 01 民终 6540 号。

"风险保证金"条款性质如何认定，围绕合作协议中有关"风险保证金"的约定（协议约定臧某在其负责的借款人未按时偿还借款时，未履行担保和垫付义务的，臧某在易贷网站设立的"风险保证金"作为履行合同义务的担保，臧某不得擅自提取）是否已构成金钱质押。三六五易贷公司坚持"风险保证金"条款构成担保法上的金钱质押。而一审法院认为合作协议中的"风险保证金"条款并不构成金钱质押，臧某与三六五易贷公司之间形成服务合同关系，三六五易贷公司有义务保障用户账户资金安全并根据用户申请返还投资款项及收益。二审法院同意一审法院有关"风险保证金"条款不构成金钱质押的意见，但认为一审法院据以作出认定的理由有误。从二审法院阐述的理由看，二审法院似乎认为臧某是为其负责的借款人向投资人提供保证，"风险保证金"条款是为臧某履行这种保证责任设立的一项合同义务。

何谓"金钱质押"，我们认为，根据《中华人民共和国物权法》第二百一十条、二百一十二条，《中华人民共和国担保法》第六十三条、第六十四条及《最高人民法院关于适用〈中华人民共和国担保法〉若干问题的解释》第八十五条的规定，金钱作为一种特殊的动产质押须具备以下两方面要件：一是双方当事人要存在质押合意，即当事人应有将金钱作为质押的意思表示；二是质权要有效设立，金钱质押的生效应符合金钱特定化和移交债权人占有两个条件。需要进一步明确的是，由于大陆法系国家因采用一物一权主义并严格要求物权的特定性，以数额变化不定的总体或部分财产为标的的担保物权难以纳入担保法律制度中，有观点认为这种用账户向担保权人提供质押担保的担保方式属于英美法金融业务中常见的账户质押，而非我国担保法规定的金钱质押。但从目前的司法实践看，两种担保方式似有融合的趋势，即将保证金账户特定，而账户内的金钱不"固定"，也被认定为合法有效的质押担保。最高人民法院在其指导案例 54 号"中国农业发展银行安徽省分行诉张某某、安徽长江融资担保集团有限公司执行异议之诉纠纷案"中明确："当事人依约为出质的金钱开立保证金专门账户，且质权人取得对该专门账户的占有控制权，符合金钱特定化和移交占有的要求，即使该账户内资金余额发生浮动，也不影响该金钱质权的设立。"因此，二审法院认为原审法院有关"风险保证金"不构成金钱质押的理由有误。

仔细分析案例 9《365 易贷合作协议》中双方当事人有关权利与义务的安排，臧某和三六五易贷公司并非真正意义上的出质人和质权人，"风险保证金"也不属于担保法规定的用于质押的质物。三六五易贷公司只是提供网络借贷服务的中介平台，并非直接的出借人，并不符合质权人的主体要求，而通过借贷平台出借资金的不特定第三方主体，在臧某与三六五易贷公司订立《365 易贷合作协议》之时，并未实质性地参与协议之中，也并未据此协议约定分享利益，亦无法成为适格的质权主体。案涉臧某的"风险保证金"在被三六五易贷公司"冻结"控制之前，臧某因提供"风险保证金"实际上受有利益且有取现行为，由此可见，三六五易贷公司是基于双方合同约定而取得的现实控制权，并非传统意义上的金钱质押债权人，而臧某之所以愿意提供“风险保证金”，也是出于对合同负载利益和所需承担义务的一种权衡，诚如二审法院指出，此处“风险保证金”所担保的并非特定债权，而为确保合同一方履行合同义务，故不属于担保法规定的用于质押的质物，也就并不构成“金钱质押”。但不可否认的是，二审法院在认可合作协议真实有效并作出判决之后，依然有不少问题值得讨论，如《365易贷合作协议》对合作方规定的义务是否合理有效；对臧某账户上不得提现的资金后续如何处置，三六五易贷公司是无限期地取得该笔资金的控制权还是可以直接取现；类似的P2P网络借贷平台公司是否可以采取更为苛刻的条件合法地推广自身业务等等。这些问题既是P2P网络借贷业务经营中亟须明确的现实问题，也是司法裁判过程中不可回避的法律问题。

五、侵权法律关系

在P2P网络借贷过程中，网贷平台公司与借贷双方等网络借贷参与人均是平等的民事法律关系主体，彼此之间依意思自治原则可以各种合同形式约定各自的权利与义务关系，当平台一方不履行合同约定的义务时，其他各方依据合同约定追究其违约责任。与此同时，由于网贷平台在网络借贷中的特殊优势地位，亦可能因其作为或不作为构成对网贷参与人的侵权责任，此时就会发生违约责任和侵权责任的竞合，受损害方可择一请求权主张权利。

P2P网络借贷平台的侵权责任，是指平台在从事网络借贷业务的过程中，因其主观上过错，违反约定或法定义务，致使网贷客户的合法权益遭受损失所应承担的民事责任。依据有关规定，网贷客户作为金融消费者享有财产安全权、知情权、自主选择权、公平交易权、依法求偿权、受教育权、受尊重权、信息安全权等八项权利。实践中，网贷平台的侵权行为主要有三类表现形式：①侵害网贷客户的个人信息，表现为网贷平台因安防风险引发的客户信息泄露丢失，甚至擅自将客户信息提供给他人的行为；②侵害网贷客户的财产权，如网贷平台对项目审核不严、信息披露差错导致客户损失，尤其是故意虚构项目标的导致客户的资金损失；③侵害网贷客户的公平交易权，主要是网贷平台利用单方起草的电子格式合同，通过合同条款免除自己的责任、加重客户责任、排除客户主要权利，明显有违公平原则。

如案例10：陈某某诉广东盛世汇盈投资管理有限公司、黄某某等侵权纠纷案[①]中，涉案的网络借贷行为已经刑事判决认定构成非法吸收公众存款罪，而法院认为在民事诉讼中平台公司及其法定代表人亦已符合侵权行为的构成要件，仍应对投资人的损失承担共同的侵权责任。对于此案，值得关注的有两点：一是刑事责任的承担并不排除民事责任的承担。本案属于典型的刑民交叉案件，涉及的网络借贷行为在刑事审判中已被认定为非法吸收公众存款，但法院在审理中并没有按照“先刑后民”的习惯程序处理，而是坚持同一行为同时违反民法上的义务和刑法的规定时，两种责任应同时适用。这种处理思路符合现行《中华人民共和国民法典》第

① 参见广东省梅州市梅江区人民法院民事判决书（2016）粤1402民初1020号。

一百八十七条的规定。二是刑事责任主体与民事责任主体并不要求完全一致。本案涉及的非法吸收公众存款罪是自然人犯罪，网贷平台公司并不承担刑事责任，但在民事案件中由于行为人对外均以公司名义实施非法行为，对投资者造成的经济损失，平台公司自然应当承担民事责任。同样，虽然在刑事案件中，平台公司的工作人员因参与了非法吸收公众存款活动而承担刑事责任，但在民事案件中因其行为属于履行职务行为，造成投资者财产损害的，应由平台公司承担侵权责任，法院并没有认定为共同侵权行为而要求其承担民事责任。也就是说，刑事责任必须施予行为人，而民事责任中的行为人和责任人可根据具体案情适度分离。

P2P网络借贷非法集资中数额认定探究

——以重复投资的累计效力为焦点

闻远杰*

互联网金融作为一种新兴金融模式自产生一来，就显露出众多法律风险，特别是以P2P网络借贷为典型代表的金融模式，存在极大的非法集资犯罪风险。其犯罪涉及人数众多，犯罪涉案金额庞大，破坏性较强，隐蔽性相对较高，给国家的金融、经济管理秩序和人们的财产安全带来了极大的威胁和损害。但目前我国的金融制度还处于不断完善的过程中，对互联网非法集资犯罪的防范机制也不健全，人民群众的自我防范意识和安全风险防控意识也相对比较薄弱，因此，P2P网贷形式的非法集资犯罪的现象依旧屡见不鲜。特别是近些年来，随着全球经济危机的爆发，国内的经济增速逐渐趋于放缓态势，互联网非法集资犯罪便更加膨胀，呈现几何式增长的态势，给我国的经济发展和社会稳定带来了极大的冲击。

2017年6月2日，最高检察院印发《最高人民检察院关于办理涉互联网金融犯罪案件有关问题座谈会纪要》(高检诉[2017]14号，以下简称《互金犯罪纪要》)，对涉互联网的非法集资案件具体问题的处理给出了较为详细的解决方案。虽然该会议纪要不属于司法解释，但是作为最高司法机关发布的规范性法律文件，对于实务中司法机关尤其是检察机关对此类案件的处理，必定会产生较大的影响。其中第十二条针对非法吸收公众存款罪明确提出，“投资人在每期投资结束后，利用投资账户中的资金(包括每期投资结束后归还的本金、利息)进行反复投资的金额应当累计计算，但对反复投资的数额应当作出说明。对负责或从事行政管理、财务会计、技术服务等辅助工作的犯罪嫌疑人，应当按照其参与的犯罪事实，结合其在犯罪中的地位和作用，依法确定刑事责任范围”。P2P网贷中对同一投资者的钱款重复吸取应否重复计算，引发学术界大量讨论。本文旨在通过严谨的理论研讨，厘清P2P网络借贷中的非法集资的犯罪结构，探索合理、合法的网络非法集资案件中重复投资欠款的数额认定方式。

一、概念剖析：P2P网络借贷与网络非法集资

(一) P2P网络借贷的定义及特点

P2P网贷，又称P2P网络借款。P2P是英文peer to peer lending的缩写，意即“个人对个人”。其典型的模式为：网络信贷公司提供平台，由借贷双方自由竞价，撮

* 闻远杰(1993—)，男，浙江温岭人，温岭市人民法院法官助理。

合成交。资金借出人获取利息收益，并承担风险；资金借入人到期偿还本金，网络信贷公司收取中介服务费。英国伦敦的 Zopa 网络借贷平台是全球第一个现代意义上的网络借贷平台，而后在世界范围内推广。在我国，最早的P2P 网贷平台成立于 2006 年，2011 年进入快速发展期，2013 年呈井喷式增长。到 2017 年全年网络借贷行业成交量达到了顶峰的 28 048.49 亿元，后因P2P 网贷大量“爆雷”，2019 年全年成交量回落至 9649.11 亿元。随着 P2P 网络借贷在国内的发展，其早已突破个人之间的借贷的限制，逐渐成为微小企业融资贷款的重要途径。2014 年 4 月 21 日，银监会处置非法集资部际联席会议办公室主任刘张君指出，P2P 网络借贷平台有四条红线不能逾越：一是要明确平台的中介性质，二是要明确平台本身不得提供担保，三是不得将归集资金搞资金池，四是不得非法吸收公众资金。

相比于传统的金融机构，P2P 网络借贷具有如下的特点：一是准入条件则相对宽松。借款人通过平台注册账户并上传与借款相关的信息，通过相关的审查即可发布借款信息，参与主体极其广泛。二是交易方式简单高效。借款人进行会员注册后，不需要投入过多的人力和物力，对借款人和贷款人也没有特殊的要求。平台会根据其填写的借款需求，自动承揽借款信息发布、资料审核、调整利率和设定还款期限等一系列工作，有的 P2P 借贷平台整个流程只需要 3~5 个工作日即可完成。三是以小额和短期借贷为主。目前，我国的 P2P 网贷平台出于降低风险的考虑，一般把借款金额设置在 30 万元以内，而且借款去向较为分散。[①] 借款人的借款金额多数集中在几千元到几万元等小额，贷款人为投资的安全，也是实行小额投资和短期投资，期限多设定在一年以内。

（二）网络非法集资的定义与特点

非法集资，并非具体的犯罪名目。根据 2011 年 1 月 4 日起施行的最高法制定的《关于审理非法集资刑事案件具体应用法律若干问题的解释》（以下简称《非法集资解释》）的定义，非法集资是指“违反国家金融管理法律规定，向社会公众（包括单位和个人）吸收资金的行为”。其中第一条第一款规定，非法集资犯罪必须同时具备非法性、公开性、利诱性和社会性四个特征。《非法集资解释》第一条对四个要件之一的非法性给予了界定：未经有关部门依法批准或者借用合法经营的形式吸收资金。随着P2P 网络借贷的逐步发展，一些融资平台严重偏离了金融中介的定位，由最初的独立平台逐渐转变为融资担保平台，进而又演变为经营存贷款业务的金融机构。[②] 但其缺乏从事特定金融业务的资质，因而涉嫌非法集资。

相对于一般非法集资，网络非法集资有如下特点：一是具有网络虚拟性。在网络平台上进行非法集资的“公司”，实际上可能仅仅只是一个服务器架设在境外的网站，其所有非法集资行为均在网上进行，实现了犯罪过程的全网络化、虚拟化。二是涉众范围广，我国现行的金融体系下，众多小微企业因缺乏担保或抵押物，往往极难顺利获得融资，这种融资困境在很长一段时间难以得到改善。门槛低、高效

① 乔远：《刑法视域中的 P2P 融资担保行为》，载《政法论丛》2017 年第 1 期。

② 刘宪权：《论互联网金融刑法规制的“两面性”》，载《法学家》2014 第 5 期。

率的P2P借贷一定程度上解决了这些企业的难题，导致其备受青睐，极具诱惑性。因此产生的网络非法集资犯罪涉众多、地域范围广。三是操作高信息化。随着互联网的高速发展，网络非法集资的资金转账系统、数据清算系统等的调拨、转账、清算、支付手段等都达到高度的信息化。短时间内能达成大笔的资金流动，且极具隐蔽性。

（三）P2P网贷中的非法集资的定义与特征

2013年11月25日，在由银监会牵头的九部委处置非法集资部际联席会议上，中央银行对“以开展P2P网络借贷业务为名实施非法集资行为”作了较为清晰的界定：第一类为当前相当普遍的理财-资金池模式，即一些P2P网络借贷平台通过将借款需求设计成理财产品出售给放贷人，或者先归集资金、再寻找借款对象等方式，使放贷人资金进入平台的中间账户，产生资金池，此类模式下，平台涉嫌非法吸收公众存款。第二类，不合格借款人导致的非法集资风险。即一些P2P网络借贷平台经营者未尽到借款人身份真实性核查义务，未能及时发现甚至默许借款人在平台上以多个虚假借款人的名义发布大量虚假借款信息（又称借款标），向不特定多数人募集资金，用于投资房地产、股票、债券、期货等市场，有的直接将非法募集的资金高利贷出赚取利差，这些借款人的行为涉嫌非法吸收公众存款。第三类则是典型的庞氏骗局。即个别P2P网络借贷平台经营者，发布虚假的高利借款标募集资金，并采用在前期借新贷还旧贷的庞氏骗局模式，短期内募集大量资金后用于自己生产经营，有的经营者甚至卷款潜逃。此类模式涉嫌非法吸收公众存款和集资诈骗。

对照《非法集资解释》,P2P网贷中的非法集资存在以下特征：一是平台异化，违反《商业银行法》。当前P2P网络平台的设立只需遵循普通公司的设立标准，绝大部分平台不具有商业银行的经济实力，也没有国家财政支持。在没有获得设立商业银行的批准情况下，擅自开展吸收公众存款，发放短期、中期和长期贷款，提供信用证服务及担保的业务，产生巨大的社会风险。二是借助网络平台极易达成公开传播。P2P网贷平台往往利用互联网和线下途径向社会公众进行宣传，并不限于只在亲友或者单位内部人员，目的在于增加客流，以求招揽更多借款人和投资人。承诺高息辅以线上线下病毒式传播，向社会不特定人群集资，人数动辄上百。三是“高收益、低风险、低门槛”，利诱性强。与国外P2P网贷借款利率略低于银行同期水平不同，我国P2P网贷利率普遍远高于银行同期水平，这与我国金融市场的发展状况有很大关系。实践中，绝大多数P2P平台宣传投资的年化收益高达14%~20%以上，甚至有平台许诺40%的收益。加上P2P借贷本身的低门槛与高效性，极易吸引大量的社会闲散资金。

二、学界分歧：P2P网贷非法集资中重复投资的数额认定

在P2P网贷非法集资中，许多投资人都存在重复投资的情况，即投资人在一个投资周期结束后获得了返还的本金和约定的利息后，将本金或本金加上额外的资

金以续签投资协议或重新签订投资协议等方式再次投入非法集资中。这种现象多存在于非法吸收公众存款案件中，部分集资诈骗案件的犯罪分子为了吸引更多投资人上钩也会在前期兑现还本付息的承诺，引发投资人重复投资。在集资诈骗案件中，根据《非法集资解释》第五条规定："集资诈骗的数额以行为人实际骗取的数额计算，案发前已归还的数额应予扣除"，《互金犯罪纪要》第十七条也规定："集资诈骗的数额，应当以犯罪嫌疑人实际骗取的金额计算。犯罪嫌疑人为吸收公众资金制造还本付息的假象，在诈骗的同时对部分投资人还本付息的，集资诈骗的金额以案发时实际未兑付的金额计算。案发后，犯罪嫌疑人主动退还集资款项的，不能从集资诈骗的金额中扣除，但可以作为量刑情节考虑。"故对集资诈骗罪的犯罪数额的计算基本没有异议。但是在非法吸收公众存款案件中，由于《非法集资解释》第三条规定："非法吸收或者变相吸收公众存款的数额，以行为人所吸收的资金全额计算。案发前后已归还的数额，可以作为量刑情节酌情考虑"，计算犯罪数额时如何理解"全额计算"，重复投资金额是否累计计算，在实践中存在争议。

一种观点认为，重复投资不应当累计计算，非法吸收公众存款行为对象只是单笔资金，不能因为重复吸收而重复计算，否则将会导致集资数额和投资人实际投入不符的情况。大部分重复投资，都是一种重复的续约，对投资人、出借人而言，其投资、出借的资金始终只有最开始的本金，到期后，其不拿回本金，继续投资，投资人并没有投入比之前本金更多的财物（利息另外算），一般都不会对法益产生更深度的危害，因此不应该将其算入非法集资的犯罪数额。河南省公检法于 2015 年 12 月 30 日就曾颁布《关于办理非法集资刑事案件适用法律若干问题的指导意见》，其中规定："按非法吸收公众存款罪定罪处理的案件，应当按照集资的全部数额认定犯罪数额；针对同一集资款本金，反复续约重复集资的，犯罪数额以原本金计算，案发前已归还的数额可以作为量刑情节，酌情考虑。"

另一种观点认为，重复投资应当累计计算，每完成一次非法吸收存款即是对国家金融秩序的破坏行为，续签合同是对非法吸收存款这个违法事实的重新认可，是又一次的融资活动，应当累计计算。其认为，非法吸收公众存款罪被刑法归类在破坏金融管理秩序罪一类，其侵犯客体为国家正常的金融管理秩序，犯罪数额显示的是犯罪分子破坏国家金融秩序的程度。犯罪分子对一个投资人重复吸收存款的行为，虽对投资人可能不产生实质影响，但每完成一次非法吸收存款的行为都是对金融秩序一次新的破坏。并且《非法集资解释》将非法吸收公众存款罪的集资数额和投资人损失分别作为两种不同的追诉标准分别列举，并设置了不同的数额，说明非法吸收公众存款案件中集资数额与投资人损失存在不一致的情形。这应该也是《互金犯罪纪要》第十七条所持的观点。

三、路径突破：P2P 网贷特性决定重复投资性质

针对前述两种观点，笔者赞同第二种观点。

在此需要回到 P2P 网络借贷的特性之一：高信息化。依据当前网络发展水平，

现存的P2P网络借贷平台，几乎都在平台内或托管银行内设立投资人的专门账户。虽然该账户的资金也可能算入P2P平台的总资金额，这个投资者账户在本质上属于投资人自己管理，因此，根据P2P平台的运转特性，本息或者本金到期自动划入投资人的P2P平台账户或银行存管账户，这个过程就是一种兑付过程，资金并非一直存续在集资人的资金池、融资总额中，而是划入了投资人管理的账户，在下一个周期再进入集资方的掌控，相当于一次新的投资。

对比普通的非法集资案件，由于现金交接与银行转账的烦琐程序，投资人在投资到期后往往不再拿回本金，而是直接再投入平台中获取高收益，由相关销售人员与投资人重新签订文字或者口头的投资意向书即可。此种非法集资方式，虽然产生大量的重复投资合同，但是却没有银行流水相印证，资金本息到期后没有流入投资人账户，一直存留在平台中，也不会有新投资一说。

对此，我们不妨去建立一个理论模型。甲、乙二人为谋取高额利息，在A公司以非法吸收公众存款为目的建立的一起集资活动中，以投资人的身份每人汇入10万元，期限为1个月。在A公司在案发前归还二人本金20万元，非法吸收公众存款罪成立的情况下，无论依照哪种观点，该案的犯罪数额应当是20万元。此时，若甲将返还的10万元本金再次投入A公司的非法集资项目，而乙将10万元本金借给了想投资但苦于无钱的好友丙，由丙以自己的名义将10万元投入该非法集资项目。（如图1所示）

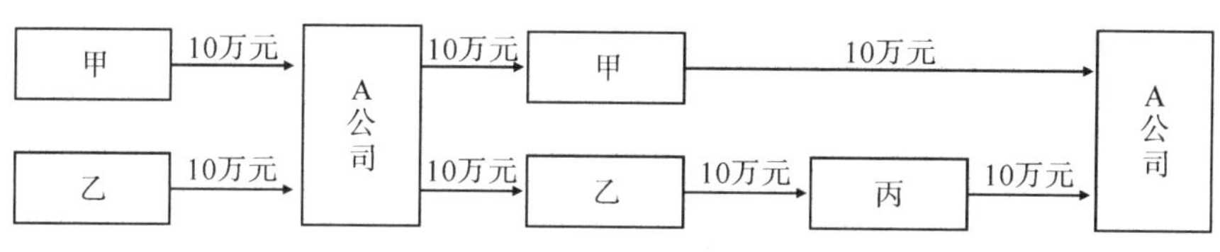

图1　理论模型一

依据第一种观点，重复投资不累计计算，则该案最终犯罪数额应为10万元加20万元，共计30万元；依据第二种观点，重复投资累计计算，则该案最终犯罪数额应为20万元加20万元，共计40万元。但是从A公司的行为来看，其接纳了两次每次两笔10万元的资金，显然不应当是第一种观点所得的结论。

同样，对资金是否到达过投资人，也可以建立一个理论模型。甲、乙、丙三人为谋取高额利息，在A公司以非法吸收公众存款为目的建立的一起集资活动中，以投资人的身份每人汇入10万元，其中甲的期限为2个月，乙、丙的期限分别为1个月。由于非法吸收公众存款只计数额不计时间，此时A公司的犯罪数额为30万元。乙陆续收到第一个月的返利，感觉有利可图，于是在A公司销售人员的怂恿下直接签了投资意向书，约定直接在本息到期后再续投1个月。丙则在A公司返还10万元本金后，重新投入该笔集资项目。（如图2所示）

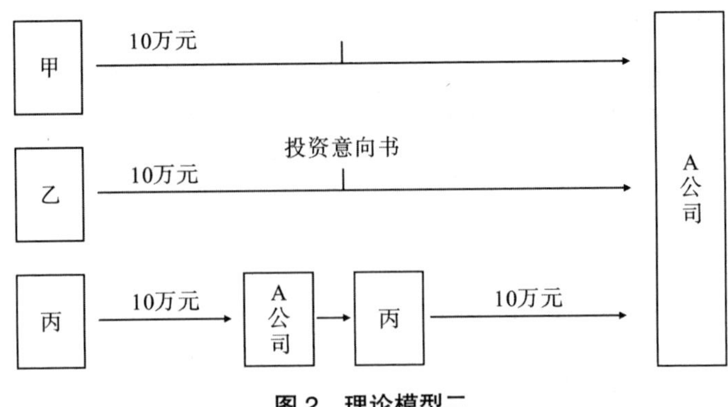

图 2　理论模型二

第一种情况，毫无疑问，A 公司的犯罪数额为 10 万元；第二种情况，A 公司客观上与第一种情况一样连续持有 10 万元 2 个月，无论是从对乙造成的损失和不安全因素，还是 A 公司该行为的犯罪对象、范围以及对金融秩序的破坏，都没有发生扩大，显然犯罪数额也应为 10 万元；第三种情况，根据上文得出的结论，其犯罪数额应当为 20 万元。

不难看出，正是第二个理论模型中乙与丙两种情况资金有无返回投资人所有的账户的差异，导致最终的数额认定出现差异。映射到 P2P 网贷中，该种情况即 P2P 网贷投资中的“回款续投”，即已购买的理财产品到期之后，返到投资者账户上的钱继续投资。但是由于 P2P 网贷的特殊性，与普通的线下集资续投存在本质的差异。普通线下集资的续投方式，往往仅需签署一份续投协议，出于效率考虑，资金一直存续在集资方账户。在 P2P 网贷中，虽然投资人可能在前一笔理财产品到期后并未提现至银行账户，理财产品到期后的本息仍然在 P2P 平台内，但是根据目前的 P2P 网贷经营模式和其中介本质，其会在平台内或托管银行内建立投资人的专有账户，从法律上说，该账户的所有权仍为投资人所有，P2P 平台并无所有权。因此导致几乎在所有 P2P 网贷引起的非法集资案件中，集资项目的本息或者本金到期均自动划入投资人的 P2P 平台账户或银行存管账户，投资人续投后再进入集资人账户。简单地讲，即几乎所有 P2P 网贷非法集资案件，都属于第一个模型中的甲或第二个模型中的丙的情况，重复投资的金额均需累计计算。

四、结语

综上所述，我们可以得出结论：在目前的互联网金融环境下，若 P2P 网络借贷的经营模式仍保持现状，集资项目到期后，资金仍需返回投资人所有账户，并在下一周期返回资金池或集资人账户，则一旦平台涉嫌非法吸收公众存款罪，其数额认定中重复投资的数额应当累计计算。

互联网平台类非法集资案件追赃挽损的实践性思考

——以N市C区案件为视角

杨玉心　陈宝红　申莲凤*

非法集资类案件，特别是互联网平台类非法集资案件，扰乱国家金融管理秩序，干扰金融行业的健康发展，直接侵害集资参与人的财产权益。以N市C区人民检察院办理的互联网平台类非法集资案件追赃挽损的司法现状为视角，正反两个维度分析追赃挽损案例，探寻追赃挽损影响因素，力图从警示约谈制度、鼓励犯罪嫌疑人退赃制度、境外司法协助等五方面构筑追赃挽损的现实路径，来保护集资参与人合法权益，维护社会和谐稳定。

一、非法集资类案件追赃挽损的司法现状

（一）非法集资案件的司法现状

2017年至2019年10月，N市C区人民检察院共受理非法集资类审查逮捕案件38件63人，分别占该院同期受理案件的4.2%、4%。其中互联网平台类非法集资案件7件21人，分别占非法集资类案件的18.42%、33.33%。非法集资类案件涉嫌非法吸收公众存款罪25件46人，集资诈骗罪4件5人。逮捕29件51人，其中涉嫌非法吸收公众存款罪25件46人，集资诈骗罪4件5人；不捕10人，涉嫌非法吸收公众存款罪9人，集资诈骗罪1人；其中证据不足不捕5人，无社会危害性不捕4人。互联网平台类非法集资案件逮捕7件21人，不捕1件1人，提请批准延长羁押期限3件10人。

2017年至2019年10月，受理非法集资类审查起诉案件48件159人，分别占该院同期受理案件的18.97%、3.9%。其中涉嫌非法吸收公众存款罪43件144人，分别占非法集资类案件的89.58%、90.56%；涉嫌集资诈骗5件15人，分别占非法集资类案件的10.42%、9.44%。受理互联网平台类非法集资案件9件36人，分别占非法集资类案件的18.75%、22.64%。非法集资类案件提起公诉30件118人，改变侦查机关移送罪名的5件5人，互联网平台类非法集资案件提起公诉9件45人，改变侦查机关移送罪名1件5人。非法集资类案件一次延长审查起诉25件，

* 杨玉心（1985—　），男，山东济南人，南通市崇川区人民检察院检察官助理；陈宝红（1991—　），女，江苏海安人，南通市崇川区人民检察院检察官助理；申莲凤（1979—　），女，江苏泰兴人，南通市崇川区人民检察院检察官。

二次延长审查起诉15件，三次延长审查起诉3件，分别占全院同期延长审查起诉期限的6.4%、15.2%、12.5%；一次退回补充侦查32件，二次退回补充侦查16件，分别占全院退回补充侦查的9.1%、13.4%。互联网平台类非法集资案件一次延长审查起诉案件7件35人；二次延长审查起诉案件2件11人，三次延长审查起诉案件1件7人，一次退回补充侦查7件35人，二次退回补充侦查4件22人。互联网平台类非法集资案件比持续升高难下。

（二）互联网平台类非法集资案件追赃挽损的司法现状

2017年至2019年10月，在受理的非法集资类案件86件222人中，退赃退赔共计12件，占非法集资类案件的13.95%；共计追赃挽损3519.387万元，房产55处、车辆53辆，均为非法吸收公众存款罪案件。其中侦查阶段退赃退赔9件，涉及金额3171.587万元，房产55处、车辆53辆；审查起诉阶段退赔2件，涉及金额347.8万元。犯罪嫌疑人主动帮助追回股权转让金1000万元，退出运营资金8.524 5万元，退出非法获利2118.143 8万元，公安机关扣押涉案房产55处、车辆53辆。其中互联网平台类非法集资案件共计追赃挽损2310万元，房产55处、车辆53辆，追赃挽损金额占非法集资类案件追赃挽损的65.64%。

二、互联网平台类非法集资案件追赃挽损的影响因素

（一）互联网平台类非法集资案件追赃挽损成功因素分析

1. 犯罪嫌疑人为争取宽大处理，自愿上缴部分赃款

办理互联网平台类非法集资刑事案件，应当贯彻宽严相济刑事政策，做到罚当其罪。鼓励对涉案各层级人员积极配合调查，主动退出赃款并真诚自愿认罪的，可予以从宽处理。认罪认罚从宽制度实施以来，部分退赃退赔的犯罪嫌疑人自愿认罪认罚地签署认罪认罚具结书，检察机关建议从宽处理，犯罪嫌疑人特别是从犯，为了争取缓刑机会或更大程度的从宽处理，自愿退出工资、提成等非法所得。如朱某某等人非法吸收公众存款案，从N市地区总经理至下辖的分公司经理等人就非法吸收公众存款行为取得的部分非法所得予以退出，共计退出非法所得30余万元。

2. 吸收资金用于投资不动产、车辆等资产

不动产具有资产难以隐匿的特点；车辆虽为动产，但交易需要实名制等特点，非法吸收公众存款用于购买不动产、车辆的，应当予以查封。如崔某某等21人非法吸收公众存款案，侦查机关立案侦查后，立即查封了涉案房产55处，扣押车辆17辆，后续扣押车辆36辆，冻结涉案账户若干。在案件办理过程中，N市C区检察院针对涉案财物的处置，专门向侦查机关发出检察建议，建议其及时做好续封、续冻手续，加大追赃挽损力度，进一步保障集资参与人财产权益。

3. 涉案公司总部在N市C区，资金去向清晰

互联网平台类非法集资案件具有跨区域化、全国化、公司化等特点，犯罪嫌疑人大多以公司名义募集资金，总公司属于决策层，对募集资金、财产处置等具有决

定权，审查处理总公司的案件，掌握整个项目的大数据，更有利于查清资金来源和去向，更有利于追赃挽损。如吴某某等人集资诈骗案，总公司设在N市C区，立案侦查后，侦查机关及时听取检察机关意见，收集涉案公司、法人、会计等的银行账户交易明细，审计出募集资金近3亿元，已兑付1.3亿余元，未兑付1.7亿元，部分用于工资提成的发放等公司运营，少部分用于投资，但吴某某的投资并不能保证资金的安全，且大部分资金用于投资其他非法理财公司；另有部分资金用于归还其先前公司的欠债和其他公司造成的亏空。在查清资金去向的基础上，犯罪嫌疑人配合司法机关及时追回股权转让金1000万元，检察机关最终认定吴某某属于借新还旧和肆意挥霍集资款，对其行为以集资诈骗罪追究刑事责任。

（二）互联网平台类非法集资类案件追赃挽损失败因素分析

1. 为弥补其他地区亏空陷入非法集资死循环

非法集资案件易引发群体性事件，社会维稳压力很大。各地司法机关在处理案件时，不可避免地会从地方维稳角度出发。如杨某某等人非法吸收公众存款案，上海总公司接到上海市地方金融监督管理局约谈，要求减少线下资金存量，总公司周某某、田某某等人遂虚构与政府合作，推出政府PPP项目，在N市及全国各地，以高息利诱，在互联网平台非法募集资金，募集的资金用于减少上海线下门店存量，案发后，N市未兑付金额主要是新推的PPP项目，但该部分资金已被总部用于兑付上海线下投资，造成N市集资参与人无法追回投资款项。

2. N市非涉案公司总部，资金流向难以查清

因N市是普通地级市，办理的众多互联网非法集资类案件中仅有1家涉案总公司的注册地址在该市，多数案件涉案公司在该市设有分支机构，负责非法吸收公众存款。

（1）总部负责人未到案。分支机构的负责人供述资金流向外地总公司，但尚存在总部负责人未归案或者总部拒不配合资产处置工作。如陈某某非法吸收公众存款案、徐某某非法吸收公众存款案等，陈某某担任上海某金融信息服务有限公司N市分公司负责人、徐某某担任吉林省某酒业有限公司N市分公司负责人，这两案的总公司负责人均未到案，导致资金流向难以查清。

（2）侦查机关至涉案公司总部取证难。本地公安只负责职责范围内的刑事追赃工作，各地公安机关之间没有协作义务，从而导致刑事追赃工作的衔接不畅，资源不能共享，不能形成追赃挽损合力。如朱某某吸收公众存款案、张某某非法吸收公众存款案，总部分别在南京、上海，侦查机关多次至总部或总部对公账户所在地银行调取证据，总部相关人员及该地办案单位多次躲避、拒不配合，当地银行需经侦部门出具文书才能提供涉案公司银行明细，进一步加大查处资金去向难度，延长诉讼时间，进而阻碍追赃挽损进度。

3. 被告人境外投资难以查证

全球范围内金融管制放松和金融开放力度加大使资本要素在全球范围内流动。部分互联网平台类非法集资案件，呈现资金流向境外的特征，导致境外投资需

要当地侦查机关协作配合，呈现协作难、查证难、周期长的特征。如魏某某等人非法吸收公众存款案，魏某某等人以炒国际外汇为名，承诺固定收益，保证本金安全，以委托理财方式，吸收公众存款，且在案证据亦显示集资参与人将人民币换为美元存至境外账户。直至该案判决，公安机关仍未能通过境外侦查机关协作，查清涉案境外资金账户的资产情况。又如张某某等人非法吸收公众存款案，总公司法人系美国国籍，对其开展刑事侦查时，需注意处理中美关系，注意查清资产是否转至境外账户，注意依法保护个人和组织的合法权益，尊重国家主权，维护国家利益和社会秩序等诸多问题。

4. 大部分未兑付资金难以追回

除了陷入借新还旧式的“死循环”，大多数互联网平台类非法集资案件未兑付资金，被用于还本付息、日常运营、高风险投资、任意投资、大肆宣传、个人挥霍、财产隐匿等，造成未兑付金额无法追回。如e租宝系列案件，非法募集资金762亿余元，其中384亿余元用于返还集资本息，123亿余元用于向提供虚假债权项目的中间人支付好处费，20亿余元用于发放员工工资、提成，12亿余元用于支付办公场所房租、购买办公设备，4.8亿余元用于支付广告宣传费用，29.76亿余元用于与其他公司合作支出，23.33亿余元“投资”境外，9.2亿余元用于购买境内外房产、飞机、车辆，31.68亿余元用于收购负债公司、不良债权等支出；12亿余元用于赠与他人，4.91亿余元用于购买珠宝、玉器、字画、奢侈品等财物，2998万余元用于走私贵重金属支出。前期已兑付本息后期未投资的集资参与人将面临款项被用于日常运营、个人挥霍、任意性投资等活动，而导致款项面临无法追回的困境，共造成未兑付款项380亿余元。

三、互联网平台类非法集资案件追赃挽损的现实路径

非法集资犯罪规制的目的，在于维护与确保金融秩序的安全与平稳运行，因此，受害人的财产损失是否能挽回，或者非法集资人是否将所吸收的资金实际用于生产经营，或者非罪化处理是否更具经济合理性，皆不应当在罪刑法定的因素之外予以考虑。[①] 互联网平台类非法集资案件追赃挽损应从预先防范出发，结合追赃挽损案例分析的影响因素，构建追赃挽损的现实路径。

（一）建立警示约谈机制，实现联合长效监管

在刑事政策的制定当中，必须坚持刑事一体化的思想。只有这样，才能通过卓有成效的刑事法律活动达到预防犯罪的目的。[②] 案件进入刑事诉讼，说明相关平台已经爆雷，集资参与人已经面临资金损失，而诉讼周期长、资产处置慢，如果在诉讼程序前，多家部门联合约谈募集资金者，提出整改措施，限期整改完毕，整改结束验收合格后，募集资金者不得采取非法手段筹集资金造成新的损害的，不予追究

① 何小勇：《非法集资犯罪规制的中国式难题——以地方政府处置办的设立与受害人的损失退赔为视角》，载《政治与法律》2017年第1期。

② 陈兴良：《刑事法治视野中的刑事政策》，载《江苏社会科学》2004年第5期。

刑事责任，从而最大限度地保障居民财产权，继而减少后续一系列司法程序，节约司法资源。中国人民银行也明确提出，对于互联网金融的法律监管必须处理好政府监管和自律管理的关系，充分发挥行业自律的作用。[①] 如笔者所在的N市检察院整合N市两级公检法、银行、证券、金融等56家单位，牵头成立了金融网络犯罪研究基地，依托基地，联合公安机关、处非办、金融办、街道办、物业公司、行业协会等单位，形成金融监管合力，在摸排辖区内小贷公司、P2P平台等运营情况的基础上，定期约谈相关企业负责人，就从事的非法集资业务进行警示约谈，就资金池、资金存管和风险准备金等事项要求按照清单限期整改。同时持续追踪整改情况，及时跟进督促整改，形成多方长效监管机制，最大力度地保证市民财产安全，推动中小企业健康发展。

（二）鼓励犯罪嫌疑人退赃机制

犯罪嫌疑人主动退赃，是犯罪嫌疑人认罪悔罪的重要表现，也是提高诉讼效益、节约司法资源的重要路径。鼓励犯罪嫌疑人主动退赃，给予其应有的从宽司法处遇，则是应有之义。

1. 保护非公有制经济健康发展

刑法的保障性和补充性要求其面对任何犯罪乱象都要始终保持克制和谦抑的态度。[②] 民营企业在稳增长、促就业等方面发挥了重要作用，成为推动经济社会发展不可或缺的重要力量。民营企业在发展过程中，因资金需求向社会不特定对象吸收公众存款的，确系投入生产经营过程中，资金链尚未断裂，能够清偿绝大部分非法集资款项的，对民营企业及其负责人要慎重采用人身强制措施和财产强制措施。要积极引导民营企业偿付集资款项，若能在判决前积极清退所涉集资款项，应落实宽严相济刑事政策，该不捕的不捕，该不诉的不诉，该免于刑事处罚的予以免于刑事处罚。对于主动清退大部分集资款项、自愿认罪认罚、没有社会危害性的被告人，可以考虑较低刑档处罚或者适用缓刑。

2. 区分主体身份采取不同追缴方式

任何人不得因违法行为而获益。对于互联网平台类非法集资行为的组织者、决策者、主要人员等，应对其所参与或者组织、指挥的全部犯罪处罚，可以适当扩大查封、扣押、冻结的财产范围，并引导其主动退赃退赔；对于仅听从上级、对非法募集行为不起决定性作用的一般工作人员，采取追诉方式到案，尽可能追缴涉案资金及非法所得；对于软件设计、广告代言、中介等第三方机构，对其与市场价值对应的合作成本可以不追缴，超出部分予以追缴。

（三）异地司法协作机制

1. 全面侦查，从重定罪向定罪与挽损并重转变

对于过去事实的正确知识（认识），可以而且只能通过对证据进行理性的推理

① 《央行明确互联网金融监管五大原则》，http://business.sohu.com/20140325/n397141762.shtml，下载日期：2019年10月11日。

② 肖凯：《互联网金融领域行刑衔接法律适用问题研究》，中国检察官出版社2018年版。

而获得。[1] 全面正确知识（认识）的前提，是证据收集的全面性、及时性。侦查机关之前虽也注重涉案资金去向的收集，但更多将案件能诉得出、判得下作为办案标准。新时代人民群众有新的期待，在强化依法打击犯罪的基础上，更多地要求追赃挽损有新的突破。侦查机关在办理该类案件时，要坚持依法打击互联网平台类非法集资违法犯罪与追赃挽损并重，跨区域司法协作，强化资金流向查处力度，及时扣押涉案款物，做到案结事了，着力化解社会矛盾。

2. 跨区域互联网平台类非法集资类案件统一处理机制

跨区域的互联网平台非法集资类案件，探索在涉案地域范围内统一政策要求、证据标准，统一立案、侦查、移送审查逮捕、移送审查起诉、判决等环节，避免案件主办地与其他涉案地诉讼时间相差过大。案件主办地应当密切沟通协调其他涉案地办案机关，协同推进侦查、起诉、审判、资产处置工作，配合有关部门最大限度追赃挽损。案件主办地办案机关应就全案处理政策、追诉主要犯罪嫌疑人的证据要求及诉讼时限、追赃挽损、资产处置等工作要求，向其他涉案地办案机关进行通报。可以由公安部经侦部门牵头建立全国涉案财物管理大数据平台，待案件判决生效后，统一处置涉案财物，形成追赃挽损公安机关扎口查扣、检察机关全程参与、法院统一处置的模式。其他涉案地办案机关对本地区涉案犯罪嫌疑人及时立案侦查、起诉、审判，积极协助主办地处置涉案资产。

3. 建立完善的证据交换共享机制

案件主办地侦查机关负责全部案件事实的侦查，其他涉案地侦查机关协助侦查，主办地办案机关应当及时通报接收涉及主要犯罪嫌疑人的证据材料程序及要求，统一司法尺度，提高办案质效；其他涉案地办案机关向主办地提出证据需求的，主办地办案机关收集并依法移送，杜绝人为增加其他办案地向主办案地收集证据的步骤，对私自增加程序扰乱正常办案秩序的人员给予纪律处分，构成犯罪的追究刑事责任。

（四）跨境司法协助追赃机制

境外追逃追赃，目前根据《联合国反腐败公约》，限制在惩治腐败、追逃追赃方面，不适用于非法集资类案件。而部分案件呈现出非法获得的资金流向境外的特征，需要处置非法集资部际联席会议予以高度重视，通过预防和监测犯罪所得跨境转移等预防手段，将涉案资金堵截在境内；借鉴《联合国反腐败公约》，通过国际合作，查清资金去向，明确案件定性，避免犯罪嫌疑人由集资诈骗“降格”为非法吸收公众存款；通过跨境司法协助，取得境外司法机关的理解、配合，追回涉案违法所得。畅通地方办案部门与境外司法协助主管部门及外交部、司法部的沟通协作机制，提高跨境追赃效率。此外，跨国追赃涉及各国利益划分问题。发展中国家要求

① 易延友：《证据法学》，法律出版社 2017 年版。

直接返还追缴的财产，发达国家要求分享追缴的财产，有些国家会提出附加条件或者作出承诺等，这就需要建立起一整套跨境追赃挽损收益分配制度，明确具体的分配方式、分配时间、分配数额等，确保跨境追赃挽损有法可依。

（五）完善追赃挽损法律依据

从法律发展的历史过程看，每一社会还存在着由于法律技术性功能不够完善而带来的对社会冲突进行评价的局限性，这种局限性是一种相对的局限性。法律技术性功能的完善是一个渐进的历史过程。[①] 现行《中华人民共和国刑法》追赃挽损相关条文未将互联网平台类等涉众型非法集资类案件追赃挽损纳入专门考虑范围，存在涉案财物扣押、冻结范围狭窄、可追缴对象不明确等问题，亟须完善相关法律，明确追赃挽损的财产范围，为追赃挽损工作提供法律支撑、司法指引。一是适当扩大财产范围。涉案财物应当予以冻结，但有些财物区分是否与案件有关需要一定时间，此种情况下，为防止犯罪嫌疑人转移、隐匿财产，可以将犯罪嫌疑人其他等值财产先行查封、扣押，进一步扩大犯罪嫌疑人财产的查封、扣押、冻结范围。二是细化资产处置方式和时间要求。犯罪嫌疑人资产投资多种多样，对于投资飞机、房产、车辆、股权、农林牧副渔等资产变现难、返还周期长、专业性强的产业，需区分不同处置方式、不同处置时间。在涉案财物的管理方面，各国有不同做法，可以借鉴英国和澳大利亚对涉案财物的托管制度。刑事案件涉案财物的托管制度，主要将司法机关控制的财产，交由专门的托管人进行管理，《英国2002年犯罪收益追缴法》第125条规定："法官在签发限制令后，可以根据检察官的申请指定一名托管人。"《澳大利亚2002年犯罪收益追缴法》第38条规定："如果法律认为有需要的话，可以命令官方托管人监管和控制限制令所涉财产或特定财产"，并在第278~281条规定了托管人对财产处置方式包括销毁、处分、变卖、上交国库等。互联网平台类非法集资案件中，托管制度可以运用于被查封了但仍可能继续运营的企业、项目等，由政府、司法机关合作，共同寻找合适的资产托管人，专人专事盘活资产，维系企业的正常生产经营，产生的收益按比例分配给集资参与人。对于易贬值、已损毁、灭失、变质等不宜长期保存的物品，或者市场价格波动大的债券、股票、基金份额等财产，有效期即将届满的汇票、本票、支票等涉案财物，完善及时变现制度，实现追缴的涉案财物价值最大化。

追赃挽损是一项系统工程，仅靠司法机关单打独斗显然不能满足当前人民群众的期待，需要司法机关、政府机构职能部门、社会机构等的通力合作，需要综合运用刑事手段、行政手段等处置和化解风险，共同形成互联网平台类非法集资案件追赃挽损合力。

---

① 顾培东：《社会冲突与诉讼机制》，法律出版社2004版。

利用网络非法集资案件追赃挽损机制研究

——以“书画宝”集资诈骗、非法吸收公众存款案切入

董史统　秦露露　姜　翔　廖　望*

近年来，各种非法集资打着经济新业态、金融创新的幌子，以理财众筹、私募基金、期货交易、虚拟货币等形式在各大网络平台向各投资者筹集资金，不仅损害普通投资者的利益，还危害国家金融安全。一旦案件被查处，往往伴随着无数家庭的财产受损，引起群体性更有跨区域群体性维权事件的易发和多发。如何在依法办好案件的同时，尽可能地做好追赃挽损工作，从而最大限度地减少被害人的损失，成为摆在司法机关面前应解决的突出问题。利用网络非法集资，是指单位或者个人未按照法定程序，未经相关部门批准，通过互联网这种特定手段，向社会不特定对象募集资金，严重危害社会经济秩序的犯罪行为。利用网络非法集资案件包括利用网络非法吸收公众存款案件和利用网络集资诈骗案件。利用网络非法集资案件属于涉众型犯罪，任何一个问题的处理均涉及财产分配，影响到广大集资户的切身利益，处理上稍有不慎就有可能引发群体性事件造成工作被动，影响社会稳定[①]。因此，在推进追赃挽损工作时务必要注重案件处理方式的灵活性和针对性。

一、案例切入：基于“书画宝”案件追赃挽损的现实考虑

2013 年 6 月 6 日，被告人史某某等人注册成立瓯派公司（经营范围包括销售包括网上销售字画、艺术收藏品等）。2016 年 4 月，史某某以瓯派公司名义与三盛公司签订“书画宝”平台（网址 www.shb365.com) 开发、后台维护等合同，“书画宝”平台于 2016 年 8 月 29 日正式上线。瓯派公司通过媒体采访、新闻发布会、酒会的形式邀请艺术家、投资人参加，并由公司人员、销售人员及投资人以微信、微博、QQ 及口口相传等形式对“书画宝”平台进行宣传，以及“书画宝”平台上的介绍和宣传，包括艺术品的价格体系、高效变现、回购机制和服务等。投资人经在平台上注册和充值即可对平台上的艺术包进行投资，充值包括线上充值（微信扫码支付、支付宝扫码支付、汇潮支付、农业银行支付）和线下充值（现金、刷 POS 机、代为充值）。该平台上的艺术包是瓯派公司与艺术家签约后，将艺术家的艺术作品（书法、

---

* 董史统（1988—　），男，浙江温州人，浙江省温州市鹿城区人民检察院办公室副主任；秦露露（1991—），女，浙江温州人，浙江省温州市鹿城区人民检察院第三检察部（经济犯罪检察）员额检察官；姜翔(1985—)，女，浙江温州人，浙江省温州市鹿城区人民检察院第八检察部（研究室）检察官助理；廖望(1992—)，男，浙江温州人，北京大学法学研究生。

① 陈增宝:《经济犯罪疑难问题司法认定与要案判解》，法律出版社 2019 年版。

绘画作品）以艺术包的形式、以平尺作为计算单位在“书画宝”平台上进行销售，销售模式为内部认购、公开抢购、自由交易等。“书画宝”平台通过后台人为设置艺术包的价格涨幅，规定新艺术包发行次日的价格涨幅为10%，之后每日涨幅在2%之内（几乎只涨不跌），以及在自由交易过程中向投资人收取出售艺术包的交易价格的1%的手续费等，还规定投资人只有发展3名以上新投资人才有资格认购新艺术包，且瓯派公司为鼓励销售人员、投资人提高业绩，规定发展下线人数或投资金额达到一定要求，给予销售人员、投资人的下线投资额10%以内的销售提成。为提高“书画宝”平台的活跃度和吸引投资人投资，瓯派公司在“书画宝”平台前期营运过程中注册大量虚拟账号以增加投资人数量，并使用部分内部交易账户进行艺术包的相互倒卖，参与新艺术包的抢购，以及接手投资人在平台上挂牌出售的艺术包。

经调查、统计，已报案的3815名投资人（涉及账号5752个）在“书画宝”平台的投资金额共计27 276余万元。截至提起公诉时，已有8152名投资人在“书画宝”亏损账户网上申报平台上申报，申报亏损金额共计20 396余万元。截至判决时，检察机关会同公安机关等部门共计追赃1亿余元。其中，冻结涉案款项共计4254万余元，冻结理财产品资金计766万元，各被告人和涉案人员已主动向公安机关退赃或者被公安机关追赃的资金共计4990万余元。此外，公安机关另扣押“书画宝”平台书画作品等财物，查封多名被告人和涉案人员的房产、车辆以及查明比特币、比特币现金、保险理财等财产。

二、价值权衡：利用网络非法集资案件追赃挽损的导向把握

（一）精准办案是前提要求

一方面，要努力缩短办案周期。利用网络非法集资案件涉及全国各地、投资者人数众多、案情复杂、金额巨大，有的还跟外省市案件存在关联，需要等待外省市司法机关的处理结果，以寻求定性和量刑的平衡。有的案件因投资人陆续报案，犯罪金额一再增加，犯罪事实始终处于不确定状态，因而案件审理周期长。过长的办案周期，降低了投资者对司法的预期，也降低了追赃挽损的可能性，因此要在确保办案质量的前提下，加快此类案件的办理速度，为案件追赃挽损节约司法资源、赢得必要时间。另一方面，要做到精准定罪量刑。在办理利用网络非法集资案件中，检察机关可以充分发挥法律监督职能，指派业务骨干提前介入案件、引导侦查取证，特别是要及早固定电子证据、调取银行流水，迅速移送会计师事务所进行专项审计，及时锁定赃款去向，会同公安机关、银行、证券监管等部门依法开展追赃挽损、资产处置等工作，最大限度减少人民群众的实际损失[①]。在处理此类案件时，要善于运用宽严相济政策、认罪认罚从宽制度等法律手段，分化、瓦解犯罪分子，斩断利益链条，追回财产、弥补损失。对于情节严重，拒不退赔退赃的犯罪嫌疑人提

① 最高人民检察院法律政策研究室编：《金融犯罪指导性案例实务指引》，中国检察出版社2018年版。

起公诉，对积极退赔退赃的犯罪嫌疑人作出相对不诉决定，对退赔退赃但情节较重的犯罪嫌疑人提出从宽处罚量刑建议，努力实现罪刑相适应。

（二）风险防控要同步跟进

利用网络非法集资案件经营过程具有典型网络化特征，经营者隐藏很深，一旦公司出现问题，就可以轻易携款潜逃，加上人员信息虚拟性，后续追逃布控难度很大。利用网络非法集资案件肇始于网络，吸收资金限于某类不特定群体，虽然公开进行集资但实质上较为隐蔽，较难开展同步、配套的网络金融监管，导致发现时非法集资已成规模。同时，非法集资濒临“窗口期”，平台处在“爆雷”边缘，不少行为人已通过生产经营、高风险投资、员工提成返还、高消费任意挥霍等途径和形式，将吸收的资金予以使用，部分案件行为人可能已出现严重资金困难，没能力偿还集资款。等到投资者向公安机关报案时，此时非法集资行为人早开始“跑路”或已资不抵债，即使存在一些资金或者实物财产，通常也存在执行难问题，如涉及异地查扣、异域执行、赃款再分配等，且资金可能涉及其他案件，资金追回难度较大、分配可能性偏小。在投资损失巨大、追讨希望渺茫的情况下，投资者情绪激动，极易受周边投资者情绪强化，相互煽动，引发集体上访、闹访、缠访等，影响社会稳定，即使快速侦查、尽快起诉、从严判决，也只是“扬汤止沸”。可见，利用网络非法集资犯罪的行为人定不定罪，如何定罪、如何量刑的执念应逐渐疏离，真正需要保护的法益是投资人的损失以及可能引发的群体性社会秩序的崩塌①。

（三）社会治理应有所作为

检察工作不仅是法律性工作，还是政治性工作，因此要围绕中心，把服务大局落实到具体工作中，实现办案的政治效果、法律效果和社会效果有机统一。办理利用网络非法集资案件，正是检察工作融入大局的重要体现。现今，对于此类案件而言，办案的司法价值已经存在明显的转移，即从单一的打击犯罪转为追求综合的社会治理。换言之，中规中矩立案侦查、快速审查起诉、依法从严判决，甚至对被告人予以重判重罚均没有意义，最终还是要回到追赃挽损工作上来，努力弥补被害人的投资损失，尽力消弭社会矛盾。其实，最大程度追赃挽损，实现社会矛盾化解，就是一种社会治理。立足检察一体化优势，充分发挥业务部门的职能作用，加强释法说理，灵活运用检察建议、工作简报、专题报告等方式方法，及时、准确地反映利用网络非法集资案件中出现的新情况、新问题，提出针对性的破解对策，防范系统性金融风险发生，供地方党委政府和上级检察院决策时参考。而这正是检察机关在推进国家治理体系和治理能力现代化中参与社会治理的合适切入点和实现担当作为的重要体现。譬如，检察机关可以在客观查明案件事实和监督事项的基础上，主动与被建议单位沟通，征求意见，最终形成问题指向明确、释法析理透彻、对策建议精准的检察建议，充分发挥检察机关参与社会综合治理的职能②。

---

① 参见胡金龙、周雯雯:《金融犯罪的规制困境与治理对策》,载《中国检察官》2019 年第 20 期。

② 杨永浩:《以办案参与社会综合治理》,载《检察日报》2019 年 6 月 24 日,第 1 版。

三、问题审视：利用网络非法集资案件追赃挽损的现状考察

（一）证据固定难牵引下的后续追赃挽损困局

利用网络非法集资犯罪案件中，因网络证据与线下证据衔接难，很难形成完整的证据链，容易造成案件事实不清、证据不足，最后定罪困难，更给后续追赃挽损工作造成法理上的障碍。网络非法集资案件借助互联网实施，行为人和投资人相较现实中的非法集资更加相互不熟悉，而行为人容易通过加密、非实名等措施隐蔽犯罪事实、隐蔽身份，侦查难度加大，更加大追逃、追赃压力。在刑事侦查取证上，犯罪嫌疑人供述、被害人陈述、证人证言等主观性证据变异性更大，且被害人陈述这类证据很难取证完全，而客观性证据以电子数据居多，加上这些电子数据大部分为后台数据，调取较为困难、存储载体要求高、保存有时间限制。不仅证据有限，而且这些证据容易灭失。电子证据一般是数字化电子记录，通常存在于犯罪者的私人电脑中，不仅不容易获取，而且行为人更容易对这些记录文件进行转移和删除。一旦数据被删除，数据恢复是个难题，即便通过技术可以恢复部分数据，有时关键数据也可能会有所缺失[①]。此外，此类利用网络非法集资犯罪案件的审计报告较为滞后，很多是起诉前不久或是开庭时才能取得。由于证据固定的效果，直接影响到案件主要犯罪事实的认定，直接关系到投资者的切身利益，而证据固定难题无疑会给投资者或是被害人的追赃挽损带来困难。

（二）网络背景下追赃挽损难度几何倍数增加

利用网络非法集资案件属于典型的网络犯罪，呈现全球化趋势，犯罪行为很多时候存在内外人员勾结，在国内获取钱款后迅速通过网络转移到国外，给案发后的刑事侦查、人员追逃和追赃挽损带来极大的困难，同时给被害人带来无法弥补的经济损失。有些公司或是行为人还利用银行资金系统，将吸收的客户资金在短时间内采用多重划转、定向支付等形式化整为零，把一个账户拆分为多个账户迅速转移，难以追索资金去向。随着互联网的全球化，犯罪场所不限于一地一域，很多行为人通过在香港等地搞个“皮包公司”或是小办公室，设立离岸账户或第三方账户，然后在大陆地区宣传推广、非法集资，一旦案发，由于地区间司法协助限制，这些账户不能要求香港警方第一时间协助冻结资金，客观上加大追赃挽损的难度。有的犯罪分子长期从事利用网络非法集资活动，职业化倾向明显，资金掠夺性强，转移、隐匿资金手法专业，造成案发后追赃退赔难度大。有的犯罪分子为逃避查处，在犯罪活动中使用虚假身份。有的犯罪分子自己作为幕后控制人，借助他人名义设立公司和账户，通过网络、电话等形式遥控犯罪活动，案发后跑路或者拒不交代资金流向。在利用网络非法集资案件中，不退赔或追缴赃款赃物无果的案件占比达 50% 以上，而且多数案件中追缴违法所得均来自此类公司底层业务员的退赔工资和业绩提成，相对于吸收公众资金规模微乎其微，严重不成比例，往往在 1% 甚

① 参见樊蓉：《网络金融犯罪案件查办的难点与对策》，载《犯罪研究》2015 年第 3 期。

至以下。

（三）多重监管下部门职能离散合力亟须凝聚

利用网络非法集资具有隐蔽性强、传播速度快、无地域限制等特点，造成立案难、查处难、打击难、追赃难。在综合监管的形势下，相关部门立足职能作用，采取针对性应对利用网络非法集资的治理方式，但是效果极为有限。例如，工商部门重点对辖区内登记在册的投资类公司、非融资性担保公司进行全面排查清理和强化日常监管，进一步规范经营活动，降低非法集资风险。公安机关则一般偏重于案件的立案侦破、犯罪事实的查实、证据的调取等，但很少涉及追赃挽损的相关事宜。检察机关发挥监督职能，在办案中通过梳理，发现涉案财产线索，移交公安机关查扣冻结相关财物，但受限于侦查技能限制，无法直接追赃挽损，导致精准度不高。审判机关则通过判决确认利用网络非法集资案件的事实，并确认被告人承担的刑事责任和各自退赔退赃情况，但是执行环节往往会成为掣肘。需要注意的是，虽然工商行政管理部门、公安机关、检察机关、审判机关等部门，均立足职能不遗余力打击利用网络非法集资行为，但是在工作衔接上容易出现空白或是断档。要真正避免因多重监管形成真空地带，需要建立系统性、有分工、聚合力的互联网金融防控体系，可在统筹公安机关、检察机关、审判机关、工商行政等部门基础上，从案件的线索发现、刑事立案等最初环节开始，就树立追赃挽损的意识，并在之后的各环节贯彻落实追赃挽损相关工作，齐抓共管推进互联网金融风险专项整治取得实效。

四、应然路径：利用网络非法集资案件追赃挽损的机制构建

法律干预非法集资的主要原因是社会公众缺乏投资知识，且难以承受损失风险。[①] 通过法律手段在法律框架内实现非法集资案件追赃挽损正是法律介入的价值体现。对利用网络非法集资案件中造成的经济损失如何有效补救，是投资者最重视的内容。对非法集资案件的犯罪所得应当从进入刑事诉讼程序之初就给予相应干预，其后法院的判决方才不至于落空[②]，因此构建覆盖刑事诉讼全流程的追赃挽损模式尤为重要。在办理“书画宝”集资诈骗、非法吸收公众存款案中，充分发挥检察职能作用，把握宽严相济刑事政策，构建“网上平台快速‘核赃’+提前介入引导‘追赃’+因人施策促成‘退赃’”的追赃挽损模式，运用精准量刑、适用缓刑等建议权，敦促涉众型经济犯罪案件犯罪嫌疑人在审查起诉环节退出赃款共计2000余万元，会同公安、法院等单位为被害人追回赃款1亿余元，有效弥补部分投资款损失。

（一）依托网上申报平台，解决涉案金额核查难题

“书画宝”线上流通平台有近6万人次注册，其中实际使用账户为27 000余个。

① 胡启忠：《非法集资刑法应对的理论与实践研究》，法律出版社2019年版。

② 参见沈威、徐晋雄：《比较视野下涉众型经济案件追赃挽损机制研究》，载《中国检察官》2019年第24期。

如何对全国各地投资人进行取证并核实投资及亏损金额是主要难点。

一是建立平台的现实考虑。侦查人员反映由于警力限制，无法逐一确认投资人身份并制作询问笔录，此外已尝试向全国各地派出所制发协查函及询问模板，但实际效果并不理想，仅对800余名投资者制作询问笔录。员额检察官办案组进行深入分析，并与侦查机关充分讨论，提出建立投资人网上申报平台的方案，即由投资人在网络申报平台输入注册名、登录密码等信息以确认身份，并对涉案金额进行核对。

二是完善平台申报机制。借鉴“e租宝”等全国性案件的办理经验，联合公安机关推出“书画宝”账户信息申报核实系统，让投资人通过原始的投资账号密码登录申报平台，核实原始投资记录。通过刊登公告、向被害人群发短信、电话联系等方式，告知投资者至平台核对账户数据。

三是确保平台申报实效。该平台的运行，不仅方便各地投资人登记相关信息，更杜绝部分投资人虚报或者错报投资款的情况。减轻了侦查人员取证负担，避免投资人聚集温州可能引发的潜在风险，解决电子数据的核实难题，保障了投资人的合法权益。截至提起公诉时，共有8152名投资人在网上申报亏损，申报金额超2.8亿元，占总亏损金额的93.01%，核对无误率达到99.977%，更与其他证据印证形成完整证据链。

（二）提前介入引导侦查，保障追赃挽损工作力度

注重追赃挽损工作关口前移，发挥检察机关主导作用，充分保障投资人利益，防范化解社会风险。

一是发挥检察引导侦查职能。在侦查阶段多次主动派员查阅卷宗材料，针对前期取证状况，提出加强客观性证据核查的取证思路，并建议公安机关完善电子勘验笔录制作，及时完成审计工作。要求侦查人员在保证案件办理进度基础上，重视追赃挽损，把追赃挽损贯穿刑事诉讼全过程。在审查批准逮捕、审查起诉过程中，没有出现舆情难题，也没有群体性集聚、上访闹访等社会风险。

二是深挖涉案财物线索。针对前期取证状况，提出加强客观性证据核查的取证思路，并会同侦查人员仔细核对银行流水账目，深挖线索，发现瓯派公司法定代表人将千万余元赃款转入他人账号购买理财产品的事实，及时冻结钱款。安排专人负责与侦查、审计人员对接追赃挽损工作，通过投资人登记网络平台，及时将收集的数据与瓯派公司财务记录进行比对，准确认定实际投资人、实际投资金额、实际亏损金额等。

三是在分化犯罪中追赃。结合自愿认罪、退赔退赃等情况，有条件依法适用强制措施，有效分化瓦解犯罪，彰示追赃挽损导向。在审查批准逮捕阶段，对夫妻二人共同犯罪的，对作用更突出的嫌疑人采取羁押性强制措施。在审查起诉阶段，对进一步退赃的5名嫌疑人，变更逮捕为取保候审的强制措施。在处理结果上，对犯罪情节轻微的4名嫌疑人作出相对不起诉决定。

（三）因人施策主动作为，提高追赃挽损精准度

“书画宝”案被告人身份多样，有瓯派公司的法定代表人、股东、员工以及投资人。针对不同被告人，办案组制定不同取证策略，精准开展追赃工作。

一是紧盯主要犯罪人员。通过对瓯派公司财务人员笔录及审计报告等在案证据仔细梳理，发现被告人史某某可能存在转移、隐瞒资产的行为。瓯派公司法定代表人史某某归案后未如实供述部分钱款流向，办案组通过核对银行流水账目，查明史某某千万余元赃款——剩余的尚未赎回理财产品，并通知侦查机关及时冻结、追回资金 11 861 428.74 元。

二是借助科技测谎手段。积极借助科技手段，推动与检察工作深度融合，实现新时代检察新作为。“书画宝”平台主要销售人员黄某某虽承认将违法所得用于投资，但隐瞒了部分赃款去向。对此，办案组通知侦查人员对黄某某进行测谎，黄某某迫于测谎压力，承认自己将违法所得用于投资比特币等。侦查人员根据线索，对黄某某实现追赃共计 1700 余万元，查扣比特币现金 335 个。

三是强化释法说理功能。注重释法说理，向各嫌疑人分析利弊，阐明宽严相济刑事政策，鼓励退出违法所得。瓯派公司原股东张某某经教育后退出违法所得 290 万元，鼓励引导追赃的效果远超同类网络金融犯罪。注重妥善处置群众诉求，把对投资者的情绪疏导、释法说理等工作贯穿办案始终，对投资者提供的案件追赃挽损线索，认真调查核实，积极予以回应。[①]

五、结语

习近平总书记反复强调，“防止发生系统性金融风险是金融工作的根本性任务，也是金融工作的永恒主题。”金融类犯罪案件，投资人最关注的往往不是案件处理本身，而是投资款追回问题，追赃多少直接关系到社会风险的化解，而作为被告人，也希望通过退出赃款获得从轻处罚。对于利用网络非法集资这类严重扰乱金融市场秩序的非法金融活动，作为监管部门，要站在防范系统性金融风险的高度，加大日常监管力度，健全常态监管体系[②]，形成有效监管合力。作为司法机关，一方面要从犯罪嫌疑人、被害人一方、关联证人等方面入手，深挖涉案财物的线索，提高追赃挽损的可能性和受偿度；另一方面要快速办理此类案件，做好涉案财物甄别、筛选，加快涉案资产处置、返还进度，最大限度地追赃挽损，最快速度、最大限度地减轻投资者的损失。以实实在在的追赃挽损工作业绩，践行以人民为中心的发展理念，回应人民群众对美好生活的期待。

① 胡文星、王菁：《打击非法集资，全力追赃挽损》，载《检察日报》2019 年 8 月 11 日，第 1 版。

② 参见刘宪权：《金融犯罪刑法学原理》，上海人民出版社 2017 年版。

涉第三方支付类案件若干法律疑难问题研究

江苏省南通市崇川区人民检察院课题组*

互联网支付是一个综合性的支付方式，需要借助计算机、手机等，通过网络指令，实现支付、转移货币资金等功能[①]，而第三方支付是互联网支付的重要类型。近年来，随着手机的大众化，支付宝、财付通（微信支付）等互联网第三方支付平台提供的支付服务以其高效便捷性迅速影响了公众生活。[②] 支付宝、微信等互联网第三方支付平台已从单纯支付工具延伸至网络理财、信贷、公共事业费缴付等多种场合，极大便利了人民群众。然而，作为一种新兴的支付服务，第三方支付在展现出高效性的同时，不可避免地引发各类犯罪活动，成为侵财犯罪的新兴领域，第三方支付领域的刑事案件在法律适用上也存在较大分歧，引发理论界和实务界的争论，这些争论主要集中在涉第三方支付平台类案件的行为定性、法律适用等几个方面。本课题将第三方支付领域的相关问题进行类型化分析，以期为司法办案提供相对系统的参考。

一、第三方支付领域刑事案件类型

从近年来司法实践中出现的案例来看，第三方支付领域刑事犯罪一般可以分为四大类型：

（一）虚假刷单获取互联网第三方支付平台返利

这类犯罪主要表现为行为人以非法占有为目的，通过虚构交易、虚假刷单等方式，虚构事实、隐瞒真相，使第三方支付平台陷入认识错误，误以为真实交易现实发生，最终返利给行为人。

（二）利用互联网消费（透支）账户套现

利用第三方支付消费（透支）账户套现具体细化为：第一，纯中介性质的套现。第二，以套现为名获取财物。两种情形最为典型的分别是帮助他人支付宝花呗套现，以及以“花呗套现”为幌子，欺骗套现人，骗得套现人财物。

---

* 课题负责人邹建华，南通市人民检察院检委会专职委员，江苏省检察业务专家；课题组成员：章建生，南通市崇川区人民检察院党组副书记、副检察长；任留存，南通市崇川区人民检察院第三检察部副主任，江苏省检察研究人才；刘俊杰，南通市崇川区人民检察院第六检察部副主任，全国检察机关调研骨干人才；姜依菲、陈宝红，南通市崇川区人民检察院检察官助理。

① 陈龙鑫：《第三方支付中涉互联网支付犯罪问题研究》，载《检察调研与指导》2018 年第 6 期。

② 浙江省杭州市人民检察院课题组：《涉网络支付犯罪规制的实践范例》，载《人民检察》2019 年第 6 期。

（三）利用互联网收款二维码非法获取财物

从具体手法来看，这类犯罪又进一步细化为：第一，偷换他人第三方支付收款二维码非法获取钱款。该情形引发了理论和实务界的大讨论。但实践中的判决观点比较一致。第二，利用虚假罚款（费用）缴纳二维码非法获取钱款。此类案件的主要表现形式包括通过虚假的违停缴费单、虚假的共享单车缴费码非法获取钱款。

（四）登录他人第三方支付账户非法获取财物

从犯罪手法来看，该类型的犯罪又细化为：第一，登录他人第三方支付账户非法获取他人账户余额。第二，登录第三方支付平台非法获取他人账户已关联银行卡内钱款。第三，获取他人银行卡（银行卡信息）后，将他人银行卡与第三方支付平台绑定进而非法获取卡内钱款。第四，侵犯第三方支付平台所关联账户内的信贷资金。借助第三方支付平台的授信额度，假冒真实使用人，套取信贷资金，用以消费、取款等。

二、第三方支付领域具体刑事犯罪分析

（一）虚假刷单获取互联网第三方支付平台返利

【案例1】“满立减”支付宝补贴案。2015年11月11日，支付宝公司向警方举报温州14家水果卖场组织他人虚构交易，利用支付宝公司开展的“随机立减最高100元”优惠活动，虚假刷单，套取“满立减”优惠补贴计26万余元。

对此，我们认为，行为人以非法占有为目的，通过虚构交易、虚假刷单的方式，虚构事实、隐瞒真相，欺骗支付宝公司，使其以为有真实交易发生，而对行为人予以补贴，数额较大的，以诈骗罪定罪处罚。办理网络诈骗类的刑民交叉案件，需要准确区分利用规则获利的民事行为与虚构事实、隐瞒真相的诈骗行为，需要判断行为人对涉案财物是否具有非法占有的目的。主要理由：

第一，准确区分利用规则获利的民事行为与虚构事实、隐瞒真相的诈骗行为。需要注意把握以下两点，一是要把握第三方支付平台交易规则的实质内涵。本案中，被害单位支付宝公司“随机立减最高100元”优惠活动属于一种营销活动，具有社会公开承诺性，目的是想扩大本平台的影响力和繁荣市场。在类似网络犯罪案件处理中，不能仅局限于第三方支付平台规则的形式要件，更要从实质上把握第三方支付平台交易规则预设的同意条件，这些条件具体包含交易主体信息、交易主体资格、商品信息、交易过程等的真实性、正常性。二是要把握网络背景下诈骗行为的基本构造。本案中行为人虚构交易、虚假刷单，使得被害单位陷入了“随机立减最高100元”的错误认识，从而仿佛自愿地发放补贴并予以兑现，符合“行为人虚构事实满足‘满立减’补贴规则—被害人陷入“兑现补贴”的错误认识—被害人仿佛自愿地给予补贴—行为人获取补贴”的诈骗行为的客观构成要件。在类似网络犯罪案件处理中，仍应对照通常诈骗罪“欺骗行为—认识错误—处分行为—取得占有—财产损失”的基本行为构造。

情形符合传统诈骗罪的基本构造，应认定为诈骗罪。[①] 对这一观点，我们不能赞同。主要理由：

一是买家处分财产是基于交易规则而非错误认识。在诈骗罪中，被害人是否系基于错误认识而处分财物是其核心要素。在偷换二维码案中买家扫码付款的真正原因是事实上或契约上的买卖合同关系或者说基于交易规则，在接受商家提供的商品或服务后一种必然的对价支付行为[②]，无论行为人是否偷换二维码，买家均有及时付款的合同义务。换句话说，买家并没有被骗，也没有因为基于被骗产生错误认识而处分自己的财产。

二是买家无识别二维码能力。买家基于暂时性的需求而临时购买小额商品，人员多，流动频繁，一般不会与商家签订书面合同，只是依据事实买卖合同，商家交付货物，买家支付价款，同时秉持"买东西要付钱"是天经地义的善良认知。与商家相比，买家接触和感知卖家收款二维码的能力缺乏，不具备肉眼识别收款二维码所有者的能力，因此买家既无感知也不具备识别二维码的能力。洛克说："法律的目的并不是要废除或限制自由，而是保护和扩大自由"[③]，对于这种义务分配有着合理性。

第二，偷换二维码非法取财过程中不存在受骗者。偷换二维码非法取得财物，行为人未对商家虚构事实、隐瞒真相，也未对买家虚构事实、隐瞒真相，商家或买家主观上都未陷入错误认识。从商家的角度来看，虽然商家有错误指令买家付款的客观行为，但商家对二维码已被调换并不知情，更未在与行为人"交互"过程中陷入错误认识而处分财物给行为人[④]，其主观上亦不符合诈骗罪对被害人处分意识的要求。从买家角度看，买家基于商家指令，向商家提供的二维码转账付款，不存在买家受行为人欺骗的情形。"交易合法有效，商家可以不当得利为由请求买家返还商品，但无理由要求买家在此支付商品对价，买家实现了自己的交易目的（获得想要购买的商品），因而不存在刑法意义上的财产损害"。[⑤] 因而，行为人偷换二维码非法取得财物的行为不符合诈骗罪的客观构成要件。

第三，偷换二维码非法取财符合盗窃罪构成要件。偷换二维码行为非法取得财物行为对商家造成的损失是确定的，首先，商家丧失本属于自己的货物服务买卖合同应得价款；其次，商家基于自己对收款二维码的相对严格管理义务，理论上丧失了要求买家支付价款的请求权，丧失了对第三方支付平台应有的合法债权，是真正意义上的财产损失者也就是法律意义上的被害人。偷换二维码取得财物的行

① 叶良芳、马路遥：《第三方支付环境下非法占有他人财物行为的定性》，载《华东政法大学学报》2017 年第 3 期。

② 刘勋、王勇、江奥立等：《偷换收款二维码侵财行为的司法认定》，载《检察日报》2019 年 5 月 24 日，第 3 版。

③ 黎四奇：《二维码扫码支付法律问题解构》，载《中国法学》2018 年第 3 期。

④ 刘勋、王勇、江奥立等：《偷换收款二维码侵财行为的司法认定》，载《检察日报》2019 年 5 月 24 日，第 3 版。

⑤ 张明楷：《三角诈骗的类型》，载《法学评论》2017 年第 1 期。

为，是一种主动秘密和平取得财物的方式，符合盗窃罪秘密窃取的特征[①]，应认定为盗窃罪。在这里需要把握行为人获取财物的关键行为。我们认为，偷换二维码是行为人获取财物的关键。

2. 利用虚假罚款（费用）缴纳二维码非法获取财物

此类案件主要表现形式包括通过虚假的违停缴费单、虚假的共享单车缴费码，非法取得钱款，因其具有小额、多次等特点，司法实务中也存在查清事实困难、证据不易掌握等原因，往往较少形成刑事案件，但该情形仍广泛存在，故仍有讨论的必要。

【案例 6】左某诈骗案。行为人左某预谋利用虚假违法停车通知单诈骗，后左某将自己的微信头像设置为"违章办理"，昵称为"向某某交通支队转账"，付款说明设置为"某区交警支队"，付款金额设置为 200 元，而后以该付款码制作虚假的违法停车通知单，作案期间共计获得他人转账人民币 1 万元。

关于该案的定性，因不涉及基础民事法律关系，也不涉及第三方，行为人虚构了假罚单的事实、隐瞒不需要缴纳罚款的真相，假罚单在材质、尺寸、抬头、格式等方面，与真罚单差别不大，被害人往往难以区别，被害人基于受骗产生错误认识而自愿处分财产，所以定性为诈骗罪并无争议。当然这其中还涉及伪造国家机关公文的手段行为。

（四）登录他人第三方支付账户非法获取财物

第三方支付等新型支付方式给人们生产、生活带来便利的同时，也引发了网络侵财犯罪。[②] 其中较为常见的是登录第三方支付平台账户非法获取他人账户资金的行为。司法实践中，该行为主要有以下表现形式：

1. 登录他人第三方支付平台账户非法窃取账户资金

此种情形主要表现为通过登录他人第三方支付平台账户，在他人不知情的情况下，非法获取账户内资金。获取他人第三方支付用户名和密码的手段，包括骗取、事先无意知晓、事后技术破解甚至撞库等。

【案例 7】徐某某诈骗案。[③] 2015 年 3 月，行为人徐某某发现使用单位配发的手机可登录原同事马某的第三方支付账户。其利用工作时获取的该账户密码，使用该手机分两次从账户转账 1.5 万元到刘某的银行账户，后刘某将钱款提现。[④]

【案例 8】石某盗窃案。2017 年 7 月 21 日至 24 日，行为人石某利用暂住在被害人李某家之机，乘李某不备使用李某手机，先后以转账、购物套现等方

① 叶良芳、马路遥：《第三方支付环境下非法占有他人财物行为的定性》，载《华东政法大学学报》2017 年第 3 期。

② 陈卫星、王晓燕：《登录第三方支付平台非法获取他人钱款行为的定性》，载《上海公安高等专科学校学报》2018 年第 6 期。

③ 浙江省宁波市中级人民法院刑事判决书（2015）浙甬刑二终字第 497 号。

④ 陈卫星、王晓燕：《登录第三方支付平台非法获取他人钱款行为的定性》，载《上海公安高等专科学校学报》2018 年第 6 期。

式乘隙盗窃李某第三方支付账户内人民币共计 21 300 元。[①]

【案例 9】黄某诈骗案。[②] 2016 年 7 月 21 日至 24 日，行为人黄某通过网络联系被害人张某，以帮张某办理信用卡走流水为由，骗得张某的第三方支付账号及密码，黄某从张某的第三方支付账号转账人民币 12 000 元至自己的第三方支付账户。

非法获取他人支付宝、微信内资金属于非授权支付行为。[③] 从一般意义上说，非授权支付行为包含非法获取账户余额或支付账户绑定的信用卡内资金。上述三个案例中，由于行为人并未侵犯支付账户所绑定的信用卡内资金，只侵犯了第三方支付账户资金。

我们倾向于认为，登录他人第三方支付平台非法获取账户资金的行为应认定为盗窃罪。由此，案例 8、案例 9 的认定较为妥当。其符合盗窃罪财产取得方式。盗窃罪和诈骗罪，均是侵财型犯罪。按照我国刑法通说，盗窃罪与诈骗罪区分的关键之一是行为人获取财物方式的不同。盗窃罪下行为人获取财物的方式表现为主动秘密取得，而诈骗罪的取财方式则表现为被动错误交付。[④] 在认定登录他人第三方支付平台账户非法获取账户资金时，应把握主动秘密取得与被动错误交付的行为界限，辅之以身份关系及程序原理综合分析判断。登录他人第三方支付平台账户非法获取账户资金的行为实质是以秘密方式获取他人第三方支付平台账户和密码，进而控制第三方支付平台账户，非法占有第三方支付平台账户内资金，行为人非法取财方式符合盗窃罪主动秘密获取的行为特征。[⑤]

2. 非法窃取第三方平台已绑定银行卡内资金

生活中，人们在采用第三方支付时，为付款便利和顺利提现，往往会在第三方支付账户上绑定银行卡，加上相关 App 平台出于用户体验的考虑，设置的小额免密、二维码扫码付款等功能，非法获取该关联银行卡内资金操作并不比获取余额更复杂。

【案例 10】王某信用卡诈骗案。王某事先知道林某取款密码，其在借用林某手机期间看到林某招商银行信用卡内有几万元的额度，后其通过取现功能，于 2016 年 4 月 25 日至 5 月 1 日先后多次把林某信用卡上的钱通过银行 App 掌上预借现金功能，分多次将信用卡内 3 万元转入林某支付宝账号后，再转出至王某支付宝账户。

【案例 11】廖某盗窃案。[⑥] 被害人何某背包遗留在某饭店。行为人廖某（系该饭店员工）发现包内被害人手机装有支付宝，绑定银行卡，无须密码登录。

① 江苏省南通市崇川区人民法院刑事判决书（2017）苏 0602 刑初 610 号。

② 江苏省南通市崇川区人民法院刑事判决书（2017）苏 0602 刑初 503 号。

③ 杨志琼：《利用第三方支付非法取财的刑法规制误区及其匡正》，载《政治与法律》2018 年第 12 期。

④ 刘明祥：《论诈骗罪中的交付财产行为》，载《法学评论》2001 年第 2 期。

⑤ 吴波：《秘密转移第三方支付平台资金行为的定性——以支付宝为例》，载《华东政法大学学报》2017 年第 3 期。

⑥ 广东省佛山市中级人民法院刑事判决书（2015）佛中法刑二终字第 100 号。

廖某用被害人手机从银行卡转出 8000 元至其本人账户。[①]

【案例 12】黄某诈骗案。[②] 行为人黄某以帮被害人马某办理信用卡为由，骗得马某的第三方支付账号及密码。后又以办卡需要走流程等理由，将马某上述账号中关联银行卡内的资金共计人民币 11 万余元转至自己的第三方支付账户。

上述案例表明，司法实践中，对登录第三方支付平台非法获取他人账户关联银行卡内资金的定性亦存在不同的观点。我们倾向于认为：第三方支付账户不是信用卡账户的当然延伸。我们认为，第三方支付账户与信用卡账户密切关联，但这种关联性并不意味着，无论第三方支付账户是否绑定信用卡，第三方支付账户都是信用卡支付方式的延伸。[③] 第三方支付的核心功能在于"支付"[④]，信用卡账户是第三方支付平台的源头活水。[⑤] 但在没有绑定的情况下，第三方支付平台与信用卡账户相对独立；在绑定情况下，第三方支付平台才能视作信用卡支付方式的延伸。

3. 利用第三方支付平台绑定银行卡取得银行卡内资金

与上一种情形不同的是，行为人是在主动将被害人的银行卡与第三方支付平台绑定后实施的非法获取钱财的行为，期间介入绑定银行卡的环节。

【案例 13】石某某盗窃案。[⑥] 石某某在帮助李某办理网络贷款过程中，将李某的银行卡与李某的支付宝账户绑定。期间，石某某在登录李某的网银、支付宝账号时，使用李某的手机支付宝秘密地将刚刚绑定的银行卡内资金人民币 7760 元转至自己的支付宝账户。

【案例 14】黄某某信用卡诈骗案。行为人黄某某趁室友吴某某熟睡之机，窃取被害人吴某某身份证以及银行卡卡号、预留手机号码等基本信息，将吴某某微信账户绑定该卡，并将卡内钱款 2900 元先后转入其个人银行账户。同月，黄某某再次利用所窃取的相关信息冒用吴某某身份注册支付宝账号，并向吴某某谎称借打手机，获取短信验证码后将该卡绑定至该支付宝账户，后将卡内钱款 7339.80 元先后消费、转账。[⑦]

我们认为，行为人通过第三方支付平台绑定信用卡进而获取信用卡内资金的行为，应认定为信用卡诈骗罪。因此，案例 14 的处理比案例 13 更具有妥当性。在

① 吴波：《秘密转移第三方支付平台资金行为的定性——以支付宝为例》，载《华东政法大学学报》2017 年第 5 期。

② 刘宪权、林雨佳：《涉第三方支付方式侵财应属信用卡诈骗》，载《检察日报》2017 年 12 月 18 日，第 3 版。

③ 刘宪权、林雨佳：《涉第三方支付方式侵财应属信用卡诈骗》，载《检察日报》2017 年 12 月 18 日，第 3 版。

④ 刘宪权、林雨佳：《涉第三方支付方式侵财应属信用卡诈骗》，载《检察日报》2017 年 12 月 18 日，第 3 版。

⑤ 何俊：《论非法使用他人第三方网络支付账户行为之定性——以支付宝为例》，载《武汉交通职业学院学报》2017 年第 3 期。

⑥ 江苏省南通市崇川区人民法院刑事判决书（2018）苏 0602 刑初 610 号。

⑦ 陈卫星、王晓燕：《登录第三方支付平台非法获取他人钱款行为的定性》，载《上海公安高等专科学校学报》2018 年第 3 期。

这里关键的问题是如何从刑法上对“绑定+取财”行为予以评价。主要理由：

一是考察“绑定”行为。通常情况下，实现第三方支付平台与信用卡之间的绑定需要证明信用卡持卡人的有效身份信息，如持卡人姓名、居民身份证号码、银行预留的手机号码等。行为人通过第三方支付平台对信用卡进行绑定的情况下，行为人冒充信用卡持卡人与银行达成合意，提供相应的信用卡信息资料，进而使得银行误以为行为人即信用卡持有人。[①] 因此，行为人的绑定取财行为属于虚构信用卡持有人身份，隐瞒真相，骗取银行被动错误交付资金，符合信用卡诈骗罪的构成要件。

二是考察社会危害性。这一类行为侵犯的客体，不仅侵犯了公民财产权，更在一定程度上侵犯了国家的信用卡管理秩序及金融秩序，其社会危害性比单纯侵犯公私财产所有权要更严重。这种情况下行为人侵犯信用卡管理秩序的主动性更强，被害人过失更少，在具体量刑上应更重。

三、第三方支付领域相关问题的类型化处理路径

第三方支付领域案件纷繁复杂，司法实践中，对这种包含现代化手段的传统犯罪，需要把握技术实质，透过现象看本质，明确财产占有路径，辨析管理义务，结合不同类型，作出不同认定。

（一）对虚假刷单获取支付平台返利行为的认定

行为人以非法占有为目的，虚构交易、虚假刷单，欺骗第三方支付平台，使其误以为发生真实交易，而对行为人予以补贴，数额较大的，应依法认定为诈骗罪。行为人主观上具有非法占有目的，客观上采取了虚构事实、隐瞒真相的方法，行为具有主动性、掠夺性，触犯了刑律，不属于不当得利。准确认定此类犯罪行为非法占有的目的，需要从技术、法律角度详尽考察其“排除意思”与“利用意思”。

（二）利用互联网消费（透支）账户套现的行为的认定

这类犯罪可以分为纯中介性质的套现和幌子型的诈骗套现。对于以套现为幌子，欺骗套现人，骗得套现人财物的行为，应依法认定为诈骗罪。对被害人自行开通消费（透支）账户，行为人予以冒用的行为，应认定为盗窃罪。对消费（透支）账户由行为人冒充被害人开通并套现的行为，基于该产品背后公司的属性，如为小贷公司则认定为贷款诈骗罪；如为一般的公司，则考虑诈骗罪或合同诈骗罪。对盈利性帮助他人消费（透支）账户套现的，应认定为非法经营罪。

（三）利用互联网收款二维码非法获取财物行为的认定

偷换卖家二维码案件中行为人与商家及买家都缺乏意思上的联络。偷换卖家二维码取得财物的行为，是一种主动秘密和平取得财物的方式，符合盗窃罪秘密窃取的特征。对偷换卖家收款二维码非法取得财物的行为，应认定为盗窃罪。对没

① 鲍键、张怡铭：《秘密转移第三方支付平台资金类行为的认定》，载《人民检察》2019 年第 8 期。

有基础民事买卖关系情况下偷换收款二维码的行为，应认定为诈骗罪。

（四）登录他人第三方支付账户非法获取财物的认定

对直接通过他人第三方支付账户非法获取钱款的行为，不论该钱财是账户余额、已绑定银行卡内资金、已开通消费（透支）账户资金，均应认定为盗窃罪。对采取欺骗等方式获取账号、密码的，获取手段行为直接影响案件定性，对行为人以非法取得第三方支付平台内资金为手段，实施诈骗他人财物行为的，应认定为诈骗罪。对利用第三方支付平台绑定银行卡取得银行卡内资金行为，应认定为信用卡诈骗罪。对行为人冒充他人身份开通消费（透支）账户的，以该消费（透支）产品的运营公司属性来区别行为定性，属于金融机构的，认定为贷款诈骗罪；不能被依法认定为金融机构的，应认定为诈骗罪或合同诈骗罪。

冒用他人移动支付账户侵财的行为性质认定

李婧璇 谭 悦*

目前，国内部分主流电商平台凭借其多年积累的海量客户信用信息以及线上零售业优势，纷纷涉足个人消费金融领域。[①] 以位列全国前三的电商平台为例，分别在其相关联的金融平台上推出了“支付宝”“微信支付”和“京东支付”等个人移动支付产品。作为一项逐渐发展起来的支付手段，平台自身的规则漏洞以及我国电商支付领域的监管不完善，随之出现的个人支付账户被冒用、信用支付产品套现等严重损害交易安全的行为呈愈演愈烈之势，不仅对互联网金融安全形成巨大冲击，而且引起刑法学界对其中不同情形下冒用行为性质认定上的争议。

一、问题的提出：冒用他人移动支付账户侵财行为的定性难题

2018 年年初，被告人杨某某利用李某让其帮忙注册淘宝、支付宝的机会获取了李某的支付宝密码以及银行卡支付密码等信息，随后在李某不知情的情况下利用微信转账、支付宝转账等方式非法转出李某支付宝账户余额及余额宝内金额共计 60 800 元，并使用李某的“蚂蚁花呗”功能消费购买一部苹果手机，价值人民币 6000 余元，套现现金 4000 余元。本案行为人涉及多次套现行为，不可一概而论，究竟应当如何定性，控辩审三方意见各不相同：

检察机关认为，被告人非法转出受害人支付宝账户中余额及余额宝存款，并使用被害人“蚂蚁花呗”功能进行消费与提现，属于以非法占有为目的，多次秘密窃取公民财物，应当认定为盗窃罪。

辩护人则认为，被告人代为注册支付宝账户及密码属正当行为，被告人通过合法手段获得，注册完成后被害人未修改密码自身具有一定过错，被告人非法转出账户余额及余额宝中存款行为符合侵占罪的构成要件，应当认定为侵占行为；因“蚂蚁花呗”业务具有一定透支功能，可在账户内进行金融操作，属于“电子信用卡”，因此盗刷花呗的行为应当认定为信用卡诈骗罪。

法院经审理认为，对于非法转出账户中余额及余额宝中存款的行为，属于以非法占有为目的，窃取他人财物的行为应当认定为盗窃罪；被告人通过“蚂蚁花呗”

* 李婧璇，北京大成（苏州）律师事务所律师助理，2018 年毕业于美国东北大学商学院金融专业；谭悦，新城控股集团风控法务专员，苏州大学刑事法研究中心助理研究员。本文系李兰英教授主持的国家社科基金重大项目“网络金融犯罪的综合治理”（17ZDA148）的阶段性研究成果。

① 马春芬：《电商平台个人信用支付产品发展现状与监管建议》，载《国际金融》2015 年第 11 期。

获得小额贷款购买商品、套取现金的行为应当认定为合同诈骗罪。主要理由如下：其一，支付宝账户开通“蚂蚁花呗”功能获得小额贷款，实则是与重庆市蚂蚁小微小贷有限公司（以下简称“蚂蚁小贷公司”）签订合同的行为。其二，被告人未经账户实际所有人许可，冒用他人支付宝账户消费，属于通过冒用他人名义签订合同，骗取蚂蚁小贷公司财物的诈骗行为。其三，无论是支付宝账户或是“蚂蚁花呗”均不可认定为信用卡，花呗服务不以用户账户内拥有资金为前提，被告人并未直接占有这部分资金，因此既不属于盗窃行为亦不属于信用卡诈骗行为。

移动金融支付领域乱象丛生，2017年年末宣判的“杜某某蚂蚁花呗套现第一案”[①]，虽为蚂蚁花呗套现行为设立了刑事法领域的司法参照，但纵观上述案件，移动支付账户中的冒用型侵财行为的定性主要涉及盗窃罪、侵占罪、信用卡诈骗罪以及合同诈骗罪等罪名。其虽然有着不同于传统侵财犯罪的新特征，但仍属于网络侵财犯罪的范畴，而网络侵财犯罪是由传统侵财犯罪发展出的新样态。因此，本文拟在明晰移动支付技术运作原理与法律性质的基础上，对上述罪名的适用争议予以探讨，试图为此类新型冒用侵财犯罪行为提供认定上的思路与方法。

二、事实与前提：支付业务及相关平台的运作原理和法律属性

从以上案情不难看出，对冒用他人支付宝账户类的侵财行为，根据违法转出资金的不同渠道大致可分为三类，分别是来源于账户余额、余额宝或蚂蚁花呗。冒用行为的定性主要争议在于盗窃与诈骗的性质定夺，若支付宝平台及其相关业务可以被骗则又产生了合同诈骗、信用卡诈骗、贷款诈骗等分歧。因此，明确支付宝平台及其业务的运作原理及法律性质是厘定该问题的前提和关键。

（一）“支付宝”是法律拟制的支付机构

根据中国人民银行2015年发布的《非银行支付机构网络支付业务管理办法》，所谓支付机构是指依法取得《支付业务许可证》（即业内所称“金融支付牌照”或“牌照”），获准办理互联网支付、移动电话支付、固定电话支付、数字电视支付等网络支付业务的非银行机构。网络支付业务是指收款人或付款人通过计算机、移动终端等电子设备，依托公共网络信息系统远程发起支付指令，且付款人电子设备不与收款人特定专属设备交互，由支付机构为收付款人提供货币资金转移服务的活动过程。

“支付宝”是阿里巴巴旗下支付宝（中国）网络技术有限公司的网络移动支付平台，主要提供的是部分或者全部资金转移的网络支付服务，除此之外还有其他理财、保险等金融业务，其本身仅作为集多种功能于一体的开放式平台而存在。因属于第一批领取《支付业务许可证》的27个企业之一而成为法律拟制的支付机构，为一般用户与商家提供第三方金融支付业务，与银行等传统金融机构相比具有性质单一、业务准入需许可等本质上的区别。

① 参见重庆市江北区人民法院（2017）渝0105刑初0817号刑事判决书。

“支付宝”中的存款可分为两个部分，分别为“余额”及“余额宝中的存款”。余额部分自不必多言，余额宝则是由蚂蚁金服公司推出的余额增值服务与活期资金管理服务产品。目前，天弘基金公司是余额宝的基金管理人，通过对余额宝转入资金获得收益的行为，等同于通过天弘基金公司购买短期小额基金产品的行为。

（二）“蚂蚁花呗”业务并非传统“信用卡”

“蚂蚁花呗”是由蚂蚁小贷公司开发的一款以“支付宝”平台为基础，可多场景应用的消费信贷产品，用户申请开通该功能后，即视为与蚂蚁小贷公司在线签订了《花呗服务合同》。支付宝信用评估系统根据用户的不同信用等级，分别设置500元至5万元不等的消费额度，用户在付款时，选择由花呗代为付款“本月用，下月还”的赊购方式进行消费即可。“蚂蚁花呗”套现的行为模式与信用卡套现具有高度相似性，法院将其本质属性认定为非法从事资金支付结算业务。用户在线支付过程中可以使用“蚂蚁花呗”先行透支，由“蚂蚁小贷”公司垫付款项，享受先消费后付款的便利，虽然其具备了信用卡消费的外观特征，但笔者认为其本质上是一种金融信贷产品，有别于传统金融学意义上的信用卡。

就发行主体而言，根据《全国人民代表大会常务委员会关于〈中华人民共和国刑法〉有关信用卡规定的解释》（以下简称《“信用卡”司法解释》）中的规定，刑法领域内的“信用卡”是由商业银行或者其他金融机构发行的电子支付卡。“蚂蚁小贷公司”属于“蚂蚁金融服务集团”旗下企业之一，是由企业法人投资设立，经营小额贷款业务的企业，虽具备一定的金融业务功能，但目前尚不能界定为刑法意义上的金融机构，不具有信用卡发行机构的相关资质。“蚂蚁小贷公司”因企业性质不得对外吸收公众资金，仅可使用自有资金及不超过两个银行业金融机构的融入资金从事小额贷款发放业务，因此可以将其理解为资金流较大、目标用户范围较广的民间借贷行为。根据中国银行业监督管理委员会（现已撤销）发布的《中国人民银行关于小额贷款公司试点的指导意见》，允许小额贷款公司活跃于市场的主要原因在于希望通过这种类型的机构正确引导民间资本的流向，减少非法融资行为，促进国民经济的健康发展，其并不涉及社会公众资金的金融安全问题，也无须上升到需要刑法将其界定为金融机构并进行特殊保护的高度。①

随着“支付宝”支付平台受众的剧增，“蚂蚁花呗”的使用范围愈加广泛，但其使用渠道仍需通过电子支付，不存在现实生活中的有形状态。换言之，“蚂蚁花呗”使用条件限制繁多，依赖载体条件苛刻。不同于银行发放的信用卡具有普遍的资金融通性，收款方不接受“花呗支付”、用户未开通“蚂蚁花呗”、用户未开通支付宝账户或是网络未接通等情形均会造成支付失败的情形，故“蚂蚁花呗”不符合信用卡的本质特征。因此，将其扩张解释为“虚拟信用卡”显然是不合理的。同时，在司法实践中，对于冒用他人支付宝账户进行“蚂蚁花呗”消费的定性问题中，大部

① 王国平：《从首例利用“蚂蚁花呗”套现案例探析相关套现行为的本质属性》，载《法律适用》2018年第10期。

分法院将其定性为盗窃行为[①]，而非信用卡诈骗行为。[②] 因此，“蚂蚁花呗”虽然具有传统信用卡与“电子支付卡”的大部分外观特征，但究其本质仍属于网络支付平台中的附属产品，属于网络信贷消费产品，不可独立存在亦不可广泛流通。再者说了，根据“罪刑法定原则”，法律包括司法解释并未将“蚂蚁花呗”明确或解释为“信用卡”。因此，若强行将其解释为“电子信用卡”的射程范围内难免有类推解释之嫌，是不可能得到学界和实务部门认可的。

三、争论的焦点：冒用他人移动支付账户侵财行为的业界争论

移动支付技术的迅猛发展创新了人们对财产的处置方式，移动支付平台的迅速普及也催生出了新型互联网金融犯罪模式，以冒用移动支付账户为例的侵财类犯罪定性问题亟待解决。以上述案例为模型争议焦点主要集中在以下方面：

（一）非法转出他人支付宝余额的行为

在非法使用他人移动支付账户进行侵财案件中，以2015年浙江省高级人民法院《案例指导》中陈某某、孟某等盗窃案[③]等案件为例，“盗窃说”仍是目前的主流观点。其支持者主要理由如下：其一，由移动支付本身的特性所决定，支付宝确认身份的唯一方法便是通过账户与密码验证，支付宝平台没有对实际使用者身份进行实质审查的义务，因而不具有被骗可能性。支付宝账户的密码就好比房间的钥匙，账户内的余额就好比房间内的财物，通过获取他人账户及密码非法转出财物的行为与盗窃行为无异。[④]

符合诈骗罪成立要件的支持者则认为，行为人通过支付宝账户进行非法转账行为，支付宝公司对资金的流向处于明知的状态，因此不具有秘密性特征，同时被骗的是支付宝公司而非软件，符合诈骗罪的对象。行为人采取虚构得到用户授权的方式，使得支付宝公司误以为转账行为是用户的真实意思表示，进而转出资金，符合诈骗罪的行为构造。[⑤] 甚至认为，此种行为模式与“三角诈骗”行为具有本质上的相同特征。

（二）非法转出他人余额宝资金的行为

在司法实践中，对此类行为的认定较为统一，经过对中国裁判文书网48份裁判文书[⑥]的对比与分析，非法转出他人余额宝资金的行为均认为构成盗窃罪，但大部分裁判文书中并未进行详细说理，大都表述为“具有非法占有目的，秘密窃取他

① 参见江苏省射阳县人民法院刑事判决书（2017）苏0924刑初372号。

② 这一问题目前尚有争议，但经过笔者在中国裁判文书网中的检索，认定为盗窃行为占多数。同时笔者认为，此处使用手机软件中的“蚂蚁花呗”更趋近于传统理论中的对机器使用，虽然在使用过程中的部分环节利用了具有较高识别能力的人工智能手段，但不可将其等同于对人使用。

③ 参见浙江省杭州市中级人民法院刑事判决书（2014）浙杭刑终字第781号。

④ 张红良：《擅改他人支付宝信息窃财行为如何定性》，载《中国检察官》2015年第24期。

⑤ 石坚强、王彦波：《将他人支付宝账户内资金私自转出构成诈骗罪》，载《人民司法（案例）》2016年第11期。

⑥ 主要选取近5年全国范围内的网上文书，搜索全文范围内关键词为“冒用”“支付宝”“余额宝”。

人财物”等概括性结论。不难看出，大多数法院在认定时并不区分冒用他人支付宝账户非法转出资金来源究竟是余额抑或余额宝，仅就资金来自信用卡、“蚂蚁花呗”等其他性质完全不同的渠道而作出区分，或许这也正是目前争论的主要症结或理应厘清的核心问题。

（三）非法使用他人“蚂蚁花呗”的行为

盗刷“蚂蚁花呗”的行为是目前争议的集中所在，主要可以分为“盗窃说”[①]、“合同诈骗说”（以上述案件为例）、“信用卡诈骗说”以及“贷款诈骗说”[②]等。“盗窃说”的主要理由是，行为人非法获取财物的核心环节是通过盗刷蚂蚁花呗进行消费购买物品的行为，其本质与非法转出资金行为无异，资金来源的不同并不影响行为性质的认定，其行为仍然是秘密窃取他人财物的行为，换言之，并不存在“骗”的行为性质，因此认定为盗窃罪。[③]支持“合同诈骗说”的论者主要观点在于，行为人冒用账户所有者身份使得支付宝平台陷入错误认识，蚂蚁小贷公司基于错误认识而垫付资金，实际属于传统刑法犯罪中的“三角诈骗”模式，应当认定为合同诈骗罪。“信用卡诈骗说”的最大特点在于将“蚂蚁花呗业务”等同于传统意义上的“信用卡”予以认定，但根据上述对“蚂蚁花呗”性质的分析与理解，显然不能成立，否则具有类推解释之嫌。“贷款诈骗说”则认为，重庆蚂蚁小贷公司是经过国家认证的适格小额贷款发放主体，依贷款人正当程序申请有权对其发放贷款，且“蚂蚁花呗”的发放采用远程电子评估技术，蚂蚁小贷公司无义务对实际使用人与账户所有者身份进行核对，目前也无操作可能性。因此，行为人以非法占有为目的，客观上冒用他人账户欺骗蚂蚁花呗服务商获取小额贷款的行为，应当以贷款诈骗罪论处。

新型移动支付平台类犯罪行为都是在冒用他人支付宝账户前提下侵犯他人财产权益的行为，主要区别在于资金渠道及来源的不同。笔者认为，上述诸多分歧产生的原因有以下两个方面：

其一，对支付宝平台及相关业务所涉法益理解有误。剥离外在表象明确支付宝平台、余额宝业务、蚂蚁花呗业务的实质属性以及法律关系是至关重要的。实践中常见的误导做法是将支付宝及其业务等同于移动支付平台本身，忽视天弘基金公司、蚂蚁小贷公司等资金流转过程中的实际参与者是造成误读误判的一大原因。如在冒用型侵财行为中，冒用行为人、账户所有者、支付宝平台以及第三方公司如蚂蚁小贷公司、天弘基金公司等，均可能是法律关系的当事人，若将第三方公司等同于支付宝平台则无论冒用行为人盗刷资金时采用哪一渠道的支付方式，均可被看作盗用账户余额，最终都将被认定为盗窃行为。

其二，支付宝账户中财产的存在形式直接影响着行为性质的认定。在司法实践中，对资金性质的不同定位与认识决定着冒用盗刷行为的不同定性。在非法转

① 参见江苏省宿迁市中级人民法院刑事裁定书（2019）苏13刑终195号。

② 参见福建省漳州市芗城区人民法院刑事判决书（2018）闽0602刑初366号。

③ 尹志望、张浩杰：《冒用他人支付宝账户进行蚂蚁花呗套现的定性》，载《人民法院报》2016年11月10日，第006版。

出余额宝资金与使用蚂蚁花呗的案例中体现得尤为明显，若将余额宝中的资金认定为存入基金公司账户中，则涉及除支付宝平台外合理存在的天弘基金公司，而若将余额宝中的资金等同于账户余额则可将其认定为盗窃行为。在冒用他人账户盗用蚂蚁花呗的情形下亦是如此，若将“蚂蚁花呗”资金认定为支付宝账户中的存款，则冒用行为应当属于盗窃，若将花呗资金认定为小额贷款，则根据冒用行为时花呗业务的开通状态，可以分别认定为盗窃罪或合同诈骗罪。

四、定性再分析：罪名性质取决于账号是否开通及获取是否合法

获取他人支付宝账户密码，违法提现行为根据资金存在形式的不同主要可分为三类，分别是非法转出账户余额及余额宝中资金以及盗刷“蚂蚁花呗”或进行套现的行为。就实际操作层面而言，获得账户及密码即可等同于可以支配余额及余额宝，这种支配因未经允许显然是非法的，但究竟应当如何认定则需要明确支付宝平台能否产生错误认识。在盗刷或对蚂蚁花呗进行非法提现的过程中也是如此，蚂蚁花呗产品或该网络服务服务商是否会产生错误认识正是关键所在。

（一）对“机器是否可以被骗”的争论及其背后的真相

在传统刑法理论中，谈及“信用卡诈骗”问题时，以张明楷教授为代表的学者始终坚持“机器不能被骗”的理论，认为在捡拾到信用卡的情况下对ATM机使用构成盗窃罪，因为机器不会产生错误认识，换言之，机器不能成为诈骗罪的适格对象。① 但随着科技的进步，人工智能化趋势势不可当，此时的机器或软件能否被骗需要重新审视，机器不可被骗理论似乎不可再一以贯之。

对于“机器是否可以被骗”这一命题，目前存在几种不同观点和认识。

以实务界中坚持“法律关系”说者大有人在，即人与机器之间的关系实则是行为人与机器背后的操纵者之间发生的法律关系②，机器本身在法律上不具有主体地位，不需要进行评价，这一问题本身即是一个“伪命题”。刘宪权教授在论证非法获取他人网络支付账户与密码并使用这一问题时，将其等同于在ATM机上使用，并认为ATM机与网络支付既不是人也不是机器，而是通过电脑编程具有一定的与人脑类似识别功能的“机器人”，行为人倘若利用“机器人”中“人”的认识错误而非法获取财物则应当认定为诈骗类犯罪，倘若利用本身的“机械故障”则认定为盗窃类犯罪③。换言之，现代互联网及以其为依托的各项网络技术实则具有复合属性，既有与人脑类似的功能，又以机器的机械技术为载体，不可一概而论。高铭暄教授也持“具体问题具体分析”的态度，对“互联网+”时代的人工智能产品进一步分为

① 张明楷：《也论用拾得的信用卡在ATM机上取款行为的性质——与刘明祥教授商榷》，载《清华法学》2008年第1期。

② 张建、俞小海：《网络支付平台中盗、骗交织型犯罪的认定》，载《中国检察官》2015年第24期。

③ 刘宪权：《网络侵财犯罪刑法规制与定性的基本问题》，载《中外法学》2017年第4期。

"工具利用型"与"产品缺陷型",以此进行非法取财的问题分别定性。[①] 田宏杰教授则认为,应当将机器能否被骗理解为机器背后的人能否被骗,根据机器的设置目的,如果机器的存在本就是为了处分财物,则认为机器可以被骗,如果机器本身并非出于此目的而存在则不能与自然人被骗等同。[②]

笔者认为,在互联网及其产品越来越智能化的时代,人们之所以开始重新考虑机器或网络是否可以被骗的问题,主要是因为人工智能产品已经逐渐趋近于或超过人脑的识别技术,早已不可简单地认为实行行为的操作对象能够或者不能够被骗,而应考察如此智能化的手段究竟运用在实行行为过程中的哪一项环节。换言之,应当分清智能化手段在行为实行过程中究竟是作为"辅助型"工具而存在还是"替代型"产品可直接作出决断。根据目前的技术发展水平,我们仍处于"弱人工智能时代",人工智能技术所能解决的问题仍然处于较为单一的阶段,尚未达到能够完全模拟人脑思维的程度。[③] 以支付宝软件为例,现行人工智能手段主要应用于刷脸支付技术以及用户资格审查及筛选过程中,距离能够独立负责整个环节并作出决定的技术水平相去甚远,但从技术层面而言财产非法被转出的过程也确实是通过机器操作完成的。因此,就技术而言支付宝的智能化程度尚未达到与人脑类似的可以被骗的程度,应当将其理解为平台背后的服务提供者、决策者是否被骗,倘若平台开发商及网络服务提供者因违法行为产生错误认识而处分财产则应认定为诈骗,若平台开发商或网络服务提供者所提供的技术仅是工具辅助性质的则可以认定为盗窃,将这一问题作出区分后再进行理解是十分必要的。

如此一来,冒用他人移动支付账户及密码三种行为中的难点之一迎刃而解,倘若冒用后非法转账或使用的资金来源为支付宝账户余额,此时就整个犯罪过程而言,与冒用他人银行卡侵财具有一致性,可以认定为盗窃行为。至于资金来源为余额宝的盗用情况,最初笔者认为应当认定为类似于"三角诈骗"的行为,因冒用行为人的非法转账或使用行为使得代为管理的天弘基金公司产生错误认识,从而错误地处分账户所有人的财产,但随着逐渐深入思考,笔者认识到自己忽视了网络账户的一大特性——身份识别仅凭账户及密码,因此基金公司不具有正确识别出此时的操作不是户主本人所发出的可能性,因此可以认为此类行为与盗取余额行为无异。

(二)账户本身是否开通花呗功能或将成为关键因素

冒用他人移动支付平台中花呗账户进行非法消费或套现行为一直是这类案件中争论的热点与难点。2017 年 12 月重庆市江北区人民法院判决的"蚂蚁花呗套现第一案"对非法进行花呗套现行为予以定性,将帮助套现人认定为非法经营罪,但对套现行为人未作处理,冒用他人账户后进行套现或消费的行为则更是没有司法

---

① 高铭暄、王红:《互联网+人工智能全新时代的刑事风险与犯罪类型化分析》,载《暨南学报(哲学社会科学版)》2018 年第 9 期。

② 田宏杰、肖鹏、周时雨:《网络虚拟财产的界定及刑法保护》,载《人民检察》2015 年第 5 期。

③ 吴允锋:《人工智能时代侵财犯罪刑法适用的困境与出路》,载《法学》2018 年第 5 期。

参照。故笔者认为，冒用时账户本身是否已经开通花呗功能是该冒用类侵财行为性质认定的关键因素。

倘若账户本身已经开通了花呗功能，则不存在花呗服务商被骗的情况。行为人冒用他人账户后使用已经开通的花呗产品进行消费或套现行为与非法使用账户中的余额等情形并没有本质上的区别，唯一不同之处在于花呗产品属于消费信贷产品，具有“赊购”功能。由于网络支付账户的特性即从服务开发商而言拥有账户及密码则视为有权处置账户内财产，开发商不具有对操作行为人作出身份实质性审核的义务。根据双方在花呗服务开通时签订的《花呗用户服务合同》中的条款：请妥善保管好您的支付宝账户名、密码、数字证书等重要信息，对账户的操作行为将视为您本人的行为，如开通服务、消费交易等，您将承担相应法律后果。可以认为，在服务开通时服务商就已经对冒用行为作出一定的自我免责，正确输入账户及密码则视为本人，也就不存在服务商被骗的问题。因此，在被冒用账户已经开通花呗服务，正确输入账户及密码后所进行的操作可以视为“本人”操作，花呗服务商未因产生错误认识而处分财产，可以认为是与盗用余额、余额宝等行为具有相同性质的盗窃行为。至于冒用后进行非法提现的行为，延续“蚂蚁花呗套现第一案”中的思路，笔者亦认为套现行为人尚未达到需要刑法予以评价的程度，可由花呗服务商根据合同约定采用民事诉讼的手段予以维权。

倘若被冒用账户本身并未开通蚂蚁花呗功能，则应当考虑花呗服务商具有被骗可能性。蚂蚁花呗的开通过程可以视为户主本人与花呗服务商签订了一份《花呗用户服务合同》，根据该合同的内容，服务开通后仅需账号、密码进行的操作视为本人操作，服务商利用人工智能手段对真实账户进行一系列评估后决定能否开通以及开通额度的多少以保证正常的交易秩序。但由于该合同签订时已经存在身份冒用行为，可以认为是民事领域中的冒名合同，服务商无法对操作者的真实身份、还款能力、信用等级等内容进行正确评估，往往是被骗给予高额度的信贷资格，从而造成财产损失，符合刑法中因产生错误认识而处分财产这一行为模式。至于蚂蚁花呗是否被骗的问题，理解为其背后的花呗服务商是否被骗更为合理，冒用他人身份签订《花呗用户服务合同》显然是一种民事上的欺诈行为。笔者认为，冒用行为人具有非法占有目的，冒用户主真实身份与服务商签订合同开通花呗业务，后非法使用花呗消费或提现的行为，不仅是对户主财产权利的侵犯，同时更是恶意破坏交易规则，增加商业风险的行为，严重扰乱市场秩序，将其评价为合同诈骗行为似乎更为合理。

（三）获取账号及密码的行为性质不同及对罪名的影响

也就是说，由于取得账号及密码的行为方式不同，最终导致的行为结果及其罪名也就不同。如果合法取得账号和密码，如年龄大的人委托自己为其申请App或设置账号和密码，事后委托人也没有及时更改账号及密码。此种情形下，如果行为人利用自己掌握的账号或密码作案，应视为代为保管而定性为侵占罪。如果是盗取或骗取账号及密码，也即非法或不正当取得，就应认定为盗窃罪。关于“蚂蚁花呗”合同约定问题，行为人非法取得相关辅助信息的应认定为合同诈骗罪。如果系合法取得，则应按照民事纠纷予以处理。如此区分不同行为性质或情况，尤其是依据合法与非法取得账号及密码，具体问题具体分析，不仅有利于澄清案件事实，而且使所确认的法律关系更为合理，也使得案件的最终处理结果及罪名定性更为准确，司法效果、社会效果和政治效果也更加符合实际和客观公正。

综上所述，“互联网+”时代的到来使得移动金融支付平台蓬勃发展，这不仅是对支付方式的创新，同时也成为一项刺激日常消费、提高电商平台销量的新举措。但冒用他人移动支付账户侵犯网络财产的案件频发，对此进行法律保护乃至刑法保护的呼声日益高涨，移动支付账户中资金来源的不同影响着冒用行为的定性，对盗窃罪、诈骗罪、侵占罪、合同诈骗罪、贷款诈骗罪等的争议从未停止。本文根据冒用账户并转移财产当根据资金的性质、账号及密码是否开通以及获取账号及密码的行为性质及方式不同，分别对其行为性质及其罪名进行分析和认定，在一定意义上及理顺了法律关系，也符合客观实际，更体现了司法公正。

探寻新型支付方式下侵财案件的定性规律及解决路径

——以杭州市江干区（已撤销）为样本

陈荣土　童　帆　王　麒　戴　勤　姚　骐*

2017年12月，在杭州发生的一起盗窃案引起了全社会热议，案情是小偷连续砸了7辆车却只偷到32元现金，这是此类案件的一个缩影，刚好被媒体报道出来，在司法实践中早已屡见不鲜。一方面，越来越多的“无现金”城市让小偷面临无钱可偷的“窘境”；另一方面，盗窃、诈骗等侵财类案件数量居高不下，仍然是基层司法机关处理的主要案件类型之一。在可预见的未来，侵财类案件将逐步由线下转移到线上并成为“主流”。

目前，“网络支付”“线上支付”“第三方支付”等不同的表述下所涵盖的支付方式有交叉、重叠。社会上关于以网络信息技术为依托的支付方式概念相对模糊，在司法实践领域也争议很大。为统一认识基础，有必要对通过网络方式进行的新型侵财类犯罪给予相对明确的范畴框定，以便更好地展开针对性的讨论研究。

一、新型支付方式的重新界定

一般而言，在对事物进行定义时，通过两种方式进行。第一种是主动框定范围，将事物框定在一个能够明确界限的区域内；第二种是排除不适用的内容，将明显不符合或者看起来可适用但实质不相同的特殊个体挑出来，明确说明予以排斥在外。

（一）主动框定的适用范围

1. 通过网络媒介传递信息

计算机网络可以是任何需要通过有线、无线联系万维网虚拟化空间的方式，通常借助各类电脑、手机等工具作为计算机网络终端输入信息来完成所需的要求。

2. 无须区分支付的具体过程

理论上，将网络移动支付方式以支付过程是否需要经过第三方平台作为划分的标准，可分为第三方支付，如支付宝、微信、PayPal等和各大商业银行推出的手

*　陈荣土（1972—　），男，浙江天台人，浙江省杭州市江干区（已撤销）人民检察院党组成员、副检察长；童帆（1979—　），女，浙江杭州人，浙江省杭州市江干区（已撤销）人民检察院第一检察部主任、员额检察官；王麒（1988—　），女，浙江杭州人，浙江省杭州市江干区人民检察院第一检察部检察官助理；姚骐（1992—　），男，浙江宁波人，浙江省杭州市江干区（已撤销）人民检察院第一检察部检察官助理；戴勤（1989—　），女，浙江杭州人，浙江省杭州市江干区（已撤销）人民检察院第一检察部检察官助理。

机银行支付。虽然手机银行支付在支付时不涉及第三方，但在操作上需要用户下载各个银行的应用软件，通过输入银行卡号和密码的方式进行支付，并且手机银行因为业务的增值，也同时提供购买理财产品、信用贷款等服务端口。第三方支付由非金融机构发行，用户在使用时首先需要关联银行卡账户与第三方支付账户，之后则可以采取登录第三方支付平台账号和输入支付密码进行实际支付。[①]

考虑到许多犯罪分子在实施犯罪时既可能使用手机银行，也可能使用第三方支付，因此同样的目的支配之下实施相似的行为，仅以支付过程不同而认定为不同，无法让一般社会公众所接受。综上，笔者认为没有必要严格区分支付过程。

3. 事实上的财产转移

财产的转移必须是实质性的，如果仅仅将财产从自己的左口袋转移到右口袋，控制权属于同一个人掌控之下，就不存在本文讨论的前提，而只是网络技术上的操作性问题。因此，需要进一步查证是否导致经济损失或者严重违反了金融管理等相关制度。

（二）排除在外的内容及特殊情况

毫无疑问，现金支付作为传统意义上交易的基础首先应当排除。其次，也应当排除相对成熟的银行相关业务，如借记卡、信用卡等需要直接使用POS机刷卡的方式。需要考虑的是通过借记卡、信用卡到ATM内取现、转账的行为，看起来似乎ATM机也需要连接网络、发生财产的实质性转移，但ATM机更多情况下扮演“柜员”角色，且在实际运用中也应用多年，不属于新生事物；更重要的是刑法理论界对使用ATM机实施的侵财类案件的讨论已经相对成熟，所以不宜归入新型支付方式的类型中去。

二、新型支付方式的侵财类犯罪的基本特点

作为受理案件量较多的主城区院之一，杭州市江干区（已撤销）人民检察院近年来在办理新型支付方式的侵财案件整体上呈现与日俱增的趋势。经办案系统调取，从2016年1月至2019年12月期间，仅审查逮捕阶段受理侵财类犯罪案件共计2038件2625人，其中以新型支付方式为标准的侵财类案件有326件498人，占总数的16%。

通过数据及案例分析，该类案件存在以下这些特点：

（一）犯罪方式呈多样化趋势

与传统侵财类案件相比，利用新型支付方式为侵财手段的案件具有更多样化的犯罪手段。第一，犯罪概率激增，大数据时代使得各种信息爆炸为一些犯罪分子提供了庞大的犯罪温床；第二，侵财方式由线下转移到线上，网络支付平台成为侵财案件频发地；第三，网络安全维护措施与日益发展的电子支付科技不相匹配，程序漏洞、信息泄露等多方面因素都为犯罪分子实施犯罪提供可能，具体来说：

① 黄亚南：《新型支付方式下侵财犯罪的定性研究》，载《辽宁警察学院学报》2018年第3期。

1. 公民信息泄露营造多种犯罪契机

总体上，涉及新型支付方式的侵财案件 90% 以上都以获取公民个人信息为突破口，公民信息泄露已经成为该类犯罪的“指路牌”，如有行为人通过购买微信账号信息并使用附近的人、群发等功能，添加陌生人为好友，并以婚恋为由实施诈骗。

表 1　典型新型支付方式的侵财犯罪案件概况

	2016 年	2017 年	2018 年	2019 年
支付宝	13 件 17 人	19 件 32 人	50 件 68 人	43 件 53 人
微信	10 件 12 人	12 件 14 人	61 件 90 人	82 件 150 人
QQ	5 件 6 人	8 件 23 人	10 件 12 人	11 件 18 人
手机银行	0	0	1 件 2 人	1 件 1 人

2. 网络支付漏洞滋生多种犯罪手段

网络支付技术的兴起促使第三方支付平台和手机银行等应用类软件的日益发展，除了行业巨头 PayPal、支付宝、微信财付通以及各大商业银行 App 之外，还有数量巨大的中小型第三方支付平台。支付的多元化带来诸多问题：一是支付平台的安全防护措施参差不齐，一些新型支付平台设置的安全防护措施堪忧，如平台未对用户设置密码的安全等级进行限制，以至于行为人轻易破解密码实施侵财行为。二是支付平台的安全补丁跟不上迅速发展的信息技术，已有行为人利用平台系统的漏洞编写木马程序并植入支付平台，以一元提现千元非法获利的案例（具体见案例三）。

（二）跨地域、远程交互犯罪的状况占主流

据统计，涉及新型支付方式的侵财类案件有 90% 以上的涉案人员在外省（见图 1）。与传统侵财类案件相比，利用新型支付方式作案的侵财类案件基于互联网不受空间限制、受众面广、交互速度快的特性，具有地域跨度大的明显特点。不法分子之间可通过网络交换信息和分享资源，共同实施犯罪行为，实现异地分工合作，从而逐步形成虚拟犯罪跨省产业链。

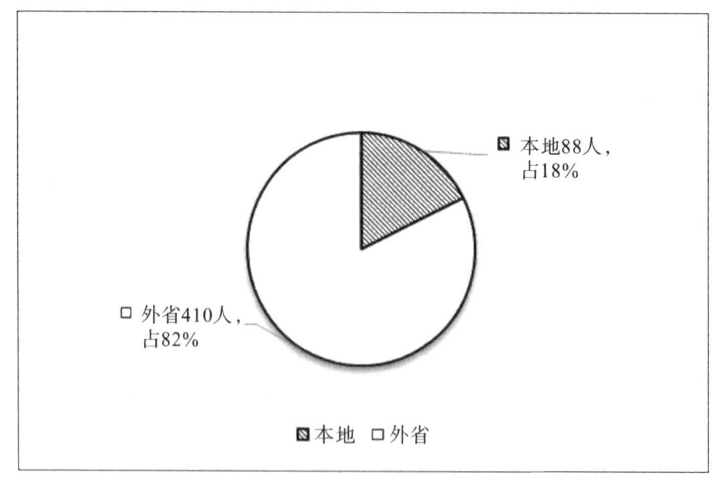

图 1　犯罪人员地域分布图

（三）犯罪分子趋于年轻化、类型化

利用新型支付方式侵财的犯罪分子日趋低龄化，以实施犯罪时35周岁作为年龄界限，35岁以下共计435人占总数近九成，除此之外，学历也从传统犯罪中的低文化教育背景向高中、大学等高等教育背景变化；从作案手段来看，多种犯罪方式交织，手段相对隐蔽，对社会经济和公众财产安全破坏性较大。

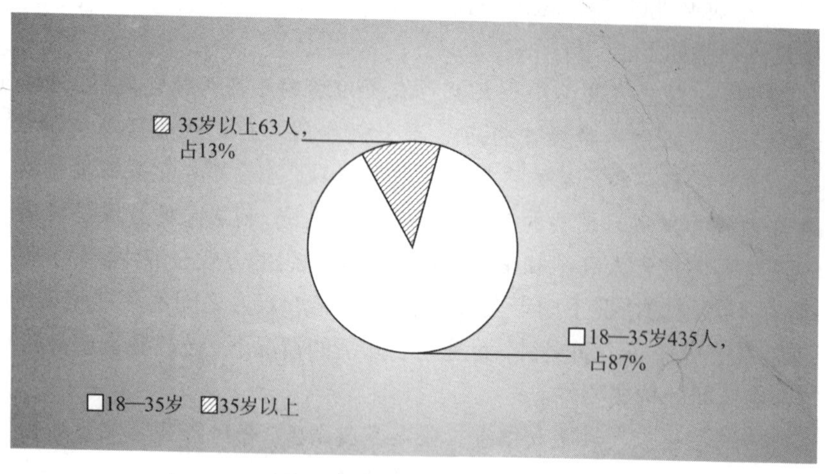

图2 犯罪人员年龄分布图

从已判决的案件看，犯罪分子中年轻群体占比庞大。一是年轻群体对网络技术的认识程度较高，在操作应用上也较为熟练。新型支付方式，即电子现金支付是一种智能化的支付方式，相比于中老年群体，年轻人上手快、操作简便，在探索犯罪手段上有天然的优势；二是年轻群体普遍心智不成熟，容易受他人蛊惑，对物质生活的追求欲望较大，也容易萌生跨越“底线”的危险念头；三是犯罪成本低，易于尝试。新型支付方式依托于互联网，只要连接网络即可应用，低廉的犯罪成本及隐蔽的作案手段都迎合了一些年轻不法群体的需求。

（四）侦破难度增大，社会危害性严重

1. 利用新型支付方式日趋虚拟性、匿名性

不法分子通常会从网上购买身份信息和银行卡或者找寻“马甲”来隐匿资金流水，给公安机关侦办案件带来了巨大的挑战，侦破过程中常涉及银行、支付平台等多个单位调取数据，资金流向错综复杂且难以梳理，需要大量时间和精力寻找出真正的犯罪嫌疑人，有些案件中也因为多个匿名账户而断了侦查已久的线索，不同的账户之间资金多次流转导致侦查难度上升。

2. 突破时域限制，辐射范围和涉案金额呈几何增长态势

新型支付方式依托网络技术，无须面对面或近距离接触，除了熟人之间发生的案件外，一般来说，远程操作成为普遍，并且因为侵财的便利性以及可能涉及账户的多样性，令被害人遭受了巨大的经济损失的同时耗费了大量的司法资源，更严重影响了民众的生活安全感。

三、新型支付方式在实务中的特殊表现案例分析

（一）具备典型意义的案例定性分析

通过作案方式、作案对象、支付流程不同作为筛选标准，在已判决的案件中挑选出具有一定典型性的三个案例，对新型支付方式下的侵财类案件认定进行分析和归纳，具体列举如下：

案例一：被告人高某和王某发现农贸市场的小商贩经常使用二维码收款，一天晚上，二人潜入市场内将自己事先制作的二维码代替了原有的二维码。第二天早上，高某和王某的手机不断收到款项，小商贩在忙碌时并未在意，直到中午收摊才发现自己卖的产品一分钱都没到账，而自己的二维码被调包了。

分析：本案中被告人高某和王某适用替换二维码的方式获取小商贩的销售款，而小商贩在不知情的情况下财产受到了损失。显然双方之间不存在错误的认识，小商贩不是基于信任而主动交付，而是在不知情的情况下，被替换了正常的收款渠道，更符合盗窃罪的构成要件。

案例二：被告人洪某和被害人张某某是朋友，平时张某某常让洪某帮忙操作自己的手机和支付宝账户。一天，张某某补办的信用卡以挂号信形式寄到邮局，他因为工作忙走不开就把自己的身份证和手机交给洪某委托其代为领取。洪某领取完后就私自激活了信用卡并绑定在张某某的支付宝上，然后来到附近的一家烟酒专卖店内以扫码的方式将信用卡额度套现。糊涂的张某某直到银行短信提醒还款才发现自己的信用卡被透支了。

分析：其实本案是典型的信用卡诈骗罪[①]，但会被归入典型案件讨论主要基于其有支付宝绑定的行为以及提供第三方支付套现，而不是传统意义上的拿到信用卡直接刷卡或者取现。这种借助第三方支付方式绑定信用卡的过程中最值得思考的是所谓“机器是否可以被骗”的争议点上，具体将在后文进行讨论。

信用卡诈骗罪是指以非法占有为目的，违反信用卡管理法规，使用伪造的、作废的信用卡或者冒用他人的信用卡、恶意透支的方法进行诈骗活动。本案中，洪某冒用了张某某的信用卡透支卡内资金，其侵害的对象包括金融管理秩序和张某某的财产权。

案例三：被告人杜某在一个QQ群里偶然得知某个金融平台有BUG，只要植入木马程序就可以套取现金。于是，杜某先从网上购买了身份证和银行卡，然后按照消息内容，在该平台网站以虚假身份注册成功，再通过运行木马程序存

① 根据《刑法》第一百九十六条第一款的规定：“有下列情形之一，进行信用卡诈骗活动，数额较大的，处五年以下有期徒刑或者拘役，并处二万元以上二十万元以下罚金；数额巨大或者有其他严重情节的，处五年以上十年以下有期徒刑，并处五万元以上五十万元以下罚金；数额特别巨大或者有其他特别严重情节的，处十年以上有期徒刑或者无期徒刑，并处五万元以上五十万元以下罚金或者没收财产：（一）使用伪造的信用卡，或者使用以虚假的身份证明骗领的信用卡的；（二）使用作废的信用卡的；（三）冒用他人信用卡的；（四）恶意透支的。”

入1元后修改程序代码就能变成任意想要的金额。杜某将1元改为1000元，提交后立刻申请取现，1000元在次日就到账了。杜某觉得这个方法真的很好用，于是，又通过这个方式修改了好几次，一共获利1万余元。

分析：本案虽然没有使用传统的第三方支付或者手机银行进行交易，但也是通过网络手段对计算机系统进行操控，从而获得钱财的过程。属于广义上的新型支付方式下的侵财案件。当时在定性上存在三种观点：第一种是盗窃罪，杜某以非法占有为目的，通过秘密手段，在金融平台不知情的状况下窃取财物。第二种是诈骗罪，虽然杜某的行为本身是秘密的，但采取的是利用木马程序虚构交易事实，在提交完成，后台（人工或计算机）识别，取得形式上的正确时，平台自愿交付了财物。第三种是破坏计算机信息系统罪[①]，该种观点从损害结果来看除了财物的损失之外，还是用木马程序（计算机病毒）破坏了计算机系统的正常运行，按照特别法优于一般法原则，应当适用破坏计算机信息系统罪。

笔者更倾向于第三种观点，首先，定性是要对被告人的涉嫌犯罪的所有手段进行综合评价的过程，杜某虽然是在金融平台不知情的状况下实施的，但是基于金融平台是计算机（这一点又要围绕"机器是否可以被骗"的争议点上），需要后台处理，无论是计算机自动还是人工确认，都有一种识别或认知上的形式存在，因此排除第一种观点；其次，从犯罪结果来看，金融平台资金损失是客观存在的，另一方面杜某使用的木马程序修改程序代码的行为，也对该平台的计算机系统导致了干扰，因此，两方面综合评价符合破坏计算机信息系统罪的构成要件。

（二）网络支付平台能否成为被骗的对象的博弈

我国刑法理论界一直对"机器是否可以被骗"这个争议点争论不休，主要集中于对"许霆案"涉及的银行ATM机系统识别、吐钞等流程是否与银行柜员（自然人）的行为一致展开讨论。

目前可分为两种不同的观点，一种持否定态度，主要以清华大学的张明楷教授为主要代表，其认为机器人不能够被骗，被骗的对象只能是自然人。以诈骗罪为例，要求受骗者在被欺骗或隐瞒真相后陷入错误的认识进而自愿处分财物的过程，而机器的工作模式是程序员事先编好指定的代码或者指令，当机器接收到与一致事先设定的信息后就会机械性地进行工作，也就不会陷入错误的认识。[②] 另一种持肯定态度，主要以华东政法大学的刘宪权教授为主要代表，其认为将人们通过电脑编程等赋予部分人脑功能且代替人脑开展相关业务的机器都可以成为"机器人"，

---

① 《刑法》第二百八十六条第一款规定："违反国家规定，对计算机信息系统功能进行删除、修改、增加、干扰，造成计算机信息系统不能正常运行，后果严重的，处五年以下有期徒刑或者拘役；后果特别严重的，处五年以上有期徒刑。"《最高人民法院、最高人民检察院关于办理危害计算机信息系统安全刑事案件应用法律若干问题的解释》第四条规定："破坏计算机信息系统功能、数据或者应用程序，具有下列情形之一的，应当认定为《刑法》第二百八十六条第一款和第二款规定的'后果严重'：……（三）违法所得五千元以上或者造成经济损失一万元以上的。"

② 张明楷：《也论拾得的信用卡在ATM机上取款的行为性质——与刘明祥教授商榷》，载《清华法学》2008年第1期。

如果行为人利用“机器人”所具备的人的认识错误非法占有财物的，构成诈骗类犯罪；如果利用“机器人”本身具有的机械故障非法占有财物的，构成盗窃类犯罪。刘宪权教授进一步论证，新型支付方式均是在网络空间运作的，有设计师赋予的人脑功能，所以也同样适用上述观点。①

笔者认为，张明楷教授将网络支付仍然以机械化角度思考，只停留在输入密码或者代号等最传统的安全操作方式上。随着科技的发展，特别是计算机和人工智能的蓬勃发展，无论是第三方支付平台还是手机银行等网络支付方式在安全识别方面越来越智慧化，通常情况下，已经无法仅输入密码就可以顺利操作完成，很多软件都需要所有人动态脸识别才能够通过。人工智能技术就是通过海量的大数据的自我学习，识别能力已远远高于普通人，目前许多刑事案件中，公安机关在抓捕犯罪嫌疑人时都会通过人脸识别技术高效抓取，因此，仍然把网络支付平台的操作简单地认定为只会按部就班的机器显然不符合现实情况。

（三）非法使用他人网络支付账户侵财行为的刑法规制

在司法实践中，网络支付账户内的资金来源不同，对案件的定性有着重大的影响。一般来说，资金主要有四种来源：一是账户内原有余额；二是账户绑定的银行卡内资金；三是通过信用贷款产品获取的资金；四是购买理财产品的资金。笔者以网络支付方式最为完整的支付宝账户为例，进行具体分析。

1. 获取支付宝账户的方式并不影响行为人行为的定性

通常情况下，获取支付宝账户和密码的方式主要有借用相识人的手机或者帮忙操作、所有人操作时偷看到、所有人记录在某个地方被行为人发现或者通过找回密码重新设置的方式等等，但无论是合法取得还是非法获取都属于先行行为，在犯罪着手之前并不影响行为人的行为定性。

2. 根据账户内资金来源的不同，侵财主要以盗窃性质犯罪和诈骗性质犯罪为主

有学者认为，如果行为人侵犯的是网络支付账号使用人的资金，应当认定为盗窃性质犯罪，此时网络支付宝账号对这些资金相当于保险柜的“存放型”机器，可以说只要进入该账户即可占有财物。如果行为人侵犯的资金属于网络支付平台所有的资金（花呗、余额宝），则应当认定为诈骗性质犯罪。因为这些资金的提取或支出需要行为人的进一步操作，需要得到网络平台的进一步验证，犯罪行为人非法进入他人的网络支付账户，并不意味着直接占有和支配了网络平台所有的财物和资金。②

笔者认为，仅按照资金来源来判断构成诈骗还是盗窃，不符合诈骗和盗窃罪本质的区别。二者最为突出的区别在于是否自愿交付。关于盗窃罪虽然理论界对“秘密性”存在分歧，但是至少财物的转移是所有权人不自愿、排除的；相反，诈骗

① 刘宪权：《对新型支付方式下侵财犯罪性质认定的思考》，载《人民公安报》2017年第1期。

② 潘志勇、陶李盈：《非法使用网络支付账户侵财犯罪行为的认定与规制》，载《法治论坛》2018年第2期。

通过“封禁IP”“限制注册新用户”等技术手段阻止有侵财类犯罪前科的用户使用全部功能、限制有侵财犯罪嫌疑的用户使用部分功能；另一方面，与电信运营商形成联动，提前对有“频繁注册新手机号”“频繁更改预留手机号”等可疑行为的用户做出红色预警。通过后台提醒、高危警戒、举报速查以及主动掐断可疑链接等方式，从根源上掐断损害消费者合法权益及财产的可能性。

2. 深入对小型网络支付平台的审查监管，建立强制退出机制

大型支付平台及商业银行在管理和制度完善方面相对合规，容易忽略的是居于多数的小型网络支付平台，经常游走于监管的“空白地带”，在一些案件中，部分小平台甚至沦为犯罪分子转移资金的工具。毫无疑问，小型平台在长期处在无人监管、缺少监管的情况下，无论对金融市场的良性健康发展，还是在打击和预防新型支付手段的侵财类犯罪方面，都是弊大于利的。通过国家大数据技术和后台监管手段对小型平台进行定期、不定期检测、抽查，对一些频繁出现刑事案件风险的机构，应当责令立即整改到位；拒不整改的，建议相关金融监管机构对其行使强制退出，以确保网络支付平台树立起规范运营的行业标准。

五、结语

在人工智能、区块链等新型网络技术产业蓬勃发展的今天，在新型支付方式下侵财犯罪案件频发的当下，二者一直保持交织交融将成为常态。作为司法机关，秉持着维护法律公正、保障社会秩序的理念，面对纷繁复杂的网络技术，仍然需要不断学习掌握新技术原理的能力，思考并找出背后的症结点，通过将事实关系转化为法律关系的过程，分析每个案件应当适用的法律规定。本文仅以侵财性案件作为切入点，将新型支付方式中遇到的一些常见问题进行归纳总结，以期为今后处理此类案件提供思考路径和化解参考。

利用第三方支付非法取财行为的定性

何金洋　张世杰*

在互联网金融背景下，传统的信用卡支付方式逐渐被便捷的第三方支付取代，而第三方支付在给人们带来便捷的同时，也成为各类网络侵财犯罪的聚集地。时下，司法实务对该类案件的罪质认定争议颇大，甚至出现了"同案不同判"的现象，严重损害了司法的严肃性与公信力。鉴于此，有必要厘清第三方支付方式中侵财犯罪的定性争议、罪质特征，以期为司法实践提供参考与借鉴。

一、利用第三方支付非法取财的行为类型

第三方支付方式的出现最初是为了减少消费者和商家间因信息不对称而导致的欺诈风险[①]，从而作为一种独立的中介机构为交易双方提供担保，进行资金缓冲支付。[②]然而，当前的第三方支付已由原来独立的中转支付平台转变为综合性金融平台，其业务涉及支付、理财、信贷等多种场合。[③]第三方支付也因此涉及多种不同类型的资金，这些资金类型的背后往往体现了不同的法律关系和保护法益。为了更好地解决利用第三方支付非法取财行为的定性问题，有必须根据资金类型的不同对非法取财的行为进行类型化分析。

（一）非法获取他人第三支付平台内资金

第三方支付的资金一般存在多种来源，这些不同来源的资金往往涉及不同的法律关系，但最直观、简单的资金形式就是账户资金，如支付宝余额、微信余额等都属于这种形式。这种账户资金的来源包括用户在使用第三方支付平台时通过所绑定的银行账户充值、支付账户之间转账转入或者是支付账户的退款转入。[④]因此，第三方支付账户并非如一些学者所认为的不能脱离银行账户而独立存在，其在某些支付情景下完全可以脱离银行卡而独立存在，无须通过银行进行最终支付。[⑤]

---

*　何金洋（1994—　），女，河南驻马店人，厦门大学2020级刑法学博士；张世杰（1992—　），男，云浮市人民政府办公室四级主任科员。本文系李兰英教授主持的国家社科基金重大项目"网络金融犯罪的综合治理研究"（编号17ZDA148）的阶段性研究成果。

①　刘宪权：《新型支付方式下网络侵财犯罪性质认定的新思路》，载《法学评论》2020年第5期。

②　刘锋：《互联网进化论》，清华大学出版社2012年版。

③　韩莉、傅巧灵、张峰：《第三方支付法律风险的监管现状与问题研究》，载《金融发展研究》2016年第3期。

④　杨志琼：《利用第三方支付非法取财的刑法规制误区及其匡正》，载《政治与法律》2018年第12期。

⑤　刘宪权、李舒俊：《网络移动支付环境下信用卡诈骗罪定性研究》，载《现代法学》2017年第6期。

行为人非法获取他人第三方支付平台内资金，在司法实践中一般表现为冒用他人的第三方支付账户，将他人支付账户内的资金转入本人或第三人的支付账户或银行卡内，其支付流程为：登录账号—输入账户密码—支付机构比对账户信息—支付机构支付[①]，整个支付流程并未涉及银行卡支付，单纯侵害了账户所有人的财产所有权。

（二）非法获取他人第三方支付所绑定银行卡资金的行为

除了账户资金外，用户在使用第三方支付时往往会将其所有的银行卡与第三方支付平台进行绑定，从而使用户可以在没有账户资金的情况下继续进行支付和交易。这种支付和交易的方式是间接的，也是第三方支付最基础的功能即中间支付功能的体现，其支付流程表现为：登录账号—输入账户密码—支付机构比对账户信息—支付机构向银行发送支付指令—银行支付。[②] 从其支付流程可知，在利用第三方支付所绑定银行内资金进行支付时，是以银行的支付结算为基础的，第三方支付只是银行卡支付的一种新方式。那么，在这种情境下，行为人非法获取他人第三方支付所绑定银行卡资金的行为，便会对银行卡的管理秩序和资金安全造成侵害。

（三）非法获取他人理财账户资金的行为

第三方支付已经由独立的中转支付平台转变为综合的金融支付平台，因此第三方支付平台经常推出具有金融性质的理财产品，如“余额宝”“理财通”等“宝宝类”产品。这些理财产品实际上是嫁接在互联网端口上的货币基金，投资人通过各类“宝宝类”互联网理财账户购买基金公司的基金。[③] 换言之，“宝宝类”产品是基金公司与基金投资人之间的货币基金合同关系，第三方支付平台仅仅是为双方提供辅助服务，而非理财产品合同的当事人。基金的交易包括申购和赎回，赎回是指基金合同生效后，投资者向基金公司提出申请卖出基金份额的行为。从货币基金到货币的转化，必须要经过赎回的过程。因此，行为人非法获取他人理财账户资金的行为，实际上就是冒名向基金管理公司发出赎回（包括转账或消费指令）的指令，并通过第三方支付平台将赎回资金非法占为己有的行为，这一行为侵害了他人的财产法益。[④]

（四）非法消费或套现他人信贷支付产品的行为

随着互联网金融的蓬勃发展，电商金融也应运而生。为了抢占电子商务市场和刺激消费，国内主流电商平台纷纷推出了信贷支付产品，如阿里巴巴旗下的蚂蚁金服推出的“蚂蚁花呗”，苏宁集团的“任性付”产品，这些信贷支付产品实质上是

① 刘宪权、李舒俊：《网络移动支付环境下信用卡诈骗罪定性研究》，载《现代法学》2017年第6期。
② 刘宪权、李舒俊：《网络移动支付环境下信用卡诈骗罪定性研究》，载《现代法学》2017年第6期。
③ 杨志琼：《利用第三方支付非法取财的刑法规制误区及其匡正》，载《政治与法律》2018年第12期。
④ 何鑫：《涉支付机构财产犯罪的罪名辨析》，载《中国检察官》2017年第7期。

以消费为用途的贷款服务。[①] 京东集团提供的“京东白条”服务与上述产品则有一定的区别，根据《京东白条服务协议》可知，“京东白条”实质上是一种“赊购方式付款”，即用户在京东消费时，可依据平台规则及相应申请流程，享受由京东提供的相应的延后付款或分期付款的付款方式。因此，冒用他人“蚂蚁花呗”“任性付”等，实际上就是行为人冒用他人名义向金融机构申请消费贷款，使得金融机构陷入了行为人就是用户本人的错误认识，进而基于认识错误向行为人发放贷款。而冒用他人“京东白条”，则是冒用他人账户，虚构交易身份，获取网购商品而逃避货款的行为。[②]

二、非法获取他人第三支付平台内资金行为的定性

典型案例：2015 年 3 月 11 日晚，被告人徐某使用单位配发的手机登录支付宝时，发现可以直接登录原同事被害人马某的支付宝账户，该账户显示内有人民币 5 万余元。次日下午 1 时许，在宁波市海曙区柳汀新村某理发店，徐某利用其工作时获取的马某支付宝密码，使用上述手机分两次从该账户转账人民币 15 000 元到刘某的中国银行账户，后刘某从银行取现人民币 15 000 元交给徐某。海曙区人民检察院指控被告人徐某某犯盗窃罪，后法院审理认为被告人徐某以非法占有为目的，采用隐瞒真相的方法骗取他人财物，数额较大，其行为已构成诈骗罪。[③]

本案中司法裁判的逻辑是，被告人徐某利用偶然获取的支付宝密码操作马某的支付宝账户转账，使支付宝公司陷入错误认识，误以为是真正的权利人在操作从而支付款项，造成客户资金的损失，符合诈骗罪的犯罪构成。该案是实务界将非法获取他人第三方支付平台内资金行为认定为诈骗罪的典型案例，但理论和实务对上述情形罪质的认定仍然存在较大分歧。有的观点认为，非法获取他人第三方支付平台内的资金应定性为盗窃罪。[④] 另有观点认为如果行为人利用新型支付平台的支付功能实施侵财行为，其本质上与利用信用卡实施的侵财行为并没有区别，应当认定为信用卡诈骗罪。[⑤]

持盗窃罪观点的主要理由集中在以下两个方面：一方面，智能机器不能被骗。根据刑法理论通说，诈骗罪的犯罪结构表现为：行为人虚构事实或隐瞒真相—相对人陷入认识错误—相对人基于认识错误处分财产—行为人或第三人取得财产—相

① 根据《蚂蚁花呗用户服务合同》可知，花呗消费贷款，是由重庆市阿里巴巴小额贷款有限公司向用户提供的，限于消费用途的贷款服务；根据苏宁金融的官方网站介绍，任性付是苏宁金融旗下的个人消费贷款品牌，旨在为个人用户提供多场景、全渠道、全方位的小额消费贷款服务，其合作方包括但不限于苏宁消费金融有限公司及重庆苏宁小额贷款有限公司。

② 参见王潜：《互联网金融信贷消费中“冒用行为”的刑法规制》，载《福建法学》2016 年第 3 期。

③ 浙江省宁波海曙区人民检察院刑事判决书（2015）甬海刑初字第 392 号。

④ 参见马淑娟：《利用第三方支付平台非法取财案件的刑法定性——基于对奉贤区近三年利用第三方支付平台非法取财案例的实证分析》，载《犯罪研究》2019 年第 3 期。认定为盗窃罪的裁判文书有：浙江省湖州市吴兴区人民法院刑事判决书（2018）浙 0502 刑初 455 号；江苏省南通市崇川区人民法院刑事判决书（2018）苏 0602 刑初 113 号；厦门市同安区人民法院刑事判决书（2018）闽 0212 刑初 576 号等。

⑤ 参见刘宪权：《新型支付方式下网络侵财犯罪性质认定的新思路》，载《法学评论》2020 年第 5 期。

对人遭受财产损失。在整个过程中，最为关键的是“错误”要素，即相对人误将虚伪讯息作真实讯息。这专指人类在以其智力观察外在事实之后，发生理解意义与真正实情不相符合的主观想象。那么，既然是人类想法与外在事实的偏差，“错误”必然以具备思考能力、认知者上当为前提。[①] 然而智能机器只能依据既有程序执行指令，并不具备识别谁是真正权利人的功能。只要输入正确的支付密码，智能机器就会完成资金的转移，并不存在任何错误可言，因而不符合诈骗罪的犯罪构成。另一方面，从犯罪客观方面来看，行为人通过窃取的行为或手段对被告人的资金进行转移和占有，该行为违背了被害人的意思，这一点使得盗窃罪与诈骗类犯罪得以区分。换言之，在诈骗类犯罪中，被害人是基于错误认识而进行财产处分，犯罪人的行为并没有违背被害人的意思。而非法获取他人支付账户资金的行为是基于被害人不知情的情况下对财产进行转移，违背了被害人的意思。[②] 持信用卡诈骗罪观点的理由在于：一是，新型支付平台可以被骗，其被骗具有技术基础、理论基础和法律基础[③]；二是，网络移动支付是信用卡支付方式的延伸，其整个支付流程的最终落脚点在于银行支付，非法获取他人支付平台内资金的行为实际上就是冒用他人信用卡，妨害了信用卡管理秩序。[④]

本文认为，非法获取他人第三方支付平台内资金的行为应当成立诈骗罪。其一，非法获取他人第三方支付平台内资金的行为在本质上与盗窃不同，真正的盗窃被害人必须自始欠缺转移意思。但在第三方支付中，设置者并非决定反对财产的转移，而是许可在一定条件下（相对人为用户本人或经本人授权），愿意转移财物所有权予相对人。换言之，设置者意思并非反对转移，而是附条件地同意转移，行为人只不过利用程序的盲点，不符合设置者的终端意思而取得财物，就移转持有的形式条件（正确的账号和密码）来看，应认为行为人满足设置者附条件同意而取得持有，不成立盗窃罪。[⑤] 其二，第三方支付分为余额支付和快捷支付。在快捷支付[⑥] 的情境下，支付的落脚点才在银行支付，行为人的行为才会侵犯到信用卡持有人的资金安全和信用卡管理秩序。而在余额支付的场合，行为人只是非法获取了支付账户余额，并未涉及支付账户所绑定的银行卡，并不会侵害信用卡管理秩序。其三，虽然在利用第三方支付平台交易过程中，只要输入正确的账号和密码，支付平台就依据预先设定的程序进行财产的转移，并不对用户的真实身份进行实质上的审查，但这并不代表第三方支付平台不关切交易者的授权关系。如果第三方支付平台只在乎身份认证的正确性，而不关心交易者是否是本人或者经过本人的合

① 参见许恒达：《电脑诈欺与不正方法》，载《政大法学评论》2015 年第 104 期。

② 参加张世杰：《利用第三方支付非法取财行为的司法认定》，厦门大学 2020 年硕士学位论文。

③ 参见刘宪权：《新型支付方式下网络侵财犯罪性质认定的新思路》，载《法学评论》2020 年第 5 期。

④ 参见刘宪权、李舒俊：《网络移动支付环境下信用卡诈骗罪定性研究》，载《现代法学》2017 年第6期。

⑤ 参见许恒达：《电脑诈欺与不正方法》，载《政大法学评论》2015 年第 104 期。

⑥ 快捷支付是支付平台联合各大银行推出的一种全新的支付方式，无须登录网上银行，可直接输入卡面信息及持卡人身份信息，根据安全规则可通过验证银行预留的手机接收校验码完成签约或支付，是一种便捷、快速、安全的付款方式。

法授权，那么只要输入账号，就可以马上支付款项，之所以要求密码，无疑是因为密码具有私密性，只有账户本人和得到本人授权之人才能够知悉。透过密码可以管控交易者是本人或者至少得到本人授权，密码的存在体现出整个交易的过程中，支付平台管控交易者身份关系的期待。[①] 质言之，第三方支付平台不仅关注交易的形式要件（正确的账号和密码），也关注交易的实质要件（本人或经本人授权），只是因为技术的缺陷使其只能识别形式要件而无法确认实质交易条件，只能根据符合形式要件从而推定实质要件的符合。这样，当行为人向第三方支付平台输入符合形式要件但是违反正当财产转移实质要件的信息时，应当认为行为人实施了欺骗行为。[②] 其四，第三方支付平台可以被骗。首先，“随着人工智能时代的到来，人和机器早已不是‘各司其职’的关系，人和机器已经从利用与被利用的关系转变为可以互相替代的关系。”[③] 人工智能通过人类大脑的编程设计，使得机器具备人脑部分功能，并能够辅助代替人脑处理相关事物。[④] 而第三方支付平台，就是通过电脑赋予其部分人脑功能的智能机器人，而非简单的“机器”，它可以替代自然人识别和处理简单的业务。其次，现有的法律条文和司法解释已经承认了“机器可以被骗”。我国《刑法》第一百九十六条规定了“冒用他人信用卡”的行为，立法与司法实践均未区分冒用他人信用卡的行为是针对自然人实施还是针对机器，因此信用卡诈骗罪的法律规定实际上承认了ATM机是可以被骗的。而新型支付平台是同ATM机一样具备识别功能的智能机器人，当然可以被骗。[⑤] 此外，两高联合颁布的《关于办理妨害信用卡管理刑事案件具体应用法律若干问题的解释》也规定了“冒用他人信用卡”的特殊情形，即行为人窃取他人信用卡信息资料，并通过互联网、通信终端等使用的行为也属于“冒用他人信用卡”。这一解释表明具备识别功能的互联网、通信终端也是可以被骗的。那么，就没有理由认为具有相当功能的新型支付平台不可以被骗。其五，新型支付平台具有处分财物的权限和能力。以支付宝为例，根据《支付宝服务协议》的规定，支付宝提供的服务是受用户委托代用户收付款的资金转移服务，由此可以看出支付宝与其用户之间形成资金转移的代理关系，对客户的财产具有处分权。

综上可知，非法获取他人第三方支付平台内资金的行为，符合诈骗罪的基本结构。行为人以非法占有为目的，向第三方支付平台输入形式符合、实质违反正当财产转移条件的信息时，便是实施了欺诈行为。由于第三方支付平台无法进行行为人真实身份的识别，从而陷入认识错误，误认为行为人是真实的权利人或者经过权利人的合法授权，进而依据其原本与真实用户之间的授权关系和既有程序进行财产处分，最终造成真实用户的财产损失。因此，将此种行为认定为诈骗罪是合

① 参见许恒达：《电脑诈欺与不正方法》，载《政大法学评论》2015年第104期。

② 参见杨志琼：《利用第三方支付非法取财的刑法规制误区及其匡正》，载《政治与法律》2018年第12期。

③ 刘宪权：《新型支付方式下网络侵财犯罪性质认定的新思路》，载《法学评论》2020年第5期。

④ 参见吴允锋：《人工智能时代侵财犯罪刑法适用的困境与出路》，载《法学》2018年第5期。

⑤ 参见刘宪权：《新型支付方式下网络侵财犯罪性质认定的新思路》，载《法学评论》2020年第5期。

理的。

三、非法获取他人第三方支付所绑定银行卡资金行为的定性

典型案例：被告人马某某在帮助被害人祝某网上购物时，得知祝某手机解锁密码和微信支付密码。自 2019 年 9 月 3 日至同年 10 月 13 日期间，马某某在祝某工作的淮北原始点健康管理有限公司内，乘祝某不备，七次使用祝某的手机通过微信向自己尾号 9309 的建设银行卡转款，共计转款人民币 6506.5 元（含转账手续费 6.5 元）。一审法院认为被告人的行为构成信用卡诈骗罪，抗诉机关认为被告人的行为应成立盗窃罪，法院最终认为被告人利用获知的被害人支付密码对被害人微信绑定银行卡账户内的资金进行占有，符合盗窃罪的犯罪构成要件，应认定为盗窃罪。

对于此类行为的定性，司法实践的争议焦点主要集中在盗窃罪和信用卡诈骗罪两个罪名的适用上。一种观点认为此种行为应当成立盗窃罪[①]，理由在于：被害人在将第三方支付账户与银行卡关联绑定之时，已经完成了授权协议，只要输入正确的支付密码，第三方支付平台就会向银行发出支付指令，银行根据授权协议执行指令。在此过程中，与行为人直接关联的是第三方支付平台而非银行，不法行为人所侵害的是第三方支付管理秩序，而非银行对信用卡的管理秩序；[②] 另外银行只是按照既定的指令进行财产的转移，而无须对用户身份的真实性进行审查，这就意味着银行处分财产的行为并不是基于认识错误。另一种观点认为，此种行为应当认定为信用卡诈骗罪。

本文赞同第二种观点，理由在于：一是在利用第三方支付所绑定银行卡进行支付的情境下，其整个支付流程表现为：登录账号—输入账户密码—支付机构比对账户信息—支付机构向银行发送支付指令—银行支付。此时，第三方支付平台的支付必须以所绑定银行卡的支付为基础，行为人非法获取他人第三方支付所绑定银行卡资金的行为不仅侵害了他人的财产法益，还侵犯了信用卡管理秩序。二是尽管银行在最终支付时无法确认使用者是否为合法、适格的人，但这并不意味着银行在付款交易中并不关切的同一性，恰恰相反，银行是非常重视取款者身份的，具体的理由上文已经阐释，只是为了交易的便捷与效率，通过交易形式要件的满足推定交易实质要件的满足。因此，只要行为人形式上提出能够通过认证的密码，但实质上并非银行预期的给付对象（本人或经本人合法授权），就应当认为银行陷入了认识错误。三是行为人在被害人未授权的情况下，冒用被害人的信用卡持有人身份，虚构其系持卡人的事实，输入通过其他途径获取的第三方支付平台的密码等信息，

① 司法实践中认定为盗窃罪的刑事裁判文书：安徽省淮北市中级人民法院刑事判决书（2020）皖 06 刑终 124 号、辽宁省抚顺市中级人民法院刑事判决书（2017）辽 04 刑终 52 号、内蒙古自治区乌兰察布市中级人民法院刑事裁定书（2016）内 09 刑终 88 号、广东省广州市花都区人民法院刑事判决书（2020）粤 0114 刑初 609 号、山西省运城市盐湖区人民法院刑事判决书（2019）晋 0802 刑初 527 号、浙江省宁海县人民法院刑事判决书（2020）浙 0226 刑初 132 号等。

② 参见吴波：《秘密转移第三方支付平台资金行为的定性——以支付宝为例》，载《华东政法大学学报》2017 年第 3 期。

导致发卡行错误地以为在第三方支付平台上进行操作的人系信用卡合法持卡人本人或获得本人授权的人，并依据快捷支付协议和操作指令进行支付，最终导致被害人的财产损失。从整个过程来看行为人的行为完全符合诈骗罪的行为特征。因此，非法获取他人第三方支付所绑定银行卡资金的行为应当认定为信用卡诈骗罪。

四、非法获取他人理财账户资金行为的定性

典型案例：2018 年 4 月，被告人蒋某某借住在唐某某、王某某租住的位于桂林市象山区将军路 20 号 2 楼 201 室。借住期间，蒋某某多次乘两被害人睡觉之机，通过两被害人的手机盗刷两被害人支付宝账户中的资金，其中：盗刷唐某某支付宝账户余额资金 7 次共计 3798 元，蚂蚁花呗资金 18 次共计 3200 元，余额宝资金 1 次计 6040 元；盗刷王某某支付宝账户蚂蚁花呗资金 9 次共计 900 元。此后，蒋某某为掩盖其犯罪行为，将唐某某的一台神州战神笔记本电脑、一部华为手机及王某某的一部手机丢弃。法院认为，被告人蒋某某以借住等便利条件，窃取他人资金，数额较大，其行为已构成盗窃罪。①

上述案例中，行为人实施了非法获取账户资金、理财账户资金以及信贷支付产品三种行为，但法院并没有对资金类型进行进一步的区分，而是统一认定为盗窃罪，其合理性显然是值得商榷的。关于非法获取理财账户资金行为的认定，主要存在盗窃罪和诈骗罪两种分歧。持盗窃罪观点的学者认为第三方支付推出的理财产品，如“余额宝”“理财通”“零钱通”等兼具理财和消费的双重功能，因此，行为人在非法获取他人理财账户资金时，可以直接窃取资金，不需要再进行套现，这与窃取账户资金有一定的相似之处。因此，对此种行为不需要再进一步界分账户资金和理财账户资金，而是统一认定为盗窃罪。另一种观点则认为理财基金体现了持有人的财产权，在操作上需要进行申购和赎回，行为人冒充基金持有人向基金公司发出赎回指令进而通过第三方支付设备将现金据为己有，侵害了投资人的财产权，应当成立诈骗罪。②

本文认为，非法获取他人理财账户资金的行为，应当认定为诈骗罪。理由在于：一是，第三方支付平台推出的理财产品，如“余额宝”“理财通”等“宝宝类”理财产品，在本质上是一种货币基金，具有财产的一般属性，属于刑法中的“财产性利益”，非法获取他人理财账户资金的行为必然会侵害他人的财产权法益。二是，以余额宝为例，根据《余额宝服务协议》可知，余额宝服务是指，支付机构为投资者提供的可以通过支付系统与合作金融机构系统相连，通过合作金融机构系统设置的网上直销自助前台进行相关理财产品交易资金的划转、支付及在线进行理财产品交易、信息查询等服务。支付机构并非为理财产品购买协议的参与方，而余额宝所记载的数字只代表基金的价值和购买基金的凭证，而虚拟的凭证与账户捆绑

① 参见广西壮族自治区桂林市中级人民法院（2019）桂 03 刑终 4 号刑事判决书。

② 参见杨志琼：《利用第三方支付非法取财的刑法规制误区及其匡正》，载《政治与法律》2018 年第 12 期。

是不可能被盗窃的[1]。三是，货币基金是由基金管理人运作、基金托管人保管资金的一种开放式基金，因此基金管理公司对余额宝用户的基金份额具有处分的权限。四是，根据基金的性质和操作流程，基金投资人如果想要将货币基金转化为现实货币，必须向基金公司发出赎回指令（包括转账或消费支付指令），基金管理公司在收到指令后，将投资人所持有的基金份额卖出，并将变现后的资金转移到行为人指定的账户。

因此，行为人非法获取他人理财账户资金的行为，实际上是冒用货币基金持有人的身份，向基金公司发出赎回指令，使得基金管理公司误以为是真实权利人的真实意愿，从而自觉自愿地将代为管理的基金份额进行卖出，并将变现的财物依据指令转到指定的账户，从而造成真实权利人的损失。行为人的行为完全符合诈骗罪的犯罪构成，应当认定为构成诈骗罪。

五、非法消费或套现他人信贷支付产品行为的定性

典型案例：2019 年 10 月 1 日 5 时许，任某 2 在淮北市相山区惠黎夜市附近捡到被害人郑某遗失在此的手机后交给被告人吴某，吴某在未输入密码的情况下打开该手机及支付宝App，得知该支付宝蚂蚁花呗额度为5800元，欲将该钱占为己有。后吴某安排其子任某 1 将钱款转至其支付宝，任某 1 通过修改支付宝支付密码，将花呗额度内的 5000 元支付至吴某支付宝账户内。一审法院认为被告人吴某在未经被害人授权的情况下，重置支付宝密码，冒用被害人支付宝账户向花呗服务商发出申请服务指令，花呗服务商在接收到其输入的密码等正确指令后，默认其系支付宝账户所有人，进而按照指令将款项转至其指定账户的行为，系花呗服务商基于被告人吴娟实施的行为，对其身份陷入错误认识后处置被害人财产的行为。被告人吴某的行为系以非法占有为目的，采取虚构事实或隐瞒真相的方法，骗取他人财物的行为，其行为已构成诈骗罪。抗诉机关认为吴某利用被害人遗失的手机作为工具，采取密码重置的方式破解密码，转移他人花呗内财物，符合盗窃罪的犯罪构成，应认定为盗窃罪。二审法院最终支持了检察院的抗诉，认定被告人的行为成立盗窃罪。[2]

信贷支付产品是用户基于第三方支付账户良好信用而享有的服务产品，一般具有“先消费，后付款”的特点。因为其不具有账户资金和银行卡资金的直观性，又具有类信用卡性质的消费特点，使得实务界对“蚂蚁花呗”“京东白条”等金融产品的法律性质和“冒用行为”如何评价，产生极大争议。实务界和理论界对该种行为主要是存在盗窃罪、信用卡诈骗罪、贷款诈骗罪等定性分歧。支持盗窃罪的观点存在以下两种路径：其一，部分观点认为，行为人利用第三方支付窃取小额贷款的行为与窃取账户资金的行为并无本质区别，因为窃取的行为和手段都是类似的，没有必要区分账户资金和小额贷款背后的法律关系，所以对利用第三方支付非法

① 参见何鑫：《涉支付机构财产犯罪的罪名辨析》，载《中国检察官》2017 年第 7 期。
② 安徽省淮北市中级人民法院刑事判决书（2020）皖 06 刑终 123 号。

取财的行为统一认定为盗窃罪。其二，还有部分观点认为第三方支付推出的信用支付产品属于刑法上的“财产利益”，且又不属于信用卡的管理范畴，因此行为人以非法占有为目的，通过非法手段获取他人账户密码之后实施窃取信用支付产品的行为应当认定为盗窃罪。支持信用卡诈骗罪的观点认为，信用支付产品往往具有“类信用卡”的支付结算功能，因此应当将信用支付产品视为信用卡。有关实体信用卡的刑法规定，也应当适用此类信用支付产品。行为人在窃取这种信用支付产品后会进行网络信贷消费或套现，而网络信贷消费或套现的行为很明显会破坏信用卡的管理秩序，所以对此类行为定性为信用卡诈骗罪更为合适。支持贷款诈骗罪的观点认为，信贷支付产品的资金来源大部分为金融机构，在蚂蚁金服不属于金融机构的情况下，由于信用卡应该由商业银行或其他金融机构发行，其就没有发行信用卡的资质，花呗也就不能作为信用卡对待。花呗属于信用贷款，故非法转移他人花呗资金的应构成贷款诈骗罪。[①] 支持合同诈骗罪的观点认为，行为在非法占有目的支配下，实施了冒用他人蚂蚁花呗用户身份向蚂蚁金服申请贷款的指令，蚂蚁金服因此陷入认识错误，从而发放了贷款。行为人的行为属于冒用他人名义签订贷款合同，骗取了蚂蚁金服数额较大的财物，构成合同诈骗罪。[②]

本文认为，认定非法消费或套现他人信贷支付产品行为的罪质问题，必须弄清以下两个问题：一是信贷支付产品提供方的机构性质是什么；二是信贷支付产品本身的性质是什么。考虑到花呗的用户占市场份额较大，出现犯罪的频率较高，因此本文以蚂蚁花呗为例进行阐释。首先，蚂蚁花呗是由重庆市蚂蚁小微小额贷款有限公司提供的信贷服务，那么该公司是否属于刑法意义上的金融机构呢？根据中国人民银行《金融机构编码规范》（以下简称《编码规范》）第一条适用范围：“本规范规定了金融机构的编码对象、编码结构和表示形式……本规范适用于金融机构新建信息系统的开放、数据仓库的建设，也可用于指导已有系统的升级改造”，该条明确规范了《编码规范》的适用范围为金融机构。并且，《编码规范》明确指出小额贷款公司是编码为Z-1的金融机构。另外，根据“企查查”官网显示，重庆市蚂蚁小微小额贷款有限公司的经营范围是在全国范围内开展办理各项贷款、票据贴现、资产转让业务。因此，应当认为蚂蚁花呗的服务商是金融机构，其发放的借贷资金应为金融法意义上的“贷款”。其次，花呗本身的性质也会影响侵财犯罪的司法认定。如果花呗可以定性为信用卡，则非法消费或套现他人花呗的行为可能构成信用卡诈骗罪；反之，相关的行为就不具有成立信用卡诈骗罪的可能性。根据2014年12月29日全国人大常委会通过的《关于〈中华人民共和国刑法〉有关信用卡规定的解释》规定，刑法规定的“信用卡”，是指由商业银行或者其他金融机构发行的具有消费支付、信用贷款、转账结算、存取现金等全部功能或者部分功能的电子支付卡。1999年3月1日实施的《银行卡业务管理办法》第二条规定：“本办法所称

① 参见马淑娟：《利用第三方支付平台非法取财案件的刑法定性——基于对奉贤区近三年利用第三方支付平台非法取财案例的实证分析》，载《犯罪研究》2019年第3期。

② 参见何鑫：《涉支付机构财产犯罪的罪名辨析》，载《中国检察官》2017年第7期。

银行卡，是指由商业银行（含邮政金融机构）向社会发行的具有消费信用、转账结算、存取现金等全部或部分功能的信用支付工具。商业银行未经中国人民银行批准不得发行银行卡。”对比两个文件可以发现，《银行卡业务管理办法》规定只有商业银行和邮政金融机构才能发行银行卡，但是颁布在其后的立法解释规定发行信用卡的适格主体为银行和其他金融机构，按照立法解释的规定，花呗似乎可以定性为信用卡。但是，从实践来看，对于“其他金融机构”应当进行缩小解释。原因在于中国人民银行曾于 2014 年 3 月 13 日紧急叫停两类虚拟卡，在这两类虚拟信用卡的受理、审核和催收过程中，电商平台发挥了非常重要的作用，它们在虚拟信用卡发卡即后续管理中并非仅仅扮演着中介服务的角色，而是属于银行业务范畴，发卡主体实际上也由中信银行单一主体变成了两个合作主体，因而涉嫌发卡主体违规。[①] 由此应当认为，立法解释中的其他金融机构，目前应当只包括邮政金融机构，而非泛指所有机构。因此，花呗不属于信用卡。那么，非法消费或套现他人信贷支付产品的行为就不可能成立信用卡诈骗罪。

那么，根据花呗用户合同可知，蚂蚁花呗实际上是用户与重庆市蚂蚁小微小额贷款有限公司、商融（上海）商业保理有限公司以及重庆市蚂蚁小微小额贷款有限公司引入的合作金融机构之间的信贷关系。根据《刑法》第一百九十三条的规定，以非法占有为目的，诈骗银行或其他金融机构贷款的，构成贷款诈骗罪。行为人非法使用他人的蚂蚁花呗消费或套现，实际上是冒名向花呗的服务商发出贷款申请的指令，应构成贷款诈骗罪。当然，如果冒用行为针对的贷款并非由金融机构提供的，而是由不具有发放金融贷款资质的电商平台，如京东推出的“京东白条”，则“冒用行为”仅构成诈骗罪。[②]

① 王海涛：《虚拟信用卡的违规问题分析》，载《金融纵横》2014 年第 5 期。

② 王潜：《互联网金融信贷消费中“冒用行为”的刑法规制》，载《福建法学》2016 年第 3 期。

新型支付方式侵财犯罪的法律适用问题研究

——以浙江地区2013—2018年侵财案例为样本

林胜超*

随着互联网技术和移动支付技术的发展，新型支付已突破传统的支付方式面对面、实体交付的限制，并依托互联网和新型介质不断衍生更新型的支付方式。当前的新型支付方式主要有四种：一是网上银行支付，即使用U盾等安全介质，通过网上银行页面进行支付；二是信用卡快捷支付[①]，在不开通网银的情况下即可使用信用卡信息和验证码支付；三是第三方支付公司主导的第三方支付，包括余额支付、第三方快捷支付、理财账户资金支付、信贷账户资金支付、赊账支付；四是近场移动支付(Proximity M-Payments)[②]，包括使用NFC技术的移动介质支付，以银联"Quick Pass"（闪付）为代表的电子现金钱包支付。

一、浙江地区新型支付方式侵财犯罪案件判决情况

新型支付方式下的侵财案件包括使用新型支付方式作案、以新型支付方式为犯罪对象。相较于抢劫罪、敲诈勒索罪在构成要件上对人身权益侵害的要求，新型支付方式侵财犯罪的案件，其特点在于支付方式的多环节化使得行为手段的高度隐蔽化，导致构成要件的外部特征难以评价[③]，故理论与实务中对新型支付方式侵财犯罪案件的定性争议主要集中于盗窃罪、诈骗罪与信用卡诈骗罪[④]。笔者以"中国裁判文书网"为检索源，并以不同的关键词进行检索，并通过人工排查，获取2013年至2018年以来浙江地区新型支付方式以该三个罪名公开的判决文书，以进行实证分析。

（一）新型支付方式侵财犯罪以第三方支付方式为主

2013年至2018年，浙江地区以支付宝和微信支付（包括财付通）为代表的第三方支付侵财犯罪案件数量总体呈高速增长态势（见图1）。除盗窃外，以第三方支付为手段或犯罪对象的诈骗和信用卡诈骗行为，在各类案件中已占主要比重。

---

* 林胜超（1991— ），男，浙江瑞安人，浙江省瑞安市人民检察院第二检察部副主任，四级检察官。

① 此处信用卡的概念援引的是2004年《全国人民代表大会常务委员会关于〈中华人民共和国刑法〉有关信用卡规定的解释》中刑法概念上的信用卡，而非仅仅指具有透支功能的贷记卡。

② 参见莫万友：《移动支付的法律问题及其解决办法》，载《兰州学刊》2017年第10期。

③ 蔡一军：《论新型支付环境下财产性质对罪名认定之影响》，载《东方法学》2017年第2期。

④ 虽然信用卡诈骗罪属于刑法分则的金融诈骗犯罪，但信用卡诈骗罪侵犯的法益属于复杂法益，包括了信用卡管理秩序和他人财物，故亦属于侵财犯罪的讨论范畴。

1. 第三方支付侵财犯罪以盗窃罪定性的总体占比不高

2013 年至 2018 年期间，浙江地区支付宝、微信支付方式的盗窃案件数量逐年攀升，但由于盗窃罪案件总量较大，第三方支付方式的盗窃案件占总体盗窃案件比例不高（见表 1），且占比增长速度缓慢（见图 2）。

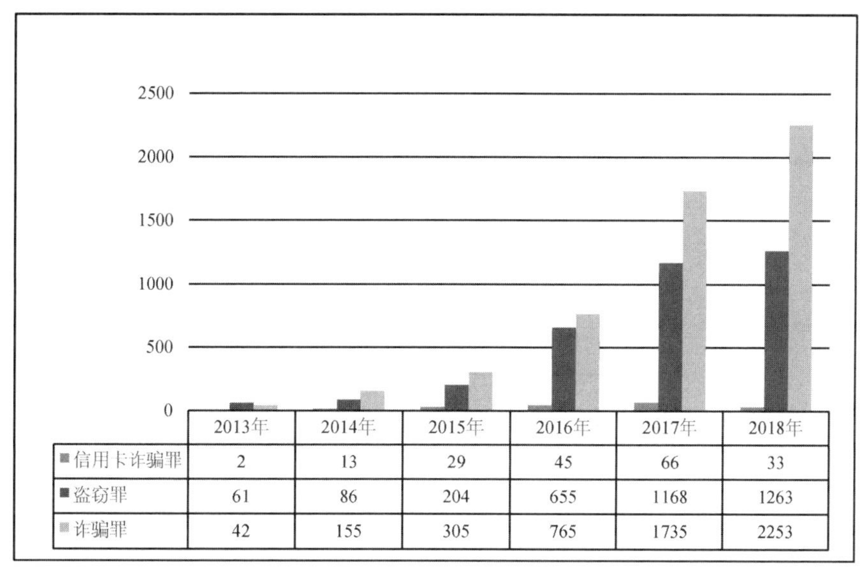

图 1　2013—2018 年浙江地区支付宝、微信支付侵财犯罪案件数量增长

表 1　2013—2018 年浙江地区支付宝、微信支付方式盗窃案判决情况

年份	微信支付（件）	支付宝（件）	盗窃案件总数（件）	占比
2013 年	44	17	14 824	0.41%
2014 年	47	39	21 890	0.39%
2015 年	111	93	22 575	0.90%
2016 年	364	291	26 297	2.49%
2017 年	635	533	17 860	6.54%
2018 年	719	544	11 163	11.31%

2. 利用第三方支付实施诈骗行为激增，成为诈骗案件主要犯罪工具

2013 年至 2018 年浙江地区支付宝、微信支付方式的诈骗案件数量占所有诈骗案件数量比重不断攀升，于 2017 年突破 50%，在 2018 年高达 75.63%（见表 2）。笔者对检索案例进行抽样分析发现，主要案件属于使用支付宝、微信作为诈骗的犯罪工具，利用红包和转账功能、二维码收款功能收取赃款的情形。

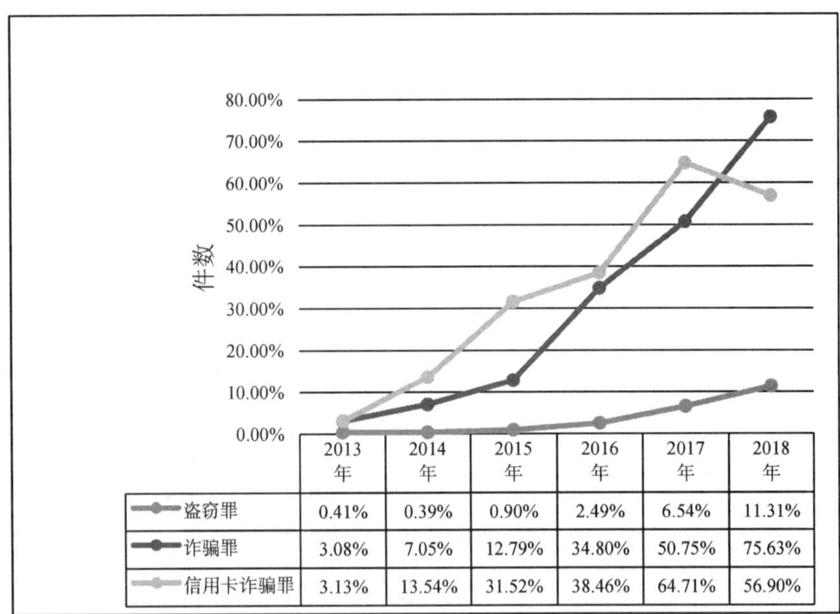

图 2　2013—2019 年微信、支付宝侵财犯罪案件占比变化

表 2　2013—2018 年浙江地区支付宝、微信支付方式诈骗案判决情况

年份	微信支付（件）	支付宝（件）	诈骗案件总数（件）	占比
2013 年	33	9	1364	3.08%
2014 年	109	46	2198	7.05%
2015 年	209	96	2384	12.79%
2016 年	467	298	2198	34.80%
2017 年	1001	734	3419	50.75%
2018 年	1353	900	2979	75.63%

3. 冒用型信用卡诈骗犯罪案件总量较少，比例较高

冒用型信用卡诈骗罪案件总体比例较高，自 2017 年以来占比已稳居 50% 以上（见表 3），即通过第三方支付实施信用卡诈骗的案例已成为冒用信用卡的主要类型。

表 3　2013—2018 年浙江地区支付宝、微信支付方式信用卡诈骗案判决情况

年份	微信支付（件）	支付宝（件）	“冒用型”信用卡诈骗案件总数（件）	占比
2013 年	1	1	64	3.13%
2014 年	5	8	96	13.54%
2015 年	13	16	92	31.52%
2016 年	25	20	117	38.46%
2017 年	35	31	102	64.71%
2018 年	20	13	58	56.90%

（二）新型支付方式犯罪与计算机犯罪、侵犯公民个人信息犯罪手段相结合

在调研中发现，近年来新型支付方式侵财犯罪呈现出链条式、技术化发展态势，可归纳为四种类型：

1. 利用计算机木马病毒，截取支付信息和支付密码实施盗刷

2013 年至 2018 年期间，浙江地区利用木马盗窃支付宝资金的案例有 44 件，分别有利用木马键盘记录功能获取支付信息和密码、利用木马截取手机验证码、利用木马远程控制转账等。

2. 非法获取公民个人信息和支付信息，利用快捷支付功能实施盗刷

如吴某某、徐某、冯某某诈骗案[①]，行为人利用伪基站设备发送假冒银行的钓鱼网站短信，提示积分兑换现金，诱骗他人点击短信内的链接登录假冒银行的钓鱼网站，输入银行卡卡号和密码、身份证号码、手机号码、短信验证码等信息。行为人通过钓鱼网站后台获取上述信息并提供给上家，由上家以网络消费（验证码快捷支付）的方式转走被害人银行账户内资金。

3. 非法获取支付信息，利用 Python 等网络爬虫技术模拟登录第三方支付盗刷

该种盗窃手段相对前沿，2013 年至 2018 年期间，浙江地区有 1 例以该种方式盗窃，行为人通过购买他人支付宝账号信息，模拟登录他人支付宝账户，在行为人下单购买商品后以他人代为支付的方式盗刷被害人支付宝账户绑定的银行卡。[②]

4. 非法获取第三方支付的个人信用信息，通过网贷平台实施套路贷诈骗

如杜某某、林某某侵犯公民个人信息案，行为人通过网贷超市购买包含公民支付宝个人信息以及支付宝芝麻信用分的信息，通过互联网对不特定公众实施套路贷诈骗。

（三）利用信用卡快捷支付盗刷行为定性分歧大

该类行为常见于行为人以积分兑换、办理业务为名，利用虚假网站诱骗被害人在网页填写个人身份信息、银行卡信息以及短信验证码，以快捷支付方式侵害被害人银行账户资金。2013 年至 2018 年期间，浙江省法院公开的判决案件中，骗取、窃取、以其他方法非法获取银行卡验证码或者诱骗被害人使用验证码，从而实施侵财犯罪的案件中，盗窃罪为 143 件，诈骗罪为 92 件，信用卡诈骗罪 50 件，所占比例相近。

该类案件以吴某某、徐某、冯某某诈骗案[③]为典型：检察机关认为，行为人通过钓鱼网站后台获取个人信息和支付信息并提供给上线，由上线以网络消费的方式转走被害人银行账户内资金，应定性为盗窃罪和侵犯公民个人信息罪；一审法院认为，该种行为属于信用卡诈骗罪司法解释中的“窃取、收买、骗取或者以其他非法方式获

① 参见浙江省瑞安市人民法院刑事判决书（2016）浙 0381 刑初 1539 号、浙江省温州市中级人民法院刑事判决书（2017）浙 03 刑终 487 号。

② 参见浙江省瑞安市人民法院刑事判决书（2017）浙 0381 刑初 1479 号。

③ 参见浙江省瑞安市人民法院刑事判决书（2016）浙 0381 刑初 1539 号、浙江省温州市中级人民法院刑事判决书（2017）浙 03 刑终 487 号。

取他人信用卡信息资料，并通过互联网、通讯终端等使用的"，属于冒用信用卡的行为，构成信用卡诈骗罪；二审法院则认为，被害人交付验证码是基于错误认识的自愿处分财产的行为，应定性为诈骗罪。可见，对利用信用卡快捷支付盗刷行为的认定争议较大。

（四）未授权的第三方支付侵财犯罪的定性相对类型化

非法获取第三方支付各类资金和关联的信用卡账户资金的行为即未授权的第三方支付。统计发现，根据资金来源类型不同，司法实务对该类行为定性的认识已趋于相近。

1. 未授权的余额支付行为，以盗窃罪定性基本成为共识

笔者对2013年至2018年浙江地区公开的判决案例以"支付宝"+"盗刷"为关键词进行检索并筛查，得出51例案件，均以盗窃罪定性。可见，实务中对行为人非法获取被害人第三方支付账户内资金的行为普遍以盗窃罪处罚。

但也有极少数案例以诈骗罪定性，如2015年的徐某某诈骗案[①]，行为人使用他人支付宝密码转移余额资金的行为认定为诈骗罪，裁判观点认为，支付宝账户钱款由支付宝公司占有，行为人冒用的行为使得支付宝公司陷入错误认识而交付财物。

2. 未授权的信贷资金支付行为，大部分以盗窃罪定性，少数以诈骗定性

笔者对2013年至2018年浙江地区公开的判决案例以"花呗"为关键词进行检索并筛查，其中，行为人未经授权透支被害人"蚂蚁花呗"的情形，有132件以盗窃罪定性。裁判观点以付某某盗窃案为代表，认为"花呗"的额度是信贷公司根据用户支付宝账户网购综合情况提供的额度，行为人没有实施需重新审核发放贷款的欺骗行为，不成立诈骗罪。[②]

以诈骗罪定性的85件"蚂蚁花呗"案件基本上属于以套现为名，欺骗被害人授权透支，后未向被害人返还钱款的情形，仅有4件属于行为人未经授权透支被害人"蚂蚁花呗"的情形。例如，庞某、洪某诈骗案，庞某诈骗案，阮某诈骗案[③]均为骗取被害人支付宝账号、密码和"花呗"验证码以后透支"蚂蚁花呗"；而张某诈骗案[④]则属于利用拾得的被害人身份信息注册了支付宝账号，冒用他人"花呗""借呗"透支、套现。

3. 未授权的理财账户资金支付，大部分以盗窃罪定性，少数以诈骗定性

笔者对2013年至2018年浙江地区公开的判决案例以"余额宝"为关键词进行检索并筛查，以各种方法非法获取被害人支付密码转走被害人"余额宝"账户资金的，有38件以盗窃罪定性。

以诈骗罪定性的11件"余额宝"案件基本上属于骗取被害人直接交付的情形，

① 参见浙江省宁波市中级人民法院刑事判决书（2015）浙甬刑二终字第497号。

② 参见尹志望：《冒用他人支付宝账户进行蚂蚁花呗套现的定性》，载《人民法院报》2016年11月10日，第6版。

③ 参见浙江省诸暨市人民法院刑事判决书（2015）绍诸刑初字第1692号，浙江省台州市天台县人民法院刑事判决书（2016）浙1023刑初638号、（2016）浙1023刑初639号。

④ 参见浙江省诸暨市人民法院刑事判决书（2018）浙0681刑初681号。

仅有 2 件属于行为人未经授权转移被害人理财账户资金的情形。如张某诈骗案[①]，行为人以为被害人安装软件为由骗取被害人支付宝账号、密码，将“余额宝”内资金转移；又如刘某、王某、李某诈骗案，行为人伪造他人身份证件领取银行卡，通过支付宝实名验证后，利用非法获取的支付宝密码转走被害人“余额宝”账户的资金。二审法院认为，余额宝内的资金由支付宝公司占有，行为人冒用的行为使得支付宝公司陷入错误认识而同意转移款项。[②]

4. 未授权的第三方快捷支付，分情况以盗窃罪或信用卡诈骗罪定性

一方面，笔者以“支付宝”“快捷支付”为关键词检索、筛选发现，通过第三方支付获取已绑定的被害人银行卡资金的，有 15 例以盗窃罪定性，但有 1 例以信用卡诈骗罪定性（王某某信用卡诈骗罪[③]）。

另一方面，笔者以“支付宝”“快捷支付”“绑定”为关键词检索、筛选发现，行为人利用掌握的信息重新绑定被害人银行卡，获取被害人银行卡资金的，有 32 例以信用卡诈骗罪定性，但有 2 例以盗窃罪定性（如薛某盗窃案[④]）。

5. 暂无未授权的赊账支付判例

当前的赊账支付以“京东白条”为主，2013 年至 2018 年浙江地区公开的与“京东白条”有关的案例仅为 8 件，均为行为人以帮忙套现为由骗取被害人透支“京东白条”或授权代为透支，后未向被害人返还钱款的诈骗犯罪。

二、新型支付方式侵财犯罪案件的理论分歧

近年来，新型支付方式下的财产犯罪定性争议成为刑法学界的研究热点，笔者在“中国知网”数据库的CSSCI 来源期刊、北大核心期刊中，按照搜索词汇的精准度和引用率降序排序，剔除 2012 年以前的研究成果，从检索成果分析，刑法界对该类犯罪的研究主要集中在以下几个方面。

（一）诈骗罪被害人处分意识是否必要

该问题主要出现在被害人对新型支付方式的缺乏认知，在受骗情况下无意识交付的案例，讨论的是被害人是否有处分的意思，是否认识到处分的结果。典型的为“机票诈骗案”，被害人受骗在ATM 机上输入转账数额，却误以为是验证码，将款项直接转给了行为人账户。学界对此观点不一，有学者持肯定意见，认为如果不要求受骗人有处分意识，将模糊盗窃间接正犯和诈骗的界限，同时模糊了诈骗“交付”的行为特征。[⑤]有学者则认为，即使被害人没有认识到自己的处分行为的完整含义，但其处分了不该处分的事项[⑥]，属于处分意思和处分行为的脱节，同样可以成立诈骗。

① 参见浙江省绍兴市新昌县人民法院刑事判决书（2017）浙 0624 刑初 368 号。

② 参见浙江省绍兴市中级人民法院刑事判决书（2016）浙 06 刑终 287 号。

③ 参见浙江省慈溪市人民法院刑事判决书（2015）甬慈刑初字第 1765 号。

④ 参见浙江省瑞安市人民法院刑事判决书（2018）浙 0381 刑初 317 号。

⑤ 参见刘明祥：《论诈骗罪中的交付财产行为》，载《法学评论》2001 年第 2 期。

⑥ 蔡桂生：《新型支付方式下诈骗与盗窃的界限》，载《法学》2018 年第 1 期。

（二）诈骗案件是否要求财产直接减损

该问题主要出现于利用快捷支付的功能进行侵财犯罪的案件，该类案件中，行为人通过诈骗短信、钓鱼网站等欺诈的手段获取被害人身份信息或者支付信息，以及最关键的用于快捷支付交付财物的验证码。然后，由行为人利用非法获取的身份、支付信息以及验证码转移被害人银行账户资金。刑法界对此分歧的焦点主要在于：骗取转账相关的数据即对被害人的财产产生具体的危险，是否相当于财产上的损害。由此产生的是诈骗罪、盗窃罪和信用卡诈骗罪的定性分歧。

（三）第三方支付平台能否被诈骗

该问题贯穿于未授权的第三方支付案件中，即行为人未经授权的方式使用被害人的第三方支付，第三方支付平台是否具有受骗的资格，是否处于受骗人的地位，从而推导出的结论分歧是：未授权的第三方支付行为属于盗窃行为还是普通诈骗、三角诈骗。有学者认为，机器不可能产生错误认识，不存在机器知道真相就不会处分财产的问题[①]，排斥成立诈骗罪。持同样观点的裁判理由为，第三方支付关联的信贷平台根据第三方支付平台的信息，自动审核提供透支额度，不存在信贷平台被诈骗的情形[②]；但有学者认为，代替人脑开展相关业务的机器可以被诈骗[③]；又有学者认为被欺诈的是支付设备背后的第三方支付公司[④]。持同样观点的裁判理由[⑤]为，行为人隐瞒了自己是非支付宝账户合法权利人的事实，利用程序设计上存在先天不足之处，使程序同意其操作支付宝账户。但程序在此种条件下的反应违背了支付宝公司的意思，使支付宝公司陷入错误认识而处分了财物。

（四）第三方支付账户中的资金归谁占有

该问题主要为解决未授权的第三方支付账户余额支付的定性问题。如果认为账户资金归用户占有，那么未授权的余额支付即是对用户的直接盗窃行为或者欺骗第三方支付公司的三角诈骗；如果认为账户资金归第三方支付公司占有，那么未授权的支付行为则构成对第三方支付公司的盗窃或者是诈骗。对此，有学者持“数字化财物说”，认为账户资金属于数字化的财物[⑥]。还有学者认为，账户资金支付给平台以后钱款由平台占有，用户只拥有提款的债权[⑦]。

（五）互联网语境下如何界定“冒用信用卡”

该问题讨论的利用第三方支付撬动银行快捷支付的行为，与是否存在绑卡行为的区别，以及如何与盗窃信用卡并使用相区分。司法实践中盗窃罪和信用卡诈

---

① 张明楷：《刑法学》，法律出版社 2016 年版。

② 参见尹志望：《冒用他人支付宝账户进行蚂蚁花呗套现的定性》，载《人民法院报》2016 年 11 月 10 日，第 6 版。

③ 刘宪权：《论新型支付方式下网络侵财犯罪的定性》，载《法学评论》2017 年第 5 期。

④ 张建、俞小海：《网络支付平台中盗、骗交织型犯罪的认定》，载《中国检察官》2015 年第 12 期。

⑤ 参见浙江省绍兴市中级人民法院刑事判决书（2016）浙 06 刑终 287 号。

⑥ 刘宪权：《论新型支付方式下网络侵财犯罪的定性》，载《法学评论》2017 年第 5 期。

⑦ 张明楷：《刑法学》，法律出版社 2016 年版。

骗罪各有判例，争议较大。有观点则认为利用第三方支付已绑定的银行卡实施侵财行为，没有非法获取他人信用卡信息资料，不构成冒用型信用卡诈骗罪。有学者则认为，通过第三方支付平台进行支付，根本上离不开对信用卡信息资料的运用，无论是利用已绑定银行卡还是另外绑定银行卡实施侵财犯罪，都会危及信用卡使用安全和管理秩序，均应定性为信用卡诈骗[①]。还有裁判观点认为，行为人窃取被害人信用卡后，使用被害人的手机将相关信用卡与手机第三方支付平台进行绑定并使用，本质上仍属于盗窃信用卡并使用范畴，应认定为盗窃罪。[②]由此引申出来的问题是，学界一直争论的《中华人民共和国刑法》第一百九十六条信用卡诈骗罪的第三款，盗窃信用卡并使用的定盗窃罪，是注意规定，还是法律拟制的问题?

三、新型支付方式侵财犯罪的司法认定规则分析

调研中发现，部分地区司法机关对利用“木马”程序链接隐蔽技术手段、利用钓鱼网站等实施的侵财行为，一概依据《关于办理电信网络诈骗等刑事案件适用法律若干问题的意见》以诈骗罪定性。有部分地区司法机关认为，只要是通过系统指令进行的，不管是直接从被害人银行卡转走，还是从被害人余额中转走，都是盗窃。还有观点认为，盗骗交织案件应考量主要手段是什么。但是，盗窃罪与诈骗罪属于不同的犯罪构成，在上下线分离作案或者具体的技术性手段未查清的情况下，定性问题便复杂化为证据问题，所谓的主要手段也缺乏判断标准。笔者认为，应从如下几个角度明确该类案件的司法认定规则。

（一）承认诈骗犯罪“处分意识不必要说”

其一，承认处分意识不必要说更符合生活常识。虽然刑法意义上的诈骗、盗窃与一般生活观念的概念有所区别，但对法律的解释应符合社会公众的一般认识。如“机票诈骗案”，被害人陷入错误认识下的无意识处分行为，不存在行为人的直接介入的转移财产占有行为，不存在成立盗窃直接正犯的空间。

其二，承认处分意识不必要说不会混淆诈骗罪与盗窃罪间接正犯。对于无处分权的第三人陷入错误认识的无意识处分被害人财产的行为，第三人作为行为人的“工具”，完全符合当前盗窃罪间接正犯的通说[③]。但无处分意思的被害人的交付行为不可能属于行为人支配下的盗窃行为，否则将陷入被害人“自我盗窃”的逻辑矛盾。

因此，行为人利用被害人对复杂的新型支付方式缺乏全面认识，实施欺诈行为，导致被害人在无处分意识下处分财物的行为应认定诈骗罪。

---

① 莫万友:《移动支付的法律问题及其解决办法》，载《兰州学刊》2017年第10期。

② 参见浙江省杭州市萧山区人民法院刑事判决书（2015）杭萧刑初字第1696号。

③ 参见秦新承:《认定诈骗罪无需“处分意识”——以利用新型支付方式实施的诈骗案为例》，载《法学》2012年第3期。

（二）坚持诈骗犯罪“财产直接减损原则”

第一，无意识的处分行为分为直接处分和间接处分，间接处分行为不是财产转移的直接原因。笔者认为，盗窃、信用卡诈骗以及“三角诈骗”的情形中，被害人均为被动损失，而普通诈骗则是被害人主动交付，区分盗窃、诈骗交织的信息支付方式侵财犯罪定性，关键不仅仅在于被害人是否存在财产处分行为、财产的处分是否有意识，而且需要考量是否基于错误认识直接交付财产。如典型案例“机票诈骗案”是一种无意识的直接交付，直接受骗输入金额转账，被害人受骗输入的数字实际上为转账的金额，认定诈骗罪并无争议。但在骗取信用卡验证码，利用快捷支付盗刷案件中，被害人是一种无意识的间接交付。单纯的交付快捷支付验证码并不会导致被害人财产的损失和转移，行为人利用验证码进一步实施盗刷行为才是完成财产转移的必备条件。亦即，被害人交付验证码之时并未实现财产的转移，而是等同于交付了支付财产的钥匙，犯罪嫌疑人再利用验证码实施侵财犯罪。

第二，仅以财产发生转移结果来认定客观上存在处分行为，将模糊交付行为的定义。在骗取“验证码”利用快捷支付盗刷案件中，如果认为被害人在没有认识到处分验证码的完整含义的情况下，交付验证码的行为即成立财产处分，等同于认为被骗取交付房屋钥匙的行为等同于交付房屋内的财物。仅仅以处分行为与财产的转移结果具有一定程度的关联性，客观上也产生了财产处分的结果，就认定成立诈骗，将忽视复杂网络环境下行为人积极的窃取行为对财产转移结果的作用。笔者认为，坚持“财产直接减损原则”是对“处分意识不必要说”的合理、必要限制，否则将导致任何与财产的转移具有关联性的受骗行为均被认定为处分财物，也将导致凡是存在欺骗行为的新型支付犯罪案件排除了成立盗窃罪的空间。

因此，被害人基于行为人欺诈而作出的处分行为导致财产直接减损的，应认定为诈骗罪；但行为人利用被害人的处分行为造成财产松弛状态进行财产转移的，考虑成立盗窃罪或信用卡诈骗罪。

（三）根据预设指令运行的机器不能被欺骗

第一，机器是预设的同意，仅能做出同意或不同意的条件选择，不存在是否受骗。虽然有观点认为，人工智能的自主学习和操纵能力有别于单纯受人类支配的机器。[①] 但就目前而言，智能设备的发展尚未取得独立思考判断的能力，即使是当前人工智能代表AlphaGo，也是基于深度学习进行条件性判断运行，其做出的运行结论仍是依据内置的程序，识别的难易程度均取决于设计者。凡是符合程序设定的，则一概予以同意，即“预设的同意”。在人工智能仍处于机器仅能根据预设指令进行“是”与“否”判断的当前，主张“欺骗机器”理论无益于解决现实问题。

第二，机器可以被欺骗缺乏认定标准。有学者认为，“具有识别能力，且能替代人脑开展业务”的机器可以被骗[②]。但该观点认为的可以被骗的机器与机械运作的

---

① 莫万友：《移动支付的法律问题及其解决办法》，载《兰州学刊》2017年第10期。

② 刘宪权、李舒俊：《网络移动支付环境下信用卡诈骗罪定性研究》，载《现代法学》2019年第6期。

机器和有一定编程的智能机器并无区别，如传统的投币自动贩卖机，以其内设的钱币验证机制，替代人决定是否交付货物；智能识别身份办理证件的智能机器，以其内设的人脸及其他生物信息的验证机制，替代人决定是否通过办理证件。相较于传统自动贩卖机以验证钱币真伪来决定是否交付财物，新型支付方式的机器程序以验证账号、密码或者生物信息的真伪来决定是否交付财物，所谓替代人脑开展业务的程度和方式，完全取决于业务的性质，没有识别能力强弱的区别。因此，以有无识别能力、是否能替代人脑进行识别为划分标准并无实际意义。同样，以所谓的智能程度来区分是否能够被骗同样缺乏客观标准。

因此，行为人利用系统指令进行余额支付、理财资金支付的，或者利用第三方支付平台的信用，非人工审核获取额度，进行未授权信贷资金和赊账支付的，均应否定成立对平台的诈骗，不成立诈骗罪或合同诈骗罪。

（四）第三方支付的资金应考虑观念上的占有

第一，银行对第三方支付账户的资金具有事实上的占有。根据2015年中国人民银行《非银行支付机构网络支付业务管理办法》，第三方支付账户的余额对应的货币资金属于用户，但是以支付机构名义存放在银行，由支付机构向银行发起资金调拨指令，而非以用户本人名义存放。因此，第三方支付账户并不是一个实体的账户，没有存管实体的货币。类似于银行对用户存款的占有，对货币资金事实上占有的是银行，而非第三方支付公司。

第二，第三方支付账户中的资金属于用户观念上的占有。对于社会公众而言，虽然用户以充值的方式将银行资金转移到第三方支付账户，但并不代表将资金转移给第三方支付公司占有，第三方支付账户中的金额即是用户占有的标志。但是，不同于第三方支付平台关联的理财账户，理财账户资金是用户基于理财合同转移对资金的占有，以“认购”“赎回”的方式进行资金的占有转移，故理财资金不属于用户观念上的占有。

第三，用户对第三方支付账户中资金的占有属于对债权的占有。从2015年人民银行管理办法可知，第三方支付账户的余额资金虽可以在网上以消费、转账的方式流通，但事实上并不属于所谓“数字化”的货币，实际流通的是向银行发起提现请求的债权。行为人未收取的支付，或是欺骗用户主动交付，本质上都是将用户通过支付宝向银行发起请求提现的债权转移给自己。类似于电信诈骗案件中，被害人将自己银行账户的资金转账给行为人，实际上并没有实体货币的交付，交付的就是被害人对银行享有的债权。

因此，结合前文“根据预设指令运行的机器不能被欺骗”的结论，行为人未授权的第三方平台余额支付，侵害了用户观念上占有的财物，成立对用户的盗窃犯罪；未授权的第三方平台理财资金支付，侵害了理财公司事实占有的财物，成立对理财公司的盗窃犯罪。

（五）未授权的第三方快捷支付均应定性为信用卡诈骗罪

其一，对直接利用第三方快捷支付的行为以盗窃罪定性将导致处罚不均衡。根据司法解释，盗窃罪的构罪数额标准为1000元以上，而冒用型信用卡诈骗罪的构罪数额标准为5000元以上。如果分别以盗窃罪和信用卡诈骗罪处断，对于犯罪数额未满5000元的情形，直接利用第三方快捷支付实施侵财犯罪的行为被评价为犯罪，而非法获取他人信用卡资料并利用第三方快捷支付实施侵财犯罪的行为却无法予以刑事打击。但后者行为显然较前者更为恶劣，该处断结果无异于变相鼓励行为人实施更为恶劣的犯罪行为。

其二，直接利用第三方快捷支付的行为同样符合冒用信用卡的文义解释。将“非法方式获取信用卡信息资料，并通过互联网、通讯终端等使用的”定性为冒用型信用卡诈骗罪，其本质含义应当是对行为人非法利用信用卡信息资料，以非实体的方式盗刷。行为人非法获取第三方平台交易指令，同时即获取了包括被害人信用卡信息资料在内的快捷支付权限，解释为以其他非法方式获取他人信用卡信息资料并不违反罪刑法定，也符合司法实务处罚一致性的要求。

因此，行为人未授权的第三方快捷支付行为均侵害了被害人财产权和信用卡管理秩序，应认定为信用卡诈骗。

新型支付方式下侵财犯罪的定性探讨

郭朝辉*

利用第三方支付平台、手机银行等新型支付方式实施侵财犯罪，如何定性，实践中存在不同观点，主要有盗窃、诈骗、信用卡诈骗、贷款诈骗等。本文结合具体情形及案例，就定性问题展开探讨。

一、问题的提出

支付方式不断变化，带来了许多法律问题。利用第三方支付平台、手机银行等新型支付方式实施侵财犯罪，如何定性，争议较大。

> [案例一]被告人姜某某以帮忙查看支付宝额度等为由骗取赵某手机及支付宝等密码，后通过蚂蚁借呗借款人民币6000元至赵某的中国建设银行卡中，后通过支付宝将该款转走。[①]

对于本案，检察机关认为被告人姜某某以非法占有为目的，盗窃他人财物，数额较大，其行为已构成盗窃罪；法院认为被告人姜某某以非法占有为目的，骗取赵某手机及支付宝等密码，通过蚂蚁借呗私自转走赵某钱款，数额较大，其行为已构成诈骗罪，最终法院以诈骗罪定罪处罚。

> [案例二]被告人周某通过陈某的手机登录陈某的支付宝账号，冒用陈某名义向蚂蚁借呗三次共计借款人民币23 000元，该资金发放到陈某的支付宝账户或邮政银行卡内后被周某消费使用。[②]

对于本案，检察机关认为被告人周某以非法占有为目的，盗窃他人财物，数额较大，其行为已构成盗窃罪；法院认为被告人周某以非法占有为目的，诈骗其他金融机构贷款，数额较大，其行为已构成贷款诈骗罪，法院最后以贷款诈骗罪定罪处罚。

从以上两个类似的案例不同的判决可以看出，司法实务中对此类案件的定性和处理存在较大的差异。笔者认为，问题的关键在于新型支付方式与刑法所规定的传统犯罪类型所针对的金融机构、现金、传统转账支付方式的区别。因此，本文拟探讨基于新型支付方式所产生的行为如何在现有刑法框架下得到准确的适用。

---

* 郭朝辉(1974—)，男，浙江温岭人，江苏省南京市人民检察院四级高级检察官。

① 参见江苏省连云港市中级人民法院刑事裁定书(2019)苏07刑终84号。本案还涉及被告人的其他犯罪事实，本文只摘取冒用蚂蚁借呗的犯罪事实部分。

② 参见江苏省宿迁市中级人民法院刑事裁定书(2019)苏13刑终195号。本案还涉及被告人的其他犯罪行为，本文只摘取冒用蚂蚁借呗的犯罪事实部分。

二、新型支付方式的法律定性

（一）第三方支付平台的法律性质

第三方支付平台作为银行系统以外的新型市场力量，通过建立专门的支付平台连接电子商务中交易双方、电子商务企业与银行，提供支付信息的交换、清算等中介服务。[①] 目前国内有三百多家第三方支付平台，常用的主要有支付宝、财付通、智付等等。中国人民银行 2010 年颁布的《非金融机构支付服务管理办法》第二条、第三条规定："本办法所称非金融机构支付服务，是指非金融机构在收付款人之间作为中介机构提供下列部分或全部货币资金转移服务。……支付机构依法接受中国人民银行的监督管理。未经中国人民银行批准，任何非金融机构和个人不得从事或变相从事支付业务。"第二十四条规定："支付机构接受的客户备付金不属于支付机构的自有财产。支付机构只能根据客户发起的支付指令转移备付金。禁止支付机构以任何形式挪用客户备付金。"从上述规定可以看出，第三方支付平台只是提供资金转移的服务，而资金结算仍然要依赖于银行，与银行的业务范围有本质区别。在整个支付系统运行过程中，第三方支付平台并不直接从事支付结算业务，而是作为客户和银行的中介，为客户提供银行的网关，客户以第三方支付平台为"通道"进入网上银行，然后发出支付指令，对其网上银行账户的资金进行划拨。[②] 具体支付流程是"付款人—第三方支付平台—银行—收款人"，第三方支付平台并不直接接收付款人的支付指令。需要指出的是，在我国，仅有商业银行及邮政金融机构才能发行信用卡，且须经中国人民银行批准。综上，笔者认为第三方支付平台的法律性质是非金融机构，而非刑法意义上的金融机构。第三方支付服务是网上银行服务的延伸，并没有产生新型法律关系。

（二）第三方支付平台绑定的银行卡及其支付密码的属性

首先，通过第三方支付的服务模式可以看出，第三方支付平台与银行卡绑定之初，会进行详细的身份认证，要求用户输入身份证号、银行卡号、支取密码等银行卡信息资料，从而通过第三方支付平台建立起快速支付通道，授权一次性完成。此后任何转账支付操作或是修改支付密码，均默认为用户本人行为，第三方支付平台和银行均不负审核义务。其次，从第三方支付平台可以显示的信息来看，银行卡绑定成功后再次打开时，除了银行名称、银行卡的类型及银行卡号后四位数字这三项信息外，其他所填信息均不会显示，他人无法直接从客户端获取。换言之，行为人获取的信息是非常有限的，既非发卡银行写入银行卡磁条中的用户信息，也不会全面完整地反映出银行卡的加密电子数据。因此，笔者认为第三方支付平台绑定的银行卡及其支付密码不属于"信用卡信息资料"。

---

① 参见李莉莎：《第三方电子支付法律问题研究》，法律出版社 2014 年版。

② 参见李莉莎：《第三方电子支付法律问题研究》，法律出版社 2014 年版。

(三)蚂蚁借呗的法律属性

蚂蚁借呗是支付宝推出的一款消费贷款产品，无须提供抵押担保，可以提现，可以贷款，它实际由重庆阿里巴巴小额贷款公司进行经营管理。银监会发布的《金融许可证管理办法》《非银行金融机构行政许可事项实施办法》均未规定小贷公司属于金融机构。从现有金融监管规范性文件来看，小额贷款公司不同于传统金融机构，司法部门、地方政府倾向于认为小贷公司是一种民间金融创新组织。[①] 因此，笔者认为因发行主体不属于金融机构，蚂蚁借呗不能认定为刑法意义上的信用卡，蚂蚁借呗服务实质上是一种消费信贷合同。

三、新型支付方式下相关犯罪问题的展开分析

(一)利用第三方支付方式侵财犯罪的定性

利用第三方支付平台方式侵财犯罪定性问题，实践中存在不少争议，有盗窃说、诈骗说、信用卡诈骗说和贷款诈骗说等等观点。其中有观点认为，行为人不管是利用正当方式还是采用骗取等非法方式获取他人手机密码及第三方支付密码，只要采取秘密窃取财物方式，违背被害人意愿，无论窃取的是第三方支付平台账户钱包内的钱，还是借呗贷款，抑或是捆绑的银行卡内的钱，均宜认定为盗窃罪。[②] 如果行为人重新注册第三方支付账户，又重新绑定他人银行卡，后实施侵财犯罪，宜认定为信用卡诈骗罪。笔者认为，这样的观点未免太过绝对。

下面结合几种具体行为，对定性予以探讨。

1. 私自转移他人支付宝内余额如何定性

第一种观点认为，应当根据手机及支付宝密码获取手段不同分别定性。如果行为人事先知晓、破解或秘密获取手机和支付宝密码，私自转移他人支付宝内余额，应认定为盗窃罪；如果是骗取手机和支付宝密码，私自转移他人支付宝内余额，则应认定为诈骗罪。第二种观点认为，不管行为人通过何种方式获取手机和支付宝密码，私自转移他人支付宝内余额，均为秘密窃取他人财物的行为，应认定为盗窃罪。第三种观点认为，手机和支付宝密码是信用卡信息资料的一种，利用事先获取他人手机和支付宝密码，私自转移他人支付宝内余额，属于两高《关于办理妨害信用卡管理刑事案件具体应用法律若干问题的解释》(以下简称《妨害信用卡管理解释》)第五条第二款第(三)项规定“非法方式获取他人信用卡信息资料，并通过互联网、通讯终端等使用”的情况，是冒用他人信用卡，应认定为信用卡诈骗罪。

笔者赞同第二种观点，手机和支付密码的获取方式不影响案件定性，对私自转移他人支付宝内余额的行为，应适用《刑法》第二百六十四条的规定，认定为盗窃罪。理由如下：

首先，该类案件被害人是支付宝用户，而非支付宝。正确区分诈骗罪与盗窃罪的界限，关键在于行为人是否实施了使他人陷入处分财产的认识错误的欺骗行为，

① 参见陆芳烨:《冒用他人蚂蚁花呗行为的刑事认定》，载《中国检察官》2018 年第 8 期。

② 参见广东省深圳市中级人民法院刑事判决书(2019)粤 03 刑终 250 号。

以及被害人是否基于认识错误处分财产。如果不存在被害人处分财产的事实，则不可能成立诈骗罪。[①] 如前所述，用户在手机上注册支付宝账户成功后，根据服务协议，就完成了一次性授权，此后任何转账操作抑或修改支付密码，均默认用户本人行为。由于支付宝没有陷入处分财产的认识错误，也就不存在被骗的可能，其并非被害人。因此，对于支付宝来说，就不可能成立诈骗罪。

其次，该类案件符合秘密窃取的特征。盗窃罪的成立要求行为人在主观上具有非法占有的目的，在完全违反被害人真实意志的情况下，以自以为不为被害人所觉察的方式，秘密窃取财物。在此类案件中，行为人在事先获取被害人的手机和支付宝密码的情况下，通过秘密转账的方式窃取被害人支付宝账户余额资金的行为，在主观上具有非法占有的目的，在客观上违背账户实际所有人即支付宝用户的真实意志，实施了秘密窃取行为，符合盗窃罪的构成要件。需要提出的是，这里的支付宝账户余额就相当于电子钱包，行为人获取的手机和支付密码相当于掌握了电子钱包的钥匙。不管行为人通过何种方式获得密码，如事先正常得知、乘人不备、猜测、破解、骗取、拾得等等，均不影响案件定性。

2. 盗刷他人支付宝绑定的银行卡如何定性

如果行为人直接从他人支付宝余额私自转走资金，因不涉及银行卡，故可直接认定为盗窃罪。但对于行为人私自转走他人支付宝绑定的银行卡内资金的行为，如何认定？

有观点认为，行为人通过获取他人手机和支付密码，不管私自转走的是支付宝余额还是捆绑的银行卡内钱款，均为秘密窃取他人财物行为，侵犯的法益是个人财物所有权，应认定盗窃罪。[②] 也有观点认为，应当区分不同情况分别定性。对于事先获取他人手机和支付密码，私自转走支付宝捆绑的银行卡内钱款的行为，应认定为盗窃罪；对于通过非法方式获取他人银行卡信息资料并重新绑定他人银行卡的行为，属于两高《妨害信用卡管理解释》第五条第二款第（三）项规定“非法方式获取他人信用卡信息资料，并通过互联网、通讯终端等使用”的情况，是冒用他人信用卡，应认定为信用卡诈骗罪。

笔者认为第二种观点更为恰当，即应区分不同情况，认定盗窃罪或信用卡诈骗罪。理由如下：

首先，根据第三方支付模式，用户在手机上注册支付宝账户成功后，就拥有了虚拟账户，并可以绑定若干张银行卡，可对账户进行充值、收款、付款、提现等。同时资金可以在付款人与收款人的虚拟账户之间转移，当付款人虚拟账户中的余额不足以支付，也可将付款人银行卡内的资金直接划拨到收款人的虚拟账户。[③] 换言之，支付宝资金数字的增减只是一种虚拟表示，真正的资金仍处在支付宝托管银行的账户内，支付宝资金的流转实质上是在多个托管银行内来回流转，只有在提现后

① 参见张明楷：《刑法学》，法律出版社 2016 年版。

② 参见广东省深圳市中级人民法院刑事判决书（2019）粤 03 刑终 250 号。

③ 参见李莉莎：《第三方电子支付法律问题研究》，法律出版社 2014 年版。

资金才会真正进入用户绑定的银行卡内。资金来源的差异性只是影响了资金调拨指令的具体内容，不妨碍行为定性。[①] 前文所述，在该类案件中，行为人通过获取他人密码利用支付宝绑定的银行卡转账，被害人实质上仍然是支付宝用户，而非银行或支付宝。由于支付宝或银行均没有陷入处分财产的认识错误，也就不存在被骗的可能，不能成为被害人。因此，对于银行来说，就不可能成立信用卡诈骗罪。

其次，支付宝余额与绑定银行卡内资金的性质虽然有所差别，但转出资金时只需输入支付密码并非银行卡取款密码。行为人只是利用支付宝秘密窃取支付宝用户本人的财产，实质上还是盗窃行为。

需要说明的是，由于支付宝绑定的银行卡及其支付密码不属于"信用卡信息资料"，行为人窃取他人手机及支付密码，盗刷他人支付宝绑定的银行卡资金，就应直接适用《刑法》第二百六十四条的规定，定盗窃罪，而非适用《刑法》第一百九十六条第三款规定的"盗窃信用卡并使用"的情况。

当然，这里还要提出的是，如果行为人通过支付宝账户对他人的银行卡重新绑定，或对原先已经绑定的信用卡做一些关键指令的修改，那么这些行为就已经直接地妨害了银行对信用卡的管理秩序，应当以信用卡诈骗罪进行认定。

> ［案例三］被告人罗某某之前因办理信用卡贷款获取了被害人童某的身份证号码、信用卡及手机号码等个人信息。后罗某某将童某的信用卡解除原预留的手机号码，换绑上自己使用的手机号码，又使用童某身份证号码注册了支付宝账号，设置了支付密码，再添加上童某的该信用卡。后将钱款转至罗某某自己控制的银行卡内，共计获取现金人民币 7 万余元。[②]

该案中，辩护人认为，被告人罗某某并非以非法方式获取他人信用卡信息资料，不应认定为冒用他人信用卡而构成信用卡诈骗罪；法院认为，被告人罗某某通过非法技术手段解绑他人信用卡原预留手机号码，换绑自己使用的手机号码，非法取得对他人信用卡的实际控制，并冒用他人信用卡骗取钱财，其行为属于冒用他人信用卡，符合信用卡诈骗罪犯罪构成。

笔者认为法院的认定较为妥当，罗某某的行为显然已经侵害了银行对信用卡的管理秩序，应当以信用卡诈骗罪追究其刑事责任。

3. 冒用他人蚂蚁借呗消费或套现如何定性

有意见认为，行为人冒用他人支付宝蚂蚁借呗时，作为支付宝平台，其完全是按照支付系统的正常程序来操作，实质上还是秘密窃取行为，借呗服务商不会受骗，应认定盗窃罪。也有意见认为，行为人冒用他人支付宝蚂蚁借呗进行消费或套现是虚构事实的行为，借呗服务商陷入错误认识，继而放款给行为人，应认定诈骗罪。还有意见认为，支付宝蚂蚁借呗应理解为信用卡，行为人冒用他人名义使用支付宝蚂蚁借呗借款消费或套现，应认定为信用卡诈骗罪。更有意见认为，支付宝蚂蚁借呗性质上是小额贷款平台，属于其他金融机构的范围，行为人冒用账户原持有

---

① 参见曾亚妮:《私转支付宝账户资金的刑法规制》，载《人民司法（应用）》2019 年第 1 期。

② 参见江苏省镇江市中级人民法院刑事裁定书（2018）苏 11 刑终 57 号。

人名义的方式，与贷款平台之间成立一个电子借款合同，从而使得贷款平台产生错误认识，并出于合同义务而发放了贷款，因此，行为人冒用他人名义向蚂蚁借呗申请贷款，骗取其他金融机构发放的贷款，其行为构成贷款诈骗罪。

在笔者看来，之所以存在这么多不同的定性意见，主要还是没有完全厘清支付宝以及蚂蚁借呗的法律性质。如前所述，以支付宝为例的第三方支付平台的法律性质是非金融机构，并不是经银监会批准设立的金融机构，不符合贷款诈骗罪中诈骗对象为金融机构的要求。行为人获取的支付密码也不是刑法意义上的“信用卡信息资料”，蚂蚁借呗也不是刑法意义上的信用卡，不符合冒用信用卡情形，且行为人输入的是支付密码，而不是银行卡密码，银行在支付过程中，不存在陷入错误认识而被骗的问题，也并未妨害银行对信用卡的管理。因此，行为人冒用他人支付宝蚂蚁借呗消费或套现的行为无法构成贷款诈骗罪或信用卡诈骗罪。但是，此类行为是构成盗窃罪还是诈骗罪，抑或是合同诈骗罪？

笔者认为，应区分情况而定，如果用户已开通借呗的，行为人冒用他人支付宝蚂蚁借呗消费或套现，应认定盗窃罪；如果用户未开通借呗，行为人冒用他人支付宝蚂蚁借呗消费或套现，相当于冒用他人名义签订合同，且该合同属于与重庆蚂蚁小贷公司签订的经济合同，其行为已侵犯了市场经济秩序，符合合同诈骗罪的构成要件。[①]

例如，前文列举的姜某某盗窃一案，检察机关及辩护人认为被告人姜某某的行为构成盗窃罪。法院认为被告人姜某某骗取赵某手机及支付宝等密码，将赵某钱款转走，是以非法占有为目的，虚构帮助赵某办理信用卡及查看信用额度等事由，骗取赵某手机及支付密码，通过蚂蚁借呗等服务商将赵某钱款转走，应认定诈骗罪。

笔者赞同检察机关的观点，应认为定盗窃罪。本案中，姜某某骗取支付宝密码在已开通的借呗进行转账，借呗服务商其实没有被骗。根据支付宝服务协议，只要操作人输入正确的密码即视为账户所有人本人的行为。因此，对于借呗服务商而言，根本不存在被骗的问题。姜某某虽然用欺骗手段获取了相关密码，但是赵某并非自愿处分自己的财产，不符合诈骗罪的构成要件，其获取钱财的主要手段是秘密窃取。

（二）利用手机银行转账方式侵财犯罪的定性

手机银行属于金融服务方式范畴，需要绑定银行账户与手机号码，是银行服务的延伸。[②] 手机银行的出现极大地方便了人们的生活，用户可以足不出户，在任何时间、地点通过手机来支付各种银行代收的水电费、跨行汇款等业务，省去了去银行排队的烦恼，但同时也带来了诸多法律上的问题。下面就两种情形予以探讨。

1. 非法获取他人密码，通过手机银行转账如何定性

持盗窃罪观点的人认为，行为人以非法占有为目的，事先以各种手段获取他人

① 参见陆芳烨：《冒用他人蚂蚁花呗行为的刑事认定》，载《中国检察官》2018 年第 8 期。

② 参见诸葛萍：《手机银行发展存在问题及对策初探》，载《时代金融》2016 年第 12 期。

手机银行登录密码和银行卡密码，未经他人同意，秘密转走他人钱款，应构成盗窃罪。持信用卡诈骗罪观点的人认为，手机银行登录密码和银行卡密码承载了大量的银行卡信息资料，行为人通过手机银行转账方式私自转走他人钱款，应当认定为冒用他人信用卡信息资料的行为，构成信用卡诈骗罪。笔者认为，此类案件中的手机银行登录密码和银行卡密码可以视为“信用卡信息资料”，应认定为冒用他人信用卡行为，构成信用卡诈骗罪。

> ［案例四］被告人陈某乘沈某不备，通过事先知晓沈某手机银行账户密码及银行密码，利用手机银行转账方式，多次将沈某信用卡内的钱款转走，共计偷转钱款62万余元。[①]

本案中，检察机关及辩护人认为被告人陈某未经沈某同意，通过手机银行转账方式，秘密窃取沈某银行卡内资金，数额特别巨大，其行为构成盗窃罪。法院认为被告人陈某的行为实质是登录手机银行后，冒用持卡人身份向相关银行发出支付指令，银行在接到该指令后，错误地认为系持卡人发出指令而予以同意支付。被告人陈某的行为属于冒用他人信用卡的诈骗行为，应构成信用卡诈骗罪。

笔者赞同法院的观点，陈某的行为应当认定信用卡诈骗罪。本案中，被告人陈某获取的登录密码和银行卡密码，属于“信用卡信息资料”，符合两高《妨害信用卡管理解释》第五条第二款第（三）项规定“非法方式获取他人信用卡信息资料，并通过互联网、通讯终端等使用”的情况，是冒用他人信用卡，应认定为信用卡诈骗罪。此处的登录密码和银行卡密码有别于支付宝支付密码，陈某输入正确的手机银行账户密码以及银行卡取款密码和验证码的行为，足以使银行误认为是卡主本人的行为，该行为不仅侵害了国家对信用卡的管理制度，还侵害了他人的财产所有权，与仅仅侵害公私财产所有权的盗窃行为存在本质区别。故陈某的行为应当构成信用卡诈骗罪。

2. 私自将他人银行卡绑定的手机号码进行修改，通过手机银行转账如何定性

这种情形相对来说，争议不是很大，实务中大多以信用卡诈骗罪来认定。行为人通过欺骗手段，非法获取银行卡预设的手机号码等信用卡信息资料，突破了传统的信用卡安全保护机制，严重侵害了国家对信用卡管理秩序，同时也侵害了他人的财产权，已经妨害了银行对信用卡的管理秩序，应当以信用卡诈骗罪进行认定。

四. 结论

通过以上分析，可以得出结论，就是互联网技术所催生的新型违法活动，有一部分只是传统犯罪行为在互联网领域的新形式，只要遵照法律适用和刑法解释的原则和技术，就可以予以准确地适用。而某些行为，则可能发生质的变化，可以运用刑法对计算机领域相关犯罪的专门规定及司法解释加以适用。

① 参见浙江省绍兴市柯桥区人民法院刑事判决书（2018）浙0603刑初409号。

论第三方支付方式下网络侵财犯罪的定性

——基于司法判例的研究

彭维美*

以支付宝、微信为代表的第三方支付方式，在给人们生活带来便利的同时，也催生出更加复杂隐蔽的网络侵财犯罪。在司法实践中，因各界对该方式下网络侵财犯罪的认识不统一，导致这类案件经常出现同案异判，尤其是在盗窃罪、诈骗罪和信用卡诈骗罪之间的认定具有很大的随意性，这不仅违背“罪刑相适应”原则，也会造成司法不公。因此，应对该方式下侵财犯罪定性统一认识。文章认为，在第三方支付方式下，直接侵犯第三方支付平台账号内余额的行为，应定性为盗窃罪；而侵犯与第三方支付平台绑定的银行卡内金额的行为，则应定性为信用卡诈骗罪。

一、问题提出

案例一：2015 年 3 月 11 日晚，被告人徐某某使用单位配发的手机登录支付宝时，发现可直接登录原同事即被害人马某的支付宝账号，该账号显示内有余额 5 万余元。次日下午 1 时许，徐某某利用其工作时获取的马某支付宝密码，使用上述手机登录马某支付宝账号，分两次从该账号转账 15 000 元到刘某的中国银行账号，后刘某从银行取现 15 000 元交给徐某某。宁波市海曙区检察院以盗窃罪对徐某某提起公诉，该区法院判决徐某某犯诈骗罪。① 一审宣判后，检察院以原判定罪错误为由，提出抗诉。宁波市中级人民法院经审理后裁定“驳回抗诉，维持原判”。②

案例二：2017 年 7 月，被告人韩某乘与胡某一起玩游戏之机，记下胡某的支付宝账号及密码。后韩某用其手机登录胡某的支付宝账号，并分多次将与该账号绑定的胡某中信银行卡内的人民币 116 161 元转至由其控制的方某及肖某的中国建设银行卡内，供自己使用。武汉市江岸区检察院以信用卡诈骗罪对韩某提起公诉，该区法院判决韩某犯盗窃罪。③ 一审宣判后，检察院提出抗诉。武汉市中级人民法院经审理后裁定“驳回抗诉，维持原判”。④

上述案例均是第三方支付方式下的网络侵财犯罪，根据侵犯的涉案财产是否在第三方支付平台账号内，主要分为两种模式：一种是直接侵犯第三方支付平台账

---

* 彭维美（1985— ），女，江西吉安人，江西省吉安市吉州区人民检察院科员。

① 参见浙江省宁波市海曙区人民法院刑事判决书（2015）甬海刑初字第 392 号。

② 参见浙江省宁波市中级人民法院刑事裁定书（2015）甬刑二终字第 497 号。

③ 参见湖北省武汉市江岸区人民法院刑事判决书（2018）鄂 0102 刑初字第 166 号。

④ 参见湖北省武汉市中级人民法院刑事裁定书（2018）鄂 01 刑终字第 598 号。

号内余额，如案例一；另一种是侵犯与第三方支付平台绑定的银行卡内金额，如案例二。仔细分析，案例一是被告人转移被害人支付宝账号内余额人民币15 000元，其本质是被告人转移了被害人第三方支付平台内的余额；案例二是被告人转移与被害人支付宝账号绑定的银行卡内人民币116 161元，其本质是被告人转移了与被害人第三方支付平台绑定的银行卡内的金额。案例一检察院以盗窃罪提起公诉，法院认定诈骗罪；案例二检察院以信用卡诈骗罪提起公诉，法院认定盗窃罪。由此可见，实践中对第三方支付方式下网络侵财犯罪如何定罪具有很大困惑和争议。

二、第三方支付的概念及特点

第三方支付，是指以互联网技术为支撑、以第三方支付机构为依托、以信息安全技术为保障，通过电子设备中的支付软件，在消费者、第三方独立机构、银行支付结算系统之间建立起来的电子支付方式。[①] 在第三方支付模式中，消费者与第三方支付机构签约，申请开通一个虚拟账号，在网上消费时可以选择该支付机构提供的多种支付方式进行，为消费者进行网上购物或者外出消费提供便利。[②] 近年来，以支付宝为代表的第三方支付方式飞速发展，由此催生的网络侵财犯罪案件多发，且较为复杂，因此，本文侧重于讨论以支付宝为代表的第三方支付方式下网络侵财犯罪行为定性问题。

第三方支付具有不同于传统支付的新特点：一是电子化。第三方支付完成了实体支付与互联网技术的对接，实现了电子资金在不同电子账号之间的流转，支付指令的发起借助于互联网和通信技术，支付效率得到提升，实时到账服务已变成现实，且可通过交易记录的追溯来记录账目，让消费者真正体会到“无现金”时代的便利。二是可移动性。第三方支付消除了距离和地域的限制，消费者在智能手机中安装第三方支付软件，直接使用智能手机进行操作就能享受到商品的购得和服务的提供，节省了传统支付中的路途时间等机会成本。[③] 三是虚拟性。第三方支付是在网络虚拟空间中进行的支付。虚拟账号打破了支付主体只能是银行的格局，但虚拟账号需要与至少一个银行卡账号相连。消费者可以向虚拟账号转入资金，以实现支付资金的便捷存放和支付的快速完成，也可不转入资金，只绑定银行卡，在支付过程中需要支付平台参与其中。第三方支付形成了一套在虚拟空间较为成熟的完整的支付体系，消费者在利用第三方平台完成支付时需要经过密钥设置、后台验证等程序，以支持多种多样具有相对安全保障的支付形式，为消费者进行网上消费支付提供了多元化的支付体验。[④]

---

① 参见秦新承:《支付方式的演进对诈骗犯罪的影响研究》，华东政法大学2012年博士学位论文。

② 参见张洁、欧阳孔秋:《移动电子支付现状及发展情况的调查分析》，载《巢湖学院学报》2017年第5期。

③ 参见孙萱:《虚拟支付条件下的消费者行为研究》，复旦大学2012年硕士学位论文。

④ 参见张智慧:《“云闪付”开启银行移动支付新格局》，载《商场现代化》2015年第29期。

三、直接侵犯第三方支付平台账号内余额的行为定性分析

（一）定性困惑：盗窃罪或诈骗罪？

支持盗窃罪的思路认为，行为人以非法占有为目的，采用秘密窃取的方式转移了他人支付宝账号内余额，构成盗窃罪。支持诈骗罪的思路认为，行为人冒用他人支付宝的行为是欺骗行为，欺骗的对象是支付宝公司。当被告人登录被害人的支付宝账号并进行支付操作时，支付宝平台误认为是支付宝账号所有者进行的操作，受到欺骗，错误地处分了被害人的财产，完全符合三角诈骗理论。因此，行为人具有非法占有的目的，采用隐瞒真相的方法骗取财物数额较大，构成诈骗罪。

按照国内刑法一般理论，盗窃罪的行为方式表现为具有非法占有的目的，秘密盗取他人财物。在盗窃过程中，无须被害人发生错误认识交付财产。诈骗罪的犯罪行为则表现为行为人采取编造事实、隐瞒真相等方法实施欺骗行为，被害人在受到欺骗后陷入错误认识，将财物进行处分自愿交付给行为人。[①] 盗窃罪实质是主动秘密获取，诈骗罪则是被动交付。因此，盗窃罪与诈骗罪的区别很明显。但由于第三方支付的特点，致使网络侵财犯罪的手段、财物转移的方式等均出现了异化，定盗窃罪还是诈骗罪，关键在于是否要求被害人具有处分意识，即第一，行为实施过程中处分财物的主体是否合适；第二，主体是否享有处分的权利。回归到判例一中，则是：第一，第三方支付平台能否成为诈骗的对象；第二，第三方支付平台是否享有处分财物的权利。

（二）定性分析

笔者支持盗窃罪的思路，认为直接侵犯第三方支付平台账号内余额的行为不构成诈骗罪。理由如下：

1. 第三方支付平台不可以作为被骗的对象

讨论第三方支付平台能否成为诈骗对象这个问题，不可避免地要先对“机器能否成为诈骗的对象”进行讨论，因为支付宝作为国内领先的第三方支付平台，其类似于一个致力于提供“简单、安全、快速”的支付解决方案的“机器人”。当然它比传统意义上的ATM机式的机器更加复杂，ATM机的操作使用还是需要行为人到现实的机器面前实施窃取的行为，而支付宝的账号登录和支付行为都可直接在虚拟世界操作。在我国法学理论界，有很多学者认同第三方支付平台可以成为诈骗的对象，如有学者认为，机器本身作为一个器物，是没有思想感情的，不会受到欺骗，然而，机器受到人的控制，并以人的指令来行事，操纵机器的人也许会被欺骗。[②] 另有学者认为机器可以被诈骗，被骗的对象实际上是在机器背后操作的自然人。机器背后的自然人有理由相信机器会按照事先输入的指令进行工作的操作，而且现在的机器已经具备了部分类似人脑的功能，如识别功能，于是当行为人利用这种功能使机器出现了

---

① 参见刘明祥：《论诈骗罪中的交付财产行为》，载《法学评论》2001年第2期。

② 参见刘明祥：《再论用信用卡在ATM机上恶意取款的行为性质》，载《清华法学》2009年第1期。

错误判断进而交付了财物时，实际上是机器背后的自然人产生错误的认识。[①]

笔者认为，第三方支付平台不可以作为被骗的对象。第一，辩证唯物主义认为，意识是人脑对大脑内外表象的觉察。而机器本身，即使如刘宪权教授所言现在的机器越来越智能，甚至拥有部分类似人脑的功能，但在本质上仍然是机器，不会产生意识，更不会产生错误的认识。刘明祥教授“操纵机器的人也许会被欺骗”的观点，正好说明机器不能被骗。第二，“机器背后的人受骗”的观点不符合事实。众所周知，以支付宝为例，无论用户是使用其转账，还是经营、消费的收付款，其对使用它的“人”并不审查，当登录账号和密码一致时，其必然机械性地转移支付资金，它不会出现错误认识，不存在诈骗罪要求的“骗”。

2. 第三方支付平台不享有处分财物的权利

判例一采纳三角诈骗理论认定诈骗罪的观点不正确。传统类型的三角诈骗表现为，具有处分权限的受骗人基于认识错误处分被害人（第三者）的财产，因而使被害人遭受财产损失。诉讼诈骗是传统类型三角诈骗的典型，在诉讼诈骗中，处分行为人是法官而不是被害人；不应当认为诉讼诈骗中的被害人是处分行为人，法官只是单纯的受骗人。[②] 刑法教义中的三角诈骗指的是被骗者与被害人分开的诈骗类型，这种类型最关键的是当中的被骗者必须符合一个条件，该条件是被骗者本身拥有对被害人财产进行处分的权利。[③] 但是第三方支付平台的代收、代付服务不是处分行为。根据《支付宝服务协议》规定，支付宝用户和支付宝平台形成的是委托保管关系，账号内的钱款是支付宝公司代为保管，其所有权仍然归属用户自己，支付宝平台不享有对用户钱款的处分权，既然不享有处分钱款的权利，也就不存在支付宝公司处分被害人财产的行为，不符合三角诈骗的构成要件。

四、侵犯与第三方支付平台绑定的银行卡内金额行为定性分析

（一）定性困惑：盗窃罪或信用卡诈骗罪？

支持盗窃罪的思路认为，行为人窃取的支付宝账号及密码虽然是支付宝公司验证用户身份的要素，但不能将支付宝账号及密码扩大解释为信用卡信息资料。行为人以非法占有为目的，在被害人不知情的情况下，借助第三方支付平台将被害人所有的银行卡内资金转移到自己掌握的银行卡账号内，使被害人遭受财产损失，符合盗窃罪的构成要件。支持信用卡诈骗罪的思路认为，支付宝账号及密码与被害人的银行账号直接关联，行为人通过掌握相关信息即可支配被害人银行账号上的资金，且实际非法占有的资金正是来自支付宝绑定的银行账号，故被害人的支付宝账号及密码等所载或所代表的与被害人银行账号有关的信息均属于信用卡信息资料。行为人通过非法的方式获取前述信用卡信息资料，并通过通讯终端使用，既侵犯了国家对信用卡的管理制度，又侵犯了公民的财产所有权，属于冒用他人信用

① 参见刘宪权：《新型支付方式下网络侵财犯罪的定性》，载《法学评论》2017 年第 5 期。

② 参见张明楷：《三角诈骗的类型》，载《法学评论 》2017 年第 1 期。

③ 参见张明楷：《论三角诈骗》，载《法学研究》2004 年第 2 期。

卡的行为，应认定为信用卡诈骗罪。

（二）定性分析

笔者认为侵犯与第三方支付平台绑定的银行卡内金额的行为应认定为信用卡诈骗罪。理由如下：

1. 应认定被害人的第三方支付账号、密码等所载或所代表的与被害人银行账号有关的信息属于信用卡信息资料

涉案的支付宝账号、密码是否属于信用卡信息资料是案例二的争议焦点。关于信用卡信息资料内涵和外延的界定，理论界存在广义说和狭义说两种观点。广义说认为，信用卡上所有危及资金安全的信息资料都是信用卡信息资料。[①] 狭义说认为，信用卡信息资料仅仅指的是磁条卡或芯片卡所记载的信息资料，核心是卡号和密码。[②] 该观点认为实体银行卡（磁条卡或芯片卡）所记载的信息资料才是信用卡信息资料。笔者认为，广义说和狭义说在界定信用卡信息资料的内涵和外延时都过于极端，没有准确地把握好合理限度。广义说极易作出扩大解释，不符合刑法的谦抑性。而狭义说观点则不能与时俱进，落后于现今的金融经济和网络科技发展。本文对于刑法领域信用卡信息资料的认定，是在第三方支付方式这个情境下，同时充分考虑到绑定第三方支付平台银行卡的实际支付规则。

在第三方支付机构与银行卡绑定过程中，银行需要进行身份审核。根据中国证监会、中国人民银行《关于加强商业银行与第三方支付机构合作业务管理的通知》第三条规定："客户银行账户与第三方支付机构首次建立业务关联时，应经双重认证，即客户在通过第三方支付机构认证同时，还需通过商业银行的客户身份鉴别。账户所在银行应通过物理网点、电子渠道或其他有效方式直接验证客户身份，明确双方权利与义务。"即根据支付规则，要转移与第三方支付平台绑定的银行卡内资金，行为人仅获取第三方支付平台账号和密码并不必然就可获取钱款，还必须输入银行卡密码，通过银行的审核后，银行才会将钱款转移给行为人。因此，银行卡内资金和支付平台内资金的转账手续也存在显著区别，要转移与其绑定的银行卡内资金，之前是需要使用手机银行或U盾，后来相关程序被快捷支付方式予以简化。虽然程序简化但其本质属性并无变化，都包含银行对银行卡用户发出指令审核的旨趣。但在绑定之后，实际支付规则又有所不同。这是因为便捷性交易已经成为经济运行的趋势，在银行卡交易方面，支付宝等交易平台绑定银行卡或者银行卡闪付等快捷支付的出现使得并不需要输入银行卡密码，只需要输入支付宝交易密码就可以获取与之绑定的银行卡卡内资金。一旦银行卡持卡人的支付宝账号、密码被具有不法侵财目的行为人所掌握，则与之绑定的银行卡内资金安全将岌岌可危。据此，在第三方支付方式情境下，应当充分考虑到第三方支付平台账号、密

① 参见卢勤忠：《信用卡信息安全的刑法保护——以窃取、收买、非法提供信用卡信息罪的分析为例》，载《中州学刊》2013年第3期。

② 参见利子平、樊宏涛：《窃取、收买、非法提供信用卡信息资料罪刍议》，载《河北法学》2005年第11期。

码对与之绑定的银行卡内资金安全的影响，认定被害人的第三方支付账号、密码等所载或所代表的与被害人银行账号有关的信息均属于信用卡信息资料。

2. 侵犯与第三方支付平台绑定的银行卡内金额的行为属于“冒用他人信用卡”的情形

根据《刑法》第一百九十六条的规定，信用卡诈骗罪的四种行为方式分别是使用伪造的信用卡，或者使用以虚假的身份证明骗领的信用卡；使用作废的信用卡；冒用他人信用卡；恶意透支信用卡。最高人民检察院 2008 年《关于拾得他人信用卡并在自动柜员机（ATM 机）上使用的行为如何定性问题的批复》规定：拾得他人信用卡并在自动柜员机(ATM 机) 上使用的行为，属于刑法第一百九十六条第一款第(三) 项规定的“冒用他人信用卡”的情形，构成犯罪的，以信用卡诈骗罪追究刑事责任。2009 年，最高人民法院、最高人民检察院《关于办理妨害信用卡管理刑事案件具体应用法律若干问题的解释》第五条规定：“窃取、收买、骗取或者以其他非法方式获取他人信用卡信息资料，并通过互联网、通讯终端等使用的”属于“冒用信用卡”的情形。在案例二中，行为人通过非法方法获取被害人的支付宝账号和密码，通过支付宝平台登录后将被害人已经绑定的银行卡内钱款通过转账方式转移为自己占有，其本质是通过非法手段获取他人信用卡信息资料后，通过互联网、通讯终端等予以使用的行为，完全符合《关于办理妨害信用卡管理刑事案件具体应用法律若干问题的解释》第五条第（三）项规定的“冒用他人信用卡”的情形。

值得注意的是，《刑法》第一百九十六条第三款规定盗窃信用卡并使用的，依照盗窃罪的规定定罪处罚，这属于法律拟制规定。根据刑法规制来看，冒用信用卡的行为都是成立信用卡诈骗罪，只有盗窃信用卡并冒用的才成立盗窃罪。根据上文司法解释的规定可知，“冒用信用卡”包括冒用实体信用卡和冒用信用卡信息资料。但是，对“盗窃信用卡并使用”中的“使用”只能是使用实体信用卡。因为“窃取他人信用卡信息资料，并通过互联网、通讯终端等使用的”属于“冒用信用卡”的情形，即盗窃信用卡信息资料并使用适用最高人民法院、最高人民检察院《关于办理妨害信用卡管理刑事案件具体应用法律若干问题的解释》第五条相关规定，构成信用卡诈骗罪。

3. 银行对绑定的银行卡内金额享有处分权

银行是金融机构，行为人侵犯的银行卡内金额，是被害人的银行存款。被害人的存款存到银行，属于银行直接占有，被害人通过让渡自己对存款的占有以换取对银行的债权，此时被害人与占有人相分离。银行将被害人存款与其他款项混同后共同管理，从事经营活动，无须事先征得被害人同意，享有完全的经营自主权，并在经营活动中对银行可支配款项享有完整的占有、使用、收益及处分权，即所有权，即银行对被害人存储在其银行卡内的资金具有处分的权利。盗窃罪的核心构成要件是秘密窃取，转移他人对财产的占有，而与第三方支付平台绑定的银行卡内资金由银行事实占有。且银行接到行为人转账指令后实施了处分行为，将银行卡内资金由银行占有转移给行为人占有，整个转账过程银行完全知晓，只不过转账程序和银行的处分行为，都被快捷支付方式予以简化，但可通过交易记录来追溯，该类行为不具有秘密性，因此不宜认定为盗窃罪。

根据上述，笔者认为，行为人通过非法手段获取被害人的信用卡信息资料，借助第三方支付平台绑定银行卡的功能，向银行发出转移支付指令，银行误以为转账支付的实际操作人是被害人本人，进而向行为人交付了银行卡内的钱款，整个犯罪过程契合司法解释规定的“冒用他人信用卡”的构成要件。根据罪刑法定原则，在第三方支付方式情境下，行为人侵犯与第三方支付账号绑定的银行卡内金额的行为符合信用卡诈骗罪的构成要件，以信用卡诈骗罪定性更符合我国刑法规制。

利用网络第三方支付平台实施侵财行为的定性分析

郑 娜*

随着支付宝、微信等网络第三方支付平台的广泛普及和应用，与之相关的侵犯财产型违法犯罪活动也随之而来。违法犯罪分子利用这些网络第三方支付平台的特点，采取或盗窃或诈骗的方式，以达到他们非法获取他人财产的目的，这些违法犯罪行为往往兼具盗窃类犯罪和诈骗类犯罪的行为特点，那么在司法实践中，该如何给这些犯罪行为正确定性呢？

一、案例基本情况

某天深夜，余某潜入一居民屋内，趁户主胡某熟睡之机，盗得胡某的手机一部和钱包一个，钱包内装有胡某的身份证和银行卡两张（一张建设银行卡、一张工商银行卡）。后余某利用胡某的身份证号码和手机获取的短信验证码等信息成功将胡某的手机解锁，并修改了手机内安装的支付宝和微信钱包密码。余某发现胡某的支付宝和微信均只绑定了胡某的建设银行卡，余某遂利用盗窃来的工商银行卡上的卡号信息、手机短信验证码等将胡某的工商银行卡与支付宝、微信绑定，并利用支付宝和微信的快捷支付功能通过扫码支付、转账等方式套取胡某工商银行卡内资金共 15 000 元，套取胡某建设银行卡内资金 8000 元，套取支付宝余额和微信钱包零钱共 3000 元，套取支付宝花呗金额 1600 元。

该案本身源于简单的入户盗窃，余某深夜潜入胡某家中盗窃手机等物的行为构成入户盗窃显然是没有问题的。随后余某利用支付宝、微信等网络第三方平台套取胡某资金的行为显然也是一种侵财型犯罪行为，但构成何种犯罪呢？从犯罪构成方面来看，余某的主体身份和以非法占有为目的的主观方面没有疑义。但这一行为的客观表现是符合盗窃罪关于秘密窃取的要求还是符合诈骗罪关于虚构事实、隐瞒真相的要求？其侵犯的客体除公私财产所有权外，是否还包括国家的金融管理秩序，是否构成信用卡诈骗罪？笔者认为，上述行为作为一种新型的犯罪模式，兼具了盗窃罪和诈骗罪的某些行为特点，所侵犯的客体也确实涉及了国家的金融管理秩序。那么在现行的法律语境下，该如何定罪呢？

二、几对法律关键词的比较分析

笔者认为，要正确认识利用网络第三方平台实施的侵财行为的行为性质，首先

---

* 郑娜（1985— ），女，湖北仙桃人，湖北省仙桃市人民检察院第一检察部检察官助理。

要搞清楚以下几个关键词的内涵和外延。

（一）“盗窃信用卡并使用”和“冒用他人信用卡”

《刑法》第一百九十六条第三款规定：“盗窃信用卡并使用的，依照本法第二百六十四条的规定定罪处罚。”即按盗窃罪定罪处罚。按照这一规定，行为人实施入户盗窃后，通过支付宝、微信套取被害人信用卡资金的行为是否就当然构成盗窃罪？“盗窃信用卡并使用”这一表述看似简单清晰，实则内涵、外延模糊不清，刑法及司法解释也没有明确规定。

而“冒用他人信用卡”的内涵和外延是比较清楚的，我们可以结合起来理解何为“盗窃他人信用卡并使用”。冒用他人信用卡是指行为人擅自以持卡人的名义，使用自己无权使用的他人的信用卡。[①] 按照这一定义，“盗窃信用卡并使用”其实也是一种“冒用他人信用卡”的行为，但《刑法》第一百九十六条明确规定了将“冒用他人信用卡”和“盗窃信用卡并使用”分别定性为信用卡诈骗罪和盗窃罪。笔者认为盗窃信用卡并使用依照盗窃罪定罪处罚这一规定是法律拟制而非注意规定。为什么这么规定？下面我们结合“冒用他人信用卡”的外延来理解。

两高《关于办理妨害信用卡管理刑事案件具体应用法律若干问题的解释》第五条第六款规定：刑法第一百九十六条第一款第三项所称“冒用他人信用卡”，包括以下情形：（一）拾得他人信用卡并使用的；（二）骗取他人信用卡并使用的；（三）窃取、收买、骗取或者以其他非法方法获取他人信用卡信息资料，并通过互联网、通讯终端等使用的；（四）其他冒用他人信用卡的情形。值得注意的是第（三）项的规定，我们可以简单理解为“以非法方法获取他人信用卡信息资料并使用的”定性为“冒用他人信用卡”行为。将其与“盗窃信用卡并使用”进行比较，我们会发现，盗窃行为也是非法方法，二者的区别主要在于前者非法获取的是“信用卡信息资料”，而后者非法获取的是“信用卡”。“信用卡信息资料”和“信用卡”如何区别，笔者将在后文再进行阐述。

通过前面的阐述，笔者认为“以非法方法获取他人信用卡信息资料并使用的”应当包括两种核心违法行为，一是以非法方法获取信用卡信息资料，二是利用信用卡信息资料套取信用卡资金。而之所以将“盗窃信用卡并使用”法律拟制为盗窃罪，立法本意强调这一行为的核心违法行为是盗窃，即盗窃信用卡行为是消耗行为人精力的主要动作，后续的使用行为应当是一种对行为人来讲非常轻而易举、易于实施的行为，不需要消耗行为人过多的精力或冒过多风险的行为。基于上述分析，笔者认为“盗窃信用卡并使用”的行为应指盗窃信用卡后，按照信用卡的通常使用方法，利用信用卡购买商品、接受服务或者支取现金。包括行为人本身知晓信用卡密码而盗窃并使用的，如因彼此非常熟悉或者偶然得知他人的信用卡密码，盗窃他人的信用卡并使用的。或者是行为人盗窃信用卡后，不需要信用卡密码就可直接消费或支取现金的情况，如有些信用卡设定了在一定额度内免密支付。对于上述

① 参见高铭暄、马克昌：《刑法学》，北京大学出版社、高等教育出版社 2016 年版。

列举的情形，我们可以归纳理解为行为人在实施完盗窃信用卡这一核心违法行为后，就对卡内资金有了相当大的控制权，所以立法者将“盗窃信用卡并使用”法律拟制为盗窃罪。另外，需要提醒注意的是，“盗窃信用卡并使用”的行为不应当包括盗窃信用卡后采取非法手段获得密码或更改密码并使用的行为，为什么这么说，下文将在阐述“信用卡”和“信用卡信息资料”时进行分析。

（二）“信用卡”和“信用卡信息资料”

《关于〈中华人民共和国刑法〉有关信用卡规定的解释》指出，刑法规定的“信用卡”，是指由商业银行或者其他金融机构发行的具有消费支付、信用贷款、转账结算、存取现金等全部功能或者部分功能的电子支付卡。可见，刑法所称“信用卡”并非单指我们日常生活中常见的可以在一定信用额度内提前消费（即透支）的信用卡，而是还包括不可透支的储蓄卡。即只要是金融机构发行的卡片，具备上述解释中的一项或者多项功能，即为刑法所称“信用卡”。其外观形态一般表现为一种特制载体塑料卡片，正面印有发卡机构名称、有效期、号码、持卡人姓名等内容，背面有芯片、磁条、签名条等。

何为“信用卡信息资料”，法律并无明确规定，从广义上理解，一般认为是我们在金融机构申领信用卡时提交的所有相关信息，主要包括密码、身份证号码、手机号、持卡人面部特征信息、个人签名以及信用卡卡号等。但是否这些信息就都属于刑法意义上的“信用卡信息资料”呢？笔者认为不是。如身份证号码是每个人唯一、不变的法定号码，具有多项社会功能，申领信用卡只是其中之一，单纯的身份证号码信息并不足以被违法犯罪分子加以利用并最终导致破坏金融管理秩序。再比如信用卡卡号本身印制在信用卡卡面之上，不像密码具有隐秘性，其暴露给他人知晓的概率非常大，单纯的信用卡卡号也不足以被违法利用。如何认定“信用卡信息资料”？我们并非完全无可参照的依据。2009 年 12 月 3 日最高人民法院、最高人民检察院《关于办理妨害信用卡管理刑事案件具体应用法律若干问题的解释》和 2010 年 5 月 7 日最高人民检察院、公安部《关于公安机关管辖的刑事案件立案追诉标准的规定（二）》均对窃取、收买、非法提供信用卡信息罪的立案标准进行了规定，即窃取、收买或者非法提供他人信用卡信息资料，足以伪造可进行交易的信用卡，或者足以使他人以信用卡持卡人名义进行交易，涉及信用卡 1 张以上的，应予立案追诉，以窃取、收买、非法提供信用卡信息罪定罪处罚。分析这一司法解释并理解其立法本意，我们可以认为刑法意义上的“信用卡信息资料”应当是以质为标准的，即不管是一项信用卡信息资料或是多项信用卡信息资料的组合，只要其满足“足以伪造可进行交易的信用卡，或者足以使他人以信用卡持卡人名义进行交易”的实质性标准，那么这一项信用卡信息资料或者多项信用卡信息资料的组合即为刑法意义上的“信用卡信息资料”。举例来讲，信用卡密码信息是使用信用卡的核心信息，单独的信用卡密码信息就足以使他人以信用卡持卡人名义进行交易，是可以认定为刑法意义上的“信用卡信息资料”的。而单独的银行卡卡号或者单独的身份证号码虽然是与信用卡相关的信息资料，但其无法达到上文提到的实质性标准，不能认定为刑法意义上的"信用卡信息资料"。若是银行卡卡号和身份证号码的组合信息呢？或这些信息与其他信息的组合呢？它们未必不能达到这种实质性标准，需具体情况具体判断。

通过以上分析，我们回到上文提到的问题，"盗窃信用卡并使用"的行为为什么不应当包括盗窃信用卡后采取非法手段获得密码或更改密码并使用的行为。笔者认为既然信用卡密码作为信用卡的核心信息资料可以单独认定为刑法上的"信用卡信息资料"，采取非法手段获得密码或更改密码，即为以非法方法获取他人信用卡信息资料的行为，这是司法解释明确规定为"冒用他人信用卡"的行为。

（三）支付宝和金融机构

支付宝、微信等作为网络第三方支付平台与银行等金融机构是什么关系？它们到底是不是金融机构？这里以支付宝为例，支付宝是我国最早也是最大的第三方支付平台，它通过与商业银行等金融机构建立合作关系，在网络上将商业银行与用户连接起来，开展线上资金交易。支付宝具备很多服务功能，其中我们最为熟悉的有通过支付宝余额或者与其绑定的银行卡进行转账、支付，通过支付宝的余额宝功能进行投资理财和支付，通过支付宝的花呗功能进行借款提前消费等。支付宝的这些功能基本与商业银行的主要业务重合，但其主要功能仍然以与商业银行的合作为前提，脱离了商业银行，支付宝的业务将无法开展。那么以支付宝为首的这些网络第三方支付平台是不是金融机构呢？目前学术界对此众说纷纭，尚未形成统一意见。笔者认为，不可否认支付宝等网络第三方支付平台从事的是与金融相关的业务，但其是否是法律意义上的金融机构，还须国家法律政策说了算。国家对金融机构有着严格的准入机制和监管政策，但是对于目前正处于蓬勃发展和创新阶段的互联网金融而言，相关的法律政策基本处于空白状态。目前能找到的相关规定只有2010年中国人民银行发布的《非金融机构支付服务管理办法》，该办法第二条规定，本办法所称非金融机构支付服务，是指非金融机构在收付款人之间作为中介机构提供下列部分或全部货币资金转移服务：网络支付、预付卡的发行与受理、银行卡收单、中国人民银行确定的其他支付服务。按照这一规定，第三方支付平台似乎只能按照非金融机构处理。总而言之，即便支付宝、微信等网络第三方支付平台具备一定的金融服务功能，但目前将其定性为金融机构的法律政策依据是不充分的。

三、对利用网络第三方平台实施的侵财行为的实务分析与定性

搞清楚了上述几对关键词，我们可以将利用支付宝、微信套取资金的行为分为四种不同的行为模式，结合前文案例，我们逐一分析。

（一）修改支付宝、微信密码并套取支付宝余额和微信钱包零钱的行为

即行为人盗窃手机、身份证、银行卡等财物后，修改了支付宝或微信的密码，从而套取支付宝余额和微信钱包零钱。支付宝余额和微信钱包零钱是存在于支付宝余额账户和微信钱包零钱账户内的资金，因支付宝和微信等网络第三方支付平

台不能认定为金融机构，首先我们可以排除金融诈骗类罪名。其次，在该行为中，行为人没有虚构事实、隐瞒真相，致使被害人产生错误认识而自愿交付财产。但行为人冒充被害人本人操作支付宝和微信，使支付宝和微信的平台系统产生错误认识而执行交易指令，是否应构成诈骗罪呢？目前在司法实践中一般认为机器或人工智能系统不能成为诈骗的对象（除信用卡诈骗罪外[①]），如许霆案。从实务角度出发，不宜将该行为定性为诈骗行为，而应定性为盗窃行为。首先，行为人先有盗窃手机、身份证的行为，再有更改支付宝、微信密码套取资金的行为，行为人在主观上是盗窃的故意而非诈骗的故意，套取支付宝、微信资金的行为是这一盗窃故意的延续，将该行为定性为盗窃罪符合主客观相统一的刑法原则。其次，我们可以将支付宝和微信账户比作一个带锁的电子钱包，余某采取非法手段更改账户密码相当于是实施"撬锁"行为，套取资金的行为则相当于从钱包中将现金拿出来的行为，符合盗窃罪关于秘密窃取的要求。因此，这一行为宜定性为盗窃行为。

（二）将银行卡绑定在支付宝、微信上并套取资金的行为

即行为人盗窃手机、身份证、银行卡等财物后，修改了支付宝、微信密码，利用盗窃的银行卡上的卡号信息、手机获取的短信验证码等将被害人的银行卡A（区别于下文的银行卡B）与支付宝、微信绑定，并最终套取该银行卡A内的资金。首先，行为人盗窃银行卡A是为了获取银行卡A上印制的卡号信息并加以利用，而不是为了直接使用银行卡A获取资金，因此该行为不宜定性为"盗窃信用卡并使用"。其次，印制在银行卡A上的卡号信息和手机内的手机号码均为与信用卡相关的信息，其获取手段为盗窃这一非法手段，即为"以非法方法获取"。最后，行为人通过盗窃获取的信用卡信息使其能够将银行卡A与支付宝、微信绑定，并通过扫码支付、转账等方式套取卡内资金，说明这一信用卡信息资料已达到足以使他人以信用卡持卡人名义进行交易的实质标准。因此，这一行为是"冒用他人信用卡"行为，应定性为信用卡诈骗罪。

（三）套取原本就绑定在支付宝、微信上的银行卡内资金的行为

即行为人盗窃被害人手机、身份证、银行卡后，修改了支付宝、微信密码，发现支付宝、微信上绑定了被害人的一张银行卡B，遂通过扫码支付、转账等方式套取银行卡B内的资金。这种行为形式与第二种行为形式的区别就在于是否需要行为人利用信用卡信息资料完成绑定的动作。一方面，银行卡B内的资金与支付宝的余额资金和微信零钱资金一样，在行为人盗窃手机并非法获取支付宝、微信账户密码后，已在很大程度上为行为人所控制，不需要余某利用盗窃而来的信用卡信息资料进行其他违法操作，行为人只需从这个"电子钱包"中将现金拿出来即可。另一方面，由于银行卡B本身绑定在支付宝、微信账户上，盗窃手机的同时也盗窃了附着在支付宝、微信之上的银行卡B，虽然该卡并不以实物形式存在。后行为人通过

---

① 笔者认为信用卡诈骗罪作为特殊的诈骗型犯罪，是目前在法律上和实务中唯一认可银行智能交易系统可作为诈骗对象的罪名。

非法方法掌握支付宝、微信账户密码（即“撬锁”行为），从而转移银行卡B内资金，其实就是“盗窃信用卡并使用”的行为。因此，无论从哪方面分析，这种行为都应定性为盗窃行为。也许有人会说，行为人利用盗窃的身份证号码和手机获取的短信验证码非法取得了支付宝、微信的账户密码，就是采取非法手段获取了银行卡B密码这一核心信用卡信息资料，应定性为“冒用他人信用卡”行为。笔者认为，支付宝、微信的账户密码不能等同于信用卡密码，熟悉支付宝、微信操作的人都应当知道，支付宝、微信的账户密码往往与银行卡密码不相同，除非账户所有人刻意设置成同一密码，且支付宝、微信的账户密码并不是账户持有人在申领信用卡时提交给银行的信息，而是其在使用支付宝、微信时提交给支付宝、微信平台的信息，因此支付宝、微信密码信息不能认定为“信用卡信息资料”，套取原本就绑定在支付宝、微信上的银行卡内资金的行为性质也就不能认定为“冒用他人信用卡”行为。

（四）修改支付宝、微信密码后，套取支付宝花呗金额的行为

即行为人盗窃被害人手机、身份证、银行卡后，修改了支付宝密码，套取支付宝花呗金额。基于上述第一种行为的分析理由，笔者认为，第四种行为仍然应定性为盗窃行为。但第四种行为有其特殊性，首先支付宝花呗是支付宝平台为用户提供的具备透支功能的服务，从功能上看花呗与银行发行的可透支信用卡并无二致，正因如此，在实务中很容易将套取花呗额度的行为与套取银行信用卡资金的行为混同。但毕竟支付宝尚不具备金融机构资格，花呗自然也不能作为刑法意义上的信用卡对待。其次花呗是一种借款服务，并不能完全等同于放在钱包中的现金。支付宝花呗账户均有一定的借款额度，若行为人实际控制了支付宝账户则等同于实际控制了与花呗借款额度等同的现金，关键在于行为人有没有实际将这一借款额度转移出来或者转移了多少资金出来，实际套取出来的数额即为其盗窃的数额。

四、结语

本文的实务分析是建立在现行法律规定和司法实践的基础上得出的结论。该结论有两大重要前提，一是支付宝、微信等网络第三方支付平台为非金融机构；二是机器或人工智能系统不能作为诈骗的对象。但这两大前提是否是合理的？是否是一成不变的呢？笔者认为并不必然。随着经济社会的发展和法律的不断完善，支付宝、微信等网络第三方平台的金融机构性质迟早会被确定，认可机器或人工智能系统能够作为被诈骗的对象是存在经济基础和现实依据的（如信用卡诈骗罪），届时同样的案例或许会有完全不一样的结论。

易方式，而是确实存在财产这一事实，而这一财产是账户或者储户的实实在在的财产，所有支配权力的来源是账户本人。对于债权凭证的说法是基于民事合同的关系，只是一种性质的不同侧面。

第三方支付平台的支配者身份需要具体问题具体分析。在该软件设计之初，第三方在绑定行为中只是一个通过网络的钱款流转通道，第三方平台只负责流转的顺畅。关键是对于后来平台绑定的银行卡内资金，谁是占有者？这是刑法中的认定难题。平台一直否定其支配地位，可能基于责任的原因。但是，基于其能在账户本人不知情的情况下，对资金拨付的实际，其本质上是资金的占有者。这种支配关系也不否认账户本人对自己财产的支配地位。在网络消费信贷的场合，第三方支付平台主要负责资金的发放，所以在骗取消费信贷行为中，第三方平台当然是该类资金的占有者。

（三）“盗”“骗”行为手段的本质认定

1.“法条竞合说”对网络侵财案件认定的影响

网络侵财案件认定难题的一个侧面在于理论的创新，特别是近年来关于盗窃与诈骗的竞合理论。“盗窃与诈骗的关系，就是普通法与特别法的关系”[①]，从本质上说盗窃罪与诈骗罪是法条竞合的关系。此种观点认为，作为侵财型的占有类犯罪，盗窃罪是基础罪行，诈骗罪脱胎于盗窃罪，所以在行为方式上，诈骗罪与盗窃罪存在一定程度的相同性。许多司法实务人员认为，基于前种理论，网络侵财案件由于盗骗手段的交织，在诈骗罪的构成要件存在一定障碍的前提下，应当可以认定为骗取型的盗窃罪。试图通过杂糅两种手段来分析盗骗交织型网络侵财犯罪，而不做本质区分。

2. 盗骗交织手段本质是互斥，不是竞合

盗骗手段竞合只是假象，盗窃罪与诈骗罪存在本质的区别。“诈骗罪与盗窃罪是对立关系”[②]，作为侵财型的犯罪，盗窃罪是“他损型”财产犯罪，而诈骗罪是“自损型”犯罪。一般情况下，成立诈骗罪就不可能成立盗窃罪，反之成立盗窃罪就不可能成立诈骗罪，二者是根本互斥的关系。

首先，从法益来看，虽然说盗窃罪与诈骗罪都是侵财类犯罪，侵犯的法益具有相似性，但是不能因为法益的相似而认为两者之间存在一致性。从整个刑法体系来看，在财产法益之上，还有人类整体利益，不能就此认为刑法中的400多个罪名之间都是竞合关系。其次从盗窃罪、诈骗罪的行为手段上看，盗窃的手段与诈骗的客观行为之间存在明显的区别。盗窃的秘密性仍然是盗窃罪的精髓，虽然在某种形式上，盗窃有骗取的成分，但是秘密获取财物是盗窃既遂的关键。以实务中经常发生的“借手机”（以借手机为名趁机拿走手机，现在这种案件已经不多了）为例，实务中经常认定为盗窃罪。该类案件也成为骗取型盗窃罪的典型案件。但是，笔者认为在该案件中，秘密性仍然是其主要行为手段，虽然之前的借手机行为带有

① 潘星丞：《竞合论视角下盗窃罪与诈骗罪的界分》，载《政治与法律》2019年第7期。

② 张明楷：《刑法学》，法律出版社2016年版。

骗取成分，但是，后来的被害人交付手机行为并不具有处分意思，同时，占有手机成功的关键是后续在手机主人不知情下脱离控制的行为，这种行为的本质具有秘密性。如果其一直在被害人的身体和意思的控制之下，其是无法完成盗窃行为的。如果使用一定的强力行为，即成立抢夺罪。

3. 盗骗交织手段的延伸解读

诈骗罪是被害人有瑕疵意思的处分行为，在具体场合，必须存在两个关键节点，一个是虚构事实、隐瞒真相，另一个是被害人基于瑕疵认识处分财物。笔者一直认为在现今社会生活实际下，对于被害人的处分意思可以做相对广度的延伸，通过第三方体现出来。在网络侵财犯罪行为中，虽然被害人一直未知行为人冒用了其支付宝的行为，看似具有秘密性，但是行为人的犯罪行为是在第三方平台上的认证行为，第三方是明知的。此时，就不是秘密行为，而是虚构事实、隐瞒真相的行为，该行为是诈骗罪的客观行为。

所以笔者认为，在使用第三方平台进行侵财的行为本质是诈骗行为，而非盗窃。

（四）盗骗交织型网络侵财案件主要手段的认定

1. “主要手段说”的司法实践

“主要手段说”不仅是一个理论学说，也是司法实务确立的观点。针对网络侵财案件，最高人民法院于2014年6月23日发布了第27号指导案件，确立了“对既采取秘密窃取手段又采取欺骗手段非法占有财物行为的定性，应从行为人采取主要手段和被害人有无处分意识方面区分盗窃与诈骗”[①]的裁判要旨，确立了“主要手段说”的司法地位。但是，在盗骗交织的侵财案件的场合，即使认可“主要手段说”的司法者在具体分析犯罪行为的主要手段时，也会基于不同的立足点，得出完全相左的观点。比如，在冒用他人身份进行网络侵财时，一些人基于机器不能被骗的观点，认为主要手段为秘密窃取。还有一些人认为，机器可以被骗或者机器背后的人可以被骗，认为行为人的手段是虚构事实、隐瞒真相。

2. 盗骗交织型网络侵财案件主要手段的认定

“一千个观众眼中有一千个哈姆雷特”，准确认定行为的本质成为案件认定的关键。从具体操作层面来看，网络侵财案件的得以成功需要两个关键步骤，第一个是获取他人平台账户、密码，第二是冒用他人账户成功获得平台信任调拨资金，而后转移资金的行为。一般而言，第一个主要是“偷”，第二个主要是“骗”。当然，在第一个行为中，行为人可能不是“偷”，也可能是“捡”，也可能是通过与被害人的沟通行骗。我们为了合理论证犯罪的性质，假定以“偷”的手段获取账户密码。

那么这两种行为，何为主要手段，何为次要手段，成为认定案件性质的关键。此时，就需要判断行为的刑法性质，有些行为不具有刑法意义，有些行为具有犯罪

① 王钢：《盗窃与诈骗的区分——围绕最高人民法院第27号指导案例的展开》，载《政治与法律》2015年第4期。

属性。“刑法上的行为，是指行为主体实施的客观上侵犯法益的活动。”[①] 盗窃罪的本质是通过秘密手段实现财物的转移占有，手段在于指向财物的偷偷转移行为，从而打破原有的占有关系。诈骗的手段在于被害人面对犯罪分子取财行为的主动配合。在所有的网络侵财案件中，因为钱款的虚拟化，行为人无法潜入网络空间转移钱款。如果仅仅是盗取他人的账号、密码不能实现资金的获取。这也就是“行为人与被害人之间的交往与沟通只是实行行为的‘前夜’，可以界定为犯罪的预备行为”[②]。同时出于安全的原因，第三方支付网站仍有验证的过程。在获取资金的过程中，有一个通知、取得第三方信任的过程。那种认为在整个过程中，行为人的行为他人不知晓，从而轻松实现资金的转移观点，是不符合实际情况的。该行为最后的实质就是资金占有者的配合，将钱款主动转移至行为人控制之下。从该手段特点分析可知，其行为实质是诈骗，不是盗窃。

二、盗骗交织型网络侵财案件的意思侧面

盗骗交织型网络侵财案件主观方面的意思认识，主要在于犯罪过程中是否存在被害人的处分意思。即基于被害人处分意思的认定为诈骗，反之构成盗窃罪。对此，理论界和实务界存在认识上的分野。

（一）盗骗交织型网络侵财案件被害人处分意思的分歧和论证

1. 盗骗交织型网络侵财案件被害人处分意思的认识分歧

一般来说，盗骗交织型网络侵财案件是否存在被害人的处分意思存在以下三种观点。第一种观点认为盗骗交织型网络侵财案件中不存在被害人的处分意思（以下简称“无意思说”），“在涉及无体财产性利益的场合”“只有当被害人认识到了财产转移的外在事实，并且认识到了这种财产转移与自己或者自己支配之下的他人财产相关的性质，才能认为其有意识地处分了财产性利益。相反，如果被害人欠缺这种认识，就难以认定行为人构成诈骗罪”[③]。这种观点承认诈骗罪在认识方面需要被害人的处分意思，同时认为在盗骗交织型网络侵财案件中，不存在被害人的处分意思。第二种观点认为，在网络侵财案件中，只要存在被害人处分的侵财行为，构成诈骗罪，但是被害人处分侵财的行为不是出于处分意思，而仅仅是一种客观行为。（以下简称“处分意思不要说”）“应该在诈骗罪的成立条件上适当放松，不能要求诈骗案件被害人必须具有‘财产处分意识’，被害人所必然具有的所谓‘意识’，顶多是前期就财产决策事项与被告人进行‘交往沟通的意识’。”[④] 第三种观点就是坚持“处分意思必要性”的观点，认为在网络侵财案件中不仅存在处分行为，也同时存在被害人的处分意识，并且只有存在这种意识才能构成诈骗，它与“无意

---

① 张明楷：《刑法学》，法律出版社 2016 年版。

② 姜涛：《网络型诈骗罪的拟制处分行为》，载《中外法学》2019 年第 3 期。

③ 王钢：《盗窃与诈骗的区分——围绕最高人民法院第 27 号指导案例的展开》，载《政治与法律》2015 年第 4 期。

④ 蔡桂生：《新型支付方式下诈骗与盗窃的界限》，载《法学》2018 年第 1 期。

思说”观点的分界在于从同一事实得出的结论不同而已。

2. 网络的介入对被害人处分意思的影响

第一种“无意思派”的观点是对最高院2014年第27号指导案例的延伸解读，虽然在该案例的分析中，论者坚持了主客观相一致的指导原则，但在主观的结论论述上存在一定的缺陷。论者认为在网络侵财案件中，对于假冒的手段被害人“既不知情，也非自愿”，所以被害人欠缺处分意识的内涵，其行为当然构成盗窃罪。对一行为的解释应当透过现象看本质。诚然，在网络侵权案件中，被害人通常不知道行为人在侵害其财产，可能其也不与行为人发生实体接触，存在财产瞬间被转走的结果。如果从该观点出发，网络侵财案件几乎不存在任何诈骗的空间，只有一种定性，盗窃罪。但是这种观点很难认定大量骗取网络消费信贷的行为。如在使用借呗侵财的案件中，所侵犯的财产，被害人以前都不曾拥有，将来也不会拥有，不管是被盗还是被骗都不能成立，所以该理论的处分意识存在缺陷。

不管是“处分意思必要说”还是“处分意思不要说”，前提均是承认在客观行为上存在被害人的处分行为，不同点在于对处分行为认识的有无。“处分意思必要说”认为，诈骗罪的成立必须以被害人足以认识到其在处分自己的财物为前提，反之就为盗窃。而在“处分意思不要说”的观点中，只要有处分行为即成立诈骗。具体到网络侵财案件中，存在一个认定事实的难题，就是如果不能贯彻处分意思的要素，如何评价被害人的主动交付财物行为。如果认为被害人的行为只是一种沟通，并没有认识到自己在处分财物，其与盗窃也就同质化了，这种观点不能很好地解决在传统侵财案件中盗窃与诈骗的区分，存在适用上的局限，也导致法律适用的不统一。“处分意思必要说”是一种合理的观点。

但是，网络侵财案件的特殊性在于计算机网络的介入，这是谁也不能忽视的事实，处分意思的理念也应当更进一步，跳出双向诈骗的涵摄，承认第三方处分意识对被害人的影响也是一种不错的理论。所以笔者坚持即使在网络侵财案件中仍然存在被害人的处分意识，这种处分意识因为介入了第三方支付平台，比一般诈骗案件中被害人的处分意识复杂。

（二）三角诈骗对处分意思的影响

1. 网络侵财案件应当引入三角诈骗理论

用三角诈骗处理网络侵财案件最合适不过，尤其在解释被害人的处分意识方面具有无可比拟的优势。“在诈骗罪中，也存在受骗人（财产处分人）与被害人不是同一人（或不具有同一性）的现象。这种情况在刑法理论上称为三角诈骗”[①]。虽然德日刑法理论中存在三角诈骗的理论，但是，由于我国传统诈骗基于双边诈骗的实际，理论界存在三角诈骗之争。杨兴培教授就认为，“‘三角诈骗’的要害就是不懂诈骗犯罪事实中的法律关系，更不懂刑事法律关系，只是在先验的要认定为诈骗罪的观念指导下，来寻找自圆其说但又不能圆说的理论。”“‘三角诈骗’是一个伪

① 张明楷：《论三角诈骗》，载《法学研究》2004年第2期。

命题。”[①] 可以说在诈骗罪的基本关系中，离开了行为人与被害人之间的沟通与交流，从一般诈骗理论中，很难理解三角诈骗的刑事法律关系和刑事归责，所以在最初的刑法理论中，对于三角诈骗的理论仅仅停留于一些个例的列举。不过，彼时张明楷教授即指出：“三角诈骗除诉讼诈骗外，还广泛存在于利用债权凭证骗取他人财物的情形。”[②]

不可否认三角诈骗与双边诈骗存在区别。双边诈骗的本质是行为人之间针对被害人虚构事实、隐瞒真相，被害人处分自己管理的财产。很显然，双边诈骗只是行骗人与受骗人之间的对象行为。而在三方诈骗中，虽然有些案件是熟人之间的骗取行为，很多行骗人与被害人根本不见面，之间的桥梁是第三方支付机构。诈骗成功的关键是第三方支付机构信任行为人，从而处分财产。所以，运用诈骗理论解决网络侵财案件的合理基础就是引入三角诈骗理论。

2. 网络侵财案件三角诈骗的逻辑路径

随着第三方支付平台的大量兴起，可以说三角诈骗的理论找到了最适合理论分析的土壤。行为人的欺诈导致被害人财物的失控，而这一切确是在第三人的处分之下进行的，被害人与处分人的分离，是典型的三角诈骗模式。从具体操作层面上看，在现代网络侵财案件中，三角诈骗的关系是稳固的。以支付宝为例，按照支付宝服务协议的内容，属于提供代为收取或代为支付款项的服务。所以，它的第一项功能就是代收代付的中介功能。通常情况下，支付宝会绑定被害人名下的银行卡，通过快捷支付方式转款。他人登录支付宝账户、密码的行为就是赋予其处分与之相关的财产行为。所以在涉及支付宝的网络侵财案件中，存在被害人、银行、行为人和支付宝平台四方参与者。首先，银行因为与被害人、支付宝的三方协议将审核放款的权利赋予了支付宝，银行在此过程中处于隐性地位。所以需要考虑的是行为人、支付宝和被害人三方关系。其次，根据三角诈骗概念的涵摄，可以很容易认定三者之间的关系，“通常所谓的三角诈骗，是由受骗人处分被害人（第三者）的财产，受骗人本人没有财产损失，被害人则没有被骗。”[③] 返回到冒用支付宝账户、密码侵财案件中，最后转移财产的是支付宝，也就是说，自始至终受骗的是支付宝。但是，支付宝平台却没有财产损失。虽然被害人的财产遭受损失，但是，在整个过程中，其一直不知财物受到损害，也没有做出任何处分行为，其并没有被骗，获取侵财的行为人是从支付宝平台获得非法财物。按照这一事实，我们可以得出结论，网络诈骗罪中存在三角诈骗的样态。

3. 第三方支付机构的处分行为性质认定

三角诈骗理论的一个关键支点就是第三方支付机构的处分行为性质的认定。第三方支付机构的处分基于被害人的授权还是经济行为中的自主行为值得研究。目前最新的理论研究观点认为“从理论上说，被骗人基于处分权限而处分财产，就

① 杨兴培：《“三角诈骗”的法理质疑与实践批判》，载《东方法学》2019 年第 4 期。
② 张明楷：《论三角诈骗》，载《法学研究》2004 年第 2 期。
③ 张明楷：《三角诈骗的类型》，载《法学评论》2017 年第 1 期。

是基于预设的同意而处分他人财产”,[①] 可以说该理论具有一定程度的合理性,因为支付宝等支付平台如果没有被害人的授权是无法处分其财产的。这种理论只能运用于通过支付宝骗取绑定银行卡资金的行为。在本文开头的案例中,通过借呗消费信贷,支付宝此时充当贷款金融机构的功能,通过预设同意的拟制就无法合理解释网络侵财案件的定性。所以,笔者认为,网络侵财案件的最终结论还是应当坚持主客观相统一的认定路径,具体行为具体分析。在网络信贷领域,因为该受骗财产独立于名义账户者存在,是支付宝的自有资金,如果认定三角诈骗就会不当增加名义账户者的责任,所以网络信贷诈骗案件是二角诈骗,是行为人骗取平台信任,获得平台资金的活动,与账户本人无关。

三、结语

总之,盗骗交织型网络侵财手段具有一定的“假象”,我们应当拨开表面的迷雾,从主客观方面相统一的角度合理分析案件的性质。同时,还需要根据不同的侵财内容进行理性的分析,从而为定罪量刑打下基础。

① 姜涛:《网络诈骗罪的拟制处分行为》,载《中外法学》2019 年第 3 期。

论"替换二维码案"的刑事性质

刘雨箫 刘 源*

移动终端支付是继卡类支付、网络支付后，在社会生活中被广泛普及的账务支付方式。在使用移动终端（通常是手机）进行支付的过程中，二维码因其具备使用简单便捷、支付成本较低等特点，使得经营者和消费者以二维码为纽带进行付款与收款的交易成为一种潮流。然而，这也催生出了财产犯罪的新特点，即犯罪手段渐趋多样化、犯罪形态呈现模糊化等。直接体现在，"偷换二维码"这一类案件在全国不同地区滋生，影响极其恶劣。因此，在刑法理论的角度对此种新型作案手段进行罪质上的定性，既能起到加强打击新型财产犯罪，实现刑法的特殊预防的作用，又可以推动建设法治社会，实现公平正义。

一、问题缘起

随着手机支付的方式被广泛普及，从大型商场超市，到小型水果摊位，均开始推行扫描二维码进行支付的付款方式。只需用手机对准经营者提供的收款二维码，便能对经营者转账，整个交易过程无须现金。同时，借助二维码犯罪的案件也开始慢慢增多。2016 年 11 月底，广东省佛山市某商业区，数十家店铺的收银柜台上张贴的用于微信收款的二维码被更换，两名犯罪嫌疑人以此种方式非法获取店铺营业收入90余万元。与本案类似，在我国江苏南京①、浙江温州②和奉化③、福建石狮④等地也均出现了以偷换收款二维码的手段非法占有本应转进经营者账户的营业收入的案件。司法实践中，法院基本以"行为人以非法占有为目的，多次采用秘密手段窃取公民财物数额较大"的说理，将此类案件一概定性为盗窃罪⑤。然而，对于案件定性的争论却仍处于热烈的讨论中，以下就将对各学说展开分析。

---

* 刘雨箫（1995— ），女，山东临沂人，南京师范大学 2017 级刑法学硕士研究生；刘源（1995— ），女，江苏镇江人，南京师范大学 2017 级刑法学硕士研究生。

① 陈海静：《三小伙借路费到南京的菜场偷换二维码，一天进账上百笔》：http://www.xdkb.net/index/article/2018-04/09/content_1089973.htm，下载日期：2019 年 2 月 20 日。

② 杨凡：《小情侣想发财 偷换商家二维码被拘》：http://news.66wz.com/system/2018/02/05/105061289.shtml，下载日期：2019 年 2 月 20 日。

③ 应波：《奉化一男子想出"赚钱"奇法 偷换商家二维码》：http://news.cnnb.com.cn/system/2018/02/07/008724834.shtml，下载日期：2019 年 2 月 20 日。

④ 许长则：《石狮一男子偷换商店二维码"躺着赚钱"被拘留》：http://m.mnw.cn/shishi/news/1970825.html，下载日期：2019 年 2 月 20 日。

⑤ 如福建省石狮市人民法院刑事判决书[2017]闽 0581 刑初 1070 号。

二、罪名争议之评析

对于通过秘密更换收款二维码获取本应属于店家的钱款这类案件的定性，学界的争论大体可以分为诈骗罪和盗窃罪两大阵营，且二者内部又存在着不同的观点。具体学说与笔者的回应如下：

（一）盗窃罪

1. 一般盗窃罪

如前所述，司法实践中对本案的定性是盗窃罪。法官作出判决的依据，是经营者将商品交付消费者后，经营者便即刻可以获得确定的财产权利，相应的消费者也必须即刻支付该对等价款。用于收款的二维码，此时便等同于经营者的“收银箱”，消费者扫描该二维码，便是将商品价款支付进“收银箱”。被告人秘密偷换或覆盖二维码即是秘密用自己的收银箱换掉经营者的收银箱，使得消费者将钱款支付进自己的收银箱，以此占为己有。

有学者对此判决持支持意见，认为行为人成立盗窃罪。而根据盗窃对象的不同，在成立一般盗窃罪的内部又有分歧：首先，认为盗窃的对象是店家的财物（钱款资金）的观点，即顾客根据店家的提示完成扫码行为后，顾客所支付的款项已从顾客本人转为店家占有，行为人的换码行为侵犯的是商家对顾客所支付款项的占有，并且这也完全符合一般的交易的习惯，没有超出一般人的认知范围。[①] 但是，这一观点的问题在于，资金钱款自始至终没有到达商家的收款账户，金钱作为种类物遵循着占有即所有的原则，店家不曾占有也因此尚未获得对钱款的所有权，此观点无法解释“经营者作为受害者，却从未占有被盗财物”的逻辑矛盾，忽视了案件中对消费者行为的评价，因此存在瑕疵。

其次，认为盗窃的对象是店家的财产性利益的观点，又细分为两类：当认为该财产性利益是“店家对顾客的债权”时，具体理由是行为人偷换店家的二维码，意味着窃得店家的债权人地位，法律后果是把店家对顾客的债权转移给自己享有。这种债权转让非基于店家的意愿，而是违反店家的意愿，因而构成盗窃罪[②]。而当认为该财产性利益是“店家对银行的债权”时，具体理由则是认为二维码支付的本质就是买卖双方对银行的债权的转移，当买卖双方同意用二维码支付的方式实现价款的移转时，其效果就是双方已经就债权转移达成合意。在这一债权债务关系中，对应的债务人是银行，在客户受理终端和移动终端展示支付结果时，债务人银行已然接到债权债务移转的通知。故而，该债权的转移对银行来说已经发生效力。基于此，行为人偷换店家的二维码，意味着窃得店家对银行的债权人地位，这种非基于店家的意愿将店家对银行的债权转移给自己享有的行为构成盗窃罪。但是，无论将行为人所盗取的财产性利益理解为二者中的任何一个，学者对这一观点的

① 参见周铭川：《偷换商家支付二维码获取财物的定性分析》，载《东方法学》2017 年第 2 期。

② 参见柏浪涛：《论诈骗罪中的“处分意识”》，载《东方法学》2017 年第 2 期。

论证均存在不足。故而有学者指出，因为债权本质上属于请求权，在本案中是店家在交付商品后请求顾客支付价款的权利，倘若认为行为人所窃取的是这样一种请求顾客支付价款的权利，然而行为人实际上是想要秘密实施这一"调虎离山"的行为，其不能也不可能去请求顾客支付价款，该学说的这一矛盾点无法解决。笔者认为对一般盗窃罪（侵害对象是店家的财产性利益）无论是采取赞成还是反对态度，二者之间仍有讨论余地，因此笔者对此观点持保留态度。

2. 盗窃罪的间接正犯

有学者认为，本案的财产受损人是经营者，案件定性应为盗窃罪并构成盗窃罪的间接正犯。因为行为人通过偷换二维码的手段，将陷入认识错误但无过错的顾客作为工具，违背经营者的意愿，秘密窃取经营者财物，因而成立盗窃罪的间接正犯。但是，这一观点存在缺陷，间接正犯要求行为人对被利用者起到直接支配并控制的作用，被利用者完全被当作一种实施加害行为的工具对待。然而本案中行为人并未控制和支配顾客的行为，且顾客在输入密码完成前的每一个付款步骤，都是由其个人的自由意志支配的，也存在顾客突然取消购物放弃付款的情形，因此行为人实际上并未能将顾客作为由自己支配的犯罪工具。对于这一观点笔者不予认同。刑法构建间接正犯理论的目的是将正犯的成立范围扩张，因此认定间接正犯必须具备必要性。若一般盗窃说可以解决问题，那么盗窃罪的间接正犯说便没有必要提及。而实际上，相较于一般盗窃说，盗窃罪间接正犯说的不同之处仅在于其将案件中三方主体的行为都予以了刑法评价，看似较为全面，却导致了刑法评价的过剩，并不是被刑法评价的范围越大越好，而应当以构成要件所需为必要。基于此，刑法评价的边界不宜随意扩大，将本案认定为盗窃罪间接正犯的必要性较低。

3. 三角盗窃罪

与二者间的盗窃不同，采用"三角盗窃说"的学者认为，盗窃行为中财物占有人与受害人不具有同一性。其行为构成是行为人将财物占有人，即顾客占有的对银行的债权转移给自己占有，而对银行的债权原本应当属于被害人即店家所有。此时顾客并非被行为人支配的工具、无处分意识，因而不可成立盗窃罪的间接正犯，而构成的是一种三角盗窃。[①]

（二）诈骗罪

与盗窃罪对立的另一阵营，是将本案定性为诈骗罪。支撑诈骗罪成立的观点之共性，是认为本案满足被骗人基于行为人的欺诈行为，使被骗人产生了错误的认识并处分了财物，最终结果是行为人取得了财产，被骗人遭受了财产损失，损失与欺骗行为具有相当因果关系的诈骗罪的构成要件。在诈骗罪的内部，又存在各种不同的学说观点，具体而言主要有以下几类。

1. 一般诈骗罪

在将本案定性为一般诈骗罪的观点下，又存在两种观点：一种观点认为，被骗

① 参见夏朗：《论三角盗窃——从"二维码调包案"说起》，载《江汉大学学报（社会科学版）》2018 年第 2 期。

人和被害人都为顾客。行为人采取偷换二维码的方式，使顾客误以为自己扫描的二维码为商家的二维码，并基于自己的错误认识转账给行为人，即顾客处分自己的钱款，行为人收到财物，顾客遭受财产损失。[①] 之所以将“顾客”认定为被害人，是因为持此观点的学者认为刑法十分强调使用刑罚的手段保护财产权可能受到侵害的每一个过程，所以，应当将注意力放在直接的侵害对象。在立法目的的角度，刑法规定诈骗罪的原因除了该行为会侵害被害人的占有之外，还因为其对被害人自由处分财产意志的“误导”。因此本案中，行为人侵害了消费者对交易状况的知情权，顾客应当是被害人。至于商家则可以提起民事诉讼，请求行为人赔偿损失。笔者对于将被害人认定为顾客并继而将本案认定为一般诈骗的观点持否定态度。这一观点并没有能够解释清楚顾客实际上并没有遭受任何损失这一问题，并且也违背社会中理性人的常识，甚至顾客本人也无法接受刑法将其评价为“被害人”这一事实。另一种观点认为，被骗人和被害人都为店家。具体理由是行为人采用偷换二维码的方式，使店主误以为所示为自己的二维码，店主又以自己的错误认识告知顾客去扫描进行结账打款，即店主处分了原本属于自己的财物，行为人取得财物，店主受损。[②] 对于这一观点，笔者产生质疑，店家对顾客的指示付款行为是否可以等同于店家对财产的处分行为呢？笔者的答案是否定的。随着扫码付款的消费者数量的增加，如今更多的店家大多采用的是将收款码打印并张贴出来，顾客自行扫码支付的方式，很多情况下商家实际已将“指示顾客交付”的步骤免去，顾客只需凭借交易习惯自觉扫码付款即可。这种情况下便很难再说店家存在一个“指示交付”的“处分行为”了。

2. 三角诈骗罪

有学者认为本案成立的是诈骗罪中的三角诈骗，理由如下：行为人采用偷换二维码的方式实施欺骗行为，使顾客产生认识错误并基于认识错误处分本属于商家的物款，行为人取得了财物，商家受到损失。[③] 另外还有学者认为成立诈骗罪中的新型三角诈骗。持此学说的学者认为，对于“三角诈骗”，并不仅仅只有受骗人处分被害人财产的唯一情形，还包括受骗人处分自己的财产而使被害人受损的情形，并将这种情形归于“新型三角诈骗”的新类型之下。本案中的行为人采取偷换二维码的方式进行欺骗行为，使顾客产生认识错误并基于认识错误处分自己对银行享有的债权，进而使店主未获得本应对银行享有的债权，遭受损失。以此来论述新型三角诈骗罪的合理性。[④] 对此有的学者提出了反驳意见，认为新型三角诈骗罪忽视了消费者并不存在处分财产的意识与行为。

笔者认为，首先，“新型三角诈骗”实际上是一种学者针对个案所创设的概念，它实际上是对原有的“三角诈骗”概念范围的扩大。但是，对行为定性时，应当首

① 参见张庆立：《偷换二维码取财的行为宜认定为诈骗罪》，载《东方法学》2017 年第 2 期。

② 参见刘宪权：《偷换二维码侵财行为应以诈骗罪定性》，载《检察日报》2017 年 11 月 6 日，第 3 版。

③ 参见王小龙：《调包收款二维码是偷还是骗？》，载《北京日报》2017 年 8 月 2 日，第 14 版。

④ 参见张明楷：《三角诈骗的类型》，载《法学评论》2017 年第 35 期。

先穷尽现存的一切法律或理论概念，否则不可随意修改法律或创设新的概念。对于本案，若能够采用一般诈骗的理论进行分析，则不必再创设新类型的三角诈骗。因此，对于新型三角诈骗罪存在的必要性，存在质疑。其次，无论是成立三角诈骗还是新型的三角诈骗，二者均属于诈骗罪的范畴，因此首要前提是要有处分意识。而本案中消费者和经营者均没有将应付账款交付给行为人的认识和行为，该二者始终不知晓钱款将汇入行为人的账户，所以缺少了成立诈骗罪的关键要素——受骗人的处分行为和处分意识，而这两种学说都没有清楚地对这一问题给出合乎逻辑的解释，因而对于基础的诈骗罪的成立都是存在疑问的。

3. 诈骗罪的间接正犯

认为本案行为人构成诈骗罪的间接正犯的观点，主要是认为行为人实施了偷换二维码的诈骗行为，使得商家和顾客同时陷入了一种"店内二维码是商家的二维码"的错误认识。顾客基于自己的错误认识转账给行为人，即处分自己的财物，行为人获得财物，顾客遭受财产损失。这种观点是将店家认定为行为人取得财物的工具。而与之相对应的另外一种观点，尽管也赞同将本案定性为诈骗罪的间接正犯，理由与前者的不同之处在于，是将顾客认定为了行为人取得财物的工具。对于这一学说，持"一般诈骗说"的学者已给出了反驳意见，笔者也比较赞同：在尚未穷尽一般诈骗说的理论对案件进行定性的情况下，并无必要采取诈骗罪的间接正犯说。而且，若把店家处分行为的内涵界定为"处分商品"，将导致店家的处分物与行为人的非法占有物不相同，而诈骗罪客观方面对处分行为的要求却是：处分行为的结果必须直接造成行为人获取了财物，而行为人获取了财物又导致了受损人遭受了损失，这是环环相扣的，但很明显物款和货物是不一致的。[①]

4. 双向诈骗罪

采取"双向诈骗说"的学者认为，行为人的欺骗行为使店主基于认识错误将商品处分给顾客，同时使顾客基于认识错误将银行债权（通过微信转账的方式）处分给行为人，因而构成的是一种"双向诈骗罪"。笔者认为此观点不妥，原因在于双向诈骗的学说把行为人取得的财物认定为顾客支付的钱款，但是商家损失的却是商品，这并不合理。诈骗罪的构成要件，要求他人自愿处分的财物与行为人获取的财物需要具有同一性。本案中，商家是基于履行买卖合同的给付义务而丧失对商品的所有，这并非行为人偷换二维码的行为所致，因此商家的给付商品的行为不能被认定为处分财产。因此不适合将此案定性为学者定义的"双向诈骗罪"。

三、二维码支付原理及法律关系

替换二维码行为的刑事定性问题引起学界的纷争，除了因为盗窃罪和诈骗罪的划分标准本身就存在一定的学理争议之外，和新型的移动支付方式的出现也是密不可分的。仅就替换二维码这一行为本身而言，是无法实现移转财物的目的的，行为人通过替换二维码的方式"截取"财物，只有在顾客扫描二维码支付钱款的条

① 参见张庆立：《偷换二维码取财的行为宜认定为诈骗罪》，载《东方法学》2017年第2期。

件下才能够实现，传统的交易方式下是不存在替换二维码取财存在的空间的。因此，在确定案件本身定性之前，应当首先厘清二维码支付原理及法律关系，明确二维码在本案中发挥的作用。

（一）二维码支付原理

扫描二维码支付在商业交易中主要存在两种形式：一是店家以手持式（即二维码扫描枪）或固定式（即二维码读取器）二维码读取设备来主动扫描顾客出示的支付二维码以收取价款；二是店家提供收款二维码供顾客扫描后支付价款。[①] 本文讨论的"替换二维码案"所适用的是第二种形式。扫码支付通常需要借助微信、支付宝等App客户端（第三方支付平台），支付双方需要先注册成为App客户端的用户，在设立实名认证的虚拟账户后，可以凭借用户的电子指令以实现不同账户间的资金流转。具体的支付流程如下：①顾客打开App客户端扫描二维码；②二维码被App客户端读取信息，识别商家信息后跳转到支付界面；③顾客确认转账金额并输入支付密码；④用户的电子支付指令被传输至支付接入系统；⑤系统内部处理该支付请求，并将支付结果重新反馈到App客户端。[②]

（二）支付各方法律关系

通过扫描二维码进行转账，其实是将原本的现金支付转变成线上支付，二维码可以在线上制作，在线下供识别支付，在性质上是现实空间和虚拟账户之间的连接点，是支付环节增设的媒介。有观点认为："支付手段的改变导致了法律关系认定的复杂化，成为两罪区分困难的重要障碍。"[③] 不可否认的是，扫描二维码的移动支付方式增加了第三方支付平台的介入，导致了相对于传统支付方式的复杂化，但顾客和商家之间的买卖合同关系仍应视为交易的核心。以买卖合同关系为基础，顾客与店家双方成立了给付类的债权债务关系，店家是享有收取钱款权利的债权人，而顾客是应当履行支付钱款义务的债务人。不同的是，在扫码支付过程中，买卖合同中的某些内容是由第三方支付平台代为制定和履行的，所以二维码支付的流程可以看作一种特殊的三方合同，但关于第三方支付平台的法律地位我国法律并未有明确规定，关于买卖双方和第三方支付平台的法律关系存在居间合同关系、保管和委托关系、担保关系等观点（尚存在争议）[④]。然而，虽然增加了代为履行的第三方平台，但其并未实质介入交易，顾客和店家之间的买卖合同具有相对性，第三方支付平台并不能代替顾客成为债务人或者代替店家成为债权人。因此，顾客的扫码行为是其自身向店家履行债务的行为，只是这种债务具有"即时性"的特点，即刻产生，即刻履行，从扫码到确认支付再到钱款到账，店家在很短的时间内实现了自己的财产性利益。

---

① 参见纪冬雨：《偷换商家收款二维码型取财之定性研究》，载《湖北职业技术学院学报》2017年第1期。

② 参见魏臻：《移动支付中的二维码支付流程原理及安全性分析》，载《数字通信世界》2017年第11期。

③ 刘梦雅、张爱艳：《偷换商家支付二维码案的刑法认定》，载《中国检察官》2018年第1期。

④ 参见林天华：《刑法类罪体系优化研究》，暨南大学2016年硕士学位论文。

四、“替换二维码”取财行为构成盗窃罪

（一）罪名分析角度的确定

关于“二维码案”的定性问题，存在着若干争议点，而学界对此案的各类定性多是从不同的争议点出发，如被害人的确定、处分行为的认定（集中于被骗人是否有处分意识）、行为人侵害的对象等等。争议点看似很多，但从中可以找到一个焦点：应当先从行为人的角度还是先从被害人的角度分析？很多支持诈骗罪的观点多是直接从被害人是否有处分行为（主观上是否有处分意识）的角度切入进行论证，根据被害人认定标准的不同，又划分为一般诈骗罪和三角诈骗罪。笔者认为，先从被害人角度切入的观点颠倒了刑事罪名分析和认定的顺序，虽然在诈骗罪中，被害人是否“基于错误认识处分财物”确实是罪名认定的关键要素，但考虑这一要素的前提仍是“行为人以不法所有为目的实施欺诈行为”，直接对“被害人处分行为”进行分析认定有将案件直接置于诈骗罪语境下之嫌。而刑法的规制是针对行为人行为的，因此在对案件定性时应首先从行为人行为角度切入。这并不等同于将被害人认定、被害人自身行为等因素均排除在罪名认定之外，但这些因素更适宜作为辅助性判断标准。

（二）“替换二维码”行为本身的分析

根据前文分析，二维码支付本是交易中的正常资金流转过程，顾客扫码并确认支付是在通过第三方支付平台向店家转移钱款资金，属于民法意义上履行债务的行为。而“替换二维码”行为的出现和作用，却让民事债务的履行改变了原本的“路径”，造成店家未得到应得的商品对价，遭受了财产损失。“替换二维码”的行为导致原本只具有民事法律关系的交易过程中出现了刑事法律关系，且毋庸置疑属于侵犯财产型犯罪。至于“替换二维码”行为本身具有何种性质和特点，则直接决定了案件在刑事上的定性。

1.“替换二维码”行为具有秘密性

我国刑法中对于盗窃罪只列举了“盗窃公私财物，数额较大”和四种特殊盗窃的情形，但在学界一直存在着将“秘密性”作为区分盗窃罪和其他财产犯罪的标准的观点，尽管关于“秘密性”是否是成立盗窃罪的必要条件也存在着争议，且有学者提出了“公开盗窃”的观点①，但“秘密性”这一特征仍在广泛范围内得到认可，也较为符合一般的社会观念。关于盗窃罪的传统定义是：“行为人采取自认为公私财物的所有人、管理人不会发觉的方法，秘密将他人的财物非法占为己有的行为。”② 这一定义中强调的是行为人主观上的“秘密性”，且是相对于被害人的“秘密性”。而诈骗罪显然不具有“秘密性”，其采取的是对被害人虚构事实或者隐瞒真相的手段，被害人对行为人的“行为”本身是有认识的，尽管是错误的认识。

---

① 参见张明楷：《盗窃与抢夺的界限》，载《法学家》2006年第2期。

② 王作富主编：《刑法学》（第三版），中国人民大学出版社2007年版。

就"替换二维码"行为而言，行为人的意图在于直接"绕过"被害人进行取财，使被害人对其换码行为完全不知情，从而提高自己实施犯罪的便捷程度及成功率，而不在于对被害人虚构事实或隐瞒真相以实施欺骗。在案件中，行为人以秘密的方式切断了顾客和店家之间"付款—收款"的钱款流转链条，以此截取顾客原本应付账于商家的等价物款，最终致使商家没有收到可预期获得的钱款[①]，符合盗窃罪中"秘密性"的特征。

2."替换二维码"行为完全违背被害人意志

区分诈骗罪和盗窃罪的另一本质特征是行为人对被害人意志的剥夺达到何种程度：盗窃罪是通过"完全违背被害人意志"的方式窃取财物，而诈骗罪却是利用被害人产生的"瑕疵意思表示"使其"主动"交付财物，即诈骗罪的被害人对处分财物具有充分的权限和意志。在支持诈骗罪的观点中，有的基于遭受实际财产损失的角度将被害人确定为店家，有的区分刑法和民法意义上的"被害人"从而将被害人确定为顾客，在此基础上将顾客的扫码行为或者店家指示顾客扫码的行为定性为处分行为。且不论案件的被害人究竟为谁，无论是顾客的扫码行为还是店家的指示扫码行为都不应当被认定为处分行为。如前文所述，顾客做出扫码行为是基于向店家履行债务的需要，是买卖合同法律关系中必备的一个环节，并没有选择不支付钱款的权利，且扫码行为也并非基于产生的"错误认识"。同理，店家指示顾客扫码的行为也是基于自己行使债权的需要，不应当视为基于"错误认识"产生的"处分行为"。事实上，"替换二维码"的行为是以"完全违背被害人意志"的方式取财，无论是顾客还是店家都完全没有使钱款资金改变其转移路径的意愿，自始至终都相信且期待钱款最终由店家所占有和控制，行为人的行为符合盗窃罪移转财物的方式和特征。

（三）盗窃罪之证成

1.被害人是店家

关于案件中的被害人究竟是谁，存在店家和顾客的争议。有观点认为，在顾客基于自身所陷入的错误认识向行为人的账户转账后，倘若认为店家对顾客的债权并没有因此消灭，便可支持店家继续向顾客请求支付物款，则顾客可被认定为本案唯一的被害人。[②] 另有学者认为，应当从民法和刑法这两个层面分别认定被害人，"刑法上的受损人，是指合法权益为犯罪行为所直接侵害的人，与民法上最终造成财产损失的人不同，一个强调犯罪行为直接侵害性，另一个则强调犯罪行为的最终侵害性"，所以本案中的被害人应是直接受到行为侵害的顾客，而非最终的财产受损人店家。[③]

笔者认为，第一种观点所论证的"商户对顾客的债权仍未消灭"这一前提并不

① 参见纪冬雨：《偷换商家收款二维码型取财之定性研究》，载《湖北职业技术学院学报》2017年第1期。

② 参见柏浪涛：《论诈骗罪中的"处分意识"》，载《东方法学》2017年第2期。

③ 蒲恩灿：《偷换移动支付二维码侵犯财产行为研究》，载《北京政法职业学院学报》2016年第4期。

成立，因为顾客和店家之间本就存在一方交付商品、一方给付钱款的买卖合同法律关系，从一般社会观念来考虑，顾客有充分理由相信钱款资金将转移到店家的账户，如认为"商户对顾客额债权仍未消灭"，则等同于向顾客施加了"扫码前查验二维码"的义务，这显然是不合理的。此外，二维码本身并不带有标志，仅从二维码本身并无法判断其对应的账户，且顾客一般是向陌生的店家转移钱款，虽然在支付界面能够显示相关的账户信息（账户姓名、头像等），顾客一般也无产生怀疑的可能性。因此以"债权仍未消灭"的理由将顾客确立为被害人的观点不具有说服力。对于上述第二种观点，笔者认为其将民事和刑事中的受损人完全割裂和对立，亦不具有合理性。判断刑事意义上被害人的一个重要标准是法益是否真正遭受侵害，而第二种观点中提出的"合法权益为犯罪行为直接侵害"的标准存在模糊不清的问题，且对于如何做到和民事上的财产损失分开认定也并未厘清。若将"顾客本应转给行为人的钱款最终进了行为人的账户"理解为顾客遭受了直接损害，则完全是从静态的角度看问题，将"财产损失"理解为单向的、个别的，而没有考虑到顾客在已经获得作为钱款资金对价的商品的前提下，没有财产权益被侵害的可能性。因此，应当基于店家交付了商品，却没有获得相对应的钱款，没有实现自身债权的角度，将店家确定为被害人，而且从维护诉讼成本的角度看，把商家作为被害人利于调查取证、节约权利救济成本。

2. 侵害的对象是店家对顾客的债权

对于"替换二维码"行为侵害的对象，争议主要集中在是钱款资金还是债权这一财产性利益。有观点认为，"替换二维码"行为侵犯的对象是店家的钱款资金，认为在顾客完成扫码行为后，根据一般的交易习惯和一般人的认知范围，对顾客所支付的钱款应当认定为转为店家占有。虽然不可否认的是，无论是钱款资金还是债权都应归属于店家，但这一观点将"应当占有"等同为"实际占有"，缺乏合理依据。事实上，"替换二维码"的行为是改变了顾客转移钱款的路径，顾客的钱款直接转移到了行为人的账户，并不存在店家占有钱款的情况。

笔者认为，将行为侵害的对象理解为店家对顾客的债权更为合理。（虽然目前对"财产性利益"能否成为盗窃罪的对象，学界仍存在争议，但在新型的移动支付方式下，将盗窃罪的对象"公私财物"扩大为包括"财产性利益"，是符合社会现实需要的。对面交易移动支付中的债权具有"即时性"，即具有"即时获得现实价值意义财物"[①]的特征，与一般需要债权凭证的债权不同，可以被评价为盗窃罪的对象。）若没有"替换二维码"行为，则顾客扫码并确认支付后便顺利向债权人履行了债务。"替换二维码"行为实际上是行为人在违背店家意志的情况下，取代店家在交易中的债权人地位。和正常的债权转让相比，这种债权转让的特点是违背原债权人的意志。行为人在"替换二维码"的瞬间，虽然取得了债权人地位，但并未取得实际的财产性利益，与其对应的债务人是不特定的。在特定的顾客扫描行为人替换的二维码并确认支付后，行为人因其"债权人地位"得以实现其财产性利益，获取了

① 参见张明楷：《盗窃与抢夺的界限》，载《法学家》2006 年第 2 期。

本应转移给店家的钱款资金。

3. 案件定性结论

由前述分析可知,“替换二维码”取财行为的刑事性质应当被认定为盗窃罪。案件中的被害人是店家,行为人换码行为侵害的是店家对顾客的债权这一财产性利益。行为人通过具有“秘密性”的、“完全违背被害人意志”的换码行为取得店家的债权人地位。在顾客确认支付的瞬间,行为人的盗窃行为进入实行阶段,钱款到达行为人账户时,行为人的盗窃罪既遂。在本案中,刑事法律关系的当事人为“行为人—店家”的两方结构,顾客只是买卖合同关系这一民事法律关系中的当事人,其扫码和确认支付行为只是在正常履行民事债务,不应进入刑法评价的范畴。

五、结语

“二维码案”作为新型移动支付方式背景之下发生的典型案例,反映了新型支付方式为司法实践中罪名认定带来的难题。但新型支付方式的出现,不应成为对盗窃罪和诈骗罪的区分界定模糊的理由,随着未来的科技发展,支付方式很可能会发展出除了第三方平台支付之外的新渠道。刑法理论和司法实践应当直面时代发展带来的新问题。面对理论界对案件定性存在的多种分歧,我们应当找寻争议的焦点,化繁为简,抓住行为的实质特征,对案件的刑事性质做出合法且合理的认定。

第六专题

网络金融犯罪研讨会专题

“网络金融犯罪综合治理研究”开题报告会综述（2018）

国家社科重大项目（编号 17ZDA148）

李兰英* 黄罕敏**

2018 年 1 月 27 日在厦门大学颂恩楼 215 会议厅，举行了国家社科重大项目的开题报告会。参加会议的主要成员有：厦门大学社科处处长陈武元教授，厦门大学法学院院长宋方青教授、郭春镇教授、周东平教授、刘连泰教授、李兰英教授、阳建勋副教授，华东政法大学法学院刘宪权教授，中国社会科学院刘仁文教授，中国人民大学法学院时延安教授，中国公安大学王铼教授，厦门大学经济学院朱孟楠教授等二十多位学术界知名学者，以及阿里巴巴、厦门市、泉州市的实务专家等。

第一单元　国家社科重大项目的骨干成员介绍项目内容

重大项目首席专家李兰英教授介绍项目情况

选题价值：金融安全是国家安全的重要组成部分，当前互联网的金融犯罪越来越凶猛，形势变化也越来越多。在金融法领域和实务领域也涌现出很多问题。有关学术研究成果特别多。我认为这个课题的最大特点就是用“综合治理”这个词取代了单一手段的治理模式。综合治理是一个具有中国特色的概念，综合治理原先在毒品犯罪和治安管理方面都已经发挥了重大作用，把它运用在互联网金融犯罪中，是一个崭新的挑战和新思路。综合治理已经是一套比较系统的理论，强调辩证思维方式和跨学科的思维方式，强调实务部门的联动效应。

现有研究不足：第一，是关于互联网金融犯罪的参考文献都有上百篇了，各个专家都从不同角度进行分析研究，总体归纳起来发现，要么理论很宏观，要么理论很抽象，或者研究内容碎片化，再或者就是研究方法手段非常单一。即使涉及具体的罪名，而这些罪名和其他罪名之间又是怎样的一种关联，各个学科各说各的语言。未来发展的空间要进行网络金融犯罪综合治理的顶层设计，改变碎片化的研究现状。

总体框架：分为总论和分论。总论部分要论证的是“怎么看”，网络金融犯罪

* 李兰英（1966—），河北石家庄人，厦门大学法学院刑法学教授，博士生导师。

** 黄罕敏（1991—），福建莆田人，刑法学博士，现在福建省公安厅工作。

产生的原因和它本身的特点，是网络犯罪和金融犯罪的结合体，还是两者间突破了传统金融犯罪的一些特征。在这些方面是作为总论类论证的，从而得到结论即为什么要综合治理。分论篇解决的是到底要怎么办、方法手段是什么，我们在分论篇设置了五个子课题，具体内容稍后由各个子课题的负责人或执笔人分别进行论证。

研究对象及思路：对象分为八个部分，有金融监管现代化、刑事法治理新思路、社会预防新诠释、情景犯罪预防理论、多元化治理主义、综合治理效果评估、综合治理新范式、金融刑事治理能力。我们刚刚在总论部分也提到了“怎么看”这个问题，那么，我们在设计子课题当中，也要根据我们邀请的专家特长及研究领域，我们想有一些新的突破。其中，我们运用到了犯罪学、社会学、刑法学、经济学，还有政策学等多个学科的互动思维。在这些研究当中，大家可以看到，这个课题不是凭一人之力或一个学科思维所能够完成的。总体思路就是通过关注网络犯罪的基本特征，最终探索网络金融犯罪中综合治理的整体路径。然后还有从交叉学科的视角进行研究。

五个子课题及其内在逻辑：首先，我们叫作“上下左右，左顾右盼，上下兼顾”。在图表中可以看到，中心和核心是刑法治理，刑法是我们采用的最后一道防线。在综合治理当中，从横向来看，我们认为，金融犯罪应当属于行政犯，所以金融监管应当摆在前沿。不管是金融监管，还是刑事治理，还是采取其他手段，都需要前后呼应，课题的亮点之一就是增加了效果评估。效果评估要通过社会学和政策学的这样一些理念，我们也专门请了相关的社会学专家，撰写这部分的是在各自领域有突出贡献的刘连泰和刘玉姿老师。尤其效果评估成为我们所有手段之后的反思、归纳、重新设置、检验归纳的终结点。从上到下来看，对于互联网的防护，一方面要从社会防卫，不仅仅是刑事政策，另一方面要从情境预防，特别关注了被害人。因为金融犯罪的涉众性非常的强，被害人人数达到几十万，像e租宝案，受害人达到95万人，那么这些人为什么会成为受害人呢？那么在被害人的学说中存在一种病毒式传染，某些受害人到后期也转化为准犯罪人。所以对被害人的情境预防，对被害人学、犯罪学的深入研究也是我这个课题的重要组成部分和亮点。

总体思路：我们在总论中讨论了综合治理的依据和问题，传统的治理模式面临着现实的危机，包括我们的综合治理到底怎么样完成新的使命。把这样一个中国特色的综合治理在金融犯罪之中怎么能够发挥它最好的作用。治理体系与治理要素又包含治理目标、治理理念、治理对象、治理手段、治理效果。治理手段强调多元化，一方面强调实务部门的多方联动，另一方面则是各个学科的共同加盟。最终通过效果评估，通过社会学和政策学的介入，对我们以往的、已有的采取的设想理念和实施过程做一个归纳总结，同时反思为什么我们这么多年这么多人投入这么多精力来研究这个问题或者说防控这个问题到底采取什么样的手段，有了怎样的效果，今后怎么改进。在最后一个阶段，我们将得到一个答案，及时向有关部门进行反馈，从而修正我们在治理过程当中出现的不足和疏漏。研究方法，除了刚刚我们介绍的金融学、政策学、犯罪学等等，这其中少了一个重要的学科，就是计算机科学的专家，今天我们也请到了厦门大学软件学院的副院长林坤辉教授前来指导，也希望后续能够弥补我们这方面的不足。同时，厦门大学经济学院朱孟楠院长在金融学界是顶尖的学者，也是我们创新团队的重要成员。这个项目就是运用交叉学科共同加盟研究。

研究视角：可以概括为全景主义和复眼观察。这两个概念的含义是不一样的。全景主义是站在战略的高度，相当于给当下网络金融犯罪现象做核磁共振，从宏观到微观，从表面到内在，我们做一个全景扫描。复眼观察则是多个学科之间的全方位观察，即"瞻前顾后、左顾右盼、上下兼顾、内外结合"。

重点难点：如何把握网络金融犯罪综合治理的体系性构成要素，即治理目标、治理理念、治理对象、治理手段。但不仅仅局限于这几个方面。将来的目标是 4 本著作和 20 篇文章。

在以往研究之中，很少有文章关注国际上的金融监管和金融犯罪问题。我们子课题之一的负责人便是李国安教授，他便是国际货币金融的顶级专家。同时，我们这个课题立足国情，综合治理是中国特色，因此课题所总结的这些问题都会结合中国的国情，治理手段要从中国特色当中寻找答案。

子课题一　汇报人阳建勋副教授介绍子课题情况

子课题一与总课题、其他子课题的逻辑联系：网络金融犯罪大多是行政犯，网络金融犯罪行为也是金融监管机构查处的违法行为。网络金融犯罪的认定与金融监管执法之间具有密切的联系，"违反国家金融管理规定"是认定网络金融犯罪的构成要件之一。在互联网金融领域，判断是否"违反国家金融管理规定"是一个新问题。因为互联网金融刚刚产生的时候是秉承着金融自由化的理念，我们国家作为一个金融管制型国家，在互联网刚刚产生的时候，实际上是处于一种放任的状态，所以如何来处理互联网金融监管的挑战，凸显了我们互联网金融时代金融监管制度的缺陷，也是中国互联网金融领域犯罪比较突出的重要原因。

本子课题的研究思路：从分析互联网金融的模式、法律属性及其对金融监管的挑战入手，基于网络金融犯罪的行政犯特征，从金融监管视角探讨我国网络金融犯罪的成因，然后从"两法衔接"视角对我国加强和完善网络金融犯罪治埋的金融监管进行实证分析，以为本项目之研究奠定坚实的现实基础；继而从金融监管理念、P2P 网贷平台非法集资风险规制的刑民界分等角度反思治理我国网络金融犯罪的金融监管制度；从比较法视角研究欧美日等域外国家或地区的互联网金融监管制度，以为我国互联网金融监管制度的完善提高借鉴的经验；最后，从金融监管理理念、金融监管体制、金融监管手段、金融监管执法与金融刑事司法衔接的机制等四个方面创新我国金融监管制度，以加强和完善我国网络金融犯罪治理，实现国家金融治理现代化。

本子课题拟研究的主要问题与重点问题：从经济法的角度来说，网络金融犯罪在界定是否违反国家金融管理规定的过程当中，涉及我们经济法中的一个重要制度，就是在互联网金融准入这一块。实际上，从金融法和刑事法的对接来看，主要是从互联网金融准入这一块来研究这个问题。我也拜读过刘宪权教授很多互联网金融方面的文章。界定是否违反国家金融管理规定，实际上涉及的是金融领域的刑事政策理念的变迁。北大有一位教授的文章引用率也比较高。根据他的观点，中国现有的法律，从司法角度来看，从执法角度来看，我们现在所有的互联网金融行为都是违法的。非法集资的相关犯罪是悬在互联网金融上的一把利剑。余额宝、京东白条是否合法都是有待论证的。从经济法学，互联网金融活动意味着全新的理念更新。随着互联网金融风险的爆发，2016 年开始互联网金融的全面整顿。我这个子课题的难点就难在两法衔接，怎样把金融监管执法和金融刑事司法对接起来，比如e租宝等案件中的证据对接问题。

子课题二　负责人刘炯助理教授介绍子课题情况

子课题二是网络金融犯罪的刑事治理，是本课题的核心议题，是从规范层面对规范规定的阐述。近年来，网络金融犯罪呈现日趋严重的趋势，如前段时间钱宝网，还有之前的易租宝，最后都变成了“宝宝心里苦”。本子课题的介绍分为刑事政策、罪名适用、刑事制裁措施、刑事程序四个部分。我想用“猫捉老鼠”这个比喻来描述网络金融犯罪的刑事治理。第一部分是刑事政策部分。猫是刑法、法律、刑事治理，那么老鼠就是网络金融犯罪。现在老鼠已经上网了，猫如果还不会上网，就抓不到老鼠，很着急。在多元治理模式中，有规制缓和主义和积极治理主义。在这二者之间如何平衡，是一个立场问题，一个理念问题。如何坚守刑法的本位，处理好刑事制裁限度问题，坚守刑法的谦抑性，也是一个问题。网络金融犯罪虽如过街老鼠人人喊打，但一味从重处罚也不可取，要有所区分，有时也要从轻。此外，从二元化的犯罪模式的角度出发，行政刑法、行政立法和刑事立法如何联动与对话，也是我们想探讨的问题。以上是第一部分，即猫与鼠的关系问题。

第二部分是鼠的部分，即罪名的适用。刘宪权老师对这个问题有一个著名的论断：刑法看行为，民法看关系。所以这里关注老鼠的行为，不同行为就对应不同罪名。在定罪的过程中，既要严格地遵守罪刑法定，又要能在司法适用中活性化。网络金融犯罪是金融犯罪与网络的结合，对此是否要进行教义学的限缩，或者提高定罪的门槛？金融犯罪与网络的叠加不是简单的叠加，也可能涉及共同犯罪的问题，如竞合犯与牵连犯的问题。第三是刑事制裁部分。面对老鼠层出不穷的行为，猫是否有足够的能力抓老鼠，会不会成了一只不会抓老鼠的病猫？对此，我们就要采取一些措施让猫强起来，如采用比例罚金制，规定从业禁止，还有《刑法修正案（九）》已经设立的禁止令等。第四是刑事程序部分。既然猫会抓老鼠，老鼠就会跑。如何抓老鼠，就需要刑事程序法的协调。这就涉及刑事管辖、司法协助、言辞证据、电子证据、刑事和解、民刑交叉等问题。

子课题三　汇报人李晓龙助理教授介绍子课题情况

子课题三是网络金融犯罪的社会防控研究，是从犯罪学、刑事政策学的角度，对网络金融犯罪预防的技术、策略进行研究。本子课题要解决的主要问题是，如何在网络金融犯罪多元治理的背景下，实现从专治预防到共治预防结构、从规范预防模式到技术预防模式的范式转换。这个问题的提出源自对传统网络金融犯罪的治理模式、治理结构缺陷的观察。在治理结构上，传统治理是行政监管、刑法惩罚、民事监管三者构成的三元模式。但是犯罪治理作为一种社会治理实践，一般来讲是一种国家与社会、政府和市场合作参与的多元结构。所以在治理结构上，我们提倡，应当由专治结构向多元共治结构发展、由多元共治结构向合规预防发展。在治理模式上，传统治理主要是以规范投入为主的事后归责模式。但是犯罪治理是一种预防策略，仅仅规范投入是不够的。我们提倡，从以事后归责为主的惩治模式向以事前预防为主的技术预防模式转变。基于以上观察，我们把本子课题的主要问题理解为两个转变，一是由专治结构向共治结构转变，二是由惩治模式向预防模式转变。

接下来介绍本子课题的重点内容，分为四个部分。第一部分是防控政策研究，包含范式变迁、模式选择、路径规划。关于范式变迁，我们主张从古典经济学的理性人假设出发，来论述网络金融犯罪防控中的规制有效、规制怀疑的理论分歧，然后，指出化解现阶段网络金融犯罪防控失效的僵局的关键在于从专治向共治的范式变迁。这也具有时代意义，是中国百年现代化的必由之路。关于模式选择，我们主张从惩罚主义向预防主义转变，所以要研究网络金融犯罪防控的目标，是保护财产，还是保护金融安全，还是维护金融秩序。以及网络金融犯罪预防中的权力分配，是国家分配，还是社会分配。从范式变迁和模式选择的分析，基本可以得出网络金融犯罪防控的路径规划，即横向上实施共治预防，纵向上实施技术预防，即从技术层面减少规范违反，以达到防控目的。这里的技术预防是广义的技术预防。第二块是多元共治研究，包括理论基础、框架体系、实证考察。目前网络金融犯罪发案率高，全国各地都进行了相关探索。我们主要是聚焦浙江省的枫桥经验、上海的BIM 经验以及深圳经验。枫桥经验主要是将网络金融犯罪与传统的社会犯罪防治相结合，形成“新枫桥经验”。上海市 2015 年出台了《上海市预防职务犯罪工作若干规定》，其中规定对国有企业投资项目要实施BIM 技术，即通过技术手段预防不合规的行为，预防犯罪。深圳 2017 年 9 月推出了中国版反贿赂管理体系深圳标准，借鉴了治安管理的管理模式、流程标准来实施反贿赂。我国网络金融犯罪，除传统犯罪外，还包括洗钱犯罪等。对这类犯罪，通过借鉴枫桥经验、BIM 经验、深圳经验，可以获得许多启发。第三部分是社会防控内容，主要是合规预防，包括制度机理、运行实施、制度激励。制度机理部分主要关注制度与程序的设计，如合规预防引导层的监督责任、内部的吹哨人即举报人如何进行保护的问题，以及对内部制裁滥用的救济等的合理性与可能性。在运行实施方面，主要关注合规预防的效果评估、测量工具、指标，即借鉴深圳经验，借助治安管理的模式对合规预防的效果进行评估和改善。在制度激励方面，如果合规预防不和刑法保障相结合，那合规预防往往是无效的。合规预防是软法，如何将合规预防与刑法保障结合呢？可以从刑事定罪、刑罚裁量、刑事非诉三方面与刑法产生关联。在刑事定罪方面，合规义务的组织责任、不作为义务、作为义务等等，是可以发生关联的。在刑事裁量方面，合规义务与刑法裁量、缓刑等等是有关联的。第四部分是技术预防研究。前面已经提到，这里的技术概念不同于治安预防的技术，是广义的技术概念。从广义的技术概念出发，技术预防保护两个方面，一是大数据预测。大数据预测是一个比较热的问题，我们主要关注预测方法、必要限度。二是人工智能的有关研究。这里主要研究人工智能使用的基本原则、适用范围、平台搭档。前面谈到了上海经验，上海的BIM经验对人工智能运用有一定启发作用。

最后是社会防控研究的难点所在。第一是网络金融犯罪合规预防的结构要素和具体内容；第二是犯罪构成要件与合规风险预防之间的对应关联；第三是共治合规预防效度的测量概念和工具指标；第四是大数据运用利益与个人权利保障之间的分配原则；第五是金融犯罪大数据预测的具体实施和必要限度；第六是预防网络金融犯罪的智能化监测预警与控制体系。谢谢大家！

子课题四　汇报人周东平教授汇报子课题情况

本子课题分为四个部分，被害情境预防的研究价值、研究思路、研究内容、研究创新点。

子课题的研究价值： 最近一两年，英国《经济学人》关于最安全城市的调查中有四项重要的指标，网络金融安全是其中重要的一项。网络金融安全涉及被害人的问题，对于被害人的问题，我们主要是从情景犯罪角度切入。首先，情境预防开辟了犯罪预防的新途径，是司法预防和社会预防的中间桥梁。其次，被害情境预防兼具网络金融犯罪治标和治本的性质。再次，情境犯罪预防可以让我们对犯罪的预防从被动转向主动，转向主动预防、事前预防的能动模式。最后，被害情境预防从效益的角度为整合犯罪预防措施提供了新思路。

子课题研究的基本构想： 从犯罪人人格到罪前情境到社会反应，这是犯罪生成的基本的要素。犯罪人犯罪的情境因素我们暂且放在一边，关于被害情境因素我们可以进行实证研究，实证研究的结果对被害情境预防提出了五个要求，即增加犯罪难度，提高犯罪风险，降低犯罪回报，减少犯罪刺激，排除犯罪借口。我们也可以从环境犯罪学的角度出发，即改造犯罪的硬环境、物质环境。此外，犯罪的软环境、心理环境的改善也是很重要的。另一方面，对被害人不只要进行物质的补偿，也要进行心理疏导、辅助。这是为了阻止被害人成为犯罪人，即二次被害的预防。

子课题的主要研究内容： 第一，网络金融犯罪特性，从犯罪人和被害人的被害特性两个角度研究网络金融犯罪的特性，探析网络金融犯罪与传统金融犯罪有何区别，如网络空间金融犯罪的主体在年龄、犯罪原因、犯罪手法、犯罪时间以及犯罪对象上是否也会呈现相应的规律性。第二，网络金融犯罪被害人被害性实证研究。对被害性的变量与被害损失变量之间相互对应关系进行实证研究，如以网络金融诈骗犯罪为例，被害人的被害性与被害损失之间具有关联性，进而可以确定网络金融诈骗犯罪被害人的被害性。同时，在实证分析中要注意区分"被害性"与"易被害性"。第三，情境犯罪预防理论、作用机理及其应用。从控制和减少网络金融犯罪现象的途径来看，特殊的被害预防与一般的犯罪预防同样重要。如果能够合理协调情境预防和社会预防，那么，预防策略将可能持久而有效。从犯罪人角度而言，犯罪情境影响其犯罪心理的形成和促发；而适格的被害人，正是促成犯罪的重要情景因素之一。另一方面，情境预防通过增大犯罪成本、降低犯罪预期所得等方法，进而影响潜在犯罪人的理性选择。第四，网络金融犯罪被害情境预防策略及其评估。首先，从被害人的角度提出和发展旨在减少网络金融犯罪被害现象发生的对策和措施。其次，以实证调研的方式评估从被害人角度提出的情境预防策略和措施对网络金融犯罪控制和预防的实际效果。最后，以实际效果评估为基础，改进和完善网络金融犯罪被害情境预防的策略和措施。第五，网络金融犯罪被害犯罪化现象及其控制。在网络金融犯罪中存在这样一种常见的"二次被害"现象，即被害人在与犯罪人的互动过程中，最终反而沦为犯罪人。本课题将从心理学的角度对网络金融犯罪被害人的心理路径进行研究，重点分析其在被害前、被害中、被害后的情绪、情感变化路径，以期通过对其心理救助与疏导，预防其进一步发展恶化为新的犯罪人（二次被害），防止网络金融犯罪不断蔓延，控制犯罪影响，以达到网络金融犯罪综合治理的效果。

子课题研究的创新点：首先是研究视角新颖，从犯罪被害人学的角度切入研究，通过被害情境预防策略控制"潜在的被害人"，从一方源头上控制网络金融犯罪的发生。其次是研究针对性强，被害情境预防策略的研究特色在于直接针对网络金融犯罪中具体的犯罪和具体的问题提出解决方案。再次是研究方法新，本课题注重实证研究，同时也关注课题研究成果的实践应用效果的评估。最后是研究范式新，尝试进行跨学科交叉研究，试图融合心理学、犯罪学、社会学、金融学、统计学等多学科知识内容。

本课题当然也存在一些难点问题。首先是实证研究的调研。其次是统计学、心理学与犯罪学的跨学科融合，对我们课题组有一定的难度。再次是对被害情境预防的实践效果的评估，需要进行细致的设计。

子课题五　汇报人刘玉姿助理教授汇报子课题情况

我们的子课题标题是网络金融犯罪综合治理的效果评估，包含三个层面：研究依据与意义、研究内容与思路以及与总课题的关系。

首先是研究依据和意义。研究依据分为三部分，网络金融政策、网络金融犯罪治理现状与效果评估理论发展现状。研究意义分为理论意义与实践意义。理论意义是建构网络金融犯罪综合治理效果评估机制，强化综合治理研究的系统性、科学性；实践意义是为建构科学、有效、系统的综合治理模式，解决网络金融犯罪治理难题提供参考。

其次是研究内容和思路。应该把网络金融犯罪的综合治理定位为一种系统的法治工程，它契合了我国从法律体系向法治体系转变的总体趋向。网络金融犯罪是传统金融犯罪在网络时代的新样态，而综合治理就是要将其纳入一个整体框架中。从现有文献看，对创新、金融、犯罪三者之间的关系要重点强调。我们的效果评估要观察当下的治理模式，并且要从中为处理三者关系总结提供一种思路。由此再整合各个学科，如刑法学科、民法学科、行政法学科，最终建立一种效果评估的机制，并提取出一些关键的制度节点。这里，我们列举了四个关键的制度节点。第一个是网络金融犯罪综合治理效果评估的主体及权力分布，第二个是网络金融犯罪综合治理效果评估的内容及指标体系，第三个是网络金融犯罪综合治理效果评估的方法及实施程序，第四个是网络金融犯罪综合治理效果评估的报告及回应机制。

最后是简要介绍本子课题与总课题之间的关系。本子课题逻辑上发挥了整合各子课题的作用，突出了总课题研究的综合性与系统性，既可为总课题研究提供指南，也可为其他子课题建构治理路径提供参考。希望各位老师多多批评指正！

第二单元　特邀专家发表意见

一、中国人民公安大学侦查学院王铼教授

我认为这个课题申报的确是非常到位，各个学科之间的联动和互通，包括前后呼应等等非常严谨。我结合我的研究提一些可能比较犀利的观点。

第一是概念问题，在这个申报书当中，我们时不时地会看到网络金融、P2P 以及一些新兴的业态。像我们在座的刘宪权教授一直研究的是传统金融犯罪问题。它的一个互联网化还是不一样的，那我们再结合最近的银监会主席讲到的金融集团，那似乎又好像有了一个新的变化。所以，你申报的这个课题的落脚点是什么？从 2013 年互联网金融元年到现在，网络平台、第三方支付、股权筹募、虚拟货币（申报书里缺了这项）等新兴的业态所涉及的犯罪问题如何处理？“网络金融犯罪综合治理研究”中的“网络金融犯罪”是指传统金融犯罪的互联网化，还是指网络领域中所有的金融犯罪行为，抑或是课题组对网络金融犯罪有一个全新的界定？“网络金融犯罪”的内涵和外延是一个很重要的问题。

第二，我注意到阳老师讲得非常好的是市场准入和金融监管治理的现代化，我一直在各个场合讲，因为我来自公安战线，我代表全国的经侦民警讲一条，不要再让我们挺到第一线了，已经挺不住了。只要出现网络金融犯罪，公安必然第一个出现，这个是不对的。我们大家都是学刑法出身的，刑法的谦抑性大家都懂。综合治理这个排序，谁是第一道尖兵，有好多说的是行政执法，这一部分，我是特别期待的。但是我有一个建议，我看到你这里面有研究 P2P 平台。但是随着几次整治活动，可以讲，现在能存留下来的 P2P 平台犯罪可能性非常低。也就是说，这一课题的研究只能研究存量，因为它没有这个增量了。如果你们的课题只是研究一个存量的话，它未来作为支持国家社科重大项目的意义，我觉得，是否应当有所拓展，比如现在大家都在非常关注的虚拟货币、网络非法集资等等。罪名上有些不同，业态上有些变化。因为我个人预测网贷平台未来的犯罪新生的非常非常少。即便未

来有网络非法集资，它基点就不在于建立合规平台的问题上，因为在合规元年，银监会已经做得非常好了。在这个问题里面，肯定会涉及刘炯老师刚刚提到的“猫捉老鼠”，从业禁止令的观点非常好。对于这一块，我想说的是，你们提及的是理想化的对付好人的，问题在于网络金融犯罪人都是坏人。现在这些人基本上嫁接了搞传销的人。这些人本身就有些个犯罪记录，犯罪手段对他打击力度不力，放出来之后，只要他有想法，就能找到专门做传销的，他们本身就不是好人。我们上海的牌照制度是好人举手，我们保护好的从业人员，想做互联网金融的创业者。但是，我从深圳和北京朝阳检察院（全国 50% 网络金融犯罪在朝阳）得来的数据，这些网络金融犯罪人基本上都是坏人。所以，我们在推一个制度的时候，需要想清楚：这个制度要规范的是谁，是保护好人还是提防坏人入场的措施要多。

今天我们也讲到了一个电子证据问题，我对这个问题特别感兴趣。电子证据这种东西，我们在私底下探讨就是跨境的问题。希望在关注刑法实体法的同时，对程序法的问题多出点成果。公安经侦就等着你这些东西落地。比如说现在，那帮人都跑到境外去了，只要你们中国一管，那他们就跑到马来西亚、新加坡等东南亚以及韩国、日本。所有证据都在境外的服务器，那我们这个取证怎么样才能让这个证据为我国的司法系统所采纳？随着我们一带一路，估计这个问题会变得越来越多。

这个申报书的亮点之一是关注的内容是治理失效的原因，我觉得这个太棒了，说明学者真正有良心，敢于把政府的治理失效拿出来做一个研究的标本。我觉得，这个真的特别大胆而有良心。

我是犯罪学出身的，特别关心这里面提到的情境预防。刚刚周东平教授已经做了详细介绍。我就提出四个字：“情境”和“场景”。搞互联网的人都讲场景，它这个互联网网络化的运用场景，在这个运用场景中，如何实现情境预防。在这里，我要提一个问题，就是说，传统的情境预防理论所涉及的都是街头犯罪、暴力犯罪等传统犯罪，现在网络犯罪是非接触性，怎么能给我用原来的理论套上去。还有一个问题，金融犯罪和暴力犯罪是不同的，金融犯罪是贪利的，金融犯罪又网络化的时候，这个双重的变化，怎么运用传统的情境预防理论解决现代的问题。还有周老师在这提到了一个被害人。我在这里非常郑重地提示我们学者，我们在非法集资案件中不提被害人，麻烦特别大。像e租宝案件，如果几十万的被害人都去听庭审，都去复印卷宗，甚至都要赔偿，就很难办。我不认为我们可以将这些人简单定义为“被害人”，因为如果简单地将这些人定义为被害人，那这些人在主张被害人权利的时候，司法机关无法应对。那怎么办呢？这个高院有个解释叫“投资人”，就基于这种案外的投资人，我们怎样对他们进行引导，怎样对他们进行被害人有关的这种教育。这就联系到一个问题，那就是消费者的权益保护。“消费者”这个词是中性的，那消费者的这个权利保护，其实是有大量空间可为的。

还有你们的申报书当中，少了一个维稳问题的专题，网络金融犯罪综合治理当中，维稳指标如何体现？讲到第五个子课题，刘玉姿教授提到的效果评估中的维稳指标如何体现？尤其是，这个效果评估是给谁看？是给政府看还是给谁看？我看到这里面讲得非常好的是引入行业自律组织。因为我本身也在中国互联网金融行业协会，这个是国家推的，而且我也不知道国家推这个协会的目的是什么。这个协会在一行三会的排名当中，它就叫法律自律组织，那我们在这个里面如何通过法律自律组织实现本行业的自律？总之，行业自律组织这一块能够得到重视。目前，中国互联网金融行业协会在这一块基本上还是挑大梁的。同时，也希望能够将刑法治理这个手段放到它应有的位置，不要让公安冲在第一线。

二、阿里巴巴蚂蚁金服集团安全管理专家金嫣

蚂蚁金服作为一家互联网金融企业，面临各种风险。我先介绍一下蚂蚁金服，2014 年成立，是一家集团公司，涉及的范围是比较广的，那这里面也存在着各种各样的问题。我们总结了在我们互联网公司所存在的大的问题。首先是系统风险，它涉及主机风险和网络风险。第二块是数据风险，现在很多公司都会收集大量数据，如何合理合规运用这些数据，以及如何防止信息被泄露，这些都是我们所面临的问题。第三块是账户的问题，比如垃圾注册、虚假认证，我们现在已经由实名认证升级为了实人认证，更多地运用生物学的一些技术。第四块，也是最重要的一块，就是我们所说的资金安全。比如支付宝之类的第三方支付平台。在这一块也比较容易发生电信诈骗、薅羊毛、虚拟点券销赃、集资、传销、赌博、洗钱等犯罪。我们公司基于上述几个维度的风险设计了蚂蚁风控系统（包含设备位置、习惯、关系、行为、账户）。在“设备位置”中，能够识别登录的设备是不是你本人经常使用的手机或电脑；在“习惯”中，会去分析你是位于怎样的人群，你的消费习惯是怎样的；在“关系”里面，如果我们判定到了有一个账户，它可能是嫌疑人的一个黑名单的账户，那么和账户频繁有资金往来的，我们也判断它很有可能涉嫌犯罪；像“行为”里面，我们会判断，比如有一大笔资金到账户里面，但是它在短期之内就非常快地转到其他账户之内，或者非常短时间内就购买虚拟产品，那就很有可能涉及洗钱或者销赃；在“账户”里面，我们有一个成熟度的判断，比如使用账户多久、使用的频次等等。在网络犯罪的链路里面，我们会发现，上游有很多基础的原料，比如公民基本信息，同时，无论是软件也好，账号也好，很多犯罪嫌疑人实施的都是非常小的一个链路环节，所以，无论是上游环节，还是中游环节，现在打击的难度是非常大的。2016 年的时候，一个爱玛平台在绍兴被打击了，但是现在我们了解到，由于证据和定性的原因，已经存疑不诉了。因为它所做的事情只有一个，给你一个小号来接收验证码，这样一个行为能不能构成犯罪，在实践中争议就非常大。此外，一个普通的薅羊毛案件，它的链路也会非常长。基于服务的 DDoS 攻击，近网络化，我们会发现在实践中碰到的争议也是非常多的。像我们前两个月在重庆就判了一个组织花呗套现的案件，是以非法经营来判处的，这里面争议就非常大，包括是否属于支付结算业务，小贷公司是否属于金融机构。像侵犯公民信息也涉及我们企业账户的问题。事实认定方面，主观明知性难以证明。在证据方面，电子证

据、证据灭失、跨境案件证据取得和转化都有困难。

三、中国刑法学研究会常务理事刘仁文教授

非常感谢邀请，原本以为是一场务虚的报告会，结果内容非常务实。我的研究课题最近也涉及这一块，后悔没将我的博士生带过来一起听听。这个课题申报非常严谨，一分耕耘一分收获。刚才在听李教授及课题组成员汇报的时候，非常亲切地听到“瞻前顾后、上下结合、内外兼顾”，这个表述和我提出的立体刑法学观点非常接近，理念高度一致。我注意到我们这个课题组的一个非常重要的贡献在于把“综合治理”这样一个政治话语转化为了学术话语。我觉得非常好。但是，实事求是地说，这个问题也请课题组注意一下，就是说，我们用互联网金融犯罪的立体治理研究，那这都没什么问题。本课题是用“综合治理”这个概念，刚刚听了李教授的汇报，我觉得非常好，这是从辩证法、综合统一这样学术性表述来对政治话语做了一个对接，这样也符合政治正确和我们国家整体的一个需要，效果会非常好。但这里面有一个问题，就是说，将来研究要稍微注意一下：传统意义上说综合治理、社会治理，实际上学者存在着一分为二的态度，有学者提出要从综合治理走向依法治理，综合治理政策性太强，不完全符合法治的理念。同时，课题里面非常强调刑事政策、政策评估，这里面又涉及一个问题，就是政策和法律之间的关系，我们现在都在说政策不能逾越这个刑法，刑事政策化也是通过法治的一些要求，比如把部分刑事政策刑法化，关于这个问题希望将来能够看到你们相关的学术贡献。第二个建议，我在研究立体刑法学的过程中，有一个感受，我们这个课题强调多学科的研究，我相信这个课题的成果一定非常好，但是我个人在研究过程中给博士生统稿开会的时候，我会反复要求，比如，写刑法和刑事诉讼法的关系，如果这篇文章放到刑事诉讼法教研室也可以用，那这篇文章就是失败的，因为我们是研究刑法的，解决的重点和目标是不一样的。在立体刑法学当中，强调内外结合，对内看法律，对外看法律的变动环境，如果你们这个刑法解释，依然是就解释论解释，那就没有达到我们立法刑法学要辩证要互动这样一个关系。所以，我们现在有好多个子课题，这几个子课题要强调辩证，强调互动，强调一体化，防止将来各个还是孤立的，希望各个子课题之间能够形成良性的互动，而不是相对各自独立的汇总。报告里面还有非常多的亮点，这里面提到了合规性研究，非常好，现在这一块在德国也是研究的重点。 此外，尽管把网络金融犯罪从网络犯罪里面拿出来已经可以单独成为一类犯罪了，但是这一类犯罪依然非常多，可以考虑对网络金融犯罪进行分类，比如以网络为犯罪工具或手段的和单纯把犯罪平台从线下搬到线上的，可能治理对策或思路就不太一样，希望可以进行分类，并分类治理。

四、厦门大学软件学院副院长林坤辉教授

非常感谢邀请。刚刚听李教授介绍，本次课题申报结果和最初构想有出入，调整了跟网络有关的，跟技术有关的一些成分。调整之后，内容也还是很丰富的，特

别是第三子课题有提到大数据、人工智能这方面的结合。我现在就课题提一些不太成熟的建议。现在总的感觉，在交叉方面、融合方面，深度不太够。因为仅仅从题目来看，有三个关键词——“网络”“金融”“犯罪”，那我们综合治理应该体现出融合和交叉方面，这一块显得还不是很足，在深度和广度方面应该再增加一点。第二是好像针对网络的特点，描述得还不是很深入，今后还可以更深入。网络这块因为太宽太广，变动也非常大，发展得也非常快，能否有针对性地有所聚焦是个问题，因为课题完成需要四五年，而网络的东西变化过快，如果未能把握住一些基本的东西，说不定出来的成果也就过时了。

五、厦门大学经济学院副院长朱孟楠

首先，我也是对李老师拿下重大课题表示祝贺，对今天顺利开题表示祝贺，我对结题也是抱有很大的期望。我认为无论是宏观面，还是微观面这个课题的研究意义是非常大的。我就针对我所了解的情况提几个意见。第一，我非常同意前面几位老师讲的，对于课题研究首先概念内涵外延要更明确一下，还有刚刚林老师讲的，网络犯罪动态发展情况要做更为深入的了解，这一点我是非常同意的，因为现在网络犯罪的形式非常多，如第三方支付、P2P 网贷、众筹等等，刚刚王教授提到一个增量问题，对这一块可以做更多的了解，我建议课题组可以做田野调查、实证分析，实化这种感官性质的东西，同时加上我们的理性分析和定量分析。另外一个，网络犯罪的形式多元化，有网络诈骗、网络集资等，它有很多形式。尤其这一块是非常隐蔽的，是观察不到的，那这一方面也要做更多的动态考察。此外，关于概念内涵外延方面的话，网络金融监管，究竟监管到什么程度，我们说监管存在盲区和缺位，事实上根本没有监管。除了官方监管存在盲区、缺位和薄弱之外，自律很重要，自律机制的话，刘老师已经提到了，我也非常赞成，在这方面可以拓展一下。

不要小看网络金融、网络犯罪的特点，如果我们把握不到这个特点，就无法构建一个完美高效的监管体系。网络犯罪有很多特点，比如虚拟性、专业性、隐蔽性、迷惑性、传染性，危害很大。再者，它是跨区域的、跨境的，没有时空限制。还有有些网络犯罪的成本是非常低的，作案工具非常简单，当然，有些也非常复杂。所以它这些特点，不是其他活动所能够比拟的。网络金融发展的话，没有时间限制，也没有人群限制。还有一个特点就是网络犯罪趋于年轻化。那些年轻人脑袋特别灵，他不用在正事上，用在歪门邪道上。这是一个非常大的重要特点。

我是做金融的，特别希望在金融监管方面，构建一个非常好的金融监管体系，刚才几位老师有提到，要一体化，要辩证互动，包括前面王教授也提到了金融监管制度失灵失效。我们在构建金融监管制度当中可以融入综合理念。这一块，我们中国在做了，但比较宏观。我们成立了金融稳定委员会，原来是一行三会，这是一个很大的方向，恐怕要延伸到下面还没有那么容易，至少效果没那么快显现。所以我们在支撑建立防范网络金融犯罪监管制度中要融入综合治理这个观点。是不是最后的话，我们也可以对它进行评估。就金融监管体系化这个方面，怎么建立一个综合监管管理体系？我初步想了一下，是不是可以构造一个具备如下几个方面的体系，有软件、硬件、自律、协调、教育。

软件方面，我认为非常重要的是全民，因为网络这方面，已经是全民的、全球的，观念提高到全民角度，所有的基层中层高层都有这种高度重视的观念以及相适应的理论知识水平。然后，在软件建设方面，高端人才、高端科技人才、专业人才非常重要，没有人什么都没办法做。希望我们课题组对怎样培养技术人才提出方案。还有一个就是专家智库，自成体系，这是很重要的，包括我们今天有这么多专家在这里提出建议，也是非常好的。还有一个，我非常强调自律，现在官方无论如何都有失灵失效的时候，当官方失效的时候，全社会都要重视，比如说底层的消费者、中层的市场交易者，高层的金融监管者，最高的稳定委员会，我们都有一个官方和市场结合的体系，形成自律体系。

硬件方面，我非常强调征信制度，我们要考察或者说了解，征信信息共享这个就必须要做，现在做的话，可以借助大数据开发研究中心的技术以实现征信信息共享。这方面，可以做一些新技术，特别是金融监管审核新技术，这很重要。人家犯罪的话都走在前面，我知道，但是技术跟不上，一点面子都没有。所以，我国人工智能技术已较为成熟，在此可借助人工智能技术建立征信信息共享系统。

预警方面，我觉得就是指标构筑，以及犯罪信息的收集反馈机制，这两个很重要。很多东西触发这个指标，就会引发预警信号，然后我们就知道如何去应对。

协调方面，因为这个监管本身就是跨界的，一个部门是做不完的，网络金融本身是最没有国界的，所以监管部门一定要协调。是不是应该成立一个全国性的网络金融监管与稳定委员会？我不知道现在有没有，但我认为是要有的。

在教育方面，做好消费者、市场交易者、金融监管者的教育，我认为是非常重要的，要做好这方面的教育和引导，包括宣传。

所以，我想，构建一个完善高效的能够体现交叉融合的有深度的金融监管制度，可以适当地考虑到这几点内容。

第二点，我认为的话，内容上是否可以有所扩张，或者说，在研究当中融入这些观点。一个就是说，犯罪的基础，现在网络犯罪这么猖狂的基础是什么，我们一定要搞清楚，铲除这些犯罪的土壤。网络金融犯罪异化的结果，就是犯罪猖狂化，这个土壤究竟是什么，我们从根基上铲除土壤，至少可以减少犯罪。网络金融犯罪的伦理道德问题，有没有道德底线，能不能突破底线，是不是也可以适当地涉及。这个问题，我们金融学是有研究的，我们都认为，金融市场是有底线的，不要突破底线。中国各个行业现在恰恰是没有底线。网络金融犯罪的道德问题，是不是可以作为我们前期工作的一个结果？再一个，就是我们标书里面提及的纠正、约束、监管、惩罚机制。这个就体现了综合治理各方面。

第三点就是我们说的方法，前面专家老师都讲得非常好，我只强调一点，一定要有感官认识，一定要深入田野调查，我们只有感官认识是不行的，比如说信用风险、操作风险等等，我们自己都没有概念，只是说网上看完，然后班门弄斧是没有意义的。一定要深入各个部门，实习和调研。在感官基础上，再加上定量和定性分析，效果评估的话可能会总结得到位点。最后一点，我和其他几位老师一样，落脚点一定是综合治理。

六、厦门市人民检察院金融检察处副处长颜煜群

今天参会，我才知道这个课题要花四五年的时间来完成。厦门金融检察处成立的时间较晚，2017年9月我们才正式挂牌，现在我们是捕诉研防一体，批捕、起诉、研究、预防工作一体。像我们办案过程中，也一直和我们的金融监管部门沟通，怎么来做一些好的综合治理工作，但始终也没有一个明确的比较好的思路和途径，平台怎么搭建，一直在考虑。那我也很荣幸能够参加这么一个研讨会。虽然厦门金融检察部门成立得比较晚，但互联网金融犯罪，我们还是办得比较多、比较早。这和厦门的区域特点和经济分不开。许多全国有影响的案件在厦门都能看到它的身影。像e租宝案件，就是厦门最早批捕的。我们当时和高检院侦监厅指导组一直保持联系，抓什么人？抓到什么层级？主观违法性怎么认定？不同层级的责任怎么界定？达到什么程度？当时作为全国最早的第一案，我们也很困惑。……后面高检院特别出了一个相关的文件，界定了主观违法性的认识，认识到什么程度叫作明知，抓到什么层级，基本上也参考了我们之前办案的一些心得。下面我们谈点实务中的感想。这几年我们办的互联网金融犯罪，P2P是最早期的，但是现在对P2P犯罪的打击，在证据方面、法律适用、责任认定，已经比较没有那么大的争议。2017年11月22日，厦门金融办发布《关于进一步规范网贷机构管理工作的公告》，暂停了P2P平台工商登记。这一两年有很多这种新型的犯罪形式出现。上周市公安局报捕的一个案件是把非法吸收公众存款和传销有机结合起来，背后还有一家非常有实力的公司通过在网上卖金线莲，然后再结合一点传销，结合一点互联网金融，真的多种犯罪手段已经交织在一起了。那就是说，这种互联网金融，形式多样，而且变化特别快。我们实务中面对形式多样的情况，时常怀疑研究内容是否会过时，比如更多应从共性方面做研究，也就是类型化的问题，因为毕竟我们的想象力和创造力有时与犯罪分子还有差距。我们谈综合治理，第二个子课题和第三个子课题讲的都是防控的问题，也就是预防和控制问题，那能不能多探讨一些善后的问题？就像刚刚王铼教授提到的为什么不能把投资人叫被害人，这就涉及维稳问题。像我们经侦支队的领导，他们都觉得办这种案件，技术上没什么难题，大家都有共识了，大家最大的问题就是"维稳"，被害人天天来公安局问钱什么时候来，什么时候处理。还有一些被害人天天来公安局问为什么要抓他，你们不要抓他，我们现在利息这么高，你抓了以后，我什么都拿不到了，谁都不想当庞氏骗局的最后层级。所以很多案件爆发以后，投资人的微信群都是在说公安找你们千万不要去作证，要把他们保护起来，把他们捞出来，我们才能继续发财，才能继续进行理财这种活动。那就是说，这种投资人案发以后，投资人的善后工作由谁来做，公安机关显然不愿

意，厦门市公安局经侦支队已经把所有案件给区公安局去办，一个理由就是他们不擅长“维稳”。那另外一个就是涉及钱的返还问题，2017 年我们市仲劳委有牵头做了一个草案，最后没通过，因为争议太大，草案内容就是考虑扣缴款项能不能在判决前适当返还给投资人，以什么标准，以什么渠道，因为判决时间往往要两到三年。我在这里提个建议，在综合治理方面，除了控制、预防，善后工作怎么做毕竟也是综合治理的一部分。那第三个小问题，我刚刚听学者说，要更好地做到两法衔接，我们现在工作中还主要聚焦在犯罪线索的移送和立案监督的问题，那么综合治理在两法衔接中能发挥什么作用，我也比较感兴趣。我和金融办在沟通的时候，还提到过一个问题，我们现在很多案件抓了嫌疑人以后，现场找公司的电子数据，就是后台数据，都找不到。我想询问：平时在监管过程中能否对这些后台数据进行实时监控和备份？两法衔接过程中，金融监控应做到动态、全程的监控，而不是一种事后的监督。

七、泉州市人民检察院金融检察处处长吴美满

我们泉州市金融检察处是在 2015 年 12 月 4 日就批下来，2016 年 3 月正式运行，到现在已经是 2 年的时间，我们成立到现在，已经形成一体化办案、规范化指导、专业化办案等三化连体的模式，这是除了上海之外，全国第二家成立的。在这成立的两年间，我们在服务地方政府，防控金融风险这一块，也做了大量的工作，取得了相当大的成效。

刚刚王铼教授有提到，这个课题规范的是谁？而我想说的是，我们这个课题的规范目的是什么？金融风险对国家来讲，它最关键的是考虑两个问题，一个是区域性的金融风险，一个是系统性的金融风险。互联网金融犯罪的规范目的还不至于是防止“引起系统性的金融风险”，因为涉众型金融犯罪针对的是普通大众，这些人手上的钱非常有限，但范围非常广，要引起“系统性的金融风险”可能性不大。所以，我觉得这个课题的规范目的就在于追赃，而这个问题往往是被害人也好，集资参与人也好，最关切的一个方面，也是我们遏制犯罪的一个重要方面。只要这个追赃能够到位的话，其实是反向来控制这个犯罪人的犯罪意图。追赃是很重要的一个环节，但是很遗憾，今天好像没有听到这个子课题里面有涉及追赃的问题。“追赃挽损”既是大家最为关切的问题，也是遏制犯罪的关键环节，但是在这个问题上，我们受到了特别大的限制，我们的公安机关和我们司法部门在实际的处理过程当中，这一块往往没有办法，只是把犯罪人、被告人判刑了事，没有办法。为什么？这里面存在着非常多的问题：主要是现在也跟这个互联网金融有直接关系，现代信息技术高度融合，一个是我们侦办的力量没有办法去应对；另一个是线上、线下、第三方支付，包括线下的地下钱庄，加长加大这个链条，在这种情况下，几乎说没有办法去追赃，这个赃款的轨迹都很难查清，最后都没有办法，都会断线。所以，这是一个关切点和难点。

另外，刚刚很多老师都有提到的被害人和投资人的问题是我们不容回避的一

个问题，在这个问题上，我们不应当定位在被害人层面，而是应当有效地去辨识三个概念，被害人、集资参与人、金融消费者，并不是说所有网络金融犯罪当中都不存在被害人，某些罪名当中还是切实存在被害人的。我们要及时穿透，用穿透式监管的这么一种监管模式去看的话，这些人其实还是被害人，只是我们出于非常现实的考量，从这个维稳指标的一个考虑，我们不敢将他们定性为被害人。这个不仅仅涉及“维稳”，而且直接关系到我们对整个案件性质的定性。其实泉州有办过一个案件叫“沃克”，涉及的投资参与人也遍布全国各地，但我们也始终不敢把他们定性为被害人，其实按照穿透式监管，这个案件的行为实质是利用网络、借助传统的传销手段所实施的集资诈骗，但是我们最终只敢对他们的手段行为进行定性，定非法经营罪。我们不是没看到行为实质，而是不敢去做这样的定性。在这种情况下，我们如何进行协调？我觉得这是一个非常重大的理论课题，可以进行研究。对于他们的名称，是叫投资人还是参与人，现在两高司法解释明确界定为“集资参与人”了。

关于金融消费者，这个概念更广，其实作为参与人也好，作为消费者也好，都有交叉，就是被害，金融消费者也是犯罪链条中的一个环节，其身份存在一定的交叉，这种交叉一方面体现在金融消费者这一概念的辨识，另一方面体现在其行为的评价。关系到被害人、集资参与人这一块，我建议可以用行为金融学理论来解释分析互联网金融当中从众等心理，借助一个模型来分析，能让整个研究更加集中，而且我们这个课题也是跨学科的交叉研究。

关于欧美国家经验借鉴问题，我想说的是，在互联网金融犯罪中，跨境的视角要考虑的是什么？这首先需要进行辨识，一个是欧美国家的经验是否还值得我们借鉴？现在在互联网金融这一块，欧美国家远远落后于我们，中国已经远远走在世界前面，我们吸取的更多的应该是教训。同时，在跨境这一块，我特别想说的是，跨境犯罪的网络金融犯罪，它的这个网络就是打破地域限制，犯罪在世界上任何一个角落都能进行，但是我们在这方面的协作却受到了很大的制约。我们现在已有的犯罪协作机制里面，往往是跟那些比较发达的国家合作，但是现在从事网络金融犯罪的多是第三世界国家，跨境过来到我们这边作案，赃款马上通过移动支付、第三方支付转移到第三世界国家。在语言方面，第三世界国家都是小语种，难以寻找翻译。取证这部分很难办，这些都是比较大的几个问题。关于研究方法方面，不仅要关注司法部门，还要关注行政执法部门。

八、厦门市思明区人民法院刑庭庭长吴长城

思明作为厦门的经济中心，厦门绝大部分的经济案件都是在思明区法院处理，金融犯罪在实务操作当中有许多难题和困惑，也希望各位专家能够在研究过程中解决我们实务当中的困惑。我就这个课题的研究思路提几点看法。

在宏观理论方面，首先是网络金融这个概念的内涵和外延，希望在课题里面能够给出一个明确的概念。比如网络黑客攻击金融机构，是否属于这个方面。再

比如说是只规范境内的还是规范境外的，还是契合现在所提出的一带一路的问题。G20、金砖会议提到的金融贸易方面的犯罪是不是也属于这一类犯罪？就顶层来说，这方面的文件应该也是比较少的，亟须学者进行理论研究，为他们后期的政策制定进行研判。在实务操作过程中，我也经常和市政府的金融办、保监会、银监会联系，他们往往掌握上层建筑的一些信息，包括他们的意图。

在基层实务里面，首先一个就是犯罪主体是单位还是个人。同样是"e 租宝"犯罪，有的地方定单位犯罪，有的地方将分支机构定为个人犯罪。虽然两高关于单位犯罪有出过一个司法解释，但在实务操作当中仍然看法不一。关于被害人问题，在最高院一些文件里出现不少名词，像被害人、存款人、被吸存人员、投资人、参与人，所以，在我们法律文书上也会经常出现不同的说法，希望能够通过学术的方式让大家有一个规范的称呼。在主观方面，就是"非法占有"的故意性认定问题。怎样去保护真实积极想要去创业的这些人，有些甚至是政府扶持的。其实为了创业而集资的行为无论从形式还是从所造成的社会危害后果，跟我们所说的非法吸收公众存款、集资诈骗的外在表现是一致的。非法占有的目的以及主观犯意的区分线在哪里？这也是需要政府部门和执法部门需要得到理论支撑的地方。再来还有说违法性认识，大部分所谓设置的公司，公司下面有大量的业务员，对外推广的，做广告的，开会的，宣传的，做财务的，他们很多都是刚从学校毕业出来，怎么知道这是犯罪，人家也有章，也有宣传报道，有的甚至有政府宣传照。对于这些人的违法性认识，也是一个难题。再来就是主从犯的认定，这可能是一个比较小的问题，以 e 租宝为例，上面的总公司及下面的子公司，它们之间是否需要区分主从犯？比如福建省的分支机构、厦门的分支机构是否要区分主从犯？那么财务人员，以及刚才所讲的这些人员，吸收存款人员的地位和作用，涉及量刑问题。再来，就是数额认定，像我们思明碰到比较多的是非法吸收公众存款案件，在这些案件中，已经经过民商裁判的案件，这部分的金额能否计入刑事犯罪金额？是否属于一事不二理的范畴？还有一个就是说非吸案件返还的金额和集资诈骗返还的金额已经超过本金了。在集资诈骗里面，比较好区分，以非法占有为目的予以排除。在非法吸收公众存款案件里面，它可能侵犯的法益是金融管理秩序，是不是这个金额也要认定。借了 100 万元，三年过去利息都已经挣了 200 万元，那前面的这个 100 万元是不是也要纳入非吸金额？还有类似这样的一些问题。这么多年来，从简单的金融犯罪，最简单的就是金融黑客，即利用黑客技术攻击金融机构，网络诈骗、金融诈骗发展到这几年的"互联网+传销+非法集资"，也就是这种涉众复合性犯罪。这种模型，我们思明法院这一两年来在审理过程中，存在上述困惑，希望在各位专家的研讨中给实务界提供一个更好的支撑。

第三单元　报告会总结

一、专家组组长刘宪权教授总结

重大课题的研究是一个漫长的过程。我手上也有一个重大项目课题，和这个有一点关系。我的是涉信息网络违法犯罪行为法律规制的问题。重大课题在整个的研究过程中确实存在很大的一个变化，像我原来比较侧重搞金融犯罪理论研究，后来因为有了这个重大项目以后，社会上发生了一些变化以后，我又转向互联网金融犯罪。我是从法律规制，实体法的角度，你们则是从综合治理的角度，侧重点是不一样的。我们侧重于刑法、行政法的法律规制，你们侧重比较多的是犯罪学、社会学这些内容。所以角度不一样。我们跟你们有一定的联系，但交叉面不一定特别多。我的想法是这样，既然涉及网络金融犯罪的综合治理研究，那标题里面“网络金融犯罪”的范围一定要明确。金融网络犯罪和网络金融犯罪肯定不一样，网络金融犯罪的落脚点最后肯定是金融犯罪，即我们《刑法》第三章第四节和第五节的规定。如果无限扩大的话，你这个重大项目最后肯定没办法完成。而网络本身是个平台，而金融犯罪是我们刑法当中明确规定的一个范围。所以这个要先把它确定下来。

另外一个就是我自己的一个体会，在重大项目研究过程中确实涉及一些功利性问题，有一些最容易通过的，一定要抓，而且从一开始就要抓。比如副部级以上领导的担保和批示。两个以上批示就免检了。像这个就是花比较小的力气能够得到比较好的效果。要完成，一方面要发表论文，论文没这么容易发表；一方面就是尽快取得副部以上领导的批示。同时，多弄一些专报，因为搞课题研究和我们平时自己的研究是不一样的，它的成果体现在专报里面特别重要，所占的分量也是特别的重。这些东西是我自己的一些体会和经验。光靠自己发表论文很累，最后实际效果并不是太好，最后还是要这些东西，会方便很多。

既然我们是综合治理，那我们实际上还是要有一些对策性的东西，不纯粹是一种法律的认定和法律的定性问题。比如P2P，我们现在的关注点都是在已经爆盘的P2P，我们怎么用刑法的规定去定性和处罚的问题。事实上，在很多地方P2P都已经不批了，有P2P如果没有爆盘的话，想办法地把它挤爆，对于这种东西，如果要综合治理的话，要从源头治理。P2P是好东西，不能说出现了问题，好东西也变成了坏东西，它实际上是一个平台，把有钱人的钱和有项目的人通过这个平台融合起来，但是它遇到两个最大的问题，一个是中国人不讲信用，你把他们拉在一起，他们就跳开你，所以使平台本身运营受到限制，业务就没有来源了。为解决这个问题，它就得建立资金池。而这个资金池一建立，就马上涉及我们现行法规所规定的内容。一爆盘的话，肯定轻者非法吸收公众存款，重者集资诈骗。如果我严格按照法律规定，在实际当中就拿不到业务。我如果要搞业务，就必须建立资金池，就跟现行法律相违背。那怎么办？我觉得我们这种综合治理是不是能够给它找条出路的途径？比如说，按照我现在的想法，首先可以将P2P这种有关的管理、相关从事P2P业务活动的纳入我们的法治里头。不是每个人都可以开P2P公司这是不是该有一个入门的门槛？然后在经营方式当中，我们原来都是先进水后出水，能不能改成先出水后进水？即允许P2P用自有资金建立资金池，然后先找项目，找到项目以后先用资金池里面的水抽调，然后再向社会上有钱的人去吸收资金。这种模式可以保证资金池里的水时刻保持在自有资金的情况。我们既把这种好东西保留下来，同时又规制了它们的行为。那这种东西如果在我们综合治理研究当中，我感觉到是相当有用的。另外，我赞同刚刚美满处长的观点，我们重大课题在研究过程中不要一味地谈及域外、境外的经验。我在日本和经济刑法的学者交流的时候，我提到第三方支付平台当中有关行为如何认定的问题，日本学者听不懂。第三方支付在日本运用的面只有5%，而我们是95%以上。那在这种情况下，有关的法律思考、思维，他们怎么可能超过我们？日本专家研究完我的论文之后，他们觉得很有收获。我们走在他们前面。在综合治理方面我们可以率先创新。我认为，今天开题报告不是纯粹务虚，谈的东西都很务实。对我的教育很大，我也学习了很多。

二、项目组专家时延安教授总结

认同王铼教授的观点，冲在第一线的不应当是公安机关、行政机关，而应当是行业自律组织。那在这一块，怎么样给它建立一套机制？在行政法方面，针对网络金融犯罪，怎样建立它的一套体制？刚才很多老师也提到了，2013年互联网金融元年的时候，当时我就注意到这个问题，搞不好就是非法吸收公众存款，搞不好就是集资诈骗。但是他们好像没有注意到这个问题。同时来讲，政策也放得太松了，没有及时加以监管。无论是网络金融还是传统金融，都是高风险的行业，必须建立市场监管才行，所以到后面出现了大问题。我觉得综合治理非常好，但是怎么样多元去解决，怎么样多学科交叉研究？今天我感觉确实是非常务实，把真正的问题都摆出来了，没有流于形式。可以说，是我开过的最好的一个开题报告会。我代表课题组、代表李兰英教授，宣布开题报告会就此结束。谢谢各位专家，谢谢各位同行。

“互联网金融民刑交叉问题”会议综述(2019)

王 新*

2019年11月4日，由厦门大学法学院、厦门大学经济犯罪研究中心共同主办的“互联网金融民刑交叉问题研讨会”在厦门佰翔软件园酒店隆重举行。来自学术界、实务界近百位专家共聚一堂，共同研讨网络金融犯罪在理论与实务方面的前沿问题。本次会议共分为五个单元，重点聚焦“网络金融犯罪中的民刑交叉问题、网络融资平台的刑事合规问题”两个议题展开了集中深入的研讨。

第一单元

第一单元由西北政法大学刑事法学院院长、教授、博士生导师冯卫国教授主持。

江西财经大学法学院熊进光教授以“互联网金融刑民交叉案件的困境及法律规制”为题，以“王某、曾某某、曹晓某、曹水某、第三人张某股权转让纠纷案和南京银洲资本爆雷案”为例做主题报告。熊进光教授就法律适用中的困境从两个方面进行论述，一是刑民交叉案件中对“同一事实的认定”；二是“先刑后民”原则是否适用于互联网金融犯罪。并就该问题的解决提出了两条路径：路径一是建立刑事“缓冲带”，适用“先民后刑”原则；路径二是提高刑事“入罪”门槛，互联网金融行为“出罪化”。

厦门大学法学院王兰副教授报告题目是“互联网金融协同规制探讨”。王兰副教授指出：国家中心治理观下的互联网规制困局在于泛刑罚化的规制手段诱致部分互联网金融更趋隐蔽化，甚至遁入灰色地带，强制性风险控制机制促使新型互联网金融的创新发展与市场秩序之间互生抵牾。其问题的根源在于国家治理的结构性危机与“命令—控制”范式的失效，具体呈现为：剩余立法权、行政机会主义、公共利益损失、逆向激励等。问题的破解在于：国家中心治理观向创新社会治理观的转化，以及“命令—控制范式”向“协同—信任范式”转化，从而建构起私权自制力量崛起下的公私权共治格局。

北京大学法学院王新教授对上述报告进行了点评。王新教授指出：对于刑民交叉问题，刑法学者可能都从公法刑法的角度来谈刑民交叉的认定问题和解决困境。但是民商法学者可能从司法的角度，提出了另外的完全不同的观点。熊老师

* 王新(1991—)，女，河南南阳人，厦门大学2019级刑法学博士研究生。

通过两个案例切入，提出了一个非常关键的问题，就是“同一事实的认定”。“先刑后民”的一个很重要的前提，就是对“同一事实”的理解。现在学界对“同一事实”的内涵和外延的理解，王新教授把它比喻为“大事实”和“小事实”。如果从“小事实”的角度来看，刑民交叉问题，实际上可以从多层次的角度处理，甚至可以出现“先民后刑”。但是现在基本采取“大事实”的含义，就是特别笼统，将其模糊化。这种模糊化跟打击非法集资的大的政策背景紧密联系在一起，司法机关办案不仅仅强调法律适用的问题，而是用更大的精力考虑法律的政治效果和社会效果。熊老师最后提议建立一个刑事缓冲带，中心思想在于“先民后刑”。这在公法和打击非法集资的过程当中是不现实的。唯一可能就是把“同一事实”做“小事实”予以解释。针对王兰老师的报告，可以体现出金融犯罪的研究是多视角的，底蕴是民间融资和互联网金融。

江苏省社科院法学所副所长刘伟老师点评认为：学者在讨论刑民关系问题的时候，着眼点往往集中在是“先刑后民”还是“先民后刑”。而现在最大的问题在于是从教义学的角度去考虑刑民关系，还是从政策的角度考虑刑民关系；是从实体法的角度考虑刑民关系，还是从程序法证据规则的角度考虑刑民关系。实际上现在刑民关系本质上不是一个刑事实体法和民事实体法的关系问题，而是刑事的证据规则与证据标准和民事的证据规则与证据标准的差异所造成的刑民法律关系的冲突。如在非法吸收公众存款案件中，对于非法集资涉案财物处置问题，没有从刑法教义学的角度去考虑，更多的是从刑事政策角度去考量。所以对于这类案件的研究还是要明确到底是从政策的角度去研究，还是从教义学的角度去研究，不能将二者合并起来讨论。

厦门大学法学院刘连泰教授表示：王兰教授和熊进光教授都谈到“先刑后民”的问题，实则混淆了一个概念，即作为国家治理的“先刑后民”和在个案中的“先刑后民”两个不同的问题。从国家治理层面来看，通过民法能够解决的，自然通过民法解决；如果不能通过民法解决，才会发动刑法。在个案中的“先刑后民”即在刑事程序中可以解决民事案件，如通过赃款赃物的返还就能解决赔偿的问题。

第二单元

第二单元由中国犯罪学学会副秘书长、上海政法学院刑事司法学院教授、博士生导师岳平教授主持。

华东政法大学助理研究员龙敏（代上海市人民政府台湾事务办公室一级主任科员吴加明发言）报告题目为“刑事实质何以刺破“套路贷”民事外观之面纱”。龙敏老师在报告中指出：司法机关在处理套路贷问题时，往往会遇到很大的困境。原因在于套路贷本身即是披着合法外衣的犯罪行为。首先，困境产生的原因在于刑事司法程序和民事诉讼程序在事实认定上存在差异以及形式诉讼和民事诉讼在思维上的差异。其次，就困境解决的路径，龙老师从四个方面展开论述：①在一定条件下刑事实质要刺破民事的外观，将以合法手段实施的犯罪行为以犯罪论处，而不能束缚于民事诉讼的规定；②在实体上要正本清源，对套路贷准确定罪量刑；③在程序上拨乱反正，刑事手段应适时介入；④发挥检察机关在公安和法院中的协调、监督作用。

浙江农林大学文法学院讲师陈罗兰以“数字货币的法律属性及刑法保护路径”为题做主旨报告。陈老师主要从三个方面进行论述。第一，数字货币是否属于“货币”，从货币的属性和监管部门的态度两个方面进行论证，从而否定数字货币，并不是真正意义上的货币；第二，就数字货币的法律属性，陈老师认为是虚拟财产和电磁数据的竞合，同时否定比特币的稀缺性；第三，对于数字货币的司法态度，最高人民法院认为利用计算机窃取他人游戏币非法获利行为宜以非法获取计算机信息系统数据罪定罪处罚。陈老师认为在盗窃虚拟财产的情况下，应当认定为想象竞合，根据想象竞合犯处理原则从一重处断，但是从一重处断，也不能一概而论。

福州大学法学院蒋凌申副教授对上述报告进行了点评。蒋老师认为：在以合法形式掩盖非法目的的套路贷中，对于还款问题通常采用的是缺席审判的形式。刑法与民法的判断是相对统一的，刑法的判断应当具有独立性，要处理好刑法人权保障和法益保护之间的关系。

南京大学法学院孙国祥教授做总结发言。孙教授主要从三个方面进行论述。首先，对于刑民交叉问题，互联网金融规制中的泛刑化，长远看来有损刑法权威。立法中，除了套路贷和高利贷入罪，一般都是限缩犯罪的立场，是否存在泛刑化的问题，值得研究。建立在古典主义的刑法理念，是否在任何时代都具有普适性，应当站在时代的节点，进行褒贬。特别是由农耕时代向工业社会的转型中，古典刑法是否具有普遍的解释张力？其次，有几位学者提到结合谦抑性来分析现代刑法的作用，这一思路有助于平衡刑法的机能，具有重要意义。但是谦抑性不是价值中立的工具，不能起引领刑事立法的作用，不能作为批判刑事立法和刑事司法的工具。谦抑并不是指入罪上的谦抑，而是刑罚上的谦抑。最后，套路贷问题本不是刑法中的问题，套路贷概念的模糊性导致定性不准，将高利贷行为作为诈骗罪处理，完全脱离刑法关于诈骗的教义，势必会引起分歧，被害人有无陷入认识错误，涉及法益保护问题。

第三单元

第三单元由《政法论丛》主编、中国法律逻辑专业委员会副会长、山东政法学院逻辑学教授孙培福教授主持。

湖南大学法学院熊亚文副教授报告题目为《刑事合规的中国构建不宜增设普通业务监管过失犯罪》。熊老师从是否设立普通业务监管过失犯罪的争论、否定设立一般性业务监管过失罪的根据、激励机制角度下刑事合规作为出罪或者减免责任的事由三个方面进行展开。首先，熊老师指出：我们国家一般在讲合规管理，都是在说企业经营管理的要求，是指内部的自我约束、自我管控，还没有上升到刑法、刑事诉讼法层面上。确切地说，我国目前并没有真正意义上的刑事合规制度。但是刑事合规在国外已经推行了很多年，所以很多学者主张在我国引入刑事合规制度。对于此制度的讨论主要集中在两个方面，一种观点认为刑事合规制度最主要是一个刑法上的激励措施，它是在量刑以及刑事责任裁量上的有无给予宽宥、豁免；另一种观点侧重于惩罚威慑的效果。其次，熊老师本人对一般性的业务监管过失罪的设立持保留态度。否定设立一般性业务监管过失罪的根据在于：①普通性的业务监管过失犯罪缺乏管理义务的法律来源；②我国并不缺少关于监督管理过失犯罪的立法；③设立普通性业务监管过失犯罪将加重企业负责人的负担。因此，刑事合规制度，虽然体现了刑法的威慑，对于促进企业内部的犯罪预防，缓解刑法外部治理压力具有重要作用。但是我们国家的刑事合规制度的构建，不能操之过急，不能一味地照搬国外的做法，更不能没有差别地对所有企业都设立普遍性的合规义务。最后，熊老师指出我国刑事合规制度要摒弃兜底性立法设罪模式，在现阶段，根据我国的刑事司法实践，一方面采取从程序到实体的步骤稳步推进。诉讼法中很多制度包括不起诉、认罪认罚从宽等都可以适用此类犯罪。另一方面从刑罚论到刑事责任，可以从刑事刑罚裁量上升到刑事责任的有无，将其归入犯罪论的范畴，衡量其是否可以作为阻却违法或者责任的事由。此外，应当采取由点及面的重点立法，不能对所有的企业没有区别地立法。如果率先在金融领域这种重点风险领域进行有关监管过失的立法，其实也是可行的。待条件成熟，再整合所有刑法相关的监管模式犯罪，逐渐走向对刑事合规的形式义务的确立。

北京师范大学社会发展与公共政策学院博士后万方报告题目为“网络融资平台的合规风险及应对”。万博士认为：有效的合规计划基本上具备三项功能：第一项是防止企业内部的违法犯罪行为，第二项是推迟或者规避刑事诉讼，第三项是减轻刑罚。关于企业合规的定位，现在还没有一个清楚的认识。美国学者对企业合规的最新定位，称之为GRC金字塔的模型结构。目前来说，在全球关于企业合规的相关立法中，首先有明确的立法以及明确的监管领域的是反腐败合规。网络融资平台面临的合规风险类型：①数据保护合规风险——数据安全问题，网络融资平台面临的数据风险，是因为网络融资平台对大量用户数据信息的深度挖掘分析。②反洗钱合规风险——洗钱违法犯罪活动众筹平台，大量的网络融资平台并未建立完整的反洗钱合规体系，也没有详细披露融资双方的信息，网络融资平台涉及的资金量十分庞大。③刑事合规风险——非法吸收公众存款罪、集资诈骗罪。针对上述风险，具体应对措施包括：①对企业内部的网络融资平台展开风险评估；②建立网络融资平台的合规制度以及相关的数据保护和反洗钱合规；③进行培训与宣传；④对第三方进行尽职调查，获得企业高层的支持与承诺，不当行为的调查与惩戒，以及定期的审查与持续改进合规体系。

山东大学法学院副教授李本灿报告题目为“金融合规何以可能？”。李老师指出：第一，合规立法实践在金融机构的合规很早就已经展开，中国银行总部法律事务部更名为法律合规部，职务设立时间远早于美国。但是效果并不是特别理想。第二，在我国如何构建金融领域合理运营的合规机制？有学者从立法论的角度研究合规立法，建立公司合规机制。但是李老师认为合规工作的重点应当是建构一条自上而下的责任链条，通过司法解释论的方法进行。通过解释的方法构建一条自上而下的责任链条，链条的上端是公司领导的合规义务，源自《公司法》当中的勤勉义务。领导所享有的权利与应当履行的义务具有一致性。公司领导的刑事合规义务指的是对公司内的风险管理义务。这种风险既包括物的风险，还包括人的风险，关键是如何理解公司人对人的违法犯罪行为的保证责任。传统支配说和将人和物同等看作危险源的观点具有一定缺陷，因此公司领导对员工行为的保证义务，可以从先行行为当中论证先行行为，如果公司领导不履行合理组织体的塑造业务，其实就是一种公司合规义务。链条下端，即水平授权与垂直授权。公司领导义务，通过水平授权的方式传递给合规官，因此涉及合规官的义务问题。关于这一点，合规官不具有命令指示权，它不具有最终的处分权能。第三，关于合规官责任的特殊性，即合规官不仅对公司利益负责，而且对公共利益负责。在我国金融犯罪立法中也有类似的规定。

厦门大学法学院吕英杰副教授对上述报告进行了点评。吕老师从四个方面对上述问题进行阐述。首先，刑事合规是否会导致刑事责任的争议，如果没有做到刑事合规，是否会导致刑事责任。其次，刑事合规若有刑事责任，应当适用何种罪名。像关于食品药品安全、环境保护、贪污贿赂其实都是故意犯罪。如果设立业务监督过失犯罪，又是过失犯罪，完全是不同的两条路径。另外还涉及犯罪主体是单位还是个人的问题。在单位犯罪中，还涉及单位的罚金问题。再次，刑事合规若有刑事责任，责任义务的来源，吕老师更倾向于从解释论的角度，从不作为犯的角度探讨。并指出《公司法》中的勤勉义务，不应当作为刑事合规义务的来源，有违刑法的独立性。可以从危险源监督义务或者义务犯的角度展开分析：企业领导人作为该组织体的管辖者，对其所管理的企业负有合规义务。最后，刑事合规适合作为激励措施。在单位犯罪中，如果企业做到刑事合规，可以作为正当化事由或减轻事由。法院在审查案件的过程中，可以附带审查公司是否尽到合规义务，以此作为出罪或减轻处罚的事由。

厦门大学法学院王天民副教授对上述报告进行了点评。王老师主要从刑诉法的角度对刑法谦抑原则进行解读。王老师认为，首先，便宜主义是刑事诉讼法中对刑法谦抑原则的化用。刑法便宜主义的适用，实际上是公权力在使用过程中考量的内容，一方面要兼顾刑事惩戒的目的，另一方面是各种利益之间的考量。就前者而言，表现为去刑化、轻刑化的特点。其次，就诉讼程序推动轻刑化制度的贯彻实施，如认罪认罚从宽原则推动轻刑化制度的实施、批捕过程中的合法性要件和羁押必要性要件的审查，以及附条件批捕、附条件不批捕或附条件不起诉制度可适当扩大适用范围。最后，证据规则和证明标准可解决立法与实体法中存在的问题，很多实体法的问题归根结底是程序法的问题，是证据规则和证明标准问题。

山东大学法学院李本灿副教授回应吕教授的提问。李老师称《公司法》当中的勤勉义务不能直接成为刑法当中的义务，上述对于几条论证路径的详细展示，其实是想通过解释的方法，而不是直接依据《公司法》的条款，这是简单的澄清。

厦门大学法学院吕英杰副教授回应李教授的提问。吕老师从先行行为的角度探讨刑事合规义务的来源，并指出刑法学者和实务学者过多关注了P2P网络融资平台的法律问题，但是对新型的包括电商的消费贷、股权众筹的关注较少。此外，数据保护合规问题也是未来很多网络融资平台应该关注的问题。

第四单元

第四单元由《法学论坛》副主编吴岩主持。

上海合作组织国际司法交流合作培训基地反洗钱与金融安全研究中心主任王铼教授报告的题目为“网络金融犯罪案件中资金数据及其穿透”。王老师在报告中指出刑民交叉下的资金问题，即追赃挽损问题，如何在刑事案件经历一审二审生效后实现相应的退赃挽损当前面临的最大问题。主要表现在已经生效的判决，存在遗漏被害人的情况和平台补标下的追赃挽损问题。对于资金数据的穿透，现在通行的做法是线下线上结合的O2O，也就是在网络空间里面资金数据的流转和电子数据的流转，需要通过一个中介，即司法鉴定人员出具的鉴定意见，那么这些鉴定人员对资金数据的把握就直接影响到案件的处理效果，即政治法律效果的发挥是靠鉴定人员是否具备专业能力展示出来的，资金如果只能流向跟踪，无法穿透，会影响追赃。资金的数据穿透除了在网贷平台之外，其他市场上网络金融行为也需要做到资金的穿透。资金数据穿透可以有效证明真标和假标、精确打击、提升打击犯罪的效能、发挥大数据价值实现资金的融合和治理，从而为提供案件侦查线索、服务金融监管、辅助资产处置服务。但是，大多数的资金数据是被掩盖过的犯罪或违规事实，各家经营模式的不同和平台数据不统一是数据资金分析的难点。面对上述困境，具体的解决方案为：①关注后台数据的检查，通过操作日志、审计数据、银行流水、标的信息等可以看出是否有篡改后台数据的情况。②标的性质分析，区分真标和假标，找出与平台资金池有关的假标。③投资性质分析。通过平台真实欠款情况，制定投资人受损明细，从而制订返还计划。④资金流向分析。通过智能抽取可疑资金流，排除正常及干扰流向，生成违法资金流向圈。

来自常州大学法学院的赵赤教授报告题目为“刑事合规的全球趋势及德国金融合规的最新发展”。赵老师在报告中指出：第一，欧盟国家的单位刑事责任有明确的规定，单位刑事责任的归责不能以结果为导向。这是一种崭新的预防理念，从以前的结果导向演变为一种客观或者一个不合规的导向，这是单位刑事责任的重要预防转型。第二，刑事合规的最新动向体现在基于以犯罪学研究的合作反腐模式为观念引领，这样实体法和程序法的衔接问题可以解决，而我国犯罪学的缺位，导致对整个刑事实质和实际制度缺乏立体式的诊断。第三，德国刑事合规虽然发展缓慢，但是在2014年实现了行政法向刑法的过渡和升级，将重要义务提升为刑事法义务，值得我国借鉴。

来自厦门大学法学院的李晓龙讲师报告的题目为“刑事合规的制度激励”。李老师在报告中提出：刑事合规的定位应当是激励而不是惩罚。原因在于：①制度意义上，美国最早推行合规作为量刑指南，公司法采用的是严格代位责任，这对公司不公平，量刑指南的出台为这种不公平作了补充。②从实践角度讲，刑事合规并不能达到最优化，因为合规措施分为预防措施和监控措施，不可避免地在这个过程会被披露和识别，因此联邦量刑指南是失败的，使用率并不高。③从刑法日益扩张的趋势来看，刑法日益呈现能力不足的弱点。刑法在时空上前置的扩大带来很多问题，实体上能力缺失，程序上证据收集能力不足，而合规将证据收集义务委托给内部调查，从而达到追诉的目的，受到司法部门的推崇。④从美国和德国的刑事合规发展时间看，可以看出是激励不是惩罚。⑤从诉讼角度讲，支持刑事合规的学者越来越多。刑事合规的实施体现在三个方面：①作为制裁的基准，如美国量刑指南；②作为法人或公司犯罪的前提，如奥地利《团体责任法》(2016)、西班牙《刑法典》第三十一条(2015)；③作为司法待遇的标准。刑事合规激励的陷阱存在四个方面：①诉讼陷阱，披露或泄露信息；②责任转嫁；③违反民主原则的嫌疑；④导致诉讼权利的规避。

南京大学法学院黄旭巍副教授对上述报告进行了点评。黄老师指出：从逻辑上讲，基本上上述老师都认同有效的合规计划可以作为刑罚减轻或者免除的事由，因此对于合规计划可以按照有无进行不同的探讨。完全没有合规计划的应当入罪；虽然有但是无效，可能从轻或者减轻处罚；有有效的合规计划可以出罪。就入罪的路径来看，存在两条路径：①不需要设立另外的犯罪，但可以用业务监督过失理论，但如果是故意犯罪，能否适用业务过失理论？②直接赋予领域合规义务，似乎解决上述矛盾，但疑问是没有建立有效的合规计划是否就成了单位故意犯罪？这就赋予了危险源事前的管控义务。有疑问的是，事前的管控义务是很难履行的。

北京大成(厦门)律师事务所合伙人许兴文律师对上述报告进行了点评。许律师指出：王老师提出的网络金融犯罪的资金穿透，实践中在侦查阶段主要体现在两个方面：一是侦查机关的取保候审；二是羁押必要性审查。从律师角度看，一种是常规的刑事合规；二是特定刑事风险来临时的应对；三是刑事调查应对，即如何制订风险防控方案。律师在刑事风险防控中面对基础问题时，要做到自我保护和刑法认知。

第五单元

第五单元由《南京大学学报》编审周亦扬教授主持。

厦门市金融司法协同中心法官林鸿报告题目为“新时期厦门金融审判的实践探索与问题思考”。林法官指出：在国家治理体系和治理能力现代化、防控金融风险的要求、互联网审判时代要求的背景下，当前审判实践最主要的问题是案件数量庞大，办案人员越来越少。在案件的审理过程中，平台通过金融机构收取数据，网上便捷流转，无纸化办公，小额金融消费纠纷通过在线解决系统办理，基于协同理念，厦门从 2019 年 5 月 1 日正式开始受案，现在是一万多一点的案件量。基于金融审判实践探索，在案件的处理过程中，应当注意以下三个方面：①激活睡眠条款——电子支付令条款的适用；②联合外部力量，以金融为试点，将法院外部最重要的中央的监管部门和地方的监管部门整合起来，地方金融监管的加入，通过典型案例的指引、用司法力量背书，通过一站式的管理，增强司法的弹性和能动性；③发挥协会、行业自治的作用，通过判决将银行五花八门的合同标准化，实现自律和前端重塑。

中国法学会银行法学研究会理事、中国人民大学亚太法学院兼职导师肖飒律师报告题目为“互联网金融行业刑事防控服务的实践与探讨”。肖律师指出：刑事专项法律服务在我国是主要形式，我国的激励机制相对较少，合规部门的主要工作是与监管机构沟通。由于法律文化的差异、激励机制的有无，在我国自然人合规是主要的需求。“金马甲”刑事防控服务的提出，实质是将刑事辩护的业务提前，实现诉讼业务非诉化。服务对象为金融科技创业者及其团队，服务内容为程序+常见罪名+法定情节+模拟询问审判。

西北政法大学法学院郭研讲师报告题目为“互联网金融犯罪违法独立性之提倡”。郭老师在报告中指出：刑法同其他部门法的规制目的不一样，规制范围不一致，不同于公认的违法一元论，刑法具有其自身的法益。就刑法与部门法之间的衔接，存在立法倒挂和立法模糊的问题。以《证券法》为例，存在刑法倒逼证券法的修改，让其与刑法一致，有违刑法的二次违法性。刑法违法性的判断应当是独立的，刑法上的概念不等于前置法上的概念，刑法上的义务不等于前置法上的义务，刑法上成立犯罪不等于前置法违法，前置法合法不等于刑法上合法。

来自厦门大学法学院的刘炯讲师对上述报告进行了点评。刘炯老师在点评中指出：上述报告提供了三种视角。但有两个“怕”。一是怕它不认定，二是怕它乱规制。林法官的报告指出了传统案件在新时代金融审判工作的新形势，值得注意的是需要考虑数字鸿沟的打通的问题。肖飒律师指出了律师提供合规服务也是提供知识产品。郭研老师的发言内容充实，提倡刑法违法性独立判断说的观点，有疑问的是独立判断说是否仅适用于行政犯。关于行政犯和刑法的关系，郭老师提出了立法倒挂的问题，但没有深入阐述独立性判断的价值何在，能否认定为形式和实质的关系。因为有互联网金融犯罪，所以有防控风险服务，有了金融审判，有了金融犯罪研究，这里面是否存在知识的隔阂，如何打通，需要三方共同努力。

来自中国海洋大学的贾占旭讲师对上述报告作出点评。贾老师在点评中表明，第一，司法协同中心的工作，如互联网法院和智慧法院，针对网络行为，不仅只有法律一种手段，还有代码、社会规范等，网络平台自身规范就可以解决的法律纠纷，互联网法院设立后与平台之间的有效衔接就成为问题。为了避免问题的重复解决，可以通过设立前置程序，对平台解决不了的问题移送法院，从而缓解法院的审判压力。第二，讨债实际上是社会自发形成的规制手段，一定程度上可以替代国家力量，因此如何处理法律解决方式和社会规范解决方式产生的重叠和冲突也是一直以来存在的问题。第三，智慧法院通过算法来解决纠纷，使审判变成算法，而算法一般为科技公司掌握，是否会对司法权产生冲击？

上海社科院研究所刑法室主任、中国犯罪学学会副会长魏昌东教授对上述报告进行了点评。魏老师在点评中指出：金融刑法的能与不能——在创新与安全之间不论如何选择，均需关注合规如何走向现实化，它与法律、生活高密度结合，简单把合规当作外在植入，当作全新的治理模式是错误的，也不是当下治理模式的局部创新，只是通过特殊的机制把它引入刑事中来。合规之“规”只不过是法律外在的强制与企业内在强制的有机高效融合，这样才能进入新时代。

闭幕式

闭幕式由来自厦门大学法学院的刘志云教授主持。刘老师主要从两个方面分享了自己对金融犯罪的见解。一是普惠制金融，金融公平、效率、安全是金融研究的三块内容，因为牌照红利，正规金融只要找地方融资平台就会导致普通中小微利企业缺乏金融资源，互联网金融出台是对中小微利企业的鼓励。从金融法学者看，P2P 是金融产品，归根结底是人的问题不是平台的问题。二是监管问题，国外P2P主要是消费贷，金额较少，英美个人信用系统的完善使得及时归还。国内主要是生产贷，风险大，P2P 是信息中介，投资人需要担保，平台就提供假担保。市场管理部门、金融办、互联网部门监管互相推诿，P2P 平台出事后有关部门才出来管理，刑事变成了追求打击效果、退赔的工具，理论和现实的均衡应当予以考量。

会议的最后，由厦门大学法学院经济犯罪研究中心主任李兰英教授做最后的总结发言。李老师首先对本次会议的圆满成功表示祝贺。其次，指出本次会议的三个特点：①多元视角的碰撞，发言的代表来自公检法司和学者，从学理和实务不同的角度做了协同治理的讲解；②多个学科的交叉，是综合治理的前提，程序和实体的交叉，触及了每个代表的灵感；③大咖们对当下金融犯罪出现的新问题敏锐的思考和判断引人深思，青年才俊们也展示了自己对新问题独道的见解，因此今天主题讨论非常深刻，与会代表受益匪浅。

“网络金融犯罪疑难问题”研讨会综述(2020)

薛储佳　何金洋　陈梦婷*

2020年11月7日，由厦门大学法学院、厦门市刑法学研究会主办，厦门大学经济犯罪研究中心承办的“网络金融犯罪疑难问题研讨会”在厦门海景千禧酒店隆重举行。来自学术界、实务界近百位专家共聚一堂，共同研讨网络金融犯罪在理论与实务方面的前沿问题。本次会议共分为五个单元，重点聚焦网络金融犯罪、《刑法修正案(十一)(草案)》修订、网络金融的共同犯罪与单位犯罪、第三方支付背景下的洗钱犯罪、网络融资平台的刑事合规与第三方支付下的财产犯罪等议题展开了集中深入的研讨。

第一单元：互联网金融犯罪专题发言

问题：P2P 网贷的模式与规制方法

南京大学法学院孙国祥教授认为，P2P 网贷平台债券转让模式主要分为点对点的债权转让、债权归集以后的转让、未到期的债权归集后转让、逾期债权的转让和平台本身虚拟的债权转让五种。第一种模式是点对点的债权转让，即P2P 网贷平台与投资者约定，出借人持有的债权可以通过平台转让。出借人把需要转让的P2P产品在平台发标以后，向出借人支付对价、受让债权后，P2P 借贷关系即告成立。平台在这个过程中只是一个中介的角色。第二种模式是债权归集以后的转让。该种模式一般是指网络平台以某个专业放款的自然人(通常在业界称为超级放款人，实际上是平台的实际控制人或者是关系密切人)与借款人签订相应的借款协议，并将资金先出借给借款人，而后取得相应债权。专业放款人与借款人由此形成了借贷关系。专业放款人取得相应债权后，网络平台将专业放款人手中的债权进行金额和期限的拆分(所谓“错配”)，包装成固定收益的“某某宝”“某某盈”，借助网贷平台通过债权转让的方式转让给出借人，也就是投资人。第三种方式为未到期的债权归集后转让，即出借人拥有的债权并没有到期，但中途想收回出借款，这也被称为投资人提前撤资。平台打造的所谓活期产品，在出借人通过平台出借资金以

* 薛储佳(1993—)，女，内蒙古赤峰市人，厦门大学2018级刑法学博士研究生；何金洋(1994—)，女，河南驻马店人，厦门大学2020级刑法学博士研究生；陈梦婷(1996—)，女，福建福州人，厦门大学法学院2018级法律硕士研究生。

后，可在借款到期之前随时进行转让。通常由平台的超级放款人来进行收购，进而再进行打包和后续的再行出让。第四种形式是逾期债权的转让。由于借款人无法归还借款，其便将逾期无法实现的债权转让给平台（通常是平台控制个人），也就是所谓的“赎回”。平台获得债权以后，在平台作为新标发布，进而转让给新的出借人。第五种模式则是平台本身虚拟的债权转让。具体有两种方式，一种是平台故意通过员工虚构借款在平台发标，并在出借人投资以后，将归结的资金用于再出借或者是用于平台自身的经营或其他投资。另一种是平台在归集债权出售的过程中，在平台出售的债权总额可能高于借款人借款的总额，溢出的部分实际上就可能成为虚构的部分。其中第一种必然不构成犯罪，而第五种必然构成犯罪。因此现有学界主要讨论争议在于第二、三、四种模式。由于此三种模式均具有债权归集的共同点，故对于平台资金自融是否属于犯罪，分为肯定说、否定说。前者认为存在资金自融即构成非法吸收公众存款罪的四性要件，应当入罪。后者认为不具有实质危害性，不存在基础违法性，故不应入罪。对此，孙教授认为，非法吸收公众存款罪的四性要件中，平台天生具有公开性、社会性、利诱性三性，故对于非法性需要具体审查。具体而言，分为以下方面：①二重违法性要件，以成立行政违法为前提。②确定自融行为内容，不得将归集债权等同于归集资金，对以促成借款人借款目的的行为，不以犯罪论处。③确定资金池性质，判断是短期资金滞留还是长期资金持有。④风险备付金上，不得一律人定为非法集资，根据P2P网贷风险专项整治工作领导小组印发的《关于做好P2P网络借贷风险专项整治整改验收工作的通知》规定，目前只能以违规论处。⑤对于承诺保本付息的平台，需要研究其盈利情况确定其为合理宣传还是虚假宣传。结合上述标准，对P2P平台债权转让行为具体分析，而非统一认定为非法集资。

中国人民大学时延安教授认为，互联网金融创新确实加快了金融的整体运转，但也带来了更多的风险，有鉴于此，在互联网金融规制方面，对网络金融类活动应采谨慎态度，而非放任或者宽容主义。具体而言，需要对网络金融平台在事前做准入规制，事中做资格审查，事后做经营许可。结合法律规定、行政许可、经营范围、合规义务、风险告知、整改情况判定平台行为的非法性。并结合后续的市场性、危害性，判断是否入罪。同时，在态度上，由于金融行为并非一般的民事行为，而是商事行为，具有高度的风险性。而网络平台又加大了此类风险的扩散性，因此不得采用“法无禁止及自由”的宽容主义，而应采用“法无授权即禁止”的限制主义。

西南政法大学法学院梅传强教授认为对互联网金融平台的规制总体从严，需要从事前、事中、事后三方面进行规制。但是到具体归罪问题上，需要采取严格审查的方式，从而形成在行为发生前严格管理、在行为发生后审慎归罪的良好局面。

第二单元：聚焦《刑法修正案（十一）（草案）》

问题：网络金融犯罪的立法趋势与具体变化

福建师范大学法学院郭浩助理教授认为，目前的《刑法修正案（十一）（草案）》，国家对非法吸收公众存款罪以及集资诈骗罪采取的是加重的态度。从整体上来说，国家对非法集资活动整体采取否定态度，一是对集资人的法定刑的加重；二是在相关的司法解释中，将被害人定性为集资参与人。

其中，将被害人定性为集资参与人特别值得关注。虽然从概念上说，被害人和集资参与人都是指代在集资过程中的投资人。但是，在刑法上，集资参与人的概念提出，使得投资人难以获得与正常案件被害人相同的权利待遇。具体分为以下三个方面：①在收益回报方面，非法集资参与人可以获得向集资参与人支付的利息、分红等回报依法追缴，集资参与人本金尚未归还的，所支付的回报可予折抵本金等权利。而非法集资案件被害人则受法律认可保护。②在资金救济方面，非法集资参与人可以获得涉案财物不足全部返还的按照集资额比例返还，退赔集资参与人的损失一般优先于其他民事债务以及罚金、没收财产的执行等权利。而非法集资案件被害人的退赔损失优先于其他民事债务、罚金、没收财产执行。③在诉讼地位方面，非法集资参与人可以获得法院可视案情决定代表人参与或旁听庭审，对集资参与人提起附带民事诉讼等请求不予受理等权利，而非法集资案件受害人则享有各项诉讼权利。以上权利的差异，导致学界对非法集资案件中的被害人是否具有被害人属性发生了争议。

郭老师认为，非法集资案件的集资参与人至少是具备基本的被害人属性。首先，超个人法益和个人法益并不相排斥。超个人法益是许多个人法益的集合，像非法吸收公众存款罪主要是侵害金融监管秩序。还有一个观点叫附随法益。因此，集资参与人具备一定的被害性。此外，非法集资的主观罪过不能影响刑法的保护。有的观点认为集资诈骗中的被害人要无条件地去保护，而非法吸收公众存款的就要选择性地予以保护。其实很多时候这个界限是不明确的。所以非法集资人的主观罪过不管是否有非法占有目的，都不能影响刑法对集资参与人的保护。集资参与人只要受到损失就应该受到保护。但并不是所有的集资参与人都应该保护，应该排除三类人。一个是职业放贷人；二是高利借贷人；三是知悉内情人，他们与集资人不存在认知落差，陷入风险完全基于自我决定。排除被害人地位的法律后果，第一是不得优先于被害人受偿。第二是集资人的不法会减轻，主要体现在两个方面，一是如果在认定不清的情况下，优先认定非法吸收公众存款罪；二是积极退赔退赃的轻罪化或者非罪化处理。最后一个如果是不法不能减轻，如果不能减轻其不法，则应当减轻其责任，由于被害人没有陷入认识错误，至少认定集资诈骗罪是未遂。

重庆市江北区人民检察院检察五部王东海主任主要关注网络金融犯罪中的非

法“公转私”的刑法治理问题，认为“公转私”作为一种经济社会发展的产物，给交易结算带来了便利，但被部分不法分子所利用，成为贪腐犯罪、恐怖主义犯罪、跨境赌博等犯罪的帮凶。对非法“公转私”进行规制，将由行政转到刑事，呈现出总体向严的倾向。

首先，在行政方面，我国对公转私的规制经历了由严到宽再到严的一个过程，四个节点分别是2003年、2007年、2011年和2019年。其次，在刑法规制的层面，2009年《刑法修正案（七）》是将非法从事资金支付结算业务情节严重的以非法经营罪论处，但是在司法实践过程当中对什么是非法从事资金支付结算业务有争议。2019年两高出台司法解释，规定非法为他人提供单位银行结算账户套现或者单位银行结算账户转个人账户服务的，就是非法从事资金支付结算业务。再次，由混合到独立的刑法应对模式。2009年《刑法修正案（七）》之前公转私的行为，基本上是作为其他犯罪的共同犯罪处理，或者说作为下游犯罪处理，这种模式称为混合模式，而《刑法修正案（七）》之后将其作为非法经营罪处理，可以称之为独立模式。独立模式堵住了一些处罚漏洞，因为非法公转私的行为在作为共同犯罪处理的时候，在主观上与相应的犯罪没有共谋，或者在客观上没有参与相应犯罪的，就不能构成相应的共同犯罪，另一方面公转私的行为人确实不知道其公转私的手段转移了资金的位置，无法以下游犯罪处理，并且司法实务中对共同犯罪的共谋和下游犯罪的明知证明存在很大的难度。最后，独立成罪模式面临三大适用难题需要解决，一是是否需要营利目的及如何证明，二是如何追踪有无真实交易，三是如何行刑衔接。要加强深化刑法理论的运用，完善证明责任的分配，阻止“幽灵抗辩”，加大行政处罚的力度。

西安市中级人民法院尚柏延法官就网络金融犯罪中的信息时代法定数字货币的法律属性与风险防控问题提出观点，其认为数字货币的推出导致传统刑法有适用上的难点，为弥补原有法益缺口，现有立法呈现出立法精密化和严格化的取向。综合比较来说，我国的法定数字货币是一种法定的货币，虽然是无体物，但是其技术特征决定了它是一种合同，是一种交易信息和身份信息，其内部从智能合约的角度来讲具有一种合同的特征，其密码中所蕴含的这些信息同时包含了交易的指向性、交易的双方以及身份的一种确定。其次，法定数字货币推出以后，可能面临刑法保护上的一些困境。一是外来数字货币竞争过程中，它会有一些治理上的困境，当我们在世界的任何角落随时随地可以使用任何一种货币进行交易时，由于它的大数据中心都在国外且实际上由国外担保发行、币值非常稳定，因而成为高度匿名的货币，在这种情况下其洗钱风险是非常大的，大量的犯罪领域使用这种外国货币，会对我国的货币带来竞争以及管理上的问题；二是超主权数字货币的治理难题，即由公司发行的超主权货币锚定了特定的一种法定货币，同时还具有信用担保和抵押担保，其币值稳定又具有高虚拟性，可以在世界通用，所以说它的风险非常大；三是传统有关货币的犯罪面临调整的法益、对犯罪行为方式、主观罪过的认定、犯罪主体以及一些罪责刑不相适应的问题；四是智能合约的问题，存在技术和

服务商技术能力、安全能力、风控能力有限，可能在无意中让大量用户敏感信息处于“裸奔”中；还有的服务商有意利用微信公众号“扫码自动关注”功能，在高频交易流量中囤积大量“粉丝”进行非法变现；更有服务商采取注册返现形式吸引用户上传信息并进行加工和贩卖，以牟利为目的向他人出售或提供公民个人信息，造成对身份、账户、照片等个人信息的侵害。第三，涉嫌帮助上游犯罪洗钱。我国当前《刑法》用第一百九十一条洗钱罪，第三百一十二条掩饰、隐瞒犯罪所得、犯罪所得收益罪，第三百四十九条窝藏、转移、隐瞒毒品、毒赃罪来规制洗钱犯罪。非法第四方支付服务商为网络诈骗、网络赌博、网络色情、网络洗钱等犯罪提供资金结算通道，沦为犯罪分子的“金融结算中心”和“资金绿色通道”。第四，涉嫌上游犯罪的共同犯罪。有服务商明知开设赌场、诈骗、传播淫秽物品牟利等上游犯罪却“挂羊头，卖狗肉”，为网络诈骗、网络赌博、网络色情等犯罪提供帮助行为。第五，非法第四方支付还涉嫌帮助信息网络犯罪活动罪。《刑法修正案（九）》在《刑法》第二百八十七条之二增设了帮助信息网络犯罪活动罪（下称“帮信罪”），规定“明知他人利用信息网络实施犯罪，为其犯罪提供互联网接入、服务器托管、网络存储、通讯传输等技术支持，或者提供广告推广、支付结算等帮助，情节严重的”，构成帮助信息网络犯罪活动罪。

第四方支付的监管难点与刑法规制在于身份认定困难、交易识别困难、分析困难。黑产获取大量的金融账户，从而规避支付行业的有效监管。一方面，非法第四方支付平台通常使用多家第三方支付机构，且资金流在多家支付机构和多家银行之间往复流转。另一方面，非法第四方支付平台在硬件及服务器层面较为先进，这便造成了取证和追踪困难。

因此，在规制方面，郑老师提出首先需要严格落实第四方支付的行业定位。即明确第四方支付服务商的外包服务机构定位，严禁其异化为二次清算机构，实时监管资金流向。其次，应当明确收单机构与第四方支付服务商之间的权利与义务。再次，应当完善第三方支付账户权限划分。最后，我们需要建立交易信息安全保障制度。既要明确第四方支付场景下的公民个人信息范围，建立具体信息种类的判断标准，有效维护交易各方的信息安全。同时，在刑法的适用上，需要注意刑法适用的标准问题。

厦门大学法学院吕英杰副教授评议道，第四方支付并非新的支付形式，而只是第三方支付的延伸。其认为第四方支付是传统支付和第三方支付的一个延伸。从技术层面上看，第四方支付可能具有新的性质，但是从整体上来看，把第四方支付称为新的支付方式似乎言过其实。第四方支付平台所涉及的犯罪类型与第三方支付平台所涉及的犯罪类型并没有实际上的区别。

问题 2：对网络金融犯罪的共犯问题研究

连云港海州区检察官助理梁晶晶认为在《最高人民法院、最高人民检察院关于办理非法利用信息网络、帮助信息网络犯罪活动等刑事案件适用法律若干问题的解释》出台前，已有的149份判决书中，网络犯罪罪名主要集中于帮助信息网络犯罪活动罪、诈骗罪、盗窃罪、赌博罪、非法控制计算机信息系统罪、开设赌场罪等罪名，定罪争议较多。关于网络犯罪的帮助行为，其认为应该采用限制处罚说，对其中情节轻微或涉及中立管理的行为作出罪处理，且帮助行为允许进行反证。在入罪方面，应以明知加促进的标准进行认定，判断行为是否对他人实施犯罪产生实质上的助益、判断行为是否产生了法律所不允许的风险。

现状下，司法实践关于明知的认定的难点主要集中于两个方面，第一个是明知的内容，第二个就是明知的程度。明知的内容主要涉及两个问题，第一，“明知”的内容是他人从事的犯罪行为还是违法行为？第二，是否需要明知他人犯罪的具体类型？此外，在法律适用的主要问题是法律规定本身存在交叉、分歧，同一个犯罪行为，有的被定性为帮助信息网络犯罪活动罪（三年以下刑期，缓刑率达一半以上），有的认定为普通罪名的共犯（三年以下刑期），对此应当如何平衡。以及正犯没有被查获，帮助犯如何处理，如何区分犯罪集团内外的技术服务人员的作用，对帮助犯的帮助如何定性，这些问题还有待进一步思考。

上海政法学院刑事司法学院副院长王娜教授认为网络金融犯罪的关键在于“共同犯罪”的认定，刑法分则规定的大部分罪名都是以单个人犯罪作为其基本构成形态。而共同犯罪指的是多个主体，我们称之为多人共同犯罪。自然人是犯罪活动的常态主体，但是社会生活、社会活动赋予了法人社会组织的主体地位，因此这里所说的“人”也包含了单位。那么从客观事实层面上来讲，所谓的多人构成犯罪就是两个以上的自然人或者是两个以上的单位或者两个以上的自然人和单位共同犯罪，这就涉及人的规范问题。自然人要借助于刑法规定的条件，才能进入犯罪的框架，公司企业法人同样也要通过法律规范来设定其主体的身份和地位。因此从客观层面上谈到“人”时，必须要考虑刑事规范层面。总则对共同犯罪的定义是二人以上共同故意犯罪，但这并不意味着二人以上的共同犯罪就仅仅是指二人以上共同故意犯罪。对于共同犯罪问题的研究需要思考共同犯罪规范体系的终极价值是什么，也就是解决多人多个主体共同犯罪的时候，怎么样去合适地定罪量刑。虽然现有网络金融共同犯罪是个“新”事物，但仍需要对其中共犯正犯化、中立帮助行为犯罪化、共同犯罪常态化等“旧”问题进行思考。对于这一“新”，如何改变“旧”建构规范化的体系强化监管来解决，是目前需要解决的问题。

中南财经政法大学刑事司法学院硕士生魏瀚申认为目前的网络金融犯罪主要上诉理由为“不具有非法占有目的”和“构成单位犯罪”。由于单位犯罪存在“纸面化”现象，仅有3.81%的案件被定为单位犯罪，因此，如何准确适用单位犯罪规定是目前实务的难题。应从下面几个角度展开：①单位主体：涉案单位是否真实存在。②单位意志：决定是否为单位负责人做出，由行为人实施。③单位利益：利益的归属情况。由于单位犯罪主要依赖自然人犯罪理论展开，因此存在对大型企业刑事责任无法规制的情况。其主张采取组织体系刑事责任理论的进路，对现有的单位犯罪理论进行改造，强调单位的政体责任，改变原有责任认定依赖，坚持单位主观归责，促进单位组织体理论的发展。落实到互联网金融领域，应对实施了具有刑事可罚性、严重社会危害性行为的单位进行打击，基于单位自身固有要素的规范评价地位进行主观认定，并将分支机构纳为犯罪主体进行判断。因此，提出以下具体思考：在单位犯罪的认定上，以单位实施了具有刑法可罚性、严重社会危害性及刑事违法性的行为，且该行为通过单位成员在其业务范围内实施为前提。其次，在单位意识的判断上，为了凸显单位自身固有要素的规范评价地位，在具体的判断上，可以将有无完善的监督管理机制放在业务决策行为之前。简单来说，在单位监督管理层面没有存在风险漏洞的时候，即使是单位成员为了单位利益所作出的决策决定，也不能认为是单位行为。再次，在单位犯罪中，由于组织性特征是单位犯罪与自然人犯罪的显著区分，因此即使单位的分支机构不具有独立性的财产，也认为其可以成为单位犯罪主体。最后，在单位人格否定制度中，单位是否具有独立的意志是判断的关键。在组织体刑事责任理论的基础上，可以单位是否建立了完善的法人治理制度作为判断的凭据。

厦门大学法学院吕英杰副教授评议道，在共同犯罪问题上，帮助信息网络犯罪活动罪存在正犯化、量刑归责两大派别，量刑规则说以张明楷教授为代表，而大部分学者认为属于正犯化。原则上来说，如果是帮助行为的正犯化，那么其立法目的应当是加重处罚，扩大处罚范围。但是从帮助信息网络犯罪活动罪的刑罚配置来看，并非如此。所以如果以正犯化定性，会与立法目的相冲突。因此，吕英杰老师个人认为是补充条款。在法律适用的具体问题上，比如“明知”问题，其认为网络服务商只需要认识到其行为是某个犯罪的基础事实即可，不需要认识到确定、具体的违法行为。比如“单位犯罪”问题，可以通过考察企业的守法文化或者其合规计划来判断企业是否具有违法性。同时，基于2017年最高人民法院关于互联网金融犯罪的一份文件提到，“以单位的分支机构或者是内设机构以及部门的名义实施的犯罪，如果违法所得归单位所有的话应当认定为是单位犯罪”。该规定与传统的单位犯罪是不同的。后续可将分支机构、内设机构也认定为单位犯罪。

中南财经政法大学刑事司法学院郭泽强教授评议道，帮助信息网络活动犯罪也不是帮助行为的正犯化，P2P行为的研究也尚未过时，对私募基金犯罪有借鉴之处，最后合规文化是新角度。另外，其认为应该提倡“新保守主义”，把握事前的门槛限制。互联网金融的本质应当是行政法规制而非刑法，还是要主张谦抑性。

浙江大学法学院叶良芳教授评议道，共同犯罪和单位犯罪问题上，共同犯罪研究的多，单位犯罪研究的少。原因在于我国行政权力较大的法律传统。美国的行政权是很小的，而我国的行政权则恰恰相反。所以在我国有许多问题通过行政罚款就可以解决了，而美国必须通过犯罪化来适用大量罚款。社会背景不同是原因之一。第二，美国的单位犯罪是大公司犯罪、现代公司犯罪、企业犯罪；而我国的单位犯罪，特别是互联网金融领域，都是个人犯罪，成立公司只是其逃避刑事处罚的手段。所以我们打击单位犯罪的时候实际上就直接否定了单位的法人资格，以自然人犯罪论处。

帮助犯正犯化问题上，如一个人把他的银行卡卖给第三人，他难道不知道别人以 1000 元、2000 元的价格购买一张银行卡是要去实施不法行为吗？卖银行卡给他人进行支付使用，也有对犯罪行为的概括认识，但是为何不入罪？这些问题都需要我们思考。

第四单元：第三方支付背景下的洗钱犯罪问题

问题：洗钱罪的立法问题及司法生态

华东政法大学何萍教授认为在我国关于洗钱犯罪的刑事立法演变中，洗钱犯罪的规制经历了从无到有的过程。在《刑法》第三百一十二条的修改中，将原窝赃销赃罪改为窝藏、转移、收购、销售赃物罪，最后修改为掩饰、隐瞒犯罪所得、犯罪所得收益罪，是为了配套洗钱罪的整体罪名设置。2009 年的《刑法修正案（七）》当中的掩饰、隐瞒犯罪所得、犯罪所得收益罪又增加了单位犯罪主体，其主体的增加也是为了与第一百九十一条洗钱罪的单位犯罪主体相一致。通过《刑法》修正案的历次修正来看，洗钱罪与掩饰、隐瞒犯罪所得、犯罪所得收益罪越来越融合。但是，两罪的区别仅在于上游犯罪范围的不同，且《刑法修正案（十一）（草案）》修改的几个细节如明知是毒品犯罪、黑社会性质的组织犯罪等等改成了为掩饰、隐瞒毒品犯罪，黑社会性质的组织犯罪，恐怖活动犯罪；把罚金刑的比例罚金改成模糊的罚金；"将资金汇往境外" 改成了 "跨境转移资产的" 等。在本质上还是无法与《刑法》第三百一十二条进行区分，《刑法》第三百四十九条的存在就毫无意义，应予删除。关于近期公布的《刑法修正案（十一）（草案）》将自洗钱行为入罪的问题，在主观方面的认定上，理论与实践中争议较大的难点在于 "明知" 如何认定，虽然司法解释中主观故意的推定是存在的，但是表述上并不明确，应理解为有相反证据证明的除外，或者说的确没有证据证明的除外或者有证据证明被蒙骗的除外，所以应肯定间接故意也可以构成洗钱罪，但是是否如荷兰对洗钱罪的规定一样认为过失也可认定为洗钱罪，个人认为过失是不构成的。在客观方面的认定上，争议最大的焦点在于洗钱罪的行为方式可否由不作为构成，现有的《反洗钱法》对金融机构及特定非金融机构的处罚均是行政处罚，并不承担刑事责任，无法达到规制的目的。有关上游犯罪范围问题中，黑社会性质的组织犯罪是否包括恶势力犯罪？非国家工作人员的受贿罪、挪用资金罪是否可以构成洗钱罪的上游犯罪等，还应保守地按照现有具体罪名进行认定。最后，《刑法修正案（十一）（草案）》中，"提供资金账户" 应修改为 "存入资金账户或者有其他获取、持有、使用等行为"；"提供资金账户" 局限于为他人，而 "存入资金账户" 既可以为他人也可以为自己存钱。

厦门市人民检察院第四检察部副主任黄威认为，在目前的实务工作中打击洗钱犯罪是一个矛盾的处境。一方面是高压的打击态势和极强的宣誓性，如《刑法修正案（十一）（草案）》对洗钱罪的多处重要修改，纳入了对地下钱庄对倒支付的刑事认定，加大了洗钱的打击范围；另一方面是洗钱犯罪的实施规则有着极弱的时效性，并无具体规范，在实践中难以认定。实践中的难点有五个，第一是洗钱犯罪没有规定具体金额的定罪标准，无法进行参照考量；第二是主罪的区分标准不明，如走私犯罪的解释，明知是走私而提供账户，按走私共犯论处，但其没有规定同时构成洗钱罪从一重罪处罚，缺乏认定标准；第三是主观故意的要件不明，虽然已规定需要证明明知，但是行为人明知是犯罪即可，还是要明知是七类上游犯罪，也是十分模糊；第四是犯罪种类的归类不明，洗钱犯罪归入的是《刑法》破坏金融管理秩序犯罪章节中，但是如非法提供资金结算构成非法经营犯罪也对金融管理秩序有着侵害性，却未被纳入洗钱犯罪的上游犯罪范围内；第五是跳档标准不明，洗钱罪与掩饰、隐瞒犯罪所得罪和主罪的从犯是有可能从一重的，而要怎么从一重，跳档标准是不明的，究竟何者为重？由于没有具体规定，在实践中就与推行认罪认罚从宽制度相违背，从而导致回避认定为洗钱罪，而按照共犯从犯等来进行处理。打击洗钱犯罪现在面临的实务问题是要出台详细的操作规范，在兼顾打击犯罪力度不减的同时，也要注意刑事政策及刑法谦抑性的原则性引导。

北京大学王新教授认为反洗钱已经不再是纯粹的司法活动，其应当被拔高到国家安全的高度。从总体形势来看，即使两高对反洗钱的理解是从防范化解重大经济风险的角度展开，但也需要把对反洗钱的认识放到更高的层面，以总体国家安全的视角看待。结合几次FATF对我国的评估报告，可以看出我国在洗钱罪的起诉率上仍处于较低形势，从而导致我国的评估结果并不理想，这一情况就促进了2009年反洗钱司法解释及2015年《刑法》第三百一十二条的出台。近期《刑法修正案（十一）（草案）》自洗钱入罪的修改无疑是对刑法基本理论的冲击，违背了传统赃物罪的思路，自洗钱行为是不可罚的事后行为。虽然自洗钱行已入罪，但是央行对于洗钱罪的表述仍有多处困境，如《刑法》第一百九十一条的“一个提供、三个协助”中，协助这一术语全被删去，但却留下了一个“尾巴”——提供资金构成；其次，“明知”也是自洗钱的障碍。此外，还有上游犯罪的问题，1997年《刑法》中是三个上游犯罪，《刑法修正案（三）》中加上了恐怖活动犯罪，《刑法修正案（六）》又加了金融犯罪、贪污贿赂犯罪。《刑法修正案（十一）（草案）》二审稿中，上游犯罪的内容没有变化。但上游犯罪即使不再增加其他内容，有一类犯罪，即税收犯罪也必须要加入。深改组的三反机制，即反洗钱、反恐融资、反逃税中，反洗钱与税收犯罪紧密挂钩，应将税收犯罪纳入上游犯罪范围。虽然目前没有修改上游犯罪，但是《刑法》第191条的法定刑重。罪名体系决定了一定的风向标，因此上游犯罪还有扩充的可能性。

中国互联网金融协会法律合规部主管王琳认为网络小贷行业相对于传统的小额小贷公司的区别就在于其快捷、迅速、精准的优势。但由于其运行机制不是很规范，监管的机制也未完全配套，因此网络小贷行业在这几年间也发生了很多洗钱风险。但是我国司法机关现在审理的洗钱案件数量本身有限，另外网络小贷行业发展的时间比较短，所以相关洗钱案例更是罕见。网络小贷行业洗钱犯罪形式主要有三个：第一个是通过违法所得注资控制公司，由于网络小贷行业或者小额贷款行业监管相较于成熟的传统金融行业监管落后，犯罪分子借此进入网络小贷行业进行洗钱；第二个是通过偿还贷款漂白资金，如借款人首先基于合法手段获得贷款，还款时直接以非法所得进行偿还，或借款人申请贷款时使用非法所得实物抵质押进行担保，贷款到期故意违约，通过触发抵质押权的处置机制，变相将非法资金进行清洗；第三个是通过虚构身份进行洗钱，线上业务的非面对面特性，决定了金融机构在核实客户真实身份及其财务状况过程中将面临一些特殊的困难。当前，网络小贷公司主流的风控工具是基于大数据技术发展形成的，不法分子则可利用技术层面的漏洞，通过构造、编造虚假交易数据、信用数据、行为数据等，隐藏掩饰自身实际情况，实施信贷欺诈、洗钱等违法犯罪活动。《网络小额贷款行业洗钱和恐怖融资风险评估报告》是刚刚出台的网络小贷行业反洗钱行业规则。其有望推动有关部门发布网络小贷行业适用的大额和可疑交易报告技术标准，在行业监管规则中细化反洗钱监管要求，明确涵盖事前、事中、事后的完整反洗钱操作指引，建立行业反洗钱合规和风控基准。

华东政法大学博士生李紫阳认为当前学界对于第三方支付的概念较为混乱，通常意义上使用的第三方支付，是指非金融机构支付或具有一定信誉的独立机构采取与银行签约的方式，其强调独立于银行的第三方。具体可分为三类：第一个是网络支付，如货币汇兑、移动电话支付、固定电话支付、数字电视支付等；第二个是预付卡的发行和受理，其中不记名的多用途预付卡易引发洗钱犯罪风险；第三个是银行卡收单，如POS机，还有二维码支付等，虽然中国银行对银行卡反洗钱监管十分重视，但是客户身份识别等无法落实。个人认为第三方支付只是一种产业现象，第三方支付技术对洗钱犯罪的宏观影响主要体现在三个方面，即升高了洗钱犯罪风险、创新了企业犯罪手段及增加了企业犯罪的既遂可能性。

西南政法大学博士生段鹏认为“一国两制三法系四法域”的现实状况使得各地在法律制度文化中存在不小的差异，直接影响各地的刑事立法及司法制度建设。各地对洗钱犯罪规制的不同之处体现在以下几点：在立法模式上，中国澳门是单行刑法，中国香港采用附属刑法的形式，而中国内地采用刑法典的方式；在单位洗钱犯罪上，中国澳门规定的是法人的刑事责任，中国香港规定较为自然人及法人，中国内地主体包括单位；在自洗钱行为的认定上，中国香港和中国澳门均认定自洗钱行为入罪，中国内地在近期也进行了相同的修改；在上游犯罪范围的规定中，中国澳门已认定近一半的罪名均可作为洗钱犯罪的上游犯罪罪名，中国香港将任何可公诉罪行作为洗钱犯罪的上游犯罪罪名，而中国内地是采取列举式的七类上游犯罪。粤港澳三地都是反洗钱国际组织的成员，依照国际条约打击洗钱犯罪活动具有正当性。因此粤港澳大湾区三地合作打击洗钱犯罪是合情合理合法的，没有涉及死刑、双重犯罪、政治犯等问题的阻碍，可以搭建关于洗钱罪的区际刑事司法合作的框架。

厦门大学博士生薛储佳认为近几年利用第三方支付、第四方支付平台进行洗钱的案件频发，体现出了大宗性、隐蔽性、智能化的进阶式特点。借助新型支付方式通道进行洗钱的犯罪已经达到了技术专业化、团队分工精细化的程度，共同犯罪是洗钱犯罪中重要的犯罪模式。典型的共同洗钱犯罪种类有三个：第一个是原生共犯，既原生本犯实施犯罪后，又以共犯形式参与了洗钱犯罪，争议点在于自洗钱入罪是否属于事后不可罚行为，虽然我国立法动因在于获取优良的FATF互评估报告成绩，但是仍应结合自洗钱行为的具体社会危害性进行衡量；第二个是片面共犯，指在参与同一犯罪中，一方认识到自己是在和他人共同犯罪，而另一方没有认识到自己在和他人实施犯罪，二者的行为在客观上结合导致了洗钱犯罪的发生，这一共犯形态多发生于金融机构或特定非金融机构为抢占市场份额、拉拢客户等主观心态，客观上未尽职履行客户身份识别或大额可疑交易上报，导致与洗钱犯罪行为人形成共犯；第三个是过限共犯，指在共同犯罪过程中，实行犯故意或过失的实施超出共同故意范围之外的犯罪行为的一种犯罪形态，由于洗钱犯罪的上游犯罪种类较多、参与人数较多，在实行行为过程中定会发生某些犯罪行为过限的情形，此时应区分共犯人事前、事中及事后的行为，结合主客观相一致进行归罪。

厦门大学法学院陈梦婷硕士生认为基于股权众筹蓬勃发展的现状，现有文献更多着墨于立法者、融资者、投资者层面，却对刑事风险同样高发的融资平台问题鲜少讨论。因此，其认为应当从股权众筹特有类型出发，表明公募股权众筹是真正意义上的全民金融，就股权融资平台的刑事风险进行分析。在公募众筹背景下，融资平台基于不同的环节扮演着不同的身份，面临着不同的刑事风险。在项目申请阶段，主要风险在于成立集资诈骗罪（帮助犯），需设立相应信贷评级，避免在“应知”义务存在下的风险现实化。在项目融资阶段，主要风险在于成立虚假宣传罪，需把握宣传内容的真伪程度，善用技术性表达。在项目收尾阶段，主要风险在于成立帮助信息网络犯罪活动罪，需甄别投资人钱款来源，建立反洗钱内部风控制度，识别可疑交易。由于合规的本质是心理强制论下的风险预防前置化和责任分担共同化，后者需要政策的教育引导，前者则需要技术的支持和帮助。因此，其认为应从信用体系建模角度出发，设立主成分分析方法与K-Means聚类分析，试图通过技术手段将潜在风险控制在一定程度以下，以维护股权众筹融资平台的商业模式，保障相关企业的可持续发展程度。以刑事角度确定风险，以经济角度识别风险，以技术角度预防风险，共达合规目的。

第五单元：网络融资平台的刑事合规与第三方支付下的财产犯罪问题

问题1：网络金融犯罪中第三方支付问题研究

苏州大学王健法学院李晓明教授认为第三方支付是时代趋势，如何解决第三方支付的冒用行为定性问题，是当前的争议点。其中，定性的难点在于账号和密码取得的性质以及机器是否被骗问题。其表达了对盗窃和诈骗的适用空间、对机器人不能被骗的质疑，但是其没有一概地肯定和一概地否定，而是特别强调这种类型化的区分。即智能化的手段在行为实行过程中，究竟是作为辅助人、工具而存在，还是作为替代性产品。如果是辅助性，一般就不能被骗；如果是替代性，就有被骗的可能性。第二点是蚂蚁花呗功能，而是否开通账户将成为一个关键性因素。此外，对于冒用他人蚂蚁花呗的问题，应根据开通该业务的状态分别认定。

重庆市九龙坡区人民检察院韩铁柱检察官助理认为第三方支付非法取财需要做类型化分析，通过比较220份司法裁判文书，可以知道对于转走账户余额的情形，有盗窃罪和诈骗罪的争议，主要是以第三方支付能否被骗的理论争议为基础形成的。对于信用卡资金，在实务当中发现，盗窃信用卡再绑定到第三方支付的转移资金，都是使用了盗窃信用卡并使用这一条规定。而其他情形的认定则比较混乱。对于借贷类资金，主要是指支付宝内部借呗、花呗，还有通过绑定支付宝来快速注册申请外部的贷款App转移资金这种情形。在实务裁判当中，没有像信用卡再去区分是行为人开通的借贷账户，还是用户预先就开通了的账户。

在学术上是两层争议，第一层是围绕第三方支付能否被骗形成的诈骗说和盗窃说，第二层是资金来源是否影响定性。有一部分意见想将其统一定成一个罪，这在实务当中要更方便些。此外，还有一个问题，即信用卡是否为行为人所绑定，借贷资金是否为行为人所申请，这一点对定性有所影响。对此，目前学术争议主要在第三方支付能否被骗以及资金来源是否影响定性两个层面。其认为应基于被害人视角区分处分意志和被害人自我保管意志。而被害人不应该是用户，而是第三方公司。转换思路，结合被害人视角下的处分意志，三角诈骗、信用卡诈骗，侵犯经营性主体财产的犯罪等诸多争议，均可以得到体系性解决。

南通市崇川区检察院任留存检察官认为第三方支付案件，可以通过手段和侵犯对象的不同，区分为登录他人第三方支付账户非法获取他人账户余额；登录第三方支付平台非法获取他人账户已关联银行卡内钱款；获取他人银行卡（银行卡信息）后，将他人银行卡与第三方支付平台绑定进而非法获取卡内钱款；非法获取他人第三方支付平台所关联账户内的信贷资金等情况。现存法律对第三方支付平台的法律属性、第三方支付账户的法律属性、借贷账户的法律属性、被害人问题、所有人的犯罪参与程度、金融机构是否介入、支付结算业务等问题还有争议。具体而言，第一个问题是第三方支付平台的法律属性是否可以理解为金融机构。就目前而言，第三方支付平台还不能理解为刑法立法的金融机构，应该属于一个非金融机构。由于目前没有相关的法律依据、金融法规依据，甚至是司法解释证明其是金融机构，同时，根据相关金融管理的法规，包括人行所颁布的金融机构编码规范和非金融机构支付服务管理办法。在这些规定中把银行、证交所、期货交易所、证券公司、期货经纪公司、保险公司甚至小贷公司，还有其他金融机构做了一个划分。通过这样的列举，第三方支付平台并不在这个列举的范围之内。从事相关的金融活动并不必然是金融机构。第三方支付平台自身的服务协议也决定不能将其界定为金融机构。因为，以支付宝为例，其在服务协议中明确了自己和用户之间是一种委托保管关系，和银行之间是托管关系。支付宝在整个支付过程中，是一个资金的保管和指令支付的中介角色。因此通过这些分析，我们认为，就目前而言，还不能够把第三方支付平台划分为金融机构。第二个问题是关于第三方支付账户的法律属性。比如涉及出租、出借第三方支付账户的行为应该怎么认定。账户能不能理解为信用卡？我认为账户涉及两个概念，一个是行政法规上的银行卡概念，另一个是刑法上的信用卡概念。行政法规中的规定和刑法中的规定虽然在功能上大体一致，在发行主体上也大概包括商业银行或者其他金融机构，但是二者最后的落脚点还是有所不同的。行政法规里规定的是支付工具，而刑事司法解释里规定的是电子支付卡，目前在实践中，我们不认定第三方支付账户是信用卡。另外，我们也认为账户和密码的管理水平其实就等同于限制其中的资金。最后，获取第三方支付账户以及密码的行为手段是盗还是骗对于整个案件的性质认定也有影响。第三个问题是第三方支付中借贷账户的法律属性。借贷账户能不能归结为信用卡？我们认为借贷账户也只能理解为信用卡。这主要是从刑法上的信用卡概念来理解。因为前面提到从行政法规来看，所谓的银行卡，是由商业银行包括邮储银行发布的具有支付结算这样的功能的一个信用支付工具。如果按照这个规定来看，完全可以把第三方支付所关联的信贷账户当成银行卡。但是它不被认为是信用卡，是因为我们认为相关的信用卡还是需要具备电子结构。第四个问题是，第三方支付案件过程中谁是被害人。谁直接遭受了损失谁才是刑事案件的被害人。机器也好，平台也好，都是由人操控的，被骗的都是背后的人、企业。第五个问题涉及账号所有人在整个犯罪过程中的参与程度。比如行为人是通过骗账号的所有人之后，获取了账户里面的钱财，此时账户所有人是有参与程度的，可能就会存在一个处分行为。有这样的行为，案件最后的定性可能就是诈骗。第六个问题在于犯罪过程是否有金融机构的介入。有金融机构介入，比如先将银行卡进行绑定的行为，就可以直接套用司法解释的规定。第七个问题则关于支付结算业务再明确。从刑法上来理解，目前支付业务只有一个牌照，叫支付许可证，但是没有结算。那么从事结算业务算不算支付业务？

天津大学法学院于阳副教授评议道，通过对裁判文书考察的类型化，即对转走支付宝余额的判决、转走信用卡资金的判决及利用他人支付宝转走借贷类资金这三个类型化所进行的统计，谈论软件程序是否可以被骗。在这个问题上，可以通过实证研究法进一步深入探讨。对于第三方支付问题，需要采取类型化的思维，即什么样的情况下构成盗窃，什么样的情况下构成诈骗，并不能一概而论，而应根据第三方支付账户是否开通来进行认定，需要结合个案的实证或者结合个案的具体分析。

江苏省社会科学院刘伟副研究员认为第三方支付中，机器的自由意志问题以及机器取款定性问题存在较大争议。其对“机器被骗”的说法存在怀疑，认为机器不能被骗。

问题 2：网络金融犯罪刑事合规问题研究

厦门大学法学院李晓龙助理教授认为由于目前对网络金融犯罪的立法呈现出高发趋势，因此在执法层面需要限制。对具有刑事合规制度的公司适用不起诉。但是存在问题的转移、投机性考虑、短期性价值等问题。同时，在导入层面需要采取激励模式，而非强迫、一般性规定。现有强迫性论据不足，具体而言：法国 2016 年《萨宾第二法案》法案中规定了未能执行合规计划罪。这个罪名是否就增设了一个合规的一般性业务？答案是否定的。其实际上是对公司刑法的刑罚做了修改，也就是在公司一般刑罚（罚款罚金）的基础上增加了合规。这个法案规定了公司在实施单位犯罪后必须建立一定的合规组织，而且有六项规定。所以未能执行合规计划罪实际上不是合规性的规定，而是类似不执行法院判决的裁定。即为了执行合规计划，实际上去保证行为人执行《法国刑法典》第 131 条里面所规定的刑罚。再看倒逼论的第二个论据，也就是英国《反贿赂法》第 7 条。英国《反贿赂法》第 7 条规定了一个预防商业组织贿赂失职罪，这同样不是对合规义务的规定。因为这个预防商业组织贿赂失职罪对合规义务并不是从构成要件该当性角度来规定的，而是从实施违反构成要件该当性的行为来体现的。但是如果要制定一个不作为犯罪，不能从违法违纪事由这个角度来推进，而应当从构成要件符合性这个角度来考察。但很显然《反贿赂法》第 7 条不是那么规定的。所以英国《反贿赂法》第 7 条，预防商业组织贿赂失职罪不是对合规的一般性的规定。而我国的拒不履行信息网络安全管理义务罪，是不是涉及合规的一般义务？也不是。因为这个罪名实际上不是把合规义务和刑法处罚挂上钩，而是把对行政机关的服从和刑法处罚挂上钩。所以其认为这个罪应当不是对合规义务的一般性规定。刑事合规应与预防犯罪理论结合起来，最终实现对兼具应罚性和需罚性两个层面的企业进行规范。

厦门大学法学院林文婷博士生认为刑事合规源自美国的企业风险防控理念，是企业通过符合刑法规定的措施来主动预防内部犯罪及其所导致的刑事责任，且由国家刑事法手段予以回应及推进的内控机制。其关键在于所应遵循的法律范围以及行政法规和刑事合规的关系。对于第一个问题，部分人认为应当遵循国内外法律，而部分人认为主要遵守国内法即可。对于第二个问题，目前存在包含关系、并列关系以及替代关系三种关系。就股权众筹领域的刑事合规构建方面，需要明确企业的特定义务，以达到合规目的。具体而言，对于融资者而言，可能涉及擅自发行股票罪、违规披露不披露重要信息罪的刑事法律风险。对于股权众筹平台而言，可能触及挪用资金罪、职务侵占罪，出售、非法提供公民个人信息罪等。这些问题，都需要通过合规部门、合规官或者外聘律师来帮助企业理解法律条文，筛查法律风险。

江苏省社会科学院刘伟副研究员认为对于合规问题，没有真正的刑事合规，只是合规层面的刑事意义问题。其与犯罪预防、刑事法律风险规范并非同一层面上的概念，只是其中一种方式。不要过分放大合规价值。关于义务的扩张问题，其认为还是需要谨慎。因为法律上的研究可能需要注意义务扩张背后的权力扩张。目前是检察机关特别积极，因为其在司法改革以后要充分地扩权。对刑事合规而言，虽然立法尚未解决这个问题，但实际上有些地方的检察机关已经在着手推动运用刑事合规，把刑事合规和不起诉、暂缓起诉相结合起来，甚至于套用美国的一些做法，比如设置考察期。这样的做法之后给企业带来的是有利的还是不利的影响，其认为也是需要大家慎重对待的问题。

天津大学法学院于阳副教授认为合规来自经济法领域，刚开始希望通过震慑，失效后转而通过激励。2008 年 8 月 1 日《反垄断法》公布后，经济法领域率先研究企业合规问题。《反垄断法》中也有一些刑事化的附属刑法的条款，即构成犯罪追究刑事责任。2011 年时，商务部有一个关于合规的部门规章，2014 年同样也出台了一个规章。2011 年的规章是一个实体性的规章，2014 年的规章是一个程序性的规章。之所以是在经济法律领域开始关注合规，是因为一开始想用外在的威慑效应来要求企业，但是企业并不买账。所以政府改变了策略，出台了针对企业实施的优惠政策。在政府引导之后，合规从政府的外在合规指引变成了企业自主地要求合规。从合规这个角度来说，企业要设立一个新的部门，类似于后勤保障部门，这对企业来说是没有产生生产价值的。成立目的在于控制企业潜在成本。就目前来看，刑事合规与合规之间没有区分的必要。我们国家的《刑法》目前没有相应罪名，以后有没有设立的必要也需要进行判断。根据我国实际状况来判断，如果企业违反了合规，甚至是触犯《刑法》，要不要进行惩罚？其认为刑事合规作为一个前置的行为，违反了合规最多面临经济法或者行政处罚，直到违反刑法意义上的一些犯罪，符合《刑法》条文，才能予以处罚。从这个角度来说，合规还是有一定的预防性质的。合规并不当然导致处罚，甚至是刑事制裁。

总　结

厦门大学法学院李兰英教授表示：首先，此次会议有几个特点：第一个是聚焦。在这样一个系列讲座当中，围绕着网络金融犯罪，每一期的论坛都是两到三个主题，所以我们讨论的问题非常深入，在座发言的方向感也都非常强。通过今天的讨论，无论是对网络金融犯罪的共犯问题、单位犯罪问题，还是刑事合规问题，还有在第三方、第四方支付下出现的新型犯罪问题，都有了特别深入的了解。这几个问题很显然又前沿、又热点，因为聚焦而带来的问题的深化，也使我们的成果不断涌现。第二个是敢于亮剑。来自厦门市的实务专家们近两年尖锐地提出了办案中对洗钱犯罪的几点困惑。而针对这些困惑，北京大学王新教授在下午便及时、全面地做出了回应。实务界的检察官敢于亮剑，理论界的学者既带来了思考，也带来了回应。这种理论与实务的交锋，让大家的理解互相都有了提升。

此次会议是多层次的，此次会议邀请了老中青三代，既有资深的教授，也有年轻的学者。这几位资深的教授自始至终都在会议现场学习，比如经济刑法研究顶尖级的孙国祥教授，在研究洗钱犯罪方面有一定高度的王新教授、何萍教授，在行政刑法方面首屈一指的李晓明教授，以及来自西南重镇的梅传强教授都一直在现场聆听，体现出了他们对新知识的不断探索。这种精神很值得我们在座的年轻人学习。

此次会议无论是从多视角、多启发，还是从各个方面，都给我们不同专业和领域的人带来了很多感受，是一场非常值得回味的盛宴。每位发言者、主持人、点评人都做出了杰出的贡献。最后也感谢我们来自法学院的博士生和研究生队伍。我们会议的精彩离不开他们的付出。

“网络犯罪与支付安全论坛”会议综述(2020)

陈宝红　任留存*

2020年9月24日、25日，由人民检察杂志社、南通市人民检察院主办，南通市崇川区人民检察院承办的“网络犯罪与支付安全”论坛在江苏南通崇川举行。论坛围绕电子数据的收集和审查、新类型网络犯罪、互联网金融犯罪的认定、新型支付方式下侵财犯罪的认定展开。

一、电子数据的收集、审查和认定

北京大学法学院教授王新认为，当前网络在社会生活中的基础性和全局性的作用日益增强，传统犯罪与互联网快速融合，网络犯罪案件数量持续大幅上涨，网络犯罪典型特征之一即海量电子数据，应强化对电子数据的收集、审查和认定。

江苏省南通市崇川区人民检察院检察官助理姜依菲认为网络犯罪案件犯罪现场虚拟化、网络化，电子数据对这类案件还原犯罪事实、认定犯罪金额起到至关重要的作用；结合疫情防控，电子数据取证具有接触性成本低的特点，认为应构建以电子数据为中心的刑事犯罪案件证据体系，探索非接触式取证方式。在确保证据的合法性、真实性、关联性的前提下，借鉴电子数据取证方式，探索其他证据形式的远程视频取证、网络远程勘验、区块链及第三方存证等。实务中存在电子数据收集、提取等程序的问题，防范和解决上述问题，关键是要根据电子数据自身特征，把合法性、真实性的基本原则具体落实到电子数据的侦查取证过程中。检察机关则要在引导侦查和审查过程中，围绕电子数据的合法性、真实性履行好主导责任。鉴于电子数据和物证、书证等具有基本相同的实物证据的特征，故排除违法获取的电子数据时可以参考物证、书证的非法证据排除规则，即收集、提取电子数据不符合法定程序，可能严重影响司法公正的，应当予以补正或者作出合理解释，不能补正或者作出合理解释的，对该证据应当予以排除。

厦门大学教授李兰英认为对于违法获取的电子数据，姜依菲检察官提出借鉴物证、书证的非法排除规则，给予补正或者作出合理解释的机会，补正或作出合理解释后，仍然可以作为证据使用的观点，个人不是很赞同。我认为，违反法定程序收集的电子证据，应该借鉴言词证据的非法证据排除规则，对于违反法定程序收集的电子证据应当予以排除。

---

*　陈宝红(1991—　)，女，江苏海安人，江苏省南通市崇川区人民检察院；任留存(1984—　)，男，山东济宁人，江苏省南通市崇川区人民检察院。

最高人民检察院第四检察厅三级高级检察官贝金欣认为对电子数据审查，需要根据现有法律规定和特点，结合电子数据的复杂性，对电子数据的载体、内容、修改及生成时间、是否篡改等进行审查，判断电子证据的合法性、真实性、关联性。同时，随着非接触式方式提取电子数据的发展，在无原始存储介质的情况下提取电子数据，还需要注意电子数据的移送、保管等问题。

中国人民大学法学院教授刘品新认为，在实践中电子数据审查更多是对各种笔录以及转化后的电子数据的审查，缺乏对原始电子数据的审查，缺乏审查的条理和规范，特别是在刑事案件庭审过程中对电子数据的认证较少，使得对电子数据的质证虚化抽象，认证流于形式，使得打击效果较差。为此，应当推出技术性审查制度，由技术专家协助检察人员审查案件。在审查电子证据过程中需要审查电子证据和其他证据直接的关联，还要审查证据的“三性”、证据证明力等部分。

为有效审查电子数据，应当构建“鉴—数—取”审查模型。基于证据体系理论，即印证理论、证据锁链理论，通过创新，构建“鉴—数—取”的证据体系。“鉴—数—取”一体化审查模型中，“取”是指案件卷宗中证据调取通知书及笔录、勘验笔录、在线提取笔录、搜查笔录、扣押笔录、固定笔录、检查笔录、封存笔录、截屏录像笔录等取证过程中形成的笔录，表明证据的来源；“鉴”是指检验报告和鉴定意见书等专家认定的意见或者作出的判断，指向案件的争议事实；“数”是指电子数据，通常不能孤立地证明案件事实。在审查过程中，三者不能脱离，只有将“鉴—数—取”一体化进行审查才能完整地证明犯罪事实。

基于案件的多样性，需要多个亚模型来补释“鉴—数—取”审查模型。第一是“鉴—鉴—数—取”亚模式，适用于存在多份鉴定报告或衍生审计报告的情形。第二是“鉴—数/介—取”亚模型模式，适用于存在数据和扣押介质的情形。第三是“数/印—取”亚模型，适用于存在证据打印件的情形。第四是“鉴（数、取）”亚模型，适用于只有鉴定意见的情形。

为了有效审查网络犯罪案件证据，应当扩大证据体系理论，纳入“鉴—数—取”的印证体系，不能只审查言词证据是否相互印证、言词证据是否与电子数据印证，还要关注电子数据本身的相关问题。这种体系的科学性体现在可实行单独审查、比对审查、综合评判的三阶段审查方式。

二、新类型网络犯罪的认定

江苏省人民检察院第四检察部党支部副书记王燕侠认为网络在社会生活中的基础性和全局性的作用日益增强，我国网络安全的压力和风险也在不断攀升。传统犯罪与互联网快速融合，网络犯罪案件数量持续大幅上涨，黑色利益产业链条盘根错节，网络犯罪形态成倍增加，网络安全保护相对滞后，面临的风险也日趋突出。

江苏省南通市人民检察院党组书记、代检察长恽爱民认为“科技改变世界，网络改变生活”，近年来依托于各类手机App、第三方支付平台（如支付宝、财付通）、社交网络等互联网金融工具衍生出的线下扫码支付、网上购物、网上理财及贷款等已成为新型的大众消费方式。人们的主流消费模式实现了由传统实体空间向新型网络虚拟空间转移的巨大转变，各类新类型侵财型犯罪亦从实体场所转移到网络虚拟场所，新型网络犯罪及网上支付结算类犯罪在我国各地区的发生率居高不下，受害面较广，破坏性极强，严重影响社会稳定，此类犯罪已然成为当前我国刑法领域研究的重点课题。

江苏省淮安市洪泽区法院审管办副主任鲁海军认为随着微信社交软件推出微信红包及第三方支付平台，方便微信群友之间馈赠红包的同时，也被不法之人利用，将线下实体赌场中赌博及网络网站上的赌博行为蔓延至微信群中。他们利用已有或新建的微信群、制定游戏规则，以营利为目的，招募特定群成员或不特定其他微信用户，实施聚众赌博或开设赌场，并从中抽头。组织在微信群中抢红包行为的司法认定一直存在困扰。微信群抢红包行为应该是“赌场和人”的聚合，应从开设赌场的开放性，即赌场的相对规模性、参赌人员不特定性，来区分聚众赌博，从认识层面解决司法适用不统一问题，推动解决“同案不同判”情况。

最高人民检察院第四检察厅三级高级检察官贝金欣认为微信抢红包等新类型的网络犯罪，还需要根据抢红包的不同类型，对行为实施过程全面梳理分析，判断哪方面违反规定需要做犯罪处理。同时借助技术人员力量进行技术性审查，对技术本身功能和功能实现路径、机理进行分析。

江苏省连云港市海州区人民检察院检察官助理梁晶晶认为网络犯罪帮助行为呈现专业化、技术化、隐秘化，司法实践争议颇多。基于实践办案和149份刑事裁判文书，梁晶晶认为帮助信息网络犯罪活动罪是网络犯罪帮助行为正犯化的体现。帮助信息网络犯罪活动罪的认定，应以正犯犯罪为依托，需要行为人主观上具有明确知道，可以采取推定制度，对符合“明知+促进”标准的帮助行为，予以定罪处罚；对同时构成其他犯罪的，一般按照想象竞合理论择一重罪处罚，但应遵守罪责刑相适应原则，区分行为人责任大小，发挥该罪在网络帮助犯罪领域的基础性地位，以此来解决网络犯罪帮助行为正犯化的司法困惑及路径。

厦门大学教授李兰英认为帮助行为正犯化是一种司法趋势，采取“明知+促进”的方法认定帮助信息网络犯罪活动罪是个好的提法。

三. 互联网金融犯罪的审查和追赃挽损

最高人民检察院第四检察厅三级高级检察官贝金欣认为，随着经济社会的快速发展，互联网金融成为热点问题，金融领域犯罪手段翻新变化快，办案中遇到各种新情况、新需求、新问题，办理互联网金融犯罪案件需把握好三方面。第一方面，基本方法。金融犯罪，在认定案件事实方面有三个层面的问题。一是了解金融概念的含义。二是金融活动的实质。三是证据的组织和运用，处理好行政法与刑法的关系。第二方面，法律解释的基本立场。办理互联网金融案件时，要思考互联网金融的本质，与传统金融的区别。以美国制定证券法和证券交易法过程为鉴，应建立强制信息披露义务的监管模式来防止金融市场主体出现道德风险或信用风险。

互联网金融的本质仍然是金融活动，没有减少、消灭金融活动本身具有的风险，通过大数据云计算技术有效提高识别风险能力，从而有效防控金融风险。第三方面，案件事实的认定与法律适用。要秉持穿透式监管理念，透过互联网金融产品的表面形态看清业务实质，将资金来源、中间环节与最终投向穿透连接起来，按照“实质重于形式”的原则甄别业务性质，根据业务功能和法律属性明确监管规则。

浙江省温州市鹿城区人民检察院办公室副主任董史统认为利用网络非法集资案件应建立有效的追赃挽损机制。首先，要准确把握利用网络非法集资案件追赃挽损的三个导向，即精准办案是前提要求、风险防控要同步跟进、社会治理应有所作为。其次，当前此类案件追赃挽损具有三个突出问题，分别为证据固定难牵引下的后续追赃挽损困局、网络背景下追赃挽损难度几何倍数增加、多重监管下部门职能离散合力亟须凝聚，影响追赃挽损成效。再次，对利用网络非法集资案件追赃挽损的机制构建可以从以下三条路径开展，即探索建立网上申报平台、提前介入引导侦查、因人施策主动作为，以有效破解追赃挽损难题。

厦门大学教授李兰英认为追赃挽损是办理非法集资案件的重要阶段，关系到社会稳定，需要实现综合效果。第一，应把握贯彻好认罪认罚、宽严相济的刑事政策。使用科技手段，如追赃平台、申报制度、测谎手段等，迅速锁定追赃的做法值得推广。第二，追赃挽损综合治理，避免出现九龙治水多个部门介入反而出现真空现象的问题，建议检察机关在追赃挽损过程中发挥主导作用、坚持“前瞻后顾”。

四、新型支付方式下侵财犯罪的认定

浙江省瑞安市人民检察院第三检察部副主任、检察官助理林海珍认为随着区块链概念和加密数字货币的走热，以窃取、骗取等手段非法转移加密数字货币的行为频发：通过对 2014 年至 2019 年 9 月非法转移加密数字货币的判例进行调研，实务中对加密数字货币能否以侵财犯罪定性认定不一，主要争议在于其是否应认定为财产，或者仅仅属于电子数据。对加密数字货币是否是刑法意义上的财产，有观点认为加密数字实际承担了货币的交易中介与价值存储功能，加密数字货币主要通过市场流通来是实现自身价值，具有使用、交换价值，加密数字货币构成实质上的货币。林海珍认为加密数字货币仅具备部分的货币功能，不符合经济学意义上的货币职能，因此不应承认加密数字货币的货币属性，但其具备现实中的财产的基本属性，属于特殊的虚拟商品，应认定为刑法意义上的财物。对非法转移加密数字货币的行为宜以侵财犯罪定性，按照转移时的平台交易价、销赃价、购入价，递进适用犯罪数额的认定标准。

华东政法大学教授何萍认为关于加密数字货币是否是财物，司法层面应认定加密货币是财物，有平台交易价格的按照平台交易价格认定数额，无平台交易价格的按照销赃价格、无销赃价格的按照被害人购入价格认定数额。这点对盗窃罪中财产价格认定很有借鉴意义。如上海某高校女博士盗窃某百货超市的车厘子，商场标价 1400 元，上海盗窃罪起点是 1000 元，后调取超市进货价为 920 元，检察院对该犯罪嫌疑人最终作出不起诉处理。由此可见采用妥善的刑法解释很有必要，目光在规范和事实之间不停地往返，在财产价值如何认定方面这种递进式的方法，很有参考价值。

南昌大学法学院讲师范晨冰提出出于获客营销等目的，银行等金融机构往往会开展一系列优惠活动，有一批消费者则专门收集、传播并使用这些优惠，这种行为被称作“薅羊毛”。认为本类案件中羊毛客的确实施了欺骗行为并导致对方陷入认识错误后进行了财产处分，在客观阶层符合诈骗罪的成立条件，主观责任方面则是明显具有犯罪故意。因此，从法律层面来看，诈骗罪成立。行为人已经用积分兑换了实际性价值，行为人可对此类利益做实际支配、出售、转让等，不受银行和提供服务的商家影响，可以认为行为人对此项积分兑换来的利益获得了完全的控制，符合了诈骗罪既遂的要件。在活动规则范围内，通过正当注册、消费使自身的利益最大化不会违反法律，但企图通过诈骗手段或者其他非法手段来攫取利益的行为已经超过了正当合法的边界，有必要正视薅积分羊毛的罪与罚这一老问题的新情况。

南通市人民检察院检察官助理徐灿认为从盗骗交织型网络侵财案件的行为层面，网络侵财案件的客观行为多样，“盗中有骗”“骗中有盗”，“盗”“骗”行为手段本质是互斥的不是竞合的。对此，应引入“主要手段说”准确认定行为的本质，分析财产转移的“处分意思”，对该类案件进行法理分析。从盗骗交织型网络侵财案件的意思层面，在网络侵财案件中存在被害人的处分意识，网络诈骗案中存在三角诈骗的样态。盗窃交织型网络侵财手段具有一定的“假象”，应坚持主客观相一致的原则，即坚持客观行为的“主要手段”与主观方面的“处分意思”相统一。

浙江省杭州市人民检察院第三检察部副主任张海峰认为薅信用卡积分、优惠券积分类案件具有共性。在认定犯罪时，仍需注意利用企业规则漏洞，是否可以直接上升到刑法规制，实践中还需慎重，办案时首先需考虑罪责刑相适应原则。另外，此类案件上下游产业链长，如何确定打击范围还需进一步研究。对盗骗交织型案件，应引入三角诈骗的概念，第三方支付平台可以被骗，最高法第27号指导案例已对该理解做了确认。

华东政法大学教授何萍认为盗窃诈骗的区分来源于这个案例：一行为人到超市将方便面盒子掏空，把影碟机藏于方便面盒子内，然后拿到收银台，收银台工作人员看到后说方便面38元，行为人付款38元，拿着藏着影碟机的方便面盒子走了，这构成盗窃罪，盗窃金额用影碟机金额减去方便面的金额。部分学者认为这是夹带行为，类似于买大米时里面夹带一个戒指，定为盗窃。部分学者认为是调包，应该定为诈骗。其实关键在于被害人是否有意识地处分该项财产，收银员不知道里面有影碟机，他处分的是方便面，他没有处分影碟机的意识。何萍教授认为最高法公布的张某全案件中，采用虚假平台让被害人点击，被害人以为是要购买商品或服务，则为诈骗罪。但是如果只是设置一个虚假链接，点击后就获取财产，则为盗窃罪，盗窃与诈骗的区分关键还是被害人是否有意识地处分财产。对于密码验证程序，输入正确密码，不是核心的诈骗罪里面的欺诈行为，仅仅是辅助的欺诈行为。

重庆市九龙坡区人民检察院检察官助理韩铁柱认为利用第三方支付非法取财手段多样、资金来源复杂，现有研究集中在机器能否被骗的应然层面，忽略了是否被骗的实然层面，往往关注行为人取财资金来源，忽视了用户先前行为。韩铁柱认为，即使预设机器人可以被骗，但还应考察程序核验义务与能力、取财行为与用户行为判断“是否被骗”。以用户预先行为作为变量再类型化分析，转走余额、已绑定信用卡、已申请借贷类资金的，统一定性为盗窃罪；行为人绑定信用卡并转走资金的，以信用卡及其资料的获取方式分别定性为盗窃罪和信用卡诈骗罪；行为人申请借贷类资金的，以借贷公司为被害人，以是否为金融机构分别定性贷款诈骗罪和诈骗罪。

浙江省杭州市江干区人民检察院检察官助理姚骐认为大数据时代各种信息的爆炸为犯罪分子提供了庞大的犯罪温床，侵财类犯罪方式呈现多样化、跨地域化、年轻化、类型化、社会危害严重化等特点。在司法实践中，网络支付账户内的资金来源不同，对案件的定性有着重大的影响。在定性时仍然要结合网络支付方式中所获钱财的操作手段和转移流程具体分析决定。对新型支付方式侵财类犯罪的惩治及预防，需要加强司法机关与支付平台、电信运营商之间的联动，建立“黑名单”“红色预警”等警戒机制。深入对小型网络支付平台的审查监管，建立强制退出机制。

最高人民检察院第四检察厅三级高级检察官贝金欣认为支付结算指支付组织在收款人之间提供的货币资金转移服务，是独立于吸收存款、发放贷款业务之外的通道业务。银行是传统的支付结算机构。第三方支付，又称网络支付业务，如支付宝等。第四方支付，如聚合支付，目的是打通各个平台的界限。非第四方支付，如跑分平台、商户收单平台、虚假交易，主要用于网络赌博、网络诈骗、网络色情、网络洗钱等场景。非法支付结算，是犯罪链条中非常重要的环节，在打击非法支付结算活动的过程中应特别强调反洗钱工作。洗钱本身破坏了金融管理秩序。打击洗钱犯罪可以有效阻断相关上游犯罪。金欣检察官还提出可以通过构建间接证据证明体系解决网络犯罪的证明问题。第一是从最基础的证据得出基础事实，从基础事实得出符合刑法规定的构成要件事实。第二是反向判断，合理排除证据矛盾，确定唯一性，特别是电子数据，需对其内容、生成时间、修改时间等进行全面审查。第三是正确对待犯罪嫌疑人不供述的情节及辩解，主要审查辩解有无正当性、合理性，有无其他证据驳斥辩解，能不能排除合理性，证明结论唯一。